W0338076

L'ASTROLOGIE

POUR

LES NULS®

L'ASTROLOGIE POUR LES NULS®

Rae Orion

Adaptation Régine Ruet,
astrologue, collaboratrice de la revue Astres

First Editions

L'Astrologie pour les Nuls
Titre de l'édition américaine : Astrology for Dummies

Publié par
IDG Books Worldwide, Inc.
Une société de International Data Group
919E. Hillsdale Blvd., Suite 400

Copyright © 1999 IDG Books Worldwide, Inc.

Pour les Nuls est une marque déposée de International Data Group.
For Dummies est une marque déposée de International Data Group.
Traduction : Jean-Luc Rostan.

Tous droits réservés. Toute reproduction, même partielle, du contenu, de la couverture ou des icônes, par quelque procédé que ce soit (électronique, photocopie, bande magnétique ou autre) est interdite sans autorisation par écrit de IDG Books Worldwide, Inc.

© Editions générales First, 2001 pour l'édition française. Publiée en accord avec IDG Books Worldwide, Inc.

Le code de la propriété intellectuelle interdit les copies ou reproductions destinées à une utilisation collective. Toute représentation ou reproduction intégrale ou partielle faite par quelque procédé que ce soit, sans le consentement de l'Auteur ou de ses ayants cause est illicite et constitue une contrefaçon sanctionnée par les articles L335-2 et suivants du Code de la propriété intellectuelle.

ISBN 2-87691-597-9
Dépôt légal : 1er trimestre 2001
Nous nous efforçons de publier des ouvrages qui correspondent à vos attentes et votre satisfaction est pour nous une priorité.
Alors, n'hésitez pas à nous faire part de vos commentaires :

Editions Générales First
33, avenue de la République
75011 Paris – France
Minitel : 3615 AC3*First
e-mail : firstinfo@efirst.com

En avant-première, nos prochaines parutions, des résumés de tous les ouvrages du catalogue. Dialoguez en toute liberté avec nos auteurs et nos éditeurs. Tout cela et bien plus sur Internet à : www.efirst.com

L'Éditeur tient à remercier Jean-François Gourdon, de la revue *Astres*.

Sommaire

Introduction

L'astrologie peut changer votre vie. Elle a changé la mienne. L'astrologie éclaire les recoins secrets de votre « moi », vous donne des clés pour comprendre les autres, vous procure une méthode utile pour examiner soigneusement les rapports entre les personnes, et vous propose même un aperçu sur le futur. Comme tous les grands domaines de connaissance, l'astrologie possède en outre le pouvoir de modifier la perception. Une fois que vous connaîtrez un peu l'astrologie, vous ne verrez plus le monde de la même façon.

En utilisant un vocabulaire à la fois objectif et poétique, l'astrologie va aiguiser votre curiosité (parce qu'une fois que vous en aurez absorbé les principes, chaque personne que vous rencontrerez deviendra un mystère attendant d'être résolu) ; elle va étendre votre compréhension du comportement et de la motivation des gens ; et par-dessus tout, elle va accroître votre compassion. Certains pensent que l'astrologie divise tous les êtres humains en 12 groupes différents. Comme ils ont tort ! L'astrologie enseigne que tous les êtres humains sont sujets à des besoins et à des désirs universels – et que chaque personne est un être splendide et unique.

Ce livre...

Considérez ce livre comme un ouvrage de référence. Il n'est pas nécessaire que vous lisiez les chapitres dans un ordre particulier. Il n'est même pas nécessaire que vous vous souveniez beaucoup d'un chapitre pour passer au chapitre suivant, parce que ce livre est rempli de références croisées et de rappels. Si vous connaissez un peu le sujet, vous pourrez y plonger à n'importe quelle page.

Mais si vous êtes novice, il vaut mieux vous dire tout de suite la vérité : l'astrologie est un système complexe. La seule manière de le décrire, c'est de commencer par le commencement. C'est donc ce que je fais ici. Mais je ne suis pas non plus née de la dernière pluie : j'ai déjà vu des gens feuilleter des livres d'astrologie, et je sais que personne au monde ne va lire ce livre de bout en bout (sauf les éditeurs). C'est pourquoi je l'ai écrit de telle sorte que vous puissiez l'ouvrir à n'importe quel endroit.

Si vous connaissez votre signe mais rien d'autre, allez au Chapitre 2, qui vous explique comment monter votre thème astral. Si vous possédez déjà un exemplaire de votre thème, vous pouvez ouvrir ce livre n'importe où. Vous pouvez vous y promener au hasard de ce qui attirera votre attention.

Je suppose que...

Je suppose que l'astrologie vous intrigue et, que vous soyez novice ou adepte de longue date, que c'est avant tout votre propre thème natal qui vous intéresse. En gardant cela à l'esprit, je vous propose plusieurs manières d'obtenir votre thème astral. En utilisant les informations contenues dans ce livre, vous pourrez dresser une carte simplifiée du ciel de votre naissance, qui vous donnera des informations bien plus détaillées et bien plus personnelles que « votre signe du zodiaque » uniquement. Mais elle ne sera pas complètement précise. Pour obtenir une carte du ciel complète, vous devrez consulter un astrologue professionnel, ou vous rendre sur certains sites spécialisés de l'Internet.

Ce qui m'amène à ma deuxième supposition : je suppose que vous êtes à l'aise avec un ordinateur (ou du moins que vous êtes suffisamment dégourdi pour trouver quelqu'un qui le soit), et que vous avez accès à Internet. (Si vous ne possédez pas d'ordinateur, souvenez-vous que de nombreux établissements (bibliothèques, bureaux de poste, etc.) et les cybercafés possèdent des ordinateurs connectés au Web qui peuvent être utilisés par le public.) Une fois sur le Web, vous pourrez facilement obtenir votre thème natal. En utilisant votre carte du ciel et ce livre, vous pourrez explorer l'astrologie de multiples façons.

Ma troisième et dernière supposition, c'est que vous avez la tête sur les épaules : vous attendez de l'astrologie qu'elle vous apporte de la compréhension, et pas les numéros gagnants du Loto ; et que vous comprenez bien que l'astrologie, ce n'est pas le destin ni même la chance. L'astrologie traite de possibilités, de propensions et de potentiels. Un ancien axiome, qui a été enseigné à de nombreuses générations d'astrologues, formule cela de la façon suivante : « Les étoiles incitent, elles n'obligent pas. »

L'organisation de ce livre

L'*Astrologie pour les Nuls* suit un ordre logique. Ce livre commence par un tour d'horizon. Il propose ensuite différentes méthodes d'établissement de votre thème astral, il explore ce thème en détail, s'étend aux rapports entre personnes, puis passe aux manières d'utiliser l'astrologie sur une base quotidienne et de scruter l'avenir, pour conclure par un pot-pourri épicé de sujets apparentés qui ne sont généralement pas inclus dans un livre pour débutants.

Première partie : Le B.A.-BA de l'astrologie, et votre place dans le cosmos

Ces deux chapitres contiennent les connaissances de base. Le Chapitre 1 présente brièvement le Soleil, la Lune, les planètes, l'Ascendant et les 12 maisons. Le Chapitre 2 vous explique comment dresser votre carte du ciel et illustre le processus avec un thème natal particulier. Une fois que vous aurez fini de lire le Chapitre 2, vous serez prêt à plonger dans le reste du livre.

Deuxième partie : La cuisine cosmique

L'astrologie est un art d'interprétation : cette partie du livre en constitue le cœur et l'âme. Ces chapitres vous permettent d'étudier chaque planète de votre thème par signe et par maison. Le Chapitre 3 propose une explication assez détaillée de l'influence du Soleil dans les 12 signes. Le Chapitre 4 éclaire la signification de la Lune. Le Chapitre 5 se concentre sur l'Ascendant. Les Chapitres 6 et 7 traitent de Mercure, de Vénus, de Mars, de Jupiter, de Saturne, d'Uranus, de Neptune et de Pluton.

Troisième partie : La synthèse au clair des étoiles

L'étude des emplacements des planètes dans votre livre de cuisine cosmique peut se changer en un exercice de maniement d'un trop-plein d'informations. Cette section vous explique comment interpréter les données. Le Chapitre 8 montre comment les diverses planètes interagissent en analysant les *aspects*, c'est-à-dire les rapports géométriques qui les relient entre elles. Le Chapitre 9 vous explique comment passer l'information au crible pour ne retenir que les composants essentiels en étudiant les modèles qui caractérisent votre thème comme formant un tout. Le Chapitre 10 propose une approche différente : il montre comment traiter les vides, les maisons vides, et les autres manifestations de zéro.

Quatrième partie : Couples et comparaisons cosmiques

Vous aimez l'amour ? Cette partie de *L'Astrologie pour les Nuls* vous indique exactement ce que vous devez chercher. Le Chapitre 11 traite des liens astrologiques spécifiques qui relient deux personnes. Le Chapitre 12 donne une vue d'ensemble et explore la gamme complète des possibilités – c'est-à-dire des 78 combinaisons de signes du zodiaque. Vous y trouverez aussi des conseils pour conquérir le cœur d'une personne de chacun des signes.

Cinquième partie : L'astrologie pour vous faciliter la vie

Votre thème astral, également appelé thème natal, ne change jamais. Et pourtant, il n'est pas non plus statique, parce qu'il est affecté par la position toujours changeante des planètes dans le ciel. Le Chapitre 13 explique comment les positions actuelles des planètes, qui sont appelées *transits*, influencent votre vie en ce moment même. Le Chapitre 14 traite de la peur des planètes rétrogrades, une phobie qu'ont beaucoup de gens. Et le Chapitre 15, le plus pratique des chapitres de ce livre, vous expliquera comment profiter au maximum de la Lune, chaque jour.

Sixième partie : Pour aller dans le détail et élargir les horizons

Une fois que vous aurez compris comment fonctionnent le Soleil, la Lune et les planètes, vous aurez acquis les bases. Mais l'astrologie est un système en évolution, d'une grande complexité. Le Chapitre 16 traite de 10 facteurs additionnels que vous pourrez étudier pour interpréter un thème, dont Chiron, les astéroïdes, les Nœuds de la Lune, la Part de Fortune, les étoiles fixes, et davantage. Le Chapitre 17 sort de l'astrologie natale (des thèmes astraux), qui est le principal sujet de ce livre, pour explorer d'autres formes de cet art ancien, telles que l'astrologie mondiale, l'astrologie horaire, l'astrocartographie, ainsi que l'astrologie de l'Inde, de la Chine, et de la Méso-Amérique.

Septième partie : Annexes

L'Annexe A vous permet de situer votre Ascendant. L'Annexe B donne la liste des positions du Soleil, de la Lune et des planètes, y compris celle de Chiron. L'Annexe C inclut deux cartes du ciel vierges : une carte de base que vous pourrez photocopier pour monter des thèmes astraux, et une carte double que vous pourrez utiliser pour comparer des thèmes ou pour étudier des transits.

Les conventions utilisées dans ce livre

À mon avis, l'un des aspects les plus charmants de l'astrologie, c'est que chaque thème astral, chaque calendrier, et presque chaque livre est parsemé de petits symboles mystérieux. Mais tant que vous ne connaîtrez pas ces symboles par cœur, leur présence pourra vous sembler gênante et même vous induire en erreur. C'est pourquoi j'ai adopté comme règle générale d'écrire les noms des signes, des planètes et des aspects. Mais l'utilisation des noms étant parfois inadéquate, j'ai employé les symboles. Par exemple, chaque fois que j'utilise un thème astral réel dans ce livre, je le présente exactement comme le ferait tout autre astrologue professionnel, c'est-à-dire en utilisant les symboles.

Il est incroyablement utile de mémoriser ces symboles. Mais vous pouvez vous en passer.

Voici leur signification :

Bélier	♈	Balance	♎
Taureau	♉	Scorpion	♏
Gémeaux	♊	Sagittaire	♐
Cancer	♋	Capricorne	♑
Lion	♌	Verseau	♒
Vierge	♍	Poissons	♓

Lorsque vous rencontrerez quelque chose comme :

☽ **26** ♊ 23

cela signifie que la position de la Lune (☽) est de 26 degrés et 23 minutes dans les Gémeaux (♊).

Cela m'amène à vous parler d'un autre sujet : lorsque je traite dans le livre d'une position planétaire comme celle de l'exemple précédent, je l'écris «26°23' Gémeaux». En général, je n'écris pas les mots *degré* (°) ni *minute* ('). Je suppose que vous connaissez leurs symboles. Dans les thèmes astraux réels de ce livre, je vais plus loin et j'omets complètement ces minuscules symboles scientifiques. À la place, les thèmes astraux de ce livre signalent les degrés en caractères gras et les minutes en caractères normaux, comme suit : **26** 23.

Les icônes utilisées dans ce livre

Vous rencontrerez sept icônes dans *L'Astrologie pour les Nuls*, elles servent de panneaux de signalisation.

Certaines erreurs se produisent facilement. Cette icône vous en avertit. Elle vous prévient aussi de difficultés qui pourraient survenir entre des personnes de certains signes ou lors de certains transits, comme Mercure rétrograde, qui peuvent coïncider avec des périodes d'ennuis et de frustration.

Je ne crois pas à la chance. Mais je crois sans le moindre doute que certains emplacements et certains aspects de planètes peuvent vraiment faciliter les choses. Et je suis convaincue qu'il existe des périodes durant lesquelles l'alignement des planètes vous est favorable. Cette icône les signale.

Les planètes sont nommées d'après des personnages de la mythologie classique. Ces noms ne furent pas attribués par hasard, car les planètes reflètent les mythes. Cette icône vous signale le récit de l'un de ces mythes.

Dans un monde idéal, chaque position, chaque aspect et chaque transit de planète traité dans ce livre serait accompagné d'un exemple tiré de la vie d'une personne en chair et en os. Dans la réalité, l'espace disponible dans un livre est limité, et je ne peux en conséquence n'utiliser que quelques-uns de ces exemples. Cette icône les indique. Dans de nombreux cas, ces histoires vraies concernent des stars de cinéma, des hommes politiques et d'autres célébrités.

Certains faits et principes sont essentiels. Je traite la plupart d'entre eux dans les chapitres du début. Mais lorsque vous devez vous souvenir d'un fait pour pouvoir comprendre un autre aspect d'un thème astral, j'essaie de vous le rappeler, en douceur, avec cette icône.

Il est impossible de parler d'astrologie sans avoir recours à l'astronomie et aux mathématiques. Chaque fois que je vous donne une explication scientifique pratique sur un phénomène astrologique, je vous préviens avec cette icône. Si vous voulez sauter l'explication, n'hésitez pas. En général, vous pouvez l'ignorer sans perdre le fil du sujet.

Un paragraphe signalé par cette icône peut proposer une manière plus facile de faire quelque chose. Il peut aussi vous signaler un livre ou un site Web qui traite d'un sujet semblable à celui qui est traité dans le texte ; il peut encore suggérer une manière de régler un problème posé par une configuration particulière dans un thème astral.

Et maintenant...

Commencez par examiner votre propre carte du ciel. Puis demandez à d'autres personnes de vous donner leurs heure, date et lieu de naissance, et étudiez aussi leurs thèmes. Considérez des événements clés qui ont eu lieu dans votre vie, et comparez les positions des planètes à ces époques à celles des planètes dans votre thème astral. Puis regardez où se trouvent maintenant les planètes. Vous verrez que vous faites face à un mélange d'opportunités et d'afflictions, et vous serez peut-être anxieux. Dans ce cas, souvenez-vous que nous avons tous souvent tendance à dramatiser, surtout ceux d'entre nous qui sont astrologues débutants. De même que les étudiants en médecine se font du souci au sujet des pires maladies exotiques qu'ils pourraient théoriquement attraper, les astrologues en herbe ont tendance à prévoir d'extraordinaires triomphes et de terribles tragédies. En réalité, de tels événements sont rares. Mais les pressions et les probabilités ordinaires de la vie sont toujours avec nous. L'astrologie pourra vous expliquer comment vous y prendre avec ces influences. Elle pourra vous indiquer les domaines dans lesquels vous devrez être patient, ceux dans lesquels vous devrez être vigilant, ceux dans lesquels vous devrez faire des efforts, et ceux dans lesquels vous pourrez vous attendre à du changement. Mais à moins que vous ne soyez extraordinairement doué, elle ne pourra pas vous prédire ce qui va exactement arriver.

C'est la raison pour laquelle j'ai fait mienne la devise prononcée par le devin dans *Antoine et Cléopâtre* de Shakespeare : «Dans le livre infini des secrets, je ne peux lire qu'un peu.» Je trouve que les connaissances que j'ai acquises grâce à l'astrologie sont toujours fascinantes et utiles. Et j'espère de tout cœur que vous bénéficierez vous aussi de la connaissance des étoiles, et que vous vous en réjouirez.

Première partie

Le B.A.-BA de l'astrologie, et votre place dans le cosmos

" Il y a encore une incertitude concernant cette partie de mon thème astral, là où j'ai calculé la position des voitures sur le parking de la maternité à l'heure de ma naissance. "

Dans cette partie...

« Connais-toi toi-même », pouvait-on lire au fronton du temple d'Apollon à Delphes. C'est un bon conseil. Mais il n'est pas toujours facile à mettre en pratique… à moins que vous ne connaissiez l'astrologie. Ce système ancien et en constante évolution éclaire les recoins secrets de la psyché, et signalise le chemin de la connaissance de soi. L'astrologie vous permet de reconnaître vos forces, vos faiblesses, d'accepter vos besoins, et aussi de comprendre le comportement apparemment inexplicable de personnes que vous cotoyez.

Cette section de *L'Astrologie pour les Nuls* commence par un peu d'astronomie, elle souligne les concepts de base de l'astrologie, puis elle plonge la tête la première dans les eaux troubles du calcul. Mais n'ayez crainte : même un cancre en algèbre pourra suivre les instructions données au Chapitre 2 sans se noyer. Et si vous étudiez attentivement toute la première partie, vous finirez par avoir en main la carte du ciel de votre naissance.

Chapitre 1

Un tour d'horizon de l'astrologie : le thème astral en bref

Dans ce chapitre :

Observons le ciel étoilé (le point de vue de l'astronome).

Une balade à travers le zodiaque.

Observons le Soleil, la Lune et les planètes.

L'Ascendant.

Découvrons les maisons.

La légende dit que sir Isaac Newton, qui est souvent considéré comme le plus grand génie de tous les temps, a probablement étudié l'astrologie. Newton avait un esprit curieux et complexe. Outre le fait qu'il inventa le calcul des fluxions et découvrit la loi de l'attraction universelle, il s'intéressa aussi à l'astrologie, à la Bible, et à l'*alchimie*, c'est-à-dire à la recherche dont le but était de transformer des métaux ordinaires en or (il s'est d'ailleurs peut-être empoisonné en faisant des expériences avec du mercure). On raconte que lorsque son ami sir Edmund Halley (dont la célèbre comète porte le nom) fit une remarque méprisante sur l'astrologie, Newton, en bon Capricorne conservateur qu'il était, répliqua sur-le-champ : « Monsieur, j'ai étudié le sujet. Vous ne pouvez pas en dire autant. »

Comme tout autre astrologue, j'aime à m'imaginer que l'histoire pourrait bien être vraie. Après tout, l'engouement pour l'astrologie a fortement fluctué au cours des siècles, mais cette discipline n'a jamais manqué d'adeptes. Catherine de Médicis eut Nostradamus pour astrologue, la reine Elizabeth Iere eut elle aussi un astrologue, et il en va de même pour Napoléon, George Washington, Thomas Jefferson, Benjamin Franklin, ainsi que François Mitterrand et Charles de Gaulle. Et pourtant, depuis tout ce temps, personne n'a été capable de donner une explication complètement satisfaisante du fonctionnement de l'astrologie. Au fil du temps, les adeptes de cet art ancien ont émis les hypothèses que c'était la pesanteur qui devait être le moteur de l'astrologie… ou l'électromagnétisme… ou la « loi des correspondances » métaphysique ! Carl G. Jung, le célèbre psychiatre, résuma un point de vue similaire en écrivant : « Nous sommes nés à un moment donné, à un endroit donné, et comme les millésimes du vin, nous possédons les qualités de l'année et de la saison de notre naissance. »

Je ne sais pas pourquoi l'astrologie fonctionne, mais croyez-moi, elle fonctionne. La figure que les planètes formèrent dans le ciel au moment de votre naissance – c'est-à-dire votre *thème astral* ou horoscope – décrit vos tendances, vos aptitudes, vos défis et vos potentiels. Votre thème *ne décrit pas* votre destinée, bien qu'il permette plus facilement la réalisation de certains destins que d'autres. Je crois que la forme exacte que prendra votre destinée dépend de vous.

Votre horoscope complet comprend le Soleil, la Lune, les planètes, et un assortiment d'autres points dans le cosmos. L'identification de votre Signe Solaire dans le zodiaque ne vous apporte qu'une fraction de la connaissance que l'astrologie met à votre disposition. Mais c'est par là que tout commence.

Observons le ciel étoilé

Représentez-vous notre système solaire. Au milieu, le Soleil. Les planètes (et les astéroïdes) tournent autour du Soleil, et leurs orbites l'entourent à peu près de la manière dont les sillons d'un disque 33 tours entourent l'étiquette au centre. Où qu'ils se trouvent au cours de leur voyage autour du Soleil, les planètes et les astéroïdes restent toujours dans leurs sillons sur un plan relativement étroit, une sorte de « disque » d'espace. (Pluton constitue l'exception majeure, car son orbite oscille au-dessus et en dessous des trajectoires des autres planètes.)

Il existe des millions d'étoiles, bien au-delà des limites de notre minuscule système solaire. Ces étoiles sont si incroyablement éloignées qu'on dirait qu'elles ne bougent pas du tout, et qu'elles tapissent l'espace qui entoure notre système solaire comme du papier peint. En réalité, ces étoiles se déplacent bien, mais elles sont si lointaines que leur mouvement est virtuellement imperceptible. De nuit en nuit, de saison en saison et d'année en année, la position changeante de la Terre qui tourne sur elle-même fait que différentes sections du papier peint céleste deviennent visibles. Sur ce fond tranquille et fixe, les planètes exécutent leur ronde, en suivant toujours une certaine trajectoire qu'on appelle l'*écliptique*.

NOTE TECHNIQUE

Nous savons que la Terre tourne autour du Soleil. Le fait que nos ancêtres aient pensé le contraire n'en fait pas pour autant des imbéciles. On a vraiment l'impression que le Soleil tourne autour de la Terre. Il semble qu'il se lève à l'est et qu'il se couche à l'ouest. Année après année, on dirait qu'il passe par les mêmes constellations du zodiaque. En fait, c'est bien la Terre qui tourne autour du Soleil, non l'inverse, et ces effets visuels ne sont que ce qu'ils sont, des effets. Pourtant, du point de vue d'un Terrien, il semble que

NOTE TECHNIQUE

Les signes, les constellations et la précession des équinoxes

Il y a des milliers d'années, lorsque les Babyloniens établirent les principes de l'astrologie, les constellations et les signes du zodiaque étaient alignés. Lors de l'équinoxe de printemps (le premier jour du printemps), le Soleil se trouvait « dans » la constellation du Bélier. Cela veut dire que, si vous aviez pu observer simultanément le Soleil et les étoiles, vous auriez vu le Soleil entouré par les étoiles du Bélier. En ces temps heureux, les signes du zodiaque et les constellations portant les mêmes noms coïncidaient.

Hélas, ce n'est plus le cas. Aujourd'hui, lors de l'équinoxe de printemps, le Soleil apparaît au milieu des étoiles (à la lueur estompée) de la constellation des Poissons, ce qui est complètement différent.

La raison de ce changement réside dans le fait que la Terre oscille sur son axe, qui trace un cercle dans l'espace comme l'axe d'une toupie. Tandis que l'axe se déplace, les constellations semblent glisser en arrière. Mesurée à l'échelle d'une vie humaine, la quantité du dérapage est minuscule, mais elle se cumule au fil des générations. Il en résulte que l'instant de chaque équinoxe se produit un peu plus tôt que le précédent dans le zodiaque. Ce processus est appelé la précession des équinoxes. Il explique pourquoi l'équinoxe de printemps, qui se produisait autrefois dans la constellation du Bélier, a maintenant lieu dans la constellation des Poissons.

L'ère du Verseau commencera officiellement lorsque l'équinoxe aura encore plus reculé vers la constellation du Verseau. Les avis des astrologues divergent sur le moment de son début. Certains sont convaincus que nous nous y trouvons déjà. D'autres croient qu'elle commencera dans plusieurs décennies – voire plusieurs siècles. En tout cas, le cycle recommencera. Vers l'an 23800, l'équinoxe de printemps reviendra dans la constellation du Bélier, ce qui permettra aux astrologues de sauter toutes ces explications. En attendant, les constellations du zodiaque et les signes du zodiaque ne coïncident pas.

Les sceptiques qui attaquent l'astrologie – quelle qu'en soit la raison, ces âmes défiantes peuvent y être très hostiles – prétendent souvent que la position changeante des constellations et la précession des équinoxes constituent bien la preuve que l'astrologie ne fonctionne pas. En vérité, les astrologues sont bien conscients de ce phénomène, et ils considèrent plutôt les constellations comme des « panneaux de signalisation ». Ce qui compte vraiment, c'est la division de l'écliptique, et celle-ci est immuable.

Souvenez-vous-en : lorsque vous dites que vous êtes un Taureau ou un Scorpion, ce que vous voulez dire, c'est que le Soleil se trouvait dans cette portion de l'écliptique au moment de votre naissance. Les étoiles, aussi glorieuses qu'elles puissent être, n'ont rien à voir avec votre signe.

le Soleil tourne autour de la Terre (on parle de *mouvement apparent*), en restant toujours dans les limites d'une certaine trajectoire. Cette orbite, ce ruban d'espace entoure la Terre comme un cercle géant. Comme c'est toujours là qu'ont lieu les éclipses, on l'appelle l'écliptique. Vous pouvez le localiser immédiatement en jetant un coup d'œil au ciel, parce qu'on trouve toujours le Soleil à l'intérieur des limites de l'écliptique.

En ce qui concerne l'écliptique, il faut retenir les trois choses suivantes :

- L'écliptique représente la trajectoire apparente du Soleil autour de la Terre – apparente parce qu'en réalité le Soleil ne tourne pas autour de la Terre. Cela en a seulement l'air.
- Comme un cercle, l'écliptique est divisé en 360 degrés, et chaque degré est à son tour divisé en 60 minutes. Les trente premiers degrés de l'écliptique constituent le Bélier ; les trente suivants le Taureau ; etc. Si vous êtes né au premier moment du premier jour de l'année astrologique, votre Soleil se trouve à 0 degré 0 minute en Bélier, ce qui est représenté sur un thème astral par 0° ♈ 0'. Environ 12 heures plus tard, le Soleil est à 0°30' en Bélier. Le jour d'après, le Soleil atteint 1°0' en Bélier. Sautez à l'équinoxe d'automne, vers le 23 septembre, et le Soleil se trouve à 0°0' en Balance. Deux semaines plus tard, on le trouve à 15°0' en Balance, etc.
- L'écliptique, qui est le parcours apparent du Soleil, et l'équateur, qui ceint la Terre par son milieu, sont deux choses différentes. L'écliptique est incliné à un angle de 23,5° par rapport à l'équateur.

Derrière l'écliptique, les étoiles qui forment les constellations du zodiaque sont éparpillées comme de la poussière sur toute sa longueur.

Et voici ce qui prête à confusion. Les signes du zodiaque et les constellations du même nom ne coïncident plus. Les signes sont des divisions de l'écliptique, et représentent chacun 1/12 de la longueur totale de celui-ci, soit 30 degrés, ni plus ni moins. C'est ce qu'explique l'encadré « Les signes, les constellations et la précession des équinoxes ».

Étudions les signes du zodiaque

Le signe que le Soleil a occupé au moment de votre naissance constitue la donnée astrologique la plus fondamentale qui vous concerne. Il définit votre « moi », vos motivations, vos besoins et votre approche de la vie. Mais le Soleil n'est pas la seule planète qui influe sur vous. (En astrologie, les deux *luminaires*, le Soleil et la Lune, sont appelés planètes. Évitez cette terminologie lorsque vous aurez affaire à des astronomes !) Mercure, Vénus, Mars, Jupiter, Saturne, Uranus, Neptune et Pluton, sans parler de la Lune toujours changeante, ont chacune occupé un signe du zodiaque au moment de votre naissance, et chacune d'elles a exercé une influence différente. Chaque planète représente un type distinct d'énergie ; chaque signe apporte un style différent de fonctionnement ; donc, chaque position d'une planète dans un signe influe sur vous d'une manière unique. C'est pourquoi l'astrologie du signe solaire seulement est insuffisante. Vous êtes bien davantage que votre Signe Solaire.

Néanmoins, du point de vue de l'astrologie, votre Signe Solaire est la donnée la plus importante vous concernant. Pour déterminer votre signe, utilisez le

Tableau 1.1. Mais souvenez-vous que les dates ne sont pas aussi précises qu'elles en ont l'air. Après tout, le cercle a 360 degrés, et chaque signe a précisément 30 degrés. Mais il est gênant que l'année soit divisée en 365 jours, sans parler des années bissextiles. En conséquence, les signes ne se divisent pas en jours aussi parfaitement qu'on pourrait le souhaiter. Si vous êtes né le premier ou le dernier jour d'un signe, vous pouvez utiliser les tableaux de l'Annexe B pour vérifier votre Signe Solaire, vous aventurer sur l'Internet ou consulter un astrologue.

Le Tableau 1.1 donne la liste des signes du zodiaque, les dates auxquelles ils s'appliquent, et les symboles dont on se sert pour les représenter.

Tableau 1.1 : Les signes du zodiaque.

Signe	*Dates*	*Symbole*
Le Bélier (Aries)	du 21 mars au 20 avril	♈
Le Taureau (Taurus)	du 21 avril au 20 mai	♉
Les Gémeaux (Gemini)	du 21 mai au 20 juin	♊
Le Cancer	du 21 juin au 22 juillet	♋
Le Lion (Leo)	du 23 juillet au 22 août	♌
La Vierge (Virgo)	du 23 août au 22 septembre	♍
La Balance (Libra)	du 23 septembre au 23 octobre	♎
Le Scorpion	du 24 octobre au 22 novembre	♏
Le Sagittaire	du 23 novembre au 21 décembre	♐
Le Capricorne (Capricornus)	du 22 décembre au 20 janvier	♑
Le Verseau (Aquarius)	du 21 janvier au 18 février	♒
Les Poissons (Pisces)	du 19 février au 20 mars	♓

Note : Les termes entre parenthèses sont utilisés dans certains ouvrages et certaines éphémérides.

Comprendre les signes

Comme tout autre système véritablement satisfaisant, l'astrologie classifie et interprète de diverses manières ses blocs de construction de base. En hors-d'œuvre, disons que chaque signe est défini par une *polarité* (modèle de réaction positive ou négative), une *qualité* ou *mode* (forme ou expression), un *élément* (qui décrit le tempérament de base) et quelques mots-clés qui résument son approche de base de la vie.

La polarité : elle divise le zodiaque en deux

Vous pouvez vous représenter la polarité en divisant le zodiaque en deux moitiés. En commençant par le Bélier, six signes *positifs* ou signes *masculins* alternent avec six signes *négatifs* ou signes *féminins*. Cette terminologie sexiste est traditionnelle, j'ai le regret de l'exprimer, mais cela ne l'excuse pas. De nombreux astrologues utilisent à la place les termes *yin* et *yang*, et résument la polarité de cette façon :

- Les signes **Yang** (positifs) sont plutôt extravertis, objectifs et assurés.
- Les signes **Yin** (négatifs) sont plutôt introvertis, subjectifs et réceptifs.

Les modes : ils divisent le zodiaque en trois

On parle de la *quadricité* du zodiaque (4 x 3 modes).

Les trois différents modes décrivent les différentes formes d'expression de la manière suivante :

- Les **signes cardinaux** sont entreprenants. Ils initient le changement ; ils font avancer les choses. Les signes cardinaux sont le Bélier, le Cancer, la Balance et le Capricorne.
- Les **signes fixes** consolident. Ils préservent et renforcent le changement. Ils sont tenaces, concentrés et déterminés. Ce sont le Taureau, le Lion, le Scorpion et le Verseau.
- Les **signes mutables** sont souples et changeants. Ils s'adaptent et s'ajustent. Les signes mutables sont les Gémeaux, la Vierge, le Sagittaire et les Poissons.

Les trois modes se suivent en séquences à l'intérieur du cycle du zodiaque. L'énergie cardinale initie le changement. L'énergie fixe se braque et maintient le statu quo ; l'énergie mutable s'adapte aux changements de circonstances.

Les éléments divisent le zodiaque en quatre

On parle de la *triplicité* du zodiaque (3 x 4 éléments).

La description du tempérament associé à chaque signe du zodiaque en lui assignant l'un des quatre anciens éléments constitue probablement la plus célèbre des méthodes de classification. Les quatre éléments sont le feu, la terre, l'air et l'eau :

- **Le feu** amène la vitalité, l'excitation et l'intensité. Les signes du feu sont le Bélier, le Lion et le Sagittaire.

- **La terre** apporte la stabilité, le bon sens et l'aptitude à faire avancer les choses. Les signes de la terre sont le Taureau, la Vierge et le Capricorne.
- **L'air** anime l'intellect et augmente la sociabilité. Les signes de l'air sont les Gémeaux, la Balance et le Verseau.
- **L'eau** renforce les émotions et l'intuition. Les signes de l'eau sont le Cancer, le Scorpion et les Poissons.

Comme les trois modes, les quatre éléments se suivent également en séquences.

Les signes du zodiaque et leur appartenance aux différents groupes

Après avoir mémorisé l'ordre des signes, il est facile de leur attribuer leur polarité, leur mode et leur élément corrects, parce que ces classifications sont elles-mêmes toujours séquentielles. (Les séquences sont facilement visibles dans le Tableau 1.2.) Ces classifications donnent déjà beaucoup d'informations. En connaissant la polarité, le mode et l'élément de chaque signe, vous en savez déjà beaucoup.

Tableau 1.2 : Les qualités des signes.

Signe	*Polarité*	*Mode*	*Élément*
Bélier	Positive	Cardinal	Feu
Taureau	Négative	Fixe	Terre
Gémeaux	Positive	Mutable	Air
Cancer	Négative	Cardinal	Eau
Lion	Positive	Fixe	Feu
Vierge	Négative	Mutable	Terre
Balance	Positive	Cardinal	Air
Scorpion	Négative	Fixe	Eau
Sagittaire	Positive	Mutable	Feu
Capricorne	Négative	Cardinal	Terre
Verseau	Positive	Fixe	Air
Poissons	Négative	Mutable	Eau

Prenez le Cancer, par exemple. Le Cancer est un signe de polarité négative, avec un mode cardinal, et qui a l'air pour élément. Les personnes de ce signe ont tendance à être tournées vers la vie intérieure et sont réceptives (pôle négatif), avec une forte dose d'initiative (cardinale) et une forte conscience de leurs émotions – comme par exemple Jean de la Fontaine (8.07.1621 - Chateauthierry) et Marc Chagall (7.07.1887 - Vitebsk en Russie).

Ou prenez le Lion, le signe qui suit le Cancer, mais qui implique une personnalité d'un type complètement différent (comme c'est toujours le cas avec les signes adjacents). Le Lion est le signe du feu fixe et positif. Les natifs de ce signe sont donc sociables (positif), déterminés (fixe) et pleins d'éclat (feu) – comme par exemple Paul Claudel (6.08.1868 - Villeneuve-sur-Fère - Ascendant Lion, Lune en Poissons) et Claude Debussy (22.08.1862 - St Germain-en-Laye - Ascendant Lion, Lune en Cancer).

La Vierge est le signe de la terre négatif et mutable. Les natifs de ce signe sont des personnes introverties (négatives), qui essaient d'être productives (terre) et de toujours trouver des moyens de réaliser des améliorations et des ajustements (mutable). Pas étonnant qu'elles aient la réputation d'être des perfectionnistes – comme par exemple Agatha Christie (15.09.1890 - Torquay - Ascendant Vierge, Lune en Balance) et Léo Ferré (24.08.1916 - Monaco - Ascendant Capricorne, Lune en Cancer).

Dans chaque cas, la polarité, le mode et l'élément du signe donnent une idée rudimentaire des qualités du signe. Pour une description détaillée de chaque signe, consultez le Chapitre 3.

Le Soleil, la Lune et les planètes

Le Soleil, la Lune et les planètes jouent chacun un rôle complexe dans l'horoscope. Ils ont les significations suivantes :

- **Le Soleil** représente l'essence de votre moi, de votre volonté, de votre individualité, de votre vitalité et de votre désir de puissance. Plus que toute autre planète, il représente qui vous êtes. Il symbolise aussi l'homme en général.
- **La Lune** représente vos émotions, votre subconscient, vos instincts, vos habitudes et votre mémoire. Elle représente aussi la femme en général.
- **Mercure** symbolise votre style de communication, votre aptitude au raisonnement, et la façon dont vous pensez.
- **Vénus** représente les domaines de votre vie concernés par l'amour, la séduction, la beauté, les biens matériels et les arts.
- **Mars** est la planète du désir et de l'agression. Elle représente votre énergie physique, votre combativité, votre esprit d'entreprise et votre courage.
- **Jupiter** est la planète de l'expansion et de la bonne fortune. Elle représente la croissance, la prospérité, l'abondance, la sagesse, la générosité

et la conscience supérieure. La position de Jupiter dans la carte du ciel indique où vous avez de la chance.

- **Saturne** représente la limitation, la restriction, la prudence, l'organisation, l'endurance et la discipline. Elle vous indique où vous devez faire face à vos peurs – et aussi où vous avez de l'ambition.
- **Uranus** représente l'originalité, l'indépendance, l'esprit de rébellion, l'inventivité, la perspicacité et tout ce qui n'est pas prévu.
- **Neptune** représente la spiritualité, les rêves, les capacités psychiques, l'intuition, la désintégration, la compassion, le sacrifice de soi, la tromperie et l'illusion.
- **Pluton** représente l'élimination, la destruction, la régénération, le renouvellement et la transformation.

Une manière de simplifier cette complexité consiste à attribuer un mot-clé à chaque planète. Le Tableau 1.3 donne la liste de ces mots-clés affectés aux planètes, avec les symboles qui les représentent.

Tableau 1.3 : Mots-clés pour les planètes.

Planète	*Mot-clé*	*Symbole*
Soleil	Moi	☉
Lune	Émotion	☽
Mercure	Communication	☿
Vénus	Amour	♀
Mars	Action	♂
Jupiter	Expansion	♃
Saturne	Restriction	♄
Uranus	Révolution	♅
Neptune	Imagination	♆
Pluton	Transformation	♇

Qui commande ?

Dans un monde idéal, chaque planète fonctionnerait bien dans chaque signe. Mais, en réalité, certaines positions sont meilleures que d'autres (et personne n'a le thème astral parfait). Le signe dans lequel la planète semble se trouver chez elle et fonctionner de la façon la plus efficace est appelé son *domicile* zodiacal, ou *maîtrise*. Il y a deux mille ans, lorsque les astrologues n'avaient à s'occuper que du Soleil, de la Lune et de cinq planètes, ils attribuèrent les maîtrises comme suit :

Planète	**Signe de domicile zodiacal (maîtrise)**
Soleil	Lion
Lune	Cancer
Mercure	Gémeaux et Vierge
Vénus	Taureau et Balance
Mars	Bélier et Scorpion
Jupiter	Poissons et Sagittaire
Saturne	Verseau et Capricorne

Pendant des siècles, personne ne remit en cause ces maîtrises. Mais après la découverte d'Uranus en 1781, qui fut suivie par celle de Neptune en 1846 et par celle de Pluton en 1930, les astrologues durent modifier le système. Quelques prophètes obstinés étaient convaincus qu'étant donné qu'il existait douze signes il devait exister douze planètes. Malheureusement, la recherche d'autres planètes dans notre système solaire s'est révélée infructueuse à ce jour, bien que les astrologues aient en général de nombreuses discussions au sujet des astéroïdes et de *Chiron*, un astéroïde (ou peut-être une comète) que certains astrologues considèrent comme détenant la maîtrise de la Vierge. Mais le jury est toujours en train de délibérer. Pour l'instant, les maîtrises communément acceptées sont les suivantes :

Planète	**Signe de domicile zodiacal (maîtrise)**
Soleil	Lion
Lune	Cancer
Mercure	Gémeaux et Vierge
Vénus	Taureau et Balance
Mars	Bélier
Jupiter	Sagittaire
Saturne	Capricorne
Uranus	Verseau
Neptune	Poissons
Pluton	Scorpion

L'Ascendant

Avez-vous déjà rencontré une personne à l'abord sympathique, jusqu'à ce que vous ayez vraiment fait sa connaissance ? Avez-vous déjà rencontré quelqu'un qui semblait réservé et froid au début mais se révéla ensuite chaleureux ? Connaissez-vous quelqu'un dont l'attitude légère et insouciante masque en fait un esprit calculateur et manipulateur ? Et vous êtes-vous déjà demandé quelle impression vous faites à d'autres personnes, en particulier lorsqu'elles ne vous connaissent pas très bien ? Votre horoscope vous donne la réponse. Alors que votre Signe Solaire pourra ou non être perceptible par d'autres personnes, celles-ci remarqueront sans aucun doute chez vous les qualités liées à votre signe ascendant.

L'*Ascendant* est le signe du zodiaque qui se trouvait à l'horizon Est à l'endroit et au moment de votre naissance ; l'*Ascendant* est le degré exact de ce signe. Si vous êtes né vers l'aube, alors que le soleil pointait à l'horizon Est, vous connaissez déjà votre signe ascendant : c'est le même que votre Signe Solaire. Si vous êtes né à n'importe quelle autre heure de la journée, votre Ascendant et votre Signe Solaire sont différents. Parfois, le Signe Solaire et l'Ascendant se heurtent ; parfois ils se soutiennent mutuellement. Quoi qu'il en soit, l'Ascendant est un élément significatif de votre horoscope. Tandis que le Soleil décrit qui vous êtes fondamentalement, l'Ascendant décrit la façon dont d'autres personnes vous voient et celle dont vous vous présentez au monde – votre personnage, votre surface, votre masque, votre panoplie. Votre Ascendant détermine vos gestes, votre apparence, votre comportement, la surface de votre personnalité. Chez certaines personnes, celles qui sont nées à l'aube, la façade et la substance sont de même nature. Pour les autres, « ce que vous voyez n'est pas nécessairement ce que vous êtes ».

Prenez par exemple Georges Simenon (13.02.1903 - 0h10 - Liège) : son Ascendant est en Scorpion, la Lune en Vierge. Le père du commissaire Maigret ne pouvait qu'avoir l'Ascendant dans un signe lié au secret, à la sexualité, aux mystères et énigmes, à la passion. Il y a une compréhension profonde et amicale du genre humain par le verseau. Sous des dehors brillants et mondains, il cache une nature inquiète, tourmentée, aux pulsions égocentriques. La Lune en Vierge, qui le rend perspicace, minutieux, organisé, l'incite à décrire des petites gens au destin ordinaire dans un cadre de vie médiocre, étouffant. Son caractère est affirmé, puissant, autoritaire mais difficile à vivre au quotidien. Forte personnalité dominée par un besoin d'indépendance et de liberté, tout à la fois sociable et secret, cérébral et érotique, dispendieux et avisé.

Pour déterminer votre Ascendant, vous devez connaître l'heure de votre naissance. Reportez-vous alors à l'Annexe A, qui vous donne une estimation de votre Ascendant, et au Chapitre 5, qui vous aide à l'interpréter.

Les maisons

Que vous soyez un Lion ludique ou un Capricorne bourreau de travail, vous devrez quand même avoir affaire aux relations sociales, à l'argent, à la santé, à la carrière, etc. Ces domaines sont représentés par les maisons. Les maisons divisent le ciel en 12 parties, une pour chaque domaine de la vie.

Une question a tourmenté les astrologues pendant des siècles : comment déterminer les maisons ? En fonction du temps – une méthode dont le résultat est que certaines maisons sont plus grandes que d'autres ? Ou en fonction de l'espace – un système qui alloue à chaque maison une tranche de ciel de taille identique ? Les deux approches existent avec de nombreuses variations. Heureusement, bien que les astrologues se disputent toujours au sujet de la méthode, ils sont généralement d'accord sur les significations de ces maisons, qui sont résumées dans le Tableau 1.4.

Tableau 1.4 : Les maisons et leurs significations.

Maison	*Domaine*
Maison I	Votre apparence et votre nature visible
Maison II	Argent, biens matériels et objets de valeur
Maison III	Communication, petits voyages, frères et sœurs
Maison IV	Foyer, racines, un des parents, circonstances à la fin de la vie
Maison V	Vie amoureuse, enfants, créativité
Maison VI	Travail et santé
Maison VII	Mariage et autres partenariats
Maison VIII	Sexualité, mort, régénération, l'argent d'autres personnes
Maison IX	Études supérieures, grands voyages, religion, philosophie
Maison X	Carrière, statut social, réputation, l'autre parent
Maison XI	Amis et aspirations
Maison XII	Isolement et secrets

De même que chaque thème astral inclut toutes les planètes, il possède aussi les 12 maisons. Lorsque l'une ou plusieurs des planètes occupent une maison, les domaines gouvernés par cette maison gagnent de l'importance. Mais même si une maison est vide (chaque thème astral a des maisons vides), il est quand même possible d'en tirer des déductions. Le signe qui se trouve sur la *cuspide* ou pointe d'une maison détermine votre approche de ce domaine. Donc si vous avez le signe du Taureau sur la cuspide de votre maison du travail, votre attitude envers votre job est celle d'un Taureau, elle vous rend fiable et productif, mais peut-être un peu besogneux. Peu importe que cette maison soit vide ou que vous ayez des planètes dans le Taureau. Ce signe influence ce domaine de votre vie.

ATTENTION !

Le mot *cuspide* possède deux significations en astrologie. Lorsqu'une personne dit qu'elle est née « sur la pointe » ou « sur la cuspide », cela signifie que son anniversaire tombe à la fin de l'un des signes et au début d'un autre. Ces personnes pensent parfois qu'elles possèdent des qualités appartenant aux deux signes. (Je parle de ce problème au Chapitre 3.) Lorsque les astrologues parlent de la cuspide d'une maison, ils veulent dire le point qui marque le début de cette maison.

En somme, votre horoscope inclut le Soleil, la Lune, les planètes, l'Ascendant, les 12 maisons – et les 12 signes. Certaines maisons sont vides. D'autres sont pleines à craquer. Certains signes ont une influence majeure sur votre personnalité. D'autres ne jouent qu'un rôle minime. Et pourtant, ils fonctionnent quand même à l'intérieur de vous-même.

Êtes-vous prêt à déterminer les détails de votre thème ? Alors passez au Chapitre 2.

Chapitre 2

Votre thème astral, sans les maths (ou avec, si vous y tenez vraiment)

Dans ce chapitre :

Procurez-vous votre thème astral sur le Web.

Utilisez les tableaux de la fin de ce livre pour établir votre thème.

Indications pour monter votre thème de la manière la plus difficile : en faisant vous-même les calculs.

Que faire si vous ne connaissez pas l'heure de votre naissance ?

Pour comprendre à quoi ressemble votre thème astral, représentez-vous le cadran d'une horloge en surimposition sur le ciel. Commencez par vous imaginer debout sur le lieu de votre naissance, face au sud. À votre gauche, l'horizon Est, à 9 heures sur le cadran : c'est votre Ascendant. Si vous êtes né à l'aube, c'est aussi là que se trouve votre Soleil. Si vous êtes né à midi, votre Soleil se trouve à 12 heures sur le cadran, juste en face de vous. L'horizon Ouest se trouve à votre droite, à trois heures. Si vous êtes né au crépuscule, c'est là que se trouve votre Soleil. Et si vous avez fait votre entrée en ce monde vers minuit, alors que le Soleil se cachait de l'autre côté de la Terre, votre Soleil se trouve à 6 heures sur le cadran.

Si par chance vous savez où se trouvait la Lune à votre naissance, vous pouvez la positionner de la même manière. Êtes-vous né sous la nouvelle lune ? Votre Lune et votre Soleil se trouvent alors à peu près au même endroit. Né sous la pleine lune ? Cela veut dire que le Soleil et la Lune sont en opposition.

Il s'agit de bien comprendre la chose suivante : le thème n'est ni une construction métaphysique, ni un symbole mystique, ni un portrait psychologique. C'est une carte. Votre thème natal montre la position du Soleil, de la Lune et des planètes au lieu de votre naissance à l'heure exacte de votre naissance. La mission de l'astrologue consiste à étudier cette carte du ciel et à trouver sa signification.

Mais vous devez d'abord vous procurer cette carte. Dans le passé, avant que l'informatique n'infiltre chaque coin et recoin de l'existence humaine, c'était un défi certain que de déterminer la position du Soleil, de la Lune et des planètes. Cela nécessitait de la patience, des heures de temps libre, une approche sans peur et sans reproche des mathématiques, et la volonté bien déterminée de ne pas se laisser rebuter par les détails les plus rébarbatifs.

Il était par exemple nécessaire de chercher la longitude et la latitude du lieu de la naissance. On devait effectuer la correction correspondant à la distance entre le lieu de naissance et l'heure légale du méridien de cet endroit. On devait faire la distinction entre l'heure légale et l'heure du méridien de Greenwich (encore appelée heure GMT ou temps universel, TU), sans parler de l'heure d'été, de l'heure de guerre (en vigueur pendant la Seconde Guerre mondiale aux États-Unis, de l'heure allemande en France pendant l'occupation). Et on devait déterminer les mouvements des planètes en utilisant, entre autres outils, une table de logarithmes. Cela nécessitait des efforts, de la ténacité… et de grandes quantités de papier. La plupart des gens n'avaient aucune envie de s'y atteler.

J'ai toujours été différente. J'aimais travailler tard le soir entourée de tables numériques, de volumes de données astrologiques, de rames de papier jaune, et de cartes du ciel vierges que j'achetais dans une librairie ésotérique. En calculant chaque position de planète et chaque cuspide, en dessinant les symboles des signes et des planètes sur la carte, et en comptant combien de planètes se trouvaient dans les signes du feu, de la terre, et ainsi de suite, le thème natal – et donc la personnalité du natif – se profilait lentement et de plus en plus clairement dans mon esprit.

Ce processus prend du temps. Aujourd'hui, j'utilise un ordinateur, comme tout autre astrologue de ma connaissance, et je vais vous indiquer dans ce chapitre comment obtenir un thème astral précis sans même penser aux maths. Pourtant, la meilleure manière de comprendre les rouages de l'astrologie consiste bien à tracer une carte du ciel en utilisant l'ancienne méthode.

Mais pour maîtriser le processus, vous devrez vous battre au corps à corps avec une table de logarithmes, et la terrasser. Si vous pensez que c'est un combat perdu d'avance, sautez entièrement les calculs et passez directement à l'interprétation. Dans ce cas, vous pouvez vous procurer un horoscope complet et précis qu'un astrologue professionnel établira pour vous.

CONSEIL

Voici des adresses d'organisations d'astrologues francophones que vous pourrez contacter pour trouver un spécialiste (elles sont données à titre indicatif et sans jugement de valeur) :

- **Fédération des Astrologues francophones**, 41-43, rue de Cronstadt 75015 Paris. Tél. : 02.40.69.17.02. Fax : 02.40.69.37.60. E-mail : fdaf@worldnet.fr. Internet : http://services.worldnet.net/~fdaf cela vous permettra de consulter l'Annuaire des astrologues de votre région.
- **CÉDRA (Association loi 1901, Centre d'Études de Documentation et de Recherches sur l'Astrologie)**, 7, place des Terreaux, 69001 Lyon. Minitel : 3614 code CEDRA. Fax : 04 78 08 20 33. E-mail : cedra@mail.dotcom.fr

- **AEDAC (Association loi 1901 pour l'enseignement et la diffusion de l'Astrologie conditionnaliste)**, 15, rue Jean-Monnet, 35200 Rennes.
  E-mail : aedac@voila.fr
  Internet : http://www.multimania.com/paleguen/index.htm.

- **IEA (Institut d'Études Astrologiques)**, 10, rue Voltaire, 44000 Nantes.
  Tél. : 02 40 69 17 02. Fax : 02 40 69 37 60.
  Internet : http://members.aol.com/ieanantes/htm

- **École d'Astrologie de Lyon**, 6, place Juliette-Récamier, 69006 Lyon.
  Tél. : 04 78 24 30 13.

Votre carte du ciel en un clin d'œil

La manière la plus simple d'obtenir une carte précise du ciel natal consiste à vous connecter à l'Internet.

Certains sites vous proposeront gratuitement le calcul de votre ascendant en ligne, ou même un thème natal gratuit.

Si vous optez pour cette solution, sachez qu'il vous faudra fournir votre adresse d'e-mail, mais aussi des coordonnées très personnelles (la date, l'heure et le lieu de votre naissance). À vous de réfléchir si vous souhaitez communiquer ces informations sur le Web à des personnes que vous ne connaissez pas.

D'autres sites, comme ceux cités ci-dessous, vendent des logiciels d'astrologie (PC ou Mac) et vous proposeront éventuellement d'en télécharger une version d'essai. Vous pourrez donc télécharger un logiciel et l'essayer en lui faisant calculer votre propre thème. (Et si vous n'êtes pas sûr, vous pouvez toujours télécharger deux logiciels de sociétés différentes, et faire la comparaison des cartes du ciel que vous obtiendrez. Dans tous les cas, attention à effectuer une saisie correcte des données de naissance.)

Voici par exemple un point de départ pour effectuer une recherche sur les sites francophones : consultez l'Annuaire des sites d'astrologies de l'AAMR de Bordeaux, dont voici l'adresse :

```
www.perso.wanadoo.fr/mr/astro/annuaire/index.htm
```

Vous pouvez aussi utiliser un moteur de recherche et taper **astrologie**, si vous ne craignez pas d'avancer au coupe-coupe dans une jungle d'offres. Une démarche plus complète, mais aussi plus rébarbative.

De manière générale, lorsque vous surferez sur le Web à la recherche de sites d'astrologie sérieux, qui existent et témoignent souvent d'une volonté sincère et honnête de rendre service aux personnes qui les visitent, vous risquez malheureusement de tomber aussi sur des sites douteux. Attention aux devins, aux charlatans et autres escrocs. Restez donc toujours vigilant, et n'oubliez pas votre bon sens dans ce voyage !

Il est amusant d'investir dans un logiciel pour monter soi-même des thèmes astraux. Les logiciels d'astrologie constituent une source de divertissement infinie. Ils vous permettent de calculer un thème astral, de comparer des thèmes, de déterminer la façon dont les planètes vont vous influencer à l'avenir (j'en parlerai au Chapitre 13) et – en bref – de vous amuser pendant des heures. Les logiciels ne sont en général pas bon marché. Mais si vous décidez que la dépense en vaut la peine, vous pourrez en acquérir un facilement chez tout revendeur de matériel informatique ou grand magasin.

Vous pouvez aussi vous connecter aux sites suivants (liste non exhaustive, donnée à titre indicatif et sans jugement de valeur) :

- `http://webscope.free.fr/boutiq.htm`, qui affiche des liens conduisant aux sites de six éditeurs de logiciels d'astrologie.
- `www.aureas.com`, le site des éditions Aureas, spécialistes de l'astrologie. Littérature et logiciels d'astrologie.

Dressez votre thème natal en utilisant les tableaux de ce livre

Que faire si vous lisez ce livre sans avoir d'ordinateur, ni même de téléphone à votre disposition ? En n'utilisant que les informations qu'il contient, vous pouvez construire une version approchée de votre horoscope, et cette approximation sera suffisante pour la plupart des applications. D'abord, copiez les formulaires vierges de l'Annexe C, soit avec une photocopieuse, soit à la main. L'étape suivante consiste à déterminer la position du Soleil, de la Lune et des planètes.

Trouvez vos planètes

Consultez les tableaux de l'Annexe B. Ils montrent les mouvements des planètes à travers le zodiaque pour chaque année de 1930 à 2005. Allez à l'année de votre naissance, et prenez note des positions des planètes en commençant par :

- **Le Soleil :** sa position détermine votre Signe Solaire, encore appelé votre Signe de Naissance, c'est-à-dire communément votre signe du zodiaque, ou plus brièvement votre signe.

- **Mercure** : ce sera l'un des trois signes suivants : celui qui précède votre Soleil, votre Soleil, ou le signe qui suit votre Soleil. S'il se trouve quelque part ailleurs, vous faites une erreur de lecture des tableaux.
- **Vénus** : elle devrait se trouver à un angle d'au maximum 48° de votre Soleil. Par exemple, si votre Soleil est à 15° Gémeaux, votre Vénus pourrait être éloignée au maximum de deux signes, à la position 3° Lion (15° Gémeaux + 30 ° Cancer + 3° Lion = 48°). Mais en aucun cas Vénus ne peut être éloignée du Soleil de plus de deux signes.
- **Toutes les autres planètes** peuvent se trouver dans n'importe quel signe du zodiaque, quel que soit votre Signe Solaire.
- **La Lune** : gardez la Lune pour la fin, parce que c'est la partie la plus difficile. La Lune passe d'un signe du zodiaque à l'autre tous les deux ou trois jours, et sa position dans votre thème astral dépend donc de l'heure de votre naissance. Lorsque la date de naissance n'est pas listée, il faut regarder le jour listé le plus proche qui la précède pour trouver le signe lunaire. Prenons l'exemple d'une personne née dans le Maryland (côte est des Etats-Unis, donc pas d'ajustement horaire nécessaire concernant les données du tableau) le 19 octobre 1965 à 13 h 23. Consultez la table pour la Lune de l'Annexe B. La date de naissance n'est pas listée, donc regardez le jour listé le plus proche qui la précède. Vous voyez que le 17 octobre la Lune est entrée en Lion, et que le 20 elle est entrée en Vierge. Donc, avec le 19 pour date de naissance, la Lune de cette personne se trouve dans le signe du Lion.

  Mais que faire si la Lune a changé de signe le jour de votre naissance ? Dans ce cas, vous devez déterminer l'événement qui s'est passé en premier : votre naissance, ou l'entrée de la Lune dans le nouveau signe. Si votre naissance a d'abord eu lieu, votre Lune est clairement dans le signe précédent. Sinon, votre Lune se trouve dans le nouveau signe. Prenez par exemple Jodie Foster, qui naquit à Los Angeles le 19 novembre 1962, à 20 h 14 de l'heure normale du Pacifique (PST). Selon les tables de la lune de l'Annexe B, la Lune est entrée en Vierge ce jour-là à 4 h 32, en heure normale de l'est des États-Unis (celle qui est utilisée dans toutes les tables. Donc, si vous êtes né en Europe, n'oubliez pas d'effectuer les corrections nécessaires). Sa Lune se trouve-t-elle en Lion ou en Vierge ? Pour le savoir, il faut convertir l'heure normale de l'Est en heure normale du Pacifique afin de déterminer quelle heure il était en Californie lorsque la Lune a changé de signe. L'heure normale du Pacifique est trois heures en arrière de l'heure normale de l'Est, il faut donc soustraire 3 heures de l'heure à laquelle la Lune est entrée en Vierge : 4 h 32 – 3 heures = 1 h 32 en heure normale du Pacifique, le moment où la Lune est entrée dans le signe de la Vierge en Californie. Jodie est née presque 7 heures après, à 8 h 14, et sa Lune se trouve donc sans le moindre doute dans le signe de la Vierge. (Si Jodie Foster était née à Paris, par exemple, il faudrait rajouter 6 heures à 4 h 32, ce qui donnerait 10 h 32. Comme elle est née à 8 h 14, sa Lune se trouverait donc encore en Lion.)

  Et que faire si vous êtes né un jour où la Lune a changé de signe, mais que vous ne connaissez pas l'heure de votre naissance ? Vous devez alors deviner. Lisez les descriptions des deux signes pour voir si l'un des deux sonne juste. Vous le saurez peut-être immédiatement, si une des deux positions possède une description qui vous ressemble comme deux gouttes d'eau, alors que l'autre ne ressemble à personne que vous ayez jamais rencontré. Mais ne soyez pas surpris si c'est difficile à déterminer. D'abord, chaque signe du zodiaque apparaît quelque part dans votre horoscope, et une partie de vous-même s'identifie donc avec chaque signe. En outre, d'autres planètes peuvent brouiller l'image. Par exemple, la Lune peut être passée du Taureau aux Gémeaux le jour de votre naissance. Mais si vous avez aussi Jupiter dans le Taureau et Vénus dans les Gémeaux, il sera difficile de choisir en vous fiant seulement à votre intuition. Vous aurez alors besoin des mathématiques.

Trouvez votre Ascendant

Trouver le signe qui se levait à l'horizon Est au moment de votre naissance constitue la partie la plus difficile de l'établissement d'un horoscope, mais elle est logique. Tout ce que vous devez faire, c'est vous représenter où se trouvait le Soleil au lieu et au moment de votre naissance, et vous connaissez déjà à moitié votre Ascendant.

NOTE TECHNIQUE

L'écliptique, c'est-à-dire la trajectoire que suivent le Soleil et les planètes en se déplaçant apparemment dans le ciel (reportez-vous au Chapitre 1 pour en savoir plus sur l'écliptique), entoure la Terre comme un ruban géant. Ce ruban se divise en 12 segments, un pour chaque signe du zodiaque. Chaque jour, tandis que la Terre tourne sur son axe, elle traverse chacun de ces segments, elle passe en tournant les 12 signes en 24 heures. Le segment qui se trouve à l'horizon Est à l'heure de votre naissance est votre Ascendant. Le signe de l'Ascendant change approximativement toutes les deux heures, bien que la latitude ait une influence et que l'Ascendant reste plus longtemps dans certains signes (ils sont dits signes de longue ascension, par exemple : le Lion et le Scorpion) que dans d'autres. C'est l'heure de votre naissance qui détermine votre Ascendant.

N'OUBLIEZ PAS

Si vous êtes né à l'aube, votre Ascendant est du même signe que votre Signe Solaire (il se trouve là où se trouve votre Soleil). Si vous êtes né deux heures après le lever du Soleil, votre Ascendant est probablement le signe qui suit votre signe de naissance. (Donc si vous êtes un Gémeaux, votre Ascendant est le Cancer). Si vous êtes né à la tombée de la nuit, votre Ascendant est le signe qui se trouve à l'opposé de votre signe sur le zodiaque. (Donc si vous êtes un Bélier né au coucher du Soleil, votre Ascendant est la Balance ; l'Ascendant d'un Taureau est le Scorpion, etc.)

Pour déterminer facilement votre Ascendant, consultez l'Annexe A. Trouvez votre signe astrologique puis identifiez l'intervalle de temps au cours duquel vous êtes né. N'oubliez pas de tenir compte de l'heure d'été, qui est l'heure du méridien de Greenwich (TU) avancée d'une heure en hiver et de deux

HISTOIRE VRAIE

Whitney Houston

Prenons l'exemple d'un bébé né le 9 août 1963 à 20 h 55 à Newark, dans le New Jersey (côte est des États-Unis). La date seule vous indique que cette personne est un Lion chaleureux et théâtral, mais pour trouver l'Ascendant, il est nécessaire de regarder l'heure de la naissance. Étant donné que l'heure d'été était en vigueur, il faut soustraire 1 heure à l'heure de la naissance indiquée, ce qui donne une heure de naissance de 19 h 55. Le tableau de l'Annexe A montre que l'Ascendant est le signe des Poissons, qui indique qu'en dépit d'un centre confiant et extraverti, cette personne peut présenter une image d'elle-même vulnérable. Vous souvenez-vous de ce film, *The Bodyguard* ? Whitney Houston y joue une diva avec un fort caractère (Lion) qui a pourtant besoin d'amour et de protection (Poissons). Le rôle, comme l'horoscope, lui va comme un gant.

heures en été. En France, les changements d'heure ont lieu au printemps et à l'automne. Tenez-en compte : TU +1 heure en hiver, TU + 2 heures en été. Ainsi, en mai 2000 par exemple, lorsqu'il était 8 h 30 en temps universel (TU), il est 10 h 30 à Paris.

ATTENTION !

Dans un grand nombre de cas, la table de l'Annexe A donne l'Ascendant correct, mais ce n'est qu'une approximation, qui ne révèle pas le degré exact de la position de votre Ascendant. Si un signe ne semble vraiment pas vous correspondre, envisagez la possibilité du signe adjacent. Par exemple, si la table dit que vous avez un Ascendant Scorpion, mais que vous êtes quelqu'un d'humeur égale qui n'intimide personne, pensez que le Scorpion n'est peut-être pas votre Ascendant, et prenez la Balance à la place.

Trouvez vos maisons

Une fois que vous connaissez votre Ascendant, vos problèmes sont terminés. Consultez l'Annexe C, et faites une copie du formulaire vierge. (Ou bien tracez un cercle et divisez-le en 12 parts comme un gâteau.) Tout ce que vous devez maintenant faire, c'est attribuer aux maisons leurs signes corrects. Procédez comme suit : étiquetez la première maison (qui correspond à la part 1 du gâteau) avec le nom (ou, mieux, avec le symbole) de votre Ascendant. Puis, dans le sens contraire au sens horaire, étiquetez la maison suivante avec le signe qui suit le signe de votre Ascendant, puis la troisième maison avec le signe qui suit le précédent, *etc.*

N'OUBLIEZ PAS

Dans un horoscope divisé en 12 secteurs, la première maison commence au point de 9 heures et s'étend jusqu'à 8 heures dans la direction contraire au sens horaire.

Quel que soit votre Ascendant, les signes se suivent toujours dans leur ordre naturel. Donc si vous êtes d'Ascendant Scorpion, vous avez le Sagittaire sur la cuspide de la deuxième maison, le Capricorne sur celle de la troisième, et ainsi de suite. Et si votre Ascendant est du signe des Poissons, le Bélier se trouve sur la cuspide de la deuxième maison, le Taureau sur la troisième, *etc.*

La *cuspide* est tout simplement la pointe ou le début d'une maison.

Divisez l'horoscope en douze maisons

Les astrologues ont débattu pendant longtemps des différentes méthodes de domification (c'est-à-dire de division duodécimale – en douze parties – de la sphère céleste). Le système le plus communément utilisé fut développé au XVIIe siècle par un astrologue appelé Placidus de Tito. Le système de Placidus est largement employé, mais c'est un système difficile à calculer, et vraiment imprécis dans les latitudes du Nord. (Cependant, comme il est très répandu, c'est le système que j'utilise pour les cartes du ciel de ce livre).

Le système le plus simple – en fait, le deuxième système le plus simple – fut inventé par le mathématicien, astronome et astrologue grec Claude Ptolémée il y a près de 2 000 ans. On l'appelle le *système des maisons égales* parce qu'il suppose que toutes les maisons sont de la même taille. Donc si votre Ascendant est à 18°36' dans le Verseau, la cuspide de votre deuxième maison se trouve à 18°36' en Poissons, celle de votre troisième maison à 18°36' en Bélier, et ainsi de suite.

Le système le plus simple de domification est habituellement utilisé en astrologie hindoue. Il aligne les maisons et les signes, et suppose que la cuspide de chaque maison est à 0 degré. (En conséquence, l'Ascendant n'est pas la cuspide de la première maison, mais simplement un point à l'intérieur de celle-ci). Donc si votre Ascendant est le Sagittaire, vous avez tout le Sagittaire dans la Maison I, tout le Capricorne dans la Maison II, et ainsi de suite. Bien que ce système ne soit pas beaucoup utilisé dans l'astrologie occidentale, l'astrologue Robert Hand prône son renouveau – et on peut trouver beaucoup d'arguments en faveur de son utilisation, surtout si vous pensez que l'heure de la naissance est incorrecte.

Assemblez le tout pour créer une carte du ciel de naissance

L'établissement d'un thème astral de base se fait au moyen des étapes suivantes : recherche des planètes, détermination de l'Ascendant, traçage de la roue de l'horoscope, et positionnement des planètes sur la roue. Cela étant fait, vous êtes prêt pour le véritable art de l'interprétation astrologique.

Que faire si vous ne connaissez pas l'heure de votre naissance ?

Même si personne ne se souvient de l'heure précise de votre naissance, quelqu'un se souviendra peut-être que votre mère vous a mis au monde juste avant l'heure du déjeuner, ou juste avant que le soleil ne se couche, ou à un moment donné entre minuit et l'aube. Si c'est le cas, choisissez une heure approximative. Et gardez à l'esprit que vous pouvez aller voir un astrologue professionnel pour faire rectifier votre horoscope. L'astrologue rectifie votre horoscope en travaillant en arrière à partir d'événements majeurs de votre vie (tels que le mariage ou la mort d'un parent) pour affiner l'estimation et fournir une heure de naissance plus précise. En attendant, utilisez l'approximation, mais soyez conscient que votre Ascendant n'est qu'une estimation informée, et que la position de votre Lune peut différer d'un degré ou deux – ce qui dans certains cas la place dans un autre signe du zodiaque.

Si vous n'avez aucune idée de l'heure à laquelle vous êtes né, vous ne connaîtrez probablement jamais le degré, et peut-être même pas le signe de votre Lune natale, et vous ne serez jamais certain de votre Ascendant ni des positions de vos maisons. Pourtant, ne vous en faites pas : votre signe solaire, votre signe lunaire approximatif et les positions des planètes révèlent déjà énormément de choses, surtout lorsque vous les voyez joliment présentés sur une roue d'horoscope. Vous pouvez faire la chose suivante : dressez une carte solaire, c'est-à-dire en supposant que vous êtes né vers l'aube. Donc si vous êtes né le 7 janvier, placez le Capricorne sur la cuspide (au début) de la Maison I, le Verseau sur la cuspide de la deuxième maison, etc. Puis placez votre Soleil dans la Maison I et positionnez les autres planètes en conséquence, comme je l'explique dans la section « Trouvez vos planètes ».

HISTOIRE VRAIE

Prenons l'exemple de Michel Drucker, né le 12 septembre 1942 à 11 h (-2h) à Viré. Il est du signe de la Vierge, son Ascendant est la Balance.

Commencez par chercher ses planètes dans l'Annexe B. Vous trouvez la liste suivante :

Son Soleil est en Vierge	Jupiter est en Cancer
Sa Lune est en Balance	Saturne est en Gémeaux
Mercure est en Balance	Uranus est en Gémeaux
Vénus est en Vierge	Neptune est en Vierge
Mars est en Vierge	Pluton est en Lion

Voici une carte du ciel de base.

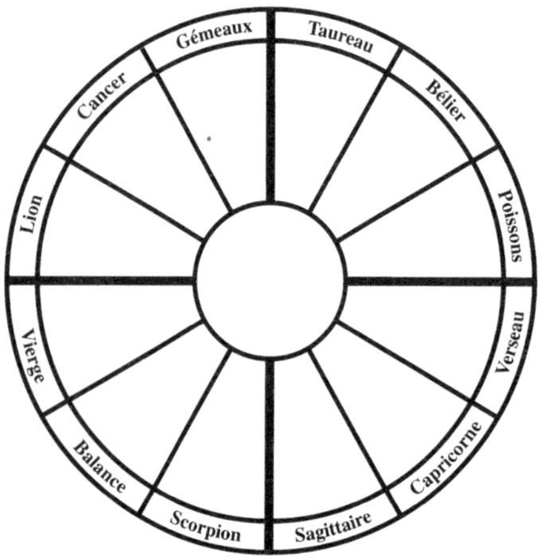

Figure 2.1 : Une carte du ciel de base.

Voici maintenant la carte du ciel simplifiée de Michel Drucker, avec le positionnement des planètes dans les signes.

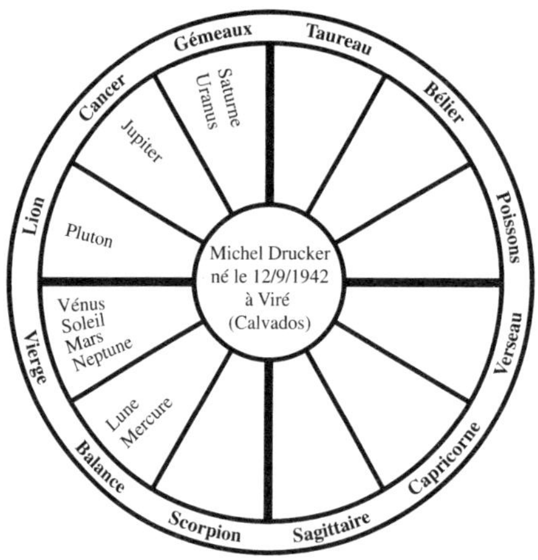

Figure 2.2 : La carte du ciel simplifiée de Michel Drucker.

Maintenant, faites encore mieux, mémorisez les superbes et mystérieux symboles astrologiques. De cette manière, vous obtiendrez une carte du ciel qui ressemblera à celle de la Figure 2.3.

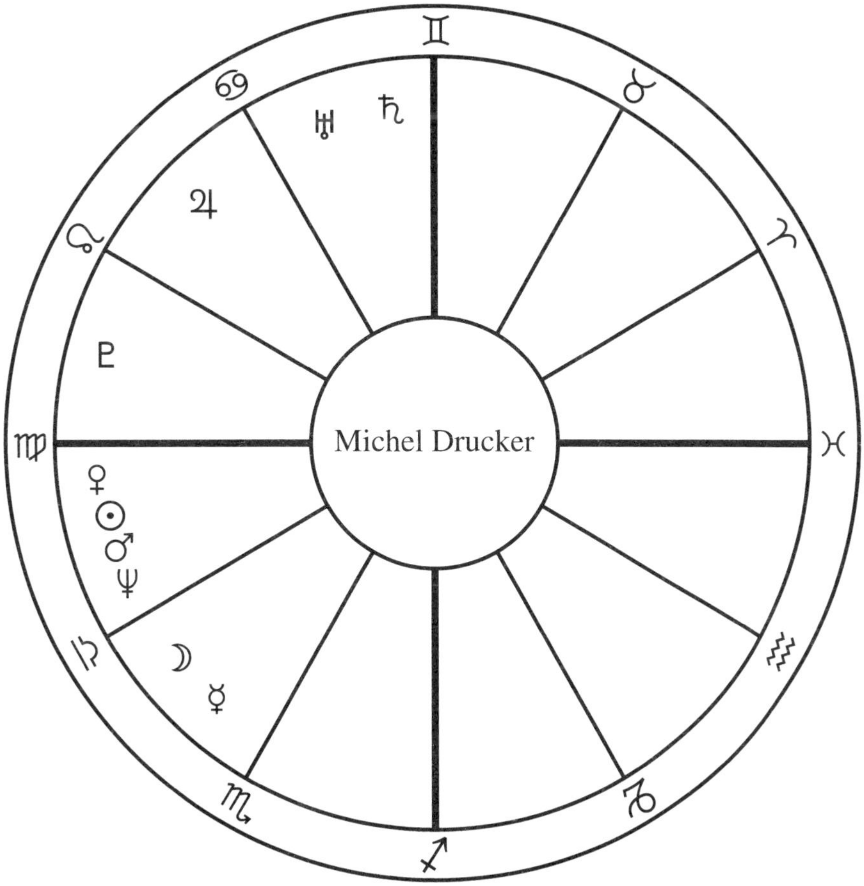

Figure 2.3 : La carte du ciel simplifiée de Michel Drucker en utilisant les symboles astrologiques.

En quoi la carte du ciel de la Figure 2.3 diffère-t-elle d'une carte établie à partir de calculs mathématiques précis ? La Figure 2.4 montre la carte natale de Michel Drucker, ajustée pour le lieu de sa naissance (il est né à Viré, dans le Calvados) et calculée à la minute près par un ordinateur en utilisant le système de domification de Placidus.

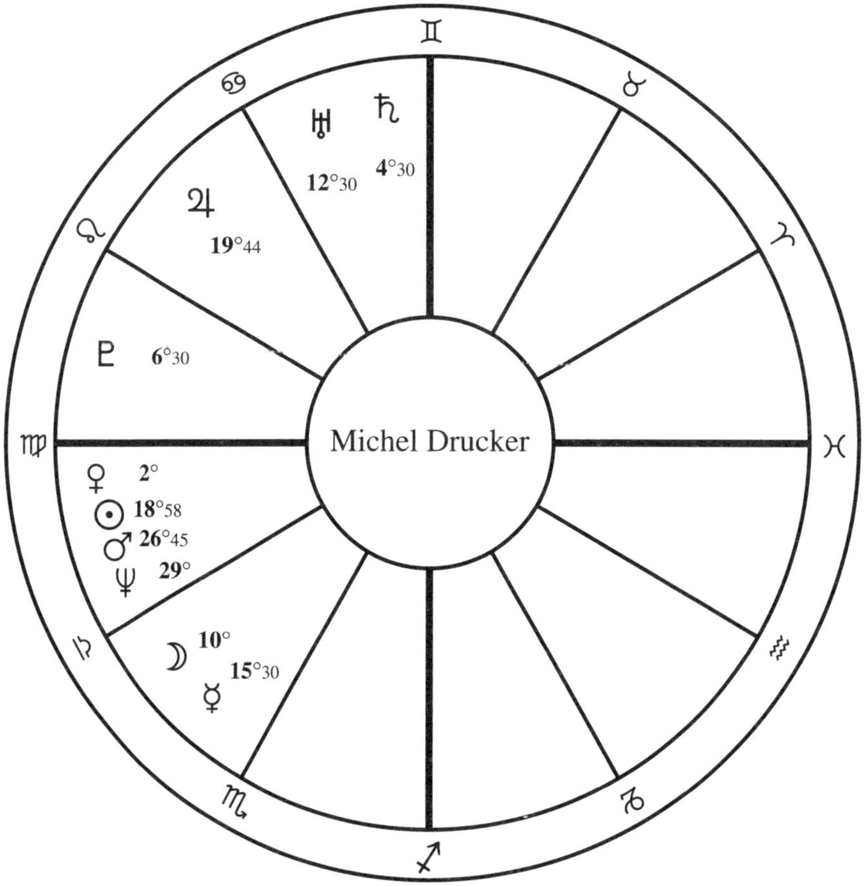

Figure 2.4 : La carte du ciel de Michel Drucker, établie avec une grande précision par un ordinateur.

Existe-t-il des différences entre ces méthodes ? Bien sûr, surtout si vous regardez les positions des maisons. Une carte du ciel générée par ordinateur est meilleure qu'une carte faite à la main, sur tous les plans. Mais une carte du ciel natal approximative est quand même bourrée d'informations sur la personnalité, les talents, les faiblesses, les désirs, la vie amoureuse, la carrière, et même l'avenir. Elle n'est pas parfaite. Mais elle vous permettra quand même de réfléchir, et elle vous captivera.

Pour dresser votre carte « à l'ancienne », en effectuant les calculs à la main

Si vous souhaitez monter vous-même une carte du ciel parfaite sur le plan des calculs mathématiques, voici ce que vous devrez calculer :

- **La longitude et la latitude précises du lieu de votre naissance.**
- **Le temps sidéral de naissance (ou heure sidérale de naissance).**

  On convertit d'abord l'heure de la naissance en heure de Greenwich, ou Temps Universel de naissance, en prenant le fuseau horaire du lieu de naissance et en tenant compte des variations subies, comme l'heure d'été ou l'heure allemande pendant la guerre, qui diffère en France selon les régions.

  Le temps sidéral de naissance se compose du Temps Sidéral de Greenwich à 0 h (que l'on trouve dans les *éphémérides* – voir ci-dessous – à la date du Temps Universel de naissance), de la correction du Temps Sidéral de Greenwich pour l'heure de naissance, du Temps Universel de naissance, et de la correction de longitude du lieu de naissance.

- **Une table des maisons.** Celle-ci vous donnera la position de la cuspide de la première maison (Ascendant) à n'importe quel moment donné en fonction du Temps Sidéral et de la latitude de votre naissance. Elle vous donnera aussi les positions en degrés des cuspides des autres maisons.
- **Les *éphémérides* de l'année de votre naissance.** Elles constituent en quelque sorte la pierre de Rosette de l'astrologie. Elles donnent la liste des positions du Soleil, de la Lune et des planètes pour chaque jour de l'année, pour minuit ou pour midi d'après le méridien de Greenwich, en Angleterre (base du temps universel, TU). Donc si vous êtes né à Greenwich sur le coup de minuit, vous n'avez rien à faire pour déterminer la position de vos planètes. Vous pouvez les lire directement dans la table. Mais si vous êtes né à n'importe quelle autre heure ou à n'importe quel autre endroit, vous devez faire des ajustements. En utilisant les principes de l'algèbre de collège, vous pouvez arriver à une estimation assez précise. Mais si vous voulez être vraiment précis, vous devrez utiliser…
- **Une table de logarithmes.** Mais soyons réalistes : si vous aviez vraiment envie de faire des logarithmes, vous ne seriez pas en train de lire *L'Astrologie pour les Nuls.*

CONSEIL

Pour vous procurer ces livres, tables, etc., rendez-vous à une librairie ésotérique, à la Fnac, dans certaines librairies ou grandes surfaces, ou visitez des sites spécialisés sur le Web.

Deuxième partie

La cuisine cosmique

" Écoute mon horoscope dans 'Coiffures et Perruques'. 'Ce mois-ci, laissez tomber vos cheveux. Préparez-vous à une rencontre amoureuse vers la fin du mois avec un coiffeur, le propriétaire d'un salon de coiffure, ou un fabricant de perruques ! Les voyages sont inscrits dans votre avenir. N'oubliez donc pas d'emporter suffisamment de shorts, de crème à bronzer, et de perruques…' "

Dans cette partie…

« À votre naissance, si vous aviez disposé d'une vision étendue du cosmos, vous auriez pu regarder le ciel étoilé pour y voir le système solaire tout entier. Vous auriez vu le Soleil sur un point, la Lune sur un autre, Mars, la planète rouge, ici, Saturne avec ses anneaux là-bas, et toutes les autres planètes éparpillées à travers le ciel comme des châtaignes sur un sentier boisé (sans parler des astéroïdes). Ayant observé tout cela, vous n'auriez pas simplement rêvassé : vous auriez regardé votre horoscope grandeur nature !

Votre horoscope miniature, avec ses symboles mystérieux, ses cercles concentriques et ses nombres minuscules, ressemble peut-être à une amulette de magicien. En fait, c'est simplement une carte du ciel et de la position des planètes au moment de votre naissance. Elle reproduit, sous forme simplifiée, la vue que vous auriez eue à votre naissance. Cette figure de la sphère céleste, qui ne se répétera pas avant près de 26 000 ans, résume l'action des forces et l'influence des planètes à votre naissance. Chaque objet de votre horoscope reflète ou symbolise un aspect de qui vous êtes.

Dans cette partie, vous pouvez étudier les influences du Soleil, de la Lune, de l'Ascendant et des planètes, à la fois dans les signes du zodiaque et dans les maisons. En lisant les descriptions, vous pourrez imaginer les possibilités.

Chapitre 3

Les Signes Solaires : le bon, la brute et l'irritant

Dans ce chapitre :

Le Soleil dans les signes du zodiaque.
Le Soleil dans les maisons

Alors que j'étais encore au lycée, j'achetai mon premier livre d'astrologie pratiquement par accident, et ma compréhension de la vie en fut complètement transformée. Ce livre, l'un des nombreux ouvrages de Zolar (un nom utilisé par une succession d'auteurs astrologues aux États-Unis), donnait une description applicable à des gens que je connaissais avec une précision troublante. Mes parents, la fille avec qui je partageais une chambre, mon copain de l'époque – ils s'y trouvaient tous, décrits avec des détails stupéfiants. Au cours de ces quelques premières heures, je découvris qu'à lui seul le Signe Solaire est incroyablement révélateur.

Plus tard, je compris qu'un horoscope, ou thème astral (ou thème natal, ou thème individuel), est quelque chose d'aussi compliqué qu'un feuilleton qui est diffusé depuis de nombreuses années (et presque aussi prévisible lorsqu'il se trouve dans les mains d'un bon astrologue). Un thème astral comprend 10 planètes, 12 maisons, 12 signes, plusieurs points mathématiques, et davantage. Après avoir acheté mes premières *éphémérides* (tables astrologiques qui indiquent la position des planètes pour n'importe quelle année donnée) et avoir appris à effectuer les calculs mathématiques, je me mis à monter des thèmes astraux pour toutes les personnes que je connaissais. Carte du ciel (également appelée *radix*) en main, j'explorais de nombreuses méthodes d'analyse, j'expérimentais différentes techniques secrètes, et je recherchais des planètes et toutes sortes de corps célestes qui pourraient dévoiler les secrets de la destinée. (Astéroïdes ! Comètes ! Planètes attendant encore d'être découvertes ! Le trou noir qui dévore notre galaxie !) Mais malgré tout ça, je revenais encore et toujours au même ensemble de diagrammes. Et je compris alors que le centre de quasiment toute carte du ciel, c'est le Soleil. Il illumine votre moi intrinsèque et domine votre thème de la même manière que le brillant Soleil domine le ciel.

Né à la fin d'un signe ou au début du suivant ?

Vous connaissez probablement déjà votre signe du zodiaque. Mais si vous êtes né au début ou à la fin d'un signe, vous devez faire attention. Les dates qui sont données pour chaque signe au Chapitre 1 (et dans tout autre livre d'astrologie) sont trompeuses. Elles indiquent les périodes de temps durant lesquelles le Soleil passe *en général* d'un signe à l'autre ; mais, en réalité, le mouvement exact varie. Certaines années, le Soleil passe à son nouveau signe le matin ; d'autres fois, c'est l'après-midi que cela se produit ; et occasionnellement, le changement a lieu après minuit. Prenons un exemple. Une personne née à Boston le matin du 22 novembre 1977 est du signe du Sagittaire. Mais si elle est née à la même heure au même endroit un an plus tard, elle est du signe du Scorpion. Que devez-vous donc faire si vous êtes né à une date qui marque le début ou la fin d'un signe ? Appelez un astrologue, vérifiez votre horoscope sur l'Internet, ou consultez l'Annexe B et effectuez les calculs mathématiques. Sinon, vous ne pourrez pas être absolument sûr d'être né à la fin d'un signe ou au début du suivant.

Disons que vous êtes né le 20 mars 1981 à Paris. Vous combinez la super-sensibilité des Poissons à l'énergie brute du Bélier – mais pas parce que votre Soleil incorpore ces deux qualités. Vous possédez des traits de caractère qui reflètent les deux signes parce que vous avez la douce Vénus dans ces Poissons et Mars dans le Bélier. À moins de connaître l'heure de votre naissance, vous ne pourrez toutefois pas connaître votre Signe Solaire. Si vous êtes né le matin de ce jour-là (à 10 heures, par exemple), vous êtes un Poissons. Si vous êtes né dans la soirée (à 20 heures, par exemple), vous êtes un Bélier. Vous êtes soit l'un, soit l'autre, mais pas les deux.

Pourtant, quelle que soit la position correcte du Soleil, vous possédez encore des qualités de ces deux signes, grâce à Mars et à Vénus. Dans ce cas, direz-vous, pourquoi est-ce important ? C'est important parce que le Soleil est dominant et modifie votre équilibre interne dans sa propre direction. Cela a de l'importance en termes de prévisions (dont je parle au Chapitre 15). Et cela a de l'importance parce qu'il vaut tout simplement mieux ne pas vous tromper. Si vous êtes né le jour d'un changement de signe, vous courrez le risque de prendre vos désirs pour des réalités, de choisir le signe qui a l'air d'être « le meilleur » et de biaiser la manière dont vous vous percevez afin de vous prétendre autant que possible semblable au signe que vous préférez. Évitez cela. Trouvez les données exactes. Car vous ne pourrez pas bénéficier de la sagesse de l'astrologie si vous essayez de naviguer à travers la vie avec la carte du psychisme de quelqu'un d'autre.

Par contre, si vous êtes cette rare personne née un de ces jours-clés sans connaître l'heure, lisez les descriptions des deux signes, et essayez de trouver celle qui semble exacte. Dans certains cas, cela saute aux yeux. Dans d'autres, le secret de votre naissance ne sera peut-être jamais percé, et vous pourrez vous délecter du luxe du choix.

Le symbole du Soleil se compose du point de l'individualité entouré du cercle de l'intégralité et du potentiel.

Le Soleil dans les signes

Le signe qu'occupait le Soleil au moment de votre naissance détermine vos motivations, votre méthode d'expression de vous-même et votre approche fondamentale de la vie. C'est le fondement de votre personnalité.

N'OUBLIEZ PAS

Chaque signe possède une polarité (il est soit positif, soit négatif), un mode (il est cardinal, fixe ou mutable) et un élément (feu, terre, air ou eau). Pour en savoir plus sur tous ces termes, reportez-vous au Chapitre 1.

ATTENTION !

Les dates indiquées pour le début et la fin des signes sont approximatives. Si vous êtes né en début ou en fin de période, il est souhaitable de faire vérifier votre Signe Solaire par un astrologue professionnel, ou de vous procurer une carte du ciel calculée par ordinateur.

Le Bélier : du 21 mars au 20 avril

L'année astrologique débute à l'équinoxe de printemps, qui est le premier jour du Bélier, le signe des pionniers. Gouverné par Mars, la planète qui porte le nom du dieu romain de la Guerre, vous êtes dynamique, franc et vous débordez d'initiatives. Votre signe est celui des commencements.

Les qualités

Les natifs du Bélier typiques sont entreprenants, intrépides, passionnés, infatigables et courageux. Bélier, vous possédez l'audace et la joie de vivre. Vous débordez d'énergie et de vitalité. Indépendant et joyeusement individualiste, vous possédez un sens affirmé de qui vous êtes, et vous refusez que les autres vous définissent. Vous êtes un leader, et pas un suiveur. Vous prenez aussi des risques avec un esprit de pionnier et un amour inné de la nouveauté. Lorsqu'une idée intrigante ou un projet excitant capture votre attention, vous allez droit au but. Pourquoi attendre ? Après tout, le Bélier est le signe des commencements. Si vos plans ne fonctionnent pas, vous acceptez la déception avec bonne grâce, et vous vous remettez à avancer.

Les défauts

Comme un enfant, vous pouvez être égocentrique, manquer d'égards, et être bien décidé à faire les choses à votre façon, quoi qu'il arrive. Nerveux et impatient, vous faites parfois preuve d'un manque de prévoyance déplorable, et vous manquez souvent de persévérance. Votre enthousiasme initial tombe souvent, et vous obtenez donc souvent de plus grandes satisfactions avec des projets à court terme qu'avec des entreprises de longue haleine. Sur le plan

HISTOIRE VRAIE

Quelques natifs typiques du signe du Bélier

- Robert Badinter 30/03/1928 – Paris – 6H00 – Asc. : Bélier – Lune : Lion.
- Jean-Paul Belmondo 09/04/1933 – Neuilly-sur-seine – 9H00 – Asc. : Cancer – Lune : Balance.
- Jean-Pierre Coffe 24/03/1938 – Lunéville – 3H00 – Asc. : Capricorne – Lune : Capricorne.
- Marguerite Duras 04/04/1914 – Gia Dinh (Indochine) – 4H00 – Asc. : Poissons – Lune : Cancer.
- Serge Gainsbourg 02/04/1928 – Paris – 4h45 – Asc. : Poissons – Lune : Vierge.
- Simone Signoret 25/04/1921 – Wiesbaden (Allemagne) – 2H30 – Asc. Capricorne – Lune : Balance.
- Vincent Van Gogh 30/03/1853 – Groot Zunder (Pays-Bas)– 11H00 – Asc. : Cancer – Lune : Sagittaire.
- Emile Zola 02/04/1840 – Paris – 23H00 – Asc. : Sagittaire – Lune : Bélier.

émotionnel, vous avez parfois du mal à comprendre ce que ressent l'autre. Et votre humeur est chauffée à blanc : elle arrive et disparaît en un éclair, mais lorsqu'elle apparaît, vous êtes terrifiant. Vous avez des opinions très prononcées, et vous n'avez pas peur de les exprimer. Vous pensez la chose suivante : si l'expression de vos points de vue met les autres mal à l'aise, il faut les laisser soigner eux-mêmes leur sensibilité fragile. Vous, vous avez bien trop à faire pour vous occuper de sentiments froissés ou ruminer les injustices du passé.

♈ Le symbole du Bélier représente soit la tête du bélier, une fontaine d'où jaillit l'énergie, soit les sourcils et le nez d'un être humain – une partie du visage qui est bien définie et gracieuse chez un natif typique de ce signe.

Bélier : les données de base

Signe masculin	Couleurs favorables : rouge et blanc
Mode : cardinal	Pierre porte-bonheur : diamant
Élément : feu	Partie du corps : la tête
Maître : Mars	Phrase-clé : Je suis
Signe opposé : la Balance	Traits principaux : énergique, mais impétueux

Le Taureau : du 21 avril au 20 mai

Les natifs du Taureau sont sensibles, fiables et prêts à assumer des responsabilités. Mais ils ont aussi un autre côté : car la maîtresse de ce signe est Vénus, la déesse de l'Amour.

HISTOIRE VRAIE

Quelques natifs typiques du signe du Taureau

- Patrick Bruel 14/05/1959 – Tlemcen (Algérie) – 8H00 – Asc. : Gémeaux – Lune : Lion.
- Jean Gabin 17/05/1904 – Paris – 2H00 – Asc. : Poissons – Lune : Gémeaux.
- Fernandel 08/05/1903 – Marseille – 7H00 – Asc : Gémeaux – Lune : Balance.
- Yannick Noah 18/05/1960 – Sedan – 12H45 – Asc. : Vierge – Lune : Poissons.
- Christine Ockrent 24/04/1944 – Bruxelles (Belgique) – 22H45 – Asc. : Scorpion – Lune : Gémeaux.
- Marie-José Pérec 09/05/1968 – Guadeloupe – 2H20 – Asc. : Taureau – Lune : Balance.
- Bernard Pivot 05/05/1935 – Lyon – 17H00 – Asc. : Balance – Lune : Gémeaux.
- Charles Trenet 18/05/1913 – Narbonne – 16H00 – Asc. : Balance – Lune : Scorpion.

Les qualités

Dans le cycle du zodiaque, le Bélier, pionnier, arrive en premier, en faisant fuser de l'énergie de partout. Le Taureau amène cette énergie à terre et l'utilise pour construire quelque chose de solide. Avec votre signe fixe, vous êtes stable, enraciné dans la réalité et extrêmement fiable. Ce sont les objectifs concrets qui vous parlent le plus, et vous les poursuivez avec une persistance tranquille. Étant donné que vous avez un besoin intense de sécurité, à la fois émotionnelle et financière, vous avez tendance à faire des choix prudents. L'argent est important pour vous, mais vous êtes aussi hautement créatif, et il est probable que vous soyez doué pour l'art ou la musique. Avec pour planète maîtresse Vénus, la gardienne de l'amour et de la beauté, vous êtes doux, romantique et sensuel. Vous adorez faire l'amour avec volupté ; la texture de la soie et du velours ; le pain frais ; les bons vins rouges ; la nature à toutes les saisons ; et les objets de grande beauté, dont vous faites facilement l'acquisition.

Les défauts

Bien que votre dévouement soit impressionnant, votre rythme tranquille peut rendre les autres fous. Vous commencez lentement, vous avez tendance à avancer lentement, et vous refusez qu'on vous presse. Vous pouvez être incroyablement buté, d'une façon qui irrite. Vous pouvez aussi être avide et matérialiste, incroyablement glouton, paresseux, et complaisant envers vous-même. Mais, d'un autre côté, vous savez où vous allez et ce que vous voulez. Vous n'atteindrez peut-être pas rapidement votre destination, mais, comme la tortue légendaire à laquelle on vous compare souvent, vous l'atteindrez.

♉ Le symbole du Taureau représente la tête du taureau, le menton et la gorge, l'utérus et les trompes de Fallope, ou le cercle symbolique du potentiel couronné du croissant de la réceptivité.

HISTOIRE VRAIE

Quelques natifs typiques du signe des Gémeaux

- Barbara 09/06/1930 – Paris – 16H00 – Asc. : Balance – Lune : Scorpion.
- Jean Galfione 09/06/1971 – Paris – 20H50 – Asc. : Sagittaire – Lune : Sagittaire.
- Johnny Halliday 15/06/1943 – Paris – 13H00 – Asc. : Vierge – Lune : Scorpion.
- Jean Moulin 20/06/1899 – Béziers – 12H00 – Asc. : Balance – Lune : Scorpion.
- Gérard de Nerval 22/05/1808 – Paris – 20H00 – Asc : Sagittaire – Lune : Taureau.
- Françoise Sagan 21/06/1935 – Cajarc – 11H00 – Asc. : Vierge – Lune : Poissons.
- Jean-Paul Sartre 21/06/1905 – Paris – 18H45 – Asc. : Sagittaire – Lune : Verseau.
- Alain Souchon 27/05/1944 – Casablanca (Maroc) – 7H00 – Asc. : Gémeaux – Lune : Lion.

Taureau : les données de base

Signe féminin	Couleurs favorables : les verts et les bruns
Mode : fixe	Pierre porte-bonheur : l'émeraude
Élément : terre	Parties du corps : le cou et la gorge
Maître : Vénus	Phrase-clé : Je construis
Signe opposé : le Scorpion	Traits principaux : productif, mais obstiné

Les Gémeaux : du 21 mai au 20 juin

Agiles et sachant bien s'exprimer, les Gémeaux sont curieux, changeants et convaincants. C'est parce que leur maître est Mercure, le dieu à l'esprit vif qui pouvait se tirer de n'importe quelle situation grâce à son bagout.

Les qualités

Toujours jeune, dit-on. Vous êtes malin, de bonne humeur, et complètement intéressé par la vie. Dans votre quête éternelle de stimulation mentale, vous êtes fasciné par la diversité du monde. Vous y répondez joyeusement. Vous vous sentez vivifié lorsque vous maîtrisez une technique, que vous explorez un domaine de connaissance ou que vous rencontrez quelqu'un de nouveau. Maître de la communication et des commérages, vous êtes enjôleur, intelligent, et vous avez l'esprit vif. Vous pouvez convaincre n'importe qui de n'importe quoi – y compris vous-même. Au mieux de votre forme, vous êtes divertissant, sociable, ingénieux et dans le vent : en un mot, éblouissant. La variété et l'activité sont vos délices, et vous avez de nombreux centres d'intérêt (et abonnements à différents magazines). Pour être bien sûr de ne jamais vous ennuyer, vous gardez vos options ouvertes. Vous vous sentez en sécurité lorsque vous avez deux romans sur votre table de chevet, deux jobs, deux amours (un principal et un de secours, au cas où...). Lorsque vous êtes occupé, vous êtes heureux. Lorsque votre assiette déborde, vous vous sentez bien dans le monde.

Les défauts

Vous parlez trop. Vous fatiguez les gens. Vous pouvez même aller jusqu'à épuiser votre propre intérêt pour une idée, tout simplement en en parlant à mort. Lorsque vous mettez les bouchées doubles, ce qui arrive souvent, vous devenez nerveux et tendu. Vous changez rapidement d'avis, vous avez du mal à maîtriser vos émotions, et vous pouvez être fourbe, superficiel et inconstant – l'incarnation vivante de la girouette ! On vous accuse d'être superficiel. En fait, vous vivez de vraies émotions, mais elles ne durent pas longtemps. Lorsque les problèmes surgissent, vous mettez de côté vos sentiments et vous vous adaptez avec une facilité étourdissante. Votre partenaire vous quitte ? Qu'à cela ne tienne, vous réécrivez l'histoire, et bientôt c'est vous qui l'avez quitté. Vous vous occuperez plus tard des conséquences sur le plan émotionnel. En attendant, vous avez commencé un nouveau chapitre. Vous êtes un véritable caméléon.

♊ Les piliers des Gémeaux représentent les jumeaux de la mythologie : Castor, le fils humain d'un roi, et Pollux, le fils immortel de Zeus. Les deux verticales représentent également votre caractère double.

Gémeaux : les données de base

Signe masculin	Couleurs favorables : le jaune
Mode : mutable	Pierre porte-bonheur : l'agate
Élément : air	Parties du corps : les bras, les épaules et les poumons
Maître : Mercure	Phrase-clé : Je pense
Signe opposé : le Sagittaire	Traits principaux : intelligent mais superficiel

Le Cancer : du 21 juin au 22 juillet

La Lune toujours changeante est la maîtresse de ce signe. Vous êtes éveillé, conscient, une créature aux nombreuses humeurs. Mais bien que vous partiez parfois à la dérive dans un océan d'émotions, vous êtes bien déterminé à réaliser vos objectifs, et en général vous y parvenez.

Les qualités

Vous personnifiez un paradoxe intéressant. En tant que signe d'eau, vous êtes une personne profondément sensible dont les humeurs fluctuantes sont un baromètre de l'atmosphère émotionnelle qui vous entoure. Vous avez également un amour profond pour le passé, une intuition remarquable, et un besoin intense de foyer, de famille et de sécurité émotionnelle. Vous êtes tenace et résolu, et vous n'abandonnez jamais quelqu'un que vous aimez.

HISTOIRE VRAIE

Quelques natifs typiques du signe du Cancer

- Bernard Buffet 10/07/1928 – Paris – 7H00 – Asc. : Lion – Lune : Bélier.
- Jean Cocteau 05/07/1889 – Maisons-Lafitte – Asc. : Taureau – Lune : Vierge.
- Jean-Luc Delarue 24/06/1964 – 21H15 – Paris – Asc. : Capricorne – Lune : Capricorne.
- La princesse Diana 01/07/1961 – Sandringham – 19H45 – Asc. : Sagittaire – Lune : Verseau.
- Lionel Jospin 12/07/1937 – Meudon – 23H10 – Asc. : Poissons – Lune : Vierge.
- Pierre Perret 09/07/1934 – Castelsarrasin – 18H00 – Asc. : Sagittaire – Lune : Gémeaux.
- Marcel Proust 10/07/1871 – Paris – 23H30 – Asc. : Bélier – Lune : Taureau.
- Paul-Emile Victor 28/06/1907 – Genève (Suisse) – 17H30 – Asc. : Sagittaire – Lune : Verseau.

Même si vous devez pour cela être possessif et trop protecteur, eh bien, tant pis ! Votre aptitude à réconforter les autres existe en parallèle de votre besoin de vous occuper de vous-même et de vous réconforter, et cela durera toute la vie. Mais un autre aspect est souvent négligé : en tant que signe cardinal, vous êtes résolu à initier l'activité. Bien que vos sentiments puissent vous sembler une mer bouillonnante à l'intérieur de vous-même, ce n'est pas ça qui vous arrête. Vous prenez votre courage à deux mains, vous réprimez vos doutes, et vous allez de l'avant, bien que ce ne soit pas sans verser quelques larmes en route. Le Cancer a la réputation d'être un signe qui aime la vie de famille, mais vous êtes également imaginatif, sagace et ambitieux. Et j'ajouterais presque que vous avez la meilleure mémoire du monde.

Les défauts

Regardez le crabe. Il approche sa cible par le côté, en étant terrorisé. Il se retire dans sa carapace. Et vous faites la même chose. Vous vous protégez bien. Parfois, vous êtes tellement sur la défensive, tellement décidé à vous protéger pour ne pas être blessé, qu'il est impossible de vous parler. Vous êtes également très sensible et terriblement possessif. Lorsque vous avez peur d'être abandonné, par votre partenaire, par un ami ou même par votre propre enfant, vous vous accrochez. Vos émotions peuvent être débordantes, et pour vous ressourcer vous avez souvent besoin de vous retirer, comme le crabe, dans la solitude tranquille. L'un des défis que vous affrontez quotidiennement consiste à vous tenir à l'écart des sables mouvants de l'insécurité et de la fosse aux serpents de la dépression. Comme la plupart des défis que vous affrontez dans votre vie, c'est un problème que vous êtes en mesure de bien maîtriser.

Le symbole du Cancer représente les seins (et donc la mère), les pinces du crabe, et la nature fluide de la vie et des sentiments.

HISTOIRE VRAIE

Quelques natifs typiques du signe du Lion

- Martine Aubry 08/08/1950 – Paris – 15H15 – Asc. : Sagittaire – Lune : Gémeaux.
- Emmanuelle Béart 14/08/1963 – Gassin – 5H15 – Asc : Lion – Lune : Gémeaux.
- Coco Chanel 19/08/1883 – Saumur – 16H00 – Asc. : Sagittaire – Lune : Poissons.
- Alexandre Dumas 24/07/1802 – Villers Coteret – 5H30 – Asc. : Lion – Lune : Taureau.
- Guy de Maupassant 05/08/1850 – Dieppe – 8H00 – Asc. : Vierge – Lune : Cancer.
- Napoléon 1er 15/08/1769 – Ajaccio – 11H00 – Asc. : Scorpion – Lune : Capricorne.
- Yves Saint-Laurent 01/08/1936 – Oran (Algérie) – 19H45 – Asc. : Verseau – Lune : Capricorne.
- Eric Tabarly 27/07/1931 – Nantes – 10H00 – Asc. : Vierge – Lune : Lion.

Cancer : les données de base

Signe féminin	Couleurs favorables : le blanc et l'argent
Mode : cardinal	Pierre porte-bonheur : perles et pierre de lune
Élément : eau	Parties du corps : Estomac et seins
Maître : la Lune	Phrase-clé : Je ressens
Signe opposé : le Capricorne	Traits principaux : intuitif mais lunatique

Le Lion : du 23 juillet au 22 août

J'avais autrefois l'impression d'être une espèce de phénomène, parce que j'avais beaucoup d'amis proches natifs du signe du Lion. Mais j'ai fini par comprendre que les Lions sont tellement extravertis et chaleureux qu'ils collectionnent les amis comme d'autres collectionnent les cartes de visite. Le fait est que je n'ai rencontré que peu de gens qui ne comptent pas un Lion ou deux parmi leurs alliés les plus proches.

Les qualités

Vous avez du style. Si vous êtes un Lion typique, vous êtes généreux, extraverti, loyal et agréable (la plupart du temps). Même dans des conversations ordinaires, vous assumez fréquemment le rôle qui consiste à amuser les autres personnes (si vous êtes un Lion, vous savez de quoi je parle) parce que vous adorez être le centre de l'attention. Et avec le Soleil comme maître, vous illuminez vraiment la pièce. Toujours prêt à rire, vous avez des opinions très prononcées et la capacité de vous amuser même dans des conditions difficiles. Vous êtes confiant, gai, créatif, et vous avez de la volonté. Vous vous présentez de façon théâtrale et vitale. Énergique et fier, vous avez du charisme à revendre, et un sens royal de la dignité (et du droit) qui l'accompagne. Naturellement, vous voulez que tout cela soit reconnu. Vous désirez ardemment le prestige, le luxe, et l'impression que vous vivez la vie à fond.

Les défauts

Sous votre personnalité flamboyante, vous seriez en fait humilié si l'on apprenait tous les efforts que vous faites et combien vous êtes vulnérable. Vous voulez désespérément que les gens vous aiment, mais vous pouvez monopoliser la scène et réduire tout le monde autour de vous au rôle d'auditoire. (Vous devriez pourtant savoir que la plupart des gens n'apprécient pas ce rôle.) Vous pouvez être dogmatique et vouloir contrôler. Avec votre hantise d'être rejeté, vous pensez que si vous jouez vos cartes exactement comme il faut, vous gagnerez toutes les mains. Vous êtes donc tout à fait capable de dire aux gens ce qu'ils ont envie d'entendre, quitte à vous défiler plus tard lorsque la vérité est révélée. Vous avez du mal à admettre vos erreurs. Vous pouvez vous pavaner et prendre des allures de monarque. Mais dès que vous vous calmez, que vous cessez de manipuler les gens et que vous laissez libre cours à votre exubérance et votre chaleur naturelles, vous obtenez l'adoration que vous désirez tant.

Le symbole du Lion représente la queue ou la crinière du lion, ou la force créatrice du soleil.

Lion : les données de base

Signe masculin	Couleurs favorables : l'or et l'orange
Mode : fixe	Pierre porte-bonheur : rubis
Élément : feu	Parties du corps : cœur et colonne vertébrale
Maître : le Soleil	Phrase-clé : Je m'affirme
Signe opposé : le Verseau	Traits principaux : extraverti mais exigeant

La Vierge : du 23 août au 22 septembre

Le mental d'un natif du signe de la Vierge est une chose merveilleuse. Grâce au sagace Mercure, qui est aussi la planète de la communication, vous êtes observateur, analytique et intelligent. En plus, vous essayez constamment de vous améliorer. Vous vous considérez comme une œuvre en cours de réalisation.

Les qualités

Rien ne vous échappe. Vous avez l'œil pour le détail, le sens inné de l'efficacité, et une sensibilité extrême aux implications du langage. Vous possédez en outre des capacités analytiques extraordinaires, une rare clarté d'esprit, une capacité de concentration enviable, et, pour couronner le tout, une modestie sympathique. Vous savez que vous n'êtes pas parfait, mais vous faites absolu-

Quelques natifs typiques du signe de la Vierge

- Jean-Louis Barrault 08/09/1910 – Le Vésinet – 6H00 – Asc. : Vierge – Lune : Scorpion.
- Alphonse de Chateaubriand 04/09/1768 – 0H30 – Asc. : Cancer – Lune : Gémeaux.
- Mireille Dumas 10/09/1929 – Chartres – 22H50 – Asc. : Gémeaux – Lune : Balance.
- Charles de Foucault 15/09/1858 – Strasbourg – 17H00 – Asc. : Verseau – Lune : Sagittaire.
- Julio Iglesias 23/09/1943 – Madrid (Espagne) – 14H00 – Asc. : Capricorne – Lune : Cancer.
- Jean-Claude Killy 30/08/1943 – Saint-Cloud – 5H10 – Asc. : Asc. : Lion – Lune : Lion.
- Sophia Loren 20/09/1934 – Rome (Italie) – 13H10 – Asc. : Capricorne – Lune : Verseau.
- Claude Nougaro 09/09/1929 – 10H00 – Asc. : Balance – Lune : Scorpion.

ment tout ce que vous pouvez pour arriver un jour à l'être. Avec la terre pour élément, vous êtes patient et industrieux. Et pourtant, vous êtes aussi un idéaliste et un perfectionniste de premier ordre. Vous savez comment les choses devraient être et vous êtes certain de pouvoir y parvenir, pas à pas. Vous êtes organisé et discipliné, ou du moins vous aimeriez bien l'être. Et vous vous poussez vers vos limites. Lorsque d'autres personnes essaient de se défiler de corvées, vous intervenez, vous établissez méticuleusement une liste de toutes les choses à faire, et vous cochez chaque élément de la liste. Savez-vous pourquoi vous vous retrouvez presque toujours avec davantage de travail sur votre bureau que vos collègues ? C'est parce que vous êtes plus compétent que n'importe qui d'autre. Vous êtes également serviable, fiable, attirant (certaines des plus belles personnes sur terre sont nées sous le signe de la Vierge), et incroyablement amusant dans une conversation.

Les défauts

Vous êtes trop dur avec tout le monde, y compris avec vous-même. Vous harcelez sans pitié. Vous critiquez. Vous ne pouvez pas faire la distinction entre ce qui est acceptable (votre conjoint) et ce qui représente un idéal (votre conjoint, si seulement il se mettait à vous écouter et à prendre bonne tournure !). Vous jouez le rôle du noble martyr. Et vous souffrez d'anxiété : vous vous faites du souci au sujet de l'air, de l'eau, de la couche d'ozone, des calories que vous consommez, de l'état du monde, de votre famille, du sans-abri devant lequel vous êtes passé dans la rue, de la remarque indélicate que vous avez bien peur d'avoir proférée, et de votre santé. La Vierge typique doit occire le dragon de l'hypocondrie. Un régime alimentaire sain, suffisamment d'exercice et une méthode de réduction de stress fiable sont essentiels.

Une remarque sur l'ordre et la netteté : peu importe ce que vous avez déjà pu entendre, la plupart des Vierges ne sont pas des maniaques de l'ordre. Certes, cela arrive : je connais des Vierges qui ne peuvent pas dormir en paix tant que toutes les victuailles contenues dans le réfrigérateur ne seront pas disposées de façon bien ordonnée et parallèle à la porte. Je connais aussi des Vierges expertes en matière de produits de nettoyage pour les carreaux. Je connais également des natifs de la Vierge qui sont incapables de jeter quoi que ce soit. Ils ont l'intention de faire quelque chose avec tous ces trucs. En attendant, le raffinement n'est pas leur souci.

♍ Le symbole de la Vierge ressemble à un M avec une boucle tombante. Il représente les organes génitaux de la femme, en contraste avec le signe du Scorpion, qui représente l'homme.

Vierge : les données de base

Signe féminin	Couleurs favorables : bleu marine et couleurs neutres
Mode : mutable	Pierre porte-bonheur : péridot
Élément : terre	Parties du corps : le système nerveux
Maître : Mercure	Phrase-clé : J'analyse
Signe opposé : les Poissons	Traits principaux : analytique mais tatillon

La Balance : du 23 septembre au 23 octobre

J'ai grandi entourée de Balances, et je peux vous l'assurer : la Balance est le signe de la civilisation. Avec pour maîtresse Vénus, la planète de l'amour et de la beauté, vous agissez rationnellement, vous croyez en la justice, et c'est en général un plaisir que d'avoir affaire à vous.

Les qualités

Natifs de la Balance, vous partagez les traits suivants : vous êtes raffiné, aimable, d'humeur égale, sociable, le diplomate absolu (si vous le voulez bien). Vous recherchez la sérénité, vous réagissez fortement à l'art et à la musique, et vous prospérez dans un environnement plaisant sur le plan esthétique (bien que des nuisances ordinaires comme le bruit vous crispent et vous fatiguent). Vous êtes facile à vivre, élégant et charmant, et on recherche votre compagnie pour les dîners. Et bien que vous ne puissiez pas vous empêcher de flirter, vous êtes aussi un partenaire engagé pour lequel la vie relationnelle est indispensable. Dans le même temps, avec l'air comme élément, vous avez un intellect sophistiqué et une approche sensée de la vie. Vous êtes conscient des implications de toute décision, et vous ne manquez pas de sauter aux conclusions. Vous essayez naturellement d'être objectif (c'est la signification de la balance, votre symbole, qui représente votre aptitude à soupeser les deux aspects d'un problème. Il est intéressant de noter que la Balance est le seul signe représenté par un objet plutôt que par un

HISTOIRE VRAIE

Quelques natifs typiques du signe de la Balance

- Brigitte Bardot 28/09/1934 – Paris – 13h15 – Asc. : Sagittaire – Lune : Gémeaux.
- Julien Clerc 04/10/1946 – Paris – 17H50 – Asc. : Poissons – Lune : Gémeaux.
- Catherine Deneuve 22/10/43 – Paris – 13H35 – Asc. : Capricorne – Lune : Lion.
- Gandhi 02/10/1869 – Purbandar (Inde) – 12H00 – Asc. : Cancer – Lune : Lion.
- Roger Hanin 20/10/1925 – Alger (Algérie) – 00H00 – Asc. : Lion – Lune : Sagittaire.
- Robert Hue 19/10/1946 – Cormeilles en Parisis – 10H00 – Asc. Scorpion – Lune : Lion.
- Yves Montand 13/10/1921 – Monsummano (Italie) – 0H00 – Asc. : Lion – Lune : Poissons.
- Oscar Wilde 16/10/1855 – Dublin (Irlande) – 4H00 – Asc. : Verseau – Lune : Vierge.

être vivant). La plupart du temps, votre approche réfléchie et objective fonctionne. L'harmonie et l'équilibre que vous recherchez sont accessibles.

Les défauts

Votre personnalité plaisante dissimule peut-être un sentiment vague de mécontentement, de terribles moments passés à traiter des complexités émotionnelles, et un manque de confiance déplorable. Vous pouvez être vague, dépendant, vous laisser aller, et votre sensibilité raffinée est facilement froissée. Vous ne supportez pas les querelles. Et vous éprouvez des difficultés à trouver l'équilibre dont vous avez besoin. Étant donné que vous réfléchissez beaucoup, vous pouvez être indécis, ce qui sur vous a un effet paralysant. Vous faites les cent pas. Vous comparez et essayez de mettre en contraste. Vous vous mettez à la place de l'autre. Vous vous mettez vous-même dans tous les états, vous devenez distant, ergoteur, épuisé ou déprimé. Dans votre recherche de la paix, de la beauté et de l'équilibre, votre meilleure approche est celle des Romains : l'équilibre en toute chose.

Le symbole de la Balance représente une balance, ou le soleil couchant, ce qui reflète le fait que le premier jour de la Balance est l'équinoxe d'automne, lorsque le jour et la nuit atteignent le point d'équilibre parfait.

Balance : les données de base

Signe masculin	Couleurs favorables : bleus et couleurs pastel
Mode : cardinal	Pierres porte-bonheur : saphir et jade
Élément : air	Parties du corps : reins et peau
Maître : Vénus	Phrase-clé : J'équilibre
Signe opposé : le Bélier	Traits principaux : cosmopolite, mais indécis

HISTOIRE VRAIE

Quelques natifs typiques du signe du Scorpion

- Alain Delon 08/11/1935 – Sceaux – 3H25 – Asc. : Balance – Lune : Bélier.
- Charles de Gaulle 22/11/1890 – Lille – 4H00 – Asc. : Balance – Lune : Bélier.
- Bernard Kouchner 01/11/1939 – Avignon – 6H00 – Asc. : Balance – Lune : Gémeaux.
- Jeannie Longo 31/10/1958 – Annecy – 15H00 – Asc. : Poissons – Lune : Gémeaux.
- François Mitterrand 26/10/1916 – Jarnac – 4H00 – Asc. : Balance – Lune : Balance.
- Florent Pagny 06/11/1961 – Châlons-sur-Saône – 11h30 – Asc. : Capricorne – Lune : Balance.
- Pablo Picasso 25/10/1881 – Malaga (Espagne) – 21H00 – Asc. Cancer – Lune : Sagittaire.
- Dominique Voynet 04/11/1958 – Montbéliard – 17H45 – Asc. : Taureau – Lune : Lion.

Le Scorpion : du 24 octobre au 22 novembre

La qualité-clé du Scorpion, c'est l'intensité. Avec comme maître du signe Pluton, la planète de la transformation, vous possédez une personnalité irrésistible, et vous êtes une créature des extrêmes.

Les qualités

Vibrant, magnétique et passionné, vous appréciez la maîtrise de soi, vous gravitez autour de personnes influentes, et vos visées sont les plus hautes – ou les plus basses. (C'est pourquoi le Scorpion, contrairement à n'importe quel autre signe, possède en fait trois symboles : le scorpion, qui rampe dans la poussière ; l'aigle, qui s'élève à travers les cieux ; et le phœnix, qui se brûle lui-même dans la chaleur de sa propre passion et renaît de ses cendres.) Perspicace, émotionnel et sensuel, tous vos sens sont en alerte et vous vivez la vie à fond. Bien que votre moral évolue en dents de scie entre des hauteurs extatiques et des profondeurs cauchemardesques, vous en savourez le côté mélodramatique, et vous possédez un niveau profond d'intuition et de compréhension. Vous possédez le talent nécessaire pour mettre à jour les secrets et les mystères qui vous fascinent. (Les vieux livres d'astrologie recommandent sans exception que les natifs du Scorpion deviennent détectives ou espions.) Votre volonté est impressionnante (bien que vous puissiez la diriger vers l'un ou l'autre des deux extrêmes : les désordres alimentaires sont une malédiction de votre signe), de même que votre détermination. Débrouillard et engagé, vous élaborez des plans minutieux. Vous ne vous déplacez pas rapidement. Et vous n'abandonnez jamais.

Les défauts

Soyons francs : le Scorpion possède quelques traits de caractère profondément désagréables. Vous pouvez être obsessionnel, vouloir vous venger, être jaloux, méchant et rancunier. Mais selon ma propre expérience, la plupart des Scorpions réussissent à garder le contrôle de cet aspect de leur personnalité. Là où vous éprouvez des difficultés, c'est pour faire face à la dépression. Lorsque les temps sont durs, vous sombrez au fond de la mer. Les natifs des autres signes n'ont pas la moindre idée du désespoir lugubre qui vous entraîne vers le fond. Et pourtant, c'est un aspect essentiel de votre condition de Scorpion, dont le processus est le suivant : vous plongez dans les ténèbres, vous errez dans les enfers psychiques, et vous vous retrouvez face à face avec vos pires défauts et avec vos peurs les plus profondes. Heureusement, vous êtes inébranlable. Petit à petit, en vous battant, vous réussissez à revenir. Vous recherchez sans peur des solutions – et finalement, vous triomphez, en trouvant le renouveau et en vous transformant, maintes et maintes fois.

Le symbole du Scorpion représente les organes génitaux masculins ou l'aiguillon du scorpion.

Scorpion : les données de base

Signe féminin	Couleurs favorables : rouges foncés et noir
Mode : fixe	Pierre porte-bonheur : l'opale
Élément : eau	Parties du corps : organes reproducteurs
Maître : Pluton	Phrase-clé : Je désire
Signe opposé : le Taureau	Traits principaux : passionné mais obsessionnel

Le Sagittaire : du 23 novembre au 21 décembre

Indépendant, honnête, et persuadé qu'il existe des tas de possibilités, vous vous sentez bien vivant lorsque vous avez une aventure dans le monde. C'est parce que Jupiter, la planète de l'expansion et de la bonne fortune, est le maître de votre signe.

Les qualités

Au mieux de votre forme, vous êtes un esprit libre, un vagabond à la bonne humeur, et un philosophe qui aime discourir des questions fondamentales, de préférence avec quelques amis proches et une bonne réserve d'amuse-gueule. Optimiste, agité et indépendant, vous voyez la vie comme une aventure perpétuelle, et pas comme une recherche de sécurité. Au cours de votre quête perpétuelle de variété et d'expériences nouvelles, vous vous fixez de grands objectifs. Votre but est d'élargir vos horizons et vos possibilités. Vous voulez voir le monde (le Sagittaire est le signe du voyage), et vous voulez le comprendre. (Les astrologues d'autrefois appelaient le Sagittaire le signe de la sagesse et de l'esprit supérieur, et faisaient du pauvre Gémeaux, le signe opposé, celui de l'esprit inférieur.) Le Sagittaire gouverne la philosophie, la religion, la loi, les études supé-

HISTOIRE VRAIE

Quelques natifs typiques du signe du Sagittaire

- Jacques Chirac 29/11/1932 – Paris – 12H00 – Asc. : Verseau – Lune : Sagittaire.
- Gustave Eiffel 15/12/1832 – Dijon – 20H00 – Asc. : Lion – Lune : Balance.
- Gustave Flaubert 13/12/1821 – Rouen – 4H00 – Asc. : Scorpion – Lune : Lion.
- Francis Huster 08/12/1947 – Neuilly-sur-Seine – 12H45 – Asc. : Verseau – Lune : Balance.
- Aimé Jacquet 27/11/1941 – Sail-Sous-Couzan – 0H15 – Asc. Vierge – Lune : Scorpion.
- Patricia Kaas 05/12/1966 – Forbach – 10H25 – Asc. : Capricorne – Lune : Vierge.
- Jean Marais 11/12/1913 – Cherbourg – 12H30 – Asc. : Poissons – Lune : Taureau.
- Edith Piaf 19/12/1915 – Paris – 05H00 – Asc. : Scorpion – Lune : Gémeaux.

rieures et les théories abstraites de toutes sortes. Si cela vous semble snob ou élitiste, réfléchissez-y à deux fois. Vous adorez la nature et vous êtes un comédien. Le Sagittaire est décontracté, franc, honnête et enjoué (bien que deux planètes dans le Scorpion ou dans le Capricorne puissent ajouter une tendance à la mélancolie). On dit que vous avez de la chance. La vérité, c'est que vous prenez des coups comme tout le monde. Mais comme vous avez du ressort et êtes versatile et polyvalent, vous rebondissez pour vous redresser. Cette phrase du philosophe George Santayana, un Sagittaire, vous convient bien : « Il n'existe aucun autre remède à la naissance et à la mort que de prendre plaisir à l'intervalle. »

Les défauts

Comme votre symbole, le centaure, un être mi-humain, mi-cheval, vous êtes divisé. Une partie de vous a envie de faire la fête jusqu'à tard dans la nuit (c'est la moitié centaure). L'autre partie de vous-même désire ardemment développer votre mental et explorer les richesses infinies de l'esprit. Mais sans objectif, vous pataugez. Vous pouvez être incroyablement désorganisé, et votre tendance à tout remettre à plus tard peut exaspérer autrui. Vous êtes enclin à exagérer. Vous avez une tendance irritante à prêcher. Et bien qu'on dise que vous êtes très sportif, vous pouvez être maladroit sur le plan physique, comme l'attestent vos bleus. Et puis il y a votre manque de tact légendaire. Vous n'avez pas appris à mentir, même par gentillesse. Mais lorsque vous sortez de votre ego pour aller dans vos explorations, lorsque vous vous dépassez pour vous rendre dans l'inconnu, vos incertitudes s'évanouissent et vous vous inspirez vous-même.

♐ Le symbole du Sagittaire représente la flèche du centaure et les aspirations élevées.

Sagittaire : les données de base

Signe masculin	Couleurs favorables : violet et bleu
Mode : mutable	Pierre porte-bonheur : turquoise

Élément : feu	Parties du corps : hanches et cuisses
Maître : Jupiter	Phrase-clé : Je vois
Signe opposé : les Gémeaux	Traits principaux : aventureux, mais vantard

Le Capricorne : du 22 décembre au 20 janvier

Il faut que quelqu'un maintienne la tradition. Il faut que quelqu'un suive les règles. À propos, il faut aussi que quelqu'un les écrive. Avec Saturne, la planète de la structure, qui régit votre signe, vous pourriez bien être cette personne.

Les qualités

Vous êtes productif, responsable, compétitif et ambitieux. Comme le bouquetin qui gravit implacablement le terrain rocheux pour atteindre le sommet, vous gardez un œil sur votre objectif. Et vous avez en outre élaboré une stratégie constructive et praticable pour y arriver. Patient, industrieux et économe, vous pouvez surmonter toutes sortes de difficultés sur le chemin. Vous êtes un chef naturel, prêt à assumer des responsabilités. Vous êtes adulte. Bien que vous puissiez flipper intérieurement, vous conservez un extérieur calme. Et contrairement à d'autres signes (disons le Sagittaire ou les Poissons), vous savez pratiquer l'autodiscipline. Ce contrôle est évident dans chaque cellule de votre corps. Vous êtes froid, réservé, digne, vous faites autorité, vous êtes organisé et sérieux. Vous faites vraiment les choses, vous ne faites pas semblant. Et bien que vous ayez peut-être du mal à vous décontracter, vous avez la sensualité de tous les signes de l'élément terre. Vous adorez la cuisine bien préparée, l'art éternel, le véritable amour, les plaisirs du lit et les choses raffinées de la vie. Ce n'est pas que vous soyez avide. Vous savez très bien que l'argent ne fait pas le bonheur. Mais il peut acheter un tas d'autres choses, et vous en voulez certaines.

Les défauts

Conservateur né, quelle que soit votre tendance politique, vous pouvez être un bourreau de travail avec un planning pour toute chose. Attaché à votre standing, intéressé par l'argent, et parfois extrêmement conformiste, vous pouvez être peureux, déprimé et pessimiste. En général, vous manquez de ressort et d'entrain. Les problèmes émotionnels, même entre amis, peuvent être menaçants (vous préféreriez ne pas parler du tout de sentiments, merci bien). Vous souffrez pendant longtemps en silence avant de devenir moins inhibé et plus sûr de vous-même. Heureusement, vous vieillissez très bien, et votre vie ne cesse de s'améliorer en route. Vous devenez de plus en plus heureux en vieillissant. C'est le miracle du Capricorne.

♑ Le signe du Capricorne représente soit le bouquetin aux cornes incurvées, soit la créature mythique moitié chèvre (partie supérieure du corps), moitié poisson (partie inférieure du corps).

HISTOIRE VRAIE

Quelques natifs typiques du signe du Capricorne

- Simone de Beauvoir 09/01/1908 – Paris – 4H00 – Asc. : Scorpion – Lune : Poissons.
- Paul Cézanne 19/01/1839 – Aix-en-Provence – 1H00 –Asc : Scorpion – Lune : Poissons.
- La Dame aux Camélias 15/01/1824 – Donont – 20H00 – Asc. : Vierge – Lune : Cancer.
- Gérard Depardieu 27/12/1948 – Châteauroux – 8H00 – Asc. : Sagittaire – Lune : Scorpion.
- Robert Hossein 30/12/1927 – 2H30 – Asc. : Scorpion – Lune : Poissons.
- Henri Matisse 31/12/1869 – Cateau-cambré-sis – 20H00 – Asc. : Lion – Lune : Sagittaire.
- Vanessa Paradis 22/12/1972 – Saint-Maur – 5H10 – Asc. : Scorpion – Lune : Cancer.
- Louis Pasteur 27/12/1822 – Dôle – 2H00 – Asc. : Balance –Lune : Gémeaux.

Capricorne : les données de base

Signe féminin	Couleurs favorables : vert sombre et brun
Mode : cardinal	Pierre porte-bonheur : onyx
Élément : terre	Parties du corps : os et dents
Maître : Saturne	Phrase-clé : J'utilise
Signe opposé : le Cancer	Traits principaux : tourné vers son objectif, mais rigide

Le Verseau : du 21 janvier au 18 février

Vous êtes un original. L'imprévisible Uranus est le maître de votre signe, et vous êtes donc prédisposé aux brillants éclairs de perspicacité. Vous êtes aussi plus spécial que vous n'en êtes peut-être conscient.

Les qualités

Vous êtes altruiste, charismatique et moderne. Les problèmes vous intéressent. Membre à part entière de votre génération, vous êtes un visionnaire naturel et un humaniste de premier ordre. Vous avez des principes nobles et généreux, et vous essayez de vivre en les respectant. Les terribles choses qui se passent dans le monde vous scandalisent ; les problèmes du jour vous animent. Vous croyez profondément à l'égalité des êtres humains, et tout le monde vous intéresse. Les barrières de classe sociale, de race et d'âge ne veulent rien dire pour vous. Sympathique, décontracté, l'esprit ouvert, vous accumulez de nombreux amis. (Pour votre malin plaisir, ceux-ci ne s'apprécient souvent pas mutuellement.) Pourtant, ce n'est pas seulement votre personnalité agréable et vos idéaux altruistes qui attirent les gens vers vous. Vous êtes un anticonformiste à l'esprit inventif, avec toute une collection de centres d'intérêt, d'habitudes et d'amis excentriques. La science-fiction et la

Quelques natifs typiques du signe du Verseau

- Colette 28/01/1947 – Saint-Sauveur-en-Puisaye – 22H00 – Asc. : Balance – Lune : Verseau.
- David Douillet 17/02/1969 – Rouen – 11H15 – Asc. : Gémeaux – Lune : Poissons.
- André Dussollier 17/02/1946 – Annecy – 12H00 – Asc. : Gémeaux – Lune : Vierge.
- Stéphane Grapelli 26/01/1908 – Paris – 7H00 – Asc. : Capricorne – Lune : Scorpion.
- Juliette Gréco 07/02/1927 – Montpellier – 21H10 – Asc. : Balance – Lune : Taureau.
- Edouard Manet 23/01/1832 – Paris –19H00 – Asc. : Lion – Lune : Balance.
- Jeanne Moreau 23/01/1928 – Paris – 11H15 – Asc. : Taureau – Lune : Verseau.
- Jacques Prévert 04/02/1900 – Neuilly-sur-Seine – 19H00 – Asc. : Vierge – Lune : Bélier.

technologie sont Verseau, comme l'art vidéo. Il n'est pas surprenant que de nombreux artistes que nous considérons comme avant-gardistes (Gertrude Stein, James Joyce, Yoko Ono) soient nés sous le signe du Verseau. Vous êtes contemporain à l'extrême, et complètement moderne.

Les défauts

Vos vues anticonformistes et indépendantes peuvent tourner à l'excentricité, au manque de prévenance, à la rébellion inutile. Vous pouvez être entêté et infantile, comme un petit rebelle qui tape du pied et ne veut pas avancer. Et votre célèbre altruisme, qui est peut-être votre plus beau trait de caractère, peut sembler faux. Il est possible que les gens vous trouvent réservé et distant, parce que vous reculez devant la véritable intimité. Vous êtes un invité de talk-show ou un sociologue chez qui le détachement est un état naturel. Plus à l'aise avec les idées qu'avec les émotions, vous pouvez être chaleureux à la surface mais froid en dessous : un visiteur de la planète Terre, curieux mais pas impliqué. Heureusement, votre idéalisme est profond. Comme vous voulez le meilleur, pour vous-même et pour les autres, les gens se sentent inévitablement attirés par vous, et ils font sortir votre chaleur.

Le signe du Verseau représente les vagues de l'eau, ou, mieux encore, les vagues du son, de l'électricité et de la lumière.

Verseau : les données de base

Signe masculin	Couleurs favorables : bleu électrique et nuances brillantes dans l'obscurité
Mode : fixe	Pierre porte-bonheur : améthyste
Élément : air	Parties du corps : mollets et appareil circulatoire
Maître : Uranus	Phrase-clé : Je sais
Signe opposé : le Lion	Traits principaux : progressiste, mais rebelle

Les Poissons : du 19 février au 20 mars

Votre signe est celui des rêves, de l'imagination, de la poésie et des choses de l'esprit. Il est régi par le mystérieux Neptune, la planète du prestige et de l'illusion. Votre défi consiste donc à trouver un moyen de vivre dans un univers banal alors que vous possédez une sensibilité qui n'est pas de ce monde.

Les qualités

Vous aimez la sensibilité ? Les Poissons sont sensibles. Chaque minuscule variation du temps émotionnel fait complètement paniquer votre baromètre interne. Sympathique et profondément réceptif, vous réagissez à tout. Vous n'avez aucune barrière. Toutes vos membranes sont perméables. Les voisins du dessus se disputent : vous ne vous sentez pas bien. Lorsque de mauvaises choses arrivent à de bonnes personnes, vous compatissez, et lorsque de bonnes choses arrivent à des gens que vous aimez, vous vous réjouissez. Grand cœur, généreux, vous recevez un flot constant d'impressions et d'informations, et vous pouvez être étrangement médium. Vos rêves, éveillés et autres, sont pour vous une source d'inspiration. En utilisant votre puissante imagination, vous pouvez vous représenter toute une série d'avenirs étourdissants, qui vont du fabuleux (vous recevez un oscar et le prix Nobel) à l'épouvantable (vous tenez les comptes du ménage dans une boîte à chaussures). Au mieux de votre intuition, votre refus de vous laisser emprisonner par les limitations de la réalité vous permet de franchir les barrières et de réaliser des changements créatifs. Les risques que vous prenez sont souvent payants. Lorsque ce n'est pas le cas, vous prenez la chose avec philosophie. Comme le disait Albert Einstein, un Poissons typique : « Une personne qui n'a jamais fait d'erreur n'a jamais rien essayé de nouveau. »

Les défauts

Au pire, vous êtes irréaliste, vous êtes crédule à l'extrême et prédisposé à prendre vos désirs pour des réalités. Votre sensibilité est si facilement froissée que vous êtes quasiment un écorché vif. Indécis et faible, votre attitude face à des crises consiste souvent à ne rien faire du tout. Au lieu d'agir, vous pataugez dans un océan d'indécision. Vous pouvez ne pas être sûr de ce que vous voulez et ne pas avoir non plus la moindre idée de la façon d'y arriver. Pire encore, lorsque vos rêves se révèlent n'être que des illusions – si vous ne gagnez pas au Loto ou si vous ne rencontrez pas le Prince Charmant –, vous pouvez devenir léthargique, alcoolique, chercher à vous échapper de la réalité et vous apitoyer sur votre propre sort. Davantage que la plupart des autres signes, vous êtes votre pire ennemi. Et davantage que les autres, vous avez la capacité de retourner subitement les circonstances (et votre attitude).

Quelques natifs typiques du signe des Poissons

- Juliette Binoche 09/03/1964 – Paris – 12H25 – Asc. : Cancer – Lune : Capricorne.
- Jacques Chaban-Delmas 07/03/1915 – 23H40 – Asc. : Scorpion – Lune : Sagittaire.
- Jean-Pierre Chevènement 09/03/1939 – Belfort – 23H00 – Asc. : Scorpion – Lune : Scorpion.
- Albert Einstein 14/03/1879 – Ulm (Allemagne) – 11H30 – Asc. : Cancer – Lune : Sagittaire.
- Victor Hugo 26/02/1802 – Besançon – 22H00 – Asc. : Scorpion – Lune : Sagittaire.
- Isabelle Huppert 16/03/1953 – Paris – 2H40 – Asc. : Sagittaire – Lune : Bélier.
- Maurice Ravel 07/03/1875 – Cibourre – 22H00 – Asc. Scorpion – Lune : Poissons.
- Auguste Renoir 25/02/1841 – Limoges – 6H00 – Asc. : Verseau – Lune : Poissons.

Le symbole des Poissons représente deux formes d'expérience, l'une intérieure, l'autre extérieure, ou deux poissons liés l'un à l'autre. Lorsqu'ils coopèrent, ils naviguent avec aise sur leur domaine aqueux. Lorsqu'ils tirent l'un et l'autre dans les directions opposées, ils n'arrivent nulle part.

Poissons : les données de base

Signe féminin	Couleurs favorables : bleu-vert et lavande
Mode : mutable	Pierre porte-bonheur : aigue-marine
Élément : eau	Parties du corps : pieds et système immunitaire
Maître : Neptune	Phrase-clé : Je crois
Signe opposé : la Vierge	Traits principaux : sensible, mais cherche à se dérober.

Le Soleil dans les maisons

Le Soleil dans les maisons représente le domaine de la vie dans lequel vous pouvez exprimer le plus efficacement votre volonté, votre but et votre moi le plus essentiel. (Pour en savoir plus sur les maisons, vous pouvez vous reporter au Chapitre 1.)

Les positions des maisons sont basées sur l'heure de votre naissance, et pas sur votre Signe Solaire, ou signe du zodiaque. (Si par exemple vous êtes né juste avant l'aube, votre Soleil se trouve dans la première maison, quel que soit votre Signe Solaire.) Donc, si vous ne savez pas à quelle heure vous êtes né, n'hésitez pas à sauter cette section.

- **Le Soleil dans la première maison :** il est essentiel que vous affirmiez votre personnalité. Vous êtes actif, égocentrique, digne, et fier de vos réalisations. Le succès arrive par vos efforts personnels.

  Exemples : George Lucas (Soleil en Taureau), Olivia Newton-John (Soleil en Balance), Grace Kelly (Soleil en Scorpion), Abraham Lincoln (Soleil en Verseau).

- **Le Soleil dans la deuxième maison :** vous avez le sens pratique, vous êtes tenace, intéressé par l'argent, et habile à juger la valeur des choses. Vos biens matériels reflètent vos valeurs plus profondes. La stabilité financière est pour vous importante, et sa réalisation vous apporte de la satisfaction.

  Exemples : Paul Simon (Soleil en Balance), Elvis Presley (Soleil en Capricorne).

- **Le Soleil dans la troisième maison :** curieux et loquace, vous recueillez des informations et vous vous exprimez avec aisance, par écrit et autrement. Les voyages et les frères et sœurs jouent un rôle important dans votre vie.

  Exemple : Francis Ford Coppola (Soleil en Bélier), Paul McCartney (Soleil en Gémeaux), Winston Churchill (Soleil en Sagittaire).

- **Le Soleil dans la quatrième maison :** vous êtes intuitif et introverti, avec un sens du moi prononcé et un fort attachement à vos ancêtres. Le foyer et la famille occupent un rôle central.

  Exemples : Mary Cassatt (Soleil en Gémeaux), Joyce Carol Oates (Soleil en Gémeaux), Chelsea Clinton (Soleil en Poissons).

- **Le Soleil dans la cinquième maison :** à la recherche du plaisir, romantique, vous trouvez le bonheur par l'amour, les enfants et les activités qui vous donnent la possibilité d'exprimer votre créativité.

  Exemple : Aretha Franklin (Soleil en Bélier).

- **Le Soleil dans la sixième maison :** il est pour vous essentiel de trouver un travail épanouissant, parce que vous êtes entièrement dévoué à votre job et que vous vous définissez par celui-ci. Bien que vous vous fassiez du souci au sujet de votre santé, celle-ci est habituellement bonne. Quel que soit votre Signe Solaire, vous avez tendance à être perfectionniste.

  Exemples : Bob Dylan (Soleil en Gémeaux), Robert Redford (Soleil en Lion), Muhammed Ali (Soleil en Capricorne), George Patton (Soleil en Scorpion).

- **Le Soleil dans la septième maison :** le mariage et les autres relations sont pour vous essentielles, bien que vous puissiez osciller entre la peur de l'isolement et celle de l'engagement. L'équilibre des forces pose problème dans la vie relationnelle.

Exemples : Warren Beatty (Soleil en Bélier), la princesse Diana (Soleil en Cancer), Martina Navratilova (Soleil en Balance).

- **Le Soleil dans la huitième maison :** vous êtes une personne profondément émotionnelle, dont le besoin d'exploration de votre propre psychisme apporte la libération et la transformation. Le sexe, l'argent et les legs de toutes sortes jouent un rôle important dans votre vie.

  Exemples : Shirley MacLaine, lord Byron.

- **Le Soleil dans la neuvième maison :** vous êtes toute votre vie un chercheur qui désire trouver un sens et élargir sa conscience par les études, la religion, la philosophie, et les voyages.

  Exemples : Jacqueline Kennedy Onassis (Soleil en Lion), Carlos Castaneda (Soleil en Capricorne).

- **Le Soleil dans la dixième maison :** votre détermination de réussir et votre désir de reconnaissance publique font de vous un leader naturel, et ce sont d'excellents indicateurs pour un succès professionnel.

  Exemples : Napoléon Bonaparte (Soleil en Lion), Rudolf Noureïev (Soleil en Poissons).

- **Le Soleil dans la onzième maison :** vous avez des idéaux élevés et de hautes aspirations, de nombreux amis, un large cercle de connaissances, et l'aptitude à bien travailler en groupe.

  Exemple : Antoine de Saint-Exupéry (Soleil en Cancer).

- **Le Soleil dans la douzième maison :** intuitif, solitaire et secret, vous préférez rester derrière la scène, et vous êtes peut-être en danger d'isolement. Les activités spirituelles vous attirent. Vous vous engagerez peut-être dans de grandes institutions comme des hôpitaux ou des prisons.

  Exemples : le Dalaï-Lama (Soleil en Cancer), Jodie Foster (Soleil en Scorpion).

Chapitre 4

La Lune dans les signes et dans les maisons

Dans ce chapitre :

La Lune dans les signes.
La Lune dans les maisons.

C'est étrange, mais vrai. Vu de la Terre, on dirait que le Soleil et la Lune ont la même taille. Pourtant, la science nous apprend de façon irréfutable que, comparé à la Lune, le Soleil est énorme. Mais sur le plan visuel, les deux sont égaux. Au cours des rares occasions où le Soleil, la Lune et la Terre sont en parfait alignement, nous observons une éclipse solaire : la Lune glisse devant le Soleil et le cache entièrement, en plongeant la Terre dans une obscurité anormale.

Les peuples anciens percevaient aussi le Soleil et la Lune comme des égaux – des amants qui se disputent, un frère et une sœur qui ne se parlent pas, des escargots jumeaux ou encore, selon un mythe sibérien, des miroirs assortis placés par un dieu dans le ciel et destinés à refléter la lumière de l'humanité.

De nombreux astrologues considèrent le Soleil constant et la Lune toujours changeante comme des partenaires à la fois égaux et différents qui gouvernent ensemble. Le Soleil représente votre noyau fondamental, alors que la Lune représente vos réactions émotionnelles, vos instincts et votre inconscient. Si le Soleil et la Lune se trouvaient dans des signes compatibles au moment de votre naissance, votre volonté et vos émotions, votre attention consciente et votre moi inconscient sont fondamentalement synchronisés. À d'autres moments, le Soleil et la Lune résident dans des signes qui sont en conflit, ce qui produit une tempête de besoins et de désirs contradictoires. Eh oui, c'est la vie ! Et l'astrologie ne fait que la refléter.

Pour découvrir la position de la Lune dans votre thème, consultez l'Annexe B. Mais rappelez-vous que la Lune effectue le tour de tout le zodiaque en moins d'un mois, et qu'elle change de signe tous les deux ou trois jours. Donc, si la Lune a changé de signe le jour de votre naissance, vous aurez peut-être à faire quelques calculs pour déterminer avec certitude quel est votre signe lunaire. Après tout, vous pensez peut-être que votre Lune se trouve dans le Cancer, et qu'elle est donc sensible et maternelle, alors qu'en fait vous avez une Lune léonine autoritaire. Vos amis ne vous le diront pas, mais vous devriez quand même le savoir.

Pour obtenir une carte du ciel précise (qui vous indiquera la position exacte de la Lune dans votre thème), vous devez a) prendre contact avec un astrologue, b) aller sur l'Internet, c) investir dans un logiciel d'astrologie. Consultez le Chapitre 2 pour savoir comment obtenir les informations dont vous avez besoin.

La Lune, qui luit en reflétant la lumière, est symbolisée par le croissant de la réceptivité.

La Lune dans les signes

Le signe dans lequel la Lune se trouvait lors de votre naissance détermine la manière dont vous réagissez avec émotion aux personnes et aux événements. Il décrit aussi votre perception de la relation que vous avez eue avec votre mère lorsque vous étiez enfant.

- **La Lune dans le Bélier :** vous avez des réactions instinctives aux gens, et vous formez immédiatement vos jugements. Votre enthousiasme est facile à susciter, de même que votre colère. Lorsque vous êtes dans le doute, vous vous plongez dans l'activité. Vous êtes tourné vers l'action, impétueux et décidé, mais vous pouvez aussi être égoïste, irritable, impatient et brusque. Vous faites bien connaître vos besoins. Lorsque vous étiez enfant, votre mère a dû réagir à vos exigences impétueuses. C'était nécessaire. Il en résulte que vous l'avez perçue comme une personne dynamique. Elle vous a appris, par exemple, à être indépendant.
- **La Lune dans le Taureau :** sur le plan émotionnel, vous êtes prudent, digne de confiance et agréable. Vous réagissez lentement, mais une fois que vous avez décidé de vous dévouer à quelque chose, c'est pour le long terme. Vous êtes stable, mais aussi obstiné. En cas de doute, vous refusez de bouger du moindre centimètre. Mais vous souffrez dans les périodes de changement. Lorsque vous étiez enfant, vous avez désespérément cherché la sécurité que procure un parent présent et attentionné. Il est probable que votre mère a essayé d'être cela pour vous. Mais même si elle a échoué, vous désirez encore ardemment les plaisirs de ce qui est prévisible.
- **La Lune dans les Gémeaux :** vous êtes inconstant, agité, fringant, et vous avez une élocution claire. Vous exprimez vos sentiments avec esprit et intelligence. Mais vous adoptez une approche essentiellement

Une mère porteuse sous influence lunaire

Mary Beth Whitehead, qui est née le 7 avril 1957, possède tout l'esprit pionnier que l'on peut attendre d'une native du Bélier. Grâce à son audacieux Soleil en Bélier, aux sentiments détachés et aux attitudes non conformistes de son Ascendant Verseau, elle avait accepté de servir de mère porteuse pour les Stern, un couple qui voulait un enfant. Mais sa Lune se trouve dans le Cancer et dans la cinquième maison, celle des enfants. Après la naissance, sa Lune fit une entrée en scène fracassante. Mary Beth Whitehead refusa catégoriquement d'abandonner l'enfant qu'elle avait accepté de porter. Quatre jours plus tard, le juge lui ordonna de le faire, et elle remit le bébé (lui aussi un Bélier) aux Stern. Si elle avait d'abord consulté un astrologue, elle n'aurait jamais accepté d'être mère porteuse.

cérébrale de vos problèmes émotionnels. Bien que vous ayez tendance à vous faire du souci, l'analyse de vos propres réactions vous apporte une dose de calme, et vous vous adaptez aisément au changement. Enfant, vous étiez agité, curieux et facilement distrait. En conséquence, votre mère a trouvé qu'il était plus facile de détourner votre attention plutôt que de traiter vos problèmes. Vous utilisez vous-même parfois encore cette méthode aujourd'hui.

- **La Lune dans le Cancer :** la Lune gouverne le signe du crabe, et donc peu importe ce qui se passe d'autre dans votre carte, vous êtes une personne lunaire : d'humeur changeante, réceptive, sentimentale, et suprêmement consciente du flux continuel de vos émotions. Les larmes vous viennent facilement, et le passé exerce sur vous une influence magnétique. Enfant, vos réactions à chaque chose qu'a faite votre mère étaient exceptionnelles. L'impact qu'elle a eu sur vous dépasse la norme, même à l'âge adulte. Si vous avez vous-même des enfants, vous êtes probablement très affectueux et remarquablement engagé envers eux.
- **La Lune dans le Lion :** la Lune dans Lion ajoute de la chaleur, de l'éclat et de l'exubérance à n'importe quel signe solaire. Vous vous considérez vous-même comme un numéro hors pair. Bien que votre fierté soit facilement froissée, vous êtes en général confiant et heureux. Mais lorsque les choses ne vont pas comme vous le souhaitez, vous dissimulez les doutes que vous avez sur vous-même et votre ambivalence par un feu d'artifice d'émotions. Lorsque vous vous êtes comporté comme cela en étant enfant, votre mère a parfois elle-même réagi par une grande démonstration de ses propres émotions. En conséquence, vous pensez probablement que votre mère a tendance à tout dramatiser. Pourtant, elle avait aussi de hautes ambitions à votre sujet. Après tout, elle a bien vu comment vous saviez vous y prendre pour obtenir ce que vous vouliez.
- **La Lune dans la Vierge :** timide sur le plan des émotions, vous préférez les réprimer plutôt que de les exprimer. Vous essayez d'être discret, et

vous trouvez peut-être qu'il est difficile de faire face à d'importants problèmes. À la place, vous détournez votre attention en vous concentrant sur des détails ou en travaillant si durement que vous avez à peine le temps de réfléchir. Vous êtes industrieux, vous avez le sens pratique et vous êtes serviable. Lorsque vous étiez enfant, vous aviez un grand besoin d'efficacité et d'organisation. Chaque fois que votre mère faisait preuve de ces vertus, vous étiez aux anges. Vous en êtes venu à considérer qu'elle travaillait dur, une vertu que vous avez gardée pour vous-même.

- **La Lune dans la Balance :** vous êtes gracieux, gentil, romantique et diplomate. Vous évitez la vulgarité et essayez d'exprimer vos sentiments de manière équilibrée et raisonnable. Enfant, vous avez essayé de sauver les apparences, même si on vous a maltraité. Votre caractère égal vous a valu des louanges, et votre mère en est venue à s'attendre à cela de vous. Vous avez compris : en tant qu'adulte, vous semblez imperturbable. L'amour et la vie relationnelle sont indispensables à votre bien-être, et vous pouvez à peine imaginer la vie sans un partenaire. Mais vous appréciez aussi beaucoup la sérénité, et vous ferez ce qui est nécessaire pour atteindre ce but insaisissable.
- **La Lune dans le Scorpion :** passionné et facilement froissé, vous êtes une personne compliquée. Obstiné, intense, et parfois autodestructeur, vous exprimez vos sentiments de façon indirecte et vous essayez souvent de les garder secrets, ce qui peut nécessiter une certaine quantité de manipulation. Ce n'est pas que vous vouliez contrôler – vous ne pouvez tout simplement pas vous en empêcher. Même si votre enfance a pu faire envie à d'autres, elle a été pour vous pénible. Vous saviez ce qui se passait réellement, en particulier avec votre mère : vous avez senti la réalité. Et vous avez appris à vous protéger en taisant vos besoins. Les choses semblaient aller mieux de cette façon. Et bien que certaines personnes avec cette position de la Lune aient tendance à avoir des idées de représailles, vous évitez plus simplement la confrontation sur le plan des émotions : vous avez le sentiment que c'est plus sûr.
- **La Lune dans le Sagittaire :** vous avez une attitude de philosophe, vous êtes franc, enjoué et généreux. Bien intentionné et idéaliste, vous êtes aussi un preneur de risques qui tient à son indépendance et fera n'importe quoi pour la conserver. Bébé, vous rayonniez déjà de confiance. Il est probable que votre mère a essayé d'encourager cela en réagissant à votre enthousiasme plutôt qu'à vos souffrances. Le résultat, c'est qu'il vous est plus facile de vous occuper d'action que d'émotions. Lorsqu'un problème se présente, vous avez tendance à rechercher des explications rationnelles. Vous pouvez croire que vous avez toujours raison, et vous pouvez être cavalier et blessant par inadvertance. Mais votre optimisme finit par revenir, et vous vous lancez vers une nouvelle aventure.

- **La Lune dans le Capricorne :** vous êtes stable, réservé et bien discipliné. Petit, vous considérez déjà la vie comme une chose sérieuse. Vous connaissez vos limites. Vous pouvez être pessimiste et morne parce que, d'une manière ou d'une autre, la joie typique de l'enfance vous est passée à côté. Votre mère a peut-être fait une dépression post-natale. Vous l'avez alors sentie, et vous vous êtes mis en retrait. Réservé et complexé, vous vous sentez plus stable et plus calme lorsque vous réussissez. L'exubérance des sentiments et les drames des autres personnes vous rendent anxieux. Mais en temps de crise, vous prenez des responsabilités. Lorsque c'est vous qui êtes aux commandes, vous éprouvez une sensation d'autorité et de contrôle que vous essayez de maintenir avec beaucoup d'efforts.
- **La Lune dans le Verseau :** au fond de vous-même, vous vous considérez comme une sorte de croisé ou de pilier de bonnes œuvres. Vous aimez penser que vous êtes capable de faire la différence dans le monde. Quels que soient les autres éléments de votre thème, vous êtes attiré par ce qui est original et non conformiste – une tendance que l'on retrouve facilement dans votre famille. Même si vos jeunes années furent marquées par des perturbations, votre mère vous a encouragé à exprimer votre individualité. Adulte, vous avez encore bien envie de vous rebeller, surtout si vous pouvez pour cela vous fonder sur un principe important, de n'importe quel type que ce soit. Mais il vous est difficile d'exprimer vos émotions – et même de les reconnaître – et vous pouvez donner aux gens l'impression d'être réservé. En réalité, vous ne savez pas quoi faire de vos sentiments, et vous essayez de prétendre que vous n'en avez pas. Cette technique fonctionne parfois.
- **La Lune dans les Poissons :** vous êtes doux, sentimental, influençable et compatissant. Mais chaque vague émotionnelle vous met à terre. Extrêmement sensible et facilement blessé, vous possédez en outre une très fine intuition. Lorsque vous agissez en vous y fiant, vous allez bien. Dans votre enfance, vous avez repris l'état émotionnel de tout le monde, y compris la détresse de votre mère. Il en résulte que vous êtes extrêmement sensible à l'atmosphère émotionnelle. Bien que vous puissiez être rêveur et que vous manquiez de sens pratique, il est impératif que vous vous protégiez sur le plan des émotions.

La Lune dans les maisons

La maison que la Lune occupe dans votre thème natal détermine le domaine de la vie dans lequel vous réagissez de la façon la plus instinctive. Votre bien-être émotionnel dépend des préoccupations de cette maison. (Vous pouvez consulter les domaines de la vie que chaque maison gouverne au Chapitre 1.)

- **La Lune dans la première maison :** ne pensez pas que vous puissiez cacher ou déguiser vos émotions : elles sont évidentes pour tout le monde. Votre bien-être dépend étrangement de votre apparence et de la façon dont les gens vous perçoivent.
- **La Lune dans la deuxième maison :** bien que vous ayez toute votre vie des hauts et des bas sur le plan financier, vous devenez de plus en plus persévérant et vous apprenez à gérer votre argent – ce qui est heureux, car la sécurité matérielle est vitale pour votre bien-être. Peut-être que vous ne vous considérez pas vous-même comme une personne matérialiste ; pourtant, l'argent compte.
- **La Lune dans la troisième maison :** vous possédez un esprit souple et curieux, un fort attachement à vos frères et sœurs, et l'aptitude à établir aisément des liens émotionnels. Vous avez le sens de la communication, à la fois verbale et écrite. Dans une étude non scientifique réalisée sur la base d'un très faible échantillon, deux des trois agents littéraires de ma connaissance se sont révélés avoir la Lune dans la troisième maison. (L'autre a plusieurs planètes en Gémeaux, le signe le plus semblable à la troisième maison.)
- **La Lune dans la quatrième maison :** vos parents et le patrimoine de la famille sont pour vous très importants, et le passé possède un charme auquel il vous est difficile de résister. Vous avez de très forts besoins de sécurité. Il vous est essentiel de posséder un foyer dans lequel vous vous sentez bien. Dans votre recherche de la maison parfaite, vous changerez probablement souvent de résidence.
- **La Lune dans la cinquième maison :** vous êtes romantique, théâtral et émotionnel, surtout en ce qui concerne les histoires de cœur. Vous êtes aussi créatif et talentueux, peut-être dans plus d'un domaine. Preneur de risques, surtout en amour, vous établissez facilement le contact avec les enfants, que ce soient les vôtres ou ceux des autres (les profs les plus motivants que je connais ont cette position).
- **La Lune dans la sixième maison :** il est probable que vous allez souvent changer de job, jusqu'à ce que vous trouviez un travail qui vous satisfasse réellement. Il ne vous suffit pas de travailler pour de l'argent ; vous avez besoin de vous sentir productif et de vous réaliser. Les professions de service ou de la santé vous procureront une grande satisfaction. Vous vous faites aussi du souci au sujet de votre santé qui peut être affectée par vos réactions à votre travail.
- **La Lune dans la septième maison :** le mariage et les autres associations jouent pour vous un rôle important, bien que vous soyez peut-être indécis dans le domaine des relations. Une fois que vous vous êtes engagé, vous courez le risque de devenir trop dépendant. En affaires, les gens vous recherchent.

HISTOIRE VRAIE

Le poète Walt Whitman

Le poète Walt Whitman, né le 31 mai 1819, avait la Lune en Lion dans la sixième maison. Gémeaux, il était connu pour ses écrits. Mais en tant que natif ayant la Lune dans la maison du travail et de la santé, il était également célèbre pour les différents emplois qu'il a occupés durant sa vie. Entre autres professions, il fut typographe, journaliste, instituteur, employé du gouvernement, et finalement infirmier pendant la guerre civile, un job qui était à la fois dramatique et correspondait au placement de sa Lune en Lion, ainsi qu'au service des autres, comme l'exige la sixième maison.

- **La Lune dans la huitième maison :** vous avez des émotions qui fluctuent fortement, de puissantes pulsions sexuelles, l'aptitude à soigner vous-même vos blessures émotionnelles, et peut-être même celles des autres. Sur le plan des émotions, vous êtes courageux et prêt à affronter la réalité en face. Dans le domaine financier, vous vivez des hauts et des bas, surtout à travers une relation amoureuse.
- **La Lune dans la neuvième maison :** plus vous repoussez les limites de votre vie en recherchant de nouvelles expériences, plus vous êtes heureux. Vous possédez une imagination active et un désir de connaissance. Vous explorerez peut-être de nombreuses religions et philosophies avant de trouver celle qui vous satisfera. Les voyages apaisent votre âme, et vous voyagez donc beaucoup.
- **La Lune dans la dixième maison :** la paix de votre esprit va main dans la main avec votre réussite professionnelle. La carrière joue pour vous un rôle essentiel, mais vous changerez peut-être souvent de métier avant de trouver le bon domaine. Une fois que vous l'aurez trouvé, vous vous y plongerez. Votre vie privée en souffre. Heureusement, si vous aimez ce que vous faites, cela vous importe peu.
- **La Lune dans la onzième maison :** sur le plan social, vous êtes populaire et à l'aise, avec une grande aptitude à l'amitié. Vous possédez une compréhension instinctive des autres personnes, et les amis jouent un rôle central dans votre vie (vous accordiez d'ailleurs peut-être trop d'importance à ce qu'ils pensent). Il est possible que vos objectifs et vos aspirations changent souvent, c'est pourquoi, votre cercle d'amis changera peut-être lui aussi.
- **La Lune dans la douzième maison :** il n'est pas facile de mettre à jour vos secrets. Vous êtes d'humeur changeante, sensible, et attiré par le côté secret de la vie. Votre mode est celui du retrait. Vous préférez dissimuler vos émotions (et certains épisodes sordides du passé). Vous pourriez être engagé dans des institutions comme les hôpitaux ou les prisons. Des relations clandestines vous offriront peut-être une forme de nourriture émotionnelle que vous ne trouvez pas ailleurs.

Chapitre 5

Les apparences sont trompeuses : l'Ascendant (et les autres angles)

Dans ce chapitre :

Ascendant et Descendant.
Milieu du Ciel et Fond du Ciel.

J'ai autrefois travaillé dans une librairie avec une collaboratrice qui était si bien organisée et avait les choses tellement bien en main que tout le monde lui faisait confiance. Elle savait quels titres étaient dans les rayons, quels titres étaient commandés, épuisés, se trouvaient dans la pièce du fond et derrière le comptoir. Par-dessus le marché, elle avait tout lu, y compris les classiques que la plupart des gens ne connaissent même pas et qu'ils ne peuvent donc pas identifier comme des classiques, et elle pouvait conseiller les clients les plus exigeants. Lorsqu'elle était absente, les choses commençaient à se dégrader. Et je ne fus donc pas surprise de découvrir, en montant son thème, qu'elle avait son Ascendant en Vierge. Elle semblait aussi intelligente, organisée et méticuleuse que tout autre natif du signe de la Vierge que je connaissais.

Mais les Ascendants peuvent être trompeurs. Bien sûr, à la surface, elle faisait attention aux détails et elle tenait les rênes bien en mains, exactement comme une Vierge. Pourtant, son Soleil n'était pas en Vierge, il était dans le signe sensible et charitable des Poissons, le plus rêveur et le plus influençable de tous les signes du zodiaque. Et en effet, ce signe la décrivait plus complètement. Elle était gentille, compatissante et imaginative (c'est pour cela qu'elle avait été une lectrice aussi avide – elle se perdait littéralement dans les livres). Elle avait beaucoup d'amis fidèles, un mari qu'elle adorait, un loft en ville rempli d'authentiques œuvres d'art et une résidence secondaire – une minuscule maison de campagne – sur une île balayée par les vents dans une mer éloignée. Sa vie était inondée de romantisme, de créativité et d'eau. Mais bien qu'elle ait fait l'expérience de la poésie des Poissons, elle en connaissait aussi l'aspect douloureux. Sous une forme ou sous une autre, elle avait dû faire face à toutes sortes de vicissitudes, depuis un parent en prison jusqu'à l'expérience de l'alcoolisme. Elle était Poissons jusqu'au bout des ongles.

Et pourtant, elle ressemblait à une native du signe de la Vierge. C'est parce que son Ascendant était positionné en Vierge. L'Ascendant représente la surface de la personnalité, c'est-à-dire la personne que vous semblez être.

NOTE TECHNIQUE

Le zodiaque tourne autour de nous comme un gigantesque cercle. À un moment donné, un de ses signes se lève à l'horizon Est, et un autre se couche à l'horizon Ouest. Un signe se trouve juste au-dessus de votre tête, tandis qu'un autre est dans la position opposée, au-dessous de la Terre. On appelle l'Ascendant (AS) le signe à l'horizon Est ou oriental, et le Descendant (DS) le signe à l'horizon Ouest ou occidental, qui se trouve toujours à 180 degrés de l'Ascendant. Le degré au sommet de votre radix est le Milieu du Ciel (MC), et le degré de la partie la plus basse de votre carte du ciel est appelé Fond du Ciel (FC). Ces quatre points constituent les angles de la carte du ciel, ils sont illustrés dans la Figure 5.1.

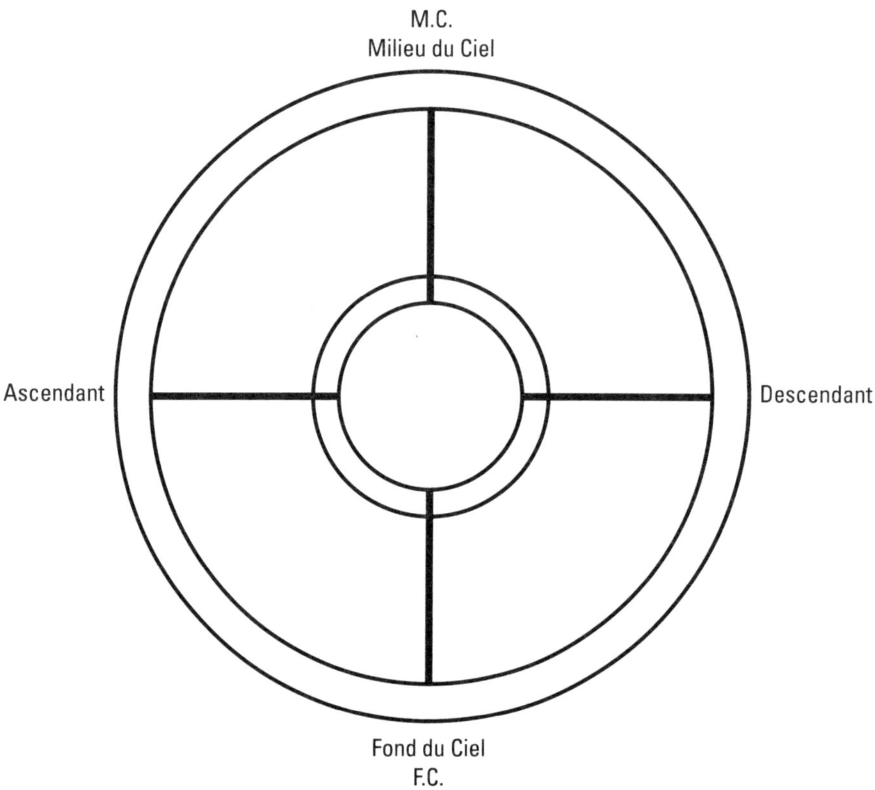

Figure 5.1 : Les quatre angles de l'horoscope : l'Ascendant, le Milieu du Ciel, le Descendant et le Fond du Ciel.

Trouvez votre Ascendant

Quel que soit votre Signe Solaire, n'importe lequel des 12 signes du zodiaque a pu se lever à l'horizon Est à l'instant de votre naissance. C'est parce que la Terre effectue quotidiennement une rotation complète sur son axe que tous les 12 signes du zodiaque se lèvent chaque jour à l'horizon oriental. En outre, le *degré de l'Ascendant* (c'est-à-dire la distance à laquelle se trouve l'Ascendant au-dessus de l'horizon Est) change toutes les quatre minutes (ce qui explique que même des jumeaux ne partagent pas exactement le même horoscope). Pour être absolument certain de votre Ascendant, vous avez besoin d'une carte précise, et pas d'une approximation. Vous avez pour cela le choix : procurez-vous les coordonnées géographiques du lieu de votre naissance et effectuez vous-même les calculs mathématiques, consultez un astrologue professionnel ou allez sur l'Internet, comme c'est expliqué au Chapitre 2. Ou bien abandonnez pour le moment la recherche de précision et faites une estimation avertie en consultant l'Annexe A et en suivant ses instructions.

Trouvez votre Descendant

Une fois que vous avez déterminé votre Ascendant, vous connaissez automatiquement votre Descendant. C'est par définition le signe exactement opposé à celui de votre Ascendant. Donc, si vous avez votre Ascendant en Cancer, votre Descendant se trouve en Capricorne. Votre Descendant est un point moins important que votre Ascendant, il détermine l'approche que vous adoptez vis-à-vis du mariage et d'autres associations. Il décrit la nature de ces relations dans votre vie, et aussi le type de personne dont vous risquez de tomber amoureux. Quel est votre type de partenaire préféré ? Votre Descendant vous donne la réponse.

L'axe Ascendant-Descendant

L'Ascendant représente la surface de votre personnalité et l'impression que vous donnez aux gens (surtout au cours des trois premières minutes). Le Descendant décrit votre approche des partenariats.

- **Ascendant Bélier :** vous êtes actif, assuré, aventureux, volontaire, et parfois vous avez tendance à avoir des accidents. Vous êtes fier de votre indépendance, et il vous est difficile de vous caser.

  Indépendamment de votre Signe Solaire, la planète qui gouverne votre horoscope est Mars.

Votre Descendant est la Balance. Donc votre partenaire idéal, contrairement à vous-même, est posé et équilibré, une force pour l'harmonie, la qualité dont vous avez le plus besoin.

- **Ascendant Taureau :** vous êtes obstiné, chaleureux, vous recherchez la sécurité et vous changez lentement. Il y a quelque chose de rassurant dans votre présence (peut-être est-ce votre nature affective et votre amour pour les aliments et les boissons riches en calories). Mais vous ne vous ouvrez pas facilement.

  Indépendamment de votre Signe Solaire, c'est Vénus qui gouverne votre horoscope.

  Votre Descendant est en Scorpion, ce qui signifie que votre partenaire idéal est passionné sur le plan sexuel, intense sur celui des émotions, et prêt à s'engager totalement dans la plus profonde des intimités.

- **Ascendant Gémeaux :** vous êtes loquace, émotif, drôle, vous vous ennuyez facilement, vous faites probablement de l'insomnie, et vous avez l'air toujours jeune. Vous collectez l'information en un clin d'œil, vous réagissez rapidement, et vous vous adaptez aisément aux circonstances changeantes (même si vous aimez vous en plaindre).

  Indépendamment de votre Signe Solaire, Mercure est le maître de votre horoscope.

  Votre Descendant est le Sagittaire, ce qui suggère que votre partenaire idéal est une personne indépendante aux idées fortes qui peut élargir vos horizons.

- **Ascendant Cancer :** d'humeur changeante, vous êtes sensible, imaginatif, sagace et protecteur. Vous aimez la sécurité, le confort, les bons petits plats, votre foyer, et vous occuper d'autres personnes. Vos sentiments sont profonds, et vous détestez en général prendre des risques.

  La Lune est la planète qui vous gouverne, quel que soit votre Signe Solaire.

  Votre Descendant est le Capricorne, ce qui signifie que votre partenaire idéal est franc et fiable – peut-être une personne plus âgée que vous ou plus reconnue, qui pourra vous apporter la sécurité dont vous avez besoin.

- **Ascendant Lion :** vous avez un look tape-à-l'œil, vous aimez vous amuser, vous êtes bienveillant, charismatique et amical. Vous ne pouvez pas supporter qu'on ne vous remarque pas. Vous faites de votre mieux pour donner de vous-même l'image d'un cœur léger et confiant, et d'habitude, vous y parvenez. Les gens veulent se chauffer à votre soleil.

  Le Soleil est la planète qui vous gouverne, quel que soit votre Signe Solaire.

  Votre Descendant est le Verseau, ce qui signifie que votre partenaire idéal est exceptionnel et stimulant, une personne avec laquelle vous

HISTOIRE VRAIE

Les pseudonymes de l'Ascendant Scorpion

Certaines personnes nées avec un Ascendant Scorpion ne peuvent s'empêcher de jouer avec leur propre identité. On peut citer l'écrivain britannique Mary Ann Evans, qui publiait ses romans sous le pseudonyme de George Eliot ; Samuel Clemens, dont le nom de plume était Mark Twain ; Prince Rogers Nelson, qui a changé son nom pour devenir l'artiste connu sous le nom de Prince ; l'espionne Mata Hari (qui s'appelait Margaretha Geertruida Zelle) ; Grace Kelly, qui abandonna la vie prestigieuse de star d'Hollywood pour devenir la princesse de Monaco ; Jacqueline Kennedy, qui quitta les États-Unis après l'assassinat de son mari pour devenir Jackie O.

sentez un lien mental vivace, et qui ne correspond pas nécessairement à la superbe liaison romantique dont vous rêvez peut-être.

- **Ascendant Vierge :** vous avez le sens pratique, vous êtes maître de vous, nerveux et prévenant. Clair et rapide, vous discutez aisément de toutes sortes de sujets, et vous êtes très observateur. Mais vous essayez de garder vos sentiments pour vous. Il se peut que vous ayez des allergies.

  Mercure est la planète qui vous gouverne, quel que soit votre Signe Solaire.

  Votre Descendant est en Poissons, ce qui suggère que votre partenaire idéal est une personne sympathique qui peut vous aider à vous décontracter, à suivre le cours de la vie, et à cesser de vous faire du souci sur chaque petit détail.

- **Ascendant Balance :** vous êtes engageant, plein de tact, facile à vivre et sympathique, mais vous feriez n'importe quoi pour éviter un conflit. Vous ne supportez pas de vous retrouver dans un environnement hostile. Vous avez également la fibre artistique, vous êtes attrayant et raffiné.

  Quel que soit votre Signe Solaire, Vénus est la planète qui vous gouverne.

  Votre Descendant réside en Bélier, ce qui suggère que le partenaire idéal pour vous est quelqu'un avec une personnalité fougueuse, qui pourra ranimer vos enthousiasmes et vous aider à faire face aux conflits.

- **Ascendant Scorpion :** vos yeux intenses et vos manières irrésistibles attirent les gens. Vous êtes secret, magnétique et sexy. Vous êtes aussi un battant qui prend les rênes en temps de crise. Vous avez la volonté et la possibilité de vous transformer, à la fois sur le plan intérieur et sur le plan extérieur. Vous êtes capable de changer complètement la manière dont vous vous présentez.

  Quel que soit votre Signe Solaire, Pluton est la planète qui vous gouverne.

HISTOIRE VRAIE

Mon ami Howard

On trouve des Lions extravertis à la pelle. Les Lions ermites, comme mon ami Howard, sont par contre une rareté. Il ne quitte que rarement sa maison, mais quand c'est le cas, il est aussi spirituel et divertissant que les autres Lions, et je ne dis pas cela parce qu'il est un de mes amis. Comment est-il donc possible qu'il soit aussi timide, qu'il évite les relations et préfère rester à la maison à dorloter son modem ? C'est parce qu'il est d'Ascendant Capricorne, et que l'austère Saturne, la planète qui le gouverne, occupe le même degré du zodiaque que son Soleil. C'est donc quelqu'un qui se fait du souci ; il est rigide et s'attend au pire. Pas étonnant qu'il reste à la maison.

Votre Descendant est dans le Taureau. Le partenaire le plus naturel pour vous est quelqu'un qui a les pieds sur terre, qui est fiable et aussi entêté que vous-même.

- **Ascendant Sagittaire :** vous êtes extraverti, indépendant, optimiste, agité et téméraire. Dans votre recherche d'une vie de communication, vous voyagez autant que possible et vous pouvez vous fixer complètement sur une idée. Plein d'esprit, nerveux et prolixe, vous êtes une personne chanceuse à la personnalité joviale. Les opportunités viennent à vous – et vous savez instinctivement choisir le bon moment pour les saisir.

  Jupiter est la planète qui vous gouverne, quel que soit votre Signe Solaire.

  Votre Descendant réside dans les Gémeaux, ce qui suggère que le bon partenaire pour vous est une personne active aux multiples facettes dont la conversation est si stimulante que vous ne vous ennuyez jamais.

- **Ascendant Capricorne :** la pagaille vous rend fou. Vous êtes une personne sérieuse, réservée, qui a une méthode pour toute chose. Ambitieux et compétitif, vous assumez la responsabilité et exercez l'autorité avec efficacité. Mais vous ne vous décontractez pas facilement, et vous êtes peut-être sujet à des dépressions. Bien que votre enfance ait peut-être été difficile, vos perspectives s'améliorent au fur et à mesure que vous vieillissez (et grâce à vos saines habitudes, vous gardez une apparence jeune).

  Saturne est la planète qui vous gouverne, quel que soit votre Signe Solaire.

  Votre Descendant est dans le Cancer, ce qui suggère que vous avez besoin d'un partenaire chaleureux qui vous soutienne afin de vous adoucir, en vous apportant la sécurité que vous désirez tellement (et les bons petits plats préparés à la maison). Les relations de couple traditionnelles sont pour vous les meilleures possibles.

- **Ascendant Verseau :** vous avez des tas de centres d'intérêt, de nombreux amis, et une personnalité calme et aimable. Mais vous gardez une certaine distance qui peut vous faire paraître indifférent. Les gens se rendent bien compte que vous suivez votre propre rythme, qui est différent du leur. Des événements inattendus, surtout dans l'enfance, vous ont rendu prudent, et vous résistez au changement.

  Uranus est le maître de votre horoscope, quel que soit votre Signe Solaire.

  Votre Descendant est le Lion fougueux, ce qui suggère qu'une relation de couple qui offrirait la passion de ce signe, sa vivacité et sa dévotion à la personne aimée contrerait votre objectivité aérienne et vous apporterait de la satisfaction.

- **Ascendant Poissons :** vous êtes romantique, influençable, sentimental, et vous êtes tellement compatissant que parfois le simple fait de vous trouver en présence de personnes malheureuses est plus que vous ne pouvez supporter. Vos aptitudes psychiques sont fortes, et votre gentillesse est légendaire, bien que vous puissiez être trop crédule ou trop docile. Vous possédez également le potentiel de la réalisation créatrice et spirituelle.

  Neptune est le maître de votre horoscope, quel que soit votre Signe Solaire.

  Votre Descendant se trouve en Vierge, ce qui suggère qu'un partenaire ayant le sens pratique et celui des détails, analytique, équilibrerait votre approche intuitive de la vie et vous aiderait à réduire la pagaille que vous créez.

L'axe Milieu du Ciel-Fond du Ciel

Comment se fait-il que certaines personnes aient parfois les carrières les plus étranges, alors que l'on ne s'y attendait pas du tout ? Le Milieu du Ciel, appelé également MC, est souvent le responsable. Le MC est le plus haut point de l'écliptique sur votre horoscope. Il ne détermine pas vos talents, mais il affecte votre personnage public et influence l'approche que vous choisissez d'adopter pour votre carrière. Le Fond du Ciel (FC) y est directement opposé. Le FC influence votre attitude envers le foyer et la famille, et il affecte les circonstances à la fin de votre vie.

Si vous possédez un thème astral précis, vous trouverez votre Milieu du Ciel près de la cuspide de la dixième maison à 12 heures ou à peu près. Dans la plupart des horoscopes, le Milieu du Ciel et la cuspide de la dixième maison sont identiques. Si vous ne trouvez pas de légende MC, utilisez la cuspide de la dixième maison.

Avec certains systèmes de domification, le Milieu du Ciel et la cuspide de la dixième maison ne sont pas identiques. Si c'est le cas de la carte du ciel que vous possédez, ne vous en faites pas. Lisez la description de votre MC et allez sur l'Internet chercher un horoscope précis (consultez alors le Chapitre 2 ou l'Annexe F pour savoir comment procéder).

En attendant, si vous utilisez l'Annexe A pour déterminer votre Ascendant, partez du principe que votre Milieu du Ciel est du même signe que la cuspide de la dixième maison.

ATTENTION !

Les talents et les opportunités proviennent de nombreuses directions, et il n'est pas surprenant que de nombreux facteurs jouent un rôle dans le choix de la carrière. Le Milieu du Ciel ne constitue que l'un d'entre eux. D'autres facteurs importants comprennent les planètes dans la dixième maison ; la position de la planète maîtresse du Milieu du Ciel ; le thème dominant de votre horoscope, quel qu'il soit ; et, bien sûr, votre Signe Solaire.

Le Milieu du Ciel affecte votre attitude envers la carrière. Le Fond du Ciel, celle que vous adoptez envers le foyer et la famille.

- **Milieu du Ciel en Bélier :** vous adoptez une attitude audacieuse vis-à-vis de votre carrière. Vous répondez à un défi et vous êtes extrêmement excité et comblé lorsque vous lancez un nouveau projet. Être à votre compte vous procure de la satisfaction.

  Mars est la planète qui gouverne votre Milieu du Ciel.

  Votre Fond du Ciel est dans la Balance, ce qui indique que vous avez besoin d'un foyer tranquille et harmonieux. Suivez le conseil de l'artiste William Morris, un natif du Bélier, dans *The Beauty of Life* : « N'ayez aucune chose dans vos demeures que vous ne sachiez utile ou que vous ne trouviez belle. » Et si vous avez un doute sur ce qui compte le plus, l'utilité ou la beauté, choisissez cette dernière.

- **Milieu du Ciel en Taureau :** la sécurité compte. Vous avez besoin de faire quelque chose de tangible dans votre carrière – et, quelle qu'en soit la forme, vous avez besoin de recevoir des récompenses substantielles.

  Vénus est la planète qui gouverne votre Milieu du Ciel.

  Votre Fond du Ciel est en Scorpion, ce qui indique que votre foyer est une cachette dans laquelle vous pouvez exprimer vos passions les plus profondes et trouver l'intimité dont vous avez tellement besoin.

- **Milieu du Ciel en Gémeaux :** vous avez besoin de diversité dans votre carrière, et de communiquer vos idées.

  Mercure est le maître de votre Milieu du Ciel.

  Votre Fond du Ciel est dans le Sagittaire, ce qui suggère soit que vous déménagez fréquemment, soit que votre vie de famille est gouvernée par de stricts principes religieux. Vous êtes d'accord avec l'écrivain G.K.

Chesterton, un natif des Gémeaux, qui écrit dans *What's Wrong with the World,* « Le foyer n'est pas l'endroit banal dans un monde d'aventures ; c'est l'endroit sauvage dans un monde de règles et de tâches imposées. »

- **Milieu du Ciel en Cancer :** vous avez besoin d'une carrière dans laquelle vous pouvez utiliser votre intuition, établir des contacts sur le plan émotionnel, et pourvoir à la sécurité de votre famille.

  La Lune gouverne votre Milieu du Ciel.

  Votre Fond du Ciel est en Capricorne, ce qui suggère que vous avez un goût traditionnel pour la décoration d'intérieur, que vous adoptez aussi une attitude conservatrice envers la famille, et que vous endossez donc une énorme responsabilité.

- **Milieu du Ciel en Lion :** vous avez besoin d'une carrière qui présente deux qualités : des opportunités sur le plan créatif, et la reconnaissance du public.

  Le Soleil est le maître de votre Milieu du Ciel.

  Votre Fond du Ciel se trouve en Verseau, ce qui indique que vous avez une attitude indépendante vis-à-vis du foyer et de la famille. Il en résulte que votre vie de famille pourrait prendre une forme inhabituelle.

- **Milieu du Ciel en Vierge :** vous allez réussir dans votre carrière, quelle qu'elle soit, parce que vous « faites vos devoirs » et parce que vous apportez de l'attention aux détails.

  Mercure gouverne votre Milieu du Ciel.

  Votre Fond du Ciel est en Poissons, ce qui indique qu'un fort sentiment d'avoir été abandonné pendant votre enfance vous fait désirer un foyer serein rempli de consolation spirituelle. Votre attitude est celle du philosophe Gaston Bachelard qui écrit, dans *La poétique de l'espace* : « Si on me demandait de nommer le principal avantage de la maison, je dirais : la maison protège la rêverie, la maison protège le rêveur, la maison permet de rêver en paix. »

- **Milieu du Ciel en Balance :** vous voulez avoir une carrière agréable et rationnelle qui vous permettra de trouver l'équilibre entre votre vie privée et votre vie publique. Selon vous, l'idéal serait une carrière dans les arts. Vous attirez facilement des gens qui peuvent vous aider à atteindre vos objectifs.

  Vénus est la planète qui gouverne votre Milieu du Ciel.

  Votre Fond du Ciel est en Bélier, ce qui suggère que c'est chez vous que vous exprimez le plus activement votre individualité, bien que vous puissiez aussi être rebelle et avoir un caractère emporté avec des membres de votre famille.

- **Milieu du Ciel en Scorpion :** vous êtes attiré par une carrière qui vous offre la possibilité d'exercer un pouvoir ou de ressentir intensément.

Une fois que vous avez choisi un objectif spécifique, vous êtes bien déterminé à l'atteindre.

Pluton est le maître de votre Milieu du Ciel.

Votre Fond du Ciel est en Taureau, ce qui suggère que la sécurité et le confort de votre maison sont pour vous extrêmement importants. Posséder votre propre maison vous apporte le calme.

- **Milieu du Ciel en Sagittaire :** vous êtes le plus heureux avec une carrière qui vous procure de l'indépendance, la possibilité d'élargir vos horizons sur le plan mental, et de nombreux déplacements.

  Jupiter est le maître de votre Milieu du Ciel.

  Votre Fond du Ciel se trouve en Gémeaux, ce qui suggère que votre maison est un lieu animé rempli de livres, de magazines et de conversation. Vous aimeriez avoir deux maisons, et il est possible que vous déménagiez souvent.

- **Milieu du Ciel en Capricorne :** vous êtes fiable et responsable. Pour maintenir votre optimisme, vous avez besoin d'une carrière qui vous apporte une structure, des heures de travail régulières, et par-dessus tout des signes clairs que vous êtes en train de progresser.

  Saturne est la planète qui gouverne votre Milieu du Ciel.

  Votre Fond du Ciel est en Cancer, ce qui suggère de solides liens avec votre famille en général et avec votre mère en particulier. La vie au bord de l'eau vous tranquillise.

- **Milieu du Ciel en Verseau :** vous adoptez une attitude indépendante et très personnelle envers la carrière. La carrière idéale pour vous est exceptionnelle et non conventionnelle, c'est quelque chose que vous seul pouvez réaliser.

  C'est Uranus qui gouverne votre Milieu du Ciel.

  Votre Fond du Ciel est en Lion. Vous êtes fier de votre foyer, qui est un lieu dans lequel vous pouvez exprimer vos émotions et vos talents créatifs. Même si vous êtes par ailleurs timide, vous êtes la star à la maison.

- **Milieu du Ciel en Poissons :** la compassion et/ou l'imagination déterminent vos choix de carrière. Vous serez peut-être attiré par les professions d'assistance, ou par un domaine prestigieux comme la musique ou la danse. Dans un cas comme dans l'autre, votre intuition et vos capacités médiumniques vous guident.

  Neptune est la planète maîtresse de votre Milieu du Ciel.

  Votre Fond du Ciel est en Vierge, ce qui suggère qu'un environnement propre et soigné à la maison vous apporte la sécurité et la stabilité dont vous avez besoin.

Chapitre 6

Les planètes individuelles

Dans ce chapitre :

Les rôles de Mercure, Vénus, Mars, Jupiter et Saturne dans l'astronomie, la mythologie et l'astrologie.
Les planètes dans les signes.
Les planètes dans les maisons.
Interprétation de Mercure, Vénus, Mars, Jupiter et Saturne dans votre thème astral.

Le Soleil et la Lune fournissent des tonnes d'informations. Mais pour comprendre votre propre thème (ou celui de quelqu'un d'autre) dans son intégralité, vous devez savoir où se trouvent toutes les planètes. Mercure, Vénus, Mars, Jupiter et Saturne étaient les seules planètes connues des premiers astronomes ; elles décrivent des aspects de la personnalité et sont connues sous le nom de planètes *individuelles*. Uranus, Neptune et Pluton, les planètes *transsaturniennes* (parce qu'elles viennent après Saturne), ne sont visibles qu'avec un télescope. Elles ont également moins d'impact sur la personnalité (sauf les exceptions que je signalerai dans ce chapitre), mais elles influencent l'inconscient, définissent des générations et déterminent des événements dans les vies des nations et des individus. Je parlerai de ces planètes *collectives* au Chapitre 7.

N'OUBLIEZ PAS

Chaque planète occupe une fonction différente dans votre thème. Pour faciliter les distinctions entre elles, souvenez-vous que chaque planète possède au moins un *mot-clé* qui résume sa signification. Le Tableau 6.1 donne la liste de ces mots-clés et des symboles fort utiles qui représentent ces planètes.

Si vous avez fait votre chemin à travers le Chapitre 2, que vous vous soyez servi d'un site Web ou que vous ayez forcé une bonne âme à faire le travail pour vous, vous devriez maintenant avoir votre thème astral en main. Dans ce cas, vous savez également quelles positions les planètes occupent dans votre carte du ciel. Pour savoir ce qu'elles *signifient,* dressez la liste de vos planètes par signe et par maison, puis cherchez-les dans ce chapitre et dans le chapitre suivant. De cette manière, vous pourrez vous faire une idée cohérente de vos possibilités.

Tableau 6.1 : Mots-clés et symboles des planètes.

Planète	*Mot-clé*	*Symbole*
Mercure	Communication	☿
Vénus	Amour	♀
Mars	Activité	♂
Jupiter	Expansion	♃
Saturne	Restriction	♄
Uranus	Révolution	♅
Neptune	Imagination	♆
Pluton	Transformation	♇

ATTENTION !

Ne vous en faites pas si vous notez occasionnellement des contradictions en regardant les interprétations des positions de vos planètes : elles sont inévitables. Concentrez-vous plutôt sur les idées qui reviennent encore et toujours. Une fois que vous aurez identifié ces thèmes, vous serez en bonne voie pour devenir astrologue.

Si vous n'avez pas de radix (carte du ciel), allez directement à l'Annexe B. Pour chaque planète, trouvez-y la page et la colonne qui incluent votre date de naissance, et notez le signe du zodiaque que cette planète occupait le jour de votre naissance. Gardez toutefois à l'esprit que l'annexe ne peut pas vous donner une position de maison. Pour obtenir cette information, vous devez monter un thème astral complet. Le Chapitre 2 vous explique comment.

Mercure : communique avec classe

L'astronomie, la mythologie et l'astrologie sont trois disciplines différentes, mais elles contribuent toutes à notre compréhension des planètes.

En astronomie, la petite planète Mercure se distingue par sa révolution sidérale rapide – elle n'a besoin que de 88 jours pour effectuer un tour complet du Soleil, car elle est proche de celui-ci.

MYTHOLOGIE

En mythologie, le dieu romain Mercure, identique au dieu Hermès des Grecs, est également connu pour sa vitesse. Avec ses sandales et son casque ailé, c'était le messager des dieux, ainsi qu'un voleur, un musicien, un escroc et un menteur achevé qui pouvait se tirer de n'importe quelle situation grâce à sa tchatche. Mercure était un maître de l'art de raconter des histoires. Les

Anciens l'adoraient comme le dieu des voyages, de la parole, des routes, des frontières, du sommeil, des rêves et des endroits obscurs entre ce monde-ci et l'au-delà. (Parmi ces endroits troubles, on trouve le passage de la vie à la mort : Hermès escortait les âmes des trépassés dans leur voyage vers les enfers.)

Les astrologues considèrent Mercure comme le symbole de la communication, de la parole, des écrits, de la connaissance, de l'intellect, de la raison, de l'esprit vif, et d'une bonne aptitude à apprendre. Sa position dans votre carte du ciel détermine la façon dont vous pensez, la vitesse avec laquelle vous collectez des données et traitez l'information, le style avec lequel vous vous exprimez, et votre disposition à raconter une histoire (vraie ou non), à prononcer un discours, à utiliser les mots.

Étant donné que son orbite est si proche du Soleil, Mercure se trouve soit toujours dans le même signe que le Soleil, soit dans un signe adjacent – et il n'en est en aucun cas éloigné de plus de 28°. Pour connaître sa position dans votre horoscope, consultez l'Annexe B.

Le symbole de Mercure possède, selon la métaphysique, trois composantes : la croix de la terre ou matière, le cercle de l'esprit, et le croissant de la personnalité perché dessus, qui ressemble à une petite antenne de satellite prête à recevoir des informations.

Mercure dans les signes

La position de Mercure détermine votre style de communication, la manière dont vous traitez l'information et celle dont fonctionne votre esprit.

- **Mercure en Bélier :** vous ne ralentissez jamais et vous voulez sauter aux conclusions ; votre esprit est rapide comme l'éclair et vous avez une manière directe et énergique de vous exprimer. Bien que vous puissiez être impatient, avoir l'esprit de compétition, être irritable et souvent avoir des difficultés de concentration, vous n'êtes jamais ennuyeux ou insipide. Vous êtes prêt à dicter votre loi si c'est nécessaire. Vous vous exprimez de façon autoritaire, et les gens savent en général ce que vous pensez. (Cependant, si Mercure se trouve dans votre douzième maison, vous essaierez peut-être de dissimuler vos opinions, mais en général sans grand succès.)
- **Mercure en Taureau :** vous êtes réfléchi, conservateur et remarquablement sensé. Vous étudiez les faits, construisez soigneusement une argumentation, et la présentez avec diplomatie. Après cela, il est peu probable que vous changiez d'avis. Ayant pris une décision raisonnée en y accordant tout le temps nécessaire, vous ne voyez aucune raison de modifier votre opinion. Vous avez tendance à être inflexible, et il est difficile de discuter avec vous, en partie parce que vous connaissez les données de la question, et en partie parce qu'il ne vous est pas facile de vous ouvrir à de nouvelles idées.

- **Mercure en Gémeaux :** vous êtes intelligent, curieux, perspicace, espiègle et ludique, expéditif et incroyablement clair. Votre rapidité mentale et votre agilité intellectuelle sont extraordinaires. Votre esprit embraie facilement, et vous pouvez parler comme un moulin. Mais vous pouvez également vous plier au vent. Vous êtes bien trop adaptable, et vous pouvez raisonner sur n'importe quoi. Mercure régit les Gémeaux (et la Vierge), et cela fonctionne très efficacement ici.

- **Mercure en Cancer :** sensible et compréhensif, vous êtes intuitif, réfléchi et disponible à l'écoute. Vous pouvez communiquer avec compassion, et vous pouvez absorber de l'information si facilement qu'il semble de temps en temps que vous soyez devin. Vous avez une mémoire stupéfiante. Mais vos humeurs inondent parfois votre discernement et vous avez tendance à prendre vos désirs pour des réalités.

- **Mercure en Lion :** théâtral, plein de dignité et ambitieux, vous pensez de façon créative, vous vous exprimez de façon colorée et vous avez confiance en vos opinions (bien que ce soit moins le cas si le Soleil est en Cancer). Vous ne perdez jamais de vue l'ensemble d'une situation. Vous êtes persuasif, éloquent, et votre processus de pensée est organisé. Vous pouvez également être dogmatique et fanfaron, mais sans réserve dans votre enthousiasme – comme cela arrive souvent avec des positions de planètes en Lion, votre chaleur maîtrise votre tendance à vous vanter et l'emporte sur elle.

- **Mercure en Vierge :** vous êtes intelligent, subtil, persévérant, bien informé, astucieux, analytique et fin. Rien ne vous échappe, et surtout pas les incohérences logiques. Idéaliste qui déplore secrètement le décalage entre l'état dans lequel sont les choses et celui dans lequel elles devraient être, vous pouvez être tatillon, et exercer le métier de critique ou de procureur de la République. Mais vous êtes également un brillant penseur et un causeur de premier plan. Mercure gouverne la Vierge, et cette combinaison fonctionne exceptionnellement bien. Soyez confiant : vous avez un esprit fin.

- **Mercure en Balance :** avec votre pensée rationnelle et votre élocution élégante, vous recherchez un point de vue équilibré et comprenez intuitivement que la meilleure solution est en général la plus simple. Prudent, discret et doué d'un fort sens esthétique, vous êtes charmant, objectif et diplomate (bien que vous adoriez débattre d'une question). Les opinions de ceux que vous respectez vous intéressent. Mais dans le secret de votre esprit, vos pensées oscillent d'une position à l'autre, vous êtes en proie à l'incertitude et vous mettrez du temps à arriver à prendre une décision raisonnée.

- **Mercure en Scorpion :** vous possédez un esprit pénétrant et plein de ressources, qui est constamment en train de sonder le dessous de la surface. Vous ne prenez jamais rien pour argent comptant, ce qui fait que vous souffrez souvent de suspicion et même de paranoïa. Mais vous êtes également analytique, sagace, pénétrant et capable de dénicher toutes sortes d'informations. C'est une excellente position pour un détective, un chercheur ou

HISTOIRE VRAIE

Bill Clinton

Le Mercure de Bill Clinton, ce Lion de premier ordre, se trouve dans ce même signe, ce qui lui confère une façon confiante et chaleureuse de s'exprimer. La conjonction de Mercure avec Saturne (voir le Chapitre 8 pour une description de cet aspect) lui donne également un esprit réfléchi et stratégique, une excellente mémoire, et l'aptitude à tirer quelque chose d'utile de chaque conversation.

un thérapeute. Mais elle peut être dangereuse, car elle confère aussi un esprit mordant et la tendance à se servir des mots comme d'une arme.

- **Mercure en Sagittaire :** vous avez un intellect de recherche et une grande largeur d'esprit. Réfléchir aux grandes questions, comme vous adorez le faire, vous inspire et vous confère de la grandeur dans votre philosophie de la vie. Vous aimez bien parler, et vous êtes distrayant et sage. Mais vous pouvez aussi être dogmatique, hypocrite et faible lorsque l'on entre dans les détails, et direct au point de manquer de tact. Evangeline Adams, la grande astrologue du début du XXe siècle, se plaignait dans *Astrology for Everyone* (L'astrologie pour tous) que les natifs avec cette position de Mercure manquaient de tenir leurs promesses, en raison de la qualité « discontinue et papillonnante » de leur esprit. Mais votre sens de l'humour vous sauve.
- **Mercure en Capricorne :** méthodique, réaliste et organisé, vous êtes un penseur systématique. Vous faites vos devoirs ; vous vous concentrez ; vous agissez en adulte. Bien que vous puissiez être conventionnel, rigide et pessimiste, vous essayez d'être impartial et prudent pour tirer vos conclusions, même si cela signifie qu'il faut que vous surmontiez vos préjugés. Penseur appliqué, vous êtes suffisamment responsable pour vous assurer de ce que vous avancez, et vous communiquez clairement et de façon réfléchie.
- **Mercure en Verseau :** nourri d'idées, vous possédez un esprit inventif, souvent brillant. Tourné vers le progrès, humain et heureux lorsque vous vous engagez pour une cause, vous vous exprimez d'une manière unique et vous avez des éclairs d'inspiration qui vous apportent souvent une excellente compréhension des choses. Vos perceptions sont bien les vôtres, et ce de façon distincte. Vous pouvez complètement vous emballer pour un problème social ou pour une théorie abstraite. Mais vous pouvez aussi vous attacher à une idée au point de devenir inflexible, et de refuser que les faits – ou les gens – vous fassent obstacle.
- **Mercure en Poissons :** n'importe quelle planète en Poissons amène le triomphe des sentiments sur les faits. Vous réagissez instinctivement aux gens et aux situations, en prenant souvent la bonne décision sans savoir pourquoi. Vous comprenez comment les gens fonctionnent. Et vous vous adaptez aisément aux circonstances changeantes. Votre esprit est réceptif,

subtil, compatissant et imaginatif, mais la logique n'est pas votre fort. Vous avez par contre un accès facile à votre intuition, qui est un fleuve d'impressions et d'instincts qui coule juste au-dessous de vos pensées conscientes.

Mercure dans les maisons

La position de Mercure par maison indique les domaines de la vie qui absorbent le plus votre esprit et stimulent vos pensées.

- **Mercure dans la première maison :** vous êtes causeur, vous connaissez votre affaire, vous êtes loquace, parfois bavard, et toujours heureux de partager vos points de vue. Vous pouvez être un conteur d'histoires, le type de personne sociable qui devient le cœur et l'âme de n'importe quel dîner. Mais même si vous êtes moins ouvert, vous vous montrez à la hauteur lorsque vous prononcez un discours. Votre aptitude à communiquer constitue l'une de vos forces, elle attire les gens.
- **Mercure dans la deuxième maison :** vous adoptez une approche systématique, en particulier pour les questions d'argent. Vous appréciez les résultats et aimez penser que vous êtes doué sur le plan pratique, capable de transformer une idée en un avantage concret. Que vous le soyez ou non, cela dépend d'autres facteurs, mais, dans un cas comme dans l'autre, vous pensez en général en termes pratiques.

- **Mercure dans la troisième maison :** vous avez la chance de posséder cette position très admirée, car elle vous donne un esprit très alerte et vibrant, une grande curiosité intellectuelle. Vous savez manier les mots. Orateur efficace, brillant causeur, vous êtes aussi un bon écrivain.
- **Mercure dans la quatrième maison :** fortement influencé par vos parents, vous transformez votre foyer en un centre d'activités et de stimulation intellectuelle. Vous travaillez peut-être même chez vous. L'héritage familial est probablement compliqué d'une manière ou d'une autre, et vous devrez finalement vous y attaquer de front. Dans les pires cas, vous pouvez avoir l'esprit étroit et être très collet monté. Dans les meilleurs cas, vous êtes à l'écoute et très précisément conscient.
- **Mercure dans la cinquième maison :** vous êtes une personne qui a des centres d'intérêt variés, un penseur créatif avec une faiblesse pour la spéculation, et une vie sentimentale qui vaudrait bien qu'on y consacre un livre. En amour, vous recherchez quelqu'un qui vous fasse avancer sur le plan intellectuel. En tant que parent, vous tirez un énorme plaisir de vos enfants, vous parlez d'eux sans cesse, et vous établissez des liens solides et affectueux avec eux.
- **Mercure dans la sixième maison :** adroit et efficace, vous avez tendance à vous plonger dans le travail, soit en traitant aisément les détails, soit parce qu'ils vous obsèdent. En l'absence de quelque chose d'important à faire, vous êtes maître dans l'art de vous inventer du tra-

vail, et il est donc essentiel que vous trouviez un emploi satisfaisant et stimulant. Inquiet, vous vous faites du souci pour des riens, et vous pouvez devenir hypocondriaque. Pour parer à cette éventualité, prenez des mesures positives pour conserver votre santé.

- **Mercure dans la septième maison :** vous êtes une personne sociable qui désire ardemment les conversations animées et les relations stimulantes sur le plan intellectuel. Mais vous avez peut-être des difficultés à trouver l'amour – et le défi intellectuel – que vous recherchez. Bien que vous soyez ouvert et que vous établissiez facilement des contacts, vous vous ennuyez tout aussi rapidement, et, sans le réaliser, vous évitez de vous engager. Pourtant, lorsque vous avez trouvé la relation de couple que vous recherchez, la conversation ne s'arrête jamais.
- **Mercure dans la huitième maison :** cette position vous donne un esprit naturellement intuitif, l'aptitude à percer les secrets, de grands dons pour la recherche et un engagement intellectuel profond pour les mystères de la vie, y compris le sexe, la mort, l'argent (vous trouvez qu'il est injuste de devoir vous en soucier) et les arts métaphysiques.
- **Mercure dans la neuvième maison :** vous êtes fortifié par les idées, motivé par la philosophie, stimulé par les forces de l'intellect et heureux d'explorer le monde. Vous aimez débattre d'idées et rencontrer des gens, et l'enseignement est donc un domaine naturel pour vous. (Autres bons choix : le droit, l'édition, la religion.) Vous maniez les grandes idées avec aise, mais vous manifestez peut-être aussi de l'impatience pour les bagatelles de la vie quotidienne.
- **Mercure dans la dixième maison :** avec cette position très influente, il est probable que vous développiez une carrière stimulante, généralement dans le monde de l'écrit. Votre job idéal doit inclure beaucoup de variété. Si ce n'est pas le cas, vous changerez fréquemment d'emploi. Vous avez besoin d'une stimulation mentale perpétuelle. Vous préférez être aux commandes, et vous obtenez le plus de succès lorsque vous pouvez poursuivre vos propres idées.
- **Mercure dans la onzième maison :** une vie sociale active est essentielle pour votre bien-être. Vous vous faites facilement des amis (mais si Mercure est affligé d'une série d'aspects qui engendrent de la tension, il peut exister une sorte de « porte à tambour » dans ce domaine : voir le Chapitre 8 pour l'explication des différents aspects). Vous réfléchissez très soigneusement à vos idéaux et à vos aspirations, et vous aimez la compagnie de personnes qui les soutiennent activement. De même, vous trouvez stimulant de travailler dans un groupe, de préférence au sein d'un projet fondé sur une croyance ou un principe, quel qu'il soit.
- **Mercure dans la douzième maison :** vous êtes mystérieux, intuitif, contemplatif et secret. Vous pouvez interpréter les rêves, utiliser les pouvoirs de l'imagination, déchiffrer des codes secrets et effectuer toutes sortes de tâches mentales qui exigent de penser en sortant du cadre habituel. Mais vous avez pour cela besoin de solitude.

Vénus : l'amour conquérant

Qu'elle apparaisse avant le coucher du soleil ou avant son lever, Vénus, qui est aussi appelée l'étoile du Berger, brille plus que presque n'importe quel autre objet dans le ciel. C'est la deuxième planète à partir du Soleil.

Les astronomes nous apprennent que Vénus est un enfer de serre chaude, avec des plaines fracturées étouffées au-dessous de couvertures épaisses de nuages toxiques. Avec une température de surface de 470 °C, une atmosphère complètement asphyxiante et une pression à la surface 100 fois supérieure à celle de la Terre, c'est un endroit inhabitable et aussi déplaisant que vous puissiez l'imaginer.

Les Grecs et les Romains voyaient les choses différemment. Dans la mythologie classique, Vénus (Aphrodite chez les Grecs) était la déesse de l'Amour et de la Beauté. Elle fut la maîtresse d'Adonis (et d'autres), la compagne fidèle du dieu ailé Cupidon (Eros), et la femme infidèle de Vulcain (Héphaïstos), qui la surprit au lit avec son amant préféré Mars (Arès), le dieu de la Guerre.

Les astrologues associent Vénus à l'amour, au flirt, à la séduction, à la beauté, à l'art, au luxe, à l'harmonie et au plaisir. Elle décrit la qualité de vos interactions avec les autres, la manière dont vous exprimez votre affection, vos impulsions artistiques et, bizarrement aussi, la manière dont vous vous y prenez avec l'argent. C'est parce que Vénus gouverne la force de l'attraction, sexuelle ou autres.

Observée depuis la Terre, Vénus ne peut pas se trouver à un angle de plus de 48° du Soleil, ce qui signifie au maximum deux signes d'écart entre la position de Vénus et celle du Soleil dans l'horoscope. Pour trouver la position de Vénus dans votre thème astral, consultez l'Annexe B.

♀ Le symbole de Vénus comporte deux composants métaphysiques : la croix de la terre et le cercle de l'esprit. Mais la plupart des gens l'associent au symbole biologique de la femme.

Vénus dans les signes

- **Vénus en Bélier :** émotif, enthousiaste et impulsif, vous aimez vous prendre pour un aventurier romantique. Vous tombez ainsi amoureux avec impétuosité et au premier coup d'œil – et vous vous brouillez tout aussi rapidement. Plus exigeant (et plus égocentrique) que vous ne vous en rendez compte, vous êtes affectueux, ardent et facilement excité. Bien que vous ayez en fin de compte besoin d'une compatibilité mentale, ce qui vous stimule en premier lieu, c'est l'apparence physique.

LA FORTUNE SOURIT

- **Vénus en Taureau :** maîtresse du Taureau, Vénus se sent ici complètement chez elle. Elle vous rend affectueux, charmant, sensuel à l'extrême, et vous donne un grand sens artistique. Tous les plaisirs de la vie vous attirent, en commençant par des aliments riches et en terminant par de longues et voluptueuses rencontres sexuelles, avec la même personne de préférence. Vous appréciez la constance, et bien que vous soyez capable d'infidélités, celles-ci ne représentent pas votre mode naturel. Vous avez besoin de sécurité, de confort, de câlins, d'objets magnifiques, de quelqu'un qui nous stimule, et d'un partenaire attentif.

- **Vénus en Gémeaux :** la planète de l'amour dans le signe de l'esprit inconstant produit des badinages pleins d'esprit, de nombreuses heures de conversation heureuse et de flânerie dans les librairies, ainsi qu'une attraction irrésistible vers les personnes intelligentes et rapides. Vous êtes tout à fait capable d'entretenir une histoire d'amour par fax. Mais en l'absence de facteurs atténuants, vos affections sont facilement influencées, et il vous est difficile de faire la distinction entre ce qui devrait être une belle aventure (cela *semble* une bonne idée) et le véritable amour.

- **Vénus en Cancer :** véritable bâtisseur de nid, vous tirez vos plaisirs les plus profonds de votre foyer et de votre famille. Vous êtes gentil, sympathique, sentimental, loyal, dévoué, aimé, et grand cuisinier (ou du moins vous aimeriez bien en être un). Mais même si vous donnez l'impression d'avoir complètement confiance en vous-même, vous avez besoin de davantage qu'un petit encouragement émotionnel. Votre peur d'être rejeté est peut-être cachée, mais elle est bien réelle. Ce qui pourrait bien être la raison pour laquelle vous vous accrochez trop longtemps, aussi bien aux ami(e)s qu'à la personne que vous aimez. Lorsque vous aimez quelqu'un, vous voulez que ce soit pour toujours.

- **Vénus en Lion :** chaleureux, ouvert, loyal, amoureux du luxe, vous avez le sens artistique, vous êtes créatif, vous avez des attitudes théâtrales, et vous êtes amoureux de l'amour. Vous éprouvez des sentiments passionnés et vous vous exprimez de façon flamboyante. L'amour est une partie essentielle de votre nature, et vous avez tendance à vous définir à travers lui. Vous adorez aussi les arts. Mais vous n'êtes quand même pas sur le point de vous enfuir avec un poète ou une poétesse non publié, du moins pas si l'artiste en question ne dispose pas de réserves financières substantielles. Vous êtes heureux lorsque l'argent rentre bien.

- **Vénus en Vierge :** lorsque vous êtes amoureux, vous y consacrez toute votre attention, vous analysez chaque interaction, en relisant vos lettres d'amour et en écoutant votre répondeur pour être sûr que vous avez bien saisi la moindre nuance. Vous feriez n'importe quoi pour l'être aimé. Mais vous pouvez également critiquer et contrôler, avoir des tas d'opinions sur la façon dont les autres devraient se comporter. Certains natifs avec cette position ont des personnalités tapageuses (ceux qui ont le Soleil en Lion, par exemple.) Si vous êtes l'un d'eux, les gens pensent que vous êtes une bête de sexe forcenée. En réalité, la plupart des natifs avec Vénus en Vierge sont modestes, voire un peu timides au lit.

- **Vénus en Balance :** vous êtes affectueux, gentil, chaleureux et désireux de plaire. Vrai romantique, vous idéalisez l'amour et avez souvent des problèmes à vous adapter à une véritable relation de couple. Lorsque la déception s'installe, c'est dur, mais vous ne restez pas chez vous à vous morfondre. Vous êtes très séduisant, et il y se trouve en général toujours quelqu'un sur votre piste. Cette position amène aussi une forte sensibilité esthétique.

- **Vénus en Scorpion :** grâce à l'érotisme outrageux du Scorpion, cette position promet un ticket pour l'extase. Et parfois c'en est un. La présence de mystère, d'intensité, et même d'un soupçon subtil d'obscurité vous excite. Fier, passionné et séducteur, vous êtes prédestiné à de profonds désirs, à la fois sexuels et émotionnels, et votre vie amoureuse tend à être tumultueuse. Dans le meilleur des cas, vous êtes profondément dévoué et profondément intime. Dans le pire, vous pouvez être jaloux et vindicatif. Mais malgré votre réputation, vous êtes également capable de vous retirer de l'interaction sociale et de vous isoler derrière un écran invisible.

- **Vénus en Sagittaire :** démonstratif, ardent et émotif, vous considérez l'amour comme une aventure, et pas comme un moyen de fixer un avenir assuré. Vous appréciez votre liberté, et votre partenaire idéal est une personne qui vous aide à voir le monde et à vivre encore plus d'autres aspects de la vie, et pas quelqu'un qui restreigne vos activités. Vous avez des idéaux élevés et vous êtes attiré par des personnes fortement engagées. Vous êtes également intrigué par des personnes qui viennent de milieux totalement différents du vôtre. Cela ne vous dérange pas de choquer les gens.

- **Vénus en Capricorne :** vous êtes sensuel dans vos liaisons sexuelles et constant dans vos affections, mais prudent lorsqu'il s'agit de révéler vos émotions. Vous appréciez la stabilité, la propriété et la droiture, et vous ne voulez pas perdre le contrôle. Le désordre et la pagaille des bagarres émotionnelles vous effraient, c'est pourquoi vous ne dévoilez pas vos sentiments. Sérieux et sophistiqué, vous admirez tout ce qui est classique. En art comme en amour, vous comprenez le besoin de contrôler.

- **Vénus en Verseau :** d'esprit ouvert, amical et idéaliste, vous êtes attiré par les anticonformistes et par les rebelles, et vous avez une multitude d'amis. Mais vous n'êtes pas la personne la plus passionnée sur cette planète, et vous avez tendance à préférer une camaraderie intellectuelle à une liaison romantique. Vous avez également besoin de temps pour vous-même, et avez tendance à prendre le sexe de manière désinvolte. Les nouvelles techniques vous intéressent, mais pas l'étalage de passion. Au bout du compte, vous êtes du type indépendant et votre cœur est difficile à capturer.

- **Vénus en Poissons :** vous êtes sentimental, vous avez le goût de l'art, vous êtes dévoué et prêt à faire n'importe quoi pour l'être aimé. Vous idéalisez vos partenaires et recherchez sincèrement l'union avec eux, mais vous n'avez aucune idée de ce qui est raisonnable et de ce qui ne l'est pas. D'autres personnes trouvent qu'il est facile de vous influencer, en partie parce que vous haussez les épaules en signe d'impuissance et

HISTOIRE VRAIE

Jane Fonda

Native du Sagittaire, affirmée avec sa Vénus elle aussi dans le signe de l'archer, Jane Fonda est célèbre pour son militantisme politique, sa carrière d'actrice, l'aérobic, et aussi pour ses maris successifs, certes différents, mais tous aussi fervents l'un que l'autre dans leurs domaines respectifs :

- D'abord le cinéaste Roger Vadim, connu entre autres pour avoir fait de sa précédente épouse, Brigitte Bardot le sex-symbol de renommée internationale. La Vénus natale de Vadim se trouve aussi en Sagittaire.
- Puis vint Tom Hayden, un activiste pacifiste devenu homme politique. Leader étudiant des années 60, son Soleil en Sagittaire est en conjonction avec la Vénus natale de Jane.
- Son troisième mari fut Ted Turner, le yachtman et magnat des médias, dont le Mercure dominant est positionné à 1° de la Vénus de Jane.

Dans ces trois exemples, sa Vénus en Sagittaire l'a motivée à rencontrer des hommes aventureux et preneurs de risques, avec de fortes convictions.

acceptez qu'on vous laisse les miettes. À la fin, cela vous met en colère et explique que vous soyez parfois offensant sur le plan émotionnel, en général de manière passive et agressive. Vous savez véritablement comment aimer, mais vous êtes parfois trop prêt à sacrifier vos propres besoins pour satisfaire ceux de votre partenaire.

Vénus dans les maisons

La maison que Vénus occupe dans votre thème natal représente les domaines de votre vie qui vous apportent un plaisir tout particulier et stimulent votre aptitude à aimer.

- **Vénus dans la première maison :** tout ce qui apparaît dans la première maison saute aux yeux de tout le monde. Avec Vénus en Ascendant, vous êtes chaleureux, sociable et beau, une qualité que vous admirez également chez les autres.
- **Vénus dans la deuxième maison :** vous avez entendu quelque part que l'amour ne s'achète pas. Mais vous ne pouvez quand même pas y croire. L'argent et les choses qu'on peut acheter ont pour vous une grande importance. Heureusement, vous avez tendance à bien faire rentrer l'argent.
- **Vénus dans la troisième maison :** vous aimez discuter, voyager et collecter de l'information. Amoureux de la littérature, vous vous exprimez de façon éloquente, et vos aptitudes verbales attirent des admirateurs. Vous avez également une bonne interaction avec vos frères et sœurs. Une bonne position pour un écrivain ou pour un orateur.

- **Vénus dans la quatrième maison :** en l'absence d'autres facteurs, ce placement heureux amène une enfance heureuse, une relation étroite avec votre mère, un talent pour la décoration et un très beau foyer.
- **Vénus dans la cinquième maison :** vous attirez l'amour, vous réagissez aux arts de façon profonde, et vous êtes merveilleux avec les enfants. C'est un plaisir de profiter de votre compagnie : vous réagissez de façon positive aux gens et vous profitez au maximum de la vie. Vous ne manquerez jamais d'amour.
- **Vénus dans la sixième maison :** le travail est essentiel à votre bonheur, de même que l'amour. Lorsque l'un prospère, il en va de même pour l'autre. Vous rencontrez des candidats potentiels par votre travail, qui vous permet également de vous faire des amis et d'inspirer l'affection. Un emploi qui vous permet de vous réaliser vous apporte le bonheur, améliore votre santé et vous rend plus séduisant.
- **Vénus dans la septième maison :** affectueux, aimable et disposé aux compromis, vous êtes le plus heureux des humains lorsque vous êtes marié. Malheureusement, bien que l'astrologie traditionnelle assure que cette position amène un mariage heureux, j'ai remarqué que ce n'est pas nécessairement le cas. Cette position apporte pourtant une sélection attrayante de partenaires potentiels, et l'aptitude à créer une relation affectueuse. Les associations d'affaires sont également bénéfiques.
- **Vénus dans la huitième maison :** admettez-le, vous êtes séducteur, manipulateur, obsessionnel, passionné, et en général sous la domination d'une tempête déchaînée de sentiments, avec de puissants appétits sexuels. Votre vie amoureuse est probablement un dédale de complications. L'argent a tendance à venir à vous, souvent par le mariage ou par des héritages.
- **Vénus dans la neuvième maison :** l'amour entre dans votre vie par tout ce qui élargit vos horizons, surtout par les voyages, l'enseignement, le droit et l'édition, qui sont tous des domaines qui vous conviennent bien. Philosophe et idéaliste, vous réagissez à de grandes idées et à de grands systèmes de pensée. Vous pourriez vous marier à un étranger (ou à une personne dont vous feriez la rencontre au cours d'un voyage), à un professeur, à un écrivain, à un avocat, à toute personne ayant des dispositions spirituelles ou ayant affaire au domaine de l'édition.
- **Vénus dans la dixième maison :** votre carrière, idéalement dans les arts, compte beaucoup pour vous. Les gens que vous rencontrez à travers votre travail, amis et partenaires amoureux compris, se sentent immédiatement attirés par vous. Aimable et ouvert, vous recevez l'aide de femmes, et vous jouissez d'une bonne réputation – à moins que vous ne fassiez voir de façon trop évidente combien vous êtes ambitieux sur le plan social. Vous voulez un conjoint ayant un statut social élevé. Heureusement, les gens se sentent naturellement attirés par vous : vous n'avez pas besoin de forcer.
- **Vénus dans la onzième maison :** l'esprit ouvert, affectueux et disposé à coopérer, vous faites en sorte que les gens se sentent à l'aise. Vous êtes

le centre de votre cercle social, un leader naturel à l'intérieur d'un groupe, et un copain dévoué. Vous attirez facilement à la fois amis et partenaires amoureux.

- **Vénus dans la douzième maison :** très attentivement à l'écoute des sentiments des autres, vous êtes une personne sensible qui a besoin d'intimité et a tendance à aimer le secret. De nombreuses personnes avec cette position ont une vie sentimentale clandestine, alors que d'autres, qui souffrent de timidité et de vulnérabilité, sont si facilement blessées dans leurs interactions sociales qu'elles se retirent pour panser leurs plaies.

Mars : le Seigneur de la Guerre

La planète Mars a une terrible réputation. Parce qu'elle brille avec sa teinte rougeâtre caractéristique (qui est due à la présence d'un oxyde de fer sur sa surface rocailleuse), les Babyloniens l'associèrent à la mort et à la destruction ; les habitants de certaines îles du Pacifique pensaient que c'était la maison d'un cochon rouge géant, et les habitants du New Jersey, en écoutant ce que leur racontait Orson Welles à la radio en 1938, sortirent de leurs maisons en courant effrayés par les envahisseurs martiens. Et pourtant, les hommes ont toujours fantasmé sur les possibilités de vivre sur la planète rouge. Voici pourquoi :

Les astronomes ont découvert que des fleuves avaient coulé à travers le paysage de Mars, en des temps reculés, et que cette planète avait peut-être même abrité une forme de vie primitive. Aujourd'hui, Mars est aride et n'abrite pas de vie (du moins le suppose-t-on). Mais elle pourrait, théoriquement, être colonisée. Si les humains se mettent un jour à fonder des foyers sur une autre planète, Mars constitue la destination de choix.

Pour les Romains, Mars était le dieu de la Guerre et de nombreuses festivités étaient tenues en son honneur. Arès, son équivalent grec, n'était pas particulièrement admiré. Dans toute la mythologie grecque, Arès est constamment écarté par les autres dieux, sauf par Aphrodite, la déesse de l'Amour qui l'adore.

Les anciens astrologues voyaient en Mars la planète de la violence, de la colère et du mauvais caractère. Jusqu'au XVe siècle, ils l'associaient au vol, au meurtre, aux batailles, à la lubricité, aux mensonges et à toutes les formes de méchanceté bouillonnante. Les astrologues d'aujourd'hui continuent à l'associer à la colère, aux accidents et aux blessures. Mais ils voient aussi en Mars la planète de l'action, de l'énergie et du désir. Elle apporte de la volonté, de l'endurance, du dynamisme, de la passion, de la force physique et le courage de poursuivre ce que l'on veut. Mars fait avancer les choses.

Quatrième planète à partir du Soleil, Mars a besoin de près de deux ans – 687 jours, pour être précis – pour effectuer son tour du zodiaque. En moyenne, elle passe environ deux mois dans un signe (mais une fois par année et demie, elle s'attarde dans une section du ciel, en donnant à ce signe particulier une secousse supplémentaire d'énergie martienne). Quel que soit votre Signe Solaire, Mars peut se trouver dans n'importe lequel des signes du zodiaque. Pour trouver sa position dans votre horoscope, consultez l'Annexe B.

♂ Le symbole de Mars possède des composants similaires à celui de Vénus, mais dans des positions inversées, avec le cercle de l'esprit en bas et la flèche de l'action au sommet. En biologie, ce symbole représente le mâle.

Mars dans les signes

La position de Mars par signe représente la manière avec laquelle vous prenez l'initiative, vous affirmez et plongez dans quelque chose de nouveau.

LA FORTUNE SOURIT

- **Mars en Bélier :** maître du Bélier, Mars dote ses natifs de tonnes d'énergie, de sex-appeal à revendre, et parfois d'un caractère explosif que vous devrez apprendre à contrôler. Heureusement, votre colère ne tarde pas à s'évaporer. Enthousiaste, assuré et audacieux, vous êtes un leader naturel qui attire l'attention même sans la rechercher.
- **Mars en Taureau :** vous êtes une personne qui a du nerf, vous travaillez dur, vous avez les pieds sur terre. Déterminé, persévérant, sensé et infatigable, vous pouvez être distrait par les désirs de la chair, mais lorsque vous vous engagez dans quelque chose, que ce soit dans une relation ou dans un travail, c'est pour le long terme – et pour l'argent. Né avec un grand sens pratique, vous accordez de l'attention aux biens matériels et au statut social, souvent bien davantage que vous ne voulez l'admettre.
- **Mars en Gémeaux :** avec la planète de l'agression dans le signe des jumeaux, vous êtes fougueux, contestataire, nerveux et irritable. Bien que vous adoriez débattre, vous n'êtes pas capable de distinguer les principes importants des points de détail. Votre énergie monte et retombe à une allure parfois vertigineuse, mais vous avez un esprit vif et ingénieux, et vous êtes incroyablement amusant.
- **Mars en Cancer :** vous êtes une personne fondamentalement émotive qui a besoin de maîtriser ses humeurs avant de pouvoir réaliser ses objectifs avec succès. Si vous ne l'avez pas compris, vous avez tendance à faire la tête. Vous êtes extrêmement sensible, mais vous donnez peut-être aux gens des signes tellement subtils que beaucoup ne les perçoivent pas. Dans une relation de couple, vous pouvez être possessif et tenace alors que vous devriez être en colère et prendre la porte. Vous cuisez dans votre jus. Vous enterrez vos émotions. Vous devez apprendre à être direct. Mais vous êtes également éveillé, protecteur, dévoué et imaginatif, au lit et ailleurs.
- **Mars en Lion :** confiant, exalté et infatigable, vous avez la passion, de la présence et de la suite dans les idées. Lorsque vous êtes engagé pour une cause ou pour une activité, quasiment rien ne peut vous arrêter. C'est

vrai, vous pouvez être égotiste (ce qui signifie que vous apportez trop d'intérêt à votre propre personne) et arrogant, et votre besoin d'avoir un public peut être lassant. Cependant, votre chaleur, votre entrain et votre empressement à faire le premier pas vous apportent beaucoup d'admirateurs, sur le plan sentimental et ailleurs. Vous créez l'excitation.

- **Mars en Vierge :** le contrôle a pour vous une importance primordiale. Vous travaillez dur, vous êtes calculateur et prêt à regarder vraiment droit dans les yeux. Sensé et méthodique, vous pouvez vous détacher de vos émotions lorsque votre succès en dépend. Cette qualité est avantageuse pour votre carrière. Dans votre vie privée, elle vous confère l'aptitude stupéfiante d'allumer et d'éteindre vos pulsions sexuelles, à volonté semblerait-il. (Plusieurs militaires célèbres ont cette position de Mars : Alexandre le Grand, Napoléon Bonaparte, George Patton.)
- **Mars en Balance :** dans le meilleur des cas, vous êtes amical, charmeur, charmant, vous avez de la classe et vous êtes incroyablement attirant. Vous appréciez la vie sociale et vous êtes prêt à faire des compromis, sur le plan sentimental et dans d'autres situations. Mais vous tournez à perte sans un partenaire, sur le plan professionnel comme sur le plan personnel. De plus, vous avez tendance à dissimuler vos incertitudes et vos insécurités en justifiant vos déclarations inconsidérées avec davantage de passion que de logique, bien que vous soyez fier de votre esprit rationnel. Les gens se sentent parfois obligés de dire qu'ils sont d'accord avec vous pour pouvoir simplement mettre un terme à la discussion.

- **Mars en Scorpion :** vous êtes courageux et rusé, déterminé, et vous pourvoyez à vos propres besoins. Doué d'une volonté redoutable et de désirs inébranlables, vous avez également une forte libido et êtes aussi intensément émotif. Vous ne pouvez pas vous empêcher de succomber à des sentiments puissants, et il est possible que vous vous débattiez avec la jalousie et l'envie de chercher à vous venger. Il ne vous est pas facile de vous adapter aux circonstances changeantes, mais vous disposez d'une source solide et fiable d'énergie interne et d'une grande quantité de pouvoir personnel. C'est une position bénéfique.
- **Mars en Sagittaire :** indépendant et enthousiaste, vous avez de fortes convictions, un amour pour les activités à l'extérieur, et un profond désir d'aventure. Mais vous pouvez être négligent et provocateur, et vos croisades, commencées avec tant d'empressement, n'arrivent pas toujours à terme. Evangeline Adams, une astrologue du début du XXe siècle qui ne manquait pas une occasion de dire sa façon de penser, prétendait que cette position rendait les gens « scintillants plutôt que solides, fringants plutôt que stables ». Que cela soit vrai ou non, vous êtes aussi juste, direct, idéaliste, et vous pouvez rassembler rapidement votre énergie, surtout si vous êtes parti à l'aventure.
- **Mars en Capricorne :** vos désirs, sexuels ou autres, sont puissants, et vos ambitions sont ciblées. Lorsque vous vous sentez reconnu, votre énergie est fiable et vous êtes persévérant ; mais lorsque vous vous sen-

tez contrarié, votre vitalité baisse. Efficace, systématique et contrôlé, vous respectez la tradition et l'autorité, et vous parvenez souvent au sommet de la hiérarchie. Vous comprenez les hiérarchies et vous êtes de différentes manières un leader naturel. Mais lorsque vous n'obtenez pas l'obéissance que vous exigez, vous pouvez être incroyablement froid. Vous essayez en général de cacher votre colère, mais, lorsqu'elle s'échappe, c'est désagréable.

- **Mars en Verseau :** chaque fois que c'est possible, vous préférez le chemin le moins fréquenté. Vous êtes entreprenant, impatient, imprévisible, et vous n'avez pas peur de prendre des risques. Les conventions vous ennuient. Les idées modernes vous captivent, et vous appréciez l'idée de progrès. Le changement vous excite. Vous êtes indépendant, idéaliste et amical. Mais sur le plan des émotions, vous pouvez être plutôt froid, et vous vous rebellez même parfois rien que pour faire comprendre quelque chose.
- **Mars en Poissons :** vous tombez profondément amoureux. Vous êtes généreux, d'humeur changeante, agité et hautement intuitif. Mais lorsque le vacarme émotionnel dépasse votre seuil de tolérance, vous avez tendance à vous fermer. Lorsque cela arrive, votre volonté s'évapore, vous avez des problèmes de motivation, vous pouvez décourager vos amis par votre passivité, et votre énergie physique disparaît. L'un des principaux défis dans votre vie consiste à réguler votre énergie, qui peut souvent être l'esclave de vos sentiments.

Mars dans les maisons

- **Mars dans la première maison :** vigoureux et passionné, vous initiez des activités, parfois de façon impulsive, et vos passions (et colères) sont célèbres. Cette position vous donne une grande vitalité avec une personnalité assurée.
- **Mars dans la deuxième maison :** avec l'esprit de compétition, l'instinct de possession et le sens pratique, vous vous sentez heureux lorsque vous pouvez vous concentrer sur un but concret. Vous voulez être récompensé pour vos efforts – et pas seulement par des louanges. L'argent et les biens matériels en général font mieux l'affaire que de simples mots.
- **Mars dans la troisième maison :** vous avez un esprit vigoureux, indépendant et parfois polémiqueur, et vous appelez un chat un chat, même si cela vous fait sauter à des conclusions. Avec votre esprit tranchant comme le rasoir, vous pouvez être agressif dans une conversation. Mais vous êtes impatient et vous vous laissez facilement distraire, et votre énergie est parfois imprévisible.
- **Mars dans la quatrième maison :** vous essayez de compenser une enfance difficile en vous concentrant sur votre vie familiale. Très protecteur de votre foyer et de votre famille, vous êtes une personne indépen-

dante qui possède une constitution solide et une vitalité naturelle. Les problèmes familiaux vous dévorent, mais faites pourtant attention à ne pas créer un environnement familial rempli de luttes et de dissensions.

- **Mars dans la cinquième maison :** impulsif, nerveux, avec beaucoup de sex-appeal, vous êtes actif, aimez vous amuser et prenez plaisir à initier des projets créatifs. Vous êtes également très impliqué avec votre progéniture, que ce soit des petits de chair et d'os ou les enfants de votre imagination. Bien que vous puissiez être impatient et avoir l'esprit de compétition, vous aimez participer à des jeux, d'athlètes ou autres, et la prise de risque vous stimule.
- **Mars dans la sixième maison :** le travail vous excite (même s'il vous épuise). Vous êtes efficace, qualifié et précis, avec une grande énergie physique, d'excellents dons pour la mécanique, et l'amour pour les outils de votre métier. Un métier ennuyeux vous désespère, et des règles d'organisation contraignantes vous font vous rebeller. Par contre, un défi vous stimule, même s'il implique la prise de risque. Faites attention à ne pas trop travailler, et faites beaucoup d'exercice physique.
- **Mars dans la septième maison :** les partenariats vous donnent de l'énergie, mais cela ne veut pas pour autant dire que vous les vivez facilement. Sans crainte des confrontations, vous mettez avec courage – et agressivité – les problèmes sur la table, ce qui fait de Mars dans la septième maison la position de la réconciliation. Sinon, il est possible que vous attiriez un partenaire agressif.
- **Mars dans la huitième maison :** vous avez de puissants désirs, avec de la détermination et du sex-appeal à ne plus savoir qu'en faire. Chercheur de talent, vous pourrez vous sentir attiré par les arts de guérison et les sujets occultes. Les brassages financiers et les décisions d'argent vous fascineront peut-être également, bien que l'argent et les héritages puissent pour vous être une source de conflits. Comme cette position stimule un désir d'expérience intense, vous prenez sans frémir des décisions que des âmes plus sensées évitent. C'est la raison pour laquelle cette position, lorsqu'elle est sérieusement affligée par des aspects dissonants formés par d'autres planètes, peut indiquer une disposition violente (comme dans le cas de Lee Harvey Oswald), ou même de mort violente (comme dans le cas de James Dean ou du président Kennedy). Mais cette position n'est en elle-même pas suffisante pour produire un résultat aussi effrayant. Après tout, de nombreuses personnes qui ont mené ou mènent encore de longues vies productives ont aussi Mars dans la huitième maison.
- **Mars dans la neuvième maison :** vous êtes un idéaliste passionné et un penseur indépendant qui a de fortes convictions, de grands objectifs et le désir de voir le monde. Les idées vous motivent, et vous êtes chez vous dans le royaume de la loi, de la religion et de l'éducation. Mais vous pouvez glisser dans le fanatisme, et vous devez veiller à ne pas devenir intolérant.

- **Mars dans la dixième maison :** une carrière exigeante et excitante vous gonfle d'énergie. Vous aimeriez être célèbre, mais vous aimeriez davantage encore être impliqué dans un grand effort qui requiert de la stratégie et de l'esprit – comme une guerre, un mouvement de protestation sociale, ou le tournage d'un film. Ambitieux et agressif, vous voulez avoir de l'impact sur le monde.
- **Mars dans la onzième maison :** vos amis vous donnent de l'énergie, vous stimulent et vous aident à réaliser vos aspirations. Dans un groupe, vous vous élevez au rôle de chef. Mais vous pouvez aussi être exigeant plus que de raison, et ainsi créer inconsciemment des conflits ou être attiré par des personnes querelleuses.
- **Mars dans la douzième maison :** les autres personnes peuvent parfois ne pas comprendre qui vous êtes, parce que vous dissimulez une bonne partie de votre énergie, de votre colère et de votre passion. Vous hésitez à révéler ces aspects de vous-même, bien que cela puisse avoir comme conséquence que vous vous sentiez méconnu. Néanmoins, passer du temps seul vous revitalise, et vous êtes extrêmement efficace lorsque vous travaillez en coulisses.

Jupiter : plus, c'est mieux

Vous voulez de la chance ? La voilà. Jupiter, cette planète propice, est le Seigneur de la Chance, le gardien de la bonne fortune.

Jupiter est de loin la plus grande planète du système solaire. Plus massive que toutes les autres planètes combinées, elle pourrait dévorer 1 330 Terres et encore avoir de la place pour roter. Sa caractéristique la plus célèbre, la grande tache rouge, est un énorme tourbillon atmosphérique vieux de 300 ans et dont la taille fait deux fois celle de la Terre.

Il n'est pas surprenant que Jupiter ait été nommé roi des dieux. On l'appelait Zeus en Grèce, à Rome Jupiter, ou Optimus Maximus – le plus grand et le meilleur. Les Grecs le représentaient barbu, plein de dignité et de force – le Zeus qui joue le rôle du père surveillant l'Univers depuis sa demeure sur le mont Olympe enneigé.

Les astrologues associent Jupiter à l'opportunité, à l'expansion, à la croissance, à l'abondance, à l'étude, au succès, à l'optimisme et à la bonne chère. Tout ce que Jupiter touche s'accroît, mais, comme chaque planète, elle peut s'exprimer positivement ou négativement. Lorsqu'elle est bien placée, elle apporte la chance, la générosité et la capacité de saisir une opportunité. Lorsqu'elle est liée à d'autres planètes par des aspects qui produisent de la tension, comme les carrés et les oppositions (qui sont traités au Chapitre 8), elle exprime son côté négatif en se laissant aller à la goinfrerie, à la paresse et à des excès de toutes sortes.

Il faut environ 12 ans à Jupiter pour effectuer le tour du zodiaque. Pour trouver sa position dans votre thème natal, consultez l'Annexe B.

♃ Le symbole de Jupiter se compose de deux parties : la croix de la matière et la courbe de la personnalité qui s'élève au-dessus et indique le déploiement expansif du moi. C'est un moyen se le rappeler. Vous pouvez aussi vous en souvenir en pensant à un nombre 4 très stylisé.

Jupiter dans les signes

La position de Jupiter dans les signes décrit la manière dont vous essayez d'élargir votre horizon et de vivre davantage le monde.

- **Jupiter en Bélier :** vous avez de la confiance, de l'énergie et un grand enthousiasme dans la vie. Vous vous enflammez souvent, parfois au point de devenir maniaque, et vous avez de nombreux centres d'intérêt, bien que vous ne puissiez pas tous les maintenir dans le long terme. Il vous est facile de vous laisser emporter par vos propres problèmes, et vous devez prendre garde à votre tendance à l'égocentrisme et à oublier les détails.
- **Jupiter en Taureau :** vous êtes dévoué et gentil ; amoureux de la nature, des objets matériels et des plaisirs des sens. Vous pouvez facilement prendre l'habitude de ne rien vous refuser. Vous êtes donc super au lit – mais peut-être aussi tourmenté par un excès de poids. Heureusement, vous équilibrez votre recherche du plaisir par votre esprit pratique. Lorsqu'il s'agit de l'essentiel, votre jugement est sain.
- **Jupiter en Gémeaux :** rien ne vous excite davantage qu'une idée. Vous êtes un être intelligent, aux talents multiples, curieux et facilement captivé, bien que vous couriez le risque de perdre l'intérêt que vous portez à un sujet en en parlant à mort. Tout ce qui concerne les écrits vous est bénéfique – depuis le journal intime jusqu'à un job dans une librairie ou l'exercice de la profession de journaliste.
- **Jupiter en Cancer :** vous êtes sincère, bienveillant, intuitif, protecteur et sympathique, la mère nourricière absolue, même si vous êtes un homme. Compréhensif et indulgent (à un point qui frise parfois le ridicule), vous adorez les plaisirs du foyer, de la propriété, ainsi que la condition de parent. L'astrologie traditionnelle soutient que Jupiter est en exaltation dans cette position, et l'expérience prouve qu'elle tend en effet à donner de la chance dans l'immobilier, mais il est également possible que vous ayez à vous débattre avec votre amour de la bonne chère.
- **Jupiter en Lion :** vous êtes magnanime, compatissant, exubérant et théâtral, avec une énorme vitalité et un profond besoin de reconnaissance sociale, de respect et de pouvoir. Bien que vous puissiez parfois être autoritaire ou superficiel, vous êtes une personne sincère qui aime inclure les autres, et vous avez donc tendance à être apprécié. Cette position, considérée comme heureuse, amène souvent le succès.

- **Jupiter en Vierge :** vous êtes organisé, pratique et heureux lorsque vos efforts produisent des résultats concrets. Vous possédez un intellect fin, vous êtes prêt à travailler dur, et vous avez tendance à passer trop d'heures à la recherche de la perfection. Mais Jupiter est expansif alors que la Vierge est restrictive, et cette position crée une tension interne.
- **Jupiter en Balance :** vous êtes aimable, sympathique, juste et populaire. Doué d'un charme naturel, vous travaillez bien avec d'autres personnes et vous vous sentez naturellement attiré par les arts. Mais vous serez peut-être forcé de lutter contre le défaut classique des Balances qui éprouvent des difficultés à prendre des décisions importantes.
- **Jupiter en Scorpion :** vous avez des passions gigantesques, une intensité magnétique que d'autres personnes sentent, et une nature fortement sexuelle. Bien que vous soyez peut-être réservé, vous éprouvez un intérêt sincère pour ce qui peut bien se cacher derrière les apparences, et vous êtes toujours en train d'observer et de collecter des informations. Vous êtes ambitieux et parfois agressif, avec beaucoup de fierté et une volonté féroce qui peut vous aider à réaliser vos rêves.
- **Jupiter en Sagittaire :** comme Jupiter est le maître du Sagittaire, cette position est considérée comme heureuse. Le Sagittaire tire le meilleur de Jupiter. Il vous rend génial, optimiste, généreux, tolérant et philosophe (vous n'êtes donc pas obsédé par les petites choses). Doué pour l'enseignement, vous êtes attiré par les voyages à l'étranger, les études supérieures, et les philosophies, religions et systèmes de croyances universels. Mais soyez conscient que cette position accentue également votre foi (ou votre fanatisme) en même temps que votre tendance à faire la morale.
- **Jupiter en Capricorne :** avec la planète de l'expansion dans le Capricorne prudent, vous êtes ambitieux, obéissant, honnête, sérieux, réaliste, discipliné, et vous travaillez dur. Lorsque vous vous fixez un objectif, vos chances de le réaliser sont excellentes. Mais en route, vous devrez combattre le pessimisme.
- **Jupiter en Verseau :** l'esprit ouvert, altruiste et innovant, vous avez une grande originalité et vous intéressez à tout ce qui est du dernier cri. Vous êtes aussi naturellement tolérant. Mais vous ne réagissez pas bien face à la déception. Si vos idéaux élevés ne se réalisent pas, vous pouvez devenir égoïste et autoritaire.
- **Jupiter en Poissons :** vous êtes sympathique, indulgent et imaginatif. Doué d'une intuition puissante, vous captez tout ce qui se passe autour de vous. Généreux, vous essayez d'améliorer les choses en allant même jusqu'au sacrifice de vous-même. Mais lorsque vous vous sentez débordé, vous pouvez vous transformer en ermite. La quête spirituelle vous intéresse et vous soutient.

HISTOIRE VRAIE

Galilée et les lunes de Jupiter

Quelque cent ans après la naissance du Christ, l'astronome Ptolémée écrivit un livre qui affirmait avec confiance ce que tout le monde savait déjà : que la Terre était le centre de l'Univers, et que tout le reste – la Lune, le Soleil, les étoiles et les planètes – tournait autour.

En 1453, Copernic démontra que c'était la Terre qui tournait autour du Soleil, et pas l'inverse, mais ses observations ne furent pas largement acceptées. Martin Luther parlait de lui comme d'un « astrologue arriviste » (et Copernic était bien un astrologue, comme l'étaient aussi la plupart des astronomes), et les gens continuèrent à placer leur foi en Ptolémée. Peu doutaient du fait que la Terre fût le centre de l'Univers. Un siècle et demi après, Galilée dirigea son télescope sur la planète éloignée Jupiter, et vit que celle-ci possédait toute une population de satellites. (Il en vit 4, les savants en ont aujourd'hui identifié 16.) Sa découverte fut reçue avec embarras, en particulier par l'Église, car si ces quatre lunes orbitaient autour de Jupiter, alors par définition tout ne tournait pas autour de la Terre et le système de Ptolémée devait être faux. Galilée fut contraint de passer le reste de sa vie assigné à résidence pour avoir soulevé ce problème, mais ses idées triomphèrent. De cette manière, Jupiter et ses nombreuses lunes ouvrirent une nouvelle voie pour l'observation de l'Univers. Dans un thème astral, Jupiter a une fonction similaire : elle ouvre les choses, elle étend les possibilités.

Jupiter dans les maisons

La position de Jupiter par maison détermine les domaines de la vie qui vous sont les plus favorables, où les avantages arrivent le plus facilement.

- **Jupiter dans la première maison :** vous possédez une nature charismatique et expansive qui attire naturellement les gens. Mais vous devrez peut-être combattre votre tendance à prendre du poids.
- **Jupiter dans la deuxième maison :** l'argent et la prospérité viennent à vous, souvent sous la forme de gains inattendus. Mais votre désir de dépenser l'argent peut dépasser votre aptitude à en gagner ou à en épargner, donc soyez prudent.
- **Jupiter dans la troisième maison :** loquace et avide d'informations, vous êtes intelligent et bien informé, bien que vous couriez le risque de saturer votre esprit de ragots. Les voyages, les lectures et la compagnie de vos frères et sœurs vous font du bien.
- **Jupiter dans la quatrième maison :** vous êtes une personne généreuse qui ouvre son foyer à d'autres. Des logements confortables et même luxueux sont votre lot, et vous avez le don de faire de votre foyer un lieu agréable où il fait bon vivre. La vie devient de plus en plus facile au fur et à mesure que vous vieillissez, et à un âge avancé vous serez entouré de confort.

- **Jupiter dans la cinquième maison :** est-ce que vous vous amusez ? Si vous avez Jupiter dans cette position, la réponse est souvent oui. Cette position apporte une profusion d'aventures amoureuses, un amour du plaisir, la capacité de s'amuser même dans des circonstances difficiles, et une joyeuse créativité. Bien que tous les natifs avec cette position ne deviennent pas parents, ceux qui le sont en tirent une grande satisfaction.
- **Jupiter dans la sixième maison :** il est essentiel pour votre bonheur de trouver le bon travail, et vous aimez être de service. Dans un job satisfaisant, vous êtes un employé dévoué (ou un entrepreneur heureux) qui s'entend à merveille avec ses collègues. Mais vous avez tendance à négliger les détails, et vous pouvez devenir un bourreau de travail. Votre santé est habituellement bonne, mais vous devez éviter les excès.
- **Jupiter dans la septième maison :** vous êtes sociable et facile à vivre. Le mariage et les partenariats d'affaires sont favorisés par cette position, et vous disposez d'une multitude d'opportunités pour former des alliances avec les gens. Même à l'ère du divorce dans laquelle nous vivons, les personnes avec cette position de Jupiter se marient en général pour la vie.
- **Jupiter dans la huitième maison :** sur le plan financier, vous êtes prêt à profiter d'investissements, d'assurances, d'héritages et des affaires dans lesquelles vous entrez avec d'autres personnes. Vous avez de fortes pulsions sexuelles, un intérêt profond pour le processus de transformation personnelle, et d'excellentes capacités de rétablissement.
- **Jupiter dans la neuvième maison :** vous adoptez une attitude expansive et optimiste vis-à-vis de la vie. Tourné naturellement vers l'enseignement, avec un penchant de philosophe, vous voulez tout voir et tout comprendre. Vous bénéficiez de tout ce qui élargit vos horizons, comme les voyages, l'éducation, la religion et l'édition.
- **Jupiter dans la dixième maison :** avec un peu d'efforts, vous pouvez réaliser votre désir de reconnaissance sociale. Vous possédez un talent de chef naturel ; les gens veulent vous aider, et vous vous épanouissez lorsque vous êtes très en vue. Cette position vous amène le succès, l'accès à des postes de haut niveau, et même la célébrité.
- **Jupiter dans la onzième maison :** vous avez l'esprit ouvert, êtes agréable, rendez service aux autres et êtes juste. Vous travaillez efficacement avec d'autres personnes ; vous connaissez des millions de gens, et vos amis sont pour vous extrêmement importants. Ce sont les grandes ambitions qui tirent le meilleur de vous-même. Le succès arrive avec vos entreprises de groupe.
- **Jupiter dans la douzième maison :** vous êtes sympathique, introspectif et généreux avec les autres. Vous avez peut-être des aptitudes médiumniques. Mais vous avez tendance à trop vous surmener, et vous devez trouver un moyen de vous régénérer. La solitude et la quête spirituelle vous calment, renforcent votre intuition et vous préparent à vos incursions dans le monde.

Saturne : le Seigneur des anneaux

Avant l'invention du télescope, Saturne était la plus distante des planètes que l'homme pouvait observer. Elle marquait la fin du système solaire. Tout naturellement, elle en représentait les limites. Aujourd'hui, elle reste la plus distante des planètes facilement visibles à l'œil nu, de telle sorte que cette signification s'applique encore. Mais sa réputation s'est améliorée. Grâce au télescope (et aux missions spatiales Voyager), nous savons à quoi ressemble Saturne. Nous avons vu son éblouissante structure en anneaux. Et nous savons que c'est la plus belle planète du système solaire.

Saturne est la deuxième planète par sa taille après Jupiter. C'est un géant gazeux entouré d'un large collier d'anneaux glacés et d'au moins 18 lunes. Elle est si grande que 95 Terres pourraient tenir à l'intérieur. Mais sa densité est si faible que s'il existait un océan suffisamment grand pour contenir la planète entière, Saturne pourrait flotter.

Dans la mythologie, Saturne était à l'origine une divinité italique des semailles. Les Romains l'identifiaient au dieu grec Cronos (ou Temps). Nous le connaissons comme le Temps, qui représente le passé et l'ordre ancien.

En astrologie, Saturne représente l'ordre établi. Son influence est grave et sombre. Il apporte de la structure, de la discipline, des limitations, des frontières, de la responsabilité, du devoir, de la persévérance et de la peur. Il nous teste et nous force à nous confronter à la réalité. Le résultat, c'est que Saturne a une terrible réputation, qui a été entretenue par des générations d'astrologues, y compris par la grande Evangeline Adams. Elle explique que Saturne « ternit tout ce qu'il regarde. C'est la malédiction de la déception, pas celle de la colère. Il gèle les sources d'eau ; c'est la pourriture sèche et la mort des impies. Il regarde le Soleil, et il désespère ; sa potion est brassée dans l'amertume cynique, et il la boit en souhaitant que cela soit du poison. Son haleine flétrit l'amour ; sa parole est une malédiction… Mais ces principes existent en chacun de nous ; c'est le plus inévitable de tous nos destins. »

Avec une pub pareille, pas étonnant que les passionnés d'astrologie se soient mis à craindre Saturne. Mais il ne mérite pourtant pas complètement cette réputation. Car bien que Saturne apporte des difficultés, il nous aide aussi à créer de l'ordre. L'influence de Saturne nous permet de surmonter nos peurs et de combattre notre inertie. S'il nous force à nous battre contre la dépression, la pauvreté et d'autres obstacles, il nous oblige aussi à chercher des solutions, à nous fixer des objectifs, à établir des plans d'action, à travailler plus dur que nous ne pensions en être capables, et à nous organiser. Saturne est, en bref, la planète de l'accomplissement.

Saturne met 29 ans et demi pour effectuer un tour complet du zodiaque. Il passe environ 2 ans et demi dans chaque signe. Pour trouver la position de Saturne dans votre thème astral, consultez l'Annexe B.

♄ Dans le symbole de Saturne, la croix métaphysique de la matière et des circonstances s'élève à partir du croissant de la personnalité, ce qui suggère que nous créons nos propres limitations.

Saturne dans les signes

La position de Saturne dans les signes détermine vos sentiments d'incapacité, vos peurs, vos hésitations, et la manière dont vous essayez de surmonter ces handicaps.

- **Saturne en Bélier :** vous êtes un penseur indépendant. Vous ne pouvez pas supporter de suivre un chef, mais vous n'aimez pas particulièrement non plus commander les autres. Bien que vous soyez entreprenant, déterminé et discipliné, vous pouvez aussi être irréfléchi, querelleur et dominateur. Lorsqu'on vous donne un objectif et une règle du jeu, vous vous débrouillez fabuleusement bien. Sans instructions, vous pataugez. Mais l'objectif ne doit pas vous être imposé, il doit venir de l'intérieur.
- **Saturne en Taureau :** les images de l'hospice des pauvres dansent dans votre tête. Vous avez un besoin intense de stabilité, et la hantise de vous trouver sans argent. Vous apprendrez peut-être ainsi à gérer efficacement vos ressources, et vous serez peut-être même assez nanti. Vous êtes travailleur, pratique, prudent. Vous faites les choses de façon méthodique et compétente. L'inconvénient ? Vous manquez de spontanéité, et vous courez le risque de devenir besogneux. Et bien que certaines personnes avec ce positionnement puissent devenir obsédées par le sexe et d'autres plaisirs, vous êtes secrètement ambivalent envers de telles choses, et il est également probable que vous allez vous refuser de tels réconforts matériels.
- **Saturne en Gémeaux :** vous êtes intelligent, rusé, et vous savez vous exprimer, malgré votre crainte d'être inférieur sur le plan intellectuel et celle de devoir chercher vos mots. Vous êtes très doué pour résoudre les problèmes, vous avez un intellect actif et des douzaines de centres d'intérêt différents. Vous aimez lancer des idées à la ronde, mais il vous est difficile de les mettre en pratique, parce que vous courez le risque de gaspiller votre énergie en parlant. Vous possédez un esprit clair et lucide, mais attention : vous pouvez vous convaincre vous-même de n'importe quoi.
- **Saturne en Cancer :** ce n'est pas une position facile. Saturne en Cancer amène en général une enfance difficile avec au moins l'un des deux parents froid ou distant. Il en résulte que vous êtes peut-être anxieux et inhibé, avec un désir ardent de contrôle émotionnel et de compréhension. Votre tentative de gagner l'amour dont vous avez manqué étant enfant peut devenir la quête de votre vie. Certaines personnes avec Saturne dans cette position deviennent importunes, ou dissimulent leur crainte de vulnérabilité en agissant de façon trop confiante ou indiffé-

rente. (Ce camouflage ne trompe du reste personne.) La plupart des natifs essaient de créer à l'âge adulte ce dont ils ont manqué en devenant des parents tolérants, protecteurs et affectueux.

- **Saturne en Lion :** déterminé et digne, vous désirez ardemment être créatif, mais vous avez peur de vous exprimer. Vous voulez être reconnu – mais vous avez peur d'être médiocre. C'est le cercle vicieux dont vous devez apprendre à sortir. Le manque de confiance en vous-même vous use et ne vous mène nulle part. Le défi de cette position, c'est d'admettre – et pas d'enterrer – votre besoin de reconnaissance sociale et de trouver un moyen de la satisfaire. Il faut de même que vos pulsions créatives trouvent une expression considérable et qu'elles soient positivement reçues. Surmontez votre tendance à l'arrogance, qui est le fléau des Lions. Osez être spectaculaire : vous serez bien plus heureux.
- **Saturne en Vierge :** vous êtes analytique, soucieux, travailleur et attiré par la solitude. (Peut-être avez-vous été un moine médiéval dans une vie antérieure !) Étant donné que vous avez peur de perdre le contrôle, vous faites de votre mieux pour régler le moindre détail. Les rites vous détendent, et vous suivez probablement des habitudes établies dans votre vie quotidienne. Bien que vous préfériez que les choses soient en ordre et pas autrement, c'est justement sur ce point que vous pouvez trébucher (ce qui veut dire que vous souffrez peut-être de négligence à un haut niveau). Adoptez cette devise de Henry David Thoreau (tirée de *Where I Lived, and what I Lived For*) : « Nous gaspillons nos vies avec des détails… simplifiez, simplifiez. »
- **Saturne en Balance :** cette position favorable vous rend rationnel, fiable, diplomate et sincère, surtout dans les relations de couple. Vous avez peur de la solitude, ce qui vous rend encore plus désireux de former une relation de couple. Vos relations vous reflètent complètement – mais il est possible que vous n'aimiez pas ce que vous voyez. Heureusement, vous êtes profondément engagé et monogame, et toujours prêt à négocier. Bien que vous pensiez peut-être désirer une aventure passionnée, vous êtes finalement bien plus heureux lorsque vous faites le choix du bon sens. Il est possible que vous vous mariiez à une personne plus âgée, et que ce soit un mariage tardif.
- **Saturne en Scorpion :** vous êtes une personne pleine de ressources et d'énergie, avec de fortes convictions et une grande motivation. Il vous est peut-être difficile de résoudre les problèmes de dépendance, et vous devez peut-être lutter pour vous définir comme un individu accompli tout en vivant une véritable relation de couple. Vous avez des besoins sexuels irrésistibles, mais la sexualité est également pour vous un domaine délicat. Bien que vous soyez prédisposé à la jalousie et au ressentiment, vous trouvez le courage de traiter vos problèmes et de surmonter vos peurs, y compris votre peur de la mort. Tous les mystères vous fascinent, mais aucun autant que celui de votre propre psyché.
- **Saturne en Sagittaire :** « Ne m'enfermez pas », tel est votre refrain. Vous cherchez l'aventure, le voyage et les grands horizons. Mais à moins que

vous ne trouviez une manière structurée de parvenir à vos buts, les circonstances conspireront peut-être pour vous empêcher de les réaliser. L'enseignement est important pour vous. De même, vous avez besoin d'identifier un ensemble de préceptes philosophiques ou moraux que vous pourrez suivre pour vivre. Bien que vous puissiez fantasmer sur le fait d'être indépendant et sauvage, ce dont vous avez besoin en réalité, c'est de trouver un sens à votre vie, d'élargir vos vues philosophiques et de beaucoup voyager, mais avec un but précis.

- **Saturne en Capricorne :** vous êtes capable, ambitieux et pragmatique, avec une autorité naturelle et une compétence évidente. Étant donné que vous désirez ardemment la reconnaissance sociale et que vous êtes secrètement anxieux de ne pas l'obtenir, vous poursuivez résolument vos objectifs et ne manquez pas de respecter les règles – même si vous devez pour cela abandonner en route vos idées plus originales. Vous n'aimez pas les restrictions, mais vous êtes une personne disciplinée qui sait comment faire face aux limitations et peut travailler à l'intérieur d'une structure. Vous pouvez même surmonter votre tendance à la dépression. Saturne est le maître du Capricorne, et cette position est donc considérée comme excellente.
- **Saturne en Verseau :** vous avez un esprit clair et original, un sens hors pair de l'organisation et de la structure, et l'aptitude à diriger. D'esprit libéral, désintéressé (en partie parce que vous ne voulez pas que les gens pensent du mal de vous), vous êtes une personne de principes. Il est essentiel pour votre bonheur et pour votre propre estime que vous viviez en accord avec ces idéaux, qui comptent en général parmi les plus élevés. Vous vous concevez volontiers comme une partie d'un ensemble plus grand, comme le membre d'un groupe ou d'une association. Le succès matériel n'est pas une motivation dans votre vie : vos principes sont plus importants.
- **Saturne en Poissons :** vous êtes sympathique et intuitif. Votre sensibilité vous rend attirant pour les autres, et votre créativité vous apporte une grande satisfaction. Mais vous avez peut-être aussi plus que votre part de névroses, d'angoisses et d'appréhensions sans fondement. Bien que vous compreniez comment fonctionnent les autres personnes, vous ne savez peut-être pas comment résoudre vos propres problèmes (surtout si l'abus d'excitants en est un). Le désordre, la maladie et l'isolation vous effraient, et vous feriez n'importe quoi pour écarter toutes ces horreurs. Il est bon pour vous d'établir des routines, surtout si vous faites confiance à votre instinct et que vous les établissez de façon intuitive. Par contre, la dépendance à une drogue signifie votre perte.

Saturne dans les maisons

La position de Saturne par maison détermine les domaines de votre vie dans lesquels vous devez créer de l'ordre et établir des limites.

- **Saturne dans la première maison :** vous êtes emprunté, grave, et vous avez peur d'être blessé. Vous vous inquiétez du qu'en-dira-t-on, et il en résulte soit que vous cachez votre véritable personnalité, soit que vous essayez de commander. Sous vos allures prudentes et réservées, vous êtes une personne compliquée, qui vaut bien la peine d'être connue. Mais vous ne facilitez pas les choses.
- **Saturne dans la deuxième maison :** vous vous préoccupez des aspects pratiques de la vie, et l'argent est pour vous un sujet important, que vous soyez économe ou dépensier. Même lorsque vous traitez d'émotions, vous êtes conscient des implications pratiques. Vous aimeriez bien gagner au Loto, mais c'est extrêmement improbable (et même si ça arrivait, cela pourrait vous apporter plus de problèmes que cela n'en vaut la peine). Vous pouvez toutefois obtenir la sécurité que vous recherchez en travaillant dur.
- **Saturne dans la troisième maison :** vous avez un esprit sérieux, consciencieux et contemplatif, et l'aptitude à explorer un sujet en profondeur. Les questions de communication, qu'elle soit verbale ou écrite, sont primordiales. Vos relations avec vos frères et vos sœurs sont compliquées, elles peuvent prendre la forme d'une rivalité.
- **Saturne dans la quatrième maison :** bien que votre famille soit pour vous extrêmement importante, vous vous en sentez séparé, et peut-être même éloigné d'un parent en particulier. Vous avez besoin de faire des efforts pour trouver des manières d'interagir avec succès avec les membres de votre famille (ou simplement pour les comprendre). En outre, avoir votre propre foyer constituera pour vous une importante source d'identité et de sécurité.
- **Saturne dans la cinquième maison :** vous adoptez une approche sérieuse des choses légères, et il n'est pas facile de vous dérider. Vous ne flirtez pas facilement. La créativité signifie pour vous beaucoup, mais vous avez tendance à réprimer vos pulsions créatrices par crainte de ne pas être doué : soit vous les réprimez vraiment, soit vous relevez le défi que vous jette Saturne et vous apportez une structure à votre vie créative. (Certaines personnes avec cette position de Saturne deviennent des artistes professionnels.) En tant que parent, vous êtes responsable et impliqué.
- **Saturne dans la sixième maison :** dans votre travail, vous êtes fiable, exigeant et efficace. Vous apportez une grande attention aux travaux de la vie quotidienne et travaillez autant qu'il est nécessaire pour arriver à la maîtrise de votre métier. Vous ne ratez jamais une date butoir. Si vous trouvez le courage de persévérer pour arriver à faire quelque chose que vous aimez, vous tirerez une grande satisfaction de votre travail. Vous êtes aussi un anxieux de première, donc rassurez-vous en vous faisant régulièrement établir des bilans de santé.
- **Saturne dans la septième maison :** vous prenez le mariage très au sérieux, mais vous pourriez tout aussi bien être trop timide pour franchir le pas. Si vous surmontez vos peurs de l'intimité, vous pourrez créer une relation de couple solide et durable. Vous serez le plus à l'aise avec un partenaire responsable, posé et plus âgé.

- **Saturne dans la huitième maison :** vous avez de grandes intuitions psychologiques. Votre défi consiste à surmonter votre peur de la mort, et à faire face à vos problèmes sexuels, qui peuvent aller d'une légère inhibition à des relations sans émotions. De plus, vous êtes à la fois prudent et habile dans votre manière de gagner de l'argent – ce qui est une bonne chose parce qu'il est possible que vous épousiez une personne ayant des problèmes financiers.
- **Saturne dans la neuvième maison :** vous êtes une personne sérieuse avec une intelligence de grande envergure. Les grandes idées vous attirent – la philosophie ou la religion, par exemple –, et leur exploration en profondeur fait de vous un éducateur, un auteur ou un éditeur né. Vous pouvez aussi trouver votre succès dans les voyages et dans les domaines juridiques.
- **Saturne dans la dixième maison :** vous êtes responsable, ambitieux et persévérant, mais vous pouvez aussi être arrogant, et vous devrez travailler dur avant d'obtenir le succès qui sera finalement le vôtre. Un de vos parents (probablement votre père) vous a peut-être particulièrement causé des difficultés.
- **Saturne dans la onzième maison :** vous ne vous faites pas facilement des amis, mais les amitiés que vous avez sont durables et fortes. Vos rêves sont traditionnels et ambitieux, et vous devez travailler dur pour les réaliser. Heureusement, vous avez de grands talents d'organisateur, et vous pouvez mobiliser l'aide dont vous avez besoin.
- **Saturne dans la douzième maison :** vous êtes une personne serviable. Nombreux sont ceux qui seraient étonnés d'apprendre que, sous la surface, vous luttez contre la peur, le pessimisme, l'insécurité, la solitude et le sentiment de culpabilité. Bien que vous soyez habitué à travailler en coulisses, la solitude vous pose problème, parce que vos peurs deviennent plus vivaces lorsque vous êtes seul. Que vous tendiez à vous y enfoncer avec un soupir de soulagement ou que vous pédaliez comme un fou dans la direction opposée, il est essentiel pour votre bien-être que vous appreniez à vous sentir à l'aise dans la solitude.

Chapitre 7

Les planètes transsaturniennes

Dans ce chapitre :

Uranus, Neptune et Pluton : les planètes transsaturniennes dans l'astronomie, la mythologie et l'astrologie.

L'influence des planètes transsaturniennes.

Jusqu'à 1781, les astrologues dressaient des cartes du ciel en n'utilisant que le Soleil, la Lune et les cinq planètes visibles depuis la Terre : Mercure, Vénus, Mars, Jupiter et Saturne. Puis William Herschel, un musicien de carrière qui avait pour hobby la fabrication de télescopes, fit une découverte capitale. Au bout d'innombrables nuits passées durant de longues années en compagnie de sa sœur dévouée à observer le ciel avec opiniâtreté (il était Scorpion), il fut le premier humain de l'histoire à pointer un télescope sur le ciel nocturne et à découvrir une planète. Cette découverte, celle de la planète Uranus, ébranla le monde.

Au XIXe siècle, les savants réalisèrent que plusieurs anomalies dans l'orbite d'Uranus ne pouvaient s'expliquer que par la présence d'une autre planète. En 1846, à la suite d'une recherche marquée par la confusion la plus totale (ce qui correspondait bien d'ailleurs à la nature de la planète), des astronomes européens identifièrent ce corps inconnu et l'appelèrent Neptune. Une troisième découverte vint encore élargir le système solaire en 1930, lorsque Clyde Tombaugh, un amateur de 23 ans engagé pour examiner des clichés photographiques du ciel nocturne, trouva ce qu'il cherchait : une minuscule planète éloignée, appelée Pluton.

Aujourd'hui, bien que certains astrologues croient que d'autres planètes de notre système solaire attendent encore qu'on les découvre (y compris, peut-être, une planète encore plus proche du Soleil que Mercure), les astronomes, eux, ne trouvent aucune preuve correspondante. Pour le moment, ces neuf planètes sont tout ce que nous avons.

Uranus, Neptune et Pluton fonctionnent différemment des planètes de l'Antiquité. Les planètes visibles influencent nos comportements et nos personnalités de manière immédiate. Mais Uranus, Neptune et Pluton ne définissent pas la personnalité de l'individu, elle définissent plutôt des générations. Après tout, le Soleil traverse les 12 signes en une année, mais Uranus met 84 ans, Neptune 165 ans, et le minuscule Pluton a besoin de près de deux siècles et demi pour effectuer le tour complet du zodiaque (ou révolution zodiacale).

Ces planètes s'attardent pendant des années dans un seul signe, et elles ont un effet relativement mineur sur le comportement quotidien. Les planètes externes définissent les générations, provoquent des événements, et mettent en lumière les potentiels cachés. Mais elles ne vous font pas vous distinguer du gamin d'à côté comme le font les autres planètes.

Pourtant, elles mènent la danse lorsqu'il est temps d'effectuer un changement majeur, à la fois externe et interne. Ces planètes vous remuent (Uranus le révolutionnaire), vous inspirent et vous troublent (Neptune le nébuleux), et vous poussent au bord du gouffre (Pluton qui ne fait pas de quartier). Ce sont les forces invincibles du changement.

Les dates données entre parenthèses plus loin dans ce chapitre pour les positions de ces planètes ne sont pas exactes. En fait, ce qui se passe lorsque Neptune, Uranus ou Pluton change de signe, c'est que pendant près d'un an (et pendant plus longtemps parfois) la planète ricoche d'avant en arrière entre l'ancien signe et le nouveau. Donc, si vous êtes né pendant (ou même près de) la première ou la dernière année du passage d'une planète dans un signe, vous ne pouvez pas vous fier aux dates données dans ce chapitre. Consultez à la place l'Annexe B.

Uranus : le Rebelle

Uranus est la première planète qui a été découverte grâce à l'utilisation de la technologie : c'est la planète de la révolution et des temps modernes. Elle gouverne l'électricité, la technologie, l'informatique et tout ce qui est à la pointe du progrès. C'est aussi la planète de l'astrologie.

Il faut 84 ans (soit environ la durée d'une vie humaine) à Uranus et à ses 15 lunes pour traverser tout le zodiaque. Comme Jupiter, Saturne et Neptune, c'est un géant gazeux. Mais alors que toute autre planète tourne autour de son axe de manière plus ou moins verticale, Uranus tourne sur elle-même dans le sens rétrograde, pratiquement couchée sur le plan de son orbite, avec son pôle Nord pointé sur le Soleil. Il en résulte que le jour uranien dure 42 ans, de même que la nuit.

In Dans la mythologie, Ouranos était le fils et l'amant de la Terre, qui s'appelait Gaïa. Elle donna naissance à de nombreux enfants de lui, mais il en fut envieux, et il les emprisonna. Finalement, Gaïa réussit à convaincre son fils Cronos (Saturne) de faire quelque chose pour contrecarrer le comportement de son père. Cronos prit une faucille, castra Ouranos, et jeta ses organes génitaux dans la mer, où ils donnèrent naissance à Aphrodite, la déesse de l'Amour. Du point de vue de l'astrologue, un événement qui est imprévisible et surprenant est de caractère uranien.

Uranus choque. Elle amène un changement imprévu, des éclairs de perspicacité, de la rébellion et de l'originalité. C'est la planète de l'excentricité, du génie, de l'inventivité, et de tout ce qui arrive mais semble venir de nulle part.

Uranus passe environ sept ans dans chaque signe. Comme Neptune et Pluton, elle définit les générations, et son influence est en général subtile. Lorsqu'elle est valorisée, Uranus est la marque des génies, des idéalistes, des anticonformistes et des astrologues.

Uranus est valorisée dans votre thème astral si :

- Elle occupe un angle, c'est-à-dire qu'elle se trouve dans la première, la quatrième, la septième ou la dixième maison de votre thème. Elle est particulièrement forte lorsqu'elle est proche (c'est-à-dire à 8° au maximum) de votre Ascendant ou de votre Milieu du Ciel. (Consultez le Chapitre 5 pour en savoir plus sur l'Ascendant et sur le Milieu du Ciel.)
- Elle forme plusieurs aspects proches avec d'autres planètes, et en particulier avec le Soleil, la Lune, ou la planète qui gouverne votre Ascendant. (Consultez le Chapitre 8 qui traite des aspects.)
- Vous avez une ou plusieurs planètes en Verseau.

Pour trouver la position d'Uranus dans votre thème astral, consultez l'Annexe B.

Le symbole d'Uranus ressemble à une antenne de télévision, une image appropriée pour la planète associée à l'électricité, à la technologie, à l'avenir et à tout ce qui arrive de façon imprévue. Le symbole inclut aussi une lettre H, qui rappelle William Herschel, l'organiste et astronome qui découvrit la planète Uranus en 1781.

Uranus dans les signes

Le signe qu'occupe Uranus dans votre carte du ciel détermine la manière dont vous exprimez votre caractère unique et rebelle contre l'ordre établi.

- **Uranus en Bélier (1927 à 1935) :** vous êtes indépendant, impétueux, indomptable et impatient. Lorsque le changement est nécessaire, vous aimeriez plutôt l'effectuer rapidement pour en finir. Votre enthousiasme vacille parfois, mais vous êtes ingénieux, intrépide et inventif.
- **Uranus en Taureau (1935 à 1942) :** une fois que vous avez décidé que vous vouliez quelque chose, vous vous y tenez. Vous avez des opinions fortement prononcées vis-à-vis de l'argent, que ce soit pour ou que ce soit contre, et vous souffrez de hauts et de bas sur le plan financier. Votre volonté vous aide à surmonter tous les obstacles, matériels ou autres, et vous vous sentez attiré par les manières concrètes et innovantes de gagner de l'argent.

- **Uranus en Gémeaux (1942 à 1949) :** vous êtes intelligent, curieux, nerveux, polyvalent et loquace. Vous faites face au changement en en parlant, et en finissant par vous convaincre que vous êtes capable de vous y adapter ou qu'en réalité vous le désirez. Vous êtes aussi attiré par des idées originales et par les nouvelles manières de communiquer. Le téléphone portable a été inventé pour vous.
- **Uranus en Cancer (1949 à 1956) :** vous possédez une imagination active, vous êtes sensible, et vous avez une vie de famille qui sort de l'ordinaire. Votre humeur varie considérablement pendant les périodes de changement. Vous avez autant envie de la sécurité d'une famille et de la vie conjugale que vous vous rebellez contre elles, et lorsque vous vous trouvez dans une famille traditionnelle, vous en changez la structure.
- **Uranus en Lion (1956 à 1962) :** vous vous jetez avec enthousiasme dans toutes sortes d'entreprises créatives, y compris les aventures amoureuses à côté de la plaque. Vous êtes ardent, entêté et talentueux, et vous évoluez vers les périodes de changement avec grand plaisir. Mais vous pouvez aussi être impérieux, exigeant et, en un mot, odieux.
- **Uranus en Vierge (1962 à 1969) :** bien que vous possédiez un esprit analytique et un côté pratique, vous vous rebellez contre la routine, et des détours imprévus vous orientent dans des directions surprenantes. Vous faites face au changement d'une manière pratique et spécifique, mais aussi contraignante.
- **Uranus en Balance (1969 à 1975) :** vous êtes imaginatif et vous aimez les arts, bien que votre goût puisse consterner les membres d'autres générations. La vie relationnelle est pour vous essentielle. Vous êtes attiré par les personnes et par les situations qui sortent de l'ordinaire, et vos relations reflètent cela. Lorsque le changement est inévitable, vous êtes aux anges si vous pouvez le traverser avec quelqu'un d'autre.
- **Uranus en Scorpion (1975 à 1981) :** profondément intuitif et volontaire, vous êtes charismatique et déterminé, avec une attitude inhabituelle vis-à-vis de la sexualité. Il est possible que vous soyez tourmenté par des engouements passagers. Le mariage peut vous apporter des hauts et des bas sur le plan financier. Mais vous êtes plein de ressources, et lorsque le changement est dans l'air du temps, vous voulez le traverser en profondeur et de façon consciente.
- **Uranus en Sagittaire (1981 à 1988) :** vous êtes optimiste, indépendant et plein de vie, avec de grandes aspirations. Vous en voulez aux gens qui disent non et aux pessimistes qui pensent que vos grands rêves sont irréalistes. Vous aimeriez voir le monde (mais pas en suivant l'itinéraire de quelqu'un d'autre). Vous aimeriez obtenir l'illumination spirituelle (mais vous vous rebellez contre les religions habituelles). Les voyages et l'enseignement vous excitent. Vous vous sentez libéré par les forces du changement.
- **Uranus en Capricorne (1988 à 1996) :** vous êtes ambitieux, responsable et méthodique. Vous évitez pourtant instinctivement la voie prescrite,

et votre carrière prend des détours surprenants. Si vous pouvez exprimer votre individualité à travers une organisation ou un système, c'est très bien. Sinon, votre grand malaise vous force soit à l'ignorer, soit à le faire plier. Heureusement, lorsque vous créez le changement, c'est de façon constructive.

- **Uranus en Verseau (1996 à 2003) :** vous êtes tolérant, peu sentimental, humanitaire et hautement inventif. Anticonformiste au plus profond du cœur, vous appréciez l'individualité chez les autres, et vous comptez parmi vos amis plus d'un excentrique. Votre vie est caractérisée par des coïncidences et des coups de chance incroyables. Lorsque vous embrassez le changement, votre monde s'ouvre. Lorsque vous y résistez, le chagrin s'ensuit.
- **Uranus en Poissons (2003 à 2011) :** vous êtes prédisposé à des rêves étranges et à des éclairs métapsychiques. Votre imagination, vos talents et votre intuition sont inspirés. Mais votre détermination vacille, et votre volonté a besoin de soutien. L'art et les quêtes spirituelles sont pour vous des chemins positifs.

Uranus dans les maisons

La maison qu'occupe Uranus détermine le domaine de la vie dans lequel vous pouvez rencontrer l'inattendu.

- **Uranus dans la première maison :** votre comportement est inhabituel, et vous choquez les gens qui vous considèrent comme un véritable original ou même comme un excentrique. Peu importe combien vous essayez d'avoir l'air conventionnel, vos tentatives de vous faire passer pour normal sont vouées à l'échec. De temps en temps, des événements imprévus et gênants bouleversent votre monde.

  HISTOIRE VRAIE

  Monica Lewinsky est une native du Lion qui adore être en vedette. Son Uranus occupe la première maison, ce qui en fait un personnage dont on se souvient et lui confère une apparence distinctive.

- **Uranus dans la deuxième maison :** l'argent et les biens matériels vont et viennent, ils arrivent précipitamment et disparaissent à la même vitesse. Vous pourriez aussi bien trouver du pétrole que faire faillite. Vos valeurs peuvent aussi subir un revirement soudain.
- **Uranus dans la troisième maison :** vous avez un esprit innovant et des manières intelligentes de vous exprimer. Vous pourriez être un penseur ou un écrivain brillant – ou un individu bizarre. Vos frères et sœurs sortent généralement du commun, et vos relations avec eux ont des hauts et des bas. Des bouleversements peuvent se produire au cours de voyages.
- **Uranus dans la quatrième maison :** vous venez d'une famille non conventionnelle, ou vous en créez une. Une relation inhabituelle avec

l'un de vos parents (probablement votre mère) vous a marqué. Il vous est difficile de vous installer, et lorsque vous le faites, vous créez un ménage complètement personnalisé. Les changements dans votre carrière affectent votre vie de famille.

- **Uranus dans la cinquième maison :** vous possédez une nature créative sauvage et une vie amoureuse imprévisible. Vous êtes prédisposé à l'amour au premier coup d'œil, de préférence avec des personnes du type rebelle. Mais des ruptures soudaines font également partie du tableau. Vos enfants seront peut-être des personnes remarquables, bien que vous puissiez penser qu'ils entravent votre liberté.

- **Uranus dans la sixième maison :** cela ne vous dérange pas de travailler, mais vous êtes opposé au concept neuf heures-dix-sept heures. Vous arrivez à trouver des jobs inhabituels et même bizarres. Et même dans votre vie quotidienne, vous faites les choses de la manière unique qui vous est propre. Vos nerfs affectent votre santé, et les méthodes de guérison qui ne sont pas orthodoxes vous sont bénéfiques.

Thomas Edison, qui chiquait, était un Verseau avec la lune dans le Capricorne pratique ; il avait Uranus dans le Bélier et dans sa sixième maison, celle du travail et de la routine journalière. Il révolutionna complètement cette dernière en inventant la lumière électrique.

- **Uranus dans la septième maison :** vous vous marierez peut-être à une personne non conventionnelle, ou votre vie de couple pourra prendre une forme radicale, due en grande partie à votre besoin d'indépendance. Vous risquez de vous marier à la vitesse de l'éclair – et de divorcer tout aussi rapidement.

- **Uranus dans la huitième maison :** votre vie sexuelle possède un aspect remarquable et même outrageant, et la même chose est vraie pour vos finances (et celles de votre conjoint). Vous êtes attiré par les sujets occultes et métaphysiques, y compris l'idée de réincarnation. Et bien que j'hésite à mentionner ceci, sachez-le : lorsqu'elle coexiste avec de nombreux aspects dissonants, cette position indique que vous pourriez être affecté par une mort soudaine et accidentelle – mais pas nécessairement la vôtre. Est-ce que cela vaut pour autant la peine de se faire du souci ? Lisez à ce sujet l'encadré «La mort violente de la princesse Diana».

- **Uranus dans la neuvième maison :** vous vivrez des expériences inhabituelles à travers les voyages et l'enseignement. La religion vous intéresse, mais pas de manière conventionnelle, et votre philosophie de la vie est votre invention personnelle.

- **Uranus dans la dixième maison :** vous insistez pour conserver votre indépendance, en particulier pour votre carrière. (Les bons domaines incluent, sans s'y limiter : l'activisme social, la technologie des ordinateurs, l'astrologie et la science.) Vous avez un point de vue original, et des opportunités venues de nulle part se présentent à vous. Trop rebelle pour travailler dans une organisation trop hiérarchique, vous êtes un entrepreneur ou un travailleur indépendant né.

HISTOIRE VRAIE

La mort violente de la princesse Diana

Lire de vieux livres d'astrologie, c'est parfois effrayant. Ils sont remplis de prédictions terrifiantes de pauvreté, de maladie et même de mort. Ces vieux livres peuvent être particulièrement éprouvants si vous avez Uranus, la planète de l'imprévisible, ou Mars, la planète de la violence, dans la huitième maison, celle de la mort et de la régénération. Selon ces livres, c'est de mauvais augure. La vérité, c'est qu'il faut de nombreux indicateurs pour que quelque chose d'aussi sérieux qu'une mort violente puisse se produire. Même la présence d'à la fois Uranus et Pluton dans la huitième maison ne garantit pas une telle tragédie. Pour cela, il faut des aspects vraiment horribles, comme ceux de la Princesse Diana, qui était une native du Cancer sensible avec la Lune en Verseau.

La huitième maison de Diana abritait non seulement Uranus et Mars, mais aussi Pluton, la planète de la transformation. En outre, Uranus formait un carré en T (ou triangle isocèle) à haute tension avec la Lune et avec Vénus, les planètes qui gouvernaient sa vie amoureuse. (Pour en savoir plus sur le carré en T, consultez le Chapitre 8.) C'est habituellement une mauvaise combinaison des aspects. Son thème astral contenait clairement le potentiel d'un accident mettant en danger sa vie, et impliquant un amant. En outre, le jour de sa mort, la position des planètes externes dans le ciel augmenta la probabilité de réalisation des périls latents de son thème astral.

Mais devait-elle absolument mourir ce jour-là, juste avant une éclipse ? Certains astrologues soutiennent qu'il est impossible d'échapper à son destin. D'autres, parmi lesquels je me compte, croient que chaque influence a de nombreuses possibilités d'expression. Le thème de Diana était sans aucun doute soumis à un énorme stress au moment du fatal accident d'auto. Même après coup, nous ne pouvons pas savoir si Diana aurait pu éviter ce terrible accident. Une chose est quand même certaine : si elle avait pris des précautions – et attaché sa ceinture de sécurité, cela n'aurait pas pu lui faire de mal.

- **Uranus dans la onzième maison :** vous êtes une personne tolérante avec des aspirations inhabituelles et de nombreux amis intelligents mais imprévisibles, qui peuvent vous motiver vers la réussite. Les gens entrent dans votre vie en un éclair, en particulier lorsque vous êtes impliqué dans une cause, mais vous pouvez tout aussi rapidement perdre le contact avec eux.
- **Uranus dans la douzième maison :** vous êtes un amoureux de la liberté qui exige l'indépendance et se rebelle contre les contraintes. Des formes inhabituelles de spiritualité vous attirent. Vous exprimez votre individualité la plus profonde dans la solitude. Des éclairs d'intuition et de perspicacité viennent du fond de vous. Apprenez à les écouter.

Neptune : le Rêveur

En 1612, Galilée observa avec son petit télescope ce qui ressemblait à une étoile de faible lueur, sauf que, contrairement aux autres étoiles, elle se déplaçait. S'il n'avait pas été «dans la lune», il aurait réalisé qu'il s'agissait d'une planète. Mais il ne sut pas additionner deux et deux pour faire quatre, et il manqua ainsi l'occasion d'identifier Neptune. C'est Johann Galle, un jeune assistant de l'observatoire de Berlin, qui le fit en 1846.

Sur les photos de la NASA, Neptune ressemble à un merveilleux marbre de couleur turquoise, presque sans caractéristiques. Les astronomes disent que Neptune est un géant gazeux parce que, comme Uranus, il s'agit pour l'essentiel d'une boule de gaz qui tourbillonnent autour d'un petit noyau de métal. Balayée par les vents les plus rapides de tout le système solaire, Neptune porte un halo d'anneaux à peine visibles, et au moins huit lunes gravitent autour d'elle. L'une de ces lunes, Triton – qui possède des geysers –, est le corps le plus froid de tout le système solaire.

Dans la mythologie classique, Poséidon – Neptune pour les Romains – était le frère de Zeus et de Hadès (ou Pluton). Lorsque les trois se partagèrent l'Univers, Poséidon devint le dieu de la Mer. Les Grecs l'appelaient aussi le dieu des tremblements de terre, car, chaque fois qu'il frappait le sol de son célèbre trident, la terre tremblait.

Seigneur des profondeurs marines, Neptune gouverne l'intuition, la médiumnité, l'imagination et tout ce qui s'écoule. Cette planète gouverne la danse, la musique, la poésie et le glamour. Elle apporte la compassion, dissout les limites et sensibilise tout ce qu'elle touche. Idéaliste et profondément spirituelle, elle a aussi un côté négatif. Neptune est la planète de l'illusion, de la confusion, de la tromperie, celle qui fait que l'on prend ses désirs pour des réalités, sans parler de l'alcoolisme et de l'abus de drogues. Positivement valorisée, Neptune apporte le talent artistique, les inclinaisons spirituelles et les aptitudes psychiques. Mais mal aspectée, c'est-à-dire lorsqu'elle reçoit de nombreux carrés et oppositions à haute tension d'autres planètes, elle peut aussi entraîner la dépendance (drogues), le manque de précision, l'hypochondrie et l'évasion de la réalité.

La planète Neptune est valorisée dans votre thème si :

- Elle occupe un angle – c'est-à-dire se trouve dans la première, la quatrième, la septième ou la dixième maison. Elle est particulièrement forte lorsqu'elle est proche (approximativement 8° ou moins) de votre Ascendant ou de votre Milieu du Ciel. (Consultez le Chapitre 5 pour en savoir plus sur l'Ascendant et sur le Milieu du Ciel.)
- Elle forme plusieurs aspects proches avec d'autres planètes, et en particulier avec le Soleil, la Lune ou la planète qui gouverne votre Ascendant. (Consultez le Chapitre 8 pour en savoir plus sur les aspects.)
- Vous avez une planète ou davantage en Poissons.

Neptune passe en moyenne 14 ans dans chaque signe. Pour découvrir sa position dans votre thème astral, consultez l'Annexe B.

♆

Le symbole de Neptune ressemble au trident du dieu Neptune, tel qu'on le connaît par les illustrations de la mythologie.

Neptune dans les signes

La position de Neptune dans les signes décrit les façons dont votre génération est la plus idéaliste – et la plus irréaliste.

- **Neptune en Bélier (1861 à 1874) :** vous possédez un sens intuitif du moi, et vous adoptez une approche active de la vie spirituelle. Mais vous pouvez fortement manquer d'égards envers les autres, et vous avez des problèmes à contrôler votre agression. Vous pouvez être parfois bien trop faible, alors que d'autres fois vous êtes trop agressif et trop imprudent.
- **Neptune en Taureau (1875 à 1889) :** vous adorez l'art, le confort et la nature. De plus, vous avez des aptitudes de guérisseur, et vous répondez intuitivement aux rythmes de votre corps. Mais vous éprouvez des difficultés à maîtriser le côté pratique des choses, y compris les finances.
- **Neptune en Gémeaux (1889 à 1902) :** vous avez un esprit subtil, intelligent et compliqué, une imagination bien développée, du talent littéraire et une tendance à être superficiel. Il est également possible que vous soyez irréaliste et malhonnête.
- **Neptune en Cancer (1902 à 1915) :** vous êtes observateur, réceptif et sentimental. Le foyer, la famille et la campagne vous mettent les larmes aux yeux, et vous avez tendance à glorifier tout ce qui a trait au passé. Il ne vous est pas facile de traiter les problèmes auxquels vous faites face ici et maintenant.
- **Neptune en Lion (1915 à 1929) :** vous êtes extravagant, vous aimez les arts et vous êtes romantique. Vous idéalisez tout ce qui a trait à l'amour, aux enfants et au processus créatif, et vous prenez de plein gré des risques énormes. Souvent, vous gagnez vos paris incroyablement osés. Le côté négatif, c'est que vous pouvez tellement vous enticher d'une personne (ou d'une idée) que vous ne remarquez même pas les signes évidents que le sentiment n'est pas nécessairement mutuel.
- **Neptune en Vierge (1929 à 1942) :** Neptune, la planète du vague brumeux, ne se sent pas à l'aise dans la Vierge consciente des détails. Vous ne pouvez pas distinguer les détails qui comptent de ceux qui ne comptent pas – et vous serez donc peut-être angoissé par toutes les choses négatives. L'hypocondrie constitue une menace bien réelle. Un travail mettant votre imagination à contribution vous apportera de la joie.
- **Neptune en Balance (1942 à 1957) :** vous êtes idéaliste, compatissant, et sensible à l'art et à la musique. Mais les relations amoureuses vous déconcertent. Si vous êtes né avec Neptune dans cette position, vous pouvez vous attendre à vivre de grands changements dans les règles des relations humaines.
- **Neptune en Scorpion (1957 à 1970) :** avec cette puissante position, vous êtes attiré par la magie, le mystère et l'inconnu. Vous projetez une aura d'intensité magnétique et de courage émotionnel. Mais vous êtes

prédisposé aux extrêmes dans la sexualité, ainsi qu'à un comportement autodestructeur, et vous êtes peut-être incapable de reconnaître la source de vos propres émotions.

- **Neptune en Sagittaire (1970 à 1984) :** les questions de philosophie, de foi et de valeurs religieuses dansent dans votre esprit : vous trouvez qu'il est facile d'en parler mais difficile de les résoudre. Vous avez un grand besoin de liberté personnelle. Les voyages (surtout vers les lieux sacrés) vous apportent une grande satisfaction. Mais faites attention au domaine des transactions légales, car vous avez tendance à être trop crédule et à vous laisser duper facilement.
- **Neptune en Capricorne (1984 à 1998) :** vous êtes ambitieux, pragmatique, et vous regrettez les bonnes vieilles valeurs du passé, «le bon vieux temps», ou du moins le passé tel que vous vous le représentez. Vous trouvez votre satisfaction dans les religions organisées. Mais vous devez combattre une tendance à l'autoritarisme.
- **Neptune en Verseau (1998 à 2012) :** vous recherchez l'illumination spirituelle, vous avez des dons pour la technologie, vous possédez un sens intuitif du bien commun et une approche progressiste de la réforme sociale.
- **Neptune en Poissons (2012 à 2026) :** vous possédez les traits les plus typiques des Poissons… au carré. Vous avez des dons de médium, vous êtes généreux, compréhensif, vous réagissez à votre environnement, vous êtes mystique, crédule, passif, vous avez une tendance à l'autodestruction, vous êtes un champion du rêve éveillé et un fana de l'imagination et du cinéma, ainsi qu'un candidat probable à tous les types de dépendances.

Neptune dans les maisons

La maison qu'occupe Neptune dans votre horoscope vous indique le domaine dans lequel vous pouvez accéder à la plus profonde intuition – et aussi où vous avez tendance à vous faire des illusions.

- **Neptune dans la première maison :** vous êtes influençable, rêveur, et d'opinion changeante. Votre intuition est extrêmement bonne, mais vous pouvez facilement devenir dépendant. Vous embrouillez les gens et vous les fascinez ; ils ne sont pas sûrs de qui vous êtes ni de ce que vous faites. Vous avez probablement des talents pour la musique.
- **Neptune dans la deuxième maison :** vous savez intuitivement ce que vous appréciez et comment gagner de l'argent. Vous avez la possibilité de gagner de l'argent par la quête spirituelle. Mais vous courez aussi le risque d'être escroqué, parce que vous n'avez pas la moindre idée des mécanismes de l'argent, et vos finances seront probablement chaotiques.
- **Neptune dans la troisième maison :** vous êtes influençable, imaginatif et hautement sensible aux implications du langage. Persuasif mais facilement distrait, vous absorbez du savoir et vous avez un don pour la

poésie. Mais vous êtes crédule et on peut vous tromper – et personne ne sait mieux comment s'y prendre que vos frères et sœurs.

- **Neptune dans la quatrième maison :** bien que les membres de votre famille soient des personnes hors du commun, leur influence est puissante et subtile, et il vous est difficile de vous séparer d'eux. Vous avez peut-être hérité une aptitude métapsychique de l'un de vos parents.
- **Neptune dans la cinquième maison :** vous avez des goûts pour l'art et vous êtes sensible, mais vous éprouvez des difficultés à concentrer vos impulsions les plus créatives. (Vous pourriez commencer par vos rêves.) Les amours platoniques et les aventures secrètes font partie de votre vie sentimentale, et vous êtes attiré par des gens qui vous trompent. Si vous arrivez à surmonter votre ambivalence quant à la parenté et décidez de devenir vous-même parent, vos enfants seront probablement influençables et doux, et vous aurez un lien spirituel puissant avec eux.
- **Neptune dans la sixième maison :** vous avez tendance à vous laisser prendre dans le filet des intrigues au bureau, et les aspects physiques des jobs ordinaires – les néons, la décoration hideuse – vous donnent envie de vous enfuir. Des opportunités de carrière existent pour vous dans les films, la pharmacologie, la musique, et tout ce qui a trait à la mer. Vos problèmes de santé seront rarement résolus par la médecine occidentale. Les médecins auront probablement des difficultés à établir des diagnostics, et vous obtiendrez de meilleurs résultats avec les médecines intuitives.
- **Neptune dans la septième maison :** les gens d'humeur changeante et les âmes d'artiste vous attirent. Vous recherchez l'âme sœur sur le plan spirituel, mais comme vos relations vous embrouillent, vous vous sacrifierez peut-être de trop bon gré à une image ou à un idéal qui n'a rien à voir avec votre véritable partenaire. Souvenez-vous que l'idéalisme est quelque chose de merveilleux, mais seulement lorsqu'il est tempéré par un peu de réalisme.
- **Neptune dans la huitième maison :** les séances de spiritisme, les perceptions extrasensorielles et toutes les formes de communication avec l'au-delà vous attirent. Vous considérez le sexe comme un exercice spirituel. Mais vous faites peut-être trop confiance à vos instincts, en particulier lorsqu'il s'agit de l'argent de votre partenaire. Soyez prudent dans les partenariats d'affaires.
- **Neptune dans la neuvième maison :** les religions mystiques et les voyages spirituels sont exactement ce que vous aimez. Vous voulez désespérément trouver votre gourou, et vous êtes sûr que vous le reconnaîtrez le moment venu. Mais Neptune est la planète de l'illusion, et vous devez donc faire attention. Vous pouvez aussi être un enseignant sensible.
- **Neptune dans la dixième maison :** en choisissant une profession qui exige que vous utilisiez votre intuition, vous atteindrez le succès que vous désirez tant. Ne perdez pas votre temps à exercer une profession simplement parce que vous pensez que c'est une solution commode (comme si vous le saviez). Voici deux problèmes de carrière auxquels

vous devrez peut-être faire face : vous avez tendance à dériver, et vous n'imposez que rarement votre autorité, car vous n'en voyez pas l'intérêt.

- **Neptune dans la onzième maison :** vos idéaux changent et vous avez des aspirations vagues, qui vont de pair avec toute une collection d'amis inspirants et talentueux qui ont peut-être des problèmes d'alcool et de drogue. Votre opinion d'eux sera peut-être trop facilement exaltée, parce que vous avez tendance à ne voir chez eux que ce que vous voulez voir. Rejoindre une organisation spirituelle vous sera bénéfique .
- **Neptune dans la douzième maison :** vous éprouvez de la compassion, vous êtes contemplatif, solitaire, et vous avez probablement des talents de médium. Vous recevez un flot continuel de messages de votre inconscient. La métaphysique, le mysticisme, les rêves et les secrets vous fascinent, et vous êtes très sensible à ceux qui sont dans le besoin. Vos efforts créatifs se réalisent au mieux en privé, et la solitude est nécessaire à la paix de votre esprit.

Pluton : le pouvoir de transformation

Pluton, la plus distante des planètes du système solaire, se déplace si lentement dans le ciel que depuis sa découverte en 1930, elle n'a même pas parcouru la moitié du zodiaque. Elle n'en finira le tour complet qu'en 2176. Pluton demeure donc à de nombreux égards inconnue, et ses effets n'ont pas encore été tous observés. Pourtant, une chose est sûre : bien qu'elle soit subtile et lente, Pluton détient le pouvoir de la transformation totale.

Pluton est petite, rocheuse et mystérieuse. Son orbite allongée, inclinée à un angle de 17°, pénètre parfois dans l'orbite de Neptune, et Neptune a donc remplacé Pluton de 1979 à 1999 dans le rôle de la planète la plus éloignée. La seule lune de Pluton, Charon, est si grande par rapport à Pluton que certains astronomes classifient Pluton comme une planète double. D'autres astronomes ne la classifient pas du tout comme une planète : ils croient que c'est un astéroïde très éloigné de son origine, un morceau de rocher subsistant de la création du système solaire, ou un ancien satellite de Neptune qui se serait échappé.

Dans la mythologie classique, Pluton (Hadès pour les Grecs) était le dieu des Enfers. Il enleva Proserpine (Perséphone), la fille de Cérès ou Déméter. C'est contre sa volonté que Proserpine devint sa femme. Reine des Enfers, elle était si attirante qu'un ami du grand Thésée aurait même eu le béguin pour elle (et aurait souffert en conséquence). Personne ne s'est jamais entiché de Pluton. Il reste un personnage vague, avec si peu d'histoires à son sujet qu'il se trouve à peine dans le circuit de la mythologie. Mais les influences de la planète Pluton sont considérables.

Pour les astrologues, Pluton représente la mort, la régénération et la renaissance. Il détruit, purifie, purge et renouvelle. Il bloque ; il obsède. Par son action en profondeur, il fait prendre conscience de ce qui a été caché, il donne la force à ce qui a été faible, et il apporte finalement la transformation. Le processus peut être rébarbatif et ardu. En chemin, Pluton peut stimuler des sentiments de culpabilité, des ressentiments, de l'obsession et de la peur. Mais la récompense change la vie.

La planète Pluton est valorisée dans votre thème si :

- Elle occupe un angle – c'est-à-dire si elle se trouve dans la première, la quatrième, la septième ou la dixième maison. Elle est particulièrement forte si elle est proche (à 8° au maximum) de votre Ascendant ou de votre Milieu du Ciel. (Consultez le Chapitre 5 pour en savoir plus sur l'Ascendant et le Milieu du Ciel.)
- Elle forme plusieurs aspects proches avec d'autres planètes, en particulier avec le Soleil, la Lune ou la planète qui gouverne votre Ascendant. (Consultez le Chapitre 8 pour en savoir davantage sur les aspects.)
- Vous avez une planète ou davantage en Scorpion.

Bien que Pluton passe en moyenne 20 ans dans chaque signe, elle traverse rapidement certains signes (elle entre dans le signe de la Vierge et en sort en l'espace de douze ans) et s'attarde laborieusement dans d'autres (32 ans dans le Taureau). Pour trouver sa position dans votre thème astral, consultez l'Annexe B.

Pluton possède deux symboles : un symbole métaphysique très chic, et un autre, plus banal, bien plus simple à identifier. Ce dernier représente à la fois les deux premières lettres du nom de la planète et les initiales de Percival Lowell, cet astronome aristocrate qui était tellement convaincu qu'il y avait de la vie sur Mars qu'il construisit un observatoire privé en Arizona avec pour seul objectif de l'observer. Il se consacra aussi à la recherche de la mystérieuse planète X, dont il était certain qu'elle évoluait autour du Soleil aux limites du système solaire, bien plus loin que Neptune. Il ne la trouva jamais.

En hommage à Percival Lowell, on désigna tout d'abord Pluton par les initiales P.L. Puis on s'avisa que les autres planètes portaient le nom d'un dieu mythologique. Il en existait encore un de disponible : Pluton, le dieu des Enfers, dont les deux premières lettres évoquent les intiales de celui qui découvrit… Pluton.

Pluton dans les signes

La position de Pluton dans les signes détermine les obsessions les plus profondes de votre génération, de même que le style avec lequel vous abordez les événements qui changent la vie.

- **Pluton en Bélier (1823 à 1852) :** cette génération fut volontaire, rebelle, impulsive et obsédée par le pouvoir.
- **Pluton en Taureau (1852 à 1884) :** la sécurité amenait le pouvoir à ces gens qui travaillèrent dur, mais les valeurs, particulièrement celles

concernant les biens matériels, furent en perpétuel changement. La propriété fut un problème, et la guerre de Sécession des États-Unis fut menée pendant ces années, exactement sous cette contrainte.

- **Pluton en Gémeaux (1884 à 1914) :** c'est l'esprit qui commande. La nouveauté vous excite. Votre esprit reste toujours jeune.
- **Pluton en Cancer (1914 à 1939) :** si vous êtes né durant ces années, la famille joue un rôle prépondérant, la sécurité a une importance primordiale, et vous vous accrochez à ce que vous avez, même si vous pouvez mieux faire. Et il n'est pas étonnant que vous soyez comme cela : vous avez vécu la crise de 29, ou vous êtes né pendant ou juste après.
- **Pluton en Lion (1939 à 1957) :** votre désir de vous exprimer de façon exubérante peut tourner à l'obsession. Cette position est le signe distinctif de la génération du baby-boom : elle regarde avec dédain la recherche de sécurité de la génération précédente, et est elle-même regardée avec dédain par les générations qui suivent parce que, dans le pur style du Lion, vous ne pouvez pas vous empêcher de faire l'important.
- **Pluton en Vierge (1957 à 1972) :** les excès égocentristes des baby-boomers (les personnes qui appartiennent à la génération du « baby-boom ») vous horripilent et vous réagissez contre eux. Vous recherchez la maîtrise personnelle, vous êtes obsédé par les détails, et vous avez toutes les intentions de devenir parfait. Si vous êtes né entre 1962 et 1969, vous avez en outre Uranus dans la Vierge, de sorte que des changements soudains et imprévus pourraient vous désorienter.
- **Pluton en Balance (1972 à 1984) :** vous êtes obsédé par l'équilibre, la beauté et les relations sociales. Vous tirez une grande puissance d'un partage profond, mais vous exigez un mariage entre égaux. Les arts vous influencent fortement.
- **Pluton en Scorpion (1984 à 1995) :** vous êtes passionné, déterminé, profondément sexuel, et vous avez bien l'intention de vivre jusqu'au bout tout ce que la vie va vous proposer. Mais il est essentiel que vous contrôliez vos désirs. Heureusement, vous possédez une volonté prodigieuse.
- **Pluton en Sagittaire (1995 à 2008) :** vous ressentez un besoin profond de trouver une philosophie ou une religion qui propose des expériences spirituelles et intellectuelles intenses – mais vous courez le risque d'être pompeux et fanatique. La liberté est pour vous essentielle.
- **Pluton en Capricorne (2008 à 2024) :** les bébés qui naîtront avec Pluton dans le Capricorne conformiste s'orienteront sur des objectifs, ils seront persévérants et pragmatiques, avec un sens inné de la manière dont fonctionne le monde. Vous pensez avoir déjà vu des hommes politiques pleins de bons sens ? Attendez que ces bébés arrivent. La dernière fois que Pluton a passé un an dans ce signe, ce fut en 1776, l'année de l'indépendance des États-Unis d'Amérique, qui fut proclamée par le Congrès le 4 juillet 1776.

- **Pluton en Verseau (2024 à 2044) :** cette génération détendra les situations en suivant des idéaux progressistes et en cherchant la transformation par des associations intenses et non conventionnelles.
- **Pluton en Poissons (2044 à 2068) :** cette position ne manquera pas d'être intéressante. Une génération mystique qui fait le sacrifice de soi et plonge profondément dans l'inconscient collectif. Mais les structures externes se dissoudront peut-être dans le chaos, comme ce fut le cas à l'époque d'Abraham Lincoln, qui avait son Pluton dans les Poissons, comme tous les autres membres de sa génération.

Pluton dans les maisons

La maison occupée par Pluton dans votre thème natal détermine les domaines de la vie dans lesquels il est le plus probable que vous fassiez l'expérience de profondes transformations.

- **Pluton dans la première maison :** vous avez une personnalité compulsive, attirante, magnétique, qui contrôle et possède une tendance à la domination. Vous avez un impact puissant sur les gens, mais vous pourriez aussi les faire se détourner de vous.
- **Pluton dans la deuxième maison :** vous trouvez des débouchés concrets pour vos capacités, mais vous pouvez aussi devenir obsédé par les biens matériels. Effet encore plus important, l'argent pourrait devenir un champ de bataille, et il est possible que vous essayiez de manipuler d'autres personnes par ce moyen.
- **Pluton dans la troisième maison :** vous avez un esprit profond, des perceptions précises, le désir de résoudre les mystères de la vie, et un besoin obsédant de communiquer. Dans le même temps, vous éprouvez un besoin très fort de protéger votre intimité. (L'inventeur de l'agenda avec verrou avait sûrement Pluton dans la troisième maison.)
- **Pluton dans la quatrième maison :** l'un de vos parents était une force sur laquelle il fallait compter ; la tâche que vous assigne Pluton consiste à traiter les retombées psychologiques de cette situation. Vos transformations les plus importantes proviennent de votre famille et de votre foyer.
- **Pluton dans la cinquième maison :** vous êtes obsédé par les aventures amoureuses. Et pourtant, peu importe l'intensité de vos efforts pour manipuler votre partenaire, la personne qui est la plus changée par la liaison, c'est vous. Des luttes pour le pouvoir naissent autour des enfants. Des entreprises créatrices vous permettent de vous transformer, mais le jeu vous rend dépendant.

- **Pluton dans la sixième maison :** vous avez une grande concentration et un grand dynamisme, et vous possédez peut-être des pouvoirs de guérison. Votre désir de pouvoir se concentre sur le travail, mais il en résulte que vous avez tendance à exagérer. Votre travail doit avoir un sens, sinon votre santé risque d'en souffrir. Vous avez besoin d'un objectif dans votre vie.
- **Pluton dans la septième maison :** la relation amoureuse et l'obsession vont chez vousde pair, et le mariage est un terrain d'essai. Vous attirez un partenaire puissant dont l'influence vous forcera à profondément changer. Il ne vous sera pas facile de maintenir le sens de votre propre personnalité en présence de cet être. Les partenariats d'affaires présenteront les mêmes défis.
- **Pluton dans la huitième maison :** la vie après la mort, la perception extrasensorielle et tous les sujets occultes vous fascinent, et vous acquerrez une grande sagesse à travers ces canaux. Vous êtes intuitif, perspicace et profondément sérieux. Vous devez absolument vous colleter avec les grands problèmes de la vie, y compris avec les sentiments embarrassants qui entourent la sexualité, l'argent et la mort.
- **Pluton dans la neuvième maison :** la philosophie, la religion et les grands systèmes de pensée vous attirent et vous fortifient. En vous plongeant dans l'étude d'une culture différente de la vôtre ou en vous impliquant passionnément avec des natifs de cette culture, vous approfondirez votre compréhension de la vie. L'enseignement et les voyages sont vos passeports pour la transformation, mais vous devez les aborder selon vos propres termes.
- **Pluton dans la dixième maison :** dans l'arène politique, vous êtes une force irrésistible. Vous n'aimez pas les personnages qui représentent l'autorité (à commencer par l'un de vos parents), mais vous souhaitez pourtant vous-même exercer l'autorité. Une fois que vous aurez décidé que vous recherchez le pouvoir, vous pourrez véritablement jouer un rôle. Cette position favorise le succès.
- **Pluton dans la onzième maison :** l'amitié est pour vous un domaine difficile. Votre obsession de l'amitié (en particulier dans votre jeunesse) pourrait entraîner des luttes et des difficultés. Mais finalement, vos amis vous aideront à façonner vos rêves et vos aspirations, et vous vivrez par ces relations des expériences qui vous transformeront profondément.
- **Pluton dans la douzième maison :** même si vous semblez extraverti, vous êtes une personne pudique avec une vie secrète. Vous évitez d'exprimer votre puissance, mais vous êtes pourtant fasciné par tout ce qui se passe en coulisses ou au-dessous de la surface, surtout dans votre propre psyché. L'exploration de votre inconscient et de vos rêves vous apporte la transformation.

Troisième partie

La synthèse au clair des étoiles

Dans cette partie...

Avez-vous déjà jeté un coup d'œil à la partition d'un morceau de musique ? À moins que vous ne soyez un chef d'orchestre entraîné, une partition, même relativement simple, peut sembler assez compliquée. Lorsque vous regardez ces lignes de musique, qui sont toutes écrites pour être jouées en même temps, il est difficile de dire quelle partie est dominante, quelle mélodie vous fredonnerez peut-être en rentrant chez vous, ou quelles cordes vous mettront la larme à l'œil. Nombreux sont les musiciens qui ne peuvent pas eux-mêmes prédire la musique depuis la partition. Il ont besoin de l'écouter. Le chef d'orchestre, par contre, est entraîné à lire ces hiéroglyphes compliqués et à se représenter comment ils vont sonner.

Une carte du ciel est un peu semblable à une partition de musique. Elle comprend l'équivalent de 10 musiciens – les dix planètes (le Soleil, la Lune, et toutes les planètes sauf la Terre) – jouant chacun une ligne de musique différente à un endroit différent. En regardant le radix, il est difficile de dire quelles planètes s'harmonisent, quelles planètes s'opposent, quelles planètes jouent fort et quelles planètes jouent strictement *pianissimo*. Pour le savoir, vous devez étudier les aspects, qui vous indiquent comment les planètes interagissent. Mais alors que vous absorberez toutes ces informations, vous vous sentirez peut-être submergé. Cette partie de *L'Astrologie pour les Nuls* a donc deux objectifs : d'abord, elle complique un peu plus le thème astral en examinant le drame continuel des aspects, puis elle le simplifie en vous donnant un système simple en quatre étapes qui permet d'interpréter le thème. Maîtrisez ce système et, comme le chef d'orchestre, vous serez capable d'entendre la musique céleste en lisant le thème.

Chapitre 8

La géométrie cosmique, ou les aspects des planètes

Dans ce chapitre :

Les aspects des planètes.
Interprétation de ces aspects.

Connaître la position des planètes dans les signes et dans les maisons ne suffit pas, et de loin, à vous permettre de vous faire votre opinion sur un thème astral avec toutes ses complexités. Vous devez savoir comment les planètes interagissent. Ces informations vous sont révélées par les angles mathématiques que forment les planètes les unes avec les autres, et qu'on appelle *aspects*.

Prenons le thème natal d'une femme dont Vénus, la planète de l'amour, est située à quelques petits degrés seulement de Jupiter, la planète de la bonne fortune. Cette combinaison fait qu'il lui est facile d'exprimer de l'affection et d'attirer de l'amour. Mais que se passe-t-il lorsque ces deux planètes forment un angle de 90° avec Saturne ? Avec cet angle droit, le pessimisme et la déception font leur entrée en scène. Vous avez maintenant une personne charmante et attrayante qui attire facilement les autres mais qui n'en est jamais contente, une personne qui, comme Groucho Marx, ne veut pas faire partie d'un club qui l'aurait elle-même comme membre.

Pour détecter ce type de mécanisme interne dans votre thème, vous devez examiner les aspects. À cet effet, vous devez connaître le degré exact qu'occupe chaque planète. Ce sont des informations qui dépassent le cadre de ce livre. Vous devez vous procurer un exemplaire de votre carte du ciel établie de façon professionnelle (voir le Chapitre 2 pour savoir comment vous le procurer.) Et vous devez, le cas échéant, mettre votre phobie pour les maths entre parenthèses. Bien qu'il soit fastidieux de calculer les écart de longitude entre deux paires de planètes, c'est un jeu d'enfant que de trouver les principaux aspects.

Identifiez les aspects importants

Un thème natal, comme tout autre cercle, possède 360°, et chaque signe du zodiaque couvre exactement 30°, soit 1/12 du total. À l'intérieur de ce cercle, chaque paire de planètes est séparée par un nombre de degrés spécifique. Deux planètes qui se trouvent à un écart en longitude spécifique l'une de l'autre forment un *aspect*. Le Tableau 8.1 donne la liste des principaux aspects, dont les symboles apparaissent sur la table d'aspects, ou *aspectarium*, qui accompagne souvent la carte du ciel. (Je parlerai des aspects mineurs au Chapitre 16.)

Tableau 8.1 : Les aspects majeurs.

Écart en longitude	*Nom de l'aspect*	*Symbole*	*Effet*
0°	Conjonction	☌	unit ou fusionne
60°	Sextile	⚹	soutient
90°	Carré	□	crée de la friction
120°	Trigone	△	assiste et amène des opportunités
180°	Opposition	☍	oppose

En gros, il y a trois types d'aspects. Si deux planètes se trouvent à quelques degrés l'une de l'autre, elles sont en conjonction, ce qui signifie qu'elles fonctionnent à l'unisson. Si deux planètes sont à 60° ou à 120° l'une de l'autre, elles se soutiennent et s'assistent mutuellement ; ces aspects sont considérés comme *harmoniques*. Et si deux planètes sont *opposées* (180°) ou forment un angle droit ou carré (90°) l'une avec l'autre, elles sont fondamentalement en guerre. Ces aspects sont appelés *dissonants*.

Prenons le thème de Michel Drucker. Nous observons :

- Une triple conjonction en Soleil, Mars, Neptune en Vierge à 19°, 27° et 29° de la Vierge.
- Un trigone entre la Lune et Mercure conjoints en Balance (planètes de communication) et Saturne (la constance) en Gémeaux à 12°.
- Un carré entre Uranus à 4° des Gémeaux et Vénus à 2° de la Vierge.

Les cartes du ciel de la plupart des gens présentent un mélange de conjonctions et d'aspects harmoniques et dissonants.

Il est surprenant qu'un thème « facile » tout orné de sextiles et de trigones ne soit pas meilleur qu'un thème « dur » enchevêtré de carrés et d'oppositions. Les astrologues ont depuis longtemps noté que les gens qui ont des thèmes « faciles » courent le risque de devenir paresseux et autosatisfaits, alors que les gagneurs accomplis ont souvent des thèmes pleins de tensions.

Les aspects les plus puissants existent lorsque les écarts en longitude entre les planètes sont proches de ceux listés dans le Tableau 8.1. Un carré de 90° est par exemple plus fort qu'un carré de 82°, quelles que soient les planètes concernées. Mais l'expérience nous indique qu'un aspect ne doit pas obligatoirement être précis pour exercer son influence. Les astrologues acceptent donc une petite dérive de chaque côté, qu'on appelle l'*orbe*, ou tolérance admise pour ces aspects. Leurs opinions diffèrent pourtant sur l'amplitude de cette tolérance. Quelques praticiens généreux utilisent des orbes allant jusqu'à 14°. Les sages stricts ne tolèrent pas d'orbe supérieur à 5°. La plupart des astrologues, y compris moi-même, adoptent une position intermédiaire.

En général, je recommande d'utiliser un orbe de 10° pour la conjonction, de 6° pour le carré, de 7° pour le trigone, 10° pour l'opposition, et un orbe de 4° pour le sextile, qui est un aspect légèrement plus faible. (Les aspects mineurs, dont je parlerai dans le Chapitre 16, ne sont valables qu'avec un orbe de 1° ou 2°.).

Trouvez vos aspects

Voici comment identifier les cinq aspects majeurs de votre thème :

☌

- **Conjonctions :** il est facile de détecter les conjonctions. Si deux planètes se trouvent à 10° ou moins l'une de l'autre, elles sont conjointes, même si elles ne sont pas dans le même signe. Donc, si vous avez Vénus à 28° dans le Capricorne et la Lune à 1° dans le Verseau, Vénus et la Lune sont conjointes.

☍

- **Oppositions :** il est également facile de détecter des planètes en opposition. Les planètes dans des signes opposés sont souvent (mais pas toujours) en opposition. Pour en être sûr, vérifiez qu'elles se trouvent dans l'orbe. Si votre Mars est par exemple à 18° dans le Sagittaire, toute planète entre 10° et 26° en Gémeaux (18° en Gémeaux plus ou moins 8°) est en opposition. Une planète se trouvant à 7° en Gémeaux n'est pas en opposition.

□

- **Carrés :** les carrés sont plus difficiles à repérer. Recherchez les planètes se trouvant dans les signes de même qualité (cardinal, fixe ou mutable) et vérifiez qu'elles se trouvent à l'intérieur de l'orbe. Si c'est le cas, vous avez trouvé la source de vos frustrations les plus profondes.

- **Trigones :** on trouve les trigones entre les planètes dans des signes du même élément – c'est-à-dire que les deux planètes se trouvent dans des signes du feu, de la terre, de l'air ou de l'eau. Vous avez Mercure en Gémeaux et Uranus en Balance ? Si leur écart d'angle est compris dans l'orbe, elles forment un trigone – dans ce cas, félicitations : vous avez un esprit rapide et original.

- **Sextiles :** ce sont les plus faibles des aspects majeurs. On trouve les sextiles parmi les planètes qui sont séparées par deux signes.

Le Tableau 8.2 présente la liste des carrés et des oppositions, et le Tableau 8.3 celle des aspects harmoniques.

Tableau 8.2 : Les aspects dissonants.

Si une planète se trouve en...	*Ses planètes en carré se trouvent en...*	*et ses planètes en opposition en...*
Bélier	Cancer et Capricorne	Balance
Taureau	Lion et Verseau	Scorpion
Gémeaux	Vierge et Poissons	Sagittaire
Cancer	Bélier et Balance	Capricorne
Lion	Taureau et Scorpion	Verseau
Vierge	Gémeaux et Sagittaire	Poissons
Balance	Cancer et Capricorne	Bélier
Scorpion	Lion et Verseau	Taureau
Sagittaire	Vierge et Poissons	Gémeaux
Capricorne	Bélier et Balance	Cancer
Verseau	Taureau et Scorpion	Lion
Poissons	Gémeaux et Sagittaire	Vierge

Tableau 8.3 : Les aspects harmoniques.

Si une planète se trouve en...	*Ses planètes en sextile sont en...*	*Et ses planètes en trigone en...*
Bélier	Verseau et Gémeaux	Lion et Sagittaire
Taureau	Poissons et Cancer	Vierge et Capricorne
Gémeaux	Bélier et Lion	Balance et Verseau

Tableau 8.3 : Les aspects harmoniques.

Si une planète se trouve en...	*Ses planètes en sextile sont en...*	*Et ses planètes en trigone en...*
Cancer	Taureau et Vierge	Scorpion et Poissons
Lion	Gémeaux et Balance	Sagittaire et Bélier
Vierge	Cancer et Scorpion	Taureau et Capricorne
Balance	Lion et Sagittaire	Gémeaux et Verseau
Scorpion	Vierge et Capricorne	Cancer et Poissons
Sagittaire	Balance et Verseau	Lion et Bélier
Capricorne	Scorpion et Poissons	Vierge et Taureau
Verseau	Sagittaire et Bélier	Balance et Gémeaux
Poissons	Capricorne et Taureau	Scorpion et Cancer

ATTENTION !

Lorsque les planètes sont placées dans les premiers degrés ou les derniers degrés d'un signe, n'oubliez pas de vérifier les aspects hors de ce signe, qui sont difficiles à détecter, c'est bien connu. Si vous analysez un thème avec, disons, le Soleil à 28° en Gémeaux et Saturne à 1° en Balance, il est facile de supposer qu'étant donné que les deux planètes sont dans des signes de l'air, elles doivent être en trigone. En fait, leur écart est de 93°, et il forme un carré. C'est la raison pour laquelle vous devriez quand même vous procurer un horoscope généré par un ordinateur. Un astrologue expérimenté peut parfois oublier un aspect hors du signe, mais un ordinateur ne l'oubliera pas.

Interprétons les aspects

Dans les pages suivantes, je rassemble les sextiles et les trigones, qui forment les *aspects harmoniques*. Leur action est semblable, bien que les trigones soient plus puissants. De même, je rassemble les carrés et les oppositions, qui forment les *aspects dissonants*, bien qu'ils ne soient pas non plus complètement identiques. En général, un carré amène des conflits intérieurs, alors que les oppositions vont plus probablement créer des obstructions externes.

Nous allons passer en revue les planètes dans cet ordre : Soleil, Lune, Mercure, Vénus, Mars, Jupiter, Saturne, Uranus, Neptune et Pluton. Lorsque vous étudierez un aspect, n'oubliez pas de regarder la planète qui arrive en premier dans la liste. Un aspect entre Uranus et Mercure apparaît par exemple sous Mercure ; une opposition entre Vénus et Pluton est traitée sous Vénus, *etc.*

Les aspects du Soleil

Votre Soleil représente la partie la plus profonde et la plus essentielle de votre nature. Les aspects qu'il forme avec d'autres planètes peuvent vous aider à exprimer votre potentiel – ou rendre plus difficile la réussite dont vous êtes capable et la réalisation de votre potentiel.

Soleil/Lune

Le Soleil représente votre identité consciente, tandis que la Lune gouverne vos sentiments les plus intimes et votre subconscient. L'aspect Soleil/Lune montre si la coopération entre ces deux planètes est confortable.

- **Conjonction :** vous êtes né vers l'heure de la nouvelle lune, avec toute la vitalité que cela implique. Votre volonté et votre subconscient travaillent ensemble, et vous avez donc des intentions bien arrêtées, un enthousiasme énergique et l'aptitude à vous concentrer. Mais il est également possible que vous soyez têtu et que vous ayez l'esprit étroit.
- **Aspects harmoniques :** vous êtes génial, dynamique et aimé. Les opportunités viennent à vous. Toutes choses égales d'ailleurs, vous êtes fondamentalement en paix avec vous-même. Considérez que vous êtes béni !
- **Aspects dissonants :** si votre Soleil et votre Lune forment un carré, votre conscience va désirer une chose alors que votre subconscient va aspirer à quelque chose d'autre. Il est donc possible que vous soyez très sensible, frustré, que vous ayez des sentiments d'insécurité, et tendance à vous saboter vous-même. Mais l'inconfort est extrêmement motivant. Beaucoup de natifs accomplis ont cet aspect. Si votre Soleil et votre Lune sont en opposition, vous êtes né pendant la pleine lune, un moment où les émotions sont fortes. Vous avez des habitudes agitées et irrégulières, et vous donnez peut-être la préférence à vos désirs plutôt qu'à vos aptitudes, ou l'inverse. Il n'est pas facile de combiner les deux. Vous attirez des relations pleines de tension et vous avez tendance à réagir à l'excès face aux obstacles, parce que vous êtes en conflit sur le plan intérieur. Mais gardez ceci à l'esprit : bien que certaines personnes avec des oppositions Soleil-Lune aient échoué de manière étonnante, d'autres surmontent la division intérieure et jouissent d'un succès incroyable.

Soleil/Mercure

Le fier Soleil gouverne votre moi alors que Mercure est le maître de la communication. Cet aspect révèle la facilité avec laquelle vous exprimez vos pensées les plus simples.

- **Conjonction :** ces deux corps ne peuvent pas être séparés de plus de 28°, et de nombreuses personnes ont donc cet aspect de conjonction. Il indique un esprit nerveux, rapide et actif. Lorsque la conjonction est exceptionnellement proche, 4° ou moins, elle indique aussi un niveau d'implication de soi qui peut parfois être irritant.

- **Aspects harmoniques :** Mercure et le Soleil ne peuvent jamais être éloignés au point de former un sextile (60°) ou un trigone (120°). Mais ils peuvent parfois être séparés de 28°, ce qui en fait un semi-sextile, un aspect modérément favorable qui renforce votre aptitude à communiquer avec vigueur. (Consultez le Chapitre 16 pour en savoir plus sur le semi-sextile et les autres aspects mineurs.)
- **Aspects dissonants :** Mercure et le Soleil sont toujours tellement proches l'un de l'autre qu'ils ne forment jamais d'aspect dissonant.

Soleil/Vénus

La façon dont ces deux planètes interagissent influence vos qualités artistiques, votre sociabilité et votre aptitude à attirer ce que vous aimez – en particulier dans le domaine des relations, de l'argent ou des biens matériels.

- **Conjonction :** vous êtes attirant, affectueux et créatif. Vous avez un besoin profond d'être dans une relation de couple, une aptitude innée pour l'intimité, et l'amour du plaisir. Cet aspect amène aussi un talent artistique. Étant donné que Vénus ne peut jamais être éloignée de plus de 48° du Soleil, c'est l'unique aspect majeur que ces deux corps peuvent former.
- **Aspects harmoniques :** Vénus et le Soleil ne sont jamais assez éloignés l'un de l'autre pour former un sextile ou un trigone. Mais s'ils sont à 30° l'un de l'autre, ils forment un semi-sextile, un aspect favorable mais mineur qui soutient le talent artistique et l'aptitude à exprimer de l'affection. (Consultez le Chapitre 16 pour en savoir plus sur le semi-sextile.)
- **Aspects dissonants :** le Soleil et Vénus ne sont jamais en opposition ni en carré. Mais lorsqu'ils sont proches de leur distance maximale, ils forment un semi-carré, un aspect mineur de 45° qui peut soulever des problèmes sexuels et inciter à les vivre. Vous voulez des exemples ? Pensez à Bill Clinton et au marquis de Sade.

Soleil/Mars

Cet aspect décrit votre aptitude à concentrer votre énergie, à être entreprenant et à transformer vos intentions en actions.

- **Conjonction :** vous êtes un aventurier avec de l'énergie, du courage et d'ardentes passions – sexuelles et autres. Vous êtes entreprenant, vous avez l'esprit de compétition et vous voulez prendre l'initiative : un concurrent dans tous les cas.
- **Aspects harmoniques :** l'énergie est là où vous voulez qu'elle soit. Vous êtes assuré sans être combatif, et dynamique sans être désordonné.
- **Aspects dissonants :** la vitalité coule à travers vous, mais il ne vous est pas facile de contrôler votre énergie ni votre humeur. Vous avez tendance à exagérer, souvent en travaillant trop. Vous êtes peut-être querelleur et prédisposé aux accidents, et vous avez tendance à agir imprudemment. Exemples : Al Capone, Ludwig van Beethoven.

Soleil/Jupiter

Combinez le Soleil, qui représente votre potentiel, avec Jupiter, l'astre qui amène les opportunités et la bonne fortune, et vous obtenez un aspect enviable. Le défi consiste à faire bon usage de la liaison entre les deux planètes et à ne pas la gaspiller.

- **Conjonction :** vous avez de la chance, de l'humour, une intelligence élevée, un caractère prononcé et une attitude optimiste. Mais vous pouvez aussi être négligent et trop confiant, sachant que la chance est en général de votre côté.
- **Aspects harmoniques :** cet aspect amène la santé, le succès, une approche de la vie plaisante et positive, et une nature généreuse. Revers possible de cette médaille : une tendance à se laisser aller et à être paresseux.
- **Aspects dissonants :** vous avez tendance à exagérer, à être vaniteux, à mal juger et à manquer de tout sens de la modération. Vous êtes peut-être aussi extravagant, ce qui peut poser problème. Mais même si c'est le cas, cet aspect peut amener des opportunités.

Soleil/Saturne

Le Soleil veut éblouir, mais le sombre Saturne est l'avocat de la retenue. Si ces deux planètes forment un aspect majeur, cela indique que vous vous sentez testé de différentes manières. Cet aspect montre la manière dont vous devez relever ces défis.

- **Conjonction :** contenu mais persévérant, vous êtes responsable, réaliste, introspectif et prudent. Vous vous prenez au sérieux. Il s'agit d'un aspect difficile, mais qui apporte de la détermination et l'aptitude à surmonter votre ancien sentiment d'inadéquation par de solides réalisations.
- **Aspects harmoniques :** vous êtes industrieux, tourné vers vos objectifs, et vous voulez assumer la responsabilité de votre propre situation. Résolu, l'esprit pratique, vous regardez où vous mettez les pieds, et votre prudence porte ses fruits.
- **Aspects dissonants :** dans votre enfance, des déceptions et des frustrations ont peut-être malmené le sens de votre valeur personnelle. Si votre Soleil et votre Saturne sont en carré, vos problèmes sont avant tout internes et personnels. Si votre Soleil et votre Saturne sont en opposition, des ennemis ou des situations externes bloquent peut-être votre voie. Finalement, vous avez la possibilité de surmonter les doutes que vous avez sur vous-même, votre dépression et votre frustration par l'autodiscipline et la persévérance.

Soleil/Uranus

Le Soleil représente le cœur de votre identité. Uranus représente votre côté le plus excentrique. Si ces planètes forment un aspect majeur, une chose est sûre : vous n'êtes pas comme tout le monde.

- **Conjonction :** indépendant, imprévisible et profondément unique, vous adoptez une approche de la vie hautement individualiste et complètement originale. Vous êtes impulsif et excentrique, génie ou rebelle, et magnétique dans les deux cas.
- **Aspects harmoniques :** aventurier à l'esprit libre, vous avez de l'originalité, de l'indépendance, une attitude souple et une tendance à avoir des coups de chance.
- **Aspects dissonants :** vous êtes une personne inhabituelle et théâtrale, avec une tendance malheureuse à agir de façon excentrique et maladroite, ainsi qu'à prendre des décisions irréfléchies et impétueuses. Rebelle, vous vous ennuyez facilement, et il est probable que vous allez partir dans des directions imprévisibles, surtout si les événements vous prennent par surprise, comme c'est parfois le cas.

Soleil/Neptune

Le Soleil confère de la vitalité, alors que Neptune le rêveur amène l'inspiration… ou l'indolence. Cette combinaison peut favoriser le potentiel créatif ou les illusions des châteaux en Espagne.

- **Conjonction :** vous êtes rêveur, poète, idéaliste, inspiré. Intuitif, sensible, parfois même médium, vous possédez une imagination finement développée et un grand talent créatif pour vos entreprises à la fois mystiques et artistiques, ce qui laisse peu de place aux choses pratiques. Vous avez aussi tendance à vous mentir à vous-même (ou aux autres) – et à vivre dans un monde imaginaire où vous ne voyez que ce que vous voulez voir. Peut-être avez-vous des problèmes de drogue et d'alcool.
- **Aspects harmoniques :** vous avez une intuition très développée et l'aptitude à utiliser votre imagination de manière constructive.
- **Aspects dissonants :** vous possédez une imagination active combinée à une tendance à vous décourager. Comme avec tous les aspects de Neptune, il vous est facile de planer sur un nuage d'illusion, de rêver tout éveillé. Peut-être vivez-vous des situations de tromperie, soit parce que vous choisissez de tromper les autres, soit parce que vous êtes tellement crédule que n'importe qui peut vous rouler dans la farine.

Soleil/Pluton

Si ces deux planètes forment un aspect majeur, le contrôle est pour vous une question importante. Cet aspect révèle la façon dont vous équilibrez votre identité fondamentale avec votre besoin de pouvoir.

- **Conjonction :** vous êtes une personne irrésistible, vigoureuse et charismatique, extrémiste, avec de fortes réactions, une grande volonté et l'aptitude à vous transformer. Vous devrez peut-être lutter contre votre tendance à la domination ou à l'obsession.

- **Aspects harmoniques :** très volontaire, persévérant, à l'aise avec le pouvoir, vous avez une compréhension intuitive de vous-même associée au don de vous adapter à des circonstances modifiées et à créer assez facilement des changements positifs.
- **Aspects dissonants :** la concurrence vous excite. Extrêmement conscient de l'utilité du pouvoir personnel, vous êtes manipulateur, plein de ressources, dominant, et parfois intimidant. Le problème, que vous soyez en compétition avec d'autres ou que vous tentiez de réaliser vos propres ambitions – qui sont d'ailleurs considérables –, consiste à trouver une manière d'arriver à votre pouvoir personnel sans devenir trop agressif ni trop affamé de puissance.

Les aspects de la Lune

La Lune représente vos émotions, vos instincts, vos habitudes et votre subconscient.

Lune/Mercure

Éprouvez-vous un besoin important de communiquer vos émotions ? Si Mercure et la Lune forment un aspect majeur, la réponse est oui.

- **Conjonction :** vous êtes intelligent, sensible et en prise avec vos émotions. Vous savez comment communiquer avec précision, confiance et élégance. Mais votre esprit logique ne peut pas être séparé de vos émotions. Que vous l'admettiez ou non, les deux sont liés.
- **Aspects harmoniques :** vous avez l'esprit clair et vous communiquez avec efficacité. Vous faites bon usage de votre humour et avez une excellente mémoire.
- **Aspects dissonants :** vous réagissez rapidement, mais vous êtes souvent anxieux. Doué d'un esprit non conventionnel, vous avez souvent le sentiment que les gens ne vous comprennent pas, et vous êtes très sensible à la critique.

Lune/Vénus

Si la Lune et Vénus forment un aspect majeur, vos besoins émotionnels et vos besoins d'amour et de beauté sont liés.

- **Conjonction :** grand adorateur du confort, vous êtes sensible, sympathique, gentil, créatif et facile à vivre. Votre humeur dépend de vos relations, et vous pouvez être complètement séduit par le jeu de l'amour.
- **Aspects harmoniques :** vous exprimez facilement votre affection. Agréable, confiant et sympathique, vous avez un bon goût et des sentiments romantiques, même si vous tombez parfois dans le piège du laisser-aller.

- **Aspects dissonants :** vos histoires d'amour sont chaotiques, et elles entraînent des difficultés, des conflits et des frustrations émotionnelles. Certaines personnes réagissent à cela en se retirant, d'autres en devenant exigeantes et possessives. Dans les deux cas, la conclusion à en tirer est que vous devez travailler plus dur que les autres pour obtenir ce que vous voulez.

Lune/Mars

Certaines personnes acceptent tranquillement leurs sentiments. Ce n'est pas votre cas. Si vous avez un aspect majeur entre la Lune et Mars, vous exprimez vos émotions de façon affirmée.

- **Conjonction :** sur le plan émotionnel, vous êtes intense, impatient, colérique, et autoritaire. Vous faites savoir aux autres ce que vous ressentez, et ce, pas toujours avec diplomatie.
- **Aspects harmoniques :** courageux, dynamique, serviable et direct, vous êtes un preneur de risques toujours prêt à aborder une nouvelle situation.
- **Aspects dissonants :** imprudent, sur la défensive et d'humeur parfois changeante, vous êtes impulsif, avez l'esprit de compétition et êtes autoritaire. Vous ne dissimulez pas vos émotions, mais vos humeurs fluctuantes peuvent créer des conflits. Peu importe la face que vous montrez au monde, la colère est un problème que vous devez affronter.

Lune/Jupiter

La Lune veut donner libre cours à ses sentiments, alors que l'extravagant Jupiter dit « Plus, c'est mieux », ce qui donne un puissant cocktail émotionnel.

- **Conjonction :** vous êtes chaleureux, optimiste, prévenant, sensible et compatissant, même si vous promettez de temps à autre plus que vous ne pouvez tenir. Vous avez foi en vos propres capacités. Vous vous sentez le plus à l'aise lorsque les possibilités se multiplient et que votre univers s'élargit.
- **Aspects harmoniques :** vous êtes extrêmement sensible, doux, et vous encouragez les autres ; un véritable humain.
- **Aspects dissonants :** avec vous, c'est tout ou rien. Vous êtes soit en extase, soit accablé de chagrin, soit béat, soit au bord de l'effondrement. En bref, vous avez de la difficulté à maîtriser vos sentiments, et tendance à vous emballer.

Lune/Saturne

Saturne est la planète de la restriction, et la Lune est celle de toutes les émotions débridées. On pourrait très bien appeler cette paire « Raison et Sensibilité ».

- **Conjonction :** le passé exerce sur vous une forte emprise. Suite à une relation moins que chaleureuse avec votre mère, vous doutez peut-être de vous-même. Heureusement, vous maniez l'arme de l'autocontrôle. Le bon sens vous aide à concentrer vos sentiments d'une manière positive.

- **Aspects harmoniques :** discipliné et sensé, vous faites un effort considérable pour contrôler vos émotions, et en général vous y parvenez.
- **Aspects dissonants :** vous êtes une personne sérieuse et prudente. Un passé de privations émotionnelles vous rend hésitant et complexé. Bien que le pessimisme, les émotions réprimées et les difficultés avec les femmes puissent vous tourmenter, votre compréhension grandit avec l'âge, de même que votre aptitude à trouver le bonheur et le contentement.

Lune/Uranus

On ne s'ennuie jamais lorsque la Lune émotive fait la paire avec la planète de l'imprévisibilité.

- **Conjonction :** impulsif et émotif, vous réagissez de manière non conventionnelle, vous attirez des situations inhabituelles, et vous souffrez peut-être de sautes d'humeur imprévisibles.
- **Aspects harmoniques :** vous vous révoltez contre les restrictions et les conventions, vous êtes fier de votre indépendance et vous appréciez votre autonomie, même dans une relation. Les gens stimulants et excitants vous attirent, de même que les situations inhabituelles.
- **Aspects dissonants :** talentueux mais facilement distrait, vous ne supportez pas de vous sentir assiégé ou contraint. Vous vous enthousiasmez et réagissez rapidement, et vous provoquez de temps en temps une crise, ou vous en attirez une. Pour maintenir votre indépendance, il est possible que vous vous éloignez inconsciemment des autres.

Lune/Neptune

La Lune abrite le côté le plus sensible et le plus intime de votre personnalité, et Neptune dissimule tout sous la cape du mystère. Cette paire peut sensibiliser votre imagination, ou vous amener dans un brouillard émotionnel.

- **Conjonction :** vous détectez le moindre indice dans le domaine des émotions, mais vous vous sentez souvent submergé, emporté, ou vous vous apitoyez sur votre sort. Vous êtes vulnérable et gentil, avec des besoins spirituels importants, un potentiel de médiumnité certain et une vie rêveuse active. Cet aspect indique de l'imagination et un talent créatif, mais il peut aussi amener une tendance à vouloir s'évader de la réalité, à l'alcoolisme et à l'abus de drogues.
- **Aspects harmoniques :** vous êtes compatissant, intuitif et affectueux, et il vous en coûte peut-être de dire «non». Bien que cet aspect favorise votre créativité, il est parfois difficile de le maîtriser parce que vous avez tendance à rêver tout éveillé. Il vous faut travailler pour transformer les rêves en réalité, et cela peut vous poser problème.
- **Aspects dissonants :** vous devez peut-être lutter contre votre tendance à prendre vos rêves pour de la réalité, contre des peurs irrationnelles

(telles que l'hypochondrie) et contre l'instabilité émotionnelle ; sans parler de l'abus de drogues et d'alcool. Mais vous êtes également sensible, créatif et réceptif.

Lune/Pluton

Pluton confère de l'intensité au domaine des émotions gouverné par la Lune. Un aspect majeur entre ces deux astres signifie que vos sentiments sont profonds et que vos perceptions sont extrêmement précises.

- **Conjonction :** vous êtes magnétique, directif, possessif et compulsif. Vous éprouvez des difficultés face à des changements mineurs, car vous préféreriez en rester à ce que vous savez déjà. Mais lorsque sonne l'heure des grands changements, vous vous comportez très bien. Vous avez la capacité de devenir un chercheur de premier plan.
- **Aspects harmoniques :** vous traitez les changements importants avec facilité. Vous éprouvez de profondes émotions et un besoin fort, de temps en temps, de vous libérer de sentiments anciens, ce qui vous apaise et vous satisfait.
- **Aspects dissonants :** bien que vos émotions soient puissantes, vous êtes inhibé et ne pouvez pas les exprimer. Il n'est pas facile de gagner votre confiance. De temps en temps, des bouleversements domestiques viennent secouer votre vie.

Les aspects de Mercure

Mercure représente la façon dont vous pensez, votre curiosité, la façon dont vous vous exprimez, et votre intellect.

Mercure/Vénus

L'aimable Vénus, la muse du zodiaque, confère la grâce de l'expression aux efforts mentaux de Mercure.

- **Conjonction :** vous vous exprimez avec facilité, charme et humour. Vous avez des capacités littéraires et aimez sans aucun doute discuter, pour ne pas dire bavarder.
- **Aspects harmoniques :** vous êtes alerte, charmant, diplomate et un communicateur de talent.
- **Aspects dissonants (en quelque sorte) :** Mercure et Vénus ne sont jamais éloignés de plus de 76°, et ne peuvent donc former ni carrés ni opposition. Mais ils peuvent se trouver en semi-carré, à un angle de 45° qui augmente les capacités créatives mais peut vous encourager à être critique envers ceux que vous aimez le plus.

Mercure/Mars

Lorsque le maître de l'intellect se joint à la planète de l'agressivité, on obtient un esprit aiguisé et autoritaire.

- **Conjonction :** vous avez un esprit vif et polémiqueur, des opinions que vous défendez avec véhémence, et vous faites autorité sur le plan intellectuel. Vous l'emportez dans la plupart de vos débats.
- **Aspects harmoniques :** vous êtes franc et actif mentalement, avec un esprit rapide et l'aptitude à prendre des décisions nettes.
- **Aspects dissonants :** vous réagissez immédiatement, parfois de façon imprudente. Il est aussi possible que vous soyez mauvaise langue et que vous ayez tendance à chercher querelle.

Mercure/Jupiter

Mercure est la planète des aptitudes mentales, alors que Jupiter rend toutes les choses plus grandes et meilleures. Cette paire peut inspirer de grandes idées, mais l'excès peut vous égarer.

- **Conjonction :** vous êtes intelligent, philosophe, vous avez l'esprit ouvert et êtes capable de considérer une situation dans son ensemble. Vous posez les grandes questions, vous jonglez avec des dizaines de centres d'intérêt, et vous avez une aptitude à influencer les autres. Cela vous rend heureux de rassembler de l'information et de maîtriser de nouveaux talents.
- **Aspects harmoniques :** vous êtes prévenant et avez de l'humour, vous êtes optimiste et pourtant lucide. Vous avez un bon jugement.
- **Aspects dissonants :** vous débordez de bonnes idées et de bonnes intentions. Mais vous avez tendance à exagérer et à sauter trop rapidement aux conclusions, et votre jugement est parfois à côté de la plaque.

Mercure/Saturne

Mercure gouverne le processus de la pensée, Saturne est terriblement exigeant. Ils fonctionnent bien ensemble si Mercure peut utiliser la discipline de Saturne pour mettre les pensées en action.

- **Conjonction :** vous êtes une personne sérieuse avec un esprit rationnel, pince-sans-rire, et vous appréciez le savoir utile.
- **Aspects harmoniques :** vous êtes bien organisé, méthodique, réservé et intelligent, et vous savez d'instinct comment concentrer votre esprit et absorber de l'information.
- **Aspects dissonants :** vous ne prenez pas les choses à la légère, même lorsque vous le devriez. Bien que vous soyez un planificateur efficace, vous manquez peut-être de souplesse ; vous êtes peut-être mélancolique et mal à l'aise avec les idées nouvelles.

Mercure/Uranus

Mercure représente la manière dont vous pensez, alors qu'Uranus apporte l'inspiration surgie de nulle part. Selon la manière dont les deux interagissent, ils peuvent générer l'inventeur brillant ou le savant fou.

- **Conjonction :** c'est l'aspect « Eurêka ! ». Vos idées sont tournées vers le progrès et vous êtes prédisposé aux intuitions soudaines et aux idées renversantes. Vous avez un esprit non conventionnel, un style d'expression original, et même une touche de génie.
- **Aspects harmoniques :** les idées inhabituelles vous excitent. Votre esprit est inventif, sans contrainte et brillant, et vous vous exprimez d'une manière vivante et originale.
- **Aspects dissonants :** parfois brillant, parfois simplement impatient, vous avez un esprit imprévisible. Vous vous révoltez contre l'autorité, la routine et les usages ; ce faisant, vous créez des tensions et des conflits. Mais vous possédez aussi un intellect spontané et ingénieux qui pourra vous mener loin.

Mercure/Neptune

Mercure pense, tandis que Neptune rêve. Mercure peut contribuer à transformer les rêves de Neptune en réalités, tandis que Neptune apporte de la perspicacité et des élans d'imagination aux idées de Mercure.

- **Conjonction :** vous êtes un visionnaire à l'imagination inspirée, un rêveur sensible aux humeurs et au langage, un artiste qui sait comment créer une ambiance rien qu'avec les mots. Cet aspect est courant chez les poètes et les hommes de loi.
- **Aspects harmoniques :** vous avez un esprit critique, une imagination artistique et une manière inventive de vous exprimer.
- **Aspects dissonants :** l'imagination et la réalité rivalisent pour obtenir votre attention, et on ne peut jamais savoir exactement laquelle gagne, car vous pouvez être désordonné, inconscient et oublieux lorsque cela vous arrange, avec une tendance destructive à ne voir que ce que vous voulez.

Mercure/Pluton

Lorsque Pluton, le détective du zodiaque, se connecte avec Mercure à l'esprit rapide, la combinaison donne un esprit autoritaire et l'aptitude à se concentrer.

- **Conjonction :** vous êtes analytique, concentré, et vous excellez à percer les secrets. Avec votre intelligence pénétrante, vous pourrez être un grand chercheur, un journaliste d'investigation ou un détective. Cet aspect amène la perspicacité et l'aptitude à écrire, de même que des pensées obsédantes.
- **Aspects harmoniques :** vous êtes un penseur astucieux et créatif qui peut creuser au-dessous de la surface.

- **Aspects dissonants :** vous êtes profond et perspicace, mais tendu, et vous êtes enclin à broyer du noir.

Les aspects de Vénus

Vénus symbolise l'amour, la vie relationnelle, l'art, le plaisir, les biens matériels et l'argent.

Vénus/Mars

Vénus est la planète de l'attrait. Mars stimule le désir. Ensemble, elles brassent beaucoup de passion, de sensualité et de charisme.

- **Conjonction :** démonstratif et magnétique, vous rayonnez de sexualité, de vitalité et de détermination. Les gens veulent être près de vous. Raspoutine, Vincent Van Gogh, Adolf Hitler, Charlie Chaplin et Bill Clinton sont tous nés avec cet aspect.
- **Aspects harmoniques :** vous êtes attirant, génial, affectueux, et il est probable que vous trouverez le bonheur dans l'amour.
- **Aspects dissonants :** vous n'êtes pas sûr de ce que vous voulez, surtout dans les relations. Le résultat, c'est que votre vie amoureuse peut être troublée par des mésententes, de la tristesse et beaucoup de tension.

Vénus/Jupiter

Lorsque l'amoureuse Vénus rencontre le généreux Jupiter dans un thème astral, le résultat est un flot d'affection, un amour du luxe, de l'art et de la beauté.

- **Conjonction :** c'est un aspect heureux. Étant donné que vous êtes affectueux et généreux, vous attirez l'amour, l'amitié et même l'argent – ce qui est incroyable si l'on considère combien inconscient, indiscipliné et complaisant envers vous-même vous pouvez être. Cet aspect vous confère aussi des talents artistiques.
- **Aspects harmoniques :** autres aspects heureux. Cela augmente votre charme ainsi que votre aptitude à attirer l'attention, à gagner de l'argent, et à choisir le bon partenaire.
- **Aspects dissonants :** vous vous emballez. Comme un adolescent qui a le béguin pour quelqu'un, vous donnez à vos sentiments des proportions excessives, et vous en faites part au monde entier. Vous mangez ou buvez peut-être aussi à l'excès, ou vous avez peut-être des exigences excentriques.

Vénus/Saturne

Saturne le restrictif inhibe l'affectueuse Vénus. Cet aspect fonde et renforce vos sentiments, mais il cause aussi de la souffrance et des retards dans l'amour.

- **Conjonction :** inhibé sur le plan émotionnel et ayant peur d'être blessé, vous vous prenez vous-même trop au sérieux pour prendre les histoires d'amour à la légère. Vous vous sentez le plus à l'aise dans une relation avec quelqu'un de plus âgé ou de plus reconnu que vous-même. Certaines personnes avec cet aspect font de l'amour une sorte de quête obsessionnelle (pensez au poète romantique lord Byron). Que ce soit ou non votre cas, l'amour est pour vous un problème.
- **Aspects harmoniques :** vous faites passer la sécurité avant l'excitation, aussi bien sur le plan émotionnel que sur le plan financier. Responsable et loyal, vous cherchez une relation stable et durable – ainsi qu'un portefeuille bien garni.
- **Aspects dissonants :** chaque histoire d'amour est pour vous une lutte. Sur la défensive, timide et ayant peur d'être rejeté, vous créez un mur qui pourra vous garder enfermé dans la solitude. Même lorsque vous vivez une relation épanouissante (et de nombreuses personnes ayant cet aspect ont un mariage heureux), vous vous sentez peut-être en quelque sorte isolé ou mélancolique. Cela ne servira à rien d'essayer de combler ce vide en étant tout le temps avec la personne aimée, ni de faire des excès sexuels ; au contraire, il vous sera utile d'avoir des espérances réalistes, d'apprécier votre propre compagnie et de vous fixer des objectifs clairs, aussi bien sur le plan financier que sur le plan émotionnel.

Vénus/Uranus

Si l'amoureuse Vénus et l'anticonformiste Uranus se lient dans votre thème astral, il est probable que vous allez être la star impétueuse et téméraire de votre propre opéra personnel.

- **Conjonction :** c'est l'aspect coup de foudre, celui qui apporte une personnalité émotive, l'amour au premier coup d'œil, et une vie amoureuse spectaculaire et souvent instable. Vous exigez une attirance instantanée et des feux d'artifice jusqu'au bout.
- **Aspects harmoniques :** en amitié comme en amour, vous êtes attiré par des personnes excitantes, imprévisibles et excentriques. Vous êtes original, vous avez des talents artistiques, et vous êtes heureux en amour. De plus, vous avez l'aptitude enviable (mais imprévisible) d'attirer à vous des aubaines d'argent.
- **Aspects dissonants :** vous, rechercher une relation stable avec une personne appropriée ? J'en doute. Vous recherchez le frisson de l'interdit. L'amour surgi de nulle part fait partie de votre histoire ; la trahison soudaine peut-être aussi. Dans mes dossiers, parmi les personnes avec un aspect dissonant entre Vénus et Uranus, j'en trouve une qui a eu une relation amoureuse avec le mari de sa sœur, une autre qui s'est enfuie avec le mari de sa meilleure amie, une autre qui s'est mariée avec son cousin, et plusieurs autres qui ont défié toutes les prévisions en se mariant à une personne d'une autre race ou d'une autre nationalité.

Vénus/Neptune

Vénus vit pour les histoires d'amour et pour la beauté. Neptune le sophistiqué encourage le mystère et la magie. Lorsque les deux sont en phase, vous pouvez être aux anges, mais même la conjonction peut vous ramener sur terre en toute précipitation.

- **Conjonction :** votre imagination vivace peut faire de vous un artiste inspiré, mais elle peut aussi vous causer de graves ennuis, surtout en amour. Souvent victime de fantasmes et d'illusions, vous permettez inconsciemment à votre désir d'amour (et/ou d'illumination) de brouiller votre vision. Vous êtes romantique, idéaliste, un chercheur spirituel : votre partenaire idéal partage ces inclinations.
- **Aspects harmoniques :** vous êtes peut-être mystique, vous aimez la musique, vous êtes raffiné et créatif, mais vous pouvez également être paresseux et vous laisser aller.
- **Aspects dissonants :** l'illusion entre dans votre vie de manière positive par l'art, la musique et le cinéma. Mais lorsque vous avez le choix entre un béguin romantique et des relations ordinaires et fiables, vous optez chaque fois pour Heathcliff (ou pour Scarlett O'Hara). Que ce soit activement ou passivement, vous permettez que la tromperie, la confusion, la trahison façonnent votre vie amoureuse.

Vénus/Pluton

La planète de l'amour rencontre la planète de l'obsession. Vous devinez ce qui va se passer : jalousie, intrigues et passions sont les mots-clés de cette paire.

- **Conjonction :** vous êtes jaloux, possessif, profondément sexuel et vous voulez dominer. Cet aspect amène aussi des aptitudes dans les domaines artistiques et financiers.
- **Aspects harmoniques :** intense mais pas destructif, vous recherchez avec succès à vous transformer par vos relations. Vous attirez des personnes influentes, aussi bien en amour que dans votre vie professionnelle.
- **Aspects dissonants :** avez-vous déjà eu une fixation sur une personne qui n'était pas bonne pour vous ? Je le savais bien. Cet aspect amène la passion et l'obsession. Il peut également vous conférer un magnétisme attirant.

Les aspects de Mars

Mars représente votre volonté, vos désirs, vos pulsions, votre énergie et votre agressivité.

Mars/Jupiter

L'énergie «volonté-action» de Mars est un complément parfait à l'énergie «pouvoir-action» de Jupiter.

- **Conjonction :** si vous avez cette combinaison dans votre thème, vous avez de l'enthousiasme, des pulsions, l'envie d'explorer, un sens naturel de l'à-propos, et l'aptitude à satisfaire vos désirs de manière extravagante.
- **Aspects harmoniques :** vous vous fixez naturellement des objectifs élevés. Vous êtes aventureux, infatigable, optimiste et robuste : une formidable combinaison.
- **Aspects dissonants :** agité et extravagant, vous avez de l'énergie à revendre, mais vous éprouvez des difficultés à la contrôler. La modération n'est pas votre fort.

Mars/Saturne

Mars au sang chaud est la planète de l'action ; Saturne le sombre est le seigneur de la prudence. Ils ne s'aiment pas beaucoup, mais ils peuvent travailler ensemble.

- **Conjonction :** au mieux, cet aspect amène de l'autodiscipline, de l'endurance et du courage. Au pire, il cause la timidité, l'inhibition, les ressentiments et un comportement destructeur.
- **Aspects harmoniques :** vous êtes ambitieux, décidé, industrieux et sensé. Vous faites avancer les choses.
- **Aspects dissonants :** l'impatience vous mine. Vous vous sentez bloqué et frustré, et il ne vous est pas facile de maîtriser vos humeurs. De plus, vous sentez peut-être que vous avez des ennemis, et les démêlés avec les autorités, bien trop fréquents dans votre vie, vous gardent peut-être dans un état de nervosité constante. Cela peut être un aspect difficile, mais il existe des exemples positifs.

Mars/Uranus

Mars l'impatient et Uranus l'imprévisible forment la paire originale de mauvais garçons du zodiaque : ils ne peuvent pas s'empêcher de semer la pagaille.

- **Conjonction :** vous êtes sans restrictions et déterminé, avec des attitudes sexuelles non conventionnelles, des désirs inhabituels et de grandes pulsions. Mais votre énergie est irrégulière, et vous êtes peut-être prédisposé aux accidents.
- **Aspects harmoniques :** nerveux et franc, vous travaillez activement pour atteindre vos objectifs, vous recherchez la nouveauté et réagissez

rapidement. Mais utilisez-vous votre considérable énergie de façon constructive, ou la gaspillez-vous ?

- **Aspects dissonants :** vous êtes un preneur de risques et un esprit libre dont les manières de rebelle peuvent tout déranger autour de vous. Au pire, cet aspect stimule un comportement véritablement stupide qui cherche à vivre des fantasmes ; au mieux, créatif, il encourage l'indépendance et l'aventure.

Mars/Neptune

Neptune le songeur peut passer toute la journée à rêvasser, alors que Mars l'écervelé entre en action, même si cette action est complètement irréfléchie ou inefficace. Heureusement, Mars peut fournir les pulsions qui feront avancer les plans créatifs de Neptune.

- **Conjonction :** fragile, mais talentueux et sensible, vous avez des difficultés à concentrer votre énergie, et vous vous fixez peut-être des objectifs idéalistes irréalisables.
- **Aspects harmoniques :** vous êtes romantique, vous avez des aptitudes artistiques, et vous êtes capable de mettre en application vos rêves et vos inspirations.
- **Aspects dissonants :** vous êtes idéaliste mais facilement découragé, avec une tendance à vous laisser aller et à chercher à vous évader de la réalité.

Mars/Pluton

Vous puisez à une source profonde d'énergie et d'intensité. Cet aspect amène de l'ambition et de l'endurance, à foison.

- **Conjonction :** sur le plan physique, vous êtes doté d'énormes réserves d'énergie, vous êtes agressif, ambitieux et vous travaillez dur. Vous poursuivez vos objectifs avec une détermination impressionnante.
- **Aspects harmoniques :** vous avez de fortes préférences et aversions, une confiance solide, ainsi que l'aptitude rare à terminer une relation ou un job sans vous effondrer et à démarrer une nouvelle entreprise avec énergie et intensité.
- **Aspects dissonants :** vous avez de fortes passions mais des difficultés à les contrôler. Bien que vous ayez tendance à vous saboter vous-même, vous disposez aussi d'une résistance impressionnante et de l'aptitude à changer vos comportements négatifs pour obtenir ce que vous voulez : le pouvoir.

Les aspects de Jupiter

Jupiter représente la prospérité, la sagesse, l'abondance, l'extravagance et l'expansion. Sa position dans votre horoscope vous indique les domaines dans lesquels vous pouvez vous attendre à avoir de la chance.

Jupiter/Saturne

Jupiter l'expansif et Saturne le restrictif ne sont pas des alliés naturels. Mélangez-les, et vous obtiendrez de la tension, ainsi que de la détermination.

- **Conjonction :** lorsque Jupiter l'optimiste est conjoint avec Saturne le pessimiste, l'idéalisme est écrasé par le réalisme, et la frustration est galopante. Votre chemin est encombré d'obstacles, mais votre capacité de travail est impressionnante, et en général vous faites avancer les choses. Cet aspect difficile revient tous les 20 ans environ.
- **Aspects harmoniques :** vous êtes sensé, vous gardez la tête froide, et vous avez suffisamment de sens pratique pour reconnaître vos limites et les compenser grâce à vos forces. Les meilleurs thérapeutes que je connais ont cet aspect.
- **Aspects dissonants :** une lutte acharnée entre les forces de l'expansion et celles de la restriction vous garde en déséquilibre constant. L'agitation, le mécontentement, le manque d'à-propos et la tension vous tourmentent peut-être. À un niveau profond, vous avez peur que votre jugement ne soit pas fiable, et votre confiance en souffre en conséquence.

Jupiter/Uranus

Les surprises abondent lorsque Jupiter le bienveillant rencontre Uranus, la planète des événements soudains. Uranus confère une tournure très spéciale à l'enthousiasme débordant de Jupiter.

- **Conjonction :** c'est l'aspect de la bonne fortune soudaine. Les opportunités surgissent de nulle part, et vous êtes prêt à en profiter.
- **Aspects harmoniques :** alerte et créatif, vous réagissez aux opportunités qui sont excitantes, originales et typiquement contemporaines.
- **Aspects dissonants :** les voies prédéterminées et autres itinéraires obligés ne vous plaisent pas. Vous voulez faire vos propres choix, même si vous souffrez du fait que vous ne vous conformez pas à l'ordre établi. Vous êtes un rebelle né.

Jupiter/Neptune

Jupiter l'extravagant encourage Neptune l'influençable à rêver en grand. Cet aspect favorise l'imagination, l'idéalisme et la spiritualité.

- **Conjonction :** cet aspect heureux favorise la spiritualité, l'idéalisme, et même le bien-être financier. Mais soyez prudent : bien que vous ayez beaucoup d'intuition, peut-être souffrez-vous d'indécision, vous faites-vous des illusions et avez-vous tendance à trop faire confiance à tout le monde.
- **Aspects harmoniques :** vous êtes sympathique, gentil, perspicace, vous êtes créatif et vous avez de la chance, ainsi qu'un intérêt inné pour les quêtes spirituelles.
- **Aspects dissonants :** vous avez tendance à disperser vos efforts ; vous pouvez être bien trop crédule et votre refus de faire face à la réalité peut vous amener à boire ; faites vraiment attention à ne pas exagérer. Cet aspect peut amener l'argent et le talent, surtout dans le monde des variétés musicales. L'illusion des châteaux en Espagne peut aussi être un problème.

Jupiter/Pluton

Jupiter augmente tout ce qu'il touche. Pluton représente le voyage intérieur et le pouvoir de transformation.

- **Conjonction :** lorsque ces deux planètes sont côte à côte, vous devenez un puissant agent du changement, à l'intérieur de vous-même si ce n'est pas ailleurs.
- **Aspects harmoniques :** lorsque vient le temps de changer, vous êtes prêt. Bien organisé, vous êtes un leader puissant.
- **Aspects dissonants :** vous êtes un croisé voué à changer le monde. Au mieux, vous vous battez avec les plus redoutables des Goliath – et vous gagnez. Mais vous abritez un désir secret de pouvoir, et vous êtes peut-être impitoyable, suspicieux, autodestructeur et fanatique.

Les aspects de Saturne

Saturne symbolise la limitation, la contradiction, la restriction et le besoin de structure. Sa position vous indique le domaine dans lequel vous devez vous organiser et vous mettre à travailler.

Saturne/Uranus

La tradition (Saturne) rencontre l'innovation (Uranus). Autant dire qu'il se passe des choses !

- **Conjonction :** vous avez du dynamisme, de la persévérance, un potentiel de leader, et l'aptitude à concentrer vos idées les plus originales en combinant la brillance d'Uranus avec la structure de Saturne.

- **Aspects harmoniques :** vous êtes déterminé et décidé, capable de mêler le côté pratique de Saturne à l'originalité d'Uranus. C'est un aspect de réussite.
- **Aspects dissonants :** il vous est difficile de faire des compromis. Vous pouvez être égoïste, sans cœur et hypocrite – un véritable poison. Au pire, vous avez le sentiment qu'on ne vous fait vraiment pas de cadeaux, qu'on vous refuse la reconnaissance, le statut ou la richesse matérielle que vous méritez. Au mieux, vous êtes un réformateur, capable d'appliquer les idées originales (uraniennes) aux vieux problèmes (saturniens).

Saturne/Neptune

Saturne, au côté pratique, suit les instructions. Neptune le rêveur erre sans plan. Ensemble, ils créent une imagination concentrée – ou démontrent une incapacité totale à s'organiser.

- **Conjonction :** si les deux planètes travaillent main dans la main, vous êtes discipliné, sensé et créatif. Si Saturne domine Neptune, vous vous méfiez de votre intuition et écrasez votre créativité. Si Neptune est dominant, vous devez lutter pour vous ordonner, vous organiser et maîtriser la situation.
- **Aspects harmoniques :** votre idéalisme et votre sens de la réalité coopèrent, ce qui vous donne l'aptitude à canaliser votre imagination dans une voie pratique.
- **Aspects dissonants :** sur le plan émotionnel, vous vous retenez. Vous ne faites pas facilement confiance aux gens, vous avez tendance à vivre en solitaire, et vous avez besoin d'organiser vos idées créatives d'une manière extrêmement structurée avant de les exprimer.

Saturne/Pluton

Pluton est la planète du changement interne et profond, alors que Saturne est le tyran du zodiaque et le seigneur de la discipline. Si ces planètes sont liées dans votre thème, votre aptitude à vous transformer s'en trouve renforcée.

- **Conjonction :** Pluton recherche la transformation, mais le prudent Saturne restreint son action, ce qui crée un comportement compulsif, des habitudes difficiles à abandonner et beaucoup de résistance. Pour vous débrouiller avec cette situation frustrante, vous avez besoin d'organisation, d'une approche systématique de la résolution de problème, et d'une bonne dose d'autodiscipline.
- **Aspects harmoniques :** cet aspect renforce votre volonté, votre maîtrise et votre confiance en vous-même.
- **Aspects dissonants :** des pensées obsédantes ou un comportement compulsif vous tiennent peut-être sous leur joug jusqu'à ce que vous ayez trouvé un moyen de réduire leur impact.

Les aspects d'Uranus, de Neptune et de Pluton

Uranus représente l'individualité, l'excentricité, le soulèvement, la révolution et l'imprévisible.

Neptune symbolise l'imagination, les efforts spirituels, les rêves, les visions et les illusions.

Pluton représente l'obsession, la compulsion, la mort, la renaissance et la transformation.

Uranus, Neptune et Pluton, les trois planètes transsaturniennes, se déplacent dans le zodiaque à une telle lenteur qu'elles exercent leur influence la plus grande sur des générations, et pas sur des personnes isolées (on les appelle *planètes collectives*). Les aspects qu'elles forment sont en orbe pendant longtemps. Une conjonction entre deux d'entre elles, quelles qu'elles soient, dure par exemple des années. Donc le simple fait d'avoir un tel aspect ne vous distingue pas des autres. Pourtant, un aspect peut prendre une importance déterminante pour un individu dans les conditions suivantes :

- L'une des planètes impliquées occupe un angle ou est en conjonction avec votre Ascendant ou votre Milieu du Ciel.
- L'un de ces corps forme plusieurs aspects proches avec d'autres planètes, en particulier avec le Soleil, la Lune ou la planète qui gouverne votre Ascendant.
- L'une des planètes gouverne votre signe solaire, votre signe lunaire ou votre Ascendant. (Uranus gouverne le Verseau, Neptune les Poissons, Pluton le Scorpion.)

Uranus/Neptune

Uranus, la planète du changement soudain, et Neptune le mystique, la planète des rêves et des visions, pourront peut-être vous inspirer et vous apporter des éclairs de perspicacité foudroyants.

- **Conjonction :** en 1992 et 1993, Uranus et Neptune étaient exactement en conjonction pour la première fois depuis 1821, un aspect qu'elles ne reprendront plus avant 2163. Toute personne avec cet aspect va probablement avoir une approche inventive et intuitive du changement, une nature compatissante et sensible.
- **Aspects harmoniques :** si vous avez un trigone ou un sextile entre Neptune et Uranus, vous appartenez à une génération sensible, utopique et attirée par le spirituel.

- **Aspects dissonants :** vous êtes émotif, excentrique et totalement original, surtout si l'une de ces planètes en touche une troisième de manière significative.

Uranus/Pluton

Uranus l'anticonformiste et le puissant Pluton se combinent pour favoriser des changements majeurs et parfois révolutionnaires.

- **Conjonction :** vous êtes vous déjà demandé pourquoi les années 60 furent aussi turbulentes ? En voici la raison : pour la première fois depuis 115 ans, Uranus, la planète de la révolution et de l'excentricité, était en conjonction avec Pluton, la planète de la transformation. Les planètes en transit affectent tout le monde, pas seulement les bébés qui naissent sous leur influence. Si vous êtes né pendant cette décennie – si vous êtes un véritable enfant des années 60 –, vous êtes indépendant et volontaire, et vous portez en vous ce sens de la rébellion créative.
- **Aspects harmoniques :** les trigones et les sextiles entre Uranus et Pluton amènent des changements perturbateurs, mais vous permettent d'utiliser de manière créative l'énergie ainsi libérée.
- **Aspects dissonants :** lorsque frappe la foudre, vous essayez de réprimer vos réactions naturelles, créant ainsi une dose supplémentaire d'anxiété qui vient couronner le tout. Ne vous en faites pas : vous êtes né pendant la crise de 29, et vous n'y pouvez rien. Il vous est difficile de faire face aux changements imprévus.

Neptune/Pluton

Neptune frémit en réaction à la musique, à la poésie et à tout le non-dit. Le puissant Pluton explore les secrets et sonde la zone de l'interdit. Ensemble, ils forment une combinaison puissante, qui amène l'inspiration et un désir d'aventure qui devra être comblée dans une quête héroïque.

- **Conjonction :** cette conjonction rare, qui se produisit la dernière fois en 1892 et ne se reproduira plus avant le XXIVe siècle, associe la spiritualité neptunienne à l'énergie plutonienne pour la puissance et la compréhension.
- **Aspects harmoniques :** depuis 1928 environ, Neptune et Pluton sont plus ou moins en sextile, un aspect qui relie les désirs mystiques de Neptune et le besoin de transformation de Pluton, ce qui crée une montée de spiritualité, de voyance, de perceptions extrasensorielles et de tout ce qui n'a encore jamais été vu.
- **Aspects dissonants :** un intérêt pour le surnaturel, pour les états de conscience modifiés ou pour la sexualité peut surgir de l'énergie bloquée de cet aspect puissant. L'obsession est probable, mais l'orientation que prend cette obsession dépend de la personne.

Chapitre 9

Un guide de l'interprétation

Dans ce chapitre :

L'examen du thème dans son ensemble.
Les composants les plus importantes d'un thème.
Les principales figures.
Assemblez le tout.

Les astrologues sont d'accord sur le fait que l'astrologie du signe solaire, qui décrit des types plutôt que des individus, est insuffisante. Mais bien qu'elle n'inclue pas tous les détails plus fins, l'astrologie du signe solaire présente quand même un avantage : elle est simple. Par contre, un thème astrologique complet, avec son tissu de planètes, de signes, de maisons et d'aspects, est aussi complexe qu'un véritable être humain, et tout aussi difficile à comprendre.

Heureusement, il n'est pas nécessaire d'être voyant pour être astrologue. Mais il vous faut un système, surtout si vous débutez. Les étapes qui suivent proposent un tel système. (Le Chapitre 2 vous indique comment vous procurer un exemplaire de votre horoscope.)

1. **Étudiez le thème dans son ensemble.**

   Cherchez les éléments évidents comme :

   - Les planètes au-dessus et au-dessous de l'horizon.
   - Les planètes à gauche et à droite de l'axe du Milieu du Ciel.
   - Les figures formées par les planètes dans toute la carte du ciel.
   - Les planètes dans certains types de signes.
   - Les planètes dans certains types de maisons.

2. **Étudiez les cinq composants suivantes de votre horoscope :**

   - Votre Soleil en signe et en maison (voir Chapitre 3).
   - Votre Lune en signe et en maison (voir Chapitre 4).
   - Votre Ascendant.

- La planète qui gouverne votre horoscope.
- Tout groupe (ou amas, encore appelé *stellium*) de trois planètes ou plus.

3. **Recherchez les aspects majeurs qui forment des figures caractéristiques, dont les suivantes :**
   - Le carré en T (ou triangle isocèle).
   - Le grand carré.
   - Le grand trigone (ou triangle équilatéral).
4. **Vérifiez tout le reste.**

Examinons ces quatre étapes avec plus de détails.

Première étape : les caractéristiques générales

Si vous feuilletez une pile de thèmes, vous remarquerez peut-être que dans certains les planètes sont entassées dans une partie du cercle, alors que dans d'autres elles sont éparpillées tout autour de la roue comme des chiffres sur le cadran d'une montre. Ces groupements, qui n'ont rien à voir avec les planètes spécifiques et les signes impliqués, peuvent être incroyablement révélateurs. Les astrologues ont développé deux manières principales d'évaluer la configuration d'un thème astral :

- **L'analyse par hémisphère :** simple comme un jeu d'enfant, cette méthode divise l'horoscope en deux moitiés à la fois horizontales et verticales, et fait le compte du nombre de planètes de chaque côté.
- **L'analyse par figure de base :** cette méthode, dont le célèbre astrologue américain Marc Edmund Jones fut le pionnier avec son ouvrage *Guide to Horoscope Interpretation,* étudie la manière dont les planètes sont réparties et les figures qu'elles forment sur la roue de l'horoscope.

Les deux méthodes ne se fondent que sur les figures dans la carte du ciel, et pas sur des signes spécifiques ni sur des planètes.

L'analyse des hémisphères

Un coup d'œil rapide à votre horoscope vous donne une entrée facile dans l'interprétation, et tout ce que vous avez à faire, c'est de compter. D'abord, situez la ligne d'horizon dans votre horoscope, c'est-à-dire la ligne qui va de l'Ascendant au Descendant, comme on le voit Figure 9.1. (Consultez le

Chapitre 5 pour en savoir plus sur votre Ascendant et sur votre Descendant.) Si la majorité de vos planètes est au-dessus de l'horizon, vous êtes un extraverti qui recherche dans le monde extérieur la reconnaissance et l'approbation. Si la plupart de vos planètes sont au-dessous de la ligne d'horizon, vous êtes un introverti qui a besoin de solitude, qui est intimidé par la vie publique et qui recherche l'accomplissement personnel.

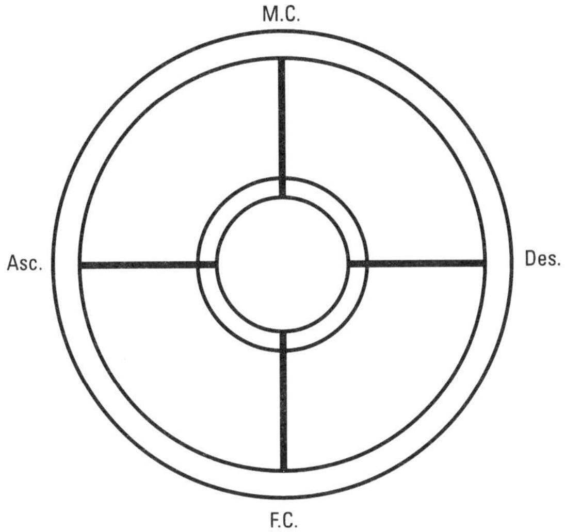

Figure 9.1 : La division de votre horoscope selon l'horizon et le méridien.

Divisez maintenant votre horoscope en deux, verticalement le long du *méridien*, qui va du Milieu du Ciel ou MC, au sommet du thème, au Fond du Ciel ou FC, en bas. Cette ligne forme elle aussi deux secteurs : l'hémisphère Est à gauche, et l'hémisphère Ouest à droite. Si la plupart de vos planètes se trouvent dans la partie Est ou gauche de l'horoscope, vous possédez l'aptitude enviable de faire avancer les choses, de créer vos propres opportunités. Vous êtes très indépendant, mais peut-être aussi intolérant envers les gens qui ne semblent pas capables de prendre des décisions comme vous. Si votre thème est fortement pondéré sur la droite ou du côté Ouest du cercle, vous dépendez davantage des circonstances, et il est probable que vous aurez plutôt le sentiment que pour réussir vous devez obéir aux besoins des autres. La plupart des gens, y compris les plus grands de toute l'humanité, ont des planètes des deux côtés.

N'OUBLIEZ PAS

L'Ascendant symbolise la surface de votre personnalité. Le Descendant représente votre approche du mariage et des partenariats. Le Milieu du Ciel, ou MC, décrit votre ambition et votre image dans le public. Le Fond du Ciel, ou FC, indique votre attitude vis-à-vis du foyer et de la famille.

Les sept figures de base que peuvent former les planètes dans la carte du ciel

Marc Edmund Jones (un natif de la Balance) a identifié en 1941 les sept figures de base que peuvent former les planètes dans une carte du ciel. Les voici :

- **Le rassemblement :** si toutes vos planètes sont concentrées dans quatre signes ou à l'intérieur d'un angle de 120° (un trigone), vous avez une carte qui présente une figure de rassemblement, quels que soient les signes impliqués et quel que soit l'endroit de la carte où cet amas de planètes se trouve. Cette figure, que montre la Figure 9.2, vous donne une concentration claire, des centres d'intérêt constants, de la confiance et de la force de caractère. Mais elle vous limite également : vous êtes fort là où vous l'êtes, mais vous n'y connaissez vraiment rien dans les autres domaines (il est aussi possible que vous vous en désintéressiez complètement).

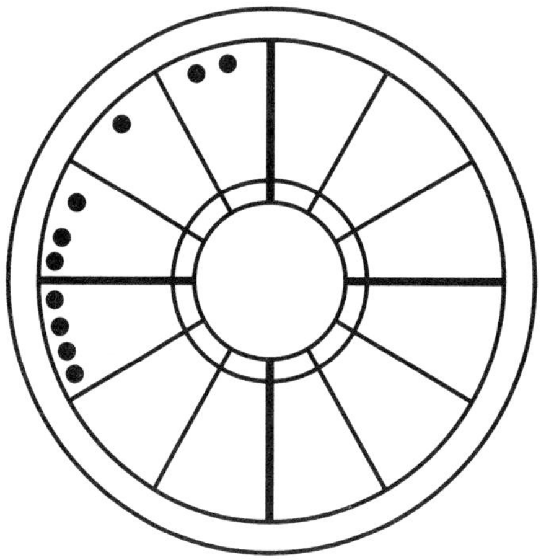

Figure 9.2 : Le rassemblement.

- **Le saladier :** si vos planètes couvrent plus de 120° mais pas plus de 180° (la moitié du zodiaque), vous avez une carte en saladier, qui est illustrée par la Figure 9.3. Cette figure très motivante peut créer le sentiment frustrant que quelque chose manque, associé à la détermination inflexible de combler ce vide en entrant en action.

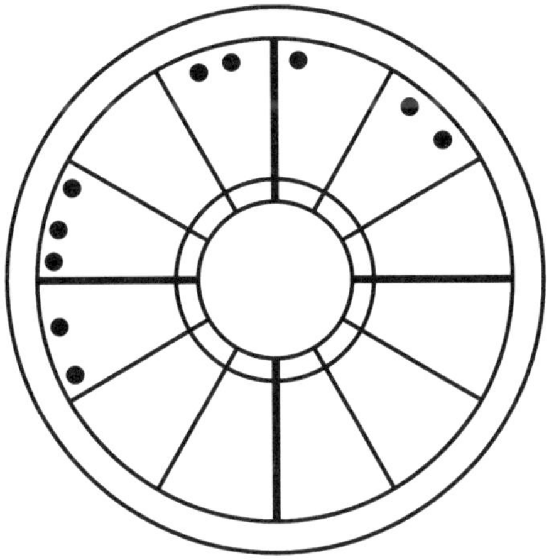

Figure 9-3:
Le saladier.

- **Le seau :** une carte en seau ressemble à un saladier, sauf qu'elle présente aussi une planète qui est séparée du reste (ou parfois deux planètes en conjonction proche), comme le montre la Figure 9.4. Ce singleton, l'anse du seau, devient le centre d'attention du thème. Étant donné que ses besoins sont toujours d'une importance suprême, Marc Edmund Jones comparait cette planète isolée à un mal de dents. Elle exige notre attention, et parfois cela fait mal. C'est parce que sa tâche consiste essentiellement à équilibrer le reste du thème. Son importance est si extrême qu'elle décrit fréquemment une personne d'une manière surprenante, aussi bien par son signe que par sa maison.

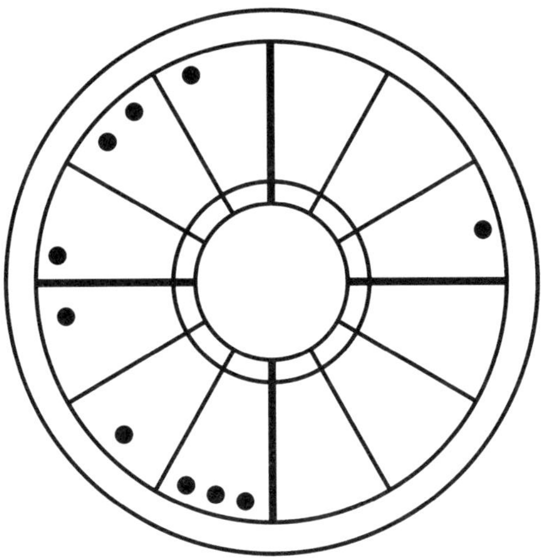

Figure 9.4 :
Le seau.

Deux singletons sensationnels

Chaque fois que vous identifierez une carte du ciel avec un véritable singleton, c'est-à-dire une carte en seau avec une planète complètement séparée des autres, vous aurez trouvé une des clés de la personnalité du natif. Étudions ensemble ces deux exemples tirés de mes dossiers :

- Lulu, l'hôtesse absolue (dont j'ai modifié le prénom). Avec trois planètes dans le Lion charismatique, elle attire les gens partout où elle se trouve, donne les meilleurs dîners auxquels j'aie jamais été invitée et a une allure parfaitement souveraine. C'est l'une des femmes qui a le plus de réussite parmi toutes celles que je connais, et l'une des plus compatissantes aussi. Mais elle a été mariée et a divorcé plusieurs fois ; elle a eu à elle seule plus de copains que tout le reste de mes autres amis et est obsédée par les relations de couple. Pourquoi donc ? Elle a un thème en seau avec neuf planètes d'un côté, qui est équilibré de l'autre par la Lune émotive à la recherche de sécurité. Grâce à ses neuf planètes, elle est active, autonome, c'est une véritable battante. Mais à cause de la gifle que lui donne la Lune en plein milieu de la septième maison, celle des unions et des partenariats, son bien-être émotionnel gravite autour des relations de couple. La position du singleton indique le centre d'attention d'une vie entière.
- Le Dr X, le plus drôle des psychiatres. Sa personnalité chaleureuse lui est donnée par son Ascendant en Lion. Son intérêt pour la psychiatrie provient clairement de sa Lune en singleton qui, comme celle du Dr Freud, est placée dans la huitième maison, celle de l'intimité, des secrets, de la psychanalyse, de la régénération (ou de la guérison) et du savoir occulte. Dans son travail de thérapeute, le Dr X est passé maître dans l'art de créer une familiarité sans façons avec ses patients, qui lui permet de mettre à jour leurs secrets. Dans sa vie privée, la Lune le pousse à explorer des domaines dont la plupart des médecins n'admettraient jamais ne serait-ce que l'idée, tels que le paranormal, la chiromancie (sa main a été lue alors qu'il n'avait que 5 ans), l'astrologie (c'est comme cela que nous sommes devenus amis) et toutes sortes de techniques spirituelles. Là encore, la clé est donnée par le singleton.

- **La locomotive :** si les dix planètes de votre carte du ciel s'alignent joliment sur les deux tiers du zodiaque, comme le montre la Figure 9.5, vous avez du dynamisme, de la résistance et le sens pratique. Les deux planètes les plus importantes sont la première et la dernière – la locomotive, qui mène le train planétaire lorsqu'on fait tourner l'horoscope dans le sens horaire, et le fourgon de queue.

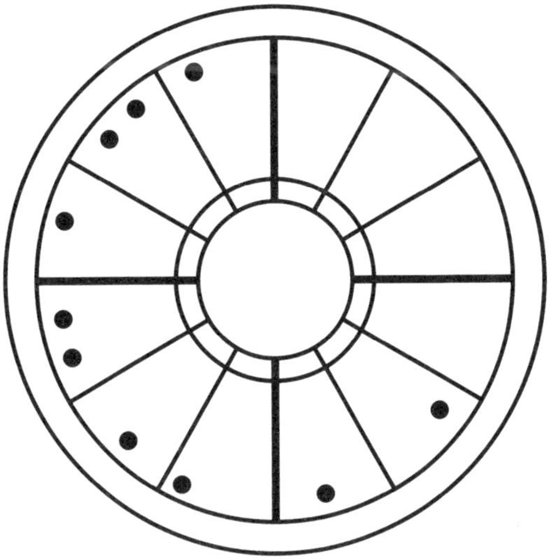

Figure 9.5 : La locomotive.

- **L'éclatement :** les planètes sont réparties de façon à peu près égale dans tout le zodiaque comme le montre la Figure 9.6, avec des trous çà et là parce qu'il y a 10 planètes mais seulement 12 signes. Cette figure promet une vie riche en expériences diverses, qui n'attendent que d'être vécues. L'inconvénient ? Vous dispersez votre énergie et vos intérêts comme un arbre fruitier éparpille ses fleurs un jour de grand vent.
- **L'évasement :** dans cette figure illustrée par la Figure 9.7, les planètes sont éparpillées de façon inégale dans toute la carte, avec au moins un amas de trois planètes ou davantage. Les personnes ce type de thème sont individualistes, elles ont un sens très poussé de leurs propres intérêts et refusent de s'incliner devant l'opinion publique.
- **La bascule :** si votre carte du ciel présente deux groupes de planètes opposées séparés par deux maisons vides de chaque côté, comme le montre la Figure 9.8, vous êtes continuellement en train de chevaucher les montagnes russes des circonstances. Excellent médiateur, juge et administrateur, vous pouvez évaluer les choses de façon objective. Mais il est également possible que vous vous sentiez divisé à l'intérieur de vous-même, parce que vous avez deux ensembles de besoins et deux ensembles de talents, et que vous éprouvez peut-être des difficultés à satisfaire les deux.

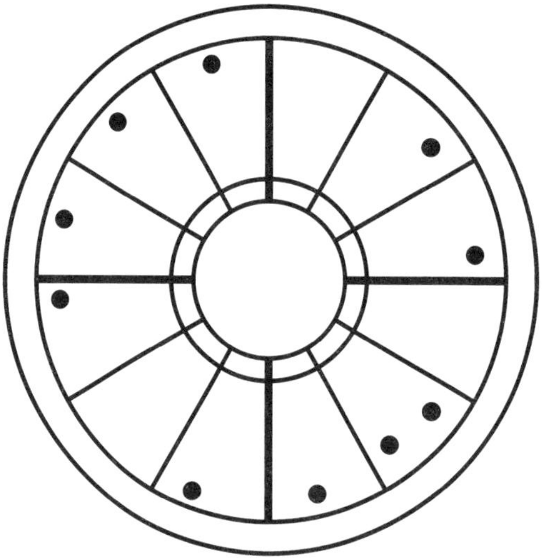

Figure 9.6 : L'éclatement.

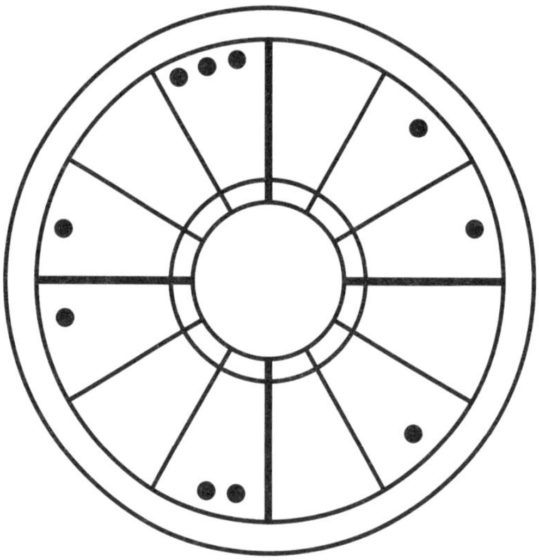

Figure 9.7 : L'évasement.

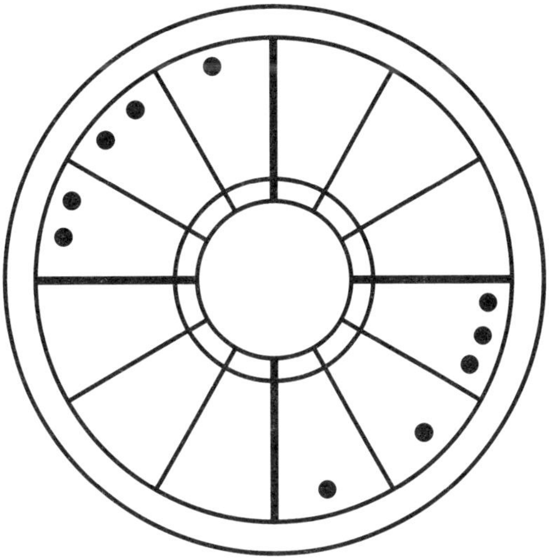

Figure 9.8 : La bascule.

Étudions les signes

Après avoir étudié les grandes lignes de votre thème, préparez-vous maintenant à évaluer les signes et les planètes selon l'élément et le mode. Commencez par compter les planètes dans chaque élément (feu, terre, air et eau) et dans chaque mode (cardinal, fixe, mutable). Le Tableau 9.1 illustre cela. Si vous connaissez l'heure de votre naissance, incluez-y votre Ascendant et votre Milieu du Ciel pour en faire un total de 12 composants distincts.

Tableau 9.1 : Éléments et modes.

	Feu	*Terre*	*Air*	*Eau*
Cardinal	Bélier	Capricorne	Balance	Cancer
Fixe	Lion	Taureau	Verseau	Scorpion
Mutable	Sagittaire	Vierge	Gémeaux	Poissons

La plupart des gens sont plus ou moins équilibrés, avec deux à quatre planètes dans chaque élément. Mais si vous avez cinq planètes ou davantage dans des signes d'un élément, les traits de cet élément ou qualité sont accentués. Consultez le Tableau 9.2 pour obtenir des explications sur ce que signifie une telle abondance dans votre cas.

Tableau 9.2 : Accent par élément.

Avec une prépondérance de planètes dans les...	*Vous êtes...*
Signes du feu	actif, aventureux, vif, assuré, un chef naturel.
Signes de la terre	pratique, sensuel, stable, prudent, travailleur, à la recherche de sécurité.
Signes de l'air	communicateur, intellectuel, sociable, alimenté par les idées et par la conversation.
Signes de l'eau	sensible, exalté, influençable, compatissant et perspicace.

Lorsque vous classez les éléments d'un horoscope, gardez à l'esprit que le Soleil et la Lune ont plus d'influence que les autres planètes, et méritent peut-être en conséquence qu'on leur attache davantage d'importance. Certains astrologues les comptent même deux fois, rien que pour s'assurer qu'elles sont bien représentées.

Les modes fonctionnent de la même manière que les éléments. La plupart des gens ont une sorte d'équilibre. Mais si vous avez une concentration de planètes dans un mode particulier, ses traits sont accentués. Le Tableau 9.3 vous en apprendra davantage. (Pour savoir ce que cela signifie de ne pas avoir de planète dans un élément, consultez le Chapitre 10.)

Tableau 9.3 : Accent par mode.

Avec une prépondérance de planètes dans les...	*Vous êtes...*
Signes cardinaux	tourné vers l'action, courageux, désireux de prendre des initiatives.
Signes fixes	ferme, déterminé, concentré, opposé au changement.
Signes mutables	souple, adaptable et ouvert au changement.

Les planètes dans les maisons : d'importance mineure

En admettant qu'il existe des parallèles entre les maisons et les signes, et plus précisément que la première maison est l'équivalent du Bélier, la deuxième maison l'équivalent du Taureau, etc., vous pouvez classifier les maisons de façon révélatrice, comme dans le Tableau 9.4.

Tableau 9.4 : Classification des maisons.

Maisons	*Nom du groupe*	*Caractéristiques*
1, 5 et 9	Maisons de la Vie, ou maisons personnelles	enflammé ; dynamique ; décidé à profiter de la vie et à en tirer autant d'expérience que possible.
2, 6 et 10	Maisons de la Substance, ou maisons matérielles	pratique ; féru de systèmes et de méthodes ; motivé par la recherche de la sécurité, de la santé, de la reconnaissance sociale.
3, 7 et 11	Maisons des Relations, ou maisons sociales	communicatif, tourné vers l'autre, motivé par la création de relations satisfaisantes de toutes sortes.
4, 8 et 12	Maisons de l'Émotion, ou maisons intérieures	émotionnel ; réagit bien ; perspicace ; motivé par l'exploration des relations de famille et par celle du passé.

Bien que ces divisions par maisons ne vous confèrent pas les mêmes aptitudes et caractéristiques que celles des signes, elles orientent vos intérêts de certaines manières qui peuvent procurer un équilibre bien nécessaire à un thème qui serait sinon détraqué. Par exemple, une personne n'ayant pas de planètes dans les signes terrestres manque d'aptitudes pratiques. Mais la présence de planètes dans la deuxième, la sixième et la dixième maison peut contrebalancer cette faiblesse, au moins un peu, en fournissant de la motivation. Ces planètes ne pourront pas transformer un poète en herbe en comptable. Mais elles peuvent donner au poète la forte envie de s'organiser, de trouver une forme de sécurité, quelle qu'elle soit, et de rechercher la reconnaissance du public.

On peut aussi établir des parallèles entre les maisons et les modes ou qualités, comme le montre le Tableau 9.5.

Tableau 9.5 : Qualités des maisons.

Maisons	*Nom du groupe*	*Caractéristiques*
1, 4, 7 et 10	Maisons angulaires	entreprenant, actif.
2, 5, 8 et 11	Maisons succédentes	stable, déterminé.
3, 6, 9 et 12	Maisons cadentes	réfléchi, souple.

Les astrologues considèrent traditionnellement que les maisons angulaires (en particulier la première et la dixième) sont les plus fortes, alors que les maisons cadentes (en particulier la sixième et la douzième) sont les plus faibles. Ce type d'analyse décourage ceux d'entre nous qui ont beaucoup de planètes cadentes. Heureusement, au cours de ces dernières décennies, de l'aide est arrivée avec Michel Gauquelin, un savant qui a décidé d'étudier de façon scientifique les affirmations de l'astrologie. Il a découvert que, dans des domaines spécifiques d'efforts, certaines planètes apparaissent de façon répétitive d'une manière significative sur le plan statistique. Gauquelin a découvert les tendances suivantes :

- Mars l'agressif se lève (proche de l'AC) ou culmine (proche du MC) souvent dans les thèmes de sportifs de haut niveau.
- La Lune, qui gouverne l'humeur, l'instinct et l'écriture, joue un rôle important dans les thèmes des écrivains.
- Le sombre Saturne, le seigneur de la structure et de la logique, est bien valorisé dans les thèmes de savants.
- Le jovial Jupiter, la planète de l'extravagance, est bien valorisé dans les thèmes des acteurs.

Ces planètes sont souvent placées dans des zones de l'horoscope qu'on appelle parfois *zones de Gauquelin.* Ces zones de pouvoir incluent de larges portions des maisons cadentes, la douzième et la neuvième étant classées comme les plus importantes. En dépit de l'astrologie traditionnelle, qui est d'un avis différent, les planètes cadentes ne sont donc pas forcément faibles.

Deuxième étape : les cinq principaux composants d'un thème astral

Ayant examiné les schémas généraux de votre horoscope, vous êtes maintenant prêt à étudier les signes et les planètes spécifiques. Pour vous donner une idée de votre horoscope sans vous noyer dans les détails, concentrez-vous sur ces facteurs :

- **Le Soleil :** le Soleil détermine votre identité de base – vos motivations, vos besoins, votre volonté et votre individualité. Le signe dans lequel il se trouve décrit la manière dont vous exprimez ces aspects importants de vous-même. La maison qu'il occupe détermine les domaines des préoccupations qui sont les plus importantes pour vous, de même que le domaine dans lequel vous pouvez exprimer le plus efficacement votre moi essentiel. (Voir le Chapitre 3 pour en savoir plus sur votre Signe Solaire.)

- **La Lune :** la Lune détermine vos émotions, votre subconscient, vos instincts, vos habitudes et votre mémoire. Le signe dans lequel elle se trouve définit la manière dont vous exprimez le côté émotionnel de votre nature. La maison dans laquelle elle est placée représente le domaine de la vie qui est le plus important pour votre bien-être émotionnel. (Voir le Chapitre 4 pour en savoir plus sur les signes lunaires.)
- **L'Ascendant :** l'Ascendant décrit la surface de votre personnalité, la façade que vous montrez au monde. (Voir le Chapitre 5 pour davantage d'informations sur l'Ascendant.)
- **La planète maîtresse :** la planète qui gouverne votre Ascendant est considérée comme le gouverneur de votre thème, peu importe son emplacement et ce qui se passe autrement dans le thème. En tant que gouverneur, elle contribue fortement à la fois au sentiment que vous avez de vous-même et à l'impression que vous donnez aux autres. Le Tableau 9.6 vous propose un aperçu des ascendants et des planètes maîtresses.

Tableau 9.6 : Ascendants et maîtres.

Si votre Ascendant est...	*Les autres pensent que vous êtes...*	*Et la planète qui gouverne votre thème est...*
Bélier	impétueux, volontaire	Mars
Taureau	stable, sensuel	Vénus
Gémeaux	verbal, très sensible	Mercure
Cancer	émotif, attentif	Lune
Lion	confiant, exubérant	Soleil
Vierge	méthodique, perspicace	Mercure
Balance	charmant, attrayant	Vénus
Scorpion	contrôlé, réservé	Pluton
Sagittaire	cosmopolite, irrésistible	Jupiter
Capricorne	respectable, fier	Saturne
Verseau	sympathique, individualiste	Uranus
Poissons	idéaliste, réceptif	Neptune

L'une des qualités les plus révélatrices de la planète maîtresse est donnée par la maison qu'elle habite. Par exemple, Oprah Winfrey a pour Ascendant la Vierge. (Voir le Chapitre 2 pour son thème astral.) Donc la planète qui gouverne son horoscope est Mercure, qui habite la sixième maison, celle du travail (et de l'amélioration). Quelle que soit la planète qui gouverne votre horoscope, la maison qu'elle occupe a une forte influence. Le Tableau 9.7 vous indique la manière dont ce facteur important vous affecte.

Tableau 9.7 : La planète maîtresse en maisons.

Si votre planète maîtresse se trouve dans la...	*Vous êtes...*
Première maison	une personne qui a du caractère et qui est capable d'initiatives.
Deuxième maison	un matérialiste qui gagne de l'argent.
Troisième maison	un communicateur et un bavard.
Quatrième maison	un homme ou une femme d'« intérieur », attaché à la famille.
Cinquième maison	un romantique qui adore s'amuser.
Sixième maison	un bourreau de travail et un guerrier.
Septième maison	un confident et un compagnon.
Huitième maison	un observateur qui pose des questions.
Neuvième maison	un explorateur et un penseur.
Dixième maison	un battant et une personne dominante.
Onzième maison	un ami et un membre de club.
Douzième maison	un chercheur spirituel et un ermite.

- **Les amas planétaires :** un groupement de trois planètes ou plus dans le même signe, et de préférence dans la même maison, est appelé amas. Un tel groupement est automatiquement important. Lorsqu'il apparaît dans le même signe que le Soleil, il renforce en général le message de ce signe. Lorsqu'il apparaît dans un signe différent, il ajoute un ensemble différent de qualités et d'influences qui peuvent parfois rivaliser en importance avec celles du Soleil. La taille de l'amas est aussi un facteur important. Normalement, un amas est formé de trois ou quatre planètes. On en trouve rarement davantage. Mais parfois, des empilements de planètes produisent des amas monstrueux.

Troisième étape : les aspects et les figures qu'ils forment

Après avoir étudié le Soleil, la Lune, l'Ascendant, la planète maîtresse et les amas, il est impossible d'éviter plus longtemps les aspects. Un thème astral peut facilement présenter deux douzaines d'aspects. Heureusement, certains sont plus importants que d'autres. Les aspects qui méritent qu'on y attache le plus d'importance sont ceux qui sont les plus stricts, ceux qui impliquent le Soleil et la Lune, et ceux qui relient trois planètes ou plus dans une figure, comme c'est le cas pour :

- **Le grand trigone (ou triangle équilatéral) :** trois planètes, chacune en trigone l'une avec les deux autres, forment un triangle de chance géant appelé le grand trigone, que montre la Figure 9.9.

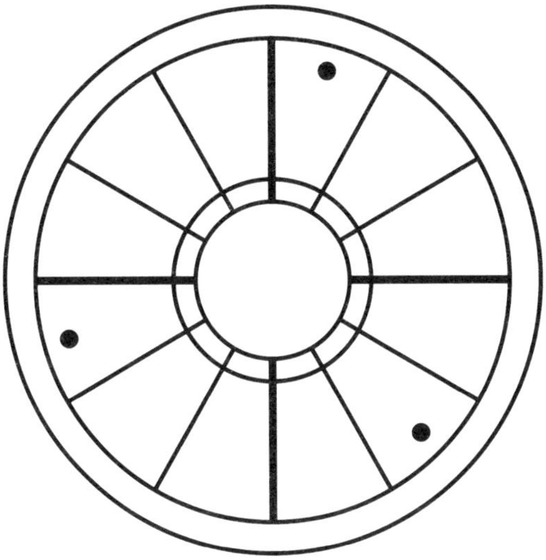

Figure 9.9 : Un grand trigone.

Un grand trigone parfait inclut toujours au moins une planète de chaque signe d'un élément donné. Dans ces domaines de la vie, l'énergie coule et les opportunités abondent. Par exemple, le célèbre artiste de pop art Andy Warhol était un natif du Lion qui captivait l'attention avec un grand triangle dans le feu : sa Lune et son Uranus en Bélier, son Soleil en Lion, et Saturne en Sagittaire. Comme la plupart d'entre nous, Andy Warhol avait d'autres zones qui présentaient beaucoup de difficultés dans son thème. Mais il sut utiliser son grand trigone à son avantage, à la fois sur le plan artistique (grâce à Saturne dans la cinquième maison, celle de la créativité) et sur le plan social (grâce à son signe solaire plein de feu). Les personnes suffisamment heureuses pour avoir cet aspect n'arrivent pas toutes à l'utiliser aussi efficacement. Il est notoire que les grands trigones, qui sont souvent les figures que l'on trouve chez les grands fainéants, amènent tout juste assez de chance aux natifs pour que ceux-ci n'aient pas le sentiment qu'ils doivent se remuer un peu plus…

- **Le grand carré :** si deux groupes de planètes s'opposent ou sont en carré l'un avec l'autre dans votre horoscope, comme le montre la Figure 9.10, vous « avez de quoi faire ». Le grand carré est une figure relativement rare qui symbolise la tension, l'obstruction et la frustration.

  Certaines personnes sont débordées par un grand carré. Mais cette figure peut aussi devenir la source d'un engagement, d'une détermination, d'un courage et d'une énergie incroyables.

- **Le carré en T (ou triangle isocèle) :** lorsque deux planètes s'opposent l'une à l'autre avec une troisième (la planète apex) en carré avec chacune d'elles, comme le montre la Figure 9.11, elles forment un carré en T. Il s'agit d'une configuration agitée et pénible, mais courante. Un carré en T crée inévitablement de la tension, de la frustration et de l'insatisfaction. Mais il motive également le natif à entrer en scène (à ne pas assister en spectateur) et à faire quelque chose pour changer sa situation, ce qui explique peut-être pourquoi tant de personnes qui ont réussi ont des carrés en T.

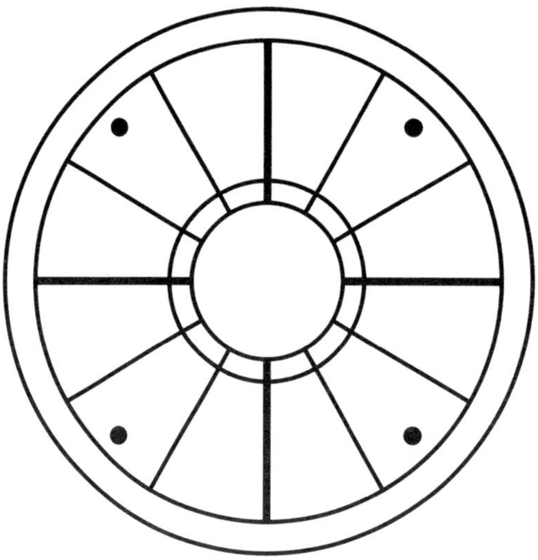

Figure 9.10 : Un grand carré.

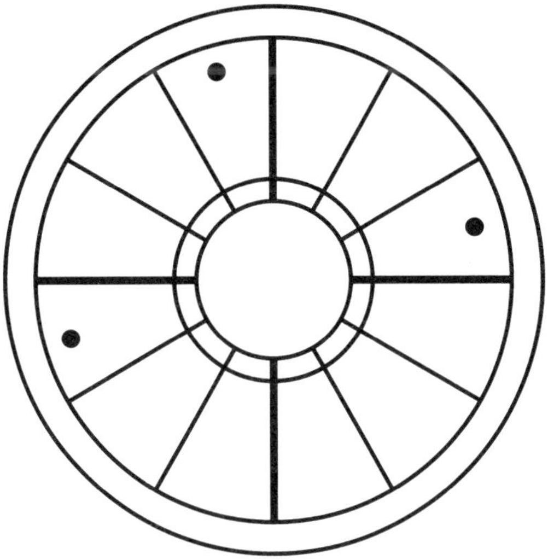

Figure 9.11 : Un carré en T.

- **Le Doigt du Destin ou Main de Dieu :** ça a l'air sérieux, n'est-ce pas ? En fait, cette configuration difficile à repérer, illustrée par la Figure 9.12, a une action plus subtile que les autres figures d'aspects. Elle ressemble à un long triangle étroit, avec deux planètes en sextile (60°) qui forment la base, et une troisième, l'*apex*, ou pointe, qui forme un angle de 150° avec les deux autres.

  Cet aspect de 150°, qu'on appelle *quinconce*, possède une énergie d'arrêts et de redémarrages fréquents, qui crée des faux départs, des récidives et des frustrations. Il exige un ajustement continuel et diminue la capacité de prise de décision du natif, surtout dans les zones touchées par la planète de l'apex. Cet aspect crée une dynamique complexe à l'intérieur d'un horoscope. Mais est-il mortel ? Non. Est-ce un signe de faveur spéciale de Dieu ? Non. Ne vous laissez pas impressionner par le nom de cet aspect.

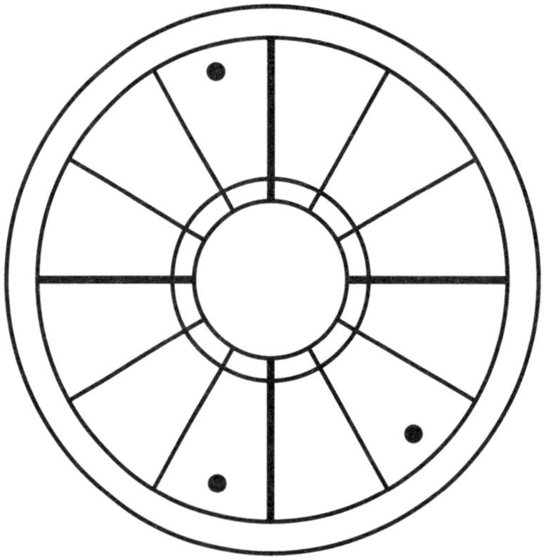

Figure 9.12 : Le Doigt du Destin ou Main de Dieu.

Quatrième étape : tout le reste

Le reste comprend toutes les planètes, tous les aspects, l'Ascendant et le Milieu du Ciel, tous les signes du zodiaque, et toutes les maisons, y compris celles qui sont vides. (Pour trouver des instructions afin d'interpréter le vide, consultez le Chapitre 10.)

En étudiant un thème, vous allez probablement découvrir quelques contradictions, un trait occasionnel qui semble ne pas aller avec le reste de l'horoscope, et un groupe de caractéristiques qui semblent apparaître partout où vous regardez. Il est ahurissant de voir que, dans certaines cartes du ciel, certains thèmes apparaissent encore et encore – et soudain, vous comprenez. Lorsque vous avez identifié ce phénomène, vous savez que vous êtes sur la bonne voie, celle d'une interprétation précise.

Chapitre 10

Le facteur zéro

Dans ce chapitre :

Analysez les éléments et les modes manquants.
Les effets des maisons vides.
Autres manifestations par l'absence.

En art, on emploie le concept d'*espace négatif*. Il se réfère à la zone qui entoure l'objet central : le mur blanc qui fournit l'arrière-plan pour un saladier plein de fruits dans une nature morte de Cézanne, ou l'obscurité qui étreint un personnage dans un portrait de Rembrandt. L'espace négatif détermine la manière dont vous voyez l'objet principal. Si vous modifiez cet espace, vous changez tout.

L'espace négatif joue également un rôle dans votre thème, par les maisons et les signes qui sont inhabités, par les éléments manquants et les qualités qui n'apparaissent pas dans un thème astral. Cet espace négatif, que j'appelle le *facteur zéro,* affecte tout horoscope. Qu'il s'agisse d'un élément manquant (tel qu'un vide dans les signes de la terre), d'une qualité manquante (peut-être aucune planète dans les signes cardinaux), ou simplement d'une maison vide, l'interprétation de ce qui n'est pas là peut apporter un éclairage utile à l'interprétation d'un thème individuel.

Les éléments manquants

Tout le monde n'a pas d'éléments manquants. Dans la plupart des horoscopes, on trouve au moins une planète dans chacun des quatre éléments : le feu (Bélier, Lion, Sagittaire), la terre (Taureau, Vierge, Capricorne), l'air (Gémeaux, Balance, Verseau) et l'eau (Cancer, Scorpion, Poissons). Mais un élément manque parfois à l'appel.

Les vides élémentaires se produisent fréquemment dans des figures qui affectent des générations entières. Entre 1943 et 1955 par exemple, Pluton se trouvait dans le Lion flamboyant et Neptune dans la Balance aérienne. En conséquence, aucune personne née pendant cette période n'a de vide dans les éléments feu et air. C'est la raison pour laquelle les personnes nées pendant le baby-boom, quoi qu'on en dise, ne manquent ni d'énergie (feu), ni d'idées (air). Toutefois, certaines d'entre elles (bien que ce ne soit pas le cas de la plupart) sont affectées par un vide dans l'élément terre (sens pratique) et dans l'élément eau (conscience des émotions).

Si vous êtes né dans les années 60, alors que Neptune était dans le Scorpion, signe de l'eau, et Pluton dans la Vierge, signe de la terre, il n'est pas possible que vous ayez un vide dans l'élément eau (sensibilité) ni dans l'élément terre (productivité). Mais il peut plus facilement arriver que l'élément feu (enthousiasme) ou air (intellect) soit vide, car les forces d'une génération sont les faiblesses de la suivante.

Toutefois, les vides ne sont pas seulement un phénomène de génération. Si vous êtes né au cours des années durant lesquelles les planètes lentes faisaient la navette entre les signes (comme cela a été le cas pour Pluton, Uranus et Neptune à la fin des années 50), vous avez peut-être un vide dans n'importe lequel des éléments. Voici comment interpréter ce vide :

- **Pas de signes de feu :** il vous est difficile de vous affirmer, de maintenir un niveau d'enthousiasme constant et de mobiliser l'énergie dont vous avez besoin.
- **Pas de signes de terre :** le côté matériel, pratique de la vie vous dépasse. Régler les affaires quotidiennes, payer le loyer, vous faire dresser un bilan de santé, changer l'huile de la voiture, tout cela vous ennuie (au mieux) ou vous démoralise (au pire). Ou alors vous pourriez exagérer et vous concentrer sur le monde matériel.
- **Pas de signes d'air :** vous réagissez de façon émotive et vous sentez personnellement concerné. Il vous est vraiment difficile d'évaluer objectivement une situation (ou vous-même). L'abstraction vous rend anxieux, même si vous vous enfermez dans une tour d'ivoire et que vous vous encouragez avec des théories.
- **Pas de signes d'eau :** les sentiments vous embrouillent et vous débordent. Vous tardez souvent beaucoup à reconnaître vos propres émotions, et vous éprouvez des difficultés à comprendre celles des autres. On vous a peut-être dit de «suivre le courant». Le problème, c'est que vous ne pouvez pas sentir le courant, ni dire dans quelle direction il va.

La surcompensation comme réponse à un manque

Certaines personnes ayant un vide dans leurs signes terrestres réagissent à leur inconfort en refusant de faire face à l'aspect pratique de la vie. Ce sont les gens qui n'équilibrent jamais leurs comptes, qui oublient les échéances de déclaration de revenus et qui sont totalement mal à l'aise avec le monde matériel. D'autres font exactement le contraire et surcompensent.

La surcompensation se produit par exemple lorsqu'une personne n'ayant aucune planète dans les signes d'air adopte un comportement d'intellectuel (je connais quelqu'un comme cela, et j'aimerais bien qu'il arrête au plus vite), lorsqu'une personne ayant un vide dans les signes compatissants de l'eau exerce une profession de thérapeute (il y en a beaucoup, alors méfiez-vous !), lorsqu'une personne sans aucune planète dans les signes du feu est constamment en mouvement – et cela tourne parfois à la manie – et lorsqu'une personne avec un vide dans les signes terrestres est capable de construire une station spatiale qui fonctionne avec seulement deux bouts de bâton et un morceau de chewing-gum.

L'un de mes amis est l'une de ces personnes. Né sans la moindre poussière dans les signes terrestres de son thème, avec son Soleil habitant la huitième maison dans les Poissons sensibles, sa Lune dans le Scorpion émotif et un grand trigone dans les signes de l'eau, il est neurochirurgien ! (Et ce n'est pas une blague.) C'est un être humain profondément compatissant, qui est aussi extrêmement compétent pour les tâches concrètes du monde réel telles que la menuiserie, la construction (maisons), la mécanique automobile et tout ce qui touche aux ordinateurs. Cela en est presque insolite. D'où viennent donc tous ces remarquables talents ? Ils reflètent, je pense, le travail de la surcompensation, l'endroit où le vide rencontre Freud.

Les facteurs atténuateurs des effets du vide dans les éléments

Même si vous manquez de planètes dans un élément spécifique, le fait d'avoir l'Ascendant, le Milieu du Ciel, l'astéroïde Chiron ou les Nœuds lunaires (voir le Chapitre 16) dans un signe de l'élément où manquent les planètes facilite grandement la compensation de ce vide.

Les positions des planètes en maisons peuvent aussi procurer l'équilibre :

- Des planètes dans les maisons 1, 5, et 9 compensent l'absence de feu.
- Des planètes dans les maisons 2, 6 et 10, les maisons de la substance, procurent une concentration terrestre.
- Des planètes dans les maisons 3, 7 et 11, les maisons des relations, possèdent une influence aérienne.
- Des planètes dans les maisons 4, 8 et 12, les maisons de l'émotion, peuvent forcer les pauvres âmes sans eau à régler leurs dilemmes émotionnels.

Une planète dans l'une de ces maisons peut-elle faire la différence ? La réponse est : « Oui, absolument. » Car les maisons contribuent à déterminer les préoccupations les plus importantes dans la vie, et donc les zones dans lesquelles vous êtes prêt à faire un effort.

Les vides dans les modes

Il est moins commun de ne pas avoir de planète dans les signes cardinaux, fixes ou mutables (voir le Chapitre 1) que d'avoir un vide dans l'un des éléments, mais c'est peut-être plus grave. Si votre thème présente un tel vide dans un mode, voici comment l'interpréter :

- **Pas de planètes cardinales :** il vous est difficile de démarrer et de prendre l'initiative. Lorsque le changement se produit, très bien ; vous n'avez pas de problèmes à suivre. Mais vous préférez rester dans une situation misérable plutôt que de prendre le risque de la changer.
- **Pas de planètes fixes :** vous vous pliez au vent, en fonçant joyeusement dans de nouvelles directions lorsque la situation le réclame. La persévérance n'est pas votre fort, c'est le moins qu'on puisse dire !
- **Pas de planètes mutables :** vous plier au vent ? Pourquoi donc ? Vous êtes inflexible, et vous vous en tenez à vos objectifs et à vos décisions, même lorsqu'il est grand temps de changer.

Des facteurs atténuateurs de vides dans les modes

Comme pour les vides dans les éléments, la présence de l'Ascendant, du Milieu du Ciel, de Chiron et de l'un des Nœuds lunaires dans un signe de la qualité manquante facilite grandement l'équilibrage de votre thème.

Les positions planétaires dans les maisons ont aussi un impact :

- Des planètes dans les maisons angulaires (1, 4, 7 et 10) contribuent à compenser un manque dans des signes cardinaux.
- Des planètes dans les maisons 2, 5, 8 et 11 compensent, du moins en partie, un vide dans les signes fixes.
- Des planètes dans les maisons 3, 6, 9 et 12 contribuent à compenser un vide dans les signes mutables.

Ces positions n'éliminent pas l'impact du vide, mais elles l'atténuent.

L'aide des astéroïdes

Croyez-moi : il y a bien trop de gens qui tentent d'excuser leur impuissance à agir de façon sensée en avançant la théorie qu'ils ont un vide dans l'élément terre. Mais est-ce vraiment le cas ? Même si vous laissez de côté les positions dans les maisons, vous trouverez peut-être un facteur supplémentaire qui explique habilement pourquoi ces personnes sont incapables de régler leurs propres affaires, alors que d'autres, malgré toutes leurs plaintes, y arrivent relativement bien. Je parle des astéroïdes (consultez le Chapitre 16 pour en savoir plus sur ce sujet fascinant). C'est vrai que les astéroïdes sont si nombreux que les astronomes les appellent « la vermine du ciel ». Entre les mains d'astrologues désespérés, ils peuvent servir à expliquer absolument n'importe quoi. Mais lorsqu'ils sont utilisés de manière intelligente, les astéroïdes majeurs peuvent être extrêmement utiles. Flanquez-en un ou deux dans un thème, et vous verrez peut-être le vide disparaître.

L'interprétation des maisons vides

Faites le calcul : douze maisons, et seulement 10 planètes. Tout le monde a des maisons vides, c'est inévitable. Il ne faut pas s'en faire à ce sujet.

Par exemple, le fait d'avoir une maison du mariage vide ne signifie pas que vous ne vous marierez jamais. Demandez donc à Elizabeth Taylor, qui a déjà eu huit maris (à ce jour), malgré le fait que sa septième maison soit complètement inoccupée. De même, une deuxième maison – celle de l'argent – inhabitée ne signifie pas que votre destin sera de vivre dans la pauvreté. Regardez Bill Gates, le plus jeune « self-made-milliardaire » de toute l'histoire. Sa deuxième maison est complètement vide (comme d'ailleurs sa huitième, elle aussi associée à l'argent).

Souvent, une maison inoccupée signifie que les thèmes habituels de cette maison ne constituent pas de manière générale une préoccupation majeure. La vérité, c'est que les préoccupations couvertes par une maison occupée jouent toujours un rôle important dans la vie du natif. Mais un simple coup d'œil ne pourra suffire à expliquer si les thèmes d'une maison vide sont importants. Ce n'est pas parce qu'elle est vide qu'elle est sans importance.

Pour étudier une maison vide, je vous propose la méthode suivante, en trois étapes :

1. **Regardez le signe dans lequel se trouve la cuspide (ou pointe) de la maison.**

   Le signe sur la cuspide détermine la façon d'aborder les thèmes de cette maison.

La cuspide (ou pointe) est le début de la maison. La cuspide de la première maison se trouve à 9 heures sur le cadran de l'horoscope ; la cuspide de la deuxième à 8 heures, celle de la septième à 6 heures, etc.

En outre, chaque signe peut se trouver sur n'importe laquelle des cuspides des maisons. Cela dépend toujours de l'Ascendant.

Par exemple, avec un Ascendant Sagittaire, il est probable que la cuspide de la cinquième maison, celle des histoires d'amour, se trouve en Bélier. Si le Capricorne est l'Ascendant de votre horoscope, la cuspide de la quatrième maison, celle du foyer, se trouve probablement en Bélier. Et si vous êtes d'Ascendant Poissons, il est probable que la cuspide de la deuxième maison, celle de l'argent, se trouve en Bélier, ce qui indique que vous abordez les finances de manière téméraire, en prenant des risques. Le Tableau 10.1 propose des manières d'interpréter le signe sur la cuspide d'une maison. (Au fait, vous pouvez aussi utiliser ce tableau lorsqu'une maison n'est pas vide. Même si une seule maison abrite tout un gang de planètes, le signe dans lequel se trouve sa cuspide détermine encore l'attitude que vous adoptez par rapport aux thèmes de cette maison.)

2. **Étudiez la position de la planète qui gouverne le signe dans lequel se trouve la cuspide.**

   La position de cette planète vous apprendra beaucoup. Pour continuer avec le même exemple, si la cuspide de votre deuxième maison de l'argent se trouve en Bélier, alors la position de Mars, la planète maîtresse du Bélier, vous donne une information supplémentaire quant à vos finances. Si Mars se trouve dans votre sixième maison, celle du travail, vous gagnez de l'argent par vos propres efforts, probablement grâce à un job. Si Mars se trouve en Lion, vous recherchez aussi des occasions d'être créatif, de vous exprimer et d'être remarqué par votre travail.

3. **Étudiez les aspects de la planète maîtresse.**

   Si Mars est opposée à Saturne, vous vivrez de la frustration et devrez lutter dans vos efforts vers la réussite professionnelle (ce qui ne signifie pas que vous ne pouvez pas réussir, mais simplement que vous devrez lutter sur votre chemin vers le sommet). Si Mars forme un trigone avec Uranus, vous bénéficiez d'opportunités inattendues. Et ainsi de suite.

Tableau 10.1 : Les gouverneurs des maisons.

Si la cuspide de la maison se trouve en…	*Votre approche des thèmes de cette maison est…*	*Et le gouverneur de cette maison est…*
Bélier	spontanée, dynamique	Mars
Taureau	productive, délibérée	Vénus
Gémeaux	souple, communicative	Mercure
Cancer	intuitive, défensive	Lune
Lion	digne, expressive	Soleil
Vierge	analytique, pointilleuse	Mercure
Balance	diplomatique, artistique	Vénus
Scorpion	intense, pénétrante	Pluton
Sagittaire	indépendante, expansive	Jupiter
Capricorne	responsable, traditionnelle	Saturne
Verseau	anticonformiste, détachée	Uranus
Poissons	réceptive, vulnérable	Neptune

Davantage sur les maisons vides

Dans la plupart des cas, une maison est couverte par une portion d'un signe et par une portion du suivant. Par exemple, si la cuspide de votre dixième maison se trouve en Poissons à 22° et la cuspide de votre onzième maison en Bélier à 29°, votre dixième maison inclut un peu de Poissons et quasiment tout le Bélier. Mais que se passe-t-il si cette maison de la plus haute importance est vide ? Pour l'analyser, cherchez d'abord le déroutant Neptune, qui gouverne les Poissons. Puis, ayant étudié la position de Neptune, vous pouvez également penser à celle de Mars, la planète maîtresse du Bélier, parce que Mars est le sous-maître de la dixième maison. Vous avez maintenant deux signes à étudier et deux planètes maîtresses, chacune d'elles dans un signe différent et occupant une autre maison, formant divers aspects avec d'autres planètes, certains harmoniques et d'autres dissonants. En bref, si vous décidez de continuer, les implications d'une maison vide peuvent être tout aussi compliquées et aussi infinies que n'importe quoi d'autre dans l'horoscope.

D'autres manifestations du facteur zéro

Certains degrés sont plus influents que d'autres. L'un des plus forts est le *0° du Bélier,* c'est-à-dire le point qu'occupe le Soleil à l'équinoxe de printemps et au début de la nouvelle année astrologique. Ce point, l'endroit où commence le zodiaque, est un point sensible, surtout si une planète ou la pointe d'une maison s'y trouve. Mais même si le 0° du Bélier ne se trouve nulle part près d'une planète, sa position dans une maison et les aspects qu'il forme révèlent quelque chose sur ce qui vous donne de l'énergie, sur ce qui vous stimule et sur ce que votre potentiel pourrait être.

Pareillement, une planète située à 0° de n'importe quel signe sera forcément importante. Chaque fois qu'une planète en transit change de signe, que cette planète soit la Lune, qui tourne autour du zodiaque en un mois, ou Pluton, qui ne passe d'un signe à l'autre que quelques rares fois dans toute une vie, cette planète à 0° dans votre thème astral le sent en premier. Saturne change de signe ? La planète à 0° est la première à sentir la restriction. Uranus fait un mouvement ? La planète à 0° est la première à sentir l'électricité. Si vous avez une planète comme celle-là dans votre horoscope, considérez-vous comme une sorte d'éclaireur cosmique. Vous êtes sur les lieux en avance sur la plupart des gens. Lorsque les grands changements cosmiques se produisent, vous êtes parmi les premiers à les sentir. Même si cela semble ne pas avoir d'autre importance dans votre thème, une planète à zéro degré est toujours le premier soldat sur le champ de bataille.

Quatrième partie

Les couples cosmiques

" Je ne sais pas si cette datation 'Née le' est une si bonne idée que ça. J'ai entendu dire que certains astrologues ne boiront pas notre bière si elle est datée dans un signe qui n'est pas compatible. "

Dans cette partie...

L'astrologue ne porte pas de jugement. Les 12 signes ont tous la même valeur. C'est le discours officiel, mais en réalité tout le monde a ses propres préférences. En scrutant l'espace de votre propre horoscope, vous avez sans aucun doute l'impression que certains signes sont plus agréables que d'autres. L'astrologie explique ces sentiments et, en éclairant dans le même temps les manières étranges et merveilleuses de penser des autres personnes, elle vous aide à dépasser vos propres jugements et à améliorer vos relations avec tout le monde, aussi bien avec les gens avec lesquels vous vous sentez naturellement à l'aise qu'avec ceux qui vous exaspèrent.

Cette partie de *L'Astrologie pour les Nuls* est consacrée aux relations de couple. Le Chapitre 11 explique quelques liaisons planétaires spécifiques qui font que deux personnes s'attirent mutuellement (ces combinaisons peuvent les aider à transcender des combinaisons de signes solaires difficiles). Le Chapitre 12 décrit les combinaisons de signes solaires. Après tout, vous ne savez peut-être pas où se trouvent Vénus, Mars ou la Lune dans le thème de l'autre personne, mais vous pourrez toujours trouver son signe solaire – et cette information sera parfois suffisante.

Chapitre 11

Utilisez l'astrologie pour choisir votre partenaire

Dans ce chapitre :

Étudiez le Soleil et la Lune.
Faites correspondre Mars et Vénus.
Évaluez l'Ascendant.
Recherche autres facteurs désespérément.
Les thèmes de comparaison : deux méthodes qui marchent.

S'il était aussi simple de tomber amoureux et de vivre heureux avec lui à partir de ce jour-là que de trouver un être né sous un signe compatible, le divorce ne serait pas devenu le sport national (sauf parmi les signes mutables). En vérité, la compatibilité est un domaine compliqué, et les signes solaires, bien qu'ils soient importants, ne sont pas la seule chose qui compte.

En théorie, votre partenaire idéal(e) est une personne dont les planètes interagissent avec les vôtres de certaines manières spécifiques. Mais dans la vie, les gens se retrouvent avec toutes sortes de partenaires pour toutes sortes de raisons. Certains ont trouvé la véritable « âme sœur » (c'est du moins ce qu'ils disent) ; d'autres s'accommodent. Certaines personnes trouvent des partenaires qui sont des miroirs parfaits ; d'autres recherchent précisément chez le partenaire les qualités qui leur manquent, comme les nombreux couples que je connais dont les thèmes comblent les vides respectifs : lui, a six planètes dans les signes de l'eau et un vide dans le signe de l'air ; et elle, quatre planètes dans les signes d'air et rien du tout dans les signes d'eau. Ces personnes se comprennent-elles ? Peut-être pas. Mais à elles deux, elles couvrent toute la palette.

En comparant les thèmes de deux personnes, les points de comparaison principaux sont le Soleil, la Lune, Vénus, Mars, l'Ascendant et le maître de l'Ascendant. Les sections de ce chapitre vous expliquent ce que vous devez analyser.

Le Soleil et la Lune

Le Soleil, qui représente le cœur de votre identité, et la Lune, qui symbolise vos sentiments et votre inconscient, sont les planètes qui jouent le rôle le plus important dans n'importe quel horoscope. Un partenaire idéal – supposons ici que vous êtes une femme et appelons-le M. Idéal – est une personne dont le signe solaire et le signe lunaire sont compatibles avec les vôtres. Comment juger de la compatibilité ? Au niveau le plus simple, ce qui revient à ceci : des signes positifs – air et feu – s'accordent avec d'autres signes positifs, et les signes négatifs – eau et terre – avec d'autres signes négatifs.

En outre, votre Soleil et la Lune de votre partenaire interagissent de certaines manières qui sont spécifiques, pas simplement par les signes, mais aussi en formant des aspects. Voici les possibilités :

- **Votre Soleil est en conjonction avec la Lune de M. Idéal (ou vice versa).** C'est l'un des deux aspects « Eurêka ! » (l'autre est formé par Vénus en conjonction avec Mars). Si votre Soleil et la Lune de votre partenaire sont en conjonction dans le même signe, il est très probable que vous avez une compréhension profonde et intuitive l'un de l'autre, qui vous permet de bien supporter toutes sortes de tempêtes. (Permettez-moi de remarquer, pour que les choses soient bien claires, que l'astrologie traditionnelle, sexiste jusqu'à la moelle, affirme qu'il vaut mieux que le Soleil de l'homme soit en conjonction avec la Lune de la femme, parce que, dans le cas inverse, la femme pourrait dominer. Ce qui, bien sûr, est impensable.)
- **Votre Soleil forme un sextile ou un trigone avec la Lune de M. Idéal.** Vos sentiments s'harmonisent. Vous êtes complémentaires. Tout va bien. Si cet aspect marche dans les deux sens, c'est d'autant mieux.
- **Votre Soleil forme un carré ou une opposition avec la Lune de M. Idéal.** La personne qui a le Soleil domine et, sans en avoir l'intention, manque peut-être d'égards ; il est probable que la personne qui a la Lune se sente moins puissante à l'intérieur de la relation et soit plus facilement blessée. Pourtant, le carré et l'opposition peuvent être motivants, excitants, et donc constituer un indice positif. En comparant des cartes natales, le fait qu'il existe un aspect entre le Soleil et la Lune est ce qui compte le plus. La nature exacte de cet aspect est moins importante.

Un *aspect* est un lien géométrique entre deux planètes, qui est déterminé par l'écart en longitude (c'est-à-dire la distance en degrés) qui les sépare. Seuls certains aspects sont significatifs. L'aspect le plus proche est la *conjonction*, dont l'exemple idéal se produit lorsque deux planètes occupent exactement le même le degré. L'aspect le plus distant est l'*opposition,* qui est formée lorsque deux planètes sont à 180° l'une de l'autre. Pour en savoir plus sur les aspects, reportez-vous au Chapitre 8.

Si votre Soleil et la Lune de votre partenaire (ou vice versa) sont liés par un aspect majeur, vous avez de la chance. S'ils se trouvent dans des signes compatibles ou s'ils sont liés par un aspect mineur, au moins ils communiquent. (Pour une explication des aspects mineurs, consultez le Chapitre 16.) S'il n'existe aucun aspect entre le Soleil et la Lune et s'ils ne se trouvent même pas dans des signes compatibles, cela ne signifie pas nécessairement le baiser de la mort – en supposant que d'autres aspects lient les planètes d'un thème au Soleil ou à la Lune de l'autre thème. Par exemple, un aspect entre votre Soleil ou votre Lune et la Vénus de votre partenaire peut apporter un dévouement qui durera toute la vie ; un aspect avec Mercure ouvre toutes grandes les portes de la communication ; et ainsi de suite. Tout aspect majeur pourra faire l'affaire. Mais les conjonctions ont une magie qui leur est propre.

Une *conjonction* est formée lorsque deux planètes sont proches l'une de l'autre, de préférence à 8° au maximum dans le même signe du zodiaque. Lorsqu'une planète de votre thème est conjointe à une planète du thème de l'autre personne, vous vous entendez immédiatement dans le domaine particulier concerné – surtout si l'une de ces planètes est le Soleil ou la Lune. Jetez un œil au Tableau 11.1 pour en savoir plus sur ces conjonctions romantiques.

Tableau 11.1 : Conjonctions du Soleil, de la Lune et des planètes.

Si votre Soleil ou votre Lune est en conjonction avec la planète suivante de votre partenaire...	***Votre relation sentimentale se caractérise par...***
Mercure	une communication et une compréhension faciles.
Vénus	l'attraction et l'estime.
Mars	la passion, la vitalité et la compétition.
Jupiter	la sympathie, la confiance et l'encouragement.
Saturne	la responsabilité, les soucis, une dépression possible.
Uranus	l'engouement passager, l'originalité, les frissons et les émotions.
Neptune	la compassion, un lien médiumnique ou spirituel ; ou l'illusion.
Pluton	l'attraction, la transformation, et la jalousie possible.

Un mot sur Saturne, la plus crainte des planètes. Saturne est la planète de la restriction, de la limitation et de la dépression. Saturne a une très mauvaise réputation, et on pense facilement qu'une conjonction, un carré ou une opposition formés par le Saturne de l'une des personnes avec le Soleil ou la Lune de l'autre sont quelque chose de terrible. En fait, en partant du principe que les deux thèmes ont d'autres arguments en leur faveur, un aspect avec

Saturne, même si c'est un aspect majeur, ne fait qu'ajouter une note de sérieux à la relation. Saturne stimule le besoin de structure, d'organisation et de sécurité, il favorise la discipline et l'effort, et c'est la planète des leçons apprises. Elle joue donc toujours un rôle dans les relations durables et sérieuses. Prenez par exemple Tom Cruise et Nicole Kidman. Son Saturne est en opposition à sa Vénus ; et le Saturne de Nicole est en carré avec le Soleil de Tom. Des problèmes ? À coup sûr. Est-ce une relation de couple parfaite ? Non. Ils s'inhibent et se défient l'un l'autre, de certaines manières qui sont désagréables. Et pourtant, une relation sans la moindre trace de Saturne est obligatoirement légère. Pareillement, une relation sans carrés ni oppositions est facile, mais elle est peut-être aussi monotone et insipide. Bien que je ne les connaisse pas personnellement, je peux vous l'assurer : Tom et Nicole n'ont pas ce problème.

Vénus et Mars

Dans la mythologie classique, Vénus, la déesse de l'Amour, fut mariée au dur travailleur Vulcain, le dieu du Feu et du travail des métaux, qui était infirme. Elle avait toutefois de nombreux amants, dont le principal était Mars, le dieu de la Guerre. Les autres dieux méprisaient Mars, mais Vénus le trouvait irrésistible – et c'est ce qui compte.

En astrologie, un lien entre la douce Vénus et le vigoureux Mars, c'est-à-dire entre la déesse de l'amour et le dieu du désir, crée de l'attirance, stimule la passion et favorise la longévité des histoires d'amour. Voici ce qu'il faut chercher :

- **Votre Vénus est en conjonction, en sextile ou en trigone avec la Vénus de votre partenaire.** Vous êtes affectueux, sympathiques et complètement agréables l'un pour l'autre.
- **Votre Vénus forme un carré ou une opposition avec la Vénus de votre partenaire.** Vous exprimez l'affection de manières différentes, et vos goûts sont eux aussi peut-être différents. Pourtant, le lien qui vous unit est fort, surtout si c'est une opposition.
- **Votre Mars forme une conjonction, un sextile, un trigone ou une opposition avec le Mars de votre partenaire.** Vos niveaux d'énergie et de désir sexuel sont semblables (dans le cas d'une conjonction) ou harmonieux.
- **Votre Mars forme un carré ou une opposition au Mars de votre partenaire.** Un fleuve d'énergie vous relie, surtout en cas d'opposition. Mais la friction et la combativité peuvent être intenses.

- **Votre Vénus est en conjonction avec le Mars de votre partenaire (ou l'inverse).** Il s'agit d'un autre aspect « Eurêka ! ». Vous êtes fortement attirés l'un vers l'autre. Même si les planètes sont dans le même signe mais pas conjointes sur le plan purement technique, vous ressentez une attraction magnétique l'un pour l'autre.

- **Votre Vénus est en trigone ou en sextile avec le Mars de votre partenaire (ou vice versa).** Autre indication d'attraction, sans l'attachement irrésistible et obsédant qui peut se produire avec la conjonction.
- **Votre Vénus forme un carré ou une opposition avec le Mars de votre partenaire (ou l'inverse).** Un flux puissant d'énergie et d'attraction sexuelle circule entre vous, mais votre relation est peut-être un peu difficile. Un lien puissant et rempli de tension.

L'Ascendant et le Descendant

L'Ascendant, qui est le signe dans lequel se trouve la cuspide de votre première maison, révèle votre personnalité externe. Le Descendant, qui est le signe dans lequel se trouve la cuspide de la septième maison, décrit votre attitude envers le mariage et les autres partenariats. Ces deux domaines, avec le maître de l'Ascendant, jouent des rôles majeurs lorsque vous comparez votre thème natal à celui de votre bien-aimé(e).

Ne l'oubliez pas : le maître de votre Ascendant (sa planète maîtresse) est aussi le maître de votre horoscope. Si vous êtes d'Ascendant Bélier, votre thème est régi par Mars. Avec un Ascendant en Taureau ou en Balance, la maîtresse de votre thème est Vénus. Et ainsi de suite. (Pour trouver la planète qui a la maîtrise de votre Ascendant, reportez-vous au Chapitre 9. Si vous ne connaissez pas votre Ascendant, consultez l'Annexe A. Pour en savoir plus sur l'Ascendant et le Descendant, lisez le Chapitre 5.)

Ce que vous recherchez, lorsque vous effectuez une comparaison de thèmes, c'est un lien entre le maître de l'un des horoscopes et les planètes, l'Ascendant ou le Descendant de l'autre thème. Si votre Ascendant est par exemple le signe des Poissons, la planète qui régit votre thème est Neptune (le Chapitre 1 donne la liste des signes et des planètes qui les maîtrisent). Donc une conjonction, un sextile, un trigone ou une opposition entre votre Neptune et une planète dans l'horoscope d'une autre personne est particulièrement irrésistible, surtout si cette planète est le Soleil, la Lune, Vénus ou Mars.

Voici quelques autres liens qui valent la peine qu'on les recherche :

- **Le maître de votre horoscope se trouve dans le même signe que l'Ascendant de votre partenaire.** Vous êtes peut-être né par exemple avec un Ascendant Gémeaux. Le maître de votre thème est Mercure. Si votre Mercure se trouve en Scorpion – et si votre partenaire est d'Ascendant Scorpion –, vous avez de la chance.
- **Le maître de votre horoscope se trouve dans le même signe que le Descendant de votre partenaire.** Disons que votre Ascendant se trouve en Verseau, et donc que le maître de votre thème est Uranus, qui se trouve en Balance dans cet exemple. Votre partenaire a peut-être son

Ascendant en Bélier et son Descendant en Balance. (Si vous connaissez l'Ascendant, vous connaissez instantanément le Descendant, car les deux points sont toujours directement opposés l'un à l'autre. Un Ascendant en Bélier implique un Descendant en Balance.) Donc le maître de votre thème, Uranus en Balance, se relie au Descendant en Balance de l'être qui vous fait palpiter, ce qui est bon signe.

- **Le maître de votre thème se trouve dans le même signe que le maître du thème de votre partenaire.** Par exemple, vous avez pour Ascendant la Balance (ce qui signifie que la maîtresse de votre horoscope est Vénus), et Vénus en Vierge. Votre partenaire a un Ascendant Sagittaire et pour maître de thème Jupiter, avec Jupiter placé lui aussi dans la Vierge. Une fois encore, vous faites la paire.

Les facteurs supplémentaires

ATTENTION !

D'abord, un avertissement : si vous comparez votre thème à celui de quelqu'un d'autre et que vous trouvez que vos signes solaires et lunaires ne se relient en aucune façon ; si aucune des Vénus ne se relie au Mars de l'autre personne ; si l'Ascendant de l'un des thèmes ne se connecte en aucune façon avec l'autre horoscope, alors vous êtes peut-être en train de perdre votre temps à essayer de faire débuter la relation. En termes d'amour, il vaut mieux avoir au moins quelques interactions entre ces planètes, parce que ces interactions constituent les premières forces motrices de n'importe quelle relation amoureuse.

Elles ne sont pourtant pas les seules. Les planètes transsaturniennes jouent aussi un rôle, surtout lorsqu'elles sont en contact avec les planètes personnelles, ou visibles.

N'OUBLIEZ PAS

Les planètes transsaturniennes, c'est-à-dire Uranus, Neptune et Pluton, se déplacent si lentement que la plupart des gens de votre promo ont ces planètes pratiquement à la même place. En conséquence, une conjonction Pluton/Pluton, Neptune/Neptune ou Uranus/Uranus ne fait qu'indiquer que vous êtes peut-être des camarades de classe, elle ne prouve pas que vous soyez des âmes sœurs.

Deux autres facteurs qui valent la peine d'être mentionnés sont le mi-point Soleil/Lune et la Part de Fortune.

Le mi-point Soleil/Lune

Entre le Soleil et la Lune se trouve un point équidistant à ces deux luminaires, où leurs énergies fusionnent. Selon l'astrologue Rose Murray, ce point sensitif est un « point sensible du mariage » parce qu'il tombe à mi-chemin entre le Soleil, qui symbolise les caractéristiques masculines (yang) et la Lune, qui gouverne les caractéristiques féminines (yin). Une conjonction ou une opposition entre le mi-point Soleil/Lune d'un thème et le Soleil, la Lune, l'Ascendant ou le mi-point Soleil/Lune d'un autre thème peut créer un lien fort. (Vous trouverez au Chapitre 16 les instructions nécessaires pour le calcul d'un mi-point.)

Il n'est pas difficile de trouver votre mi-point Soleil/Lune, bien que ce soit, je l'admets, rébarbatif. Cela vaut pourtant le temps qu'on y consacre, parce que ce mi-point Soleil/Lune est trop souvent ignoré dans les thèmes de comparaison.

La Part de Fortune

Calculées selon une technique connue des anciens Grecs, les *parts arabes* sont associées aux astrologues arabes du Moyen ge. Ce sont des points astrologiques qui, contrairement aux planètes, n'existent pas dans la réalité. Leur existence est entièrement mathématique.

Il en existe un nombre ahurissant, y compris la Part de Mariage et la Part de Divorce, la Part d'Esprit et la Part de Servitude, sans parler de la Part de Voyage, de la Part de Compréhension, de la Part de Mort, de la Part de Discorde, etc. Vous ne serez pas surpris d'apprendre que les astrologues contemporains en ignorent la vaste majorité.

Toutefois, les choses sont différentes avec la Part de Fortune. Il s'agit d'un point heureux ou chanceux de votre thème, qui est exactement aussi éloigné de votre Ascendant que votre Lune l'est de votre Soleil. (Consultez le Chapitre 16 pour trouver des instructions pour calculer votre Part de Fortune.) Donc si vous êtes né sous la nouvelle lune, le Soleil et la Lune étaient proches l'un de l'autre dans le ciel, et votre Part de Fortune est en conséquence proche de votre Ascendant. Si vous êtes né sous un quartier de la lune, alors qu'il existe approximativement 90 degrés entre le Soleil et la Lune, votre Part de Fortune se trouve à 90 degrés de votre Ascendant. (Consultez le Chapitre 5 pour en savoir plus sur les Ascendants.)

Lorsque la Part de Fortune d'un thème touche le Soleil, la Lune, Vénus, Neptune ou l'Ascendant dans un autre thème, ce contact est une conjonction heureuse qui ajoute un élément de facilité dans une relation – on sent tout simplement que c'est juste.

En elle-même, une conjonction à la Part de Fortune ne transformera pas une relation inexistante en une histoire d'amour éternelle. Mais en combinaison avec quelques autres facteurs, elle dynamise l'histoire et fournit une liaison aussi bonne que n'importe quelle autre pour tomber amoureux.

HISTOIRE VRAIE

Mi-points et mariage

Les thèmes astraux de John Lennon, de la princesse Diana et de John F. Kennedy Jr. avaient tous un lien de mi-point Soleil/Lune avec les partenaires respectifs.

- John Lennon était un natif de la Balance, avec sa Lune en Verseau et son mi-point Soleil/Lune à environ 10° en Sagittaire, en conjonction étroite avec la Lune de sa femme, Yoko Ono, à 12° en Sagittaire.
- Un schéma semblable apparaît dans les horoscopes de la princesse Diana, native du Cancer avec la Lune en Verseau, et du prince Charles, un Scorpion avec la Lune en Taureau. Le mi-point Soleil/Lune du thème de Diana se trouve à 3° en Taureau, alors que la Lune de Charles est à environ 1° en Taureau.
- John F. Kennedy Jr. était un natif du Sagittaire avec sa Lune en Verseau et son mi-point Soleil/Lune à environ 16° en Capricorne, en conjonction avec Saturne et en opposition à Mars en Cancer. Sa femme, Carolyn Bessette Kennedy, avait son Soleil à 17° en Capricorne, en conjonction à la fois avec le mi-point Soleil/Lune et avec le Saturne de John. Leur relation de couple fut turbulente, karmique, et au bout du compte pas heureuse du tout.

L'ex-Beatle, la Reine de Cœur et l'homme le plus sexy de la planète avaient en outre quelque chose d'autre en commun : tous les trois avaient leur Lune dans le signe désinvolte du Verseau. Tous les trois essayèrent donc de contenir leurs émotions, et ils eurent tous les trois besoin de davantage d'indépendance que la part habituelle.

Comment établir des thèmes de comparaison (et ce qu'il faut rechercher)

La meilleure manière de penser à une relation en termes d'astrologie, c'est d'étudier séparément les thèmes, puis de les comparer. Une manière efficace de procéder consiste à surimposer un thème sur l'autre. Une autre manière consiste à créer un thème composite qui représente la relation elle-même. Les deux sections suivantes décrivent les deux méthodes.

Thèmes doubles

Prenez un couple, disons vous-même et l'objet de votre désir. Photocopiez chacun des deux horoscopes. Photocopiez la carte double de l'Annexe C. Puis placez-y vos données astrologiques conformément aux étapes suivantes :

1. **Placez votre Ascendant et les cuspides des maisons à l'intérieur du bord extérieur étroit du thème.**

2. **Placez vos planètes dans l'anneau intérieur.**
3. **Prenez l'horoscope de la deuxième personne et copiez-le dans l'anneau restant du milieu.**

   Vous devez ignorer les positions des maisons de votre partenaire. À la place, étudiez les signes. Votre bien-aimé(e) a trois planètes dans le Taureau ? Placez ces planètes dans la partie de la roue où se trouve le Taureau dans votre thème. Pour inclure l'Ascendant et le Milieu du Ciel de l'autre personne, placez-les à l'intérieur du bord externe en utilisant les abréviations AC (ou AS) et MC.

Vous avez maintenant un thème double, qui se compose d'un thème dans l'anneau intérieur et d'un autre thème dans l'anneau extérieur.

Ce double thème facilite la détection des points de contact entre les deux horoscopes. Vous pouvez remarquer les endroits où un thème est vide et où l'autre est fort, et les endroits où une planète dans un horoscope entre en contact avec une planète dans l'autre. Les conjonctions vous sautent tout de suite aux yeux. Les autres aspects sont plus difficiles à repérer, mais si vous faites des efforts vous y arriverez aussi.

Ce type de comparaison de thèmes facilite également l'examen de la manière dont les maisons d'un thème sont influencées par les planètes de l'autre. Votre Soleil tombe-t-il dans la cinquième maison de votre amour ? la Lune touche-t-elle votre Descendant ? Ce sont des indices positifs, mais difficiles à détecter, à moins de vraiment prendre la peine de surimposer un thème sur l'autre.

Que devriez-vous espérer découvrir dans cette comparaison de thèmes ? Il serait bien de trouver un être dont les planètes – et en particulier le Soleil, la Lune, Vénus et Mars – tombent dans votre cinquième maison de l'amour et des enfants, votre septième maison du partenariat et votre première maison de l'ego.

Regardez la Figure 11.1. Le thème du centre est celui de Jacqueline Kennedy Onassis. Le thème de l'anneau externe est celui du président John F. Kennedy. Vous remarquerez que cinq des planètes de John – Mars, Mercure, Jupiter, le Soleil et Vénus – sont regroupées dans la septième maison du mariage de Jackie.

Changez les thèmes, mettez l'horoscope de JFK au milieu, comme le montre la Figure 11.2, et vous voyez la Lune de Jackie en Bélier tomber dans la septième maison du mariage du thème de JFK, en conjonction avec son Descendant. C'étaient des partenaires naturels.

Que se passe-t-il si vous n'avez pas de contacts dans la cinquième, la septième ou la première maison ? Ne vous en faites pas. Les positions dans les maisons constituent un facteur parmi de nombreux autres. Des aspects majeurs coupent toujours à l'atout les placements dans les maisons.

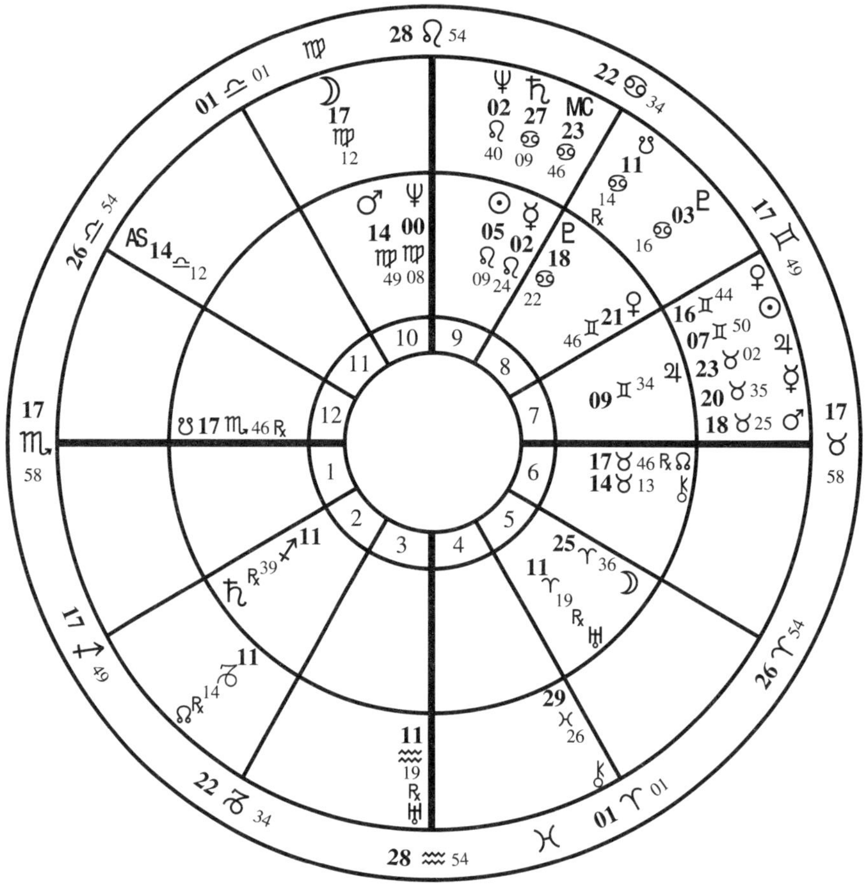

Figure 11.1 : La carte du ciel de Jackie O entourée de celle de JFK.

N.B. : cette représentation reprend la disposition du modèle américain (idem pour les figures 11.2 et 11.3).

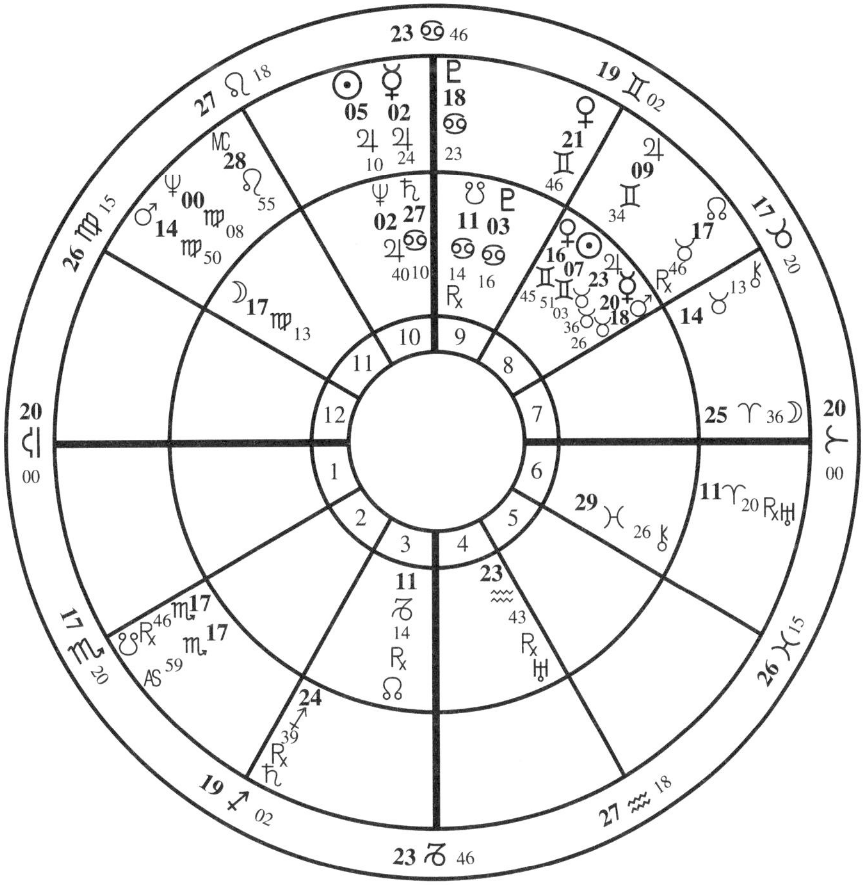

Figure 11.2 : La carte du ciel de JFK entourée de celle de Jackie O.

Thèmes composites

Une méthode fascinante de comparaison, dont Robert Hand fut le pionnier aux États-Unis, consiste à créer un thème astral composite en utilisant la position du mi-point entre chaque paire de planètes (avec les Milieux du Ciel, les Ascendants et toutes les cuspides des maisons). Les exemples suivants permettent d'expliquer comment procéder.

Si votre Soleil se trouve à 16° en Vierge et que le Soleil de votre bien-aimé(e) se trouve exactement éloigné de deux signes à 16° en Scorpion, le Soleil composite se trouve à mi-chemin entre les deux : à 16° en Balance.

Votre Lune se trouve peut-être à 28° en Gémeaux et vous êtes follement amoureux d'une personne dont la Lune est placée à 8° en Lion ; 40 degrés séparent les deux Lunes : les 2 degrés restants en Gémeaux, les 30 degrés du Cancer, et 8 degrés en Lion. La moitié de 40, c'est 20. Ajoutez les 20 degrés aux 28 en Gémeaux pour obtenir 18 degrés en Cancer, qui constitue la position de la Lune composite. (Voir le Chapitre 1 pour une explication des degrés zodiacaux.) Pour achever votre thème composite, vous devez trouver le mi-point du Mercure de l'un et de celui de l'autre, de la Vénus de l'un et de celle de l'autre, et de toutes les autres paires de planètes.

La Figure 11.3 montre le thème composite du président Kennedy et de Jackie O. Notez que le thème composite présente une conjonction Soleil/Lune très positive (en Cancer). Notez aussi que l'accent principal du thème tombe sur la neuvième maison, celle des voyages et de la publicité.

CONSEIL

Sans ordinateur, ce travail est rébarbatif à l'extrême. La vie est trop courte pour que vous perdiez votre temps à effectuer tous ces calculs à la main à propos de quelqu'un que vous venez juste de rencontrer. Mais si votre relation a déjà évolué, une heure ou deux d'arithmétique en vaillent bien la peine.

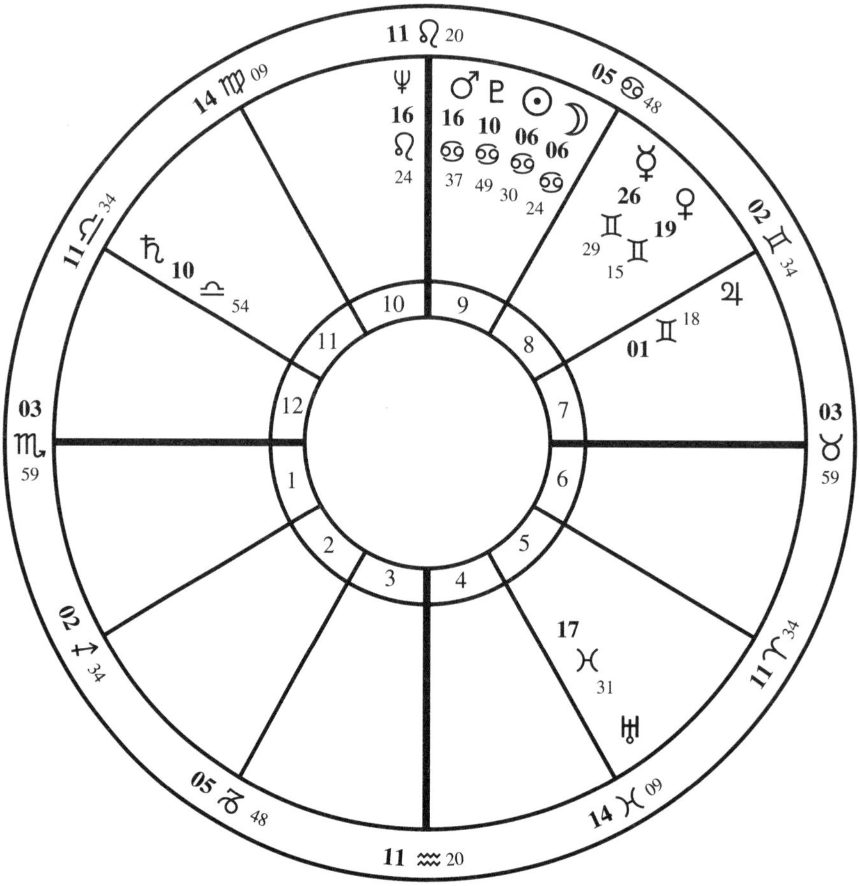

Figure 11.3 : Le thème composite de JFK et de Jackie O.

Voici ce qu'il faut chercher dans un thème composite :

- **Les composants les plus importants sont le Soleil, la Lune, l'Ascendant et tout amas, ou *stellium*, de trois planètes ou davantage dans le même signe.** Les signes et les maisons valorisées par ces placements vous apprennent beaucoup sur la relation, comme le montre le Tableau 11.2.

Tableau 11.2 : Accent par maison et par signe dans les thèmes composites.

Avec l'accent en...	*Votre relation est...*
Bélier, première maison	dynamique, indépendante, prenante.
Taureau, deuxième maison	centrée sur l'argent et sur les biens matériels.
Gémeaux, troisième maison	nourrie par la communication et l'activité.
Cancer, quatrième maison	basée sur la création commune d'un foyer.
Lion, cinquième maison	romantique, spectaculaire et amusante.
Vierge, sixième maison	centrée sur le travail, la santé, et les activités quotidiennes.
Balance, septième maison	un partenariat.
Scorpion, huitième maison	intense sur le plan émotionnel et sexuel.
Sagittaire, neuvième maison	expansive, exploratrice, animée par les voyages.
Capricorne, dixième maison	centrée sur la carrière, le statut social et l'image.
Verseau, onzième maison	amicale, sociable, marquée par des objectifs communs.
Poissons, douzième maison	spirituelle, karmique, cachée ou réprimée.

- **Étudiez tous les aspects formés par le Soleil, la Lune, Vénus et Mars.** Les conjonctions, les sextiles et les trigones indiquent une relation d'amour. Une série de carrés et d'oppositions indique une relation accablée par le conflit, mais rien n'est grave s'il y a un carré ou deux : cela épice juste un peu la relation. Par contre, le fait de ne pas avoir du tout d'aspects parmi ces quatre planètes indique un manque de points communs qui pourrait bien être difficile à surmonter.
- **Les aspects formés par les autres planètes.** Ne l'oubliez pas : Jupiter amène la bonne fortune ; Saturne crée la restriction et l'inhibition, mais il peut aussi apporter la responsabilité et la stabilité. Uranus provoque l'excitation, mais il renverse aussi complètement les choses. Neptune apporte de l'inspiration et un lien spirituel si les aspects sont harmoniques

(conjonction, trigone ou sextile), l'illusion et la tromperie si les aspects sont dissonants (carré ou opposition). Pluton amène la transformation.

Vue d'ensemble

Vous savez ce que dit la Bible : « Qui cherche trouve. » Mais il est possible de trop chercher et de ne trouver que ce que vous voulez voir. C'est sans aucun doute le premier piège de la comparaison de thèmes (appelée également *synastrie*).

Voici les règles à respecter pour la comparaison de thèmes :

1. **Jugez en vous fondant sur votre connaissance de l'autre personne, et pas seulement sur son thème astral.**

   Peut-être ne disposez-vous pas des informations correctes sur la naissance. (Croyez-moi, ça peut arriver : ma propre mère m'a menti sur l'année de sa naissance.) Si le thème a l'air idéal mais qu'il est clair que la relation ne l'est pas, partez du principe qu'il vous manque quelque chose. En cas de doute, fiez-vous à votre expérience.

2. **Ne vous cramponnez pas à une relation pour laquelle vous savez au fond de vous-même qu'elle ne mène nulle part, simplement parce que, avec autant de merveilleux trigones reliant les thèmes, vous êtes sûr que cette alliance va finir par se consolider un de ces jours.**

   Des liens puissants sont nécessaires pour qu'une relation continue à se développer, mais ils ne suffisent pas : les deux parties doivent vouloir la même chose. Le moment doit également être le bon.

3. **Ne rejetez pas une relation naissante simplement parce que vous ne trouvez pas les aspects planétaires que vous voudriez y voir.**

   Il se peut que vous ne cherchiez pas là où il le faut.

4. **Ne commettez pas l'erreur de scruter deux thèmes en détail pour finalement découvrir, après des efforts herculéens, un détail qui a l'air positif.**

   Votre Mercure en sextile avec son mi-point Vénus/Jupiter ? Votre Part de Fortune en conjonction avec la cuspide de sa cinquième maison ? Vous commencez à vous emballer… Mais vous ne devriez pas. Ne vous laissez pas séduire par des éléments isolés. Vous avez probablement des aspects plus puissants et plus nombreux avec la personne qui vous vend votre café au lait chaque matin. Car pour que deux êtres se lient à un niveau profond, leurs thèmes respectifs doivent interagir de nombreuses façons. Un aspect mineur par-ci, par-là ne fera pas l'affaire.

L'astrologie, ce n'est pas de la magie. La comparaison de thèmes peut vous donner une idée de la manière dont deux personnes sont en relation, mais le seul fait que deux thèmes astraux aillent ensemble ne signifie pas que les deux personnes arriveront à dépasser la case départ.

Prenez mon amie Suzanne, par exemple. Lorsqu'elle m'annonça qu'elle avait trouvé son homme idéal, j'analysai immédiatement le thème de ce dernier. Et bien sûr, les deux thèmes allaient parfaitement ensemble. Mais en réalité, elle n'a pas encore rencontré cette personne !

Si la comparaison de thèmes vous intéresse, vous pouvez par exemple consulter les livres suivants (en anglais) :

When Planets Promise Love : Your Romantic Destiny through Astrology par Rose Murray (Llewellyn Publications).

Planets in Composite : Analysing Human Relationships par Robert Hand (Para Research).

Chapitre 12

Les signes et l'amour : toutes les combinaisons !

Dans ce chapitre :

L'amour, signe par signe.
Toutes les combinaisons.

Chaque relation de couple, comme chaque personne, est entièrement unique. Les possibilités sont infinies, mais pas les probabilités. Comment s'aimer ? Il existe 78 manières, une pour chaque combinaison de signes solaires.

Dans ce chapitre, je traite chaque combinaison de signes sous le signe qui vient le premier dans le zodiaque. Donc si vous êtes un fougueux Bélier et que votre bien-aimée est une Balance qui aime sa tranquillité, consultez la section sur le Bélier pour y lire une description de la dynamique de la relation. Et si vous êtes un Poissons sentimental amoureux d'une Vierge bourreau de travail, vous trouverez la description de cette combinaison sous la section consacrée au signe de la Vierge.

Le Bélier amoureux

Vigoureux et exubérant, vous êtes passionné, idéaliste et dévoué, surtout lorsque vous êtes amoureux. Mais vous êtes également impatient, et vous n'aimez pas vous sentir enfermé. Les partenaires qui essaient de contrôler votre comportement perdent rapidement vos faveurs, de même que les amis qui vous appellent trop souvent ou qui exigent trop d'intimité. Voici comment vous interagissez avec les autres signes du zodiaque :

- **Bélier + Bélier :** pensez à du piment rouge, à des saxophones et à des volcans – à tout ce qui est chaud. Ce duo rapide, qui adore l'action et la compétition, mène au feu d'artifice – lorsque vous le voulez mais aussi à des moments où vous pourriez bien vous en passer.

- **Bélier + Taureau :** le Bélier impétueux est fougueux, dynamique et prêt à démarrer au quart de tour ; le Taureau stable, entêté et séduisant n'est absolument pas pressé, il est immuable. Comme pour toutes les autres combinaisons avec le voisin d'à côté, les différences de style et de rythme peuvent perturber gravement, à moins que l'un des deux ou les deux aient des planètes dans le signe de l'autre.

- **Bélier + Gémeaux :** vous avez tous les deux beaucoup d'esprit, vous êtes dynamiques, et vous vous ennuyez facilement. Vous avez aussi un million de centres d'intérêt et un amour pour les activités de toutes sortes. Les natifs du Bélier sont francs et très physiques, alors que les Gémeaux vivent dans leur tête. C'est quand même une formidable combinaison.

- **Bélier + Cancer :** vous êtes tous les deux vigoureux et expressifs, mais le Cancer est sensible et craintif, alors que le Bélier au sang chaud est dominant, spontané et courageux. Le Bélier n'est pas particulièrement à l'écoute sur le plan émotionnel, ce qui frustre en permanence le Cancer chagrin et intuitif.

- **Bélier + Lion :** deux signes du feu qui génèrent ensemble beaucoup de chaleur. Sauf lors des éclats de vanité d'un côté ou de l'autre, impossible de faire mieux que cette combinaison joyeuse et qui a beaucoup d'esprit. (On dirait seulement qu'ils n'ont pas l'air de s'amuser, mais ce n'est qu'une impression.)

- **Bélier + Vierge :** le bélier turbulent préfère sauter d'abord et regarder ensuite ; la Vierge inhibée veut examiner les choses. Le Bélier appelle un chat un chat, de façon directe et précise ; la Vierge analytique pense avant de parler et essaie d'être sensible. Les natifs de chaque signe ont donc des plaintes légitimes vis-à-vis de l'autre.

- **Bélier + Balance :** les opposés s'attirent. Le Bélier amène de l'énergie passionnée, de la curiosité et de l'enthousiasme au pot commun ; la Balance de l'intelligence, de la courtoisie et du charme. Bien que les différences ne puissent pas être ignorées – le Bélier est spontané et direct, la Balance est douce, réfléchie et contenue –, il s'agit pourtant d'une bonne recette pour une histoire d'amour.

- **Bélier + Scorpion :** sur le plan sexuel, cette combinaison est hors concours. Mais le Bélier impétueux est franc, alors que le Scorpion jaloux est tout sauf ça. De manière générale, cette association attire les ennuis.

- **Bélier + Sagittaire :** deux signes du feu qui se stimulent l'un l'autre : un duo classique à haute tension et qui s'amuse bien.

ATTENTION !

- **Bélier + Capricorne :** c'est au début le Capricorne qui se lance dans l'aventure et décide de s'allier avec une créature aussi téméraire et violente que le Bélier. Mais le Capricorne est implacablement adulte, alors que le Bélier est un adolescent perpétuel, débordant d'enthousiasme et de plans qui ne tiennent pas la route. La plupart du temps, le frisson disparaît.
- **Bélier + Verseau :** bien que ces deux signes soient en sextile, il ne s'agit pas du duo heureux que vous vous imaginez peut-être. Le Verseau visionnaire pense au futur ; le Bélier est effronté, téméraire, et veut vivre ici et maintenant. Un solide lien Vénus/Mars peut constituer une aide précieuse.

ATTENTION !

- **Bélier + Poissons :** le Poissons fluide et compatissant peut domestiquer le dominant Bélier pendant un moment. Mais que se passe-t-il lorsque le Poissons émotif a besoin qu'on s'occupe de lui ? Le Bélier est en cavale. Protégez-vous, Poissons. Cherchez ailleurs.

CONSEIL

Si vous êtes amoureux d'un Bélier, ne soyez pas timide, subtil ou hésitant. Flirtez hardiment. Suggérez quelque chose en passant et sur un coup de tête. Ne laissez aucun doute dans l'esprit du Bélier quant au fait que vous êtes intéressé. Mais si vos efforts restent sans réponse, retirez-vous immédiatement et essayez de vous rendre inaccessible et indisponible. Surtout, ne suppliez pas, n'implorez pas et ne vous plaignez pas. Le Bélier n'a aucune patience pour tout comportement impliquant faiblesse et médiocrité.

Le Taureau amoureux

Possessif, fidèle, et pas aussi doux que vous aimeriez l'être, vous avez besoin de contact physique, de sécurité sur le plan émotionnel et financier, et de confort domestique. Une fois que vous avez trouvé quelqu'un qui partage votre sensualité et vos valeurs de base, vous êtes satisfait. Pour être heureux, il vous suffit de passer du temps ensemble, sans rien faire d'autre. Les problèmes surgissent lorsque votre partenaire veut un changement de rythme. Car, inévitablement, vous résistez : vous êtes immuable. Apprenez donc la souplesse !

- **Taureau + Taureau :** en supposant que l'un de vous deux ait la jugeote de faire le premier pas, c'est une histoire d'amour qui pourrait durer. Mais lorsque les désaccords apparaissent, vous croisez les cornes. Grandes passions, grandes disputes, mais aussi une réussite certaine.
- **Taureau + Gémeaux :** le Gémeaux effervescent décontracte l'impassible Taureau. Mais le Gémeaux adore le changement et s'y jette sans réfléchir, alors que le Taureau préfère l'éviter aussi longtemps que possible. Comme toujours, les signes voisins peuvent poser problème. Regardez si vous avez des planètes dans le signe de l'autre.

- **Taureau + Cancer :** bienvenue à la maison. Le Taureau est sensuel, affectueux et recherche la sécurité ; le Cancer est intuitif, attentionné, et recherche aussi la sécurité. Un couple parfait.
- **Taureau + Lion :** le Taureau fiable veut mener une vie normale, se coucher à une heure régulière, et avoir un compte en banque qui prospère. Le Lion exigeant veut vivre la grande vie. Et aucun des deux n'est prêt à céder un pouce de terrain.
- **Taureau + Vierge :** vous appréciez tous deux les solutions pratiques, même si le Taureau sensé a besoin de plus de temps pour y parvenir que la Vierge efficace. Outre que vous partagez des valeurs communes, le Taureau au bon sens peut calmer les nerfs de la Vierge, et la Vierge peut stimuler le Taureau pour qu'il entre en action. Un bon couple.
- **Taureau + Balance :** vous êtes tous deux gouvernés par l'érotique Vénus, mais quelles différences existent entre vous ! La Balance, qui est intellectuelle, apprécie le raffinement, la musique, l'éclairage tamisé ; le Taureau, qui a le sens pratique, veut sauter les préliminaires et passer à l'action. Lorsque le frisson du moment est passé, vous avez peu de choses à vous dire.
- **Taureau + Scorpion :** le terrain de jeu de la passion. Le Scorpion déborde d'idées érotiques, et le Taureau suit. L'amour du Scorpion pour le secret, le mélodrame et le contrôle est reçu froidement par le Taureau, qui est bien plus franc. Lorsque les problèmes surgissent, vous êtes tous les deux aussi entêtés l'un que l'autre.
- **Taureau + Sagittaire :** sur le plan sexuel, vous allez bien ensemble, du moins pour un bout de temps. Sinon, vous êtes tellement différent qu'il est surprenant que vous vous soyez mis ensemble. Le Sagittaire collectionne les points de fidélité des compagnies aériennes, il a besoin de beaucoup d'espace et désire ardemment la stimulation ; le Taureau jardine, il a besoin de tas de câlins (et d'un nid douillet) et il adore ne rien faire, ce qui donne une combinaison difficile.
- **Taureau + Capricorne :** un beau couple. Vous avez des valeurs partagées, vous appréciez le confort physique, vous avez le désir de la prospérité financière (et la volonté de travailler pour l'obtenir) ainsi qu'une croyance dans le pouvoir guérisseur de la sexualité, qui se confirme fréquemment.
- **Taureau + Verseau :** le Verseau désinvolte ne pense qu'aux idées ; le Taureau stable ne pense, lui, qu'à la réalité. Les deux sont rigides. Pas de bonnes perspectives, malgré l'exemple de Harry S. (Taureau) et Bess (Verseau) Truman, dont le mariage a duré plus de 50 ans ; mais pendant qu'il était à la Maison Blanche, l'indépendante Bess passait de longues semaines justement à Independance, dans le Minnesota.
- **Taureau + Poissons :** outre que le Taureau est de l'espèce pratique et que le Poissons est un rêveur, ces deux-là partagent des rythmes, des goûts et des notions romantiques semblables.

Vous êtes fou d'un Taureau ? Fréquentez-le. Soyez présent. Soyez patient. Évitez les disputes. Ne révélez aucune névrose profondément enracinée. Et faites en sorte que le Taureau puisse se sentir à l'aise. La sécurité joue un rôle essentiel pour le Taureau. Pour lui procurer un havre de paix, donnez-lui des aliments riches, des touchers légers, des après-midi paresseux, du bon vin et des promenades de détente dans les bois. Le Taureau réagit aux odeurs et à la texture, donc portez de la soie, du velours, du cachemire, du tweed – tout ce que l'on peut caresser avec volupté. C'est dans ce monde que vit le Taureau.

Le Gémeaux amoureux

L'exubérant Gémeaux est le dernier des partisans des rapports sexuels de rencontre. Il flirte à outrance et se branche facilement, mais il disparaît aussi à la vitesse de la lumière lorsque les choses se gâtent. Car vous adorez la diversité, vous appréciez les défis intellectuels, et vous recherchez des personnes qui ont de l'esprit et partagent votre goût pour les badinages légers et les stimulations constantes. Vous êtes animé et enchanteur. Mais vous êtes aussi inconstant : une victime de plus du mythe que « c'est toujours mieux ailleurs ».

- **Gémeaux + Gémeaux :** malgré le niveau général d'énergie nerveuse que vous produisez ensemble, vous vous amusez mutuellement. Et vous n'avez jamais affaire à ces silences de mort qui planent parfois sur les relations des autres. Un festival de discussions.
- **Gémeaux + Cancer :** les jumeaux facilement distraits sont des poids plumes sur le plan émotionnel, ils sont capables de refuser d'admettre leurs sentiments pendant des années et des années ; le crabe lunatique, champion olympique de l'événement qui fait pleurer, exige un contact émotionnel, de préférence à la maison. Recherchez des liens puissants entre les planètes, car ce n'est pas un couple béni par le ciel.
- **Gémeaux + Lion :** ces deux joyeux noceurs éprouvent un véritable plaisir à être ensemble, bien qu'ils soient inconsciemment en compétition pour le devant de la scène, que le Lion revendique et que le Gémeaux, bavard invétéré, déteste abandonner. En outre, le Lion est fidèle à l'excès, alors que le Gémeaux…
- **Gémeaux + Vierge :** la bonne nouvelle : vous vous entendez tout de suite dès le premier contact (même si c'est au téléphone), et vous avez des tas de choses à vous raconter. La mauvaise nouvelle : vous pouvez vous taper réciproquement sur les nerfs.
- **Gémeaux + Balance :** une combinaison naturelle et facile qui favorise le flirt affectueux et une conversation qui ne s'arrête jamais. Bien que cette liaison ne soit pas des plus passionnées, vous ne pouvez pas vous tromper.

- **Gémeaux + Scorpion :** le Scorpion considère la sexualité comme le mystère central de la vie. Le Gémeaux (un signe plus charnel qu'on ne le croit en général) l'aime aussi, mais pas au point de complètement s'émouvoir à ce sujet. Le Scorpion jaloux se sent rapidement blessé, tandis que le Gémeaux volage se demande où il peut bien y avoir un problème.
- **Gémeaux + Sagittaire :** en dépit des coups de tête occasionnels, ce couple qui adore la liberté et les discussions se trouve sur la même longueur d'onde. Un conseil : remplissez vos agendas, à la fois séparément et ensemble, avec beaucoup d'activités et de voyages, et empilez des tas de choses à lire sur les tables de nuit.
- **Gémeaux + Capricorne :** le sombre Capricorne se prend très au sérieux ; les Gémeaux peu difficiles rient facilement, prennent les choses à la légère, et partent toujours dans de nouvelles directions. Ce n'est pas une combinaison facile.
- **Gémeaux + Verseau :** il est possible que vous soyez des âmes sœurs. Vous êtes tous les deux sociables, vous aimez tous les deux vous amuser, et vous avez tous les deux l'esprit actif (bien que le Verseau veuille discuter de problèmes sociaux alors que le Gémeaux s'intéresse à des sujets moins ambitieux). Mais vous n'êtes ni l'un ni l'autre particulièrement en contact sur le plan émotionnel, et donc, lorsque les temps sont rudes, le lien qui vous soude peut faiblir.
- **Gémeaux + Poissons :** le Poissons décontracté veut faire la grasse matinée ; le Gémeaux veut par contre se lever tôt. Le Poissons mystique veut analyser les rêves ; mais le Gémeaux a envie de regarder la télévision. Vous venez de planètes différentes. Heureusement, vous êtes tous les deux prêts à apprendre.

Si un Gémeaux occupe vos pensées, soyez optimiste, branché, imprévisible et disponible. Le Gémeaux a l'esprit vif, il est curieux, bien informé et toujours partant. Pour attirer l'attention d'un Gémeaux, faites preuve des mêmes qualités. Ne soyez pas morose. Ne vous apitoyez pas sur le triste état des choses du monde d'aujourd'hui. Ne vous plaignez pas. N'exigez pas de planifier les choses des semaines à l'avance. Et surtout, ne lassez pas le Gémeaux, qui apprécie la conversation animée par-dessus tout. Savez-vous pourquoi les Gémeaux ont la réputation d'être infidèles ? C'est parce qu'ils s'ennuient aussi facilement.

Le Cancer amoureux

Le Cancer est doué pour l'intimité, pour s'occuper des autres et pour l'amour. Lorsque vous êtes amoureux, vous ignorez allègrement les défauts qui sautent aux yeux, et vous n'avez de pensées que pour le potentiel caché de votre bien-aimé(e). Affectueux, généreux, sentimental et maternel, vous avez besoin d'un être qui partage votre dynamisme et votre volonté d'explorer des problèmes émotionnels complexes. Une fois que vous avez trouvé une telle personne, vous vous donnez totalement. Vous soutenez complètement l'autre. Mais vous avez aussi tendance à vous accrocher à lui. Pas étonnant que l'archétype de la mère étouffante soit du signe du Cancer : parfois, vous ne pouvez pas lâcher prise, ne serait-ce qu'un peu.

- **Cancer + Cancer :** vous êtes intuitif et vous réagissez bien l'un à l'autre, avec beaucoup d'énergie et de dynamisme. Allez-y, essayez. Mais souvenez-vous que les sentiments sont exacerbés pendant les pleines lunes, et que vous sentez tous les deux la tension.
- **Cancer + Lion :** le Lion dominant adore la passion, l'aventure et les hôtels cinq étoiles ; le Cancer lunatique veut une vie plus tranquille dans un cottage douillet couvert de vigne-vierge. Si le Lion est prêt à réduire ses exigences, et si le Cancer est prêt à caresser l'ego fragile du Lion dans le sens du poil et à tenter sa chance, vous pourrez trouver un terrain d'entente.
- **Cancer + Vierge :** une fois la confiance établie, le Cancer aide la Vierge à se détendre, et la Vierge aide le Cancer à se sentir plus en sécurité. Mais le domaine des émotions présente des difficultés, car le Cancer sensible à l'extrême veut discuter des sentiments, alors que la Vierge critique préfère éviter tous ces sujets émotionnels (à moins qu'ils ne puissent être approchés de façon systématique) et s'occuper de choses pratiques.
- **Cancer + Balance :** le Cancer casanier et la Balance artiste passeront ensemble un moment merveilleux à décorer leur maison. Mais les besoins émotionnels du Cancer font se retirer la Balance logique. Ce n'est pas une paire naturelle, bien que le désir de la Balance de se trouver dans une relation puisse constituer un facteur atténuant.
- **Cancer + Scorpion :** vous êtes tous deux bien conscients de vos sentiments et amoureux de l'amour. Votre relation est probablement profondément intuitive, bien que je connaisse plusieurs exemples où cette paire se soit enlisée. Les problèmes surgissent lorsque le Scorpion ne peut pas faire face au flux et au reflux rapides des émotions du Cancer. Les sentiments du Scorpion, profonds, changent lentement – si jamais ils changent. Les sentiments du Cancer changent constamment.

- **Cancer + Sagittaire :** le Cancer veut aimer, nourrir et posséder ; le Sagittaire ne peut pas être possédé. Bien que vous vous aimiez peut-être intensément, vous êtes complètement différents. À éviter.
- **Cancer + Capricorne :** comme toute paire d'opposés, celle-ci a ses avantages et ses inconvénients. Le Cancer lunatique possède un sens intuitif de la façon dont les choses devraient être faites ; le Capricorne sensé préfère suivre les règles écrites dans les livres. Mais le Capricorne donne au Cancer le sentiment d'être protégé, et le Cancer au Capricorne celui d'être aimé, et vous partagez tous les deux le respect de la tradition et de la famille.

- **Cancer + Verseau :** le Cancer chaleureux et nourricier avec le Verseau décontracté et détaché ? Ce n'est pas recommandé. Ce qui ne veut pas dire que certains couples n'aient pas tenté leur chance.
- **Cancer + Poissons :** vous êtes aussi sensibles l'un que l'autre. Un grand courant passe entre vous deux, vos rythmes sont semblables, et vous partagez peut-être même un rare lien spirituel. Un couple parfait, bien que le Cancer, qui adore jouer le sauveteur, aie peut-être des difficultés à surmonter le talent notoire des Poissons à s'autodétruire.

Si vous tombez amoureux d'un natif du Cancer, n'oubliez surtout pas les roses, le chocolat et les bougies. Au plus profond de lui complètement monogame, le crabe est un véritable romantique, le vrai de vrai ! Allez ensemble au bord de l'océan. Allez danser. Allez vous promener au clair de lune. Les natifs de certains signes font ces choses parce qu'ils désirent ce vécu. Les Cancer les font parce qu'ils réagissent à ces symboles traditionnels – et parce qu'ils désirent l'intimité par-dessus tout. Trois suggestions : demandez à votre crabe préféré son arbre généalogique intégral ; prouvez-lui que vous savez cuisiner ; et n'hésitez pas à lui parler de vos émotions, avec moult détails.

Le Lion amoureux

Naturellement sexy, vous êtes romantique, manipulateur, fidèle, et, malgré votre apparente confiance, vous avez désespérément besoin d'amour. Lorsque quelqu'un gagne votre cœur, vous voulez que cette personne reste pour toujours dans votre vie. Mais vous exigez d'être courtisé de la manière qui vous convient exactement, vous insistez pour tenir les rênes du pouvoir, et vous avez peut-être aussi tendance à vous mêler de ce qui ne vous regarde pas et à vouloir tout contrôler. Malgré votre comportement impossible, vous êtes si radieux et si agréable que vous réussissez à vous tirer de n'importe quelle situation.

- **Lion + Lion :** vous avez tous deux de grandes personnalités théâtrales, et votre maison est remplie de rires. Mais vous avez également de grands ego assoiffés de gloire, qui ont des besoins constants d'applaudissements et de louanges. Sur le plan sexuel, vous êtes de la dynamite. Mais une question demeure : qui de vous deux est le maître de ce château ? Pas évident d'y répondre.
- **Lion + Vierge :** le Lion flamboyant fait de grands gestes ; la Vierge collet monté se concentre sur les détails. Ce n'est pas un duo naturel. Idéalement, l'un de vous – ou les deux – a au moins une planète dans le signe de l'autre, pour combler la distance considérable qui vous sépare.
- **Lion + Balance :** la Balance adore flirter ; le Lion est ludique, et le duo fonctionne. Bien que le Lion soit plus théâtral que la Vierge bien tempérée, ces deux-là se stimulent et se ravissent mutuellement.

- **Lion + Scorpion :** le Lion resplendit, le Scorpion brûle ; les deux sont des héros dramatiques. Flamboyante, intense, plaisante et profondément prenante, cette alliance passionnée et compliquée génère de bons moments et des batailles majeures, c'est le feu et la glace.

- **Lion + Sagittaire :** ce duo flamboyant et exubérant génère des rires à la pelle, beaucoup de passion, et des aventures partagées dans le grand monde. Mais le Lion fidèle, qui veut tout faire ensemble, devrait se souvenir qu'il faut de temps en temps laisser libre cours au Sagittaire qui a besoin d'indépendance, et le franc Sagittaire doit s'habituer au fait que le Lion mélodramatique est aussi hautement manipulateur.
- **Lion + Capricorne :** le Lion flamboyant adore les grands gestes, alors que le Capricorne conservateur préfère rester modéré en minimisant sa ou ses réactions. Mais ils adorent tous les deux les environnements luxueux et les plus fines des choses de la vie. Avec beaucoup d'argent, ce couple peut marcher.
- **Lion + Verseau :** si le Lion expressif arrive à accepter les manières (et les amis) excentriques du Verseau, et si le Verseau jaloux de sa liberté n'éprouve pas de problème à couvrir d'adoration le Lion, qui en a tellement besoin, ce couple peut marcher. Cependant, le Lion doit aussi relâcher un peu le contrôle qu'il exerce, parce que le Verseau ne se laisse pas facilement embrigader dans les plans de quelqu'un d'autre.
- **Lion + Poissons :** le Poissons est ensorcelé par la confiance flamboyante du Lion audacieux, qui à son tour est enthousiasmé par le Poissons expressif et romantique. Mais bien que le Poissons se sente au début protégé par le Lion, qui veut tout réparer, le Poissons (qui a entre-temps semé la pagaille à un point tel que le Lion n'arrive pas à y croire) finit quand même par se sentir critiqué et condamné. À éviter.

Pour capturer le cœur d'un Lion, ayez un look magnifique, rayonnez de confiance, et ouvrez votre portefeuille. Le Lion s'attend à recevoir des fleurs dès le deuxième rendez-vous, et la mise ne cesse ensuite de monter : les dîners dans des restaurants gourmets et les beaux bijoux font partie du jeu. Ne pensez surtout pas vous en tirer avec de la pacotille, car le Lion sait très bien faire la différence. En plus, c'est un boulimique d'affection, d'attentions et de compliments. Vous n'en ferez jamais trop : les grenouilles Lion pensent qu'elles sont des princes ; les princes Lion pensent qu'ils sont des rois ; les rois Lion pensent qu'ils sont des dieux. N'ayez donc pas peur d'exagérer.

La Vierge amoureuse

Vous êtes compréhensif, d'abord facile, et bien plus sexy que votre symbole virginal ne le suggère. Mais vous placez la barre de vos exigences idéalistes tellement haut qu'elles en deviennent inaccessibles, et les simples mortels ont des problèmes à atteindre ce niveau pour les satisfaire. Lorsqu'un être a finalement prouvé qu'il en valait la peine, vous êtes chaleureux avec lui, vous l'adorez, vous êtes tout dévoué et prêt à l'aider. Malheureusement, vous apprenez souvent à vos dépens que vos suggestions et vos conseils, bien que partant d'un bon sentiment, font très mal, peu importe la gentillesse avec laquelle vous les prodiguez.

- **Vierge + Vierge :** vos cerveaux fonctionnent de façon semblable. Si vos compulsions perfectionnistes arrivent à coexister, cette union est heureuse et saine.
- **Vierge + Balance :** la Vierge analytique et la Balance réfléchie se connectent mentalement. Mais la Vierge efficace et industrieuse vise la perfection, alors que la Balance, qui aime flirter et qui est un tant soit peu paresseuse, a besoin de davantage de temps pour les câlins et le repos, même si la lessive est en attente. Comme toujours pour les signes voisins, cherchez la présence de planètes dans le signe de l'autre personne.

- **Vierge + Scorpion :** une adéquation admirable. La Vierge est suffisamment terrestre pour satisfaire les exigences les plus charnelles du Scorpion, alors que ce dernier, qui est un détective naturel et adore plonger profondément dans la signification des choses, peut rencontrer la Vierge sur son propre terrain intellectuel.
- **Vierge + Sagittaire :** un courant érotique brûlant passe souvent entre vous, et vous vous connectez mentalement, bien que l'extravagant Sagittaire préfère voir en grand d'abord et s'occuper des détails ensuite (si jamais cela arrive), alors que la Vierge prudente préfère rester dans la réalité. Une fois la fascination initiale disparue, la différence sera peut-être trop grande pour être surmontée.

- **Vierge + Capricorne :** ces deux signes du même élément se comprennent mutuellement. Vous éprouvez une grande harmonie sans avoir besoin de vous forcer. Vous avez tous les deux le sens pratique, vous êtes méthodiques, doués, ardents. Un bon plan pour une relation durable et agréable.

- **Vierge + Verseau :** l'esprit analytique unique de la Vierge excite le brillant Verseau, dont les manières rebelles aident la vertueuse Vierge à se décontracter. Vous vous amusez beaucoup ensemble et vous connectez au niveau intellectuel. Mais vous n'êtes ni l'un ni l'autre à l'aise dans le royaume des émotions, et, lorsque des problèmes surgissent dans ce domaine, vous vous trouvez tous deux complètement embarrassés.
- **Vierge + Poissons :** vous vous fascinez mutuellement parce que vous êtes les oppositions polaires. La Vierge a besoin d'ordre, de calendriers, de raisons sensées. Le Poissons intuitif réagit instinctivement et se sent profondément et constamment attiré par le chaos. Naturellement, c'est la Vierge qui l'emporte en cas de conflits. Mais le Poissons facile à vivre

possède aussi des moyens de ne pas du tout suivre : anal-compulsif rencontre passif-agressif.

Pour séduire une Vierge, admirez son intelligence ; apportez-lui des articles de journaux ; engagez-vous dans des joutes verbales ; flattez son esprit astucieux. Au lit, la Vierge peut être totalement enflammée, mais c'est aussi une fanatique de contrôle qui est parfois aussi guindée qu'il est possible de l'être. En conséquence, évitez de montrer des émotions qui feraient désordre. En fait, évitez même toute sorte de désordre. Et souvenez-vous-en : la Vierge veut toujours avoir un comportement très comme-il-faut et une apparence correcte. Évitez-donc les marques d'affection en public.

La Balance amoureuse

Sociable, attirant, vous aimez tout naturellement flirter. Né pour vivre en couple, vous êtes réservé en public mais affectueux en privé, et vous vous identifiez profondément à l'objet de votre affection. Comme individu pris séparément, maintenant, vous êtes romantique, charmant, populaire, et vous aimez flirter. Mais pour vous réaliser, il vous est essentiel de faire partie d'un duo, et vous êtes en fin de compte bien content de laisser derrière vous la vie des rendez-vous galants.

- **Balance + Balance :** l'inconvénient de ce duo, c'est que lorsque vous butez tous les deux sur la même question, vous pouvez flotter éternellement dans l'indécision. Sinon, vous êtes tous les deux créatifs, courtois, logiques et agréables.
- **Balance + Scorpion :** ces signes sont tous les deux à la recherche de l'histoire d'amour. Mais tandis que le Scorpion souhaite ardemment l'intensité émotionnelle et le mélodrame, la Balance raisonnable aspire à la sérénité. À moins que la Balance n'ait des planètes en Scorpion, l'attraction initiale est forte, mais pas l'attachement à long terme.
- **Balance + Sagittaire :** bien que le besoin d'aventures de l'archer indépendant rende parfois la Balance jalouse, le charme de la belle ramène en général le vagabond au bercail. Une union facile et naturelle.
- **Balance + Capricorne :** l'histoire d'amour traditionnelle vous attire tous les deux, et vous aimez faire partie d'un couple. Mais vous avez aussi tous les deux tendance à réprimer vos émotions. Lorsque surgissent les problèmes, ce qui est inévitable, le défi consiste à admettre qu'il y a un problème et qu'il faut le résoudre.
- **Balance + Verseau :** vous êtes capable de discuter toute la nuit. Votre connexion mentale est extraordinaire. Mais les autres aspects de l'amour romantique laissent à désirer. Recherchez un lien fort entre Mars et Vénus.

ATTENTION !

- **Balance + Poissons :** à première vue, il semble que vous soyez des âmes sœurs, mais ce n'est pas le cas. Le Poissons mystérieux est une masse effervescente de sentiments et d'émotions, tandis que la Balance, bien qu'elle soit romantique en surface (ce qui la rend attirante), est froide, calme, et mal à l'aise dans le domaine des émotions. Au bout d'un moment, le Poissons sensible a le sentiment d'être ignoré, alors que la Balance, qui n'a jamais été la capitale énergétique du zodiaque, est épuisée.

CONSEIL

Amoureux d'une Balance ? Alors soyez intelligent, cultivé et beau. Emmenez la Balance dans des endroits enchanteurs, car elle se met à fondre en présence de la beauté de la nature. Essayez de ne pas être indigent (la Balance ne réagit que lorsque c'est pertinent, ne criez donc pas au loup) ni jaloux (car elle flirte sans retenue et attire partout des admirateurs). Ne parlez pas trop fort, et ne soyez pas non plus vulgaire : la Balance a horreur de ça. Elle est pourtant capable de supporter un désaccord sain ; en fait, ça lui réussit souvent. C'est parce que la Balance est en réalité à la recherche d'une véritable relation de couple, et pas d'un clone.

Le Scorpion amoureux

Vous êtes intense, dévoué et fasciné par le jeu de l'amour. Vous avez de l'amour une conception idéale, vous exigez une passion grandiose sur tous les plans, sexuel et autres, et vous vous enlisez souvent dans les sables mouvants de l'obsession. Comme vous rayonnez l'érotisme et que votre présence est fascinante, vous exercez souvent sur les autres un charme obsédant. (Notez pourtant que, bien que le Scorpion ait la réputation bien méritée d'être le plus sexy des signes du zodiaque, de nombreux natifs de ce signe se débattent aussi avec toutes sortes de problèmes sexuels, qui vont des excès de sexe à l'impuissance, en passant par de nombreux détours bizarres entre les deux.) Finalement, vous attendez que l'amour et la sexualité vous transforment – et c'est exactement ce qui se passe.

- **Scorpion + Scorpion :** la communication est étrangement facile, et la sexualité est excitante au-delà de toute imagination. Mais un soupçon de suspicion ou une tentative de manœuvre pour dominer l'autre suffit à déclencher une guerre psychologique qui sera insupportable. Cela peut donner une union qui durera une éternité, ou une relation torturée et marquée par les excès.
- **Scorpion + Sagittaire :** le Scorpion est compliqué et secret ; le Sagittaire est franc et honnête. Le Scorpion recherche l'immersion totale ; le Sagittaire veut son indépendance. Ces signes solaires sont incroyablement différents. Mais lorsque au moins l'un des partenaires a des planètes dans le signe de l'autre, l'attraction est irrésistible.

- **Scorpion + Capricorne :** ces signes sérieux et vigoureux semblent différents, parce que le Scorpion plonge profondément dans la mer tropicale des émotions, alors que le Capricorne, bien qu'il soit prédisposé à la bouderie, préfère glisser légèrement sur une surface gelée. En fait, le Scorpion donne au Capricorne la permission d'avoir des sentiments, et le Capricorne protège le Scorpion toujours émotif, ce qui fait que vous avez tous les deux le sentiment d'être enfin arrivés à bon port.
- **Scorpion + Verseau :** les signes fixes ne se soumettent pas facilement, et ils n'ont pas de respect pour ceux qui le font. Le problème, c'est que le Scorpion recherche l'attachement et qu'il est absorbé par la complexité émotionnelle, alors que le Verseau préfère un peu de distance sur le plan des émotions mais qu'il s'engage passionnément pour des idées. Un mélange explosif.
- **Scorpion + Poissons :** vous êtes tous les deux sensuels, intuitifs et attentifs aux émotions. En règle générale, le Scorpion possessif est plus à l'aise avec les manières du monde réel que le Poissons rêveur et irréaliste. Mais le Scorpion désire ardemment la magie, et le Poissons peut faire en sorte qu'elle se produise.

Si un Scorpion vous obsède, soyez romantique. Chantez Brel ou Gershwin, et invitez votre Scorpion préféré à voir *Casablanca*. Contemplez ensemble une éclipse de soleil. Exploitez vos avantages lorsque vous êtes en terrain bien connu. N'hésitez pas à jouer, à faire des allusions, à flirter, à vous dérober. Le Scorpion adore ça. Soyez secret, suggestif, manipulateur, et toujours un tant soit peu agressif – tout en restant simultanément disponible sur le plan des émotions. Regardez le Scorpion dans les yeux. Faites-lui savoir à quel point il est fascinant et complexe. Absolument incomparable ! Pas vrai ?

Le Sagittaire amoureux

Vous chérissez votre liberté, vous désirez ardemment l'aventure et ne voulez surtout pas avoir le sentiment que l'on vous enferme. Il va sans dire que la vie sociale est importante. Lorsqu'une relation vous remet en cause ou élargit votre horizon, vous êtes intrigué et excité. L'imprévisibilité vous attire ; au contraire, trop de règles, trop de dîners formels et trop de vie de famille vous accablent.

- **Sagittaire + Sagittaire :** vous vous comprenez bien, tels deux Don Quichotte. Toujours jeune au plus profond de vous-même, vous partagez des aventures, des aspirations, et l'aptitude à vous amuser mutuellement. Mais vous avez tendance à rêver de choses impossibles, et vous pourriez manquer de vous occuper de problèmes concrets lorsqu'ils surgissent. Vérifiez fréquemment que vous êtes bien dans la réalité.

- **Sagittaire + Capricorne :** le Capricorne est charmé par les manières écervelées du Sagittaire, alors que le Sagittaire enjoué est ébahi de voir à quel point le Capricorne est organisé et adulte. Comme deux pays voisins, vous pouvez soit entrer en guerre, soit établir des échanges culturels. Lorsque l'un de vous a une ou plusieurs planètes dans le signe de l'autre, cela facilite les choses.

- **Sagittaire + Verseau :** vous êtes tous deux vifs, larges d'esprit, et sans discipline trop stricte. Mais aucun de vous deux n'a vraiment beaucoup de talent pour la vie de famille. Préparez-vous à une vie de repas à emporter, d'amis excentriques, de visionnage de vidéos tard dans la nuit, et de nuits blanches passées à bavarder. Et n'oubliez pas d'avoir chacun un téléphone portable. Sinon, vous risquez de ne jamais vous voir.

- **Sagittaire + Poissons :** voilà deux chercheurs, chacun avec un penchant pour le rêve. C'est la bonne nouvelle. Mais le Sagittaire dégonfle l'ego fragile du Poissons, alors que le Poissons sensible, bien que d'une certaine manière ensorceleur, puisse devenir étrangement passif, ce que le Sagittaire enflammé ne supporte pas.

CONSEIL

Pour accrocher un Sagittaire, n'y allez pas trop fort. Les grands gestes romantiques mettent l'Archer très mal à l'aise. À la place, soyez désinvolte, spirituel, spontané et ayez le cœur léger. Les sorties improvisées font monter votre cote, mais pas la mise en place de trop de règles. Rappelez-vous que le Sagittaire est un esprit libre qui raffole de l'inattendu. En conséquence, gardez votre passeport à jour. Soyez audacieux. Et ne le bousculez pas : peu importe tout ce qu'ils peuvent bien raconter, la plupart des Sagittaires ont horreur de s'engager. Ils ont besoin de se détendre dans une relation.

Le Capricorne amoureux

Conservateur et épris d'élégance, vous voulez une relation traditionnelle avec tous ses apparats. Les essais sauvages ne vous intéressent pas particulièrement, ce qui ne veut pourtant pas dire que vous n'aimiez pas le sexe. Au contraire, en tant que signe de la terre, vous êtes un amant hautement hormonal avec une grande endurance. Mais la sexualité au hasard des rencontres n'a pour vous aucun sens. Vous êtes un conjoint dévoué, un parent attentif, un véritable ami, un fils ou une fille fidèle : bref, le grand jeu. Vous recherchez l'engagement qui dure toujours, et rien de moins.

- **Capricorne + Capricorne :** vous êtes tous les deux ambitieux, impliqués et vigoureux. Mais vous courez le danger de mener une vie tellement réglée, tellement centrée sur le travail et à l'emploi du temps si chargé que vous ne vous amuserez pas, sauf dans la sexualité. (Et vous n'êtes pas non plus les amants les plus créatifs de la planète.) Si l'un d'entre vous fait de la déprime, vous avez un problème.

- **Capricorne + Verseau :** le Capricorne est un traditionaliste qui croit aux systèmes ; le Verseau progressiste est un anticonformiste incorrigible qui adore les renverser. Le Capricorne se fait du souci, alors que le Verseau est persuadé que l'avenir nous réserve des choses merveilleuses. Cette combinaison pourrait bien tourner au désastre, à moins que l'un de vous n'ait des planètes dans le signe de l'autre.
- **Capricorne + Poissons :** le Capricorne entreprenant sait comment s'y prendre dans le monde réel, mais il peut s'y enliser ; le Poissons compatissant, qui a d'autres valeurs, a pour spécialité de s'échapper des exigences de la réalité (ou de les ignorer). Mais le Poissons pourra remonter le moral du Capricorne, et le Capricorne aidera le Poissons à mettre un orteil ou deux sur le sol. Vous vous inspirez et vous vous soutenez mutuellement.

Obsédé par un Capricorne ? Froid et réservé, le Capricorne suit les règles. Vous feriez mieux de faire de même. Habillez-vous avec élégance, soyez poli, admiratif, et réussissez ce que vous entreprenez. Proposez des activités respectables et de haut niveau : théâtre, expositions, conférences. Ne vous précipitez pas tout de suite au lit. Ne soyez ni agressif ni vulgaire. Ne le harcelez pas. Laissez les choses se développer naturellement. Et soyez patient : le Capricorne réprime ses émotions et prend en général son temps. Mais lorsqu'il joue, c'est pour de bon.

Le Verseau amoureux

Vous êtes un être agréable et anticonformiste. Intrigué par tout le monde, vous établissez facilement des contacts (mais ceux-ci sont superficiels) et vous appréciez votre liberté. Et pourtant, malgré votre réputation de bohème, lorsque vous trouvez quelqu'un que vous respectez, vous vous engagez volontairement – ce qui ne veut pas dire pour autant que vous ayez l'intention d'abandonner votre indépendance, vos amis ni vos manières excentriques. (Ces dernières demeureront toujours.) Vous pouvez être aussi passionné que n'importe qui d'autre (et plus extravagant que la plupart), mais pour autant que vous l'aimiez, vous n'êtes pas un esclave du sexe. Vous vivez dans votre tête.

- **Verseau + Verseau :** ah, les gens que vous rencontrez, les causes pour lesquelles vous vous engagez et les fêtes que vous organisez ! Sans parler de la décoration de votre maison. Vous êtes sans entraves, non orthodoxes, arrêtés dans vos opinions et visionnaires : un couple différent des autres. Sur le plan mental, vous êtes en contact. Sur celui des émotions, c'est une autre histoire. Mais peut-être n'est-ce pas si important que cela. Vous vous laissez facilement entraîner dans un océan de conversation.

- **Verseau + Poissons :** une relation séduisante au début, mais décevante à la longue : le doux Poissons est bien trop sensible pour vivre avec quelqu'un d'aussi détaché et d'aussi cérébral que le Verseau. Mais n'allez pas dire cela à Paul Newman ni à Joanne Woodward. Il a le Soleil en Verseau et la Lune en Poissons. Elle a le Soleil en Poissons et la Lune en Verseau. Tout le monde devrait être aussi veinard.

CONSEIL

Si vous êtes séduit par un Verseau, préparez vous à rencontrer plus d'excentriques qu'il n'en existe au pays d'*Oz*. Le porteur d'eau les collectionne. Votre mission consiste à frapper l'esprit du Verseau, afin qu'il vous considère comme irremplaçable et suffisamment fascinant pour être ajouté à la collection. N'essayez pas de jouer faussement un rôle, ni de dissimuler vos défauts. Soyez indépendant (mais disponible). Exprimez vos opinions. Et soyez vous-même : moins vous serez orthodoxe, plus grandes seront vos chances. Une douzaine de roses ? Non, non, non, surtout pas ! Une invitation à se faire une toile à minuit dans le quartier des abattoirs ? Ça pourrait marcher.

Le Poissons amoureux

Les gestes symboliques ont pour vous la plus grande importance, qu'il s'agisse de l'unique rose rouge, de la balade au clair de lune ou des mariachis. Vous êtes un romantique sentimental à la recherche d'une union étroite et enchantée avec l'âme sœur, d'une fusion karmique en harmonie totale avec le cosmos ! Bien que votre intuition soit dans d'autres circonstances extrêmement précise, vous êtes incroyablement crédule et dépendant lorsque vous êtes amoureux, et plus exigeant que vous ne vous en rendez probablement compte. Gouverné par vos émotions, vous êtes également généreux, érotique, affectueux, encourageant et gentil.

- **Poissons + Poissons :** les unions du même signe sont un bonheur mitigé, car elles amplifient à la fois les forces et les faiblesses du signe. Deux Poissons rêveurs peuvent communiquer d'une manière que les natifs d'autres signes ne peuvent même pas imaginer. Pourtant, l'aspect pratique vous échappe. Mais est-ce important ? À la fin, sans doute.

CONSEIL

Si vous êtes amoureux d'un Poissons, soyez romantique. Le Poissons veut être enlevé, mais pas dans le style Jane-Tarzan. Si vous êtes trop agressif, cela fonctionnera peut-être à court terme (le Poissons peut être passif), mais ce ne sera pas bien vu à la longue. Pour le Poissons, l'amour signifie l'union de deux âmes jumelles, celle de deux compagnons soudés pour surmonter ensemble les entraves et les coups durs de la vie quotidienne. Le Poissons s'attend aussi à des cadeaux sentimentaux, à des dîners aux chandelles, à des petits souvenirs à la Saint-Valentin, et à tout le tralala. Par contre, ce que le Poissons ne veut pas, c'est de conseils. Peu importe la façon dont vous les formulerez, le Poissons les prendra toujours comme des critiques. Alors évitez d'en donner.

Un avertissement pour terminer

Dans ce chapitre, vous avez sans aucun doute remarqué que certains des amants des couples cités en exemple se sont séparés, même si la combinaison de leurs signes solaires est censée être bonne. D'autres couples défient les probabilités et restent ensemble une éternité, en dépit de signes solaires incompatibles. La raison est simple : il est possible que deux signes solaires pris séparément ne soient pas compatibles, sans que cela soit grave si d'autres planètes ont de bons alignements. Si par exemple son Soleil à lui se trouve en conjonction avec sa Lune à elle, et sa Lune à elle en conjonction avec sa Vénus à lui, et qu'en plus Mercure crée des aspects harmoniques tout autour, un couple avec des signes solaires incompatibles pourra quand même former une union sensationnelle. Il est sans aucun doute plus facile d'être avec quelqu'un dont le signe est agréable pour le vôtre. Mais les relations de couple sont aussi compliquées que le sont les thèmes astraux. Et le Soleil lui-même, tout important qu'il soit, ne représente qu'une pièce de tout le puzzle.

Cinquième partie

L'astrologie pour vous faciliter la vie

"Est-ce qu'on pourrait discuter de ça une autre fois, lorsque Mars ne sera plus en opposition à ton Soleil natal ?"

Dans cette partie...

Si l'astrologie existe depuis déjà des milliers d'années, c'est bien parce qu'elle est extrêmement utile. Et pas seulement parce qu'elle éclaire les particularités de la personnalité. Elle vous procure également des informations inestimables pour vous faciliter la vie, en prenant certaines mesures au bon moment. Elle vous aide à comprendre les phases que vous traversez et vous permet d'entrevoir le futur.

À travers les siècles, les astrologues ont développé un arsenal de méthodes pour saisir le présent et prédire l'avenir. Les deux premières manières sont les progressions et les transits. Les progressions sont des mouvements symboliques basés sur la date de naissance. Les transits de planètes ne sont pas symboliques du tout, mais bien réels. Ils se réfèrent à la position actuelle des planètes dans le ciel.

Cette partie de *L'astrologie pour les Nuls* se consacre aux transits. Le Chapitre 13 étudie les manières dont les positions actuelles des planètes influencent les planètes du thème natal. Le Chapitre 14 parle des effets des mouvements rétrogrades, c'est-à-dire lorsque certaines planètes semblent tourner à l'envers dans le zodiaque. Et le Chapitre 15 se plonge dans l'étude de l'indicateur astrologique le plus évident de tous : la Lune toujours changeante.

Chapitre 13

Les transits, ces périodes de notre vie

Dans ce chapitre :

Découvrez les transits.
Suivez le cycle de Mars.
Activez Jupiter.
Comment s'en sortir avec Saturne ?
Comment s'y prendre avec Uranus, Neptune et Pluton.
Et un conseil sincère : gardez votre calme !

Autrefois, l'astrologie était la chasse gardée des privilégiés. Les rois et les pharaons consultaient les astrologues, non pas parce qu'ils étaient fascinés par les complexités de la personnalité, mais parce qu'ils voulaient savoir ce qui allait arriver dans le futur. Ils voulaient savoir à quel moment ils devaient faire la guerre, à quel moment forger une alliance, à quel moment faire des réserves de céréales, quand construire un temple, quand se marier, et quand partir en voyage. En bref, ils voulaient savoir comment vivre leur vie. L'astrologie leur fournissait quelques réponses.

Aujourd'hui, tout le monde peut profiter de la sagesse que propose l'astrologie. Une partie de cette connaissance réside dans votre thème astral individuel. Mais vous pouvez aussi glaner une bonne partie des informations utiles en étudiant les positions actuelles des planètes. Les planètes en transit sont les planètes telles qu'elles nous apparaissent en cet instant même. Alors qu'elles tournent autour du zodiaque, elles passent sur les planètes de votre thème natal et vous présentent ainsi des défis, des opportunités et des événements stimulants. Saturne est en conjonction avec votre Lune ? Préparez-vous à combattre la dépression. Uranus traverse votre Milieu du Ciel ? Soyez prêt à changer de carrière. Chaque fois qu'une planète dans l'espace forme un aspect avec une planète ou avec un angle de votre thème natal (voir Chapitre 8), cela stimule une partie différente de votre psyché.

C'est triste à dire, mais ce livre n'est pas suffisamment long pour que nous puissions étudier chaque transit. Je laisse donc de côté les transits par les maisons. J'ignore aussi les transits formant des carrés (qui sont stressants) et les sextiles et les trigones (qui apportent un soutien). Et j'omets entièrement tous les aspects formés par Vénus, Mercure ou le Soleil en transit. Ces planètes se déplacent si rapidement que leur influence n'est que passagère. (La Lune fonce à travers les signes du zodiaque à une vitesse encore plus grande. Mais elle est si proche de nous que nous sentons de toute façon son influence. C'est pourquoi elle fait à elle seule l'objet de tout le Chapitre 15.)

Ce chapitre se consacre donc aux planètes qui sont situées derrière la Terre dans notre système solaire, et qui se déplacent plus lentement qu'elle (ce sont les planètes externes). Nous commencerons par Mars (qui se balade dans tout

La prévision de l'avenir avec les progressions

L'autre manière d'utiliser l'astrologie pour obtenir des prévisions de l'avenir consiste à réaliser des progressions, qui sont basées sur le thème astral de naissance. Pour faire progresser votre thème dans l'avenir, il suffit tout simplement de faire avancer chaque planète au rythme d'un jour de calendrier pour une année de vie. Donc si vous voulez établir le thème progressé pour votre 35ème année de vie, étudiez les planètes telles qu'elles étaient 35 jours après votre naissance. Vous découvrirez alors que le Soleil est passé dans un autre signe, que la Lune a complété un cycle entier du zodiaque et qu'elle se trouve plusieurs signes au-delà du signe natal, et ainsi de suite. Une méthode d'interprétation de ces progressions consiste à les comparer aux planètes de votre thème natal.

Pour interpréter complètement vos progressions, procurez-vous un thème progressé auprès d'un astrologue professionnel ou sur un site Web spécialisé (voir le Chapitre 2). Mais il existe une progression que vous pouvez vous-même interpréter : c'est la progression du Soleil dans un autre signe, dont l'influence coïncide souvent avec une nouvelle phase importante de votre vie. Le Soleil se déplace habituellement d'1° par jour. En utilisant la formule d'un jour de calendrier pour une année de vie, le Soleil progresse dans votre thème au rythme d'environ 1° par an. Comme chaque signe du zodiaque couvre 30°, le Soleil met 30 ans pour traverser un signe. Donc si vous êtes né avec le Soleil à 0° en Cancer, (comme Anne Morrow Lindbergh, dont je commente le thème dans ce chapitre), votre Soleil entre dans le signe du Lion lorsque vous avez autour de 30 ans, dans celui de la Vierge lorsque vous avez environ 60 ans, et ainsi de suite.

Mais que se passe-t-il si, comme la plupart des gens, vous n'êtes pas né le premier jour de votre signe, alors que le Soleil était à 0° ? C'est simple. Pour trouver de combien de temps le Soleil a besoin pour avancer jusqu'à la fin de votre signe, soustrayez simplement de 30° le nombre de degrés de la position du Soleil. Par exemple, si le Soleil se trouvait à 5° le jour de votre naissance, 30 - 5 = 25°. Le Soleil progressé entre donc dans le nouveau signe alors que vous avez environ 25 ans. Si le Soleil se trouvait à 12° dans le signe lors de votre naissance, 30 - 12 = 18°, et le Soleil progressé entre dans un nouveau signe lorsque vous avez environ 18 ans. Si vous êtes né avec le Soleil à 28°, 30 - 28 = 2, le Soleil progressé est entré dans le nouveau signe alors que vous aviez 2 ans. Dans chaque cas, le Soleil progressé entre dans un nouveau signe environ 30 ans après.

Ces méthodes de prévision affectent-elles votre thème astral ? Non, non, et non. Que cela vous plaise ou non, votre thème natal est éternel. Les progressions, comme les transits, vous aident à réaliser le potentiel contenu dans votre thème astral. Elles ne le modifient en aucune façon.

le zodiaque en deux ans), puis nous étudierons Jupiter (qui met une douzaine d'années à effectuer une révolution zodiacale complète), et nous continuerons avec Saturne, Uranus, Neptune et Pluton, qui se déplacent toutes à une vitesse encore plus lente. Dans ce chapitre, je ne traite que les conjonctions et les oppositions que forment ces planètes, c'est-à-dire les transits de Mars, de Jupiter, de Saturne, d'Uranus, de Neptune et de Pluton sur le Soleil, la Lune, les autres planètes, l'Ascendant et le Milieu du Ciel de votre thème natal.

Étudiez les transits

Pour trouver les transits qui ont de l'effet actuellement, consultez l'Annexe B à la fin de ce livre et regardez les positions actuelles des planètes. La façon la plus facile de sentir leur influence est de faire une copie de votre thème astral et de placer les transits des planètes autour, comme dans les figures 13-2 et 13-3 pour Anne Morrow Lindbergh. Dans chaque cas, la roue interne représente votre thème astral, et la roue externe montre la position des planètes qui transitent.

ATTENTION !

Les tables planétaires de l'Annexe B vous indiquent dans quel signe se trouve chaque planète, et rien d'autre. Pour savoir exactement où se trouvent les planètes en transit et si elles se trouvent à un ou deux degrés des planètes de votre thème natal, vous devez consulter un astrologue professionnel, vous rendre sur un site Web spécialisé, ou – c'est la meilleure des solutions – vous procurer un calendrier astrologique qui vous indiquera avec précision la position des planètes.

Un exemple pour illustrer l'importance des transits

HISTOIRE VRAIE

Anne Morrow Lindbergh, l'épouse de l'aviateur Charles Lindbergh, fut aussi mère de 6 enfants et auteur de 14 livres. Son célèbre mari traversa l'océan Atlantique en solitaire en 1927, et devint par là même un héros du jour au lendemain (bien que sa réputation ait plus tard été souillée par le fait qu'il accepta une récompense du gouvernement nazi). Anne Morrow Lindbergh devint elle aussi célèbre (du moins aux États-Unis) grâce à ses mérites personnels : on n'en attend pas moins d'une personne dont la dixième maison est aussi remplie que la sienne. La Figure 13.1 montre son extraordinaire carte du ciel natal.

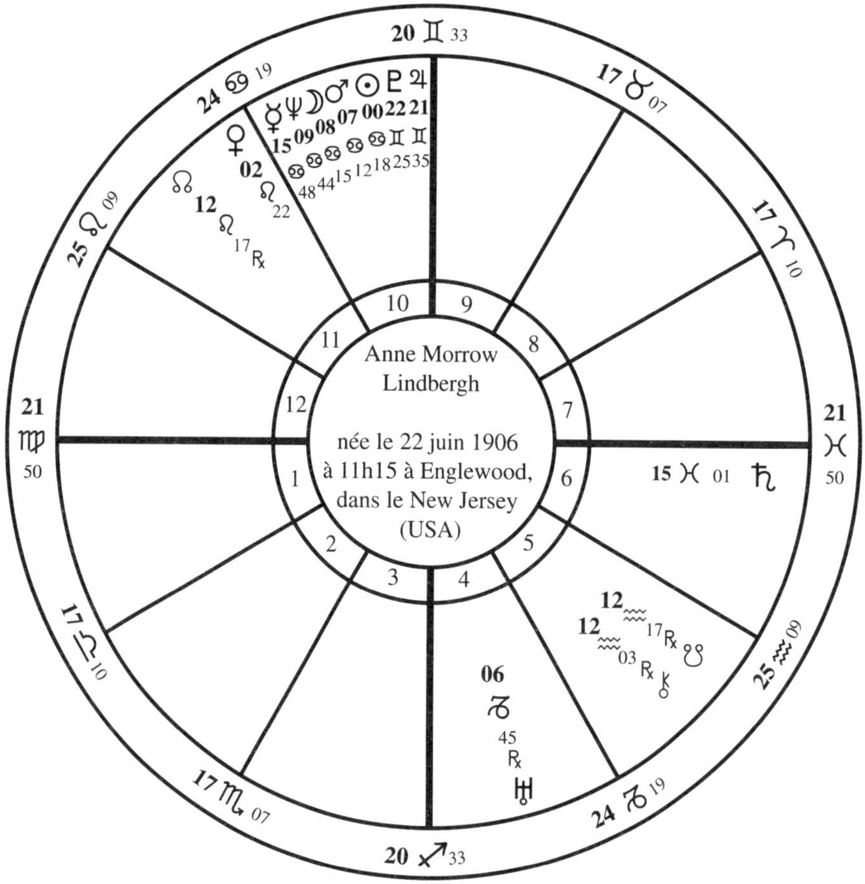

Figure 13.1 : Le thème natal d'Anne Morrow Lindbergh.

Après le triomphe de sa traversée de l'Atlantique en solitaire, Charles Lindbergh fit en représentation des États-Unis une tournée en Amérique Latine. Il se rendit en décembre 1927 à Mexico où il rencontra Anne, dont le père était l'ambassadeur des États-Unis. Ils se marièrent un an et demi après. La Figure 13.2 montre le thème astral d'Anne au centre, entouré des transits le jour de sa première rencontre avec Charles. Notez que Jupiter, la planète de l'opportunité, et Uranus, la planète des événements soudains et imprévus, sont en conjonction dans sa septième maison du mariage. N'importe quel astrologue aurait pu lui dire qu'elle allait bientôt rencontrer quelqu'un et qu'il s'agirait d'une personne très inhabituelle.

N'OUBLIEZ PAS

Le thème intérieur est le thème natal. Les planètes du cercle externe représentent les transits.

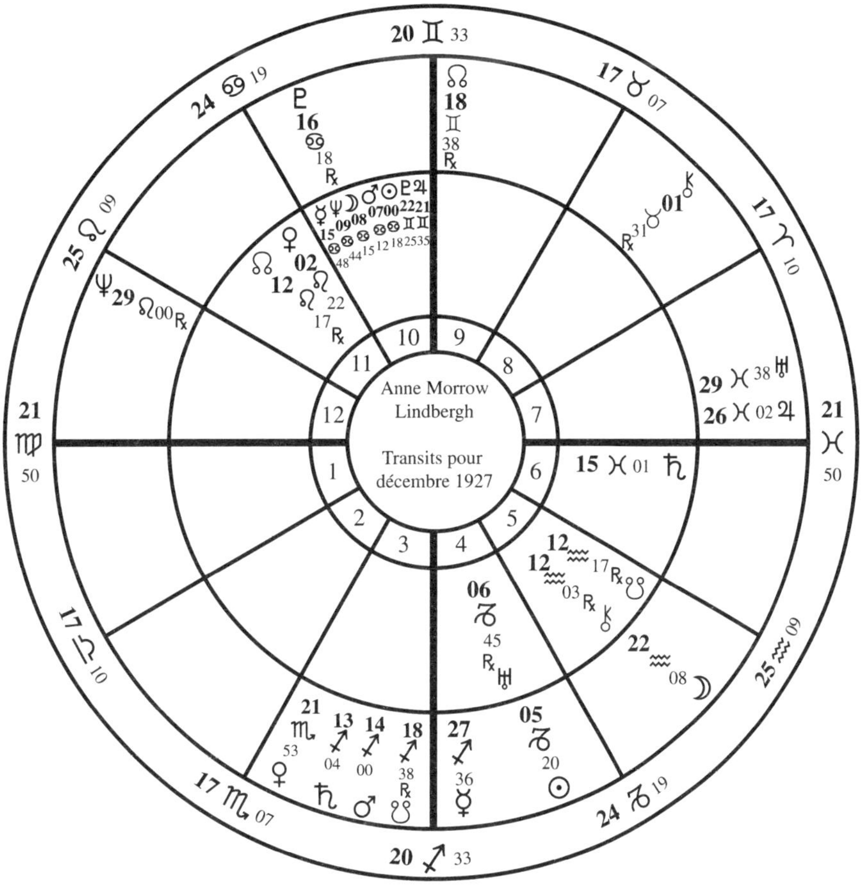

Figure 13.2 : Le thème d'Anne Morrow Lindbergh en décembre 1927.

Un an et demi après, toujours avec Uranus dans la septième maison de la carte d'Anne, ils se marièrent. Près de trois ans après, leur fils alors âgé de 20 mois fut enlevé et assassiné. Le procès du kidnappeur fut appelé le « procès du siècle », et on peut soutenir qu'il fut plus important que celui de O.J. Simpson. Les transits d'Anne au moment de l'enlèvement sont montrés dans la Figure 13.3.

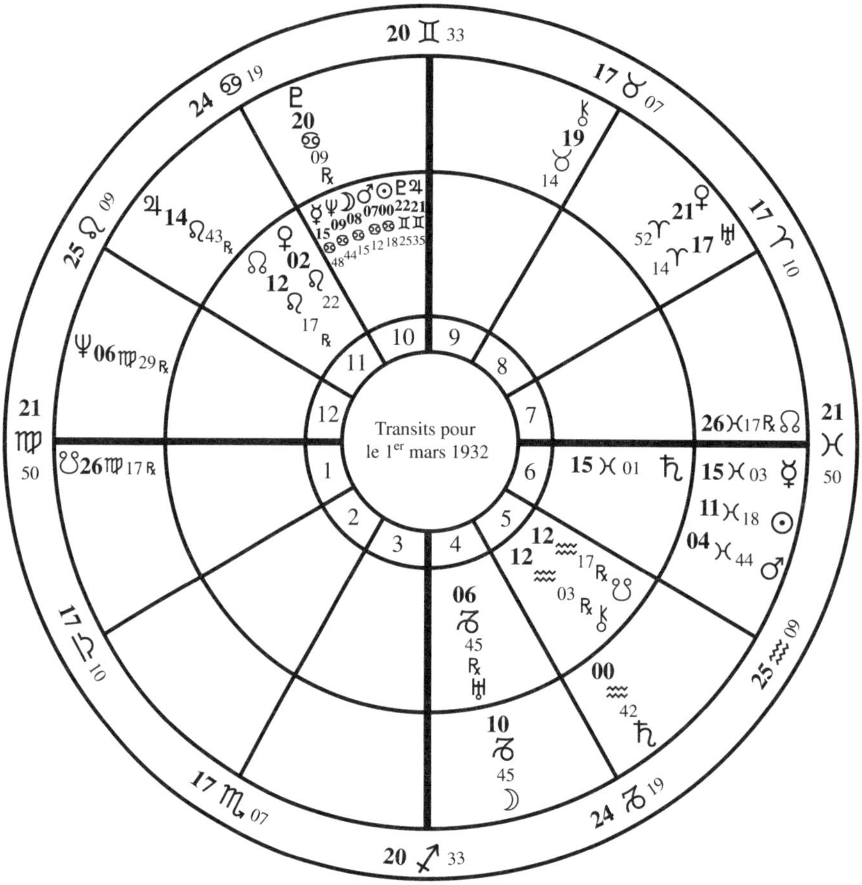

Figure 13.3 : Le thème d'Anne Morrow Lindbergh le jour du rapt de son fils.

Notez que Saturne, la planète de la restriction, se trouvait alors dans sa cinquième maison, celle des enfants, et qu'Uranus, la planète de l'inattendu, dans sa huitième maison, celle de la mort et de la transformation. Je dois souligner ici que ces deux transits ne suffisent pas, et de loin, à déclencher un événement aussi exceptionnellement rare et tragique. Après tout, tout le monde avec un Ascendant dans le voisinage de 21° en Vierge fait aussi l'expérience de ces transits. Un thème astral doit posséder le *potentiel* d'un événement pour que celui-ci puisse se produire. Et il est certain que dans le thème natal d'Anne (au centre de la Figure 13.3), les oppositions proches d'Uranus à son Soleil, sa Lune, son Mars et son Neptune introduisent clairement la possibilité de la violence. Les transits agirent ce jour-là sur le potentiel qui se trouvait déjà dans son thème.

Suivez vos transits

Pour suivre vos transits, photocopiez le schéma à roue double de l'Annexe C (que vous pouvez aussi utiliser pour établir des thèmes de comparaison.)

Dans la grande section centrale, placez les planètes telles qu'elles étaient lors de votre naissance, puis placez les transits de planètes autour dans la bande externe, et recherchez les significations de ces positions dans ce chapitre.

Lorsque vous examinerez ce double thème, vous trouverez peut-être que vous vivez actuellement toute une série de transits. Sur lequel devriez-vous donc vous concentrer ?

CONSEIL

Voici une règle : les transits qui cognent le plus dur sont ceux des planètes lentes – Saturne, Uranus, Neptune et Pluton – sur les planètes plus rapides, en commençant par le Soleil, la Lune et l'Ascendant (voir le Chapitre 5). Les aspects formés par les planètes plus rapides sont intéressants, mais éphémères. Les aspects formés par les planètes lentes avec les planètes lentes (comme par exemple Uranus en opposition au Pluton natal, ou Neptune en conjonction avec le Saturne natal) ont des effets sur une génération qui peuvent être trop subtils pour qu'on les détecte. Mais les aspects formés par une planète lente avec l'une de vos planètes personnelles – Pluton en conjonction avec votre Lune, Uranus en conjonction avec votre Soleil, et ainsi de suite – déterminent les chapitres de votre vie.

N'OUBLIEZ PAS

Les transits activent votre thème astral, mais ils ne le modifient pas.

Suivez Mars

Mars est associé à l'activité, à la vitalité, à l'initiative, à la passion, à la force, à la colère et à l'agression. Mars stimule vos désirs et vous pousse à agir. En règle générale, Mars passe environ deux mois dans un signe, il met donc deux ans pour faire le tour complet du zodiaque et retourner à la position qu'il occupait le jour de votre naissance. Mais ce chiffre n'est qu'une moyenne parce que, comme les autres planètes, il ralentit parfois pour devenir rétrograde (consultez le Chapitre 14 pour en savoir plus sur ce sujet), et passe du coup plusieurs mois dans le même signe. Pour donner un exemple des variations possibles de son calendrier, en 1997, Mars fonça à travers le Scorpion en à peu près 6 semaines. Mais lorsqu'il revint dans ce signe en 1999, il s'y attarda, devint rétrograde, et finit par y passer plus de cinq mois. Naturellement, plus il passe de temps dans un signe, et plus il dynamise les planètes qu'il y trouve.

Voici les principaux transits de Mars :

- **Mars en conjonction avec le Soleil :** allez-y. Vous vous sentez déterminé, actif, agressif et courageux. Mais sautez sur l'occasion. Car ce transit ne dure habituellement que quelques jours, bien que Mars devienne parfois rétrograde dans un signe et apporte ainsi une charge plus longue et plus durable.
- **Mars en opposition au Soleil :** vous vous sentez dynamique mais assiégé, c'est un transit « Ne me cherche surtout pas ! »
- **Mars en conjonction avec la Lune :** vous êtes impétueux et expressif, et vous n'avez aucunement envie de réprimer vos puissantes émotions, ni les manifestations désagréables de votre irritation qui vous échappent.

- **Mars en opposition à la Lune :** effets semblables à ceux de la conjonction Mars/Lune ; mais faites attention, car vos débordements émotionnels peuvent rapidement escalader et provoquer une confrontation.
- **Mars en conjonction avec Mercure :** vous vous sentez stimulé sur le plan mental, impatient, excité, et débordant d'idées. Vous exprimez vos opinions avec confiance, mais un soupçon d'hostilité affecte peut-être la manière dont vous communiquez.
- **Mars en opposition à Mercure :** vous vous confrontez, vous débattez, et vous ne faites pas de quartier. Vous vous sentez peut-être frustré et assiégé ; peut-être avez-vous aussi une attitude querelleuse et hostile. Soyez prudent si vous devez manipuler des machines.

- **Mars en conjonction avec Vénus :** votre sex-appeal et votre créativité font des heures supplémentaires. Vous êtes extrêmement séduisant.
- **Mars en opposition à Vénus :** sur le plan social et sur le plan sexuel, vous êtes d'humeur amoureuse. Mais vos efforts pour vous connecter aux autres ne seront peut-être pas très heureux. Soit vous êtes soit trop assuré, soit vous manquez d'esprit de coopération, soit encore vous attirez d'autres personnes qui agissent de la même façon déséquilibrée.
- **Mars en conjonction avec le Mars du thème natal :** Mars est de retour. Le héros de la journée recommence sa révolution, alors que vous vous sentez porté par une vague fraîche d'énergie et de désir. Votre défi consiste à trouver un moyen pour la canaliser. Ce transit, qui se produit tous les deux ans, marque la fin d'un cycle énergétique et le début d'un nouveau. C'est le moment de poursuivre un nouveau centre d'intérêt, de créer un nouveau projet, et de rester ouvert aux possibilités qui semblent arriver spontanément. Mais attention : un transit de Mars peut également générer de l'hostilité, alors surveillez votre comportement.
- **Mars en opposition au Mars natal :** bien que vous ayez beaucoup de résistance, il vous est peut-être difficile d'utiliser votre énergie d'une manière constructive et cohérente. Quelque chose dans lequel vous êtes impliqué depuis un an a atteint un point critique qui exige beaucoup d'efforts. Vous risquez de vous emporter.
- **Mars en conjonction avec Jupiter :** vos actions sont en général réussies. C'est un excellent moment pour essayer quelque chose de nouveau ou vous lancer dans une nouvelle entreprise. Les voyages vous sont bénéfiques, la recherche du savoir également, de même que l'élargissement conscient de votre horizon. Mais certains astrologues mettent en garde contre de gros achats pendant ce cycle, donc faites attention si vous devez acheter quelque chose.
- **Mars en opposition à Jupiter :** ce transit peut être heureux. Vous avez beaucoup d'énergie, et vous êtes plein d'entrain et d'optimisme. Mais vous courez aussi le risque de trop promettre, de surestimer vos capacités, et de réagir de façon excessive.
- **Mars en conjonction avec Saturne :** vous sentez des limites, et ce transit peut donc poser problème. Mais vous avez également une aptitude

élevée à vous organiser et à vous concentrer, ce qui vous permet de réaliser beaucoup de choses.

- **Mars en opposition à Saturne :** une opposition surgit. Vous devez être prudent, créer une structure, et être patient. Mais est-ce que c'est ce que vous allez faire ? Probablement non. Vous résistez aux ordres des autres, vous agissez de façon imprudente, et vous usez de votre autorité d'une façon maladroite ou agressive. Et pour couronner le tout, vous vous apitoyez sur votre sort.
- **Mars en conjonction avec Uranus :** vous agissez de façon impulsive, vous vous rebellez contre les contraintes, et vous allez peut-être décoller dans une direction complètement imprévue. Pendant les quelques jours où Mars sera exactement en conjonction avec l'Uranus natal, n'oubliez pas d'attacher votre ceinture de sécurité et de regarder des deux côtés lorsque vous traverserez la rue. En bref, attendez-vous à l'imprévisible.
- **Mars en opposition à Uranus :** des tensions, du stress, des accidents et des événements imprévisibles peuvent interrompre vos plans. Ne prenez pas de risque inconsidéré pendant cette période agitée. Et n'oubliez pas de faire une copie de sauvegarde de tous vos fichiers informatiques.
- **Mars en conjonction avec Neptune :** vos rêves s'emballent. Vous recherchez l'inspiration. Les activités artistiques, spirituelles ou de guérisseur vous excitent. Mais faites attention à la drogue et à l'alcool, et évitez de prendre de grandes décisions, car votre bon sens est peut-être débranché.
- **Mars en opposition à Neptune :** votre imagination est stimulée. Mais vos efforts pour faire avancer les choses dans le monde de tous les jours vont de travers. Vous vous sentez peut-être déçu, embrouillé, ou manipulé.
- **Mars en conjonction avec Pluton :** vos efforts dans la poursuite de vos ambitions reçoivent un coup de pouce, de même que l'expression de votre pouvoir personnel en interaction avec d'autres.
- **Mars en opposition à Pluton :** dans vos efforts pour faire vos preuves et vous faire reconnaître, vous pourriez courir le risque d'affronter des luttes pour le pouvoir.
- **Mars en conjonction avec l'Ascendant :** vous vous affirmez de façon efficace et vous jouez un rôle actif pour défendre vos intérêts. Suite à la conjonction avec l'Ascendant, Mars traverse votre première maison et augmente votre énergie physique.
- **Mars en opposition à l'Ascendant** : vous vous sentez peut-être en colère ou énervé. Après avoir formé l'opposition à votre Ascendant, Mars traverse votre septième maison, ce qui stimule votre relation de couple, votre désir d'entrer en contact avec d'autres personnes, et votre envie de faire le premier pas. Mais les conflits vous contrarient, et vos sentiments de frustration vous rendront peut-être agressif envers d'autres personnes (en particulier envers votre conjoint ou votre partenaire en affaires).

- **Mars en conjonction avec le Milieu du Ciel :** ce transit, avec le séjour de deux mois de Mars dans la dixième maison, vous incite à passer davantage de temps en public, il active votre carrière et vous encourage à poursuivre vos objectifs professionnels avec enthousiasme. Essayez de ne pas être trop belliqueux.
- **Mars en opposition au Milieu du Ciel :** vos efforts professionnels ratent ou sont repoussés. Mais lorsqu'il est en conjonction avec votre Fond du Ciel et traverse votre quatrième maison, Mars stimule votre intérêt pour votre foyer et pour votre famille, et il dynamise votre vie familiale.

Lorsque Mars traverse une maison, vous avez intérêt à adopter une attitude courageuse dans les domaines de la vie représentés par cette maison.

Activez Jupiter

Jupiter tourne autour du zodiaque en un peu moins de 12 ans, et passe à peu près un an dans chaque signe. Ses transits comptent parmi les plus attendus – et les plus décevants. Planète de l'expansion, des opportunités et de la générosité, Jupiter peut amener le bonheur, la croissance et la réussite. Planète de la philosophie, de la religion et de l'éducation, elle peut stimuler une exploration dans le domaine de la croyance, une poussée de foi et la recherche du savoir. Mais Jupiter ne vous fera pas nécessairement gagner le gros lot du sweepstake, et les gens qui se contentent d'attendre que leurs souhaits se réalisent sans rien faire en ce sens seront forcément déçus. Le problème, c'est que bien que Jupiter ouvre des portes, il stimule également des sentiments de satisfaction, de paresse et de laisser-aller. Au lieu de faire des efforts pour pousser ces portes et les ouvrir complètement, nombreux sont ceux qui se détendent agréablement pendant ce transit, et ce faisant manquent les opportunités qu'il présente.

Selon ma propre expérience, un transit de Jupiter est une sonnerie de clairon pour l'appel aux armes. Lorsque vous voyez Jupiter en équilibre au bord de votre Signe Solaire, prêt à toucher votre Milieu du Ciel orienté carrière, ou en train d'entrer dans votre $7^{\text{ème}}$ maison, celle du mariage, vous savez que des opportunités vont s'offrir à vous dans ces domaines. Mais vous devrez pour cela faire des efforts. Pour tirer le meilleur parti d'un transit de Jupiter, faites un effort conscient pour apprendre quelque chose de nouveau, pour essayer d'aborder un ancien problème sous un angle nouveau, pour tenter votre chance et suivre activement votre enthousiasme tout en y prenant plaisir. La récompense suivra inévitablement. Comme le dit ma propre mère : « Jupiter aide ceux qui s'aident eux-mêmes. »

Un transit ne peut qu'activer le potentiel qui existe déjà dans votre horoscope.

- **Jupiter en conjonction avec le Soleil :** une période d'opportunités, de chance, d'optimisme et de développement. Saisissez l'opportunité de vous diversifier. Mais je vous aurai prévenu : si les choses vont déjà dans le sens qui vous convient, vous serez tenté de ne rien faire du tout, et si les choses ne marchent pas bien, vous serez peut-être découragé ou vous tomberez peut-être dans le piège du cynisme. Ne laissez pas Jupiter vous bercer dans l'autosatisfaction : sortez, tendez-le bras pour saisir votre chance, soyez généreux et n'hésitez pas à voyager.

- **Jupiter en opposition au Soleil :** les opportunités seront sans aucun doute au rendez-vous, mais vous courrez le risque d'aller trop loin, de dramatiser votre situation, ou de simplement promettre davantage que vous ne pouvez tenir.
- **Jupiter en conjonction avec la Lune :** ce transit apporte une sensibilité étendue et un flot d'émotions plus important, ce qui est plaisant si votre Lune natale forme des aspects très harmonieux avec d'autres planètes, mais épuisant si votre Lune est affectée par des carrés et des oppositions.
- **Jupiter en opposition à la Lune :** Semblable à la conjonction, mais étant donné que vous êtes super sensible, vous pourriez accorder trop d'importance à vos sentiments et réagir avec excès.
- **Jupiter en conjonction avec Mercure :** Jupiter égaye votre intellect et stimule votre capacité d'expression. Vous prenez la parole plus librement, vous communiquez de façon impulsive, et vous prenez plaisir à voyager.
- **Jupiter en opposition à Mercure :** recherchez le savoir. Lisez férocement. Écrivez tous les jours. Mais souvenez-vous qu'une trop grande confiance pourrait poser problème. Ne parlez pas trop, et ne prenez pas non plus de décisions importantes.

- **Jupiter en conjonction avec Vénus :** votre vie sociale s'épanouit. Vous exprimez plus facilement votre affection aux différentes personnes concernées, vous attirez l'amour et vous appréciez les arts. Ce transit heureux améliore même votre aptitude à gagner de l'argent.
- **Jupiter en opposition à Vénus :** votre vie sociale est active mais pas nécessairement satisfaisante. Peut-être en faites vous trop. Il est également possible que vous dépensiez trop d'argent.
- **Jupiter en conjonction avec Mars :** vous êtes courageux, passionné, et vous débordez de vitalité. Une grande détermination produit d'excellents résultats pendant cette période occupée et enthousiaste.
- **Jupiter en opposition à Mars :** vous vous sentez dynamique mais frustré, et il est peu probable que vous réprimiez votre hostilité. Vous faites face à de nombreuses exigences, et des conflits peuvent éclater.
- **Jupiter en conjonction avec le Jupiter du thème natal :** Jupiter rentre au bercail. Jupiter revient à la position natale tous les 12 ans, ce qui renouvelle votre optimisme et votre entrain naturels. Il peut en résulter une période heureuse et aventureuse pendant laquelle les voyages, l'enseignement et les explorations philosophiques vous procureront de la satisfaction. Les actions que vous commencerez pendant cette période ouvriront de nouvelles possibilités. Repérez les domaines dans lesquels votre curiosité est inassouvie, et trouvez un moyen de les intégrer à votre vie. Mais faites attention : Jupiter peut également entraîner de l'autosatisfaction, du laisser-aller, et une indifférence pleine de suffisance.

- **Jupiter en opposition au Jupiter de la naissance :** vous êtes d'humeur généreuse et exubérante, mais vos espoirs sont peut-être plus importants que la situation ne le justifie. Trop de laisser-aller pourrait causer des problèmes.
- **Jupiter en conjonction avec Saturne :** vous serez peut-être suprêmement conscient de vos peurs et de vos limites, mais elles auront moins de poids. Vous obtiendrez l'aide nécessaire ; vous trouverez un moyen de vous organiser ; vous attacherez votre ceinture de sécurité, vous agirez de façon réaliste, et vous ferez des efforts pour résoudre vos problèmes.
- **Jupiter en opposition à Saturne :** bien que vous vouliez sortir du train-train quotidien, les circonstances ne vont pas le permettre. Vos obligations sont nombreuses. La meilleure chose que vous puissiez faire, c'est de les accepter et de vous conformer aux règles.
- **Jupiter en conjonction avec Uranus :** vous avez le courage de prendre un risque, d'exprimer votre individualité, et de réagir aux opportunités et aux personnes inhabituelles. Une période excitante de changement positif.
- **Jupiter en opposition à Uranus :** des opportunités surprenantes pourraient vous fournir l'occasion longtemps attendue de vous échapper de circonstances restrictives. Mais attention, un comportement inconscient et trop de confiance en vous ne mèneront nulle part pendant cette période d'espoir et de transition.
- **Jupiter en conjonction avec Neptune :** votre côté mystique, vos intérêts spirituels et votre imagination seront accrus. Des problèmes possibles incluent l'alcool et l'abus de drogues, ainsi que le refus d'accepter la réalité.
- **Jupiter en opposition à Neptune :** pas facile d'accepter la réalité ! Votre bon sens tourne au ralenti, et on vous trompe facilement.
- **Jupiter en conjonction avec Pluton :** votre ambition et votre dynamisme sont accrus. Dans le passé, vous avez traversé les enfers de la dépression, de la peur ou de l'isolation. Mais maintenant, vous revenez à la lumière. Vos efforts portent leurs fruits.
- **Jupiter en opposition à Pluton :** vous risquez de perdre le contrôle de votre désir de pouvoir, et des obstacles bloqueront peut-être votre chemin. En ce moment de transition, vous avez des difficultés à vous maîtriser.
- **Jupiter en conjonction avec l'Ascendant :** vous vous sentez ouvert, enthousiaste, heureux. Au cours de l'année (ou à peu près) durant laquelle Jupiter se trouve en contact avec votre Ascendant puis traverse votre première maison, vous êtes plus sociable et plus réceptif, et les gens réagissent à vous de façon positive. La mauvaise nouvelle : vous courez le risque de prendre du poids.
- **Jupiter en opposition à l'Ascendant :** vous entrez facilement et naturellement en contact avec les autres. La vie relationnelle est florissante. Pendant l'année ou à peu près durant laquelle Jupiter est opposé à l'Ascendant et occupe la septième maison, vous pourriez attirer un nouveau partenaire dans votre votre vie personnelle ou professionnelle.

- **Jupiter en conjonction avec le Milieu du Ciel :** une période de succès, de reconnaissance, et un rôle plus important dans le monde. La conjonction de Jupiter avec le Milieu du Ciel, qui est suivie d'un séjour d'un an dans la 10ème maison signifie que les opportunités de carrière sont abondantes. Profitez-en.
- **Jupiter en opposition au Milieu du Ciel :** la vie familiale est florissante. Les relations au sein de votre famille s'améliorent. Si vous avez envie de déménager, c'est une bonne année pour le faire.

Faire avec Saturne

La plupart des gens qui connaissent un peu l'astrologie ont tendance à attendre avec impatience les transits de Jupiter. Mais les transits de Saturne les effraient. Saturne met environ 30 ans à effectuer sa révolution zodiacale. Il passe environ deux ans et demi dans chaque signe, et il est associé au devoir, à la discipline, à l'effort, à la responsabilité, à l'obstruction, aux limitations, aux limites, et aux leçons que l'on apprend. Le sombre Saturne peut amener le désespoir, l'apathie et la dépression, bref, un sérieux cas de blues. Mais de même que Jupiter n'apporte pas toujours le véritable amour, ni le premier roman classé meilleures ventes, ni encore le billet de loto gagnant, Saturne ne cause pas nécessairement la détresse. Il peut amener la responsabilité sous la forme d'un meilleur job, de la limitation sous la forme d'une relation engagée, et une meilleure estime de soi qui suivra le sillage de l'autodiscipline. Pour profiter d'un transit de Saturne, vous avez besoin de créer une structure, de vous organiser, et d'apprendre à gérer efficacement votre temps.

Par définition, les transits sont passagers. Ils ne durent pas longtemps, et vous devez donc agir rapidement pour en profiter.

- **Saturne en conjonction avec le Soleil :** vous récoltez ce que vous semez, tel est le message de cet important transit. Soyez prêt à travailler dur pendant cette période de défi qui est souvent pénible. Saturne stimule vos ambitions, accroît votre besoin de sécurité, et vous force à apprendre la discipline. Mais il peut aussi vous apporter la sécurité, la réalisation, et la reconnaissance du travail bien fait.
- **Saturne en opposition au Soleil :** pessimisme et faible vitalité caractérisent ce transit décourageant, qui se produit environ 14 ans après que Saturne ait été en conjonction avec le Soleil. Il est possible que d'autres personnes s'opposent à vos efforts. Soyez patient.

  Note : les carrés de Saturne au Soleil, qui se forment sept ans avant et sept ans après l'opposition, sont eux aussi difficiles.
- **Saturne en conjonction avec la Lune :** les soucis vous affligent. Vous vous sentez peut-être sensible, mal compris, mal-aimé ou malheureux. Peut-être souffrez-vous de dépression, de découragement, et doutez-vous de vous-même. Vous vous trouvez momentanément dans une

abysse. Durant cette période, il sera toujours opportun de vous confier dans un journal intime, à un psychothérapeute, et à écouter du blues.

- **Saturne en opposition à la Lune :** durant cette période, l'insécurité, l'amertume et des relations tendues pourraient bien vous faire vous retirer et vous isoler. Bien que vous souhaitiez recevoir la sympathie des autres, il est improbable que vous l'obteniez. Évitez de vous apitoyer sur votre propre sort. À la place, prenez des mesures concrètes.
- **Saturne en conjonction avec Mercure :** vous êtes d'une humeur sérieuse, réfléchie et peut-être aussi pessimiste, qui favorise l'étude, la concentration, et des horaires réguliers. Une phase idéale pour lire *Guerre et Paix, Moby Dick,* ou tout autre monument de la littérature mondiale que vous avez toujours soigneusement évité.
- **Saturne en opposition à Mercure :** les circonstances vous amèneront peut-être à remettre vos idées en question ou à rechercher une manière de communiquer plus efficace.
- **Saturne en conjonction avec Vénus :** les relations fragiles auront tendance à s'effriter. Vous vous sentirez peut-être esseulé, inhibé, mal-aimé et en manque d'argent. Et pourtant, une nouvelle relation, plus sérieuse, peut commencer. C'est aussi un bon moment pour démarrer un grand projet artistique.
- **Saturne en opposition à Vénus :** il est toujours difficile de rompre, même si c'est parfois la seule chose à faire. Les relations saines survivent toujours. Mais même si c'est le cas pour vous, vos œillères vous sont enlevées lorsque vous faites face à la réalité dans le domaine de l'amour. Une période de stress émotionnel.
- **Saturne en conjonction avec Mars :** vos efforts sont frustrés, et vous vous êtes peut-être en colère, plein de ressentiments, et surmené. Mais si vous concentrez votre énergie et agissez avec méthode, vous pouvez accomplir beaucoup.
- **Saturne en opposition à Mars :** cette période peut être dure, surtout si vous êtes le type de personne qui collectionne les ennemis. Les obstacles bloquent votre chemin, car Saturne vous force à accepter la réalité, à prendre des mesures appropriées, et à être patient.
- **Saturne en conjonction avec Jupiter :** bien que les opportunités qui apparaissent ne soient peut-être pas spectaculaires, elles n'en sont pas moins réelles. Cela vaut la peine d'y consacrer vos efforts, aussi ennuyeux que cela puisse sembler.
- **Saturne en opposition à Jupiter :** la chance n'est pas avec vous, bien qu'elle ne soit pas non plus contre vous. En fait, il s'agit d'une période de croissance limitée, d'enthousiasme freiné, de dur labeur, et d'acceptation du statu quo.
- **Saturne en conjonction avec Saturne :** Saturne est de retour. Une période capitale pour faire face à la réalité et acquérir de la connaissance de soi. Saturne retourne à la position qu'il a occupé dans votre thème

natal lorsque vous avez approximativement entre 28 et 30 ans, 58 et 60 ans, et 88 et 90 ans. Le premier retour de Saturne représente le véritable début de l'âge adulte. Pendant cette période, qui est d'habitude pénible, vous êtes forcé de faire face à la vérité sur vous-même, d'arrêter de faire le guignol, et de grandir. Le deuxième et le troisième retour représentent d'autres tournants, durant lesquels vous devez faire face à des insatisfactions et vous préparer à une nouvelle phase de votre vie. Dans chaque cas, Saturne vous encourage à faire face à vos frayeurs, à reconnaître les obstacles, à formuler vos ambitions, et à changer vos habitudes.

- **Saturne en opposition à Saturne :** ce transit vous oblige à vous considérer en relation avec le monde plus grand, et il peut donc être contrariant, surtout la première fois qu'il se produit, vers l'âge de 14 ans. Il se produit à nouveau à 44 et à 74 ans. Dans chaque cas, vous vous sentirez peut-être seul et vulnérable. Que faire ? Concentrez-vous sur des tâches spécifiques et faites des efforts concrets. Cela pourra améliorer votre sentiment de sécurité. Le message est clair : persévérez.
- **Saturne en conjonction avec Uranus :** bien que vous ayez peut-être l'impression que l'on vous force à faire quelque chose, cela ne sert à rien de vous rebeller. À la place, recherchez des moyens structurés d'exprimer votre individualité la plus profonde, et vous pourrez aisément traverser ce transit.
- **Saturne en opposition à Uranus :** né libre ? On ne dirait pas. Les événements ont l'air de conspirer pour vous faire sentir que vos options sont limitées. Mais ne sous-estimez pas le pouvoir positif de Saturne. Saturne exige des horaires, de l'autodiscipline, et une structure. Il vous récompense en vous permettant de développer les aspects de vous-même qui sont les plus particuliers et les plus originaux.
- **Saturne en conjonction avec Neptune :** vous sentez peut-être que vous êtes plus stable, moins crédule, et que vous avez davantage les choses en main pendant cette période d'introspection – ou bien vous vous sentirez pessimiste et rempli de doute. Si vous avez un problème d'alcoolisme ou de drogue, il est probable que vous soyez forcé de l'accepter au cours de ce transit.
- **Saturne en opposition à Neptune :** vous vous sentez peut-être assailli par la confusion, les soucis et le découragement. Il est possible que des rêves se réalisent et que vous vous sentiez pourtant déçu. Ce transit présente une autre opportunité de faire face à la réalité, et ainsi de progresser.
- **Saturne en conjonction avec Pluton :** des problèmes de contrôle, de manipulation et de pouvoir surgissent pendant ce transit qui en outre dure longtemps. En dépit de circonstances restrictives et frustrantes, vous pourrez trouver une nouvelle manière de vous concentrer sur un projet personnel important.
- **Saturne en opposition à Pluton :** vous avez bien l'intention de contrôler les circonstances de votre vie et de réaliser votre potentiel, mais les heures supplémentaires ou des problèmes avec les autorités vous

sapent peut-être le moral. Soyez optimiste, regardez les domaines de votre vie qui marchent bien, et concentrez-vous dessus.

- **Saturne en conjonction avec l'Ascendant :** vous donnez l'impression aux gens d'être une personne plus sérieuse, et une responsabilité plus importante vous sera peut-être confiée. Bien que vous vous ressentiez peut-être de la restriction et du surmenage, votre aptitude à vous concentrer, à contrôler votre comportement et à agir avec concentration est favorisée par ce transit. Dans le même temps, vous entrez dans une période de sept ans qu'on appelle le *cycle de l'obscurité*. Pendant cette période de préparation et d'introspection, la recherche de la connaissance de soi et du développement personnel jouera un rôle important dans votre vie.
- **Saturne en opposition à l'Ascendant :** il s'agit d'un tournant important, qui s'accompagne d'une période difficile dans le domaine des relations, à la fois personnelles et professionnelles. Les anciennes relations se briseront peut-être. De nouvelles alliances sont probables avec des gens plus âgés ou ayant davantage d'autorité. Malgré le fait que le domaine des relations vous présentera probablement des défis au cours des deux ans et demie à venir, la bonne nouvelle, c'est que vous commencez une période de sept ans d'opportunités améliorées et de plus grande réussite, connue sous le nom de *cycle d'activité*.
- **Saturne en conjonction avec le Milieu du Ciel :** c'est le début du *cycle d'influence* qui dure sept ans. Si vous avez peiné pour arriver là où vous êtes, vous pouvez vous attendre à ce que votre vie professionnelle atteigne un sommet de reconnaissance et de responsabilité. C'est une période de réussite et vous êtes bien en vue, durant laquelle vous «faites votre trou» dans le monde. Mais si vous n'avez pas fourni suffisamment d'efforts jusque là, cela pourrait être une période d'échecs et de rejets, qui pourraient vous permettre de vous ressaisir.
- **Saturne en opposition au Milieu du Ciel :** les problèmes concernant votre foyer et votre famille requièrent votre attention. Bien que vous vous sentiez peut-être mélancolique ou découragé en ce qui concerne votre famille ou vos objectifs professionnels, vous devriez savoir que vous entrez dans une autre phase du cycle de Saturne. Il est possible que vous déménagiez pendant cette période. Mais que ce soit le cas ou non, vous aurez certainement l'impression que vous commencez à vous sentir moins dépendant, plus confiant, et finalement plus compétent. Vous venez juste de terminer le cycle de l'obscurité décrit plus haut, et vous entrez maintenant dans le *cycle de l'émergence*, une période de votre vie plus créative et plus excitante.

Uranus l'imprévisible

Lorsque Uranus arrive, ça fait des étincelles. Uranus interrompt le cours normal de la vie, il crée des révolutions, et il est associé à des événements inattendus et à des personnes inhabituelles. Il faut 84 ans à Uranus pour traverser tout le zodiaque. (Pour en savoir plus sur les planètes transsaturniennes, consultez le Chapitre 7).

- **Uranus en conjonction avec le Soleil :** vous êtes dans une ornière, mais vous n'allez pas y rester longtemps. Votre besoin d'exprimer votre individualité vous propulse vers un changement important. Ce n'est pas de la plaisanterie : si vous n'initiez pas vous-même les changements, vous pouvez vous attendre à ce qu'ils viennent de l'extérieur.
- **Uranus en opposition au Soleil :** une période nerveuse, créative et explosive de changement et d'instabilité. Vous entêter ne servira à rien. C'est de flexibilité dont vous avez besoin.
- **Uranus en conjonction avec la Lune :** des éclairs d'intuition vous donneront de la perspicacité pendant cette période excitante. Vous vivrez peut-être des hauts et des bas causés par des tempêtes émotionnelles, des modifications de la dynamique familiale, ou vos propres besoins soudains d'indépendance.
- **Uranus en opposition à la Lune :** des sentiments de restriction et un besoin de vous évader du passé font de ce transit une période de fluctuations émotionnelles et de changements révolutionnaires dans votre vie.
- **Uranus en conjonction avec Mercure :** remue-méninges : bien que vous vous sentiez surbooké et frénétique, une façon de penser rigide vous retient en arrière. Vous réalisez et percevez pour la première fois certaines choses et celles-ci, combinées à de nouvelles données, vous obligent à vous débarrasser d'idées démodées et de modèles de communication désuets. Uranus stimule votre aptitude à penser de façon originale.
- **Uranus en opposition à Mercure :** vous êtes mentalement actif et nerveux sur le plan physique, et vous avez peut-être des difficultés à dormir. Aborder vos problèmes de la manière habituelle n'amènera que les résultats habituels. Que vous le vouliez ou non, vous devez adopter une nouvelle approche. Les anciennes méthodes ne fonctionnent plus.
- **Uranus en conjonction avec Vénus :** si le courant ne passe plus dans votre relation de couple, vous êtes bon pour une période tumultueuse. Des relations qui promettent le frisson de l'imprévisible vous attirent. Et ce n'est pas le cas des vieilles alliances ennuyeuses, même si elles sont précieuses ou enracinées dans l'histoire.
- **Uranus en opposition à Vénus :** si vous désirez échapper à l'ennui, vous pourriez – ou pire encore, votre partenaire pourrait – être tenté par une nouvelle relation qui présentera beaucoup de punch. Mais cette nouvelle union sera-t-elle durable ? Je ne le parierais pas.
- **Uranus en conjonction avec Mars :** vous prenez l'initiative, vous agissez rapidement et vous prenez des décisions impulsives. En outre, vous êtes plus en colère que d'habitude et peut-être prédisposé aux accidents.
- **Uranus en opposition à Mars :** une période changeante. Vos actions sont désordonnées parce que vous ne savez pas ce que vous voulez. Il vous

sera peut-être difficile de contrôler votre animosité et vos sentiments de compétition, et vous provoquerez peut-être l'opposition des autres.

- **Uranus en conjonction avec Jupiter :** des opportunités inattendues et des changements soudains de votre situation financière marquent cette période. Dans un thème natal faisant partie de mes dossiers, ce transit coïncida avec la perte d'un des membres de la famille et avec une grossesse imprévue. Dans un autre cas, il a amené un déménagement perturbateur mais positif. Dans un troisième cas, la carrière d'une de mes consultantes fut mise sur orbite dans une situation bien en vue alors qu'Uranus devenait conjoint au Jupiter de sa dixième maison. Elle chuta un an plus tard et reçut l'avis de licenciement redouté, lorsque Saturne entra en contact avec son Soleil natal.
- **Uranus en opposition à Jupiter :** une soif d'indépendance, un besoin pressant de prendre un risque, des changements imprévus dans vos relations, et toute une kyrielle de hauts et de bas caractérisent cette période agitée.
- **Uranus en conjonction avec Saturne :** vous vous sentez à l'étroit et tendu. Vous ne pouvez plus accepter plus longtemps les contraintes que vous vous êtes vous-même imposées. Uranus agit comme un catalyseur et vous force à vous débarrasser de vieilles frayeurs, de vieilles limitations et même d'un job pour rechercher une structure qui vous confinera moins.
- **Uranus en opposition à Saturne :** vous vous sentez mal à l'aise et anxieux. Les vieilles habitudes meurent et les structures usées s'effondrent sous les assauts de circonstances imprévues et de forces qui sont au-delà de votre contrôle.
- **Uranus en conjonction avec l'Uranus natal :** le retour d'Uranus est un transit qui a lieu une fois dans la vie d'un humain, à l'âge de 84 ans. Il symbolise un cycle complet d'individualité et peut vous inciter à chercher une nouvelle forme d'expression de votre moi le plus essentiel.
- **Uranus en opposition à l'Uranus natal :** ce transit « de la crise de la quarantaine », qui est troublant et provoque l'anxiété, se produit à l'âge de 42 ans. Il vous encourage à prendre des risques et à faire de grands changements.
- **Uranus en conjonction avec Neptune :** si vous êtes né au début des années 1990, vous avez peut-être subi ce transit déconcertant et sensibilisant alors que vous étiez enfant. (On attribue à son influence certains épisodes de conscience spirituelle soudaine.)
- **Uranus en opposition à Neptune :** je vais être franche avec vous : si vous vivez ce transit, vous êtes vieux (ou vieille). Outre les réductions de billets pour les places de cinéma, les avantages de cette situation sont que vous vous souciez moins de ce que pensent les autres personnes et davantage de ce qui est important pour vous. Des rêves prodigieux, de la musique moderne et des quêtes spirituelles anticonformistes vous attirent. Faites attention aux drogues, à l'alcool, et aux plans douteux pour devenir riche rapidement.
- **Uranus en conjonction avec Pluton :** ce transit de grande puissance peut amener des transitions imprévues et capitales. Du sérieux. Pourtant, à moins d'avoir plus de 100 ans, vous n'en ferez pas l'expérience.

- **Uranus en opposition à Pluton :** pendant cette période de changement, de vieux modèles et de vieilles obsessions tombent, surtout si Pluton est valorisé dans votre thème natal.
- **Uranus en conjonction avec l'Ascendant :** votre besoin pressant de liberté individuelle s'exprimera peut-être par des modifications de votre look, des actions imprévisibles ou abruptes, et par vos plus grandes excentricités.
- **Uranus en opposition à l'Ascendant :** amène des changements inimaginables dans vos relations. Les gens qui vous attirent pendant ce transit sont assez différent de votre type habituel.
- **Uranus en conjonction avec le Milieu du Ciel :** des bouleversements dans votre carrière peuvent créer un nouveau chapitre spectaculaire de votre vie. L'image que vous donnez au public est transformée. Gardez cela à l'esprit : si une opportunité inhabituelle se présente, saisissez-la. Ne laissez pas des sentiments d'indécision ou d'infériorité vous empêcher de réaliser votre destinée.
- **Uranus en opposition au Milieu du Ciel :** des événements et des défis imprévus chamboulent votre vie de famille et modifient votre statut social ou vos relations professionnelles. Vous déménagerez peut-être soudainement.

Neptune le nébuleux

Le magique et mystérieux Neptune est brumeux. Il embrouille, il est à la fois vague et inspirant. Il dissout les frontières, il crée des illusions, il favorise la compassion et stimule l'imagination. Contrairement à celle d'Uranus, son influence peut être subtile et difficile à détecter. La révolution de Neptune autour du zodiaque dure 246 ans ; l'Annexe B et le Chapitre 7 vous donnent son itinéraire.

- **Neptune en conjonction avec le Soleil :** ce long transit peut vous amener l'apitoiement sur votre propre sort, la morosité et une estime de soi diminuée. Mais il peut aussi accroître votre idéalisme, votre compassion, votre créativité et votre sensibilité paranormale.
- **Neptune en opposition au Soleil :** votre aptitude à vous tromper vous-même (ou à laisser les autres vous mystifier) culmine pendant cette période déroutante.
- **Neptune en conjonction avec la Lune :** vous êtes sensible, compréhensif, responsable, émotif et romantique. Apprenez à vous mettre à l'écoute de niveaux subtils d'intuition ; étudiez attentivement vos rêves.
- **Neptune en opposition à la Lune :** des incertitudes émotionnelles, un besoin urgent de vous échapper et des obsessions inhabituelles pourraient bien vous affliger pendant cette période. La prudence est de mise si vous tombez follement amoureux, si vous trouvez un conseiller spirituel qui répond à toutes vos questions, ou si vous comptez trop sur les drogues et sur l'alcool.
- **Neptune en conjonction avec Mercure :** si vous êtes poète, artiste ou musicien, vous allez adorer ce transit. Mais soyez prévenu : le surcroît d'imagina-

tion se fait aux dépends des choses habituelles pour lesquelles on compte sur Mercure, comme l'esprit logique, la prise de décisions intelligentes, ou le fait de se souvenir de rappeler quelqu'un qui vous a passé un coup de fil.

- **Neptune en opposition à Mercure :** vous pensez que vous communiquez clairement ? Vous pensez que vous avez trouvé la recette infaillible pour éradiquer la guerre, la famine ou la drogue à l'école ? Réfléchissez-y davantage. Neptune crée une atmosphère de malentendus, de fausses interprétations et de réflexions menées de travers. Heureusement, il stimule aussi votre créativité et votre imagination.
- **Neptune en conjonction avec Vénus :** votre sensibilité est très fine et vous êtes prêt à tomber amoureux. Mais est-ce que l'objet de votre affection vous rend vos sentiments ? Est-ce que cette relation est aussi parfaite que vous vous l'imaginez ? Gardez à l'esprit que Neptune est la planète de l'illusion. De même, si vous tombez dans le piège de l'apitoiement sur votre propre sort et si vous êtes convaincu que vous resterez toujours seul, essayez de rejeter ce sentiment et de placer votre confiance dans l'art, la musique, et l'univers.

ATTENTION !

- **Neptune en opposition à Vénus :** vous vous sentez exaspéré, surtout en ce qui concerne votre vie amoureuse. Des visions de l'amour idéal dansent dans votre esprit, mais pourtant vous ne voulez pas entrer en action pour réaliser vos rêves, ou vous en êtes incapable. Soyez prudent : ce transit, comme la conjonction de Neptune et de Vénus, stimule de manière extrême le penchant à prendre ses désirs pour des réalités.
- **Neptune en conjonction avec Mars :** vous agissez de façon intuitive. Si vous êtes en colère, envieux ou si ne faites pas bon usage de vos talents naturels, vous passerez peut-être un mauvais quart d'heure. Mais si vous utilisez vos talents de façon constructive, vous pourrez obtenir une grande réussite. Soyez attentif aux coïncidences, à la bonne fortune ou à la malchance. Les événements de votre monde extérieur reflètent votre réalité intérieure et vous indiquent si vous êtes sur la bonne voie.
- **Neptune en opposition à Mars :** vous ne savez pas exactement ce que vous voulez ? Observez-vous alors que vos désirs réprimés resurgissent dans votre conscience et s'expriment dans vos actions. Observez vos réactions négatives envers d'autres personnes : ces réactions reflètent votre ombre, la face cachée de votre personnalité.

LA FORTUNE SOURIT

- **Neptune en conjonction avec Jupiter :** vous fantasmez sur une multitude de possibilités. Sans même le réaliser, vous vous ouvrez à de nouvelles expériences. Votre idéalisme, votre compassion et votre confiance en la vie augmentent.
- **Neptune en opposition à Jupiter :** vous êtes sympathique, idéaliste, et ouvert à de nouvelles expériences – mais vous avez perdu le contact avec la réalité. Faites attention à ne pas avaler de couleuvres !
- **Neptune en conjonction avec Saturne :** les lois et les règlements que vous avez suivis jusqu'à ce jour ne sont plus en vigueur, et vous devez les remplacer par un nouvel ensemble d'habitudes et de structures.

Souvenez-vous que tout le monde né à quelques mois de votre date de naissance subit aussi ce transit. Et faites attention sur le plan financier.

- **Neptune en opposition à Saturne :** des craintes et des restrictions anciennes réapparaissent, et vous devez y faire face avec discipline et réalisme. C'est une période qui vous met au défi, mais qui n'est pas nécessairement négative.
- **Neptune en conjonction avec Uranus :** au 21ème siècle, ce transit subtil qui affecte les générations ne concernera que les personnes âgées. Il produira probablement des états de conscience modifiée, une vision de liberté, et un accès de comportement excentrique.
- **Neptune en opposition à Uranus :** ce transit amène une période de vague insatisfaction, du genre crise de la quarantaine. Si vous avez le sentiment d'avoir été dans une ornière, même s'il s'agit d'une ornière que vous avez vous-même creusée, vous essaierez peut-être de vous redéfinir en recherchant l'excitation et des expériences stimulantes.
- **Neptune en conjonction avec le Neptune natal :** vous êtes soit trop jeune (encore nourrisson) soit trop âgé (168 ans) pour vous préoccuper de ce transit.
- **Neptune en opposition au Neptune natal :** il se passe à l'âge de 82 ans, environ deux ans avant le retour d'Uranus. Il peut coïncider avec une période de grande confusion, mais il peut aussi renforcer vos rêves, votre imagination et votre conscience spirituelle.
- **Neptune en conjonction avec Pluton :** ce transit ne se produira pas durant votre vie.
- **Neptune en opposition à Pluton :** ce transit exerce une influence subtile sur les générations, qui accroît la conscience et vous encourage à repenser divers aspects de votre vie, y compris les problèmes psychologiques que vous avez tenté de refouler.
- **Neptune en conjonction avec l'Ascendant :** Neptune dissout les frontières de la personnalité externe. Vous vous trouvez donc déconcentré et perdu dans la rêverie. Au pire, vous serez autodestructeur. Au mieux, vous serez intuitif et créatif. L'art, la musique, l'analyse des rêves etc. constitueront de bons exutoires pendant ce transit.
- **Neptune en opposition à l'Ascendant :** si votre vie de couple est satisfaisante, vous allez développer avec votre partenaire une forme de communication quasi spirituelle. Mais si cette relation repose sur des fondations fragiles, alors il se peut que des secrets fassent leur apparition et que vous vous accrochiez volontairement à des illusions. Faites attention aux nuances.
- **Neptune en conjonction avec le Milieu du Ciel :** les limites de votre carrière se dissolvent. Certaines choses mystérieuses qui se passent au travail vous mettront peut-être mal à l'aise. D'autre part, des possibilités de carrière plus séduisantes vous inspireront peut-être, y compris tout ce qui concerne les domaines spirituels, ainsi que ceux de la guérison et de l'art.

- **Neptune en opposition au Milieu du Ciel :** la confusion ou la déception dans votre carrière, vos relations avec vos parents ou dans votre vie familiale rendent difficile la prise de décision. Vous ne pouvez pas vous résoudre à entrer en action car vous ne savez pas que faire. Pour trouver de la détermination, vous devrez être suffisamment calme pour écouter votre voix intérieure. Comme toujours avec Neptune, vous trouverez de l'aide grâce à l'art, la musique, la quête spirituelle, et à de longues promenades sur la plage.

Pluton, l'assoiffé de pouvoir

Pluton, la planète de la transformation, est associée au pouvoir, à la régénération, et aux enfers. Ça a l'air sérieux, et ça l'est vraiment. Les transits de Pluton, qui durent deux ou trois ans, coïncident habituellement avec des périodes de changement profond, lent et permanent.

- **Pluton en conjonction avec le Soleil :** votre niveau de conscience s'accroît. Vous devenez obsédé par la réalisation de votre potentiel, et vous n'êtes finalement plus prêt à être quelqu'un d'autre que votre puissant moi. Il est possible que des relations et des jobs inappropriés prennent fin. Des problèmes non résolus concernant votre père et d'autres personnages représentant l'autorité prennent également de l'importance.
- **Pluton en opposition au Soleil :** les circonstances vous forcent à prendre le contrôle de votre destiné. Votre vie relationnelle en souffre. Bien que vous fassiez peut-être face à de l'opposition ou a un conflit avec une autorité, vous êtes déterminé à agir de la manière la plus déterminée possible. Vous cherchez par dessus tout à être reconnu. L'action constructive vous apporte la réussite ; un comportement de vengeance, basé sur la peur ou l'égoïsme ne marchera pas. Une nouvelle phase de votre vie va commencer au cours des deux prochaines années.
- **Pluton en conjonction avec la Lune :** dans le domaine des émotions, de puissantes forces tourbillonnent autour de vous. Vous devrez peut-être même faire face à un décès dans votre famille. Des problèmes que vous avez ignorés depuis votre enfance referont surface, y compris ceux concernant votre mère. Le cas échéant, faites face aux problèmes de dépendance et aux sentiments d'infériorité, cela amènera la guérison et une catharsis, c'est-à-dire une décharge émotionnelle libératrice.
- **Pluton en opposition à la Lune :** période de tempête affective et de modification de votre cadre familial. La manipulation des émotions n'apporterait rien d'autre qu'un traumatisme psychique. Faites face à la vérité, car c'est l'unique option viable, aussi douloureuse soit-elle.
- **Pluton en conjonction avec Mercure :** vos aptitudes mentales se développent, des centres d'intérêt sérieux captivent votre attention, et votre perspicacité est plus profonde que jamais. Vous êtes capable d'influencer les autres en utilisant les mots, que ce soit verbalement ou par les écrits.

- **Pluton en opposition à Mercure :** des différences d'opinion, des problèmes de communication et des pensées obsédantes vous dérangent. Des secrets seront peut-être révélés.
- **Pluton en conjonction avec Vénus :** la jalousie, les ressentiments ou l'amour obsédant vous emprisonnent peut-être. Vous recherchez inconsciemment un contact profond et remarquable, et vous pourrez probablement le trouver au cours de cette période intense, mais souvent malheureuse.
- **Pluton en opposition à Vénus :** pendant ce transit, une crise émotionnelle peut amener soit l'effondrement, soit l'approfondissement de votre relation de couple. Les problèmes sexuels non résolus refont surface et doivent être traités.
- **Pluton en conjonction avec Mars :** votre énergie, votre détermination et votre concentration intensifiées vous ouvrent les portes de la réussite. Vous êtes en mesure d'agir avec bien plus d'impact, et votre niveau d'énergie est transformé. Mais vous devez trouver des moyens pour gérer votre colère.
- **Pluton en opposition à Mars :** des événements bouleversants ou des circonstances externes vous forcent à agir de façon déterminée et à canaliser votre colère d'une manière constructive.
- **Pluton en conjonction avec Jupiter :** repoussez plus loin les frontières de votre vie, et vous pourrez complètement la transformer. Des opportunités majeures se présentent à vous.
- **Pluton en opposition à Jupiter :** votre désir de réussite et de pouvoir vous incite à élargir vos horizons d'une manière que vous n'avez jamais eue auparavant. Mais soyez conscient du fait que vous pourriez avoir les yeux plus grands que le ventre. De même, si vous êtes croyant, vous aurez peut-être une crise concernant votre foi.
- **Pluton en conjonction avec Saturne :** il est bien difficile de vous débarrasser des chaînes que vous vous êtes vous-même imposées. Cette conjonction qui influe sur des générations introduit une période d'analyse de soi intense et débouche sur un changement durable.
- **Pluton en opposition à Saturne :** des forces extérieures contrarient vos efforts et vous obligent à modifier vos plans. C'est une période difficile caractérisée par des luttes d'influences, des conflits avec les autorités, et un changement qui n'est pas souhaité.
- **Pluton en conjonction avec Uranus :** si vous avez réprimé votre individualité, elle refait maintenant surface. Si vous avez trop présumé de vous et été trop extravagant, vous êtes maintenant prêt à modérer vos excentricités et à vous adapter au reste de la société.
- **Pluton en opposition à Uranus :** des circonstances inattendues vous projettent dans l'avenir, et vous forcent à accepter la personne que vous êtes et celle que vous voulez être.
- **Pluton en conjonction avec Neptune :** vos rêves, vos croyances et vos idéaux se modifient lentement.

HISTOIRE VRAIE

Mon ami Ian

Mon ami Ian a toujours eu envie de fonder un foyer. Mais sa cinquième maison, celles des enfants, est gouvernée par Saturne, la planète de la limitation, et pendant de nombreuses années, il n'a tout simplement pas pu y arriver. Puis sa Lune progressée est entrée dans sa cinquième maison, et Neptune a commencé à s'opposer à son Saturne. Les vieilles limites et restrictions disparurent, bien que cela ne se soit pas passé sans travail acharné ni stress. Après avoir investi beaucoup de temps, d'énergie et d'argent dans ce projet, sa femme et lui se rendirent en Chine pour y chercher leur petite fille. Les transits avaient indiqué le bon moment pour passer à l'action.

- **Pluton en opposition à Neptune :** à moins que vous n'ayez largement dépassé la centaine, ce transit ne fait pas partie de ceux dont vous devriez vous soucier.
- **Pluton en conjonction avec le Pluton natal :** impossible.
- **Pluton en opposition au Pluton natal :** impossible (sauf si vous atteignez l'âge de 123 ans !)
- **Pluton en conjonction avec l'Ascendant :** vous n'êtes plus disposé à nier ni à supprimer votre pouvoir personnel. Il en résulte que l'image que vous avez de vous-même est plus forte.
- **Pluton en opposition à l'Ascendant :** vous exigez d'être reconnu comme la personne puissante que vous êtes pour avoir un impact sur le monde. Si une relation vous entrave de quelque façon que ce soit, elle doit disparaître.
- **Pluton en conjonction avec le Milieu du Ciel :** votre carrière est entrée dans une période de changement lent et majeur.
- **Pluton en opposition au Milieu du Ciel :** vous devez changer vos habitudes. Votre vie de famille et votre opinion de vos parents sont en train d'être transformées.

Avertissement : la malédiction de l'astrologue

Croyez-moi : dès que vous aurez compris les rudiments des transits, vous aurez des problèmes. Tôt ou tard, vous allez repérer un transit difficile et commencer à paniquer avant qu'il n'arrive, parce qu'examiner son propre thème astral, c'est parfois jouer à se faire peur. En conséquence, ne soyez

Joan Collins

La fascinante actrice Joan Collins, connue pour son rôle dans *Dynasty* ainsi que pour ses romans, fut traduite en justice en 1996 par son éditeur, qui l'accusait d'avoir délivré un manuscrit de qualité mineure et exigeait d'elle qu'elle rembourse les 1,2 millions de dollars qu'elle avait perçus d'avance. D'autres auteurs se seraient peut-être sentis humiliés. Mais elle tint bon ; elle défia le géant de l'édition qui lui faisait face, et gagna le procès. Le principal transit dans son thème de l'époque ? Pluton en Sagittaire était en opposition à son Soleil natal en Gémeaux. Bien que sa fierté ait sans aucun doute souffert pendant le procès, qui se concentrait sur son incompétence en tant qu'auteur, elle triompha et gagna une somme d'argent importante en dédommagement de ses problèmes.

pas surpris si, au cours de vos efforts initiaux d'évaluation de l'avenir, vous prévoyez le désastre. Et ne soyez pas non plus surpris si aucun de ces scénarios catastrophes ne se réalise. Heureusement, vous apprendrez à maîtriser la technique de l'évaluation et à tempérer vos prévisions au fur et à mesure que vous passerez du temps à observer les transits.

Les règles d'interprétation des transits sont simples :

1. **Si les configurations de votre thème natal ne rendent pas possible un certain événement, il ne se produira pas, quels que soient les transits.** Uranus l'imprévisible dansant dans votre deuxième maison, celle de l'argent, joue contre joue avec Jupiter n'apportera le gros lot à la loterie que si et seulement si votre thème natal est couvert d'aspects qui permettent de gagner facilement de l'argent. La prédisposition doit être là.
2. **Même avec une prédisposition natale existante, un transit unique n'est que rarement en corrélation avec un événement dramatique ou qui change la vie.** Ces situations naissent d'une série d'influences toutes orientées dans la même direction.
3. **On peut interpréter différemment n'importe quel transit.** Rien n'est prédestiné. Mais d'une façon ou d'une autre, l'énergie du transit doit s'exprimer. La façon dont cela se passe dépend des circonstances et des choix que vous faites.

Je peux vous l'assurer : la plupart des choses pour lesquelles nous nous faisons du souci ne se produisent pas. Donc ne vous rendez pas vous-même fou : ne laissez pas votre connaissance des transits devenir une source d'anxiété.

Chapitre 14

Toute la vérité sur les planètes rétrogrades !

Dans ce chapitre :

Qu'est-ce que la rétrogradation ?
Interprétons la rétrogradation.
Que faire lorsque Mercure est rétrograde ?
Comment s'y prendre avec Mars rétrograde et Vénus rétrograde ?
Les planètes rétrogrades dans un thème natal.

Il existe un nombre incroyable de personnes qui ne sont pas en mesure de monter un thème astral et ne connaissent pas non plus leur Ascendant, mais qui sont pourtant sujettes à des accès de panique lorsque Mercure devient rétrograde. Ces périodes supposées sinistres, pendant lesquelles cette petite planète donne l'impression de se déplacer à reculons, ont régulièrement lieu trois ou quatre fois par an. Et c'est vrai qu'elles amènent avec elles des salves de retard, d'incompréhension, d'irritations et de perturbations mineures. Pire encore, elles déclenchent des tempêtes de peur et d'anxiété dans les cœurs des fans de l'astrologie partout dans le monde. Mais est-ce la réaction appropriée pour ces situations ? Franchement, non. La rétrogradation n'est pas une tragédie. Ni un désastre. Ce n'est même pas une raison de s'alarmer. La rétrogradation, c'est un répit, une pause, et un cadeau du cosmos, mais seulement si vous comprenez son but et si vous l'utilisez bien. Dans ce chapitre, je vais vous expliquer tout ce que vous avez besoin de savoir pour affronter les mouvements rétrogrades avec calme et de façon rationnelle.

Lorsqu'une planète est *rétrograde*, on dirait qu'elle tourne en marche arrière à travers le zodiaque. En réalité, toutes les planètes avancent tout le temps, mais ce n'est pas ce que l'on semble observer. Bien que le Soleil et la Lune tournent clairement tout le temps dans la même direction, les planètes semblent suivre des trajets moins cohérents. Aux dates normales prévues, chacune des planètes semble ralentir, changer de direction, et retracer sa trajectoire en arrière à travers le zodiaque. Pendant des semaines ou des mois (selon la planète), elle tourne dans le sens contraire à celui de la marée des autres planètes. Puis une fois encore, elle semble ralentir, changer de direction, et se remettre à avancer dans le sens normal (qu'on appelle *direct*). Lorsque les astronomes d'autrefois, qui pensaient que la Terre immobile était le centre de l'univers, virent ces corps célestes se déplacer en marche arrière, il inventèrent toutes sortes de théories pour expliquer le phénomène. Au deuxième siècle avant Jésus-Christ, les astronomes de la Grèce d'alors étaient par exemple convaincus que les planètes faisaient une boucle autour de leurs orbites usuelles sur de petites sphères du cristal le plus pur. Inutile de vous dire qu'ils se trompaient. En fait, les planètes ne changent jamais de direction. La rétrogradation n'est qu'une perception, une illusion causée par le fait que les planètes, y compris la Terre, sont en mouvement et tracent des arcs à travers le ciel tandis qu'elles tournent autour du Soleil à différentes vitesses.

Vous pouvez vivre le même effet déconcertant dans un train. Si deux trains démarrent en même temps de la gare mais que votre train est le plus rapide, le train de la voie adjacente semble glisser en arrière. Ce « mouvement en arrière », comme le mouvement rétrograde des planètes, n'est qu'une illusion d'optique.

Regardez en arrière avec Mercure rétrograde

Voici un scénario typique tiré de ma propre vie. Le téléphone sonne. Je décroche, non sans hésitation. Et bingo, j'ai au bout du fil une de mes suspectes habituelles, qui est dans tous ses états après avoir subi une frustration de trop. La goutte d'eau qui a fait déborder le vase s'est peut-être manifestée sous la forme de la perte d'une carte bancaire, d'une attente interminable au cabinet du médecin, d'un rendez-vous manqué, d'une panne d'ordinateur, de l'impossibilité de louer un appartement au prix de 1977, d'un désastre de boîte vocale, ou de toute autre descente douloureuse aux enfers de la vie quotidienne. En écoutant la litanie, je sais déjà ce qui s'annonce. Ma fidèle disciple va me poser la question : « Est-ce que Mercure est rétrograde ? »

Souvent, la réponse est oui. Le petit Mercure, qui est la planète la plus proche du Soleil, semble changer de sens de rotation plus fréquemment que n'importe laquelle des autres planètes. Il entre en rétrogradation trois ou quatre fois par an pendant une durée légèrement supérieure à trois semaines à chaque fois. Pendant ces périodes, et en particulier au début et à la fin, vous pouvez vous attendre à des mésaventures mineures, à de petits ennuis, et à toutes sortes de problèmes de communication. Lorsque Mercure est rétrograde, les messages disparaissent dans le cyberespace, des phrases simples sont mal interprétées, les gens oublient des rendez-vous et perdent des papiers, et les répondeurs, télécopieurs, photocopieurs, ordinateurs et autres téléphones portables menacent de se mettre en grève. Pourquoi cela arrive-t-il ? Je n'en sais rien. Pour moi, l'astrologie est un système de métaphores, un langage cosmique symbolique qui reflète nos vies à la manière dont la mer reflète le ciel. Donc même si aucune des planètes ne change en réalité de direction, leur rotation apparente influence de façon subtile nos réactions, nos perceptions et nos expériences. Lorsque Mercure est rétrograde, la contrariété abonde. Pourtant, malgré ce que vous avez peut-être entendu à ce sujet et malgré ce que vous venez juste de lire, il ne faut pas craindre Mercure rétrograde. Cette rétrogradation vous offre une pause, une opportunité pour «souffler». Voici comment vous pourrez en tirer parti :

Lorsque Mercure est rétrograde, ne faites pas les choses suivantes :

- Commencer un projet important.
- Acheter une voiture, un bateau ou une maison.
- Emménager dans une nouvelle demeure.
- Débuter un nouvel emploi.
- Vous engager dans une nouvelle relation de couple.
- Signer un contrat.
- Vous attendre à ce que tout baigne dans l'huile.
- Essayer de forcer le destin. Cela ne produirait que davantage de désordre.

Pour tirer le meilleur parti de Mercure rétrograde, poussez un soupir de soulagement et sortez de votre routine. On vous donne un peu de temps. Tout ce que vous avez à faire, c'est de :

- Revoir, réviser.
- Relire. (Mercure rétrograde représente une aide inestimable pour les écrivains.)
- Réexaminer (Si un vieux problème ou un ex devait refaire surface, Mercure rétrograde pourra vous aider à résoudre la situation.)
- Se rappeler le passé.
- Changer d'avis.
- Confirmer les réservations.
- Vérifier les données.
- Effectuer des réparations.
- Effectuer des tâches que vous aviez remises à plus tard.
- Rectifier des erreurs.
- S'organiser.
- Rattraper votre courrier en retard.
- Ranger et nettoyer la terrasse et le balcon.
- Envoyer les cartes postales et les colis à l'avance. (Lorsque Mercure est rétrograde, les probabilités d'avoir à faire la queue ou à attendre dans

un embouteillage s'accroissent de façon exponentielle. Et ne comptez pas sur votre téléphone mobile pour vous distraire : il ne vous transmettra probablement que des parasites.)

Le Tableau 14.1 montre les périodes de rétrogradation de Mercure dans les signes concernés, depuis le premier Jour de l'An 2000 jusqu'à la fin de l'an 2005. Les dates de chaque période rétrograde correspondent aux degrés du zodiaque listés dans la colonne «Position». Par exemple, la première ligne de l'an 2000 montre que Mercure est rétrograde du 21 février au 14 mars, période durant laquelle il tourne en marche arrière à partir de 17° dans les Poissons – sa position du 21 février – jusqu'à 2° en Poissons, où il arrive le 14 mars. Il cesse alors d'être rétrograde et se remet à avancer dans le sens habituel. Les mois passent. De son point de départ de 2° en Poissons, Mercure tourne joyeusement à travers un tiers du zodiaque. Et puis le 23 juin, il change une fois de plus de direction, cette fois-ci à 19° en Cancer, et le processus se répète.

Tableau 14.1 : Mercure rétrograde.

Année	*Dates*	*Position*
2000	21 février au 14 mars	17° Poissons à 2° Poissons
2000	23 juin au 17 juillet	19° Cancer à 10° Cancer
2000	18 octobre au 8 novembre	15° Scorpion à 29° Balance
2001	4 au 25 février	29° Verseau à 15° Verseau
2001	4 au 28 juin	29° Gémeaux à 21° Gémeaux
2001	1er au 23 octobre	29° Balance à 14° Balance
2002	18 janvier au 8 février	14° Verseau à 28° Capricorne
2002	15 mai au 8 juin	9° Gémeaux à 1° Gémeaux
2002	14 septembre au 6 octobre	13 Balance à 28° Vierge
2003	2 au 23 janvier	28° Capricorne à 12° Capricorne
2003	26 avril au 20 mai	20° Taureau à 11° Taureau
2003	28 août au 20 septembre	26° Vierge à 12° Vierge
2003	17 décembre au 6 janvier 2004	12° Capricorne à 26° Sagittaire
2004	6 au 30 avril	1° Taureau à 21° Bélier
2004	10 août au 2 septembre	8° Vierge à 25° Lion
2004	30 novembre au 20 décembre	26° Sagittaire à 10° Sagittaire

Tableau 14.1 : Mercure rétrograde.

Année	*Dates*	*Position*
2005	20 mars au 12 avril	14° Bélier à 1° Bélier
2005	23 juillet au 16 août	20° Lion à 8° Lion
2005	14 novembre au 4 décembre	10° Sagittaire à 24° Scorpion

Parfois, les semaines pendant lesquelles Mercure est rétrograde s'écoulent si tranquillement que vous ne le remarquez à peine. Mais d'autres fois, Mercure rétrograde crée un torrent de détours et d'obstacles qu'il vous sera impossible de ne pas remarquer. Qu'est-ce qui fait la différence ? La réponse est simple : la position, la position, la position. Regardez où se trouve Mercure lorsqu'il commence sa rétrogradation. S'il est dans votre signe solaire, votre signe lunaire ou le signe de votre ascendant, vous serez probablement affecté, et lorsque Mercure commence ou termine sa période rétrograde à un ou deux degrés d'une planète de votre thème natal, il est probable que vous allez sentir une influence significative. Dans ce cas, préparez-vous à savourer pleinement la rétrogradation. Et n'oubliez pas d'emporter un livre avec vous.

Vénus sur le retour

Dans l'astrologie méso-américaine, c'était Vénus qui commandait. Les Aztèques et les Mayas prenaient soigneusement note de son lever et de son coucher, de son apparition matin et soir comme étoile du berger, de ses disparitions régulières, de ses périodes de mouvement rétrograde, qui ont lieu chaque année et demie et durent environ six semaines. Selon les astrologues aztèques, ces six semaines étaient des périodes dangereuses, surtout dans le domaine politique. Les astrologues d'aujourd'hui considèrent généralement la rétrogradation de Vénus comme une période d'incertitude, de distraction, de mauvaise interprétation, de passivité et de désirs non réalisés dans deux domaines : l'amour et les finances.

Ça a l'air mauvais, mais en réalité, les effets de la rétrogradation de Vénus ne sont que subtils. Il me semble que la vie est trop courte pour s'occuper excessivement de ce transit particulier.

CONSEIL

J'ai toutefois deux recommandations impératives : ne vous mariez pas lorsque Vénus est rétrograde (à moins que vous-même et la personne concernée n'ayez tous deux Vénus rétrograde dans vos thèmes natals respectifs), et ne prenez pas d'engagement financier majeur – en particulier pour un prêt, un emprunt hypothécaire, un manteau de fourrure, une œuvre d'art véritable, une bague en émeraude (l'émeraude est la pierre du Taureau, dont Vénus est la planète-maîtresse) ou pour toute autre chose chérie par Vénus (sauf pour les fleurs, les chocolats et les cartes de la Saint Valentin).

Le Tableau 14.2 vous indique les périodes durant lesquelles Vénus sera rétrograde – et dans quels signes – de 2000 à 2005. (2000 et 2003 n'y figurent pas car Vénus ne sera pas du tout rétrograde pendant ces deux années.)

Tableau 14.2 : Vénus rétrograde.

Année	*Dates*	*Position*
2001	8 mars au 19 avril	17° Bélier à 1° Bélier
2002	10 octobre au 21 novembre	15° Scorpion à 0° Scorpion
2004	17 mai au 29 juin	26° Gémeaux à 9° Gémeaux
2005	24 décembre au 3 février 2006	1° Verseau à 16° Capricorne

Attention à Mars rétrograde !

J'adore Mars, la planète rouge. Facilement reconnaissable dans le ciel grâce à sa teinte rose pâle, elle stimule l'activité, nous incite à prendre l'initiative, et nous donne du courage. Mars est entreprenant, dynamique, déterminé, dominateur. Mais lorsque cette planète est rétrograde, les initiative que l'on prend ne fonctionnent pas, et si l'on passe à l'offensive, cela peut amener des conséquences imprévues. Mars l'agressive devient rétrograde tous les 22 mois pendant environ 11 semaines. Pendant ces périodes, la règle capitale est simple : ne lancez pas de croisade et ne partez pas non plus en guerre, que ce soit en parlant par métaphore, ou pour de bon.

Le Tableau 14.3 vous indique les périodes durant lesquelles Mars sera rétrograde entre 2000 et 2005 (pas de rétrogradation du tout en 2000, 2002 et 2004.)

Tableau 14.3 : Mars rétrograde.

Année	*Dates*	*Position*
2001	11 mai au 19 juillet	29° Sagittaire à 15° Sagittaire
2003	29 juillet au 27 septembre	10° Poissons 0° Poissons
2005	1er octobre au 10 décembre	23° Taureau à 8° Taureau

La rétrogradation des autres planètes

Passé Mars, les planètes sont rétrogrades pendant des mois, et toute la question perd de son importance. Il n'y a donc aucune raison de se faire du souci à ce sujet.

CONSEIL

Je ne recommande d'être attentif au mouvement rétrograde des planètes transsaturniennes que dans deux circonstances :

- **Lorsque cinq ou six planètes sont rétrogrades en même temps.** Ce sont des périodes durant lesquelles de nouvelles entreprises avancent à la vitesse d'un glacier. Comment savoir quand les autres planètes seront rétrogrades ? J'ai le regret de vous dire que ce livre ne pourra pas vous venir en aide. Mais tout bon calendrier astrologique le pourra. Vous pourrez vous en procurer un à la FNAC, dans les grandes librairies et librairies spécialisées.

Mercure, Vénus et Mars rétrogrades dans le thème natal

Il y a des années, j'avais l'impression que lorsqu'une planète était rétrograde, son énergie était affaiblie. J'ai changé d'opinion lorsque j'ai remarqué que certaines des personnes qui s'expriment le mieux parmi celles que je connais ont Mercure rétrograde dans leur thème natal, de même que certains de mes auteurs favoris – des gens comme M.F.K. Fisher, Robert Frost, Gabriel Garcia Marquez, Henry Miller, Philip Roth, Dylan Thomas et J.R.R. Tolkien. Il est évident que leur aptitude à communiquer n'a aucunement été entravée. Je découvris que le fait d'avoir Mercure rétrograde dans le thème natal ne réduit pas l'aptitude à communiquer. Au contraire, Mercure rétrograde oriente l'esprit vers l'intérieur, il l'approfondit, il augmente le besoin de réflexion, provoque justement une plus grande réflexion sur la manière de communiquer, et fait du natif un penseur plus indépendant et plus profond. Ma théorie, c'est que des auteurs dont le Mercure natal est rétrograde passent plus de temps à ruminer les choses et à les revoir que les autres.

Si Vénus est rétrograde dans votre thème, vous êtes peut-être timide, incertain, et vous hésitez peut-être aussi à exprimer de l'affection, surtout en compagnie de partenaires potentiels. L'amour est pour vous un domaine difficile, une route rocailleuse. (Je connais par exemple un homme au grand cœur dont la Vénus natale est rétrograde. Américain, il épousa une femme étrangère sans jamais consommer le mariage ni vivre avec elle, mais simplement pour lui permettre d'obtenir un visa d'immigration aux US. Il rencontra plus tard son véritable amour, et sa première «épouse» fut tout naturellement invitée au second mariage !) J'ai également des tas de thèmes de naissance avec Vénus rétrograde dont les natifs vivent des mariages heureux. La rétrogradation ne renie pas l'amour. Mais elle ralentit le processus et force à sérieusement s'en occuper.

Mars rétrograde fait de l'agressivité un problème à résoudre, et oblige le natif à reconnaître sa colère et à trouver un moyen pour la canaliser d'une façon constructive. Certaines personnes n'y arrivent jamais. D'autres y parviennent avec brio, comme le montre cette liste de battants : Jesse Jackson, Lech Walesa, Martin Luther King, Jr. Tous ont Mars rétrograde dans leurs thèmes respectifs.

- **Lorsqu'une planète change de direction et devient rétrograde ou reprend son mouvement direct à l'emplacement même (ou à l'opposé) d'une planète de votre thème natal.** Exemple : si Saturne (ou toute autre planète) devient rétrograde à 10° en Lion et que vous avez une planète exactement là dans votre thème natal, vous pouvez vous attendre à sentir les conséquences. Un problème du passé, quelque chose que vous pensiez être totalement terminé pourrait resurgir. Vous devrez à nouveau affronter les mêmes problèmes, emboîter le pas à Saturne, et faire face à la réalité, que cela vous plaise ou non.

Chapitre 15

La Lune dans votre vie quotidienne

Dans ce chapitre :

Profitez des phases de la Lune.
Utilisez la Lune dans les signes.
Les cinq principales influences lunaires.
Cela vaut-il la peine de s'occuper des périodes de Lune sans aspects ?

Savez-vous où se trouve exactement la Lune à cet instant précis ? Sans regarder à la fenêtre, connaissez-vous sa phase ? Savez-vous quel signe du zodiaque elle occupe actuellement ? Est-elle croissante ou décroissante ?

Si vous n'avez pas su répondre à ces questions, ne vous en faites pas pour autant. Sauf lors de la pleine lune, la plupart des gens n'ont pas la moindre idée de l'endroit où se trouve cet astre, ni de la phase dans laquelle il se trouve. Mais il y a des milliers d'années, les hommes et les femmes de tous les continents vénéraient la Lune et observaient soigneusement toutes ses phases. Dans certaines cultures anciennes, les conteurs créèrent une caste de déités lunaires, dont chacune reflétait une phase différente. En Grèce par exemple, Artémis, cette virago protectrice des filles, était la déesse de la nouvelle lune ; Héra, l'épouse de Zeus et la reine des dieux, ainsi que Déméter, la mère de Perséphone, régissaient la pleine lune ; et Hécate, une déesse d'un certain âge, régnait sur la Lune décroissante et sur la sorcellerie. Contrairement à nous, les Anciens, qui vénéraient ces déesses (et beaucoup d'autres), observaient attentivement la Lune et savaient toujours quelle était sa position dans le ciel. Avec le temps, ils avaient découvert que le voyage mensuel de la Lune croissante puis décroissante reflétait et soutenait le mode de l'activité humaine.

Cette connaissance ancienne est à votre disposition. Une fois que vous aurez compris les changements fondamentaux de la Lune, vous pourrez choisir des dates favorables à vos entreprises, éviter celles qui amènent frustration et échecs, et vivre votre vie en harmonie avec le rythme du cosmos. Ce chapitre vous explique comment choisir le bon jour.

Planifiez vos actions au clair de la lune

Combien de phases la Lune a-t-elle ? La réponse dépend de la personne à qui posez la question. En Inde, les astrologues identifient 27 « maisons lunaires » (également appelées «demeures lunaires»). Le grand astrologue (et musicien) du 20ème siècle Dane Rudhyar comptait huit phases. Les Anciens qui adoraient des déesses, de même que leurs équivalents païens contemporains, spécifiaient en général trois phases : croissante, pleine et décroissante. Aujourd'hui, la plupart des gens distinguent quatre phases de la Lune, qui sont les suivantes :

- **Nouvelle Lune** : période d'énergie montante, d'instinct et de nouveaux départs.
- **Premier Quartier :** période de croissance, de friction et d'action.
- **Pleine Lune :** période d'illumination. Des situations qui durent depuis longtemps parviennent à maturité et des événements majeurs se produisent.
- **Dernier Quartier :** période d'achèvement, de détente, et d'énergie qui disparaît.

En respectant ces rythmes naturels, vous pouvez planifier vos activités pour en tirer le meilleur parti, et vous n'avez pas besoin pour cela d'un calendrier d'astrologue. Regardez simplement la Lune à chaque fois que vous êtes dehors la nuit, et connaître sa phase deviendra pour vous bientôt une seconde nature. Le Tableau 15.1 décrit l'apparence approximative de la Lune et son orientation, et vous indique les activités les plus appropriées pour chaque phase.

Tableau 15.1 : Que faire au clair de la Lune ?

Phase de la Lune	*Apparence*	*Activités recommandées*
Nouvelle Lune	Invisible au début, puis une toute petite tranche avec les pointes du croissant orientées à l'est. Se lève à l'aube et se couche au coucher du Soleil.	Débutez : faites des vœux, fixez-vous des objectifs, commencez des projets, plantez des graines, prenez l'initiative de nouvelles entreprises.

Tableau 15.1 : Que faire au clair de la Lune ?

Phase de la Lune	*Apparence*	*Activités recommandées*
Premier quartier	Demi disque avec le côté segment de droite tourné vers l'est et le côté courbe vers l'ouest. Se lève à midi. Haut dans le ciel après le coucher du Soleil. Se couche vers minuit.	Agissez : développez des projets, prenez des mesures essentielles, prenez des décisions, faites face à des conflits.
Pleine Lune	Disque brillant. Se lève au coucher du Soleil. Haut dans le ciel à minuit. Se couche vers l'aurore.	Évaluez les progrès accomplis alors que les émotions sont à leur paroxysme et que les réalisations portent leurs fruits. Faites des ajustements, faites face aux retombées.
Dernier quartier	Demi-disque avec le côté segment de droite tourné vers l'ouest et le côté courbe vers l'est. Se lève à minuit. Haut dans le ciel avant l'aurore.	Terminez : réduisez graduellement, réfléchissez, retirez-vous.

La période comprise entre votre naissance et la nouvelle Lune dans votre signe – peut importe lequel des deux événements arrive en premier, est hautement énergétique. Elle est idéale pour fixer des objectifs annuels et prendre les mesures initiales en vue de leur réalisation.

Utilisez la lune dans les signes

Une autre méthode pour rester en phase avec la Lune consiste à suivre son voyage à travers le zodiaque. Utilisez pour cela le tableau sur la Lune de l'Annexe B, qui vous indique exactement quand la Lune change de signe au cours de chaque année de 1930 à 2005. C'est tout ce dont vous avez besoin.

Bien que l'Annexe B vous propose tout ce dont vous avez besoin de savoir pour suivre le parcours de la Lune à travers le signe, les calendriers astrologiques contiennent des tas d'autres informations. En ce qui me concerne, je ne pourrais plus m'en passer. Ces calendriers vous donnent tout ce que vous voulez savoir sur la Lune, y compris ses phases, les aspects qu'elle forme avec d'autres planètes, et le moment exact où elle entre dans chaque signe du zodiaque.

Je souhaite pourtant souligner qu'il est primordial de faire tout cela dans un état d'esprit détaché. Sinon, vous courez le risque de devenir tellement impliqué par les cieux que vous en finiriez par perdre de vue les événements qui se passent sur notre bonne vieille Terre. Ceci étant dit, voici maintenant les brèves descriptions de quelques activités qui comptent parmi les plus appropriées pour chaque signe dans lequel passe la Lune.

- **Lune en Bélier :** soyez hardi : affirmez-vous, commencez des projets à court terme, accomplissez toute activité qui requiert un surcroît d'énergie et une étincelle de courage. Attention aux crises de colère.
- **Lune en Taureau :** ayez le sens pratique : commencez des projets à long terme, jardinez, allez à la banque. Soyez attentif à votre corps. Concentrez-vous sur des activités qui exigent de la patience.
- **Lune en Gémeaux :** communiquez : parlez, écrivez dans votre journal, lisez. Achetez des livres, des magazines, du papier à lettres. Allez faire des commissions, faites de courts voyages, changez-vous les idées.
- **Lune en Cancer :** restez à la maison : cuisinez, décorez, appelez votre maman. Passez du temps avec les personnes que vous aimez, achetez des antiquités, pleurez un bon coup. Sortez pour aller admirer la lune d'argent.
- **Lune en Lion :** prenez du bon temps : soyez romantique, sociable, jouez avec des enfants, apprenez le tango, allez au théâtre, organisez une soirée, parlez à des personnes de rang social élevé. Soyez confiant.
- **Lune en Vierge :** occupez-vous de l'ordinaire : nettoyez la maison, allez chez le dentiste, chez le vétérinaire, mettez de l'ordre dans vos dossiers, accordez de l'attention aux petits détails que sinon vous évitez. Cela n'a peut-être pas l'air folichon, mais la Lune en Vierge est incroyablement utile pour ce genre de choses, et elle revient tous les mois.
- **Lune en Balance :** gâtez-vous et dorlotez les autres : allez à un concert ou au musée, minimisez les désaccords, faites quelque chose en rapport avec l'art, faites-vous administrer un soin de beauté, et faites savoir aux personnes que vous aimez le plus combien elles comptent pour vous. Forgez un partenariat d'affaires. Mariez-vous.
- **Lune en Scorpion :** attendez-vous à d'intenses rencontres : faites l'amour, allez voir votre psychothérapeute, lisez un roman, archivez vos déclarations d'impôts, payez vos dettes, souscrivez un contrat d'assurance, faites de l'investigation dans le domaine qui vous intéresse.
- **Lune en Sagittaire :** explorez. Voyagez, assistez à un cours ou à un atelier, consultez un avocat, poursuivez vos intérêts spirituels ou philosophiques, ayez des activités athlétiques, modifiez votre train-train.

- **Lune en Capricorne :** soyez professionnel : rédigez votre CV, préparez un contrat, faites des tâches qui impliquent des entreprises ou d'autres grandes organisations. Parlez à une personne plus âgée, explorez le passé.
- **Lune en Verseau :** soyez sociable : participez à un groupe de discussion sur le Web, portez-vous volontaire pour une bonne cause, retrouvez-vous avec des amis, allez voir un film d'auteur, visitez un planétarium, faites quelque chose d'inhabituel et d'innovant.
- **Lune en Poissons :** détendez-vous : méditez, faites un somme, rêvassez, écoutez de la musique, allez nager, analysez vos rêves, ayez une discussion intime ou pleurez encore un bon coup.

Profitez au maximum des grandes influences lunaires

La Lune traverse le zodiaque plus rapidement que n'importe quelle autre planète, et cela vous rendrait fou de vous en occuper alors qu'elle traverse chacun des signes. Pourtant, les transits suivants sont trop précieux pour être ignorés :

- **La Lune dans votre Signe Solaire :** votre énergie personnelle est à marée haute. Vous êtes au mieux de votre charisme durant ces quelques jours, ce qui les rend particulièrement intéressants pour y placer des entretiens d'embauche, des rendez-vous galants avec un(e) inconnu(e), ou tout ce qui exige que vous soyez au mieux de votre forme.
- **La Lune dans le signe opposé à votre Signe Solaire :** votre niveau d'énergie est faible. Vous êtes à la merci des autres, et vos plans seront vraisemblablement sabordés ou interrompus. Attendez-vous à des interférences et préparez-vous en conséquence.
- **La Lune dans votre signe lunaire :** vos émotions s'écoulent librement. Vos sentiments seront peut-être plus facilement froissés que d'habitude, mais vous êtes également plus à l'écoute de certaines subtilités émotionnelles et de motivations inconscientes. Écoutez votre intuition.
- **La fin du cycle lunaire :** la Lune est si proche du Soleil qu'elle devient invisible. Pendant cette période, le niveau d'énergie est faible. Les tentatives de lancer de nouveaux projets ne créent que de la frustration, et le désespoir est souvent abondant. Au lieu de vous efforcer en vain d'influencer les événements, donnez plutôt la touche finale à des activités qui sont proches de l'achèvement, réfléchissez sur l'ensemble, et dormez beaucoup, tout en étant bien sûr que la nouvelle lune signifiera sans aucun doute un nouveau départ.
- **Nouvelle Lune :** faites des vœux, fixez des objectifs, lancez de nouveaux projets.

Évitez le vide

Imaginez la chose suivante : la Lune entre dans un nouveau signe, disons le Taureau, et commence à former des aspects avec les planètes qui s'y trouvent dans le thème natal. Elle entre en conjonction avec Jupiter dans la soirée (une vue splendide), forme un trigone avec Vénus quelques minutes plus tard, puis un carré avec le Soleil le matin suivant, elle est en opposition avec Mars à midi, forme un sextile avec Mercure l'après-midi suivant. Après cela... plus rien : plus d'aspect majeur. Une heure plus tard, elle entre dans le signe des Gémeaux, et le processus recommence.

Cet intervalle entre le dernier aspect majeur de la Lune dans un signe et son entrée dans le suivant peut durer de quelques secondes à un jour ou davantage. Pendant cette période, on dit que la Lune est sans aspects. Si le « vide » vous rend nerveux, vous avez senti le problème. Lorsque la Lune est sans aspects, les choses s'effondrent et la raison va de travers. Bien que les activités ordinaires n'en soient pas affectées, les accords d'affaires conclus pendant cette période ont tendance à s'effriter, et les grandes décisions prises elles aussi pendant cette période se révèlent souvent mauvaises.

Le conseil habituel que l'on donne pendant que la Lune est sans aspect, c'est de reporter le début de toute chose importante (comme un contrat d'affaires, un mariage, une campagne présidentielle). Mais soyons réalistes : il faudrait que vous soyez vigilant plus que de nature pour vivre de cette façon. La Lune est sans aspects tous les deux jours, et il serait insensé de s'en occuper d'une façon régulière. En fait, j'avais l'habitude de faire carrément l'impasse dessus, jusqu'à ce qu'un éditeur surgi de nulle part ne m'appelle pour me demander d'écrire un livre sur un sujet que j'adore, et me demande un entretien. Je fus d'accord pour la date suggérée, bien que la Lune ait été dans une période sans aspect à ce moment-là. La rencontre n'aurait pas pu être plus excitante. Nous nous sommes entendus à merveille et nous sommes tombés d'accord avec enthousiasme sur les modalités. Et pourtant, le projet échoua. Cela aurait-il été différent si j'avais déplacé le rendez-vous ? Peut-être pas. Pourtant, après cette déception, j'ai commencé à faire attention à la Lune sans aspect, et je me suis rendue compte qu'en effet, elle a de l'influence.

En conclusion, la plupart du temps, je l'ignore. Mais lorsque je lance un projet qui me tient à cœur, que je prévois un entretien ou un événement crucial, ou que je fais un achat important (voiture, équipement ménager – mais pas les livres de poche), je jette un œil sur mon calendrier astrologique et, si c'est possible, j'évite le vide.

Sixième partie

Pour aller dans le détail et élargir les horizons

"Une table védique ou occidentale ?"

Dans cette partie...

Imaginez que l'astrologie est un continent de connaissance. Certaines parties sont grandes et sont très densément peuplées, elles sont construites sur des siècles de savoir accumulé. D'autres parties sont relativement inexplorées, parce qu'elles se trouvent hors des voies fréquentées, parce qu'elles ne sont plus à la mode (comme les parts arabes), parce qu'elles sont difficiles à maîtriser (comme l'astrologie hindoue), ou parce qu'elles sont si nouvelles qu'on ne les connaît pas encore entièrement (comme les astéroïdes). Ces approches différentes et ces domaines de savoir singulier, bien qu'ils ne soient pas nécessaires à la compréhension d'un thème, peuvent être fascinants.

Si vous n'êtes intéressé que par le B.A.-BA de l'astrologie, n'hésitez pas à sauter cette partie du livre. Mais si vous avez envie de sortir des sentiers battus, en voici l'occasion.

Chapitre 16

Dix manières de compliquer un thème

Dans ce chapitre :

Incorporez Chiron.
Ajoutez d'autres astéroïdes.
Observez les étoiles fixes.
Les Nœuds lunaires.
Les mi-points.
La Part de Fortune.
D'autres parts arabes.
Mise à jour des aspects mineurs.
Affinités et inimitiés des planètes et des maisons.
Méditez sur les symboles sabians.

Si vous êtes comme la plupart des gens, votre thème natal révèle les informations essentielles qui vous concernent. Mais il y a toujours quelque chose qui semble échapper aux explications. Que ce soit un incident du passé, une habitude singulière ou un désir secret que vous souhaitez mieux comprendre, les méthodes de ce chapitre pourront peut-être apporter un peu de lumière sur ce type de mystères.

Chiron

Est-ce un astéroïde ? Une comète brûlée ? Une minuscule planète ? Ou une ancienne lune de Neptune sortie depuis longtemps de son orbite d'origine et devenue errante ? Depuis le 1er novembre 1977, la date à laquelle le savant Charles Kowal découvrit que Chiron tournait à toute vitesse autour du Soleil entre les orbites de Saturne et d'Uranus, les astronomes et les astrologues discutent de la nature de Chiron. De loin plus petite que n'importe quelle planète (on estime son diamètre à 320 km), Chiron a une orbite excentrique. En conséquence, Chiron passe bien plus de temps dans certains signes (Poissons, Bélier et Taureau) que dans d'autres (Vierge, Balance et Scorpion). Un tour complet à travers les 12 signes du zodiaque lui prend 51 ans.

Dans la mythologie, Chiron était un éducateur bon et sage dont les élèves comptaient Hercule, Achille et Jason. Un jour, Chiron fut accidentellement égratigné par l'une des flèches empoisonnées d'Hercule. La douleur était si intense qu'il voulut mourir. Mais il était immortel. Incapable de mourir, il fut forcé de s'habituer au supplice permanent. Par ce processus, il devint un véritable expert dans les arts de guérison (qu'il transmit ensuite à Asclépios, le fils d'Apollon. Sous la tutelle de Chiron, Asclépios devint un médecin si brillant qu'il réussit un jour à ramener un mort à la vie, ce qui ne plut pas du tout Zeus, qui le foudroya et le tua net. Mais c'est une autre histoire ...). En dépit de tout son savoir et de toute son habileté, la douleur de Chiron ne disparut jamais. Mais il finit quand même par trouver une solution. Après avoir négocié avec Zeus, il légua son immortalité à Prométhée (qui subissait une très sévère punition pour avoir donné le feu à l'humanité). Prométhée rejoignit donc la société des dieux et Chiron, soulagé, reçut la permission de se rendre dans les Enfers, d'y élire résidence, et de soulager la douleur de son corps. Il est immortalisé dans la Constellation du Centaure.

Les astrologues sont captivés par ce mythe fascinant, dont il existe de nombreuses versions. Au cours des années qui suivirent la découverte de Chiron, peu de praticiens furent suffisamment courageux pour l'inclure dans les thèmes astraux. Mais cela a changé. Aujourd'hui, Chiron est souvent évoqué, mais rarement compris. On y réfère habituellement comme au guérisseur blessé, et les astrologues y voient typiquement un point douloureux – un domaine dans lequel vous souffrez ou dans lequel vous avez été déçu, où tout s'est mis contre vous, et pour lequel vous devez trouver votre guérison et résoudre un problème.

Mais le Chiron de l'astrologie, tout comme le personnage mythique, représente davantage qu'une victime et qu'un guérisseur. En tant qu'éducateur, Chiron était célèbre pour sa sagesse et ses aptitudes pédagogiques. L'astrologue Zipporah Dobyns, Ph.D., met Chiron en relation avec la constellation du Sagittaire et avance l'explication qu'il indique non seulement la quête de savoir, mais aussi l'impulsion de le partager avec d'autres.

Chiron dans votre thème

Chiron est petit, éloigné, et impossible à observer sans télescope. Il est valorisé dans votre thème dans les cas suivants :

- s'il occupe un angle (en particulier s'il est en conjonction ou en opposition avec votre Ascendant ou votre Milieu du Ciel).
- s'il forme un aspect proche avec le Soleil, la Lune, ou la planète qui gouverne votre Ascendant.

Pour trouver la position de Chiron dans votre carte du ciel, consultez l'Annexe B ou le Web. Aujourd'hui, la plupart des cartes du ciel établies de façon professionnelle incluent Chiron.

Le symbole de Chiron ressemble à une lettre K en équilibre sur un cercle ou sur un ovale. Il ressemble à une clé d'autrefois.

Chiron dans les signes

Chiron passe un peu plus de quatre ans dans chaque signe. Il signale ainsi un domaine de préoccupation à la fois pour vous et pour les gens qui ont à peu près votre âge.

- **Chiron en Bélier :** vos efforts pour exprimer votre personnalité ont été contrariés. Il ne vous est pas facile de prendre des initiatives. Et pourtant, il vous faut trouver ce courage. C'est le seul moyen de surmonter vos peurs et votre sentiment d'incompétence.
- **Chiron en Taureau :** la stabilité et la sécurité économique sont éphémères, et pourtant vous les désirez ardemment. Afin d'avoir des chances d'atteindre ces biens matériels et cette sécurité financière, vous devez poursuivre vos valeurs plus profondes.
- **Chiron en Gémeaux :** communiquer vos idées constitue pour vous un défi, et vous ne vous sentez peut être pas à la hauteur sur le plan intellectuel. La recherche de la connaissance et l'activité d'éducateur vous permettront de soigner cette blessure.
- **Chiron en Cancer :** la famille occupe pour vous une place essentielle, mais il est possible que votre vie familiale ait été autrefois douloureuse, surtout lorsque vous étiez enfant. Il ne sert à rien de vous accrocher à d'autres pour essayer d'atténuer votre douleur. Le soulagement viendra d'une tentative consciente de création d'un environnement qui vous confortera sur le plan émotionnel.
- **Chiron en Lion :** les efforts pour obtenir l'attention que vous désiriez tant ont été entravés durant votre enfance, ce qui vous fait peut-être maintenant douter de vos talents. Exprimez-vous de façon créative, cela vous aidera à soigner cette blessure. Vous devriez jouer en tant qu'acteur et enseigner, ce sont des activités qui vous sont particulièrement bénéfiques.
- **Chiron en Vierge :** vous avez grandi dans un environnement de règles extrêmement rigides, et il en résulte maintenant que vous luttez contre l'anxiété. Détendez-vous, c'est essentiel. Cherchez l'apaisement en vous concentrant sur le bien-être, en vous mettant au service des autres sans vous sacrifier vous-même, ou en exerçant un métier qui récompense votre tendance à l'obsession.

- **Chiron en Balance :** les relations de couple sont vitales pour votre bien-être, mais elles sont décevantes. Il est essentiel que vous recherchiez une relation qui fonctionne sur une base d'égalité. Il est également crucial que vous équilibriez votre côté romantique par une vision objective de la réalité. Vous pourrez aussi trouver la guérison à travers l'art.
- **Chiron en Scorpion :** vous désirez ardemment l'amour, la passion, et faire l'amour comme un dieu. Mais votre tendance au secret et votre peur du rejet, profondément ancrée, rendent difficiles la satisfaction de vos désirs. Pour vous soigner et guérir, plongez-vous dans vos soucis et frayez-vous votre chemin à travers eux. Le savoir, c'est du pouvoir. Essayez la psychothérapie ou toute autre forme de connaissance de soi.
- **Chiron en Sagittaire :** quel est le but de la vie ? Les réponses traditionnelles vous laissent sur un sentiment de frustration et de solitude. Votre mental curieux veut pourtant savoir. Une recherche personnelle atténuera la douleur.
- **Chiron en Capricorne :** au fond de vous, vous désirez ardemment la réussite. Vous respectez les règles, mais elles vous laissent tomber. La guérison arrivera lorsque vous vous détournerez de la définition rigide du statut social pour arriver à un sentiment intérieur et personnel de ce qui compte vraiment.
- **Chiron en Verseau :** mais qu'est-ce qui ne va donc pas chez les gens ? Vous êtes tristement conscient des effets des différences ethniques, de l'injustice sociale et de l'isolement, qui sont des sentiments que vous partagez. Attaquez-vous à ces injustices, cela pourra changer votre vie.
- **Chiron en Poissons :** le signe des Poissons est celui de la compassion, de la sensibilité et du sacrifice. Mais vous remarquez que beaucoup de gens parlent beaucoup de ces qualités sans les mettre en pratique. Votre mission consiste à identifier la douleur et à faire ce qui s'impose. Trouvez des fondements spirituels, cela soulagera votre propre douleur et vous donnera de la force.

Les Astéroïdes

Ils sont si nombreux que les astronomes les appellent « la vermine des cieux ». Le nombre des astéroïdes avoisine le million, bien que seulement 1 % environ d'entre eux aient reçu le nom et le numéro qui leur confèrent la reconnaissance officielle. Le Père Giuseppi Piazzi, un moine qui était aussi le directeur d'un observatoire italien, découvrit le premier d'entre eux le Jour de l'An 1801. Il l'appela Cérès, d'après la déesse romaine du grain. Au cours des six années suivantes, d'autres astronomes découvrirent Pallas, Junon et Vesta. Dans les années 1970 et 1980, lorsque les astrologues Eleanor Bach et Demetra George (parmi d'autres) se mirent à s'intéresser aux astéroïdes, elles commencèrent naturellement par ces quatre-là. Voici la signification de ces quatre astéroïdes :

- **Cérès :** vénérée comme la déesse du grain, son équivalente grecque, Déméter, est la célèbre mère de Perséphone. En conséquence, Cérès représente tout ce qui a trait aux mères – depuis votre propre mère jusqu'à vos efforts pour materner d'autres personnes.

  Le symbole de Cérès ressemble à une houlette de berger ou à un C à l'envers surmontant une croix.

- **Pallas :** nommé d'après Pallas Athéna, la déesse guerrière qui sortit armée de la tête au pied du cerveau de Zeus. Elle représente la sagesse, les arts, l'intelligence et la réussite professionnelle.

  Le symbole de Pallas est formé par un diamant monté sur une croix.

- **Junon :** Héra chez les Grecs, femme de Zeus et reine des dieux. Junon représente les relations conjugales.

Il existe peut-être un astéroïde qui porte votre prénom

Conformément à la tradition, les savants chargés à l'origine de nommer les astéroïdes cherchèrent à s'inspirer de la mythologie classique. Mais les astéroïdes sont si nombreux que les chercheurs finirent par épuiser les noms de la mythologie. Ils se mirent alors à nommer leurs découvertes en leur attribuant les noms de personnages célèbres, comme Jesse Owen (astéroïde 6.758), Benjamin Franklin (5.102) et Stanley Kubrick (10.221), les noms de personnages imaginaires comme Don Quichotte (3.552) et Mr. Spock (2.309), et surtout les noms d'êtres qu'ils connaissaient eux-mêmes personnellement, des gens qui portent des noms comme Alex et Amanda, Brown et Bernstein.

Et c'est ici que vous faites votre entrée en scène. Quel que soit votre prénom, il y a des chances pour qu'un astéroïde porte le même. C'est vrai, certains prénoms courants n'y sont pas représentés, ce qui est inexplicable (John, Michael et William, par exemple, ne sont pas listés, alors que Johnny, Michel et Williams le sont). Mais avec plus de 10.000 astéroïdes à la date de rédaction de ce livre, la liste est gigantesque.

Bien sûr, cela vous fait peut-être tout drôle de savoir qu'un morceau de rocher en orbite quelque part dans le système solaire porte votre prénom. Mais connaître son emplacement dans votre horoscope pourrait éclairer le but de votre vie d'une manière intéressante. Voici comment localiser la position précise d'astéroïdes portant les prénoms de personnes ou de lieux importants pour vous :

Rendez-vous sur le site Web www.asteroids.com. L'astrologue Jacob Schwarz, Ph.D, vous produira un thème natal avec huit astéroïdes de votre choix, ou des Éphémérides donnant leurs positions pendant 50 ans.

Lorsque j'ai visité ce site, j'ai découvert que l'astéroïde portant le nom de ma mère se trouve à deux degrés du Soleil de mon thème natal, que l'astéroïde portant le nom de mon père se trouve à deux degrés de ma planète-maîtresse, et que l'astéroïde portant le nom le plus proche de mon prénom (Rae n'est malheureusement pas listé) se trouve dans la troisième maison, celle des écrits. Et même l'astéroïde qui porte le nom de mon compagnon se trouve lui aussi à la bonne place (dans la cinquième maison, celle de l'amour, en conjonction avec le gouverneur de ma maison du mariage). Je me suis donc sentie confirmée dans ma vocation, ma famille, et ma vie sentimentale.

Le symbole de Junon est formé par une étoile surmontant une croix.

- **Vesta :** de toutes les déesses classiques, la plus modeste était Vesta, la déesse de la terre. Elle représente le travail et le dévouement.

Le symbole de Vesta représente la flamme éternelle entretenue dans le temple de Vesta à Rome par le collège des Vestales, les six jeunes vierges qui étaient vouées à son culte.

Pour déterminer où se trouvent ces astéroïdes dans votre horoscope et ce que cela signifie, vous pouvez vous procurer un exemplaire du livre Asteroid Goddesses de Demetra George. Outre le fait qu'il interprète Cérès, Pallas, Junon et Vesta dans le détail, ce livre donne la liste de leurs positions avec celles d'une douzaine d'autres astéroïdes dont les noms sont tirés de la mythologie : Psyché, Éros, Lilith, Toro, Sappho, Amor, Pandore, Icare, Diane, Hidalgo, Uranie et Chiron.

ATTENTION !

Les astéroïdes, qui ricochent à travers l'espace, sont tellement insignifiants en taille qu'ils ne représentent à eux tous que 1/2000ème de la masse de la Terre. Ils ne remplacent jamais le message des planètes, et ils ne le contredisent pas non plus. Mais ils sont intrigants, amusants, et étrangement personnels. Car ils possèdent une qualité qui fait défaut aux étoiles et aux planètes : ils portent des noms humains ordinaires, comme le vôtre ou le mien.

Les étoiles fixes

Dans le passé lointain, bien avant que les signes du zodiaque n'aient été identifiés par les humains, ceux-ci observaient les étoiles et leur attribuaient des significations particulières. Les planètes étaient pour eux secondaires. Mais les choses changèrent lorsque certains de ces Anciens, fascinés par la majestueuse ronde des planètes à travers les constellations, se mirent à s'intéresser davantage à ces éléments du cosmos en mouvement constant. Chez les astrologues, c'étaient au contraire les planètes qui avaient de l'importance. Les étoiles, qu'on qualifie de «fixes» parce qu'elles semblent stationnaires comparées aux planètes, furent reléguées au second plan.

Aujourd'hui, les étoiles fixes ne sont plus à la mode. Et c'est vrai qu'après tout, elles sont incroyablement éloignées. L'étoile la plus proche dans le zodiaque, un nain rouge insignifiant en Lion, se trouve à 7,6 années lumières de la Terre, ce qui veut dire que si vous décolliez à cet instant pour vous envoler vers elle à la vitesse de la lumière, vous mettriez 7 ans et demi pour l'atteindre. En plus, leur nombre défie l'imagination. Notre galaxie possède à elle seule 200 milliards d'étoiles, dont seulement 6000 sont visibles à l'œil nu. Quelles étoiles faut-il prendre en compte et quelles étoiles convient-il d'ignorer ? Il est bien plus facile de les escamoter et de s'en tenir au Soleil, à la Lune et aux planètes.

Quelques astrologues croient pourtant que l'influence des étoiles fixes est généralement sous-estimée. Ils avancent la thèse qu'une étoile fixe colore tout ce qu'elle touche avec l'essence qui lui est propre, et que c'est une erreur de les ignorer. Il me semble que cette thèse est particulièrement valable pour les étoiles brillantes qui éclairent le zodiaque : des étoiles comme Antarès, une étoile rougeâtre qui ressemble au cœur du Scorpion, ou Aldébaran dans la constellation du Taureau, qui marque l'œil de l'animal.

Les signes du zodiaque et les constellations qui portent les mêmes noms ne sont pas alignés : cet état des choses est dû au phénomène de la précession des équinoxes (voir le Chapitre 1). En conséquence, ne soyez pas surpris si par exemple vous êtes un Cancer et que votre Soleil se retrouve en conjonction avec Castor ou avec Pollux, les deux étoiles les plus brillantes de la constellation des Gémeaux. L'arithmétique cosmique est compliquée. Et malgré leur nom, les étoiles fixes se déplacent un peu.

Il existe bien entendu des étoiles brillantes à travers tout le ciel. J'ai omis les étoiles brillantes qui ne se trouvent pas dans le zodiaque, comme Sirius, l'étoile la plus brillante du ciel ; les étoiles brillantes dans Orion ; et même les étoiles brillantes dans la grande Ourse. Les étoiles du Tableau 16.1 se trouvent toutes dans le zodiaque, dans la même portion de ciel dans laquelle évoluent les planètes.

Tableau 16.1 : Les étoiles fixes les plus brillantes du zodiaque.

Étoile	*Position*	*Influence*
Aldébaran	9° 30′ Gémeaux	Pouvoir et réussite, avec des questions d'intégrité
El Nath	22° 17′ Gémeaux	Bonne fortune ; soulève des problèmes de guerre, de paix et d'armes, littéralement ou métaphoriquement
Castor	19° 58′ Cancer	Extrêmement intelligent, raffiné, courtois ; soulève la question de la réconciliation des opposés
Pollux	22° 57′ Cancer	Plein d'ardeur, pressé, manipulateur, peut être cruel ; comme pour Castor, réconciliation des opposés
Régulus	29° 33′ Lion	Ambitieux et chanceux ; des problèmes surgissent, dus à l'esprit de vengeance
Spica	23° 33′ Balance	Brillant et doué
Antarès	9° 19′ Sagittaire	Recherche les extrêmes et le frisson ; humour, facilité d'élocution

Note : la position indiquée pour chacune des étoiles est celle de l'année 1980. Si vous êtes né une autre année et que vous voulez être vraiment précis, vous devrez faire un ajustement d'environ 50 secondes par an, c'est-à-dire de moins d'une minute par an. (Soustrayez si vous êtes né avant 1980 ; ajoutez si vous êtes né après). Mais à quoi bon ? Les étoiles fixes avancent à la vitesse d'un glacier. Pendant tout un siècle, elles se déplacent de moins d'un degré et demie. Pour la plupart des applications, les nombres de ce tableau seront donc suffisamment précis.

Si l'interprétation de ces étoiles fixes et de plus d'une centaine d'autres vous intéresse, essayez de vous procurer les livres suivants :

- L'ouvrage de référence en la matière, qui fut écrit (en anglais) en 1923 par Vivian E. Robson, s'appelle *Les étoiles fixes et les constellations en astrologie* (Pardès, 1999). Mais ne soyez pas surpris : dans sa version originale en anglais, on trouve des prédictions de scandales, de disgrâces, de naufrages, beaucoup d'aveuglement, du danger provenant de reptiles et de mort par empoisonnement, de décapitation, de noyade, de pendaison, d'arme blanche, ou de décret royal. À prendre avec des pincettes.
- *Brady's Book of Fixed Stars* par Bernadette Brady (Samuel Weiser), écrit en 1998, propose (en anglais) des informations intrigantes et fait revivre des techniques anciennes, mais il ne s'adresse vraiment pas à ceux qui ont des problèmes avec les maths.
- Diana K. Rosenberg propose (en anglais) un cahier d'exercices de 66 pages bourré d'informations. Visitez son site Web : `pw1.netcom.com/~ye-stars/index.htm`, ou envoyez-lui un message électronique : `ye-stars@IX.netcom.com`
- Visitez le site (en anglais) `www.winshop.com.au/annew/`, où l'astrologue Anne Wright vous dira tout ce que vous avez toujours voulu savoir (et même davantage) sur les étoiles fixes. Ne vous laissez pas décourager par les graphiques scientifiques. Cliquez sur le cadre des étoiles fixes qui sont listées dans l'ordre depuis Ariès (Bélier) jusqu'à Pisces (Poissons), et lisez ce vous y trouverez.

Les Nœuds lunaires

Les astéroïdes sont petits ; les étoiles fixes sont éloignées ; mais au moins, ces corps célestes sont réels. Grâce aux formidables explorations spatiales de la NASA, nous en avons même des photos. Je n'ai donc aucun problème à les inclure dans un horoscope. Mais les Nœuds Lunaires (comme les mi-points et les parts arabes, dont je parlerai plus loin dans ce chapitre) n'ont pas de réelle existence. Vous pourrez essayer autant que vous le voudrez d'observer les Nœuds Lunaires, même avec le télescope Hubble si cela vous chante, vous ne verrez rien du tout. Pourtant, les Nœuds de la Lune, qui occupent deux points sensibles de la carte du ciel de votre naissance, portent un message que certains astrologues considèrent comme la partie la plus importante de votre thème natal.

Les Nœuds lunaires sont les points où l'orbite de la Lune coupe l'écliptique (le trajet apparent du Soleil autour de la Terre). Le Nœud Nord est le point où la Lune passe au-dessus de l'écliptique ; le Nœud Sud est le point où elle passe en dessous. Les Nœuds se déplacent en arrière à travers le zodiaque, et mettent environ un an et demi à traverser chaque signe. Ils traversent tout le zodiaque en environ 19 ans.

Bien que les astrologues aient longtemps débattu de la signification et de l'importance des Nœuds lunaires, ils sont en gros d'accord sur le fait que le Nœud Nord, ou Tête du Dragon, illumine la voie vers la réalisation en symbolisant les choix positifs mais difficiles qui bénéficieront le plus au natif. En contraste, le Nœud Sud, ou Queue du Dragon, représente la sortie facile, celle qui oppose la moindre résistance. Les astrologues du Moyen ge associaient Jupiter, la planète de la bonne fortune, au Nœud Nord, et Saturne, la planète de la restriction, au Nœud Sud, qu'ils appelaient le point de Saturne. Les astrologues contemporains n'utilisent plus ces termes, mais ils n'ont pas abandonné les idées qui les sous-tendent.

- **Le Nœud Sud** symbolise les schémas et habitudes karmiques établis au cours des vies antérieures. Ces réponses dues à l'habitude ne vous sont plus du tout bénéfiques, mais il est facile de retomber dans ces modes de comportement, parce que le Nœud Sud résiste au changement, parce qu'il vous supplie de succomber une fois de plus au charme de cette vieille habitude.
- **Le Nœud Nord,** par contre, symbolise un point d'expansion et de développement personnel. Distant mais plein de promesses, il scintille à l'horizon lointain, et vous inspire à vous déplacer dans sa direction.

☊ Le Nœud Nord, appelé aussi Tête du Dragon, représente le lever de la Lune au-dessus de l'écliptique et dans la conscience.

☋ Le Nœud Sud, appelé aussi Queue du Dragon, se trouve toujours exactement à 180° du Nœud Nord. Il représente le voyage de la Lune au-dessous de l'écliptique et vers le passé.

Pour trouver la position de vos Nœuds lunaires, consultez l'Annexe B.

Les Nœuds dans les maisons

Pour interpréter les Nœuds, examinez leur position par signe et par aspect, mais surtout par maison.

- **Nœud Nord dans la première maison, Nœud Sud dans la septième :** vous vous réaliserez en exprimant activement votre personnalité ; vous ne progressez pas si vous abandonnez votre pouvoir à d'autres et si vous devenez trop dépendant (en particulier d'un conjoint).
- **Nœud Nord dans la deuxième maison, Nœud Sud dans la huitième :** vous vous réaliserez en poursuivant la sécurité financière, qui sera obtenue par vos propres efforts et en accord avec vos valeurs fondamentales. Par contre, vous vivrez des déceptions si vous vous fiez aux autres pour qu'ils s'occupent de vous, même par l'héritage, de même que si vos relations de couple sont fondées uniquement sur la sexualité.
- **Nœud Nord dans la troisième maison, Nœud Sud dans la neuvième :** vous vous réaliserez en collectant et en utilisant des informations pour atteindre des objectifs concrets, mais pas en restant dans un cadre universitaire théorique : cela serait frustrant. L'enseignement dans une école primaire ou le journalisme vous procurent des avantages que vous n'obtiendrez pas des rêveries philosophiques ou religieuses, bien que vous les trouviez agréables.
- **Nœud Nord dans la quatrième maison, Nœud Sud dans la dixième :** recherchez votre réalisation dans la famille, la tradition et la vie intérieure. Ne l'attendez pas du monde extérieur. Bien que vous puissiez réussir une carrière, votre plus grande joie vous sera donnée lorsque vous entrerez en contact avec vos racines.
- **Nœud Nord dans la cinquième maison, Nœud Sud dans la onzième :** les histoires d'amour, les enfants et l'expression créative élargissent votre champ de conscience. Attention aux fréquentations sans but, car vous perdez votre âme dans le tourbillon social : sur le plan spirituel, les activités de groupe ne vous mènent nulle part.
- **Nœud Nord dans la sixième maison, Nœud Sud dans la douzième :** pour vous développer sur le plan personnel, il est primordial que vous ayez un travail satisfaisant, de même qu'une approche positive de la santé. La solitude et l'évasion de la réalité vous limitent : ne soyez pas un ermite.
- **Nœud Nord dans la septième maison, Nœud Sud dans la première :** il vous sera bénéfique d'accepter le défi d'une relation de couple et d'assumer un rôle d'égal à égal à l'intérieur de cette relation. La coopération accélère vos progrès. Par contre, vous ralentissez lorsque vous vous concentrez sur des préoccupations personnelles ou égoïstes.
- **Nœud Nord dans la huitième maison, Nœud Sud dans la deuxième :** vous mettez trop l'accent sur l'importance de l'argent et de la sécurité matérielle. A la place, recherchez des opportunités pour collaborer avec d'autres personnes et nouer des liens étroits avec elles.
- **Nœud Nord dans la neuvième maison, Nœud Sud dans la troisième :** vous avez tendance à accumuler des faits plutôt que des idées, à tour-

ner en rond de façon surexcitée, et à bavarder. Élargissez votre horizon en vous consacrant à de grandes idées et à des philosophies. Ne vous perdez pas dans les détails. Élargissez votre champ de conscience.

- **Nœud Nord dans la dixième maison, Nœud Sud dans la quatrième :** bien que cela puisse vous effrayer, vous désirez beaucoup la reconnaissance sociale. Vous obtiendrez un grand développement personnel en réussissant dans votre carrière, mais pas en vous occupant de votre maison ni de votre famille, bien que cela soit tentant. Ne restez pas à la maison.
- **Nœud Nord dans la onzième maison, Nœud Sud dans la cinquième :** votre développement est entravé par vos tendances à vous concentrer sur les aventures amoureuses, les plaisirs personnels et les enfants. Prenez du recul. Alignez-vous sur les autres pour poursuivre une cause : soyez politique et développez votre conscience sociale.
- **Nœud Nord dans la douzième maison, Nœud Sud dans la sixième :** le travail vient à vous mais il menace de vous submerger. Les intrigues au bureau minent votre énergie. La solitude, le yoga et la quête de la transcendance spirituelle vous donneront de la force. Ne soyez pas un bourreau de travail. Et n'oubliez pas de méditer.

CONSEIL

Si vous n'êtes pas sûr de l'heure de votre naissance, vous ne connaîtrez pas la position en maison de vos Nœuds lunaires. Dans ce cas, lisez les positions dans les signes. C'est-à-dire que si votre Nœud Nord se trouve en Bélier, lisez Nœud Nord dans la première maison ; si votre Nœud Nord se trouve en Taureau, lisez Nœud Nord dans la deuxième maison, etc.

Les mi-points

Le principe des mi-points, c'est qu'à mi-chemin entre deux planètes – par exemple le Soleil et la Lune, ou encore Vénus et Mars – se trouve un point où leur influence respective est combinée. Ce point est suffisamment sensible pour réagir aux transits, pour apparaître dans des comparaisons de thèmes et, dans certains cas, pour interagir avec d'autres planètes. Mais il est fastidieux de calculer les mi-points à la main. Les étapes suivantes vous expliquent la méthode la plus facile, et l'illustrent avec l'exemple du mi-point Soleil-Lune :

1. **Notez les positions du Soleil et de la Lune.**

   Prenons par exemple l'horoscope de John Lennon, que montre la Figure 16.1. C'était un natif de la Balance avec le Soleil à 16°16' en Balance et la Lune à 3°32' en Verseau.

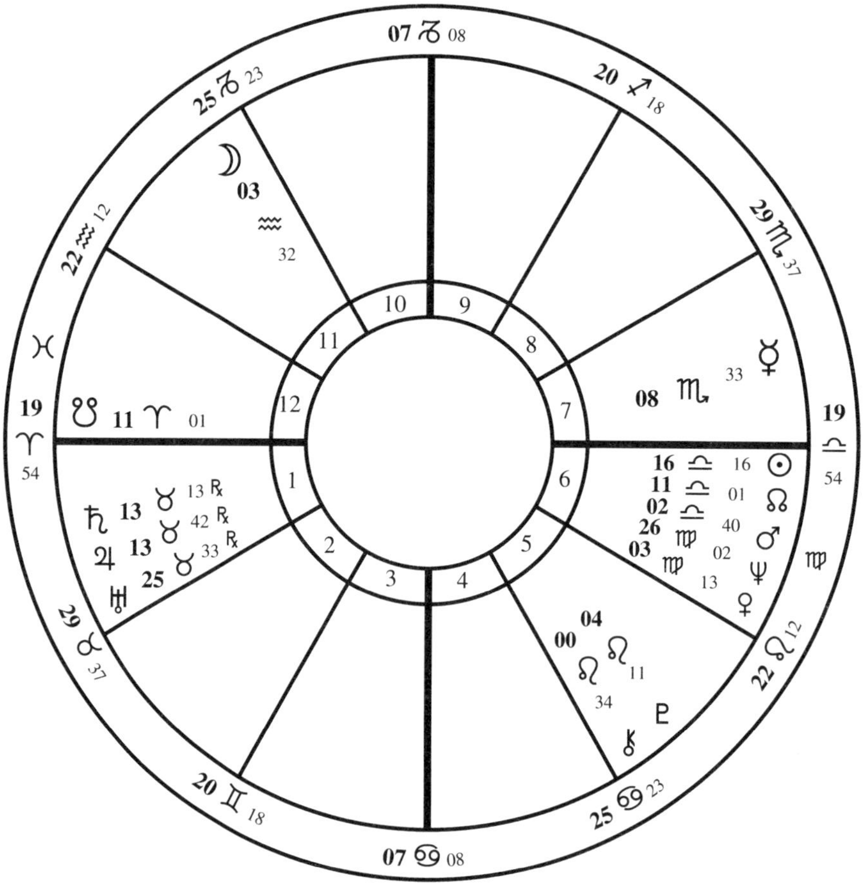

Figure 16.1 : Carte du ciel de John Lennon, né le 9 octobre 1940 à 18h30 à Liverpool, en Angleterre.

2. **Ensuite, examinez le thème et essayez de deviner où se trouve probablement le mi-point.**

   Dans le thème de l'ex-Beatle, le Soleil se trouve dans la sixième maison en Balance et la Lune dans la onzième maison en Verseau. Un point à mi-chemin entre les deux va tomber quelque part entre ces deux positions, peut-être dans la huitième ou dans la neuvième maison, peut-être en Sagittaire. Pour le moment, c'est tout ce dont vous avez besoin de savoir. Gardez cela à l'esprit.

3. **En utilisant le Tableau 16.2 de conversion Mi-points/Parts arabes, convertissez les positions respectives du Soleil et de la Lune en un nombre qui exprime la distance du mi-point par rapport à 0° en Bélier.**

   Dans l'exemple que j'utilise, le Soleil se trouve à 16°16' en Balance, et le nombre qui indique sa distance par rapport au 0° du Bélier est 196°16'. Le nombre équivalent pour la Lune, à 3°32' en Verseau, est 303°32'.

4. **Additionnez les nombres convertis du Soleil et de la Lune.**

   Le total pour John Lennon se monte à 499°48'.

5. **Divisez ce nombre par deux.**

   Ici, vous devez prendre une décision. Si vous décidez de diviser ce nombre avec précision (en gardant à l'esprit qu'il y a 60 minutes dans un degré), vous arrivez à 249°54'. Si vous décidez de l'arrondir à 500°, vous arrivez à 250°.

6. **Recherchez ce nombre dans le Tableau 16.2 de conversions Mi-points/Part arabes**

   Dans le Tableau 16.2, vous voyez que 250° correspond à 10° en Sagittaire et que 249°54' correspond à 9°54' en Sagittaire. Vous avez maintenant localisé le mi-point Soleil/Lune de John Lennon. Notons aussi qu'il se trouve sur l'une des principales étoiles fixes.

Lorsque vous avez trouvé le mi-point Soleil/Lune, analysez-le par signe, par maison et par aspect. Les aspects particulièrement importants sont la conjonction ou l'opposition avec une autre planète du thème.

Tableau 16.2 : Conversions Mi-points/Part arabes.

1° ♈	1°	23° ♈	23°	15° ♉	45°	7° ♊	67°
2° ♈	2°	24° ♈	24°	16° ♉	46°	8° ♊	68°
3° ♈	3°	25° ♈	25°	17° ♉	47°	9° ♊	69°
4° ♈	4°	26° ♈	26°	18° ♉	48°	10° ♊	70°
5° ♈	5°	27° ♈	27°	19° ♉	49°	11° ♊	71°
6° ♈	6°	28° ♈	28°	20° ♉	50°	12° ♊	72°
7° ♈	7°	29° ♈	29°	21° ♉	51°	13° ♊	73°
8° ♈	8°	30° ♈	30°	22° ♉	52°	14° ♊	74°
9° ♈	9°	1° ♉	31°	23° ♉	53°	15° ♊	75°
10° ♈	10°	2° ♉	32°	24° ♉	54°	16° ♊	76°
11° ♈	11°	3° ♉	33°	25° ♉	55°	17° ♊	77°
12° ♈	12°	4° ♉	34°	26° ♉	56°	18° ♊	78°
13° ♈	13°	5° ♉	35°	27° ♉	57°	19° ♊	79°
14° ♈	14°	6° ♉	36°	28° ♉	58°	20° ♊	80°
15° ♈	15°	7° ♉	37°	29° ♉	59°	21° ♊	81°
16° ♈	16°	8° ♉	38°	30° ♉	60°	22° ♊	82°
17° ♈	17°	9° ♉	39°	1° ♊	61°	23° ♊	83°
18° ♈	18°	10° ♉	40°	2° ♊	62°	24° ♊	84°
19° ♈	19°	11° ♉	41°	3° ♊	63°	25° ♊	85°
20° ♈	20°	12° ♉	42°	4° ♊	64°	26° ♊	86°
21° ♈	21°	13° ♉	43°	5° ♊	65°	27° ♊	87°
22° ♈	22°	14° ♉	44°	6° ♊	66°	28° ♊	88°

Tableau 16.2 : Conversions Mi-points/Part arabes. (suite)

29° ♊	89°	9° ♌	129°	19° ♍	169°	29° ♎	209°
30° ♊	90°	10° ♌	130°	20° ♍	170°	30° ♎	210°
1° ♋	91°	11° ♌	131°	21° ♍	171°	1° ♏	211°
2° ♋	92°	12° ♌	132°	22° ♍	172°	2° ♏	212°
3° ♋	93°	13° ♌	133°	23° ♍	173°	3° ♏	213°
4° ♋	94°	14° ♌	134°	24° ♍	174°	4° ♏	214°
5° ♋	95°	15° ♌	135°	25° ♍	175°	5° ♏	215°
6° ♋	96°	16° ♌	136°	26° ♍	176°	6° ♏	216°
7° ♋	97°	17° ♌	137°	27° ♍	177°	7° ♏	217°
8° ♋	98°	18° ♌	138°	28° ♍	178°	8° ♏	218°
9° ♋	99°	19° ♌	139°	29° ♍	179°	9° ♏	219°
10° ♋	100°	20° ♌	140°	30° ♍	180°	10° ♏	220°
11° ♋	101°	21° ♌	141°	1° ♎	181°	11° ♏	221°
12° ♋	102°	22° ♌	142°	2° ♎	182°	12° ♏	222°
13° ♋	103°	23° ♌	143°	3° ♎	183°	13° ♏	223°
14° ♋	104°	24° ♌	144°	4° ♎	184°	14° ♏	224°
15° ♋	105°	25° ♌	145°	5° ♎	185°	15° ♏	225°
16° ♋	106°	26° ♌	146°	6° ♎	186°	16° ♏	226°
17° ♋	107°	27° ♌	147°	7° ♎	187°	17° ♏	227°
18° ♋	108°	28° ♌	148°	8° ♎	188°	18° ♏	228°
19° ♋	109°	29° ♌	149°	9° ♎	189°	19° ♏	229°
20° ♋	110°	30° ♌	150°	10° ♎	190°	20° ♏	230°
21° ♋	111°	1° ♍	151°	11° ♎	191°	21° ♏	231°
22° ♋	112°	2° ♍	152°	12° ♎	192°	22° ♏	232°
23° ♋	113°	3° ♍	153°	13° ♎	193°	23° ♏	233°
24° ♋	114°	4° ♍	154°	14° ♎	194°	24° ♏	234°
25° ♋	115°	5° ♍	155°	15° ♎	195°	25° ♏	235°
26° ♋	116°	6° ♍	156°	16° ♎	196°	26° ♏	236°
27° ♋	117°	7° ♍	157°	17° ♎	197°	27° ♏	237°
28° ♋	118°	8° ♍	158°	18° ♎	198°	28° ♏	238°
29° ♋	119°	9° ♍	159°	19° ♎	199°	29° ♏	239°
30° ♋	120°	10° ♍	160°	20° ♎	200°	30° ♏	240°
1° ♌	121°	11° ♍	161°	21° ♎	201°	1° ♐	241°
2° ♌	122°	12° ♍	162°	22° ♎	202°	2° ♐	242°
3° ♌	123°	13° ♍	163°	23° ♎	203°	3° ♐	243°
4° ♌	124°	14° ♍	164°	24° ♎	204°	4° ♐	244°
5° ♌	125°	15° ♍	165°	25° ♎	205°	5° ♐	245°
6° ♌	126°	16° ♍	166°	26° ♎	206°	6° ♐	246°
7° ♌	127°	17° ♍	167°	27° ♎	207°	7° ♐	247°
8° ♌	128°	18° ♍	168°	28° ♎	208°	8° ♐	248°

Tableau 16.2 : Conversions Mi-points/Part arabes. (suite)

9° ♐	249°	7° ♑	277°	5° ♒	305°	3° ♓	333°
10° ♐	250°	8° ♑	278°	6° ♒	306°	4° ♓	334°
11° ♐	251°	9° ♑	279°	7° ♒	307°	5° ♓	335°
12° ♐	252°	10° ♑	280°	8° ♒	308°	6° ♓	336°
13° ♐	253°	11° ♑	281°	9° ♒	309°	7° ♓	337°
14° ♐	254°	12° ♑	282°	10° ♒	310°	8° ♓	338°
15° ♐	255°	13° ♑	283°	11° ♒	311°	9° ♓	339°
16° ♐	256°	14° ♑	284°	12° ♒	312°	10° ♓	340°
17° ♐	257°	15° ♑	285°	13° ♒	313°	11° ♓	341°
18° ♐	258°	16° ♑	286°	14° ♒	314°	12° ♓	342°
19° ♐	259°	17° ♑	287°	15° ♒	315°	13° ♓	343°
20° ♐	260°	18° ♑	288°	16° ♒	316°	14° ♓	344°
21° ♐	261°	19° ♑	289°	17° ♒	317°	15° ♓	345°
22° ♐	262°	20° ♑	290°	18° ♒	318°	16° ♓	346°
23° ♐	263°	21° ♑	291°	19° ♒	319°	17° ♓	347°
24° ♐	264°	22° ♑	292°	20° ♒	320°	18° ♓	348°
25° ♐	265°	23° ♑	293°	21° ♒	321°	19° ♓	349°
26° ♐	266°	24° ♑	294°	22° ♒	322°	20° ♓	350°
27° ♐	267°	25° ♑	295°	23° ♒	323°	21° ♓	351°
28° ♐	268°	26° ♑	296°	24° ♒	324°	22° ♓	352°
29° ♐	269°	27° ♑	297°	25° ♒	325°	23° ♓	353°
30° ♐	270°	28° ♑	298°	26° ♒	326°	24° ♓	354°
1° ♑	271°	29° ♑	299°	27° ♒	327°	25° ♓	355°
2° ♑	272°	30° ♑	300°	28° ♒	328°	26° ♓	356°
3° ♑	273°	1° ♒	301°	29° ♒	329°	27° ♓	357°
4° ♑	274°	2° ♒	302°	30° ♒	320°	28° ♓	358°
5° ♑	275°	3° ♒	303°	1° ♓	331°	29° ♓	359°
6° ♑	276°	4° ♒	304°	2° ♓	332°	30° ♓	360°

CONSEIL

Autres mi-points importants : le mi-point Vénus/Mars, qui est un point de contact majeur pour les histoires d'amour ; le mi-point Vénus/Uranus qui est souvent impliqué lorsque l'amour surgit de nulle part ; et le mi-point Vénus/Pluton, qui peut activer l'amour obsessionnel.

La Part de Fortune

Au Moyen Âge, alors que les lumières de la recherche faiblissaient à travers quasiment toute l'Europe, ce sont les astrologues et astronomes arabes qui préservèrent et développèrent la connaissance du cosmos. L'une de leurs méthodes d'analyse de thème, fondée sur une technique mathématique qui avait été inventée par les Grecs, incluait l'identification de différents points dans un thème natal. Chacun de ces points pouvait être calculé à l'aide d'une formule mathématique. Ces points concernent des sujets allant de la compréhension à l'héritage, de la maladie aux serviteurs, de la sexualité à la mort, jusqu'aux voyages sur l'eau. Les astrologues arabes étaient tellement passionnés par cette méthode qu'à l'époque où elle avait atteint le sommet de sa popularité, au 11ème siècle, ils avaient identifié 143 parts. Depuis, la plupart de ce savoir a été perdu, en partie du fait de l'action des Croisés européens, qui détruisirent tout manuscrit arabe sur lequel ils purent mettre la main. Aujourd'hui, la plupart des parts arabes ne semblent plus ni pertinentes, ni importantes, mais la Part de Fortune constitue une exception.

La Part de Fortune ou Fortuna indique une zone de bonne fortune et de facilité dans un thème natal.

⊗ Le symbole de la Part de Fortune se compose d'un cercle entourant une croix.

La formule qui permet de trouver la Part de Fortune est la suivante :

Ascendant + Lune – Soleil = Part de Fortune.

Voici un exemple pour la calculer :

1. **Trouvez la position de l'Ascendant en signe et en degrés, et convertissez-la en utilisant le Tableau 16.2 de conversions Mi-points/Parts arabes.**

   Pour cet exemple, nous allons prendre l'horoscope d'Eleanor Roosevelt, la première First Lady de l'histoire des États-Unis devenue célèbre dans le monde entier pour ses propres mérites. Son Ascendant se trouve à 16°37' en Sagittaire. Cherchez 16°37' dans le Tableau 16.2. Vous voyez que cela correspond à 256°. Si vous souhaitez davantage de précision, ajoutez les minutes, et vous obtenez 256°37'.

2. **Ajoutez la position de la Lune.**

   La Lune de Mme Roosevelt se trouve en Cancer à 19°34', ce qui, dans le tableau de conversion, équivaut à 190°34'. Ajoutez maintenant les deux nombres comme suit :

   256°37' (la position de l'Ascendant)

   + 109°34' (la position de la Lune)

   = 365°71' (la somme de l'Ascendant et de la Lune)

3. **Soustrayez la position du Soleil**

   Le Soleil de Mme Roosevelt se trouve en Balance à 18°45' (ou à 198°45' dans le Convertisseur pratique). Soustrayez ce nombre de la somme de l'Ascendant et de la Lune, comme suit :

   365°71' (la somme de l'Ascendant et de la Lune)

   – 198°45' (la position du Soleil)

   = 167°26' (la Part de Fortune)

4. **Utilisez le Tableau de conversion pour reconvertir ce nombre en une position spécifique dans le zodiaque.**

   En utilisant une fois de plus le Tableau 16.2, recherchez 167°26'. Comme vous le voyez, cela correspond à 17°26' dans la Vierge. Tout ce que vous devez maintenant faire, c'est porter cette Part de Fortune dans le thème natal, comme je l'ai fait dans la Figure 16.2. Vous voyez qu'elle tombe dans la neuvième maison, celle qui gouverne, entre autres choses, les voyages, l'enseignement et les événements internationaux, des domaines dans lesquels Mme Roosevelt a joué un rôle important en tant qu'ambassadrice des Nations Unies.

CONSEIL

Pour vérifier vos calculs sans aucune arithmétique, rappelez-vous que la Part de Fortune se trouve toujours aussi éloignée de l'Ascendant que la Lune l'est du Soleil. Donc si le Soleil et la Lune se trouvent à 22° de distance l'un de l'autre, la Part de Fortune et l'Ascendant sont également éloignés de 22°. Si le Soleil et la Lune forment un carré, la Part de Fortune et l'Ascendant forment aussi un carré. Et ainsi de suite. En utilisant cette méthode, vous devriez être en mesure de deviner la position approximative de la Part de Fortune sans avoir à faire le moindre calcul.

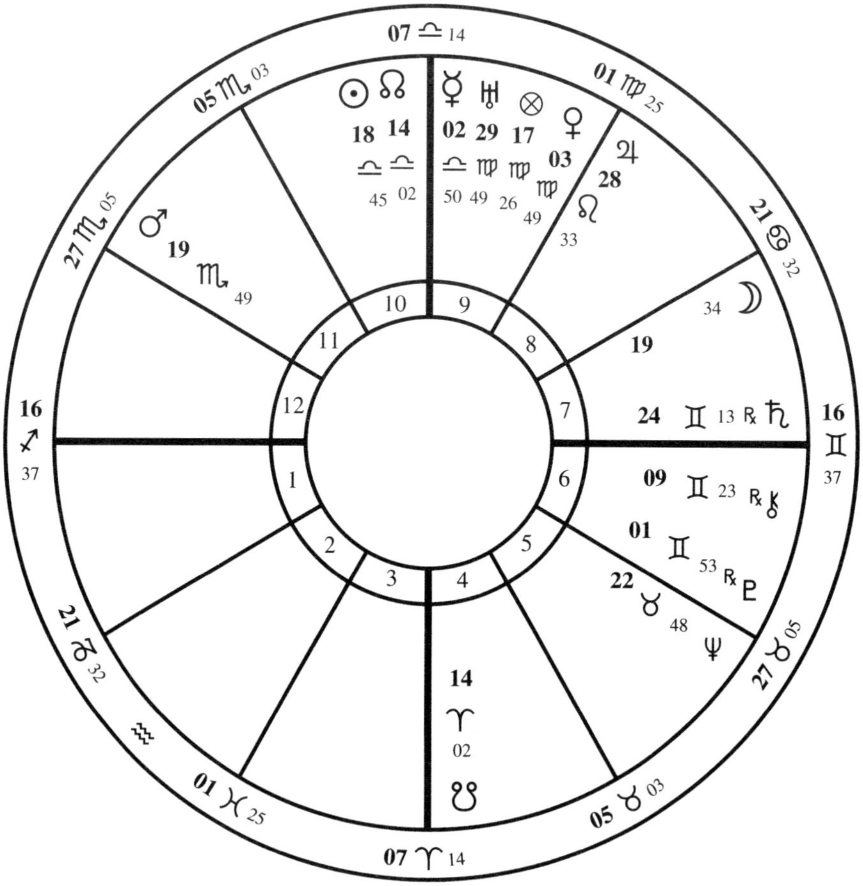

Figure 16.2 : Eleanor Roosevelt, née le 11 octobre 1884 à 11h00 à New York.

Autres parts arabes

La Part de Fortune ne constitue que l'une des nombreuses parts arabes. En voici quelques autres :

- **La Part de Mariage** = Ascendant + Descendant (cuspide de la 7ème Maison) – Vénus. Dans le cas d'Eleanor Roosevelt, les calculs sont les suivants :

Planète ou point dans le thème natal	*Position en degrés et minutes dans les signes*	*Position sur une échelle de 360°*
Ascendant	16°37' Sagittaire	256°37'
+ Descendant	16°37' Gémeaux	+76°37'
Sous-total		332°74'
– Vénus	3°49' Vierge	– 153°49'
	29°25' Vierge	179°25'

Notez que la Part de Mariage de Mme Roosevelt, à 29°25' en Vierge, se trouve dans le même signe que sa Part de Fortune. Mais, contrairement à la Part de Fortune, sa Part de Mariage est en conjonction avec Uranus et avec Mercure, ce qui suggère que son couple était inhabituel, excitant sur le plan intellectuel et aride sur celui des émotions (ce qui est, je pense, une manière bienveillante de voir les choses).

- **La Part d'Esprit** = Ascendant + Soleil – Lune. Cette part donne un aperçu de votre vie spirituelle.
- **La Part de Biens Matériels** = Ascendant + Cuspide de la deuxième maison – Gouverneur de la deuxième maison. Cette part indique vos sources d'argent et de possessions matérielles les plus probables.

  La cuspide de la deuxième maison est le signe spécifique du zodiaque que l'on trouve au point situé à 8 heures dans votre thème. Si vous regardez le thème d'Eleanor Roosevelt dans la Figure 16.2, par exemple, vous voyez que la cuspide de sa deuxième maison se trouve à 21°31' en Capricorne.

  Le gouverneur de la deuxième maison est la planète qui régit ce signe. Dans le cas de Mme Roosevelt, le Capricorne est gouverné par Saturne. Saturne est donc le gouverneur de sa deuxième maison.
- **La Part de Sexe** = Ascendant + Pluton – Vénus. Pensez obsession. La présence de Pluton, qui ne fut découverte qu'en 1930, vous signale que cette part est en fait une invention contemporaine.
- **La 'Part de l'Année Périlleuse et la plus Dangereuse'** = Ascendant + gouverneur de la huitième maison – Saturne.

  Cette part a l'air bien pire qu'elle ne l'est en réalité. Sa position par maison représente votre point faible dans vos interactions sociales. Trop complexé ? Cette part de péril se trouve probablement dans la première maison. Trop soucieux de ce que coûtent les choses ? Elle est située dans la deuxième maison. Vous parlez trop ou trop peu ? Elle réside probablement dans la troisième maison. Vous avez compris le principe.

La 'Part de l'Année Périlleuse et la plus Dangereuse' d'Eleanor Roosevelt se trouvait à 11°28' en Capricorne, ce qui tombe justement dans sa première maison. Comme elle le disait (pour l'avoir appris à ses dépens), « Personne ne peut vous faire vous sentir inférieur sans votre propre consentement. »

Les aspects mineurs

Le Chapitre 8 traite des aspects majeurs : la conjonction (0°), le sextile (60°), le carré (90°), le trigone (120°) et l'opposition (180°). D'autres aspects, habituellement considérés comme mineurs, ouvrent également la porte de la communication entre deux thèmes. Un aspect mineur entre deux planètes suffit à les mettre en contact, que ce soit avec ou sans tension. Mais souvenez-vous-en : plus l'aspect est mineur, et plus il doit être proche de l'exactitude.

Le Tableau 16.3 liste les principaux des aspects soi-disant mineurs.

Tableau 16.3 : Aspects (soi-disant) mineurs.

Nom	*Degrés*	*Symbole*	*Action*
semi-sextile	30°	⚺	soutient modérément
semi-carré	45°	∠	modérément irritant
quintile	72°	Q	favorise la créativité
sesqui-carré	135°	⚼	stressant et actif
bi-quintil	144°	±	modérément positif
quinconce	150°	⚻	indécis ; sporadique, tantôt favorable, tantôt défavorable

Si vous prenez le temps de faire les maths, vous trouverez que les aspects sont créés en divisant les 360 degrés d'un cercle comme suit :

- Divisez par 1 et vous obtenez une conjonction : 360° ou 0°.
- Divisez par 2 et vous obtenez une opposition : 180°.
- Divisez par 3 et vous obtenez un trigone : 120°.
- Divisez par 4 et vous obtenez un carré : 90°.
- Divisez par 5 et vous obtenez un quintile : 72°. Deux quintiles forment un bi-quintile.
- Divisez par 6 et vous obtenez un sextile : 60°.
- Divisez par 8 et vous obtenez un semi-carré : 45°. Un semi-carré plus un carré donnent 135°, c'est-à-dire le sesqui-carré.
- Divisez par 12 et vous obtenez un semi-sextile : 30°, que certains astrologues considèrent comme étant un aspect majeur. Après tout, deux d'entre eux forment un sextile ; trois d'entre eux forment un carré ; quatre un trigone ; cinq un quinconce, et six une opposition.

Que se passe-t-il donc si vous divisez par 7, 9, 10 ou 11 ? Vous obtenez un aspect tellement mineur qu'il est inutile de s'en occuper.

Affinités et inimitiés des planètes et des maisons

Selon la tradition vieille de près de 2000 ans, chaque planète opère le plus efficacement dans deux signes – le signe de domicile zodiacal ou maîtrise (qui est la position la plus forte de n'importe quelle planète) et le signe de son exaltation (une planète qui se trouve dans son signe de maîtrise ou d'exaltation est dignifiée). En outre, une planète opère de façon moins qu'efficace dans deux signes : le signe de sa chute, qui est opposé au signe de son exaltation, et le signe de son exil, qui est le signe opposé au signe de domicile ou de maîtrise.

Tableau 16.4 : Affinités et inimitiés des planètes et des maisons.

Planète	*Maîtrise*	*Exil*	*Exaltation*	*Chute*
Soleil	Lion	Verseau	Bélier	Balance
Lune	Cancer	Capricorne	Taureau	Scorpion
Mercure	Gémeaux	Sagittaire	Verseau	Lion
	Vierge	Poissons		
Vénus	Taureau	Scorpion	Poissons	Vierge
	Balance	Bélier		
Mars	Bélier	Balance	Capricorne	Cancer
Jupiter	Sagittaire	Gémeaux	Cancer	Capricorne
Saturne	Capricorne	Cancer	Balance	Bélier
Uranus	Verseau	Lion	Scorpion*	Taureau*
Neptune	Poissons	Vierge	Verseau*	Lion*
Pluton	Scorpion	Taureau	Lion*	Verseau*

** Les opinions divergent en ce qui concerne ces affinités ou inimitiés. Certains astrologues pensent par exemple que Neptune est en exaltation dans le Cancer et en exil dans le Capricorne. Ce n'est pas l'avis de la majorité, mais je pourrais me laisser convaincre. D'autre part, certains astrologues affirment que Pluton est exalté en Verseau et exilé en Lion, alors que d'autres sont persuadés qu'il est exalté en Bélier et exilé en Balance.*

Voici trois manières d'étudier les affinités et les inimitiés des planètes en maisons :

- **Recherchez au moins une planète dans le signe de sa maîtrise.** Par définition, cette planète est forte. Dans le thème d'Eleanor Roosevelt (Figure 16.2), la Lune réside dans son domicile en Cancer, ce qui suggère qu'elle avait des émotions puissantes et qu'elle pouvait faire confiance à son intuition.

  Notez également que lorsqu'un thème ne possède pas au moins une planète dans son signe de maîtrise, la prise de décision devient difficile.

- **Recherchez la réception mutuelle.** C'est la situation qui existe lorsque deux planètes occupent chacune un signe gouverné par l'autre. Dans le thème d'Eleanor Roosevelt (Figure 16.2), Mercure se trouve dans le signe de la Balance, maîtrisé par Vénus, et Vénus dans le signe de la Vierge, que gouverne Mercure. Ces deux planètes sont donc en *réception mutuelle,* ce qui renforce leur interaction.

- **Identifiez les planètes accidentellement dignifiées.** En établissant des parallèles entre les maisons et les signes (la première maison est équivalente au Bélier, la seconde au Taureau, *etc.*), vous pouvez localiser des planètes qui sont renforcées par leur position en maison, et donc *accidentellement dignifiées.* Par exemple, si vous avez Mars dans la première maison, vous avez quelque chose de l'agression et de l'initiative qui vont avec Mars en Bélier, même si votre Mars occupe un autre signe.

  Jetez un œil à cette liste de battants qui ont tous Mars dans leur première maison : Winston Churchill (Mars en Balance), Bill Clinton (Mars en Balance), la Reine Elizabeth II (Mars en Verseau), Indira Gandhi (Mars en Vierge), Mahatma Gandhi (Mars en Scorpion), Lyndon Johnson (Mars en Vierge), Henry Kissinger (Mars en Gémeaux), Eva Perón (Mars en Taureau), Al Gore (Mars en Lion).

Le Tableau 16.5 montre la position de chaque planète dans la maison correspondante lorsqu'elle est dignifiée accidentellement.

Tableau 16.5 : Planètes dignifiées accidentellement.

Planète	*Maison*	*Planète*	*Maison*
Soleil	cinquième	Jupiter	neuvième
Lune	quatrième	Saturne	dixième
Mercure	troisième et sixième	Uranus	onzième
Vénus	deuxième et septième	Neptune	douzième
Mars	première	Pluton	huitième

Les symboles sabians

Un jour ensoleillé de 1925, le célèbre astrologue américain Marc Edmund Jones et son élève et médium Elsie Wheeler se rendirent ensemble au parc Balboa de San Diego, en Californie. Ils avaient pour objectif de créer une image pour chacun des 360 degrés du zodiaque. Au cours de cette journée, mademoiselle Wheeler décrivit les visions qui lui apparurent pour chaque degré, et M. Jones griffonna les mots qu'elle lui révélait sur des cartes numérotées. Il ajouta ultérieurement des commentaires à ces paroles, et publia cette collection d'images. Les symboles sabians (ou « sabiens ») constituent la poésie de l'astrologie, et ils sont à ce titre extrêmement utiles.

Imaginez que vous êtes plongé dans l'étude d'un thème pendant plusieurs heures. Vous examinez chaque planète par signe, par maison et par aspect. Bientôt, vous vous retrouvez noyé dans les informations. Que faire ? Après avoir essayé de distiller ces données pour en tirer une interprétation cohérente, revivifiez-vous avec une image. Au lieu d'analyser la Lune avec la méthode astrologique, cherchez-la dans les symboles sabians. Prenons un exemple : la Lune de Madonna se trouve à 11°30' en Vierge. Arrondissez ce chiffre à 12° (parce que c'est la manière dont sont organisés les symboles sabians) et recherchez ce degré dans le livre. «Une mariée dont on arrache le voile». Une image qui convient pas mal du tout à la « Material Girl ».

ATTENTION !

Si l'ambiguïté ou le vague vous irritent, si vous n'avez jamais ressenti l'appel de la poésie, évitez les symboles sabians. Ils sont parfois incompréhensibles et pourraient vous rendre fou. Mais si vous réagissez aux métaphores, si vous aimez l'idée d'une image qui résonne dans votre esprit même sans que vous ne puissiez être exactement sûr de sa signification, allez-y. Voici comment se les procurer :

En français : *Les Symboles Sabians – Le sens des 360 degrés du Zodiaque* par Dane Rudhyar aux éditions Librairie de Médicis.

En anglais :

- *The Sabian Symbols in Astrology: A Symbol Explained for Each Degree of the Zodiac* par Marc Edmund Jones (Aurora Press, Inc.).
- *An Astrological Mandala : The Cycle of Transformations and Its 360 Symbolic Phases* par Dane Rudhyar (Random House, Inc.).
- *The Sabian Symbols* par Diana Roche, une praticienne expérimentée qui écrit de façon compréhensible. Vous pouvez visiter son site : `www.sabian.org`
- Ou visitez le site Web des astrologues australiens Lynda et Richard Hill, qui se servent des symboles sabians de nombreuses façons, y compris comme d'un oracle : `www.sabianSymbols.com`

Chapitre 17

Dix types d'astrologie

Dans ce chapitre :

L'astrologie natale.
L'astrologie mondiale.
Hourra pour l'analyse horaire !
Les thèmes d'élections.
L'astrocartographie.
L'astrologie sidérale.
L'astrologie hindoue.
L'astrologie chinoise.
L'astrologie celtique.
L'astrologie méso-américaine.

Dans le domaine de l'astrologie, comme pour tout autre grand domaine de connaissances, de nombreuses écoles et de nombreuses théories qui sont en concurrence. Ce chapitre en présente dix d'entre elles.

L'astrologie natale

Vous savez déjà tout d'elle. L'astrologie natale interprète la personnalité, le caractère et les aptitudes en se fondant sur un thème monté pour le moment et le lieu de la naissance d'un individu. Le mot *natal* est parfois utilisé comme un adjectif (comme *Saturne natal*) pour distinguer la position d'une planète dans le thème natal de sa position à n'importe quel autre moment.

L'astrologie mondiale

Au lieu d'explorer le monde des événements ordinaires, quotidiens, les spécialistes d'astrologie mondiale étudient le destin de nations et de groupes en calculant des thèmes pour des événements d'importance planétaire – des désastres, des déclarations d'indépendance, et ainsi de suite. Il y a plus de 4000 ans (en 1700 avant J.C. environ), les astrologues babyloniens ne s'occupaient que de tels sujets. Les horoscopes de personnes ne firent leur apparition que vers 410 avant J.C. Mais les astrologues utilisent toujours l'astrologie mondiale pour analyser les événements de l'actualité.

Contrairement à la plupart des praticiens de l'astrologie natale, les spécialistes d'astrologie mondiale dressent des thèmes pour des éclipses et pour les solstices d'été et d'hiver. Puis ils comparent ces thèmes aux thèmes de pays, de capitales, et de chefs d'états.

Chaque pays (et chaque grande société multinationale) possède donc une carte du ciel natal, bien que certains astrologues bien intentionnés aient des opinions divergentes concernant les données de la naissance. C'est ainsi que selon une source très respectée, la Suisse vint à l'existence sous un Soleil en Lion au cours de l'été 1291, alors que d'autres astrologues font démarrer l'horoscope de la Suisse à partir d'événements qui ont eu lieu en 1848, et en font une nation du signe de la Vierge. En ce qui concerne les États-Unis, la date de naissance habituellement retenue est le 4 juillet 1776, ce qui donne aux US un Soleil en Cancer et une Lune en Verseau. Mais encore une fois, de nombreux astrologues contestent la date en se référant aux preuves historiques.

L'astrologie horaire

Bizarre, vous avez dit bizarre ? L'astrologie horaire peut vraiment être zarbie. Ses spécialistes répondent à des questions spécifiques comme « Où se trouve mon bracelet ? », « Vais-je me marier ? », « Puis-je faire confiance à untel ? », etc. en dressant un thème pour l'instant où la question est posée. En tenant compte des maisons et des maîtrises des maisons, ces astrologues trouvent des réponses franchement étranges, comme «Il se trouve dans un espace sombre et renfermé à la cave près de quelque chose de bleu».

CONSEIL

Pour découvrir l'astrologie horaire, vous pouvez consulter (en anglais) *Horary Astrology Plain and Simple : Fast and Accurate Answers to Real World Questions,* par Anthony Louis et Bruce Scofield (Llewellyn Publications).

Pour découvrir à la fois l'astrologie horaire et les thèmes d'élections, vous pouvez lire (en anglais), *The Only Way to Learn About Horary and Electional Astrology,* de Marion D. March et Joan McEvers (ACS Publications).

Les thèmes d'élections

Les thèmes d'élections permettent de choisir à l'avance une date pour y placer un événement. Il s'agit d'un art souvent compliqué et stressant. Quel est

HISTOIRE VRAIE

L'analyse horaire et L'Astrologie pour les Nuls

Lorsque j'ai reçu la commande pour écrire la version originale américaine de ce livre, le délai que l'on me proposait pour la remise de mon manuscrit était si court que je me suis demandé si je pourrais arriver à le respecter. J'ai donc décidé de dresser un thème horaire pour l'instant où cette question a surgi dans mon esprit. Puis j'ai analysé ce thème de la façon suivante :

D'abord, j'ai examiné l'Ascendant (Lion) et la première maison, qui représente toujours la personne qui pose la question (dans ce cas, c'était moi-même). Cette maison était vide, et j'ai donc recherché la position du Soleil, le maître du Lion, c'est-à-dire de l'Ascendant. Je fus heureuse de constater que le Soleil se trouvait dans la neuvième maison, celle de l'édition. Par contre, je fus désolée de voir qu'il se trouvait en conjonction exacte avec Saturne, la planète des épreuves et des obstacles, et en opposition à Mars. Les implications de la conjonction avec Saturne étaient évidentes : Saturne est la planète de l'autodiscipline. Mais je me suis fait du souci au sujet de Mars, non seulement parce qu'il cause souvent des problèmes, mais aussi parce qu'il gouvernait dans ce thème à la fois la neuvième maison, celle de l'édition, ce qui était facile à comprendre, mais aussi la quatrième maison, celle du foyer et de la mère, ce qui ne l'était pas.

L'interprétation de cet horoscope a été facile. Les thèmes horaires sont simples à comprendre : les trigones et les sextiles indiquent des réponses positives (j'ai donc été heureuse de constater que Mercure, la planète de l'écriture, recevait beaucoup des deux), tandis que les carrés et les oppositions suggèrent un résultat négatif. J'avais donc ma réponse : je travaillerais dur (un Saturne valorisé le garantissait...) mais je ne pourrais quand même pas tenir mon délai de remise. Et en effet, juste au moment où j'étais en train de prendre mon rythme de croisière dans l'écriture du livre, des circonstances indépendantes de ma volonté me forcèrent à le mettre de côté : ma mère tomba malade et eut besoin de mon assistance pendant plusieurs semaines. Mon délai de remise dut donc être allongé.

donc le problème ? Un thème n'est jamais parfait. Même un thème qui nage dans les trigones et les sextiles possède au moins un carré, un Mercure rétrograde, une Lune sans aspect (voir plus haut la section « Éviter le vide »), ou l'un de ces aspects mineurs retors qui apportent de la frustration et de l'irritation. Il peut donc être difficile de choisir une date heureuse, et plus les choix sont importants, plus la tâche est ardue. Mais lorsque les choix sont limités, l'analyse des thèmes d'élections devient bien plus facile. Pour la plupart des événements – un mariage, le vernissage d'une exposition, la constitution en société commerciale et ainsi de suite – vous pouvez y aller sans crainte si vous choisissez un jour où les aspects formés par le Soleil et par la Lune sont harmonieux, où la Lune est croissante (mais pas dans une période sans aspect directement avant son entrée dans un nouveau signe), et où Mercure et Vénus sont en mouvement direct (et non pas rétrograde). Autant que possible, essayez d'éviter les carrés et les oppositions, surtout ceux qui impliquent Saturne, Uranus et Neptune.

Une date d'opération chirurgicale choisie grâce au ciel

Une cliente me demanda un jour de lui rendre un service qui engagerait lourdement ma responsabilité : elle voulait que je choisisse la date à laquelle elle devrait subir une opération de chirurgie du cerveau. Je n'avais d'abord pas du tout, mais alors pas vraiment pas du tout envie d'assumer ce type de responsabilité. Qui donc en aurait eu envie ? Mais comme elle me dit que le docteur ne lui avait proposé que deux dates, j'acceptai, à contrecœur, de choisir l'une des deux. La première date montrait une Lune croissante, bien aspectée avec un tas de trigones et de sextiles. La seconde présentait une éclipse totale de Lune, à haute tension. Le Soleil et la Lune s'y trouvaient en opposition – et tous les deux formaient des carrés avec Neptune et Uranus : une mauvaise Lune, quels que soient les critères retenus. Le choix était clair. Je recommandai donc avec confiance la première date, et je me sentis récompensée et surtout soulagée lorsque j'appris que l'opération avait été un succès.

L'astrocartographie

Vous voulez faire carrière, étudier à l'université, acheter une maison, ou chercher l'amour ? L'astrologie des thèmes d'élections se concentre sur la question « Quand ? » ; l'astrocartographie a pour objet de répondre à la question « Où ? ». Un spécialiste d'astrocartographie considère les influences de l'endroit en recalculant votre thème natal comme si vous étiez né à l'endroit où vous allez déménager. La date et l'heure restent les mêmes, mais les endroits changent. Les planètes restent donc aux mêmes degrés et conservent les mêmes aspects entre elles, mais le placement des maisons change, ce qui peut donner des différences stupéfiantes.

Par exemple, disons que vous êtes né avec Jupiter, la planète de l'opportunité, dans la douzième maison, celle de la vie privée, du retrait et de la solitude. Les opportunités qui viennent à vous ont donc tendance à être subtiles et spirituelles. Mais que se passerait-il si vous déménagiez, en déménageant ainsi ce Jupiter reclus dans la douzième maison pour le transférer dans la première maison, celle de l'identité personnelle ? Il est probable que vous deveniez plus ouvert, et que vous ayez aussi plus de réussite. Les spécialistes d'astrocartographie sont persuadés qu'un tel changement peut faire toute la différence.

Comment vérifier vous-même ces hypothèses ? Si vous avez déjà vécu dans une ville différente de celle de votre naissance, faites-vous établir votre thème pour cet endroit, et comparez-le à votre thème natal pour voir si l'analyse décrit vos expériences avec précision. Et si vous envisagez de déménager, envisagez la possibilité de vous procurer un horoscope «relocalisé» avant d'entasser tous vos biens dans un camion.

Où exercer votre profession ?

Une de mes amis, née dans le Midwest américain, possède une conjonction Soleil/Mars extrêmement dynamique dans la huitième maison. Un déménagement à Washington, DC, alors qu'elle était dans sa vingtaine lui amena un job pour le gouvernement et, selon les règles de l'astrocartographie, transposa sa conjonction Soleil/Mars dans sa septième maison, celle du mariage. Elle ne tarda pas à tomber amoureuse, fit ses valises et déménagea avec son bien-aimé pour la Côte Ouest des États-Unis, ce qui transféra son Soleil et son Mars dans la neuvième maison, celle de l'enseignement et de l'édition. Dans la ville où elle résidait désormais, elle essaya de trouver un travail qui aurait mis en valeur son expérience à Washington, sans succès. Elle finit par abandonner et se mit à suivre d'autres voies, ce qui la fit devenir d'abord enseignante, puis rédactrice, deux professions qui appartiennent au domaine de la neuvième maison. Dans les deux cas, la position de son Soleil en maison (entre autres facteurs) a bien illustré l'expérience vécue dans le lieu concerné.

La plupart des déménagements ne changent pas tellement les choses, surtout s'ils ne couvrent qu'une faible distance géographique. Les déménagements qui ont une influence importante sont généralement d'est en ouest, et couvrent des milliers de kilomètres.

L'astrologie sidérale

La plupart des astrologues du monde occidental utilisent ce qu'on appelle le zodiaque *tropical*. Dans ce système, qui relie les saisons et les signes, les solstices et les équinoxes jouent un rôle fondamental. Par définition, le Bélier commence à l'équinoxe de printemps, où la durée du jour et celle de la nuit sont égales. Par définition également, l'équinoxe d'automne signifie que le Soleil se trouve en Balance. Les constellations n'ont rien à voir avec quoi que ce soit. Elles servent simplement de tapisserie.

Les spécialistes d'astrologie sidérale, y compris ceux qui pratiquent l'astrologie hindoue et l'astrologie chinoise, voient différemment les choses. Ils ignorent les saisons et accordent leur attention aux étoiles. Ils calculent même la longueur d'une année en fonction de la durée mise par le Soleil pour s'aligner avec une étoile, voyager à travers tout le zodiaque, et revenir à cette même étoile. Pour des raisons liées à la rotation de la Terre, ce voyage aller-retour vers une étoile est plus long de 20 mn que l'année tropicale.

La différence est faible, mais elle s'accumule avec le temps. Il en résulte que les positions tropicales comme celles que vous trouvez dans ce livre diffèrent considérablement des positions sidérales. Donc si vous êtes né le 31

Pablo Picasso : tropical ou sidéral ?

Jetez un œil sur le thème natal de Pablo Picasso, dont on peut soutenir qu'il fut le plus grand artiste du 20ème siècle. Selon l'astrologie occidentale ou tropicale (thème de gauche), son Soleil se trouve dans le Scorpion (et tout le monde pouvait en effet dire qu'il était intensément sexy en regardant ses yeux sombres et son apparence brûlante), son Ascendant dans le Lion flamboyant, et sa Lune dans le Sagittaire épris de liberté. Selon l'astrologie sidérale (thème de droite), son Soleil se trouve dans la Balance amie des arts, son Ascendant dans le Cancer émotif et sa Lune – qui est aussi le gouverneur de son Ascendant – en Scorpion. Les deux thèmes montrent Pluton et Jupiter dans le signe du Taureau, une image qui l'a toujours obsédé. Lequel des deux est le bon ? En ce qui me concerne, je trouve que le Scorpion correspond à merveille à Picasso. Mais on peut trouver des arguments en faveur des deux interprétations. À vous de juger.

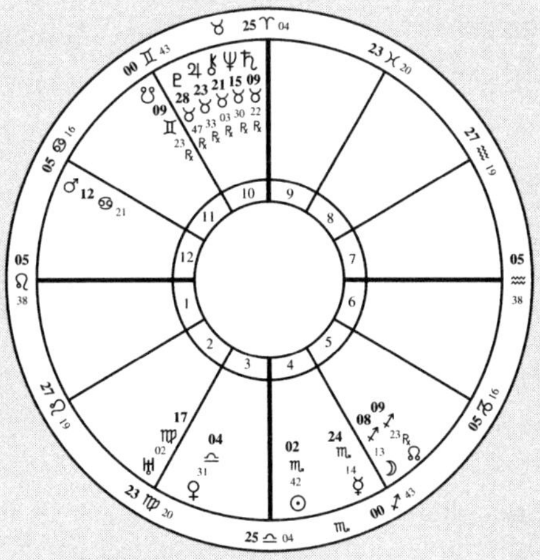

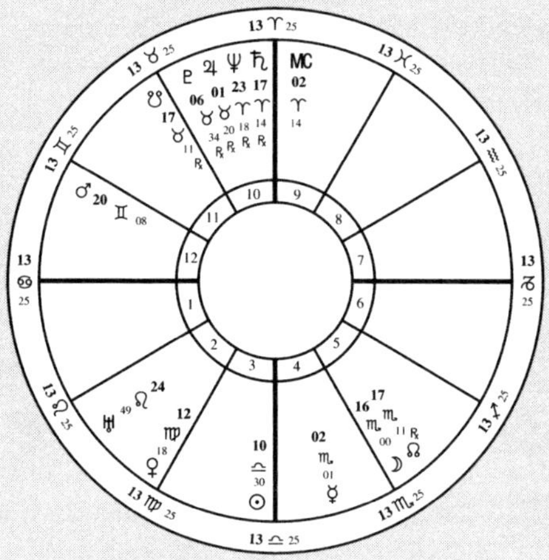

octobre, la veille de la Toussaint, vous êtes un Scorpion dans l'astrologie occidentale, mais pas parce que le Soleil se trouvait dans la constellation du Scorpion. En fait, le jour de votre naissance, le Soleil ne se trouvait pas dans la constellation du Scorpion. Il se trouvait parmi les étoiles de la Balance. Un praticien d'astrologie sidérale dirait que vous êtes un natif de la Balance.

Pour établir votre thème sidéral, vous devez soustraire un certain nombre de degrés de chaque planète dans votre thème natal. Pour effectuer ces calculs avec précision, consultez un astrologue professionnel, ou visitez un site Web spécialisé. Mais pour la plupart des utilisations souhaitées, vous pourrez faire les ajustements vous-même. Si vous êtes né au cours de l'une des années listées dans le Tableau 17.1, prenez le nombre approprié et soustrayez-le de toutes les planètes de votre thème, y compris de votre Ascendant. Si vous êtes né une autre année, prenez l'année la plus proche ou choisissez un nombre compris quelque part entre la date la plus ancienne et la date la plus récente. Ou bien facilitez-vous la vie et arrondissez. Soustrayez simplement 23 degrés de chacune des planètes. Dans la plupart des cas, cette approximation sera suffisante.

Tableau 17.1 : Table de conversion vers l'astrologie sidérale.

Si vous êtes né en…	*Soustrayez ce nombre de chacune de vos planètes*
1900	22° 28′
1925	22° 49′
1950	23° 10′
1975	23° 31′
2000	23° 52′

Vous souhaitez vérifier si l'astrologie sidérale marche ? Ce n'est pas aussi facile qu'on pourrait le penser. Prenons un exemple. John F. Kennedy, bel homme et grand orateur, semble selon le système occidental de l'astrologie tropicale correspondre à la définition classique du Gémeaux – plein d'esprit et courtois – avec un Ascendant élégant en Balance. Selon le système sidéral, il s'agit d'un Taureau, attaché aux choses de ce monde, avec un Ascendant en Vierge qui lui confère un côté tatillon. Franchement, cela me semble improbable.

Prenons un autre exemple, celui de James Joyce, ce pionnier de la littérature qui a créé une écriture en métamorphose permanente. Selon le zodiaque tropical de l'astrologie occidentale, il s'agit d'un natif du Verseau, intellectuel, anticonformiste et inventif. Cela correspond bien à sa personnalité. Selon l'astrologie sidérale, c'est par contre un Capricorne conservateur, ce qui ne semble pas du tout convenir. Mais voilà le hic : même selon le système sidéral, son thème présente encore Mercure, la planète des écrits, dans le Verseau futuriste. D'une manière ou de l'autre, le Verseau exerce une influence dans sa carrière d'écrivain.

Établir la différence entre un thème tropical et un thème sidéral peut ressembler à un défi bizarre lorsque certaines des planètes du natif occupent des signes adjacents, ce qui est le cas pour la plupart d'entre nous. L'horoscope sidéral apporte en fait un éclairage différent de la personnalité. Et plus souvent qu'on a tendance à le croire, la description sidérale semble tout aussi juste que le portrait tiré du thème natal tropical.

Prenons l'exemple de Marlon Brando, ce Bélier torride (avec à la fois le Soleil et la Lune dans ce signe) à l'Ascendant dans le Sagittaire épris de sa liberté. Si on utilise le zodiaque sidéral, il s'agit d'un Poissons (avec à la fois le Soleil et la Lune dans ce signe) avec un Ascendant Scorpion, ce qui le rend vulnérable, autodestructeur, et intense. Ça sonne tout aussi juste, n'est-ce pas ? Ou prenons encore Woody Allen. Selon le zodiaque tropical, c'est un Sagittaire libertaire avec un Ascendant en Vierge prédisposé à l'anxiété : c'est lui tout craché. Selon le zodiaque sidéral, Woody est un natif du Scorpion, secret et obsédé de sexe, avec l'Ascendant en Lion, qui adore s'exhiber. Ça alors…

L'astrologie hindoue

Compliquée, fascinante et parfois incroyablement précise, l'astrologie védique ou hindoue, appelée aussi *Jyotish*, est de plus en plus populaire. C'est surtout parce qu'elle propose quelque chose que l'on trouve rarement dans l'astrologie occidentale : des prédictions spécifiques et exactes. Là où les astrologues occidentaux, qui sont formés à penser en termes de psychologie, analysent la personnalité et ont tendance à tomber dans un rôle de conseiller, les spécialistes d'astrologie hindoue se concentrent sur les prédictions – non par rejet de l'impact des planètes sur la personnalité, mais parce qu'ils considèrent que le thème est le résultat inévitable des actions du natif au cours d'une longue série de vies. En d'autres termes, ils considèrent que le thème est l'expression du *karma*, qui correspond à l'idée que l'on récolte ce que l'on a semé. Les spécialistes d'astrologie hindoue croient qu'il est impossible de combattre son karma. Le natif ne peut qu'apprendre à aller de l'avant avec, de la manière la plus positive possible, parce que c'est sa destinée.

Dans l'astrologie hindoue, un thème natal peut nécessiter jusqu'à 16 thèmes individuels, chacun étant établi d'une manière légèrement différente. En faisant leurs prédictions, les spécialistes d'astrologie védique étudient le résidu karmique des vies antérieures et recherchent de quelles manières il va probablement s'exprimer à l'avenir. Pour ce faire, ils emploient un système de cycles planétaires *(dashas)* qui va bien plus loin que les transits et les progressions de l'astrologie occidentale. Les astrologues védiques font des prévisions qui sont parfois correctes au jour près, et ils n'éprouvent aucun scrupule à vous dire les choses que vous n'avez pas du tout envie d'entendre. Heureusement, ils proposent aussi des solutions qui incluent, entre autres remèdes, de chanter des mantras appropriés et de porter certains types de pierres précieuses.

Pour vous donner une idée de sa complexité, voici quelques différences entre l'astrologie occidentale et l'astrologie hindoue :

- L'astrologie hindoue utilise le zodiaque sidéral, et pas le zodiaque tropical des astrologues occidentaux (pour calculer les positions sidérales de vos planètes, consultez le Tableau 17.1.)
- L'astrologie hindoue n'utilise pas les cuspides des maisons de la même manière que l'astrologie occidentale. Chaque maison couvre exactement 30 degrés et exactement un signe : le signe et la maison sont identiques, et chaque maison a en conséquence 0° sur sa cuspide. Donc si votre Ascendant est à 11° en Verseau, votre première maison toute entière est en Verseau (avec l'Ascendant lui-même qui n'est alors qu'un point à l'intérieur), la deuxième maison toute entière est en Poissons, et ainsi de suite.

- Les maisons les plus positives d'un thème sont la cinquième et la neuvième. La sixième, la huitième et la douzième sont considérées comme destructives et funestes.
- Les astrologues de l'astrologie védique traditionnelle ignorent en général Uranus, Neptune et Pluton (bien que certains praticiens contemporains commencent à les inclure). De plus, les astrologues védiques considèrent que Saturne est le maître du Verseau (et pas Uranus), que Jupiter est le maître des Poissons (et pas Neptune), et que Mars est le maître du Scorpion (et pas Pluton).
- Le Nœud Nord de la Lune, appelé *Rahu*, et le Nœud Sud, appelé *Kethu*, jouent des rôles bien plus importants que dans la plupart des formes de l'astrologie occidentale. (Consultez le Chapitre 16 pour une explication de ces Nœuds selon l'approche de l'astrologie occidentale.)

  NOTE TECHNIQUE

  Les Nœuds sont des points mathématiques qui se trouvent aux endroits où l'orbite de la Lune croise d'écliptique – c'est-à-dire la trajectoire apparente du Soleil autour de la Terre. Le Nœud Nord et le Nœud Sud sont toujours en opposition exacte l'un avec l'autre.
- Le Soleil, dont l'influence est considérée bénéfique par l'astrologie occidentale, exerce par contre une influence maléfique selon l'astrologie védique – de même que Mars, Saturne et les Nœuds Lunaires. Vénus, Jupiter, Mercure et la Lune croissante (mais pas la Lune décroissante) sont considérés bénéfiques.
- La Lune et l'Ascendant (ou Lagna) – et pas le Soleil – sont les éléments les plus importants d'un thème védique.
- Les aspects sont étudiés uniquement sur la base du signe. Les planètes dans des signes opposés – par exemple Bélier et Balance – sont considérées comme opposées, les planètes dans le même signe sont considérées comme en conjonction, et ainsi de suite. Les degrés spécifiques n'ont pas d'importance.
- Les cartes du ciel védiques sont généralement tracées avec un format carré plutôt que rond. La Figure 17.1 montre la carte de Pablo Picasso tracée en utilisant l'un des formats védiques. Les chiffres romains indiquent le numéro de la maison. (Les quatre maisons angulaires – 1, 4, 7 et 10 – se trouvent dans le diamant central.) J'ai utilisé des symboles occidentaux pour les signes et pour les planètes, ce qu'un véritable astrologue védique n'aurait certainement pas fait.
- Les astrologues védiques divisent les 360 degrés du zodiaque en 27 *maisons lunaires* ou *nakshtras*, chacune de 13 degrés 20 mn, soit approximativement la distance que la Lune parcourt en une journée. Chaque nakshtra est associé à une planète, à une qualité, à un dieu ou à une déesse, à un symbole, à une partie du corps, à un son etc. – en bref, tout le tralala. Au lieu d'interpréter une planète selon sa position dans l'un des 12 signes, les astrologues védiques utilisent donc une subdivision plus petite, ce qui augmente le nombre des possibilités.

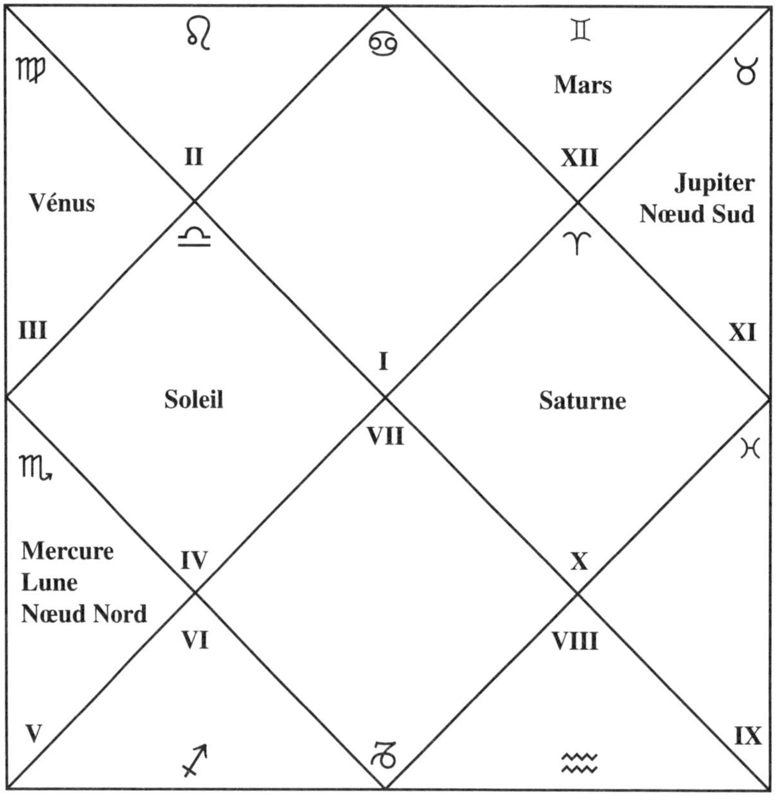

Figure 17.1 : La carte du ciel de Pablo Picasso dans un format carré de l'astrologie hindoue.

L'astrologie chinoise

Selon la légende, le Bouddha invita un jour le règne animal tout entier à une fête du Nouvel An, mais 12 créatures seulement s'y rendirent vraiment. Il fut si touché par le fait qu'elles soient venues qu'il fit cadeau à chacune d'elles d'une année, en commençant par le rat sociable, qui fut le premier invité arrivé, et en terminant par le cochon sensuel et chanceux, le dernier des arrivants. Dans l'astrologie chinoise, chaque année se voit attribué l'un de ces 12 animaux – et toute personne née une année donnée partage les caractéristiques de cet animal.

La première fois que j'ai entendu cela, j'ai roulé les yeux. Je pensai : n'y-a-t-il donc rien d'autre ? Où sont les signes ? Et la Lune ? Mais le zodiaque chinois m'a de plus en plus intriguée au fur et à mesure que je l'ai exploré. Ma conversion finale eut lieu lors de retrouvailles d'anciens élèves du collège, au cours desquelles je me rendis compte pour première fois combien mes camarades de classe étaient semblables. Pas étonnant : nous avons tous grandi dans la même petite ville – et nous sommes tous nés dans l'année du chien.

Inutile de dire que les véritables astrologues chinois examinent bien plus d'éléments que seulement l'année de la naissance. Mais l'année elle-même est plus spécifique que vous ne l'avez peut-être réalisé. À côté de la description de chaque année selon le signe animal qui lui est assigné, les astrologues chinois attribuent à chaque année l'un des cinq éléments de base – le feu, la terre, le métal, l'eau et le bois. Il en résulte que ce qui semble être un cycle de 12 ans est en fait un cycle de 60 ans (12 x 5). Bien que chaque animal revienne tous les 12 ans, il est associé à un élément différent à chaque fois. La combinaison animal/élément ne se répète donc pas pendant 60 ans.

Prenons un exemple. 1906 fut l'année du Cheval de Feu. L'année du Cheval suivante, 1918, fut l'année du Cheval de Terre. Douze ans plus tard, en 1930, arriva l'année du Cheval de Métal, et 1942 fut l'année du Cheval d'Eau. Les années 1950 virent l'année du Cheval de Bois. L'année du Cheval de Feu ne revint pas avant 1966. Lorsque ce fut le cas, la confusion la plus totale s'ensuivit. Le Cheval de Feu – qui refera son apparition en 2026 – est une combinaison impétueuse considérée comme tellement dangereuse, surtout pour les filles, que les taux d'avortement en Asie montèrent alors en flèche.

Outre l'analyse de l'année de la naissance, les astrologues chinois utilisent le mois, le jour et l'heure de la naissance pour prédire les cycles dans la vie des gens. L'astrologie chinoise incorpore 28 constellations, elle prend en compte l'influence d'étoiles spécifiques, et elle est construite autour d'un ensemble philosophique de correspondances qui implique les cinq planètes (Mercure, Vénus, Mars, Jupiter et Saturne), les cinq saisons (l'été, l'automne, l'hiver, le printemps et la période de canicule), les cinq directions (Nord, Sud, Est, Ouest et centre) et les cinq éléments chinois – le métal, l'eau, le bois, le feu et la terre, dont l'un est affecté à chaque année. Les implications des éléments, qui tournent à travers le calendrier selon l'ordre établi, sont les suivantes :

- **Métal :** rigide, intense, ambitieux, inébranlable et obstiné.
- **Eau :** persuasif, intuitif, observateur, souple et parfois passif.
- **Bois :** sociable, confiant, compréhensif, expansif, et manque parfois de concentration.
- **Feu :** dynamique, décidé, aventureux, actif, et parfois impulsif et impatient.
- **Terre :** pratique, entreprenant, garde l'objectif en vue, capable, manque parfois d'audace.

Pour découvrir votre signe chinois, cherchez votre année de naissance dans le Tableau 17.2.

Remarquez aussi que l'astrologie chinoise, comme l'astrologie hindoue, est basée sur le cycle lunaire. Chaque année débute par ce que les astrologues occidentaux appelleraient la nouvelle Lune en Verseau. La date de cet événement varie légèrement d'année en année – et il en résulte que les dates des années de cette liste varient elles aussi.

Tableau 17.2 : Calendrier d'astrologie chinoise.

Premier jour de l'année	*Élément*	*Signe*	*Premier jour de l'année*	*Élément*	*Signe*
30 janvier 1930	Métal	Cheval	31 janvier 1957	Feu	Coq
17 février 1931	Métal	Chèvre	18 février 1958	Terre	Chien
6 février 1932	Eau	Singe	8 février 1959	Terre	Cochon
26 janvier 1933	Eau	Coq	28 janvier 1960	Métal	Rat
4 février 1934	Bois	Chien	15 février 1961	Métal	Bœuf
4 février 1935	Bois	Cochon	5 février 1962	Eau	Tigre
24 janvier 1936	Feu	Rat	25 janvier 1963	Eau	Lièvre
11 février 1937	Feu	Bœuf	13 février 1964	Bois	Dragon
31 janvier 1938	Terre	Tigre	2 février 1965	Bois	Serpent
19 février 1939	Terre	Lièvre	23 janvier 1966	Feu	Cheval
8 février 1940	Métal	Dragon	9 février 1967	Feu	Chèvre
27 janvier 1941	Métal	Serpent	30 janvier 1968	Terre	Singe
30 janvier 1942	Eau	Cheval	17 février 1969	Terre	Coq
5 février 1943	Eau	Chèvre	6 février 1970	Métal	Chien
25 janvier 1944	Bois	Singe	27 janvier 1971	Métal	Cochon
13 février 1945	Bois	Coq	15 février 1972	Eau	Rat
2 février 1946	Feu	Chien	3 février 1973	Eau	Bœuf
22 janvier 1947	Feu	Cochon	23 janvier 1974	Bois	Tigre
10 février 1948	Terre	Rat	11 février 1975	Bois	Lièvre
29 janvier 1949	Terre	Bœuf	31 janvier 1976	Feu	Dragon
17 février 1950	Métal	Tigre	18 février 1977	Feu	Serpent
6 février 1951	Métal	Lièvre	7 février 1978	Terre	Cheval
27 janvier 1952	Eau	Dragon	28 janvier 1979	Terre	Chèvre
14 février 1953	Eau	Serpent	16 février 1980	Métal	Singe
3 février 1954	Bois	Cheval	5 février 1981	Métal	Coq
24 janvier 1955	Bois	Chèvre	25 janvier 1982	Eau	Chien

Tableau 17.2 : Calendrier d'astrologie chinoise.

Premier jour de l'année	*Élément*	*Signe*	*Premier jour de l'année*	*Élément*	*Signe*
12 février 1956	Feu	Singe	13 février 1983	Eau	Cochon
2 février 1984	Bois	Rat	31 janvier 1995	Bois	Cochon
20 février 1985	Bois	Bœuf	19 février 1996	Feu	Rat
8 février 1986	Feu	Tigre	7 février 1997	Feu	Bœuf
29 janvier 1987	Feu	Lièvre	28 janvier 1998	Terre	Tigre
17 février 1988	Terre	Dragon	16 février 1999	Terre	Lièvre
6 février 1989	Terre	Serpent	5 février 2000	Métal	Dragon
27 janvier 1990	Métal	Cheval	24 janvier 2001	Métal	Serpent
15 février 1991	Métal	Chèvre	12 février 2002	Eau	Cheval
4 février 1992	Eau	Singe	1er février 2003	Eau	Chèvre
23 janvier 1993	Eau	Coq	22 janvier 2004	Bois	Singe
10 février 1994	Bois	Chien	9 février 2005	Bois	Coq

Vous pouvez vérifier les caractéristiques de votre année dans la liste qui suit :

- **L'année du Rat :** vous êtes charmant, engageant, curieux, entreprenant, secret, incertain, vous vous faites des soucis au sujet de l'argent, et vous avez suffisamment de jugeote pour vous retrouver au sommet.
- **L'année du Bœuf :** vous êtes intelligent, responsable, prudent, vous travaillez dur, vous êtes tenace, sans prétentions, réfléchi, casanier, et absolument certain que vous avez raison.
- **L'année du Tigre :** généreux et courageux, vous êtes également paradeur, preneur de risques, rebelle, chef naturel avec un faible pour le drame, une tendance à remettre les choses à plus tard, et un très fort désir de profiter de la vie.
- **L'année du Lièvre :** vous aimez la paix, vous avez des goûts artistiques, vous êtes efficient, diplomate, méfiant, rusé, égocentrique, drôle, aimable, plaisant, veinard, un grand observateur de la condition humaine.
- **L'année du Dragon :** vous êtes vibrant, dynamique, déterminé, engagé, ouvert, dominant, et complètement éblouissant. Mais vous avez aussi tendance à critiquer, à être égocentrique et incapable de garder pour vous un secret.

- **L'année du Serpent :** sage, éloquent et dangereux, vous êtes mystérieux, réservé, philosophe, évasif, manipulateur, exigeant, vous aimez contrôler, et vous êtes complètement séduisant.
- **L'année du Cheval :** aventurier agité, vous êtes imprévisible, généreux, passionné, secourable, élégant et optimiste, avec beaucoup d'amis et de nombreux centres d'intérêts.
- **L'année de la Chèvre :** en surface, vous semblez animé, romantique, provocateur et populaire. En profondeur, vous êtes anxieux, incertain et dépendant, avec de forts penchants spirituels et un talent pour les arts.
- **L'année du Singe :** malin, inventif, astucieux et incapable de supporter le rejet, vous êtes hyperactif, productif, vous avez l'esprit de compétition, vous êtes plein de ressources, vous vous ennuyez facilement, et votre curiosité est illimitée.
- **L'année du Coq :** vous êtes enthousiaste, talentueux, obstiné, vaniteux et plein d'assurance, avec un sens de l'humour très vif, des opinions bien arrêtées et du caractère à revendre, même si vous n'êtes pas la personne la plus sensible de la planète.
- **L'année du Chien :** fidèle, affectueux, plein d'esprit et animé, vous êtes une bonne âme et un formidable ami. Mais vous êtes également pessimiste, impatient, vulnérable, vous avez peur d'être rejeté et vous êtes anxieux, surtout si vous êtes né pendant la nuit.
- **L'année du Cochon :** il faut bien que quelqu'un au moins profite de la belle vie, et ce sera peut-être bien vous. Hédoniste et sensuel, vous êtes affectueux, tendre, indulgent, honnête et équilibré – mais trop crédule.

CONSEIL

Pour explorer l'astrologie chinoise dans le détail, procurez-vous le livre *L'Astrologie chinoise* de Suzanne White (Sand, 1988) ou tout autre ouvrage de cet auteur).

L'astrologie celtique

Examinez les étoiles qui peuplent le zodiaque, et vous ne pourrez pas vous empêcher de remarquer qu'il existe plus de 12 constellations. La constellation du Serpentaire s'impose clairement dans l'espace compris entre le Scorpion et le Sagittaire. Il y a donc toujours ici ou là un astrologue insurgé qui pense que nous devrions avoir 13 signes astrologiques pour correspondre aux constellations. L'astrologie celtique, telle qu'elle fut utilisée par les anciens druides et reconstituée par l'astrologue britannique Helen Paterson (parmi d'autres) est un système lunaire qui travaille avec 13 signes. Ces signes sont symbolisés non par les constellations, mais par un cycle d'images d'arbres, comme l'indique le Tableau 17.3. (Les interprétations, qui sont en fait des variations sur des signes traditionnels, ne sont pas données ici.)

Tableau 17.3 : Les signes celtiques.

Dates	*Signe*	*Équivalent standard*
24 décembre au 20 janvier	Bouleau	2°0' Capricorne – 29°59' Capricorne
21 janvier au 17 février	Sorbier	0°0' Verseau – 27°59' Verseau
18 février au 17 mars	Frêne	28°00' Verseau – 25°59' Poissons
18 mars au 14 avril	Aulne	26°00' Poissons – 23°59' Bélier
15 avril au 12 mai	Saule	24°00' Bélier – 20°59' Taureau
13 mai au 9 juin	Aubépine	21°00' Taureau – 17°59' Gémeaux
10 juin au 7 juillet	Chêne	18°00' Gémeaux – 14°59' Cancer
8 juillet au 4 août	Houx	15°00' Cancer – 11°59' Lion
5 août au 1er septembre	Noisetier	12°00' Lion – 8°59'Vierge
2 septembre au 29 septembre	Vigne	9°00' Vierge – 6°59' Balance
30 septembre au 27 octobre	Lierre	7°00' Balance – 4°59' Scorpion
28 octobre au 24 novembre	Roseau	5°00' Scorpion – 2°59' Sagittaire
25 novembre au 23 décembre	Sureau	3°00' Sagittaire – 1°59' Capricorne

CONSEIL

Pour explorer l'astrologie celtique, consultez le livre *Handbook of Celtic Astrology* de l'astrologue britannique Helena Paterson (Llewellyn Publications).

L'astrologie méso-américaine

Vous avez envie de voir un calendrier complètement différent du nôtre ? Un système tellement singulier qu'il est difficile de s'imaginer d'où il provient ? Bienvenue en Méso-Amérique, où les astronomes Mayas se mirent à compter les jours en fonction d'un calendrier de 260 jours il y a plus de deux millénaires.

Ce calendrier, bien qu'il ait été modifié ici ou là, fonctionne encore. Il utilise une séquence répétitive de 20 jours simultanément avec une séquence numérotée de 1 à 13. La séquence de 20 jours se répète 13 fois ; la séquence de 13 jours se répète 20 fois ; et après 260 jours, le compteur cosmique revient au début et recommence. Dans ce système, votre « signe » est le jour numéroté, c'est le « Jour-Signe » qui décrit votre personnalité. Peut-être êtes-vous né le 8-Fleur, comme Vincent Van Gogh, ce qui lui avait conféré des talents artistiques, un manque de sens pratique et de la maladresse sur le plan social ; peut-être que votre signe, comme celui du Président Clinton, est le 5-Eau (émotif, dominant) ; votre Jour-Signe est peut-être encore, comme celui d'un de mes amis, le 11-Singe, qui l'a rendu malin, curieux, et affamé d'affection. Il existe 260 combinaisons de ce type. Les 20 Jours-Signes sont présentés dans le Tableau 17.4.

Tableau 17.4 : Les Jours-Signes méso-américains.

Alligator	Mort	Singe	Vautour
Vent	Cerf	Herbe	Tremblement de terre
Maison	Lapin	Roseau	Couteau
Lézard	Eau	Ocelot	Pluie
Serpent	Chien	Aigle	Fleur

Le Jour Signe joue un rôle important dans l'astrologie méso-américaine, mais il ne représente pas l'ensemble du système. Même si les cycles de 13 et de 20 jours se répètent indéfiniment, d'autres séquences s'enclenchent comme un ensemble de vitesses. Parmi elles, il existe une séquence de 9 jours, une séquence de 7200 jours appelée Katun, une séquence de 52 ans (qui est la durée nécessaire pour que l'année de 260 jours et l'année de 365 jours s'alignent) et une séquence de 5125 ans qui se terminera le 21 décembre 2012. Le cycle de Vénus, qui dure 584 jours, est également important, les astronomes du Mexique et d'autres pays d'Amérique centrale l'associent au serpent à plumes Quetzalcoatl.

Ces facteurs jouèrent aussi un rôle dans l'horoscope méso-américain, qui a été reconstitué dans un format moderne par l'astrologue Bruce Scofield, sur la base d'informations recueillies dans des textes et des documents anciens, ainsi que dans des écrits d'archéologues et d'astronomes. Dans ses horoscopes, qui sont disponibles sur les sites Web mentionnés ci-dessous, il examine, entre autres facteurs, la signification de l'année de la naissance ; le cycle de 9 jours, qui décrit le côté obscur du natif ; et les phases de Vénus, qui influencent la manière dont le natif interagit avec les autres.

CONSEIL

Si l'astrologie méso-américaine vous intéresse, vous pouvez consulter, en anglais, *Day-Signs : Native American Astrology From Ancient Mexico et Signs of Time : An Introduction to Meso American Astrology,* tous les deux de Bruce Scofield aux éditions One Reed Publications. Ou visitez le site Web correspondant, `www.onereed.com`, où vous pourrez obtenir une mini-interprétation selon l'astrologie maya/aztèque, ou une analyse détaillée, payante celle-là. L'astrologie méso-américaine est un système différent de tous les autres, et ce site Web est intrigant.

Septième partie

Annexes

"Mon conseil : oubliez ce formulaire, et procurez-vous plutôt les cartes du ciel des chevaux."

Dans cette partie...

Voici l'endroit où vous allez trouver toutes les informations dont vous avez besoin pour monter votre propre thème. En utilisant l'Annexe A, vous pouvez estimer votre Ascendant. Dans l'Annexe B, vous trouverez les positions du Soleil, de la Lune, des planètes, des Nœuds Lunaires et même de l'astéroïde Chiron pour n'importe quel jour compris entre 1930 et 2005. L'Annexe C vous procure les formulaires sur lesquels vous pourrez reporter ces informations : une carte vierge pour les cartes du ciel individuelles et une carte double vierge pour les thèmes de comparaison. Vous pouvez copier les deux à la main ou les photocopier.

Annexe A

Trouvez votre Ascendant

Votre Ascendant, c'est le signe du zodiaque qui s'est levé à l'horizon Est au moment de votre naissance. C'est un des principaux éléments de la carte du ciel de votre naissance. Pour déterminer votre Ascendant avec précision, vous aurez besoin de l'équipement complet de l'astrologue, y compris d'un atlas, d'une Table des Maisons, et d'un livre qui vous dira si vous êtes né pendant l'heure d'été ou pendant l'heure allemande. Sans avoir tout cela, vous avanceriez à tâtons dans l'obscurité.

Heureusement, il existe quelques manières faciles d'obtenir votre Ascendant exact en un clin d'œil : appelez un professionnel, ou visitez un site Web spécialisé.

En attendant, vous pouvez estimer votre Ascendant en utilisant le Tableau A.1. D'abord, repérez l'heure de votre naissance dans la rangée en gras au sommet du tableau, ou dans celle du milieu du tableau. Puis trouvez votre Signe Solaire dans la colonne de gauche. Le point d'intersection de la colonne et de la rangée vous indique votre Ascendant. N'oubliez pas de soustraire une heure à l'heure indiquée si vous êtes né pendant l'heure d'été.

Tableau A.1 : Trouvez votre Ascendant.

Signe Solaire	*4h00 à 6h00*	*6h00 à 8h00*	*8h00 à 10h00*	*10h00 à 12h00*	*12h00 à 14h00*	*14h00 à 16h00*
Bélier	Bélier	Taureau	Gémeaux	Cancer	Lion	Vierge
Taureau	Taureau	Gémeaux	Cancer	Lion	Vierge	Balance
Gémeaux	Gémeaux	Cancer	Lion	Vierge	Balance	Scorpion
Cancer	Cancer	Lion	Vierge	Balance	Scorpion	Sagittaire
Lion	Lion	Vierge	Balance	Scorpion	Sagittaire	Capricorne
Vierge	Vierge	Balance	Scorpion	Sagittaire	Capricorne	Verseau
Balance	Balance	Scorpion	Sagittaire	Capricorne	Verseau	Poissons
Scorpion	Scorpion	Sagittaire	Capricorne	Verseau	Poissons	Bélier
Sagittaire	Sagittaire	Capricorne	Verseau	Poissons	Bélier	Taureau
Capricorne	Capricorne	Verseau	Poissons	Bélier	Taureau	Gémeaux
Verseau	Verseau	Poissons	Bélier	Taureau	Gémeaux	Cancer
Poissons	Poissons	Bélier	Taureau	Gémeaux	Cancer	Lion
Signe Solaire	*16h00 à 18h00*	*18h00 à 20h00*	*20h00 à 22h00*	*22h00 à 24h00*	*0h00 à 2h00*	*2h00 à 4h00*
Bélier	Balance	Scorpion	Sagittaire	Capricorne	Verseau	Poissons
Taureau	Scorpion	Sagittaire	Capricorne	Verseau	Poissons	Bélier
Gémeaux	Sagittaire	Capricorne	Verseau	Poissons	Bélier	Taureau
Cancer	Capricorne	Verseau	Poissons	Bélier	Taureau	Gémeaux
Lion	Verseau	Poissons	Bélier	Taureau	Gémeaux	Cancer
Vierge	Poissons	Bélier	Taureau	Gémeaux	Cancer	Lion
Balance	Bélier	Taureau	Gémeaux	Cancer	Lion	Vierge
Scorpion	Taureau	Gémeaux	Cancer	Lion	Vierge	Balance
Sagittaire	Gémeaux	Cancer	Lion	Vierge	Balance	Scorpion
Capricorne	Cancer	Lion	Vierge	Balance	Scorpion	Sagittaire
Verseau	Lion	Vierge	Balance	Scorpion	Sagittaire	Capricorne
Poissons	Vierge	Balance	Scorpion	Sagittaire	Capricorne	Verseau

Prenons par exemple l'auteur Judy Blume, une native du Verseau qui est née le 12 février 1938 à 21h59 à Elizabeth, dans le New Jersey (côte est des États-Unis). Trouvez son Signe Solaire (Verseau) dans la colonne de gauche. Faites glisser votre doigt le long de ligne du Verseau jusqu'à ce que vous ayez atteint la colonne "20h00 – 22h00". Cela montre que l'Ascendant de Mme Blume est du signe de la Balance. Des calculs précis confirment ceci, comme le montre la Figure .1.

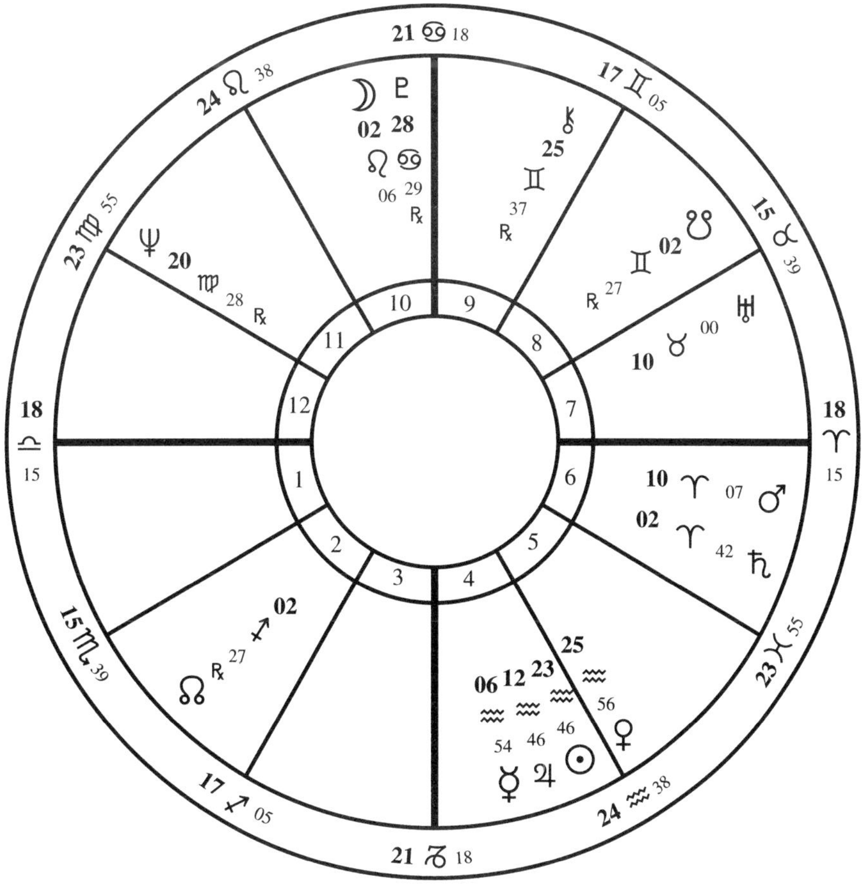

Figure A.1 : La carte du ciel de Judy Blume.

ATTENTION !

Mais il y a un problème : il arrive souvent que les calculs précis *ne confirment pas les résultats de ce tableau.* D'abord, la Terre tourne avec un certain angle autour du Soleil, et il en résulte que certains signes (les Gémeaux par exemple) mettent plus de temps à s'élever au-dessus de l'horizon que d'autres (les Poissons par exemple). Les blocs de deux heures que j'ai choisis pour diviser la journée ne sont donc qu'artificiellement égaux. Ensuite, la géographie a également une influence. Imaginez deux bébés nés tous les deux le 15 juin 2001 à 11h05 (Gémeaux), l'un à Paris et l'autre à Brest. Celui qui est né à Paris a bien la Vierge pour Ascendant, comme l'indique le tableau. Mais la Terre est ronde, et au même instant, à quelques centaines de km de là, à Brest, le signe de la Vierge ne s'est pas encore levé à l'horizon. Le deuxième bébé a donc le Lion pour Ascendant.

Sachez donc que si vous utilisez ce tableau, vous ne pouvez pas vous y fier complètement. Il donne le bon résultat à peu près dans la moitié des cas. Le reste du temps il est à côté de la plaque, en général d'un signe. Donc si le signe qu'il vous indique comme Ascendant semble faux, étudiez les signes de chaque côté du signe concerné. L'un des deux sera probablement le bon.

Après avoir déterminé votre Ascendant, vous êtes prêt à établir la carte du ciel de votre naissance.

1. **Copiez la carte vierge de l'Annexe C.**
2. **Portez-y le symbole de votre Ascendant à la position exacte de 9 heures.**
3. **En suivant le sens contraire du sens des aiguilles d'une montre, remplissez chacun des signes du zodiaque l'un après l'autre.**

   Si vous avez l'Ascendant en Vierge, comme Judy Blume, alors la cuspide de la seconde maison (à 8 heures) se trouve dans le signe du Scorpion, la cuspide de la troisième (à 7 heures) se trouve dans le Sagittaire, et ainsi de suite.

La roue de votre horoscope devrait ressembler à quelque chose comme la Figure A.2.

CONSEIL

Pour être certain d'utiliser le bon Ascendant, placez votre Soleil dans la maison appropriée et pensez à l'heure à laquelle vous êtes né. Où se trouvait le Soleil ? Sa position dans le ciel correspond à sa position dans votre carte du ciel. Imaginez que la ligne Ascendant/Descendant, qui traverse votre carte du ciel de 9 heures à 3 heures, constitue l'horizon de la Terre. Si vous êtes né à l'aube, le Soleil était à l'horizon, près de votre Ascendant. Près de midi, le Soleil est haut dans le ciel, haut dans votre carte du ciel, et nulle part près de l'horizon. Il se trouve près de la cuspide de la 10ème maison. Au coucher du Soleil, le Soleil est à nouveau sur l'horizon, mais cette fois-ci près de votre Descendant, c'est-à-dire de la cuspide de la 7ème maison. Et à minuit, le Soleil est en dessous de l'horizon au nadir (Fond du Ciel), près du fond de votre carte.

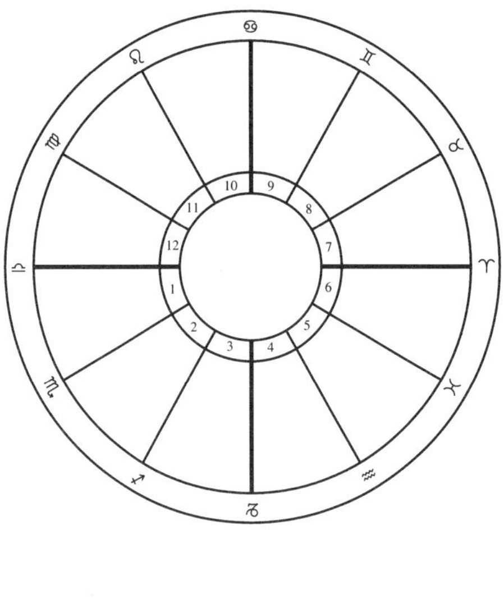

Figure A.2 : Une carte du ciel vierge.

Annexe B

Les tables planétaires

Cette annexe vous donne la position du Soleil, de la Lune et des planètes, des Nœuds lunaires et de l'astéroïde Chiron par signe entre 1930 et 2005.

Les tables donnent le jour et l'heure de l'entrée dans un nouveau signe (ingrès) de chacun de ces corps ou points célestes. Voici leur ordre :

- Table B-1 : le Soleil
- Table B-2 : la Lune
- Table B-3 : les Nœuds lunaires
- Table B-4 : Mercure
- Table B-5 : Vénus
- Table B-6 : Mars
- Table B-7 : Jupiter
- Table B-8 : Saturne
- Table B-9 : Uranus
- Table B-10 : Neptune
- Table B-11 : Pluton
- Table B-12 : Chiron

CONSEIL

Les contenus des Tables B-1 à B-12 sont identiques à ceux de l'original américain de ce livre. Mais même vous ne parlez pas anglais, n'ayez aucune crainte, car elles restent très simples à utiliser. Il vous suffit pour cela de lire les explications qui suivent.

La première colonne de chaque table donne le symbole du signe dans lequel entre la planète. La deuxième colonne donne la date à laquelle la planète entre dans ce signe. La troisième l'heure à laquelle le changement se produit.

Les dates sont abrégées. L'abréviation du mois est indiquée avant le nombre du jour. Ainsi, la date de l'ingrès du Soleil en Verseau du 20 janvier 1968 est affichée comme suit sous la rubrique de l'année 1968 de la table B-1 : 'Jan 20'.

L'heure est indiquée dans le système de 24 heures. 0:18 correspond donc à minuit 18 minutes, 17:09 à cinq heures neuf minutes de l'après-midi, et 23:57 à 11h57 du soir.

Toutes les heures sont celles de la côte Est américaine (*heure normale* de l'Est des États-Unis). Donc si vous êtes né ailleurs, ce qui est probablement le cas puisque vous lisez *L'Astrologie pour les Nuls* en français, vous devez effectuer un ajustement. Le tableau suivant vous indique comment :

Si le lieu de votre naissance se trouve	***faites ceci***
aux US dans la zone de l'Heure normale du Centre	Soustrayez 1 heure
aux US dans la zone de l'Heure normale des Rocheuses	Soustrayez 2 heures
aux US dans la zone de l'Heure normale du Pacifique	Soustrayez 3 heures
sur la plupart du territoire du Brésil et en Argentine	Ajoutez 2 heures
sur les Îles Britanniques ou en Afrique occidentale	Ajoutez 5 heures

en Europe occidentale	***Ajoutez 6 heures***
au Moyen-Orient, en Norvège ou en Afrique du Sud	Ajoutez 7 heures
en Inde	Ajoutez 10 heures et demie
en Chine	Ajoutez 13 heures
en Australie	Ajoutez entre 12 et 15 heures, selon le fuseau

Et n'oubliez pas l'heure avancée d'été. Si elle était en vigueur lors de votre naissance, ou si vous cherchez la position actuelle des planètes pendant l'heure d'été, vous devez soustraire une heure. Les changements d'heure ont généralement lieu en mars et en septembre, en France.

Notez également que toutes les tables de cette annexe couvrent toutes les années de 1930 à 2005 – même si cela n'a parfois pas l'air d'être le cas. Par exemple, la table de Neptune (B-10) commence en 1942 avec l'entrée de Neptune en Balance le 3 octobre. Cela signifie que entre 1930 et le 2 octobre 1942, Neptune se trouvait dans le signe précédent, celui de la Vierge. De même, la dernière entrée de Neptune portée dans la table B-1 est le 28 janvier 1998, qui est la date de la deuxième entrée de Neptune dans le signe du Verseau cette année-là : Neptune, qui était entré dans le Verseau le 28 janvier 1998, a glissé en arrière dans le Capricorne le 22 août (le 'R' derrière cette entrée signifie qu'il était rétrograde ce jour-là) et il est de nouveau entré le 27 novembre en Verseau, dans lequel il restera bien au-delà de 2005. Aucune autre date n'est donc portée pour lui jusqu'à 2005 dans le tableau.

Table B-1 : le Soleil

1930			1934			1938			1942			1946		
♒	Jan 20	13:33	♒	Jan 20	12:37	♒	Jan 20	11:59	♒	Jan 20	11:24	♒	Jan 20	10:45
♓	Fév 19	4:00	♓	Fév 19	3:02	♓	Fév 19	2:20	♓	Fév 19	1:47	♓	Fév 19	1:09
♈	Mar 21	3:30	♈	Mar 21	2:28	♈	Mar 21	1:43	♈	Mar 21	1:11	♈	Mar 21	0:33
♉	Avr 20	15:06	♉	Avr 20	14:00	♉	Avr 20	13:15	♉	Avr 20	12:39	♉	Avr 20	12:02
♊	Mai 21	14:42	♊	Mai 21	13:35	♊	Mai 21	12:50	♊	Mai 21	12:09	♊	Mai 21	11:34
♋	Juin 21	22:53	♋	Juin 21	21:48	♋	Juin 21	21:04	♋	Juin 21	20:16	♋	Juin 21	19:44
♌	Juil 23	9:42	♌	Juil 23	8:42	♌	Juil 23	7:57	♌	Juil 23	7:07	♌	Juil 23	6:37
♍	Août 23	16:26	♍	Août 23	15:32	♍	Août 23	14:46	♍	Août 23	13:58	♍	Août 23	13:26
♎	Sept 23	13:36	♎	Sept 23	12:45	♎	Sept 23	12:00	♎	Sept 23	11:16	♎	Sept 23	10:41
♏	Oct 23	22:26	♏	Oct 23	21:36	♏	Oct 23	20:54	♏	Oct 23	20:15	♏	Oct 23	19:35
♐	Nov 22	19:34	♐	Nov 22	18:44	♐	Nov 22	18:06	♐	Nov 22	17:30	♐	Nov 22	16:46
♑	Déc 22	8:40	♑	Déc 22	7:49	♑	Déc 22	7:13	♑	Déc 22	6:40	♑	Déc 22	5:53

1931			1935			1939			1943			1947		
♒	Jan 20	19:18	♒	Jan 20	18:28	♒	Jan 20	17:51	♒	Jan 20	17:19	♒	Jan 20	16:32
♓	Fév 19	9:40	p	Fév 19	8:52	♓	Fév 19	8:09	♓	Fév 19	7:40	♓	Fév 19	6:52
♈	Mar 21	9:06	a	Mar 21	8:18	♈	Mar 21	7:28	♈	Mar 21	7:03	♈	Mar 21	6:13
♉	Avr 20	20:40	♉	Avr 20	19:50	♉	Avr 20	18:55	♉	Avr 20	18:32	♉	Avr 20	17:39
♊	Mai 21	20:15	♊	Mai 21	19:25	♊	Mai 21	18:27	♊	Mai 21	18:03	♊	Mai 21	17:09
♋	Juin 22	4:28	♋	Juin 22	3:38	♋	Juin 22	2:39	♋	Juin 22	2:12	♋	Juin 22	1:19
♌	Juil 23	15:21	♌	Juil 23	14:33	♌	Juil 23	13:37	♌	Juil 23	13:05	♌	Juil 23	12:14
♍	Août 23	22:10	♍	Août 23	21:24	♍	Août 23	20:31	♍	Août 23	19:55	♍	Août 23	19:09
♎	Sept 23	19:23	♎	Sept 23	18:38	♎	Sept 23	17:49	♎	Sept 23	17:12	♎	Sept 23	16:29
♏	Oct 24	4:16	♏	Oct 24	3:29	♏	Oct 24	2:46	♏	Oct 24	2:08	♏	Oct 24	1:26
♐	Nov 23	1:25	♐	Nov 23	0:35	♐	Nov 22	23:59	♐	Nov 22	23:22	♐	Nov 22	22:38
♑	Déc 22	14:30	♑	Déc 22	13:37	♑	Déc 22	13:06	♑	Déc 22	12:29	♑	Déc 22	11:43

1932			1936			1940			1944			1948		
♒	Jan 21	1:07	♒	Jan 21	0:12	♒	Jan 20	23:44	♒	Jan 20	23:07	♒	Jan 20	22:18
♓	Fév 19	15:28	♓	Fév 19	14:33	♓	Fév 19	14:04	♓	Fév 19	13:27	♓	Fév 19	12:37
♈	Mar 20	14:54	♈	Mar 20	13:58	♈	Mar 20	13:24	♈	Mar 20	12:49	♈	Mar 20	11:57
♉	Avr 20	2:28	♉	Avr 20	1:31	♉	Avr 20	0:51	♉	Avr 20	0:18	♉	Avr 19	23:25
♊	Mai 21	2:07	♊	Mai 21	1:07	♊	Mai 21	0:23	♊	Mai 20	23:51	♊	Mai 20	22:58
♋	Juin 21	10:23	♋	Juin 21	9:22	♋	Juin 21	8:36	♋	Juin 21	8:02	♋	Juin 21	7:11
♌	Juil 22	21:18	♌	Juil 22	20:18	♌	Juil 22	19:34	♌	Juil 22	18:56	♌	Juil 22	18:08
♍	Août 23	4:06	♍	Août 23	3:11	♍	Août 23	2:29	♍	Août 23	1:46	♍	Août 23	1:03
♎	Sept 23	1:16	♎	Sept 23	0:26	♎	Sept 22	23:46	♎	Sept 22	23:02	♎	Sept 22	22:22
♏	Oct 23	10:04	♏	Oct 23	9:18	♏	Oct 23	8:39	♏	Oct 23	7:56	♏	Oct 23	7:18
♐	Nov 22	7:10	♐	Nov 22	6:25	♐	Nov 22	5:49	♐	Nov 22	5:08	♐	Nov 22	4:29
♑	Déc 21	20:14	♑	Déc 21	19:27	♑	Déc 21	18:55	♑	Déc 21	18:15	♑	Déc 21	17:33

1933			1937			1941			1945			1949		
♒	Jan 20	6:53	♒	Jan 20	6:01	♒	Jan 20	5:34	♒	Jan 20	4:54	♒	Jan 20	4:09
♓	Fév 18	21:16	♓	Fév 18	20:21	♓	Fév 18	19:56	♓	Fév 18	19:15	♓	Fév 18	18:27
♈	Mar 20	20:43	♈	Mar 20	19:45	♈	Mar 20	19:20	♈	Mar 20	18:37	♈	Mar 20	17:48
♉	Avr 20	8:18	♉	Avr 20	7:19	♉	Avr 20	6:50	♉	Avr 20	6:07	♉	Avr 20	5:17
♊	Mai 21	7:57	♊	Mai 21	6:57	♊	Mai 21	6:23	♊	Mai 21	5:40	♊	Mai 21	4:51
♋	Juin 21	16:12	♋	Juin 21	15:12	♋	Juin 21	14:33	♋	Juin 21	13:52	♋	Juin 21	13:03
♌	Juil 23	3:05	♌	Juil 23	2:07	♌	Juil 23	1:26	♌	Juil 23	0:45	♌	Juil 22	23:57
♍	Août 23	9:52	♍	Août 23	8:58	♍	Août 23	8:17	♍	Août 23	7:35	♍	Août 23	6:48
♎	Sept 23	7:01	♎	Sept 23	6:13	♎	Sept 23	5:33	♎	Sept 23	4:50	♎	Sept 23	4:06
♏	Oct 23	15:48	♏	Oct 23	15:07	♏	Oct 23	14:27	♏	Oct 23	13:44	♏	Oct 23	13:03
♐	Nov 22	12:53	♐	Nov 22	12:17	♐	Nov 22	11:38	♐	Nov 22	10:55	♐	Nov 22	10:16
♑	Déc 22	1:58	♑	Déc 22	1:22	♑	Déc 22	0:44	♑	Déc 22	0:04	♑	Déc 21	23:23

(suite)

Table B-1 : le Soleil *(suite)*

	1950	1954	1958	1962	1966
♒	Jan 20 10:00	Jan 20 9:11	Jan 20 8:28	Jan 20 7:58	Jan 20 7:20
♓	Fév 19 0:18	Fév 18 23:32	Fév 18 22:48	Fév 18 22:15	Fév 18 21:38
♈	Mar 20 23:35	Mar 20 22:53	Mar 20 22:06	Mar 20 21:30	Mar 20 20:53
♉	Avr 20 10:59	Avr 20 10:20	Avr 20 9:27	Avr 20 8:51	Avr 20 8:12
♊	Mai 21 10:27	Mai 21 9:47	Mai 21 8:51	Mai 21 8:17	Mai 21 7:32
♋	Juin 21 18:36	Juin 21 17:54	Juin 21 16:57	Juin 21 16:24	Juin 21 15:33
♌	Juil 23 5:30	Juil 23 4:45	Juil 23 3:50	Juil 23 3:18	Juil 23 2:23
♍	Août 23 12:23	Août 23 11:36	Août 23 10:46	Août 23 10:12	Août 23 9:18
♎	Sept 23 9:44	Sept 23 8:55	Sept 23 8:09	Sept 23 7:35	Sept 23 6:43
♏	Oct 23 18:45	Oct 23 17:56	Oct 23 17:11	Oct 23 16:40	Oct 23 15:51
♐	Nov 22 16:03	Nov 22 15:14	Nov 22 14:29	Nov 22 14:02	Nov 22 13:14
♑	Déc 22 5:13	Déc 22 4:24	Déc 22 3:40	Déc 22 3:15	Déc 22 2:28

	1951	1955	1959	1963	1967
♒	Jan 20 15:52	Jan 20 15:02	Jan 20 14:19	Jan 20 13:54	Jan 20 13:08
♓	Fév 19 6:10	Fév 19 5:19	Fév 19 4:38	Fév 19 4:09	Fév 19 3:24
♈	Mar 21 5:26	Mar 21 4:35	Mar 21 3:55	Mar 21 3:20	Mar 21 2:37
♉	Avr 20 16:48	Avr 20 15:58	Avr 20 15:17	Avr 20 14:36	Avr 20 13:55
♊	Mai 21 16:15	Mai 21 15:24	Mai 21 14:42	Mai 21 13:58	Mai 21 13:18
♋	Juin 22 0:25	Juin 21 23:31	Juin 21 22:50	Juin 21 22:04	Juin 21 21:23
♌	Juil 23 11:21	Juil 23 10:25	Juil 23 9:45	Juil 23 8:59	Juil 23 8:16
♍	Août 23 18:16	Août 23 17:19	Août 23 16:44	Août 23 15:58	Août 23 15:12
♎	Sept 23 15:37	Sept 23 14:41	Sept 23 14:08	Sept 23 13:24	Sept 23 12:38
♏	Oct 24 0:36	Oct 23 23:43	Oct 23 23:11	Oct 23 22:29	Oct 23 21:44
♐	Nov 22 21:51	Nov 22 21:01	Nov 22 20:27	Nov 22 19:49	Nov 22 19:04
♑	Déc 22 11:00	Déc 22 10:11	Déc 22 9:34	Déc 22 9:02	Déc 22 8:16

	1952	1956	1960	1964	1968
♒	Jan 20 21:38	Jan 20 20:48	Jan 20 20:10	Jan 20 19:41	Jan 20 18:54
♓	Fév 19 11:57	Fév 19 11:05	Fév 19 10:26	Fév 19 9:57	Fév 19 9:09
♈	Mar 20 11:14	Mar 20 10:20	Mar 20 9:43	Mar 20 9:10	Mar 20 8:22
♉	Avr 19 22:37	Avr 19 21:43	Avr 19 21:06	Avr 19 20:27	Avr 19 19:41
♊	Mai 20 22:04	Mai 20 21:13	Mai 20 20:34	Mai 20 19:50	Mai 20 19:06
♋	Juin 21 6:13	Juin 21 5:24	Juin 21 4:42	Juin 21 3:57	Juin 21 3:13
♌	Juil 22 17:07	Juil 22 16:20	Juil 22 15:37	Juil 22 14:53	Juil 22 14:07
♍	Août 23 0:03	Août 22 23:15	Août 22 22:34	Août 22 21:51	Août 22 21:03
♎	Sept 22 21:24	Sept 22 20:35	Sept 22 19:59	Sept 22 19:17	Sept 22 18:26
♏	Oct 23 6:22	Oct 23 5:34	Oct 23 5:02	Oct 23 4:21	Oct 23 3:30
♐	Nov 22 3:36	Nov 22 2:50	Nov 22 2:18	Nov 22 1:39	Nov 22 0:49
♑	Déc 21 16:43	Déc 21 15:59	Déc 21 15:26	Déc 21 14:50	Déc 21 14:00

	1953	1957	1961	1965	1969
♒	Jan 20 3:21	Jan 20 2:39	Jan 20 2:01	Jan 20 1:29	Jan 20 0:38
♓	Fév 18 17:41	Fév 18 16:58	Fév 18 16:16	Fév 18 15:48	Fév 18 14:55
♈	Mar 20 17:01	Mar 20 16:16	Mar 20 15:32	Mar 20 15:05	Mar 20 14:08
♉	Avr 20 4:25	Avr 20 3:41	Avr 20 2:55	Avr 20 2:26	Avr 20 1:27
♊	Mai 21 3:53	Mai 21 3:10	Mai 21 2:22	Mai 21 1:50	Mai 21 0:50
♋	Juin 21 12:00	Juin 21 11:21	Juin 21 10:30	Juin 21 9:56	Juin 21 8:55
♌	Juil 22 22:52	Juil 22 22:15	Juil 22 21:24	Juil 22 20:48	Juil 22 19:48
♍	Août 23 5:45	Août 23 5:08	Août 23 4:19	Août 23 3:43	Août 23 2:43
♎	Sept 23 3:06	Sept 23 2:26	Sept 23 1:42	Sept 23 1:06	Sept 23 0:07
♏	Oct 23 12:06	Oct 23 11:24	Oct 23 10:47	Oct 23 10:10	Oct 23 9:11
♐	Nov 22 9:22	Nov 22 8:39	Nov 22 8:08	Nov 22 7:29	Nov 22 6:31
♑	Déc 21 22:31	Déc 21 21:49	Déc 21 21:19	Déc 21 20:40	Déc 21 19:44

(suite)

Table B-1 : le Soleil *(suite)*

	1970	1974	1978	1982	1986
♒	Jan 20 6:24	Jan 20 5:46	Jan 20 5:04	Jan 20 4:31	Jan 20 3:46
♓	Fév 18 20:42	Fév 18 19:59	Fév 18 19:21	Fév 18 18:47	Fév 18 17:58
♈	Mar 20 19:56	Mar 20 19:07	Mar 20 18:34	Mar 20 17:56	Mar 20 17:03
♉	Avr 20 7:15	Avr 20 6:19	Avr 20 5:50	Avr 20 5:07	Avr 20 4:12
♊	Mai 21 6:37	Mai 21 5:36	Mai 21 5:08	Mai 21 4:23	Mai 21 3:28
♋	Juin 21 14:43	Juin 21 13:38	Juin 21 13:10	Juin 21 12:23	Juin 21 11:30
♌	Juil 23 1:37	Juil 23 0:30	Juil 23 0:00	Juil 22 23:15	Juil 22 22:24
♍	Août 23 8:34	Août 23 7:29	Août 23 6:57	Août 23 6:15	Août 23 5:26
♎	Sept 23 5:59	Sept 23 4:58	Sept 23 4:25	Sept 23 3:46	Sept 23 2:59
♏	Oct 23 15:04	Oct 23 14:11	Oct 23 13:37	Oct 23 12:58	Oct 23 12:14
♐	Nov 22 12:25	Nov 22 11:38	Nov 22 11:05	Nov 22 10:23	Nov 22 9:44
♑	Déc 22 1:36	Déc 22 0:56	Déc 22 0:21	Déc 21 23:38	Déc 21 23:02

	1971	1975	1979	1983	1987
♒	Jan 20 12:13	Jan 20 11:36	Jan 20 11:00	Jan 20 10:17	Jan 20 9:40
♓	Fév 19 2:27	Fév 19 1:50	Fév 19 1:13	Fév 19 0:31	Fév 18 23:50
♈	Mar 21 1:38	Mar 21 0:57	Mar 21 0:22	Mar 20 23:39	Mar 20 22:52
♉	Avr 20 12:54	Avr 20 12:07	Avr 20 11:35	Avr 20 10:50	Avr 20 9:58
♊	Mai 21 12:15	Mai 21 11:24	Mai 21 10:54	Mai 21 10:06	Mai 21 9:10
♋	Juin 21 20:20	Juin 21 19:26	Juin 21 18:56	Juin 21 18:09	Juin 21 17:11
♌	Juil 23 7:15	Juil 23 6:22	Juil 23 5:49	Juil 23 5:04	Juil 23 4:06
♍	Août 23 14:15	Août 23 13:24	Août 23 12:47	Août 23 12:07	Août 23 11:10
♎	Sept 23 11:45	Sept 23 10:55	Sept 23 10:16	Sept 23 9:42	Sept 23 8:45
♏	Oct 23 20:53	Oct 23 20:06	Oct 23 19:28	Oct 23 18:54	Oct 23 18:01
♐	Nov 22 18:14	Nov 22 17:31	Nov 22 16:54	Nov 22 16:18	Nov 22 15:29
♑	Déc 22 7:24	Déc 22 6:46	Déc 22 6:10	Déc 22 5:30	Déc 22 4:46

	1972	1976	1980	1984	1988
♒	Jan 20 17:59	Jan 20 17:25	Jan 20 16:49	Jan 20 16:05	Jan 20 15:24
♓	Fév 19 8:11	Fév 19 7:40	Fév 19 7:02	Fév 19 6:16	Fév 19 5:35
♈	Mar 20 7:21	Mar 20 6:50	Mar 20 6:10	Mar 20 5:24	Mar 20 4:39
♉	Avr 19 18:37	Avr 19 18:03	Avr 19 17:23	Avr 19 16:38	Avr 19 15:45
♊	Mai 20 18:00	Mai 20 17:21	Mai 20 16:42	Mai 20 15:58	Mai 20 14:57
♋	Juin 21 2:06	Juin 21 1:24	Juin 21 0:47	Juin 21 0:02	Juin 20 22:57
♌	Juil 22 13:03	Juil 22 12:18	Juil 22 11:42	Juil 22 10:58	Juil 22 9:51
♍	Août 22 20:03	Août 22 19:18	Août 22 18:41	Août 22 18:00	Août 22 16:54
♎	Sept 22 17:33	Sept 22 16:48	Sept 22 16:09	Sept 22 15:33	Sept 22 14:29
♏	Oct 23 2:41	Oct 23 1:58	Oct 23 1:18	Oct 23 0:46	Oct 22 23:44
♐	Nov 22 0:03	Nov 21 23:22	Nov 21 22:41	Nov 21 22:11	Nov 21 21:12
♑	Déc 21 13:13	Déc 21 12:35	Déc 21 11:56	Déc 21 11:23	Déc 21 10:28

	1973	1977	1981	1985	1989
♒	Jan 19 23:48	Jan 19 23:14	Jan 19 22:36	Jan 19 21:58	Jan 19 21:07
♓	Fév 18 14:01	Fév 18 13:30	Fév 18 12:52	Fév 18 12:07	Fév 18 11:21
♈	Mar 20 13:12	Mar 20 12:42	Mar 20 12:03	Mar 20 11:14	Mar 20 10:28
♉	Avr 20 0:30	Avr 19 23:57	Avr 19 23:19	Avr 19 22:26	Avr 19 21:39
♊	Mai 20 23:54	Mai 20 23:14	Mai 20 22:39	Mai 20 21:43	Mai 20 20:54
♋	Juin 21 8:01	Juin 21 7:14	Juin 21 6:45	Juin 21 5:44	Juin 21 4:53
♌	Juil 22 18:56	Juil 22 18:04	Juil 22 17:40	Juil 22 16:36	Juil 22 15:45
♍	Août 23 1:53	Août 23 1:00	Août 23 0:38	Août 22 23:36	Août 22 22:46
♎	Sept 22 23:21	Sept 22 22:29	Sept 22 22:05	Sept 22 21:07	Sept 22 20:20
♏	Oct 23 8:30	Oct 23 7:41	Oct 23 7:13	Oct 23 6:22	Oct 23 5:35
♐	Nov 22 5:54	Nov 22 5:07	Nov 22 4:36	Nov 22 3:51	Nov 22 3:05
♑	Déc 21 19:08	Déc 21 18:23	Déc 21 17:51	Déc 21 17:08	Déc 21 16:22

(suite)

Table B-1 : le Soleil *(suite)*

	1990	*1991*	*1992*	*1993*
♒	Jan 20 3:02	Jan 20 8:47	Jan 20 14:32	Jan 19 20:23
♓	Fév 18 17:14	Fév 18 22:58	Fév 19 4:43	Fév 18 10:35
♈	Mar 20 16:19	Mar 20 22:02	Mar 20 3:48	Mar 20 9:41
♉	Avr 20 3:27	Avr 20 9:08	Avr 19 14:57	Avr 19 20:49
♊	Mai 21 2:37	Mai 21 8:20	Mai 20 14:12	Mai 20 20:02
♋	Juin 21 10:33	Juin 21 16:19	Juin 20 22:14	Juin 21 4:00
♌	Juil 22 21:22	Juil 23 3:11	Juil 22 9:09	Juil 22 14:51
♍	Août 23 4:21	Août 23 10:13	Août 22 16:10	Août 22 21:50
♎	Sept 23 1:56	Sept 23 7:48	Sept 22 13:43	Sept 22 19:22
♏	Oct 23 11:14	Oct 23 17:05	Oct 22 22:57	Oct 23 4:37
♐	Nov 22 8:47	Nov 22 14:36	Nov 21 20:26	Nov 22 2:07
♑	Déc 21 22:07	Déc 22 3:54	Déc 21 9:43	Déc 21 15:26

	1994	*1995*	*1996*	*1997*
♒	Jan 20 2:07	Jan 20 8:00	Jan 20 13:52	Jan 19 19:43
♓	Fév 18 16:22	Fév 18 22:11	Fév 19 4:01	Fév 18 9:51
♈	Mar 20 15:28	Mar 20 21:14	Mar 20 3:03	Mar 20 8:55
♉	Avr 20 2:36	Avr 20 8:21	Avr 19 14:10	Avr 19 20:03
♊	Mai 21 1:48	Mai 21 7:34	Mai 20 13:23	Mai 20 19:18
♋	Juin 21 9:48	Juin 21 15:34	Juin 20 21:24	Juin 21 3:20
♌	Juil 22 20:41	Juil 23 2:30	Juil 22 8:19	Juil 22 14:15
♍	Août 23 3:44	Août 23 9:35	Août 22 15:23	Août 22 21:19
♎	Sept 23 1:19	Sept 23 7:13	Sept 22 13:00	Sept 22 18:56
♏	Oct 23 10:36	Oct 23 16:32	Oct 22 22:19	Oct 23 4:15
♐	Nov 22 8:06	Nov 22 14:01	Nov 21 19:49	Nov 22 1:48
♑	Déc 21 21:23	Déc 22 3:17	Déc 21 9:06	Déc 21 15:07

	1998	*1999*	*2000*	*2001*
♒	Jan 20 1:46	Jan 20 7:37	Jan 20 13:23	Jan 19 19:16
♓	Fév 18 15:55	Fév 18 21:47	Fév 19 3:33	Fév 18 9:27
♈	Mar 20 14:55	Mar 20 20:46	Mar 20 2:35	Mar 20 8:31
♉	Avr 20 1:57	Avr 20 7:46	Avr 19 13:40	Avr 19 19:36
♊	Mai 21 1:05	Mai 21 6:52	Mai 20 12:49	Mai 20 18:44
♋	Juin 21 9:03	Juin 21 14:49	Juin 20 20:48	Juin 21 2:38
♌	Juil 22 19:55	Juil 23 1:44	Juil 22 7:43	Juil 22 13:26
♍	Août 23 2:59	Août 23 8:51	Août 22 14:49	Août 22 20:27
♎	Sept 23 0:37	Sept 23 6:31	Sept 22 12:28	Sept 22 18:04
♏	Oct 23 9:59	Oct 23 15:52	Oct 22 21:47	Oct 23 3:26
♐	Nov 22 7:34	Nov 22 13:25	Nov 21 19:19	Nov 22 1:00
♑	Déc 21 20:56	Déc 22 2:44	Déc 21 8:37	Déc 21 14:21

	2002	*2003*	*2004*	*2005*
♒	Jan 20 1:02	Jan 20 6:53	Jan 20 12:42	Jan 19 18:22
♓	Fév 18 15:13	Fév 18 21:00	Fév 19 2:50	Fév 18 8:32
♈	Mar 20 14:16	Mar 20 20:00	Mar 20 1:49	Mar 20 7:33
♉	Avr 20 1:20	Avr 20 7:03	Avr 19 12:50	Avr 19 18:37
♊	Mai 21 0:29	Mai 21 6:12	Mai 20 11:59	Mai 20 17:47
♋	Juin 21 8:24	Juin 21 14:10	Juin 20 19:57	Juin 21 1:46
♌	Juil 22 19:15	Juil 23 1:04	Juil 22 6:50	Juil 22 12:41
♍	Août 23 2:17	Août 23 8:08	Août 22 13:53	Août 22 19:45
♎	Sept 22 23:55	Sept 23 5:47	Sept 22 11:30	Sept 22 17:23
♏	Oct 23 9:18	Oct 23 15:08	Oct 22 20:49	Oct 23 2:42
♐	Nov 22 6:54	Nov 22 12:43	Nov 21 18:22	Nov 22 0:15
♑	Déc 21 20:14	Déc 22 2:04	Déc 21 7:42	Déc 21 13:35

(suite)

Table B-2 : la Lune

1930		
♒	Jan 1	13:29
♓	Jan 4	2:05
♈	Jan 6	13:27
♉	Jan 8	21:59
♊	Jan 11	2:34
♋	Jan 13	3:35
♌	Jan 15	2:37
♍	Jan 17	1:57
♎	Jan 19	3:44
♏	Jan 21	9:25
♐	Jan 23	18:56
♑	Jan 26	6:53
♒	Jan 28	19:35
♓	Jan 31	7:59
♈	Fév 2	19:23
♉	Fév 5	4:49
♊	Fév 7	11:08
♋	Fév 9	13:55
♌	Fév 11	14:00
♍	Fév 13	13:14
♎	Fév 15	13:50
♏	Fév 17	17:45
♐	Fév 20	1:49
♑	Fév 22	13:13
♒	Fév 25	1:57
♓	Fév 27	14:13
♈	Mar 2	1:08
♉	Mar 4	10:19
♊	Mar 6	17:16
♋	Mar 8	21:34
♌	Mar 10	23:25
♍	Mar 12	23:54
♎	Mar 15	0:43
♏	Mar 17	3:46
♐	Mar 19	10:24
♑	Mar 21	20:40
♒	Mar 24	9:05
♓	Mar 26	21:24
♈	Mar 29	8:00
♉	Mar 31	16:24
♊	Avr 2	22:42
♋	Avr 5	3:11
♌	Avr 7	6:09
♍	Avr 9	8:11
♎	Avr 11	10:17
♏	Avr 13	13:45
♐	Avr 15	19:49
♑	Avr 18	5:07
♒	Avr 20	16:58
♓	Avr 23	5:23
♈	Avr 25	16:10
♉	Avr 28	0:08
♊	Avr 30	5:26
♋	Mai 2	8:54
♌	Mai 4	11:32
♍	Mai 6	14:11
♎	Mai 8	17:30
♏	Mai 10	22:06
♐	Mai 13	4:39
♑	Mai 15	13:39
♒	Mai 18	1:04
♓	Mai 20	13:34
♈	Mai 23	0:56
♉	Mai 25	9:15
♊	Mai 27	14:07
♋	Mai 29	16:26
♌	Mai 31	17:45
♍	Juin 2	19:37
♎	Juin 4	23:04
♏	Juin 7	4:30
♐	Juin 9	11:56
♑	Juin 11	21:20
♒	Juin 14	8:39
♓	Juin 16	21:12
♈	Juin 19	9:15
♉	Juin 21	18:35
♊	Juin 24	0:00
♋	Juin 26	1:57
♌	Juin 28	2:06
♍	Juin 30	2:28
♎	Juil 2	4:47
♏	Juil 4	9:56
♐	Juil 6	17:49
♑	Juil 9	3:49
♒	Juil 11	15:23
♓	Juil 14	3:57
♈	Juil 16	16:26
♉	Juil 19	2:54
♊	Juil 21	9:39
♋	Juil 23	12:22
♌	Juil 25	12:19
♍	Juil 27	11:34
♎	Juil 29	12:18
♏	Juil 31	16:05
♐	Août 2	23:24
♑	Août 5	9:34
♒	Août 7	21:26
♓	Août 10	10:03
♈	Août 12	22:32
♉	Août 15	9:38
♊	Août 17	17:46
♋	Août 19	22:02
♌	Août 21	22:58
♍	Août 23	22:13
♎	Août 25	21:58
♏	Août 28	0:11
♐	Août 30	6:04
♑	Sept 1	15:35
♒	Sept 4	3:27
♓	Sept 6	16:06
♈	Sept 9	4:21
♉	Sept 11	15:18
♊	Sept 14	0:01
♋	Sept 16	5:42
♌	Sept 18	8:18
♍	Sept 20	8:45
♎	Sept 22	8:43
♏	Sept 24	10:07
♐	Sept 26	14:34
♑	Sept 28	22:48
♒	Oct 1	10:09
♓	Oct 3	22:48
♈	Oct 6	10:52
♉	Oct 8	21:14
♊	Oct 11	5:29
♋	Oct 13	11:29
♌	Oct 15	15:19
♍	Oct 17	17:26
♎	Oct 19	18:43
♏	Oct 21	20:32
♐	Oct 24	0:23
♑	Oct 26	7:27
♒	Oct 28	17:54
♓	Oct 31	6:23
♈	Nov 2	18:34
♉	Nov 5	4:37
♊	Nov 7	11:58
♋	Nov 9	17:05
♌	Nov 11	20:45
♍	Nov 13	23:42
♎	Nov 16	2:27
♏	Nov 18	5:36
♐	Nov 20	10:00
♑	Nov 22	16:42
♒	Nov 25	2:23
♓	Nov 27	14:33
♈	Nov 30	3:06
♉	Déc 2	13:32
♊	Déc 4	20:32
♋	Déc 7	0:31
♌	Déc 9	2:53
♍	Déc 11	5:04
♎	Déc 13	8:05
♏	Déc 15	12:19
♐	Déc 17	17:54
♑	Déc 20	1:11
♒	Déc 22	10:44
♓	Déc 24	22:35
♈	Déc 27	11:29
♉	Déc 29	22:52
1931		
♊	Jan 1	6:34
♋	Jan 3	10:21
♌	Jan 5	11:32
♍	Jan 7	12:06
♎	Jan 9	13:48
♏	Jan 11	17:40
♐	Jan 13	23:51
♑	Jan 16	8:02
♒	Jan 18	18:04
♓	Jan 21	5:55
♈	Jan 23	18:55
♉	Jan 26	7:10
♊	Jan 28	16:18
♋	Jan 30	21:09
♌	Fév 1	22:24
♍	Fév 3	21:57
♎	Fév 5	21:54
♏	Fév 8	0:04
♐	Fév 10	5:21
♑	Fév 12	13:39
♒	Fév 15	0:14
♓	Fév 17	12:23
♈	Fév 20	1:21
♉	Fév 22	13:54
♊	Fév 25	0:13
♋	Fév 27	6:47
♌	Mar 1	9:25
♍	Mar 3	9:21
♎	Mar 5	8:32
♏	Mar 7	9:03
♐	Mar 9	12:30
♑	Mar 11	19:39
♒	Mar 14	6:03
♓	Mar 16	18:26
♈	Mar 19	:24
♉	Mar 21	19:44
♊	Mar 24	6:19
♋	Mar 26	14:04
♌	Mar 28	18:29
♍	Mar 30	19:58
♎	Avr 1	19:49
♏	Avr 3	19:50
♐	Avr 5	21:52
♑	Avr 8	3:20
♒	Avr 10	12:40
♓	Avr 13	0:49
♈	Avr 15	13:48
♉	Avr 18	1:50
♊	Avr 20	11:56
♋	Avr 22	19:42
♌	Avr 25	1:04
♍	Avr 27	4:10
♎	Avr 29	5:35
♏	Mai 1	6:26
♐	Mai 3	8:14
♑	Mai 5	12:35
♒	Mai 7	20:37
♓	Mai 10	8:02
♈	Mai 12	20:57
♉	Mai 15	8:54
♊	Mai 17	18:26
♋	Mai 20	1:26
♌	Mai 22	6:27
♍	Mai 24	10:07
♎	Mai 26	12:51
♏	Mai 28	15:08
♐	Mai 30	17:48
♑	Juin 1	22:07
♒	Juin 4	5:23
♓	Juin 6	16:01
♈	Juin 9	4:44
♉	Juin 11	16:54
♊	Juin 14	2:22
♋	Juin 16	8:38
♌	Juin 18	12:36
♍	Juin 20	15:32
♎	Juin 22	18:23
♏	Juin 24	21:34
♐	Juin 27	1:26
♑	Juin 29	6:35
♒	Juil 1	13:56
♓	Juil 4	0:10
♈	Juil 6	12:40
♉	Juil 9	1:14
♊	Juil 11	11:14
♋	Juil 13	17:30
♌	Juil 15	20:41
♍	Juil 17	22:22
♎	Juil 20	0:06
♏	Juil 22	2:56
♐	Juil 24	7:18
♑	Juil 26	13:22
♒	Juil 28	21:24
♓	Juil 31	7:45
♈	Août 2	20:10
♉	Août 5	9:05
♊	Août 7	20:01
♋	Août 10	3:10
♌	Août 12	6:31
♍	Août 14	7:25
♎	Août 16	7:45
♏	Août 18	9:10
♐	Août 20	12:47
♑	Août 22	18:58
♒	Août 25	3:38
♓	Août 27	14:27
♈	Août 30	2:56
♉	Sept 1	15:59
♊	Sept 4	3:43
♋	Sept 6	12:15
♌	Sept 8	16:47
♍	Sept 10	18:04
♎	Sept 12	17:43
♏	Sept 14	17:40
♐	Sept 16	19:39
♑	Sept 19	0:48
♒	Sept 21	9:18
♓	Sept 23	20:28
♈	Sept 26	9:09
♉	Sept 28	22:07
♊	Oct 1	10:03
♋	Oct 3	19:38
♌	Oct 6	1:49
♍	Oct 8	4:34
♎	Oct 10	4:50
♏	Oct 12	4:17
♐	Oct 14	4:51
♑	Oct 16	8:18
♒	Oct 18	15:39
♓	Oct 21	2:32
♈	Oct 23	15:21
♉	Oct 26	4:12

(suite)

Table B-2 : la Lune *(suite)*

♊	Oct 28	15:48
♋	Oct 31	1:26
♌	Nov 2	8:39
♍	Nov 4	13:08
♎	Nov 6	15:03
♏	Nov 8	15:21
♐	Nov 10	15:39
♑	Nov 12	17:52
♒	Nov 14	23:40
♓	Nov 17	9:32
♈	Nov 19	22:08
♉	Nov 22	11:00
♊	Nov 24	22:12
♋	Nov 27	7:09
♌	Nov 29	14:06
♍	Déc 1	19:16
♎	Déc 3	22:44
♏	Déc 6	0:43
♐	Déc 8	2:04
♑	Déc 10	4:18
♒	Déc 12	9:10
♓	Déc 14	17:50
♈	Déc 17	5:49
♉	Déc 19	18:45
♊	Déc 22	5:59
♋	Déc 24	14:22
♌	Déc 26	20:16
♍	Déc 29	0:41
♎	Déc 31	4:17
1932		
♏	Jan 2	7:24
♐	Jan 4	10:15
♑	Jan 6	13:37
♒	Jan 8	18:44
♓	Jan 11	2:49
♈	Jan 13	14:07
♉	Jan 16	3:02
♊	Jan 18	14:47
♋	Jan 20	23:22
♌	Jan 23	4:39
♍	Jan 25	7:47
♎	Jan 27	10:07
♏	Jan 29	12:43
♐	Jan 31	16:07
♑	Fév 2	20:39
♒	Fév 5	2:48
♓	Fév 7	11:15
♈	Fév 9	22:17
♉	Fév 12	11:05
♊	Fév 14	23:27
♋	Fév 17	9:02
♌	Fév 19	14:49
♍	Fév 21	17:25
♎	Fév 23	18:22
♏	Fév 25	19:20
♐	Fév 27	21:39
♑	Mar 1	2:06
♒	Mar 3	9:00
♓	Mar 5	18:15
♈	Mar 8	5:35
♉	Mar 10	18:19
♊	Mar 13	7:03
♋	Mar 15	17:46
♌	Mar 18	0:56
♍	Mar 20	4:18
♎	Mar 22	4:56
♏	Mar 24	4:35
♐	Mar 26	5:07
♑	Mar 28	8:08
♒	Mar 30	14:30
♓	Avr 2	0:05
♈	Avr 4	11:53
♉	Avr 7	0:44
♊	Avr 9	13:27
♋	Avr 12	0:47
♌	Avr 14	9:22
♍	Avr 16	14:21
♎	Avr 18	16:00
♏	Avr 20	15:33
♐	Avr 22	14:57
♑	Avr 24	16:15
♒	Avr 26	21:04
♓	Avr 29	5:55
♈	Mai 1	17:46
♉	Mai 4	6:46
♊	Mai 6	19:20
♋	Mai 9	6:34
♌	Mai 11	15:47
♍	Mai 13	22:13
♎	Mai 16	1:32
♏	Mai 18	2:15
♐	Mai 20	1:48
♑	Mai 22	2:12
♒	Mai 24	5:31
♓	Mai 26	12:57
♈	Mai 29	0:09
♉	Mai 31	13:05
♊	Juin 3	1:32
♋	Juin 5	12:21
♌	Juin 7	21:14
♍	Juin 10	4:06
♎	Juin 12	8:41
♏	Juin 14	11:00
♐	Juin 16	11:45
♑	Juin 18	12:31
♒	Juin 20	15:12
♓	Juin 22	21:25
♈	Juin 25	7:34
♉	Juin 27	20:08
♊	Juin 30	8:35
♋	Juil 2	19:07
♌	Juil 5	3:18
♍	Juil 7	9:33
♎	Juil 9	14:12
♏	Juil 11	17:27
♐	Juil 13	19:38
♑	Juil 15	21:35
♒	Juil 18	0:44
♓	Juil 20	6:34
♈	Juil 22	15:52
♉	Juil 25	3:54
♊	Juil 27	16:26
♋	Juil 30	3:07
♌	Août 1	10:57
♍	Août 3	16:15
♎	Août 5	19:56
♏	Août 7	22:49
♐	Août 10	1:32
♑	Août 12	4:38
♒	Août 14	8:54
♓	Août 16	15:13
♈	Août 19	0:18
♉	Août 21	11:56
♊	Août 24	0:33
♋	Août 26	11:50
♌	Août 28	20:03
♍	Août 31	0:58
♎	Sept 2	3:32
♏	Sept 4	5:06
♐	Sept 6	7:00
♑	Sept 8	10:11
♒	Sept 10	15:16
♓	Sept 12	22:31
♈	Sept 15	8:01
♉	Sept 17	19:34
♊	Sept 20	8:14
♋	Sept 22	20:13
♌	Sept 25	5:32
♍	Sept 27	11:07
♎	Sept 29	13:22
♏	Oct 1	13:44
♐	Oct 3	14:02
♑	Oct 5	16:00
♒	Oct 7	20:44
♓	Oct 10	4:26
♈	Oct 12	14:36
♉	Oct 15	2:24
♊	Oct 17	15:03
♋	Oct 20	3:26
♌	Oct 22	13:57
♍	Oct 24	21:03
♎	Oct 27	0:15
♏	Oct 29	0:30
♐	Oct 30	23:40
♑	Nov 1	23:54
♒	Nov 4	3:06
♓	Nov 6	10:06
♈	Nov 8	20:24
♉	Nov 11	8:33
♊	Nov 13	21:13
♋	Nov 16	9:32
♌	Nov 18	20:35
♍	Nov 21	5:08
♎	Nov 23	10:08
♏	Nov 25	11:38
♐	Nov 27	10:58
♑	Nov 29	10:16
♒	Déc 1	11:46
♓	Déc 3	17:08
♈	Déc 6	2:35
♉	Déc 8	14:41
♊	Déc 11	3:26
♋	Déc 13	15:28
♌	Déc 16	2:13
♍	Déc 18	11:09
♎	Déc 20	17:32
♏	Déc 22	20:53
♐	Déc 24	21:42
♑	Déc 26	21:31
♒	Déc 28	22:23
♓	Déc 31	2:16
1933		
♈	Jan 2	10:13
♉	Jan 4	21:36
♊	Jan 7	10:19
♋	Jan 9	22:16
♌	Jan 12	8:27
♍	Jan 14	16:42
♎	Jan 16	23:03
♏	Jan 19	3:24
♐	Jan 21	5:54
♑	Jan 23	7:18
♒	Jan 25	8:57
♓	Jan 27	12:31
♈	Jan 29	19:21
♉	Fév 1	5:40
♊	Fév 3	18:05
♋	Fév 6	6:13
♌	Fév 8	16:16
♍	Fév 10	23:43
♎	Fév 13	4:59
♏	Fév 15	8:46
♐	Fév 17	11:42
♑	Fév 19	14:22
♒	Fév 21	17:29
♓	Fév 23	21:56
♈	Fév 26	4:42
♉	Fév 28	14:20
♊	Mar 3	2:18
♋	Mar 5	14:43
♌	Mar 8	1:18
♍	Mar 10	8:42
♎	Mar 12	13:03
♏	Mar 14	15:27
♐	Mar 16	17:18
♑	Mar 18	19:47
♒	Mar 20	23:39
♓	Mar 23	5:16
♈	Mar 25	12:49
♉	Mar 27	22:32
♊	Mar 30	10:13
♋	Avr 1	22:50
♌	Avr 4	10:16
♍	Avr 6	18:33
♎	Avr 8	23:00
♏	Avr 11	0:32
♐	Avr 13	0:52
♑	Avr 15	1:54
♒	Avr 17	5:02
♓	Avr 19	10:54
♈	Avr 21	19:14
♉	Avr 24	5:31
♊	Avr 26	17:18
♋	Avr 29	5:58
♌	Mai 1	18:06
♍	Mai 4	3:41
♎	Mai 6	9:17
♏	Mai 8	11:07
♐	Mai 10	10:43
♑	Mai 12	10:15
♒	Mai 14	11:46
♓	Mai 16	16:34
♈	Mai 19	0:45
♉	Mai 21	11:26
♊	Mai 23	23:31
♋	Mai 26	12:12
♌	Mai 29	0:33
♍	Mai 31	11:06
♎	Juin 2	18:15
♏	Juin 4	21:25
♐	Juin 6	21:32
♑	Juin 8	20:33
♒	Juin 10	20:41
♓	Juin 12	23:50
♈	Juin 15	6:51
♉	Juin 17	17:12
♊	Juin 20	5:25
♋	Juin 22	18:07
♌	Juin 25	6:17
♍	Juin 27	17:01
♎	Juin 30	1:11
♏	Juil 2	5:57
♐	Juil 4	7:32
♑	Juil 6	7:15
♒	Juil 8	7:05
♓	Juil 10	9:01
♈	Juil 12	14:31
♉	Juil 14	23:49
♊	Juil 17	11:44
♋	Juil 20	0:25
♌	Juil 22	12:19
♍	Juil 24	22:36
♎	Juil 27	6:44
♏	Juil 29	12:21
♐	Juil 31	15:27
♑	Août 2	16:40
♒	Août 4	17:22
♓	Août 6	19:10

(suite)

Table B-2 : la Lune *(suite)*

♈	Août 8	23:41
♉	Août 11	7:45
♊	Août 13	18:57
♋	Août 16	7:32
♌	Août 18	19:22
♍	Août 21	5:07
♎	Août 23	12:29
♏	Août 25	17:45
♐	Août 27	21:21
♑	Août 29	23:52
♒	Sept 1	2:00
♓	Sept 3	4:44
♈	Sept 5	9:15
♉	Sept 7	16:35
♊	Sept 10	3:01
♋	Sept 12	15:25
♌	Sept 15	3:30
♍	Sept 17	13:13
♎	Sept 19	19:51
♏	Sept 21	23:59
♐	Sept 24	2:49
♑	Sept 26	5:23
♒	Sept 28	8:27
♓	Sept 30	12:27
♈	Oct 2	17:51
♉	Oct 5	1:18
♊	Oct 7	11:18
♋	Oct 9	23:29
♌	Oct 12	12:02
♍	Oct 14	22:24
♎	Oct 17	5:07
♏	Oct 19	8:27
♐	Oct 21	9:54
♑	Oct 23	11:13
♒	Oct 25	13:48
♓	Oct 27	18:17
♈	Oct 30	0:40
♉	Nov 1	8:53
♊	Nov 3	19:02
♋	Nov 6	7:05
♌	Nov 8	19:58
♍	Nov 11	7:24
♎	Nov 13	15:13
♏	Nov 15	18:52
♐	Nov 17	19:34
♑	Nov 19	19:24
♒	Nov 21	20:21
♓	Nov 23	23:50
♈	Nov 26	6:13
♉	Nov 28	15:03
♊	Déc 1	1:45
♋	Déc 3	13:53
♌	Déc 6	2:49
♍	Déc 8	15:00
♎	Déc 11	0:19
♏	Déc 13	5:27
♐	Déc 15	6:49
♑	Déc 17	6:08
♒	Déc 19	5:37
♓	Déc 21	7:15
♈	Déc 23	12:15
♉	Déc 25	20:43
♊	Déc 28	7:43
♋	Déc 30	20:07
1934		
♌	Jan 2	8:56
♍	Jan 4	21:09
♎	Jan 7	7:20
♏	Jan 9	14:11
♐	Jan 11	17:18
♑	Jan 13	17:37
♒	Jan 15	16:56
♓	Jan 17	17:17
♈	Jan 19	20:28
♉	Jan 22	3:26
♊	Jan 24	13:54
♋	Jan 27	2:24
♌	Jan 29	15:12
♍	Fév 1	3:00
♎	Fév 3	13:00
♏	Fév 5	20:31
♐	Fév 8	1:14
♑	Fév 10	3:23
♒	Fév 12	3:57
♓	Fév 14	4:27
♈	Fév 16	6:39
♉	Fév 18	12:03
♊	Fév 20	21:16
♋	Fév 23	9:22
♌	Fév 25	22:13
♍	Fév 28	9:46
♎	Mar 2	19:02
♏	Mar 5	1:59
♐	Mar 7	6:58
♑	Mar 9	10:22
♒	Mar 11	12:36
♓	Mar 13	14:25
♈	Mar 15	17:00
♉	Mar 17	21:46
♊	Mar 20	5:51
♋	Mar 22	17:13
♌	Mar 25	6:03
♍	Mar 27	17:44
♎	Mar 30	2:37
♏	Avr 1	8:35
♐	Avr 3	12:37
♑	Avr 5	15:45
♒	Avr 7	18:43
♓	Avr 9	21:52
♈	Avr 12	1:40
♉	Avr 14	6:56
♊	Avr 16	14:41
♋	Avr 19	1:26
♌	Avr 21	14:10
♍	Avr 24	2:20
♎	Avr 26	11:32
♏	Avr 28	17:07
♐	Avr 30	20:02
♑	Mai 2	21:53
♒	Mai 5	0:06
♓	Mai 7	3:26
♈	Mai 9	8:09
♉	Mai 11	14:24
♊	Mai 13	22:38
♋	Mai 16	9:17
♌	Mai 18	21:55
♍	Mai 21	10:35
♎	Mai 23	20:43
♏	Mai 26	2:52
♐	Mai 28	5:28
♑	Mai 30	6:12
♒	Juin 1	6:55
♓	Juin 3	9:06
♈	Juin 5	13:31
♉	Juin 7	20:17
♊	Juin 10	5:14
♋	Juin 12	16:14
♌	Juin 15	4:53
♍	Juin 17	17:51
♎	Juin 20	4:59
♏	Juin 22	12:25
♐	Juin 24	15:49
♑	Juin 26	16:24
♒	Juin 28	16:02
♓	Juin 30	16:38
♈	Juil 2	19:39
♉	Juil 5	1:47
♊	Juil 7	10:55
♋	Juil 9	22:20
♌	Juil 12	11:07
♍	Juil 15	0:07
♎	Juil 17	11:47
♏	Juil 19	20:31
♐	Juil 22	1:28
♑	Juil 24	3:03
♒	Juil 26	2:43
♓	Juil 28	2:20
♈	Juil 30	3:46
♉	Août 1	8:25
♊	Août 3	16:48
♋	Août 6	4:13
♌	Août 8	17:08
♍	Août 11	5:59
♎	Août 13	17:33
♏	Août 16	2:51
♐	Août 18	9:12
♑	Août 20	12:27
♒	Août 22	13:18
♓	Août 24	13:08
♈	Août 26	13:44
♉	Août 28	16:55
♊	Août 30	23:55
♋	Sept 2	10:40
♌	Sept 4	23:32
♍	Sept 7	12:16
♎	Sept 9	23:23
♏	Sept 12	8:19
♐	Sept 14	15:03
♑	Sept 16	19:36
♒	Sept 18	22:06
♓	Sept 20	23:14
♈	Sept 23	0:13
♉	Sept 25	2:47
♊	Sept 27	8:33
♋	Sept 29	18:14
♌	Oct 2	6:44
♍	Oct 4	19:31
♎	Oct 7	6:20
♏	Oct 9	14:31
♐	Oct 11	20:32
♑	Oct 14	1:04
♒	Oct 16	4:32
♓	Oct 18	7:10
♈	Oct 20	9:28
♉	Oct 22	12:34
♊	Oct 24	17:58
♋	Oct 27	2:46
♌	Oct 29	14:42
♍	Nov 1	3:36
♎	Nov 3	14:41
♏	Nov 5	22:32
♐	Nov 8	3:33
♑	Nov 10	6:57
♒	Nov 12	9:52
♓	Nov 14	12:56
♈	Nov 16	16:26
♉	Nov 18	20:46
♊	Nov 21	2:47
♋	Nov 23	11:25
♌	Nov 25	22:54
♍	Nov 28	11:52
♎	Nov 30	23:39
♏	Déc 3	8:06
♐	Déc 5	12:53
♑	Déc 7	15:09
♒	Déc 9	16:34
♓	Déc 11	18:31
♈	Déc 13	21:51
♉	Déc 16	2:56
♊	Déc 18	9:58
♋	Déc 20	19:11
♌	Déc 23	6:37
♍	Déc 25	19:32
♎	Déc 28	7:59
♏	Déc 30	17:41
1935		
♐	Jan 1	23:27
♑	Jan 4	1:44
♒	Jan 6	2:04
♓	Jan 8	2:17
♈	Jan 10	4:03
♉	Jan 12	8:25
♊	Jan 14	15:43
♋	Jan 17	1:37
♌	Jan 19	13:27
♍	Jan 22	2:19
♎	Jan 24	14:59
♏	Jan 27	1:46
♐	Jan 29	9:11
♑	Jan 31	12:47
♒	Fév 2	13:26
♓	Fév 4	12:47
♈	Fév 6	12:49
♉	Fév 8	15:22
♊	Fév 10	21:35
♋	Fév 13	7:24
♌	Fév 15	19:35
♍	Fév 18	8:33
♎	Fév 20	21:02
♏	Fév 23	8:04
♐	Fév 25	16:40
♑	Fév 27	22:05
♒	Mar 2	0:16
♓	Mar 4	0:13
♈	Mar 5	23:40
♉	Mar 8	0:43
♊	Mar 10	5:11
♋	Mar 12	13:52
♌	Mar 15	1:48
♍	Mar 17	14:51
♎	Mar 20	3:08
♏	Mar 22	13:44
♐	Mar 24	22:24
♑	Mar 27	4:49
♒	Mar 29	8:41
♓	Mar 31	10:14
♈	Avr 2	10:31
♉	Avr 4	11:18
♊	Avr 6	14:35
♋	Avr 8	21:49
♌	Avr 11	8:52
♍	Avr 13	21:47
♎	Avr 16	10:01
♏	Avr 18	20:09
♐	Avr 21	4:06
♑	Avr 23	10:13
♒	Avr 25	14:43
♓	Avr 27	17:40
♈	Avr 29	19:26
♉	Mai 1	21:09
♊	Mai 4	0:26
♋	Mai 6	6:50

(suite)

Table B-2 : la Lune *(suite)*

♌	Mai 8	16:55
♍	Mai 11	5:26
♎	Mai 13	17:48
♏	Mai 16	3:54
♐	Mai 18	11:13
♑	Mai 20	16:20
♒	Mai 22	20:08
♓	Mai 24	23:13
♈	Mai 27	1:59
♉	Mai 29	4:59
♊	Mai 31	9:11
♋	Juin 2	15:44
♌	Juin 5	1:19
♍	Juin 7	13:26
♎	Juin 10	2:00
♏	Juin 12	12:35
♐	Juin 14	19:57
♑	Juin 17	0:21
♒	Juin 19	2:56
♓	Juin 21	4:56
♈	Juin 23	7:21
♉	Juin 25	10:54
♊	Juin 27	16:06
♋	Juin 29	23:26
♌	Juil 2	9:13
♍	Juil 4	21:08
♎	Juil 7	9:52
♏	Juil 9	21:15
♐	Juil 12	5:27
♑	Juil 14	10:03
♒	Juil 16	11:53
♓	Juil 18	12:30
♈	Juil 20	13:33
♉	Juil 22	16:21
♊	Juil 24	21:42
♋	Juil 27	5:43
♌	Juil 29	16:04
♍	Août 1	4:07
♎	Août 3	16:55
♏	Août 6	4:57
♐	Août 8	14:25
♑	Août 10	20:10
♒	Août 12	22:22
♓	Août 14	22:19
♈	Août 16	21:55
♉	Août 18	23:07
♊	Août 21	3:25
♋	Août 23	11:17
♌	Août 25	22:00
♍	Août 28	10:20
♎	Août 30	23:08
♏	Sept 2	11:22
♐	Sept 4	21:48
♑	Sept 7	5:08
♒	Sept 9	8:44
♓	Sept 11	9:15
♈	Sept 13	8:20
♉	Sept 15	8:10
♊	Sept 17	10:48
♋	Sept 19	17:27
♌	Sept 22	3:50
♍	Sept 24	16:18
♎	Sept 27	5:05
♏	Sept 29	17:06
♐	Oct 2	3:41
♑	Oct 4	12:02
♒	Oct 6	17:20
♓	Oct 8	19:27
♈	Oct 10	19:20
♉	Oct 12	18:53
♊	Oct 14	20:17
♋	Oct 17	1:21
♌	Oct 19	10:35
♍	Oct 21	22:44
♎	Oct 24	11:31
♏	Oct 26	23:15
♐	Oct 29	9:17
♑	Oct 31	17:31
♒	Nov 2	23:38
♓	Nov 5	3:20
♈	Nov 7	4:54
♉	Nov 9	5:29
♊	Nov 11	6:52
♋	Nov 13	10:56
♌	Nov 15	18:51
♍	Nov 18	6:10
♎	Nov 20	18:52
♏	Nov 23	6:36
♐	Nov 25	16:08
♑	Nov 27	23:28
♒	Nov 30	5:00
♓	Déc 2	9:03
♈	Déc 4	11:53
♉	Déc 6	14:03
♊	Déc 8	16:36
♋	Déc 10	20:54
♌	Déc 13	4:07
♍	Déc 15	14:33
♎	Déc 18	2:58
♏	Déc 20	15:03
♐	Déc 23	0:45
♑	Déc 25	7:27
♒	Déc 27	11:46
♓	Déc 29	14:42
♈	Déc 31	17:15

1936

♉	Jan 2	20:11
♊	Jan 5	0:04
♋	Jan 7	5:29
♌	Jan 9	13:02
♍	Jan 11	23:05
♎	Jan 14	11:10
♏	Jan 16	23:38
♐	Jan 19	10:11
♑	Jan 21	17:19
♒	Jan 23	21:02
♓	Jan 25	22:35
♈	Jan 27	23:36
♉	Jan 30	1:37
♊	Fév 1	5:39
♋	Fév 3	11:58
♌	Fév 5	20:26
♍	Fév 8	6:48
♎	Fév 10	18:45
♏	Fév 13	7:24
♐	Fév 15	18:56
♑	Fév 18	3:21
♒	Fév 20	7:46
♓	Fév 22	8:55
♈	Fév 24	8:35
♉	Fév 26	8:51
♊	Fév 28	11:30
♋	Mar 1	17:25
♌	Mar 4	2:20
♍	Mar 6	13:18
♎	Mar 9	1:26
♏	Mar 11	14:03
♐	Mar 14	2:06
♑	Mar 16	11:51
♒	Mar 18	17:52
♓	Mar 20	19:59
♈	Mar 22	19:31
♉	Mar 24	18:37
♊	Mar 26	19:31
♋	Mar 28	23:52
♌	Mar 31	8:04
♍	Avr 2	19:07
♎	Avr 5	7:31
♏	Avr 7	20:05
♐	Avr 10	8:03
♑	Avr 12	18:23
♒	Avr 15	1:49
♓	Avr 17	5:37
♈	Avr 19	6:20
♉	Avr 21	5:37
♊	Avr 23	5:37
♋	Avr 25	8:22
♌	Avr 27	15:03
♍	Avr 30	1:22
♎	Mai 2	13:43
♏	Mai 5	2:16
♐	Mai 7	13:54
♑	Mai 9	23:57
♒	Mai 12	7:47
♓	Mai 14	12:52
♈	Mai 16	15:14
♉	Mai 18	15:47
♊	Mai 20	16:12
♋	Mai 22	18:19
♌	Mai 24	23:41
♍	Mai 27	8:48
♎	Mai 29	20:38
♏	Juin 1	9:11
♐	Juin 3	20:37
♑	Juin 6	6:03
♒	Juin 8	13:17
♓	Juin 10	18:27
♈	Juin 12	21:46
♉	Juin 14	23:48
♊	Juin 17	1:30
♋	Juin 19	4:09
♌	Juin 21	9:06
♍	Juin 23	17:15
♎	Juin 26	4:23
♏	Juin 28	16:53
♐	Juil 1	4:27
♑	Juil 3	13:34
♒	Juil 5	19:56
♓	Juil 8	0:10
♈	Juil 10	3:10
♉	Juil 12	5:46
♊	Juil 14	8:38
♋	Juil 16	12:28
♌	Juil 18	17:58
♍	Juil 21	1:54
♎	Juil 23	12:31
♏	Juil 26	0:54
♐	Juil 28	12:56
♑	Juil 30	22:24
♒	Août 2	4:25
♓	Août 4	7:36
♈	Août 6	9:21
♉	Août 8	11:11
♊	Août 10	14:12
♋	Août 12	18:52
♌	Août 15	1:20
♍	Août 17	9:44
♎	Août 19	20:17
♏	Août 22	8:36
♐	Août 24	21:09
♑	Août 27	7:35
♒	Août 29	14:12
♓	Août 31	17:06
♈	Sept 2	17:43
♉	Sept 4	18:04
♊	Sept 6	19:54
♋	Sept 9	0:16
♌	Sept 11	7:13
♍	Sept 13	16:20
♎	Sept 16	3:12
♏	Sept 18	15:32
♐	Sept 21	4:24
♑	Sept 23	15:53
♒	Sept 25	23:53
♓	Sept 28	3:39
♈	Sept 30	4:10
♉	Oct 2	3:25
♊	Oct 4	3:37
♋	Oct 6	6:29
♌	Oct 8	12:45
♍	Oct 10	22:01
♎	Oct 13	9:19
♏	Oct 15	21:47
♐	Oct 18	10:38
♑	Oct 20	22:37
♒	Oct 23	8:00
♓	Oct 25	13:28
♈	Oct 27	15:09
♉	Oct 29	14:34
♊	Oct 31	13:49
♋	Nov 2	15:00
♌	Nov 4	19:37
♍	Nov 7	4:00
♎	Nov 9	15:15
♏	Nov 12	3:52
♐	Nov 14	16:33
♑	Nov 17	4:20
♒	Nov 19	14:11
♓	Nov 21	21:04
♈	Nov 24	0:37
♉	Nov 26	1:29
♊	Nov 28	1:11
♋	Nov 30	1:40
♌	Déc 2	4:43
♍	Déc 4	11:31
♎	Déc 6	21:55
♏	Déc 9	10:28
♐	Déc 11	23:07
♑	Déc 14	10:25
♒	Déc 16	19:42
♓	Déc 19	2:43
♈	Déc 21	7:26
♉	Déc 23	10:05
♊	Déc 25	11:24
♋	Déc 27	12:36
♌	Déc 29	15:14
♍	Déc 31	20:45

1937

♎	Jan 3	5:55
♏	Jan 5	17:58
♐	Jan 8	6:43
♑	Jan 10	17:53
♒	Jan 13	2:25
♓	Jan 15	8:28
♈	Jan 17	12:48
♉	Jan 19	16:07
♊	Jan 21	18:54
♋	Jan 23	21:38
♌	Jan 26	1:08
♍	Jan 28	6:30
♎	Jan 30	14:49
♏	Fév 2	2:10
♐	Fév 4	14:59

(suite)

Table B-2 : la Lune *(suite)*

♑	Fév 7	2:34
♒	Fév 9	11:00
♓	Fév 11	16:10
♈	Fév 13	19:12
♉	Fév 15	21:34
♊	Fév 18	0:22
♋	Fév 20	4:04
♌	Fév 22	8:51
♍	Fév 24	15:04
♎	Fév 26	23:26
♏	Mar 1	10:23
♐	Mar 3	23:08
♑	Mar 6	11:23
♒	Mar 8	20:36
♓	Mar 11	1:50
♈	Mar 13	4:00
♉	Mar 15	4:54
♊	Mar 17	6:19
♋	Mar 19	9:25
♌	Mar 21	14:35
♍	Mar 23	21:44
♎	Mar 26	6:47
♏	Mar 28	17:51
♐	Mar 31	6:32
♑	Avr 2	19:16
♒	Avr 5	5:38
♓	Avr 7	11:59
♈	Avr 9	14:28
♉	Avr 11	14:39
♊	Avr 13	14:34
♋	Avr 15	16:02
♌	Avr 17	20:11
♍	Avr 20	3:16
♎	Avr 22	12:51
♏	Avr 25	0:21
♐	Avr 27	13:05
♑	Avr 30	1:56
♒	Mai 2	13:08
♓	Mai 4	20:57
♈	Mai 7	0:47
♉	Mai 9	1:32
♊	Mai 11	0:56
♋	Mai 13	1:00
♌	Mai 15	3:27
♍	Mai 17	9:19
♎	Mai 19	18:34
♏	Mai 22	6:18
♐	Mai 24	19:10
♑	Mai 27	7:53
♒	Mai 29	19:13
♓	Juin 1	3:58
♈	Juin 3	9:22
♉	Juin 5	11:36
♊	Juin 7	11:46
♋	Juin 9	11:31
♌	Juin 11	12:44
♍	Juin 13	17:01

♎	Juin 16	1:08
♏	Juin 18	12:31
♐	Juin 21	1:25
♑	Juin 23	13:58
♒	Juin 26	0:54
♓	Juin 28	9:37
♈	Juin 30	5:50
♉	Juil 2	19:34
♊	Juil 4	21:15
♋	Juil 6	21:53
♌	Juil 8	22:59
♍	Juil 11	2:15
♎	Juil 13	9:04
♏	Juil 15	19:36
♐	Juil 18	8:20
♑	Juil 20	20:50
♒	Juil 23	7:20
♓	Juil 25	15:21
♈	Juil 27	21:15
♉	Juil 30	1:31
♊	Août 1	4:29
♋	Août 3	6:34
♌	Août 5	8:35
♍	Août 7	11:54
♎	Août 9	17:58
♏	Août 12	3:37
♐	Août 14	15:59
♑	Août 17	4:37
♒	Août 19	15:05
♓	Août 21	22:28
♈	Août 24	3:23
♉	Août 26	6:57
♊	Août 28	10:01
♋	Août 30	13:03
♌	Sept 1	16:21
♍	Sept 3	20:34
♎	Sept 6	2:48
♏	Sept 8	11:59
♐	Sept 10	23:59
♑	Sept 13	12:52
♒	Sept 15	23:51
♓	Sept 18	7:19
♈	Sept 20	11:31
♉	Sept 22	13:49
♊	Sept 24	15:46
♋	Sept 26	18:24
♌	Sept 28	22:14
♍	Oct 1	3:29
♎	Oct 3	10:31
♏	Oct 5	19:55
♐	Oct 8	7:44
♑	Oct 10	20:47
♒	Oct 13	8:37
♓	Oct 15	17:03
♈	Oct 17	21:32
♉	Oct 19	23:09
♊	Oct 21	23:40

♋	Oct 24	0:47
♌	Oct 26	3:42
♍	Oct 28	9:01
♎	Oct 30	16:47
♏	Nov 2	2:48
♐	Nov 4	14:46
♑	Nov 7	3:50
♒	Nov 9	16:19
♓	Nov 12	2:07
♈	Nov 14	7:59
♉	Nov 16	10:12
♊	Nov 18	10:10
♋	Nov 20	9:47
♌	Nov 22	10:55
♍	Nov 24	14:56
♎	Nov 26	22:22
♏	Nov 29	8:46
♐	Déc 1	21:05
♑	Déc 4	10:07
♒	Déc 6	22:40
♓	Déc 9	9:21
♈	Déc 11	16:55
♉	Déc 13	20:50
♊	Déc 15	21:42
♋	Déc 17	21:03
♌	Déc 19	20:48
♍	Déc 21	22:57
♎	Déc 24	4:53
♏	Déc 26	14:45
♐	Déc 29	3:12
♑	Déc 31	16:17

1938

♒	Jan 3	4:31
♓	Jan 5	15:07
♈	Jan 7	23:29
♉	Jan 10	5:06
♊	Jan 12	7:50
♋	Jan 14	8:21
♌	Jan 16	8:09
♍	Jan 18	9:13
♎	Jan 20	13:27
♏	Jan 22	21:55
♐	Jan 25	9:51
♑	Jan 27	22:58
♒	Jan 30	11:00
♓	Fév 1	20:58
♈	Fév 4	4:54
♉	Fév 6	10:58
♊	Fév 8	15:08
♋	Fév 10	17:26
♌	Fév 12	18:33
♍	Fév 14	19:57
♎	Fév 16	23:28
♏	Fév 19	6:37
♐	Fév 21	17:33
♑	Fév 24	6:28

♒	Fév 26	18:36
♓	Mar 1	4:13
♈	Mar 3	11:16
♉	Mar 5	16:29
♊	Mar 7	20:33
♋	Mar 9	23:46
♌	Mar 12	2:23
♍	Mar 14	5:05
♎	Mar 16	9:08
♏	Mar 18	15:53
♐	Mar 21	2:01
♑	Mar 23	14:32
♒	Mar 26	2:56
♓	Mar 28	12:52
♈	Mar 30	19:33
♉	Avr 1	23:43
♊	Avr 4	2:33
♋	Avr 6	5:07
♌	Avr 8	8:04
♍	Avr 10	11:51
♎	Avr 12	17:02
♏	Avr 15	0:21
♐	Avr 17	10:19
♑	Avr 19	22:31
♒	Avr 22	11:11
♓	Avr 24	21:53
♈	Avr 27	5:08
♉	Avr 29	9:01
♊	Mai 1	10:45
♋	Mai 3	11:51
♌	Mai 5	13:42
♍	Mai 7	17:17
♎	Mai 9	23:06
♏	Mai 12	7:16
♐	Mai 14	17:40
♑	Mai 17	5:51
♒	Mai 19	18:37
♓	Mai 22	6:08
♈	Mai 24	14:35
♉	Mai 26	19:17
♊	Mai 28	20:52
♋	Mai 30	20:52
♌	Juin 1	21:09
♍	Juin 3	23:21
♎	Juin 6	4:35
♏	Juin 8	13:01
♐	Juin 10	23:57
♑	Juin 13	12:21
♒	Juin 16	1:07
♓	Juin 18	13:02
♈	Juin 20	22:40
♉	Juin 23	4:50
♊	Juin 25	7:25
♋	Juin 27	7:27
♌	Juin 29	6:45
♍	Juil 1	7:24
♎	Juil 3	11:09

♏	Juil 5	18:49
♐	Juil 8	5:45
♑	Juil 10	18:22
♒	Juil 13	7:05
♓	Juil 15	18:55
♈	Juil 18	5:02
♉	Juil 20	12:31
♊	Juil 22	16:43
♋	Juil 24	17:54
♌	Juil 26	17:26
♍	Juil 28	17:17
♎	Juil 30	19:35
♏	Août 2	1:49
♐	Août 4	12:02
♑	Août 7	0:33
♒	Août 9	13:15
♓	Août 12	0:45
♈	Août 14	10:34
♉	Août 16	18:25
♊	Août 18	23:51
♋	Août 21	2:39
♌	Août 23	3:27
♍	Août 25	3:43
♎	Août 27	5:26
♏	Août 29	10:26
♐	Août 31	19:28
♑	Sept 3	7:30
♒	Sept 5	20:10
♓	Sept 8	7:28
♈	Sept 10	16:40
♉	Sept 12	23:54
♊	Sept 15	5:23
♋	Sept 17	9:09
♌	Sept 19	11:26
♍	Sept 21	13:01
♎	Sept 23	15:19
♏	Sept 25	19:57
♐	Sept 28	4:02
♑	Sept 30	15:20
♒	Oct 3	3:58
♓	Oct 5	15:27
♈	Oct 8	0:22
♉	Oct 10	6:43
♊	Oct 12	11:10
♋	Oct 14	14:31
♌	Oct 16	17:19
♍	Oct 18	20:09
♎	Oct 20	23:43
♏	Oct 23	5:00
♐	Oct 25	12:54
♑	Oct 27	23:39
♒	Oct 30	12:08
♓	Nov 2	0:09
♈	Nov 4	9:35
♉	Nov 6	15:41
♊	Nov 8	19:03
♋	Nov 10	20:59

(suite)

Table B-2 : la Lune *(suite)*

♌	Nov 12	22:50
♍	Nov 15	1:38
♎	Nov 17	6:03
♏	Nov 19	12:26
♐	Nov 21	20:56
♑	Nov 24	7:38
♒	Nov 26	19:58
♓	Nov 29	8:30
♈	Déc 1	19:02
♉	Déc 4	2:01
♊	Déc 6	5:18
♋	Déc 8	6:07
♌	Déc 10	6:17
♍	Déc 12	7:37
♎	Déc 14	11:27
♏	Déc 16	18:13
♐	Déc 19	3:31
♑	Déc 21	14:39
♒	Déc 24	2:59
♓	Déc 26	15:41
♈	Déc 29	3:14
♉	Déc 31	11:47
1939		
♊	Jan 2	16:19
♋	Jan 4	17:20
♌	Jan 6	16:32
♍	Jan 8	16:08
♎	Jan 10	18:11
♏	Jan 12	23:54
♐	Jan 15	9:10
♑	Jan 17	20:44
♒	Jan 20	9:15
♓	Jan 22	21:51
♈	Jan 25	9:42
♉	Jan 27	19:29
♊	Jan 30	1:50
♋	Fév 1	4:22
♌	Fév 3	4:06
♍	Fév 5	3:02
♎	Fév 7	3:29
♏	Fév 9	7:22
♐	Fév 11	15:24
♑	Fév 14	2:41
♒	Fév 16	15:22
♓	Fév 19	3:52
♈	Fév 21	15:23
♉	Fév 24	1:19
♊	Fév 26	8:47
♋	Fév 28	13:06
♌	Mar 2	14:30
♍	Mar 4	14:17
♎	Mar 6	14:26
♏	Mar 8	17:00
♐	Mar 10	23:23
♑	Mar 13	9:35
♒	Mar 15	22:01
♓	Mar 18	10:31
♈	Mar 20	21:41
♉	Mar 23	6:58
♊	Mar 25	14:15
♋	Mar 27	19:19
♌	Mar 29	22:15
♍	Mar 31	23:39
♎	Avr 3	0:48
♏	Avr 5	3:21
♐	Avr 7	8:47
♑	Avr 9	17:47
♒	Avr 12	5:33
♓	Avr 14	18:04
♈	Avr 17	5:13
♉	Avr 19	13:57
♊	Avr 21	20:16
♋	Avr 24	0:43
♌	Avr 26	3:55
♍	Avr 28	6:26
♎	Avr 30	9:02
♏	Mai 2	12:36
♐	Mai 4	18:11
♑	Mai 7	2:34
♒	Mai 9	13:41
♓	Mai 12	2:09
♈	Mai 14	13:41
♉	Mai 16	22:28
♊	Mai 19	4:06
♋	Mai 21	7:23
♌	Mai 23	9:33
♍	Mai 25	11:51
♎	Mai 27	15:06
♏	Mai 29	19:47
♐	Juin 1	2:15
♑	Juin 3	10:50
♒	Juin 5	21:40
♓	Juin 8	10:05
♈	Juin 10	22:10
♉	Juin 13	7:43
♊	Juin 15	13:32
♋	Juin 17	16:06
♌	Juin 19	16:58
♍	Juin 21	17:56
♎	Juin 23	20:30
♏	Juin 26	1:25
♐	Juin 28	8:39
♑	Juin 30	17:53
♒	Juil 3	4:54
♓	Juil 5	17:17
♈	Juil 8	5:50
♉	Juil 10	16:27
♊	Juil 12	23:20
♋	Juil 15	2:16
♌	Juil 17	2:30
♍	Juil 19	2:07
♎	Juil 21	3:10
♏	Juil 23	7:04
♐	Juil 25	14:10
♑	Juil 27	23:51
♒	Juil 30	11:15
♓	Août 1	23:41
♈	Août 4	12:22
♉	Août 6	23:47
♊	Août 9	8:06
♋	Août 11	12:21
♌	Août 13	13:09
♍	Août 15	12:19
♎	Août 17	12:04
♏	Août 19	14:20
♐	Août 21	20:14
♑	Août 24	5:33
♒	Août 26	17:09
♓	Août 29	5:42
♈	Août 31	18:15
♉	Sept 3	5:47
♊	Sept 5	15:02
♋	Sept 7	20:52
♌	Sept 9	23:11
♍	Sept 11	23:09
♎	Sept 13	22:39
♏	Sept 15	23:43
♐	Sept 18	4:02
♑	Sept 20	12:11
♒	Sept 22	23:24
♓	Sept 25	12:00
♈	Sept 28	0:22
♉	Sept 30	11:29
♊	Oct 2	20:38
♋	Oct 5	3:16
♌	Oct 7	7:10
♍	Oct 9	8:46
♎	Oct 11	9:15
♏	Oct 13	10:18
♐	Oct 15	13:36
♑	Oct 17	20:22
♒	Oct 20	6:40
♓	Oct 22	19:05
♈	Oct 25	7:28
♉	Oct 27	18:09
♊	Oct 30	2:31
♋	Nov 1	8:41
♌	Nov 3	13:01
♍	Nov 5	15:57
♎	Nov 7	18:03
♏	Nov 9	20:14
♐	Nov 11	23:41
♑	Nov 14	5:42
♒	Nov 16	15:00
♓	Nov 19	3:00
♈	Nov 21	15:36
♉	Nov 24	2:23
♊	Nov 26	10:09
♋	Nov 28	15:11
♌	Nov 30	18:34
♍	Déc 2	21:23
♎	Déc 5	0:22
♏	Déc 7	3:57
♐	Déc 9	8:32
♑	Déc 11	14:51
♒	Déc 13	23:42
♓	Déc 16	11:14
♈	Déc 19	0:03
♉	Déc 21	11:32
♊	Déc 23	19:37
♋	Déc 26	0:03
♌	Déc 28	2:05
♍	Déc 30	3:29
1940		
♎	Jan 1	5:44
♏	Jan 3	9:36
♐	Jan 5	15:12
♑	Jan 7	22:30
♒	Jan 10	7:42
♓	Jan 12	19:03
♈	Jan 15	7:56
♉	Jan 17	20:15
♊	Jan 20	5:32
♋	Jan 22	10:35
♌	Jan 24	12:10
♍	Jan 26	12:12
♎	Jan 28	12:43
♏	Jan 30	15:17
♐	Fév 1	20:36
♑	Fév 4	4:27
♒	Fév 6	14:21
♓	Fév 9	1:58
♈	Fév 11	14:49
♉	Fév 14	3:36
♊	Fév 16	14:10
♋	Fév 18	20:46
♌	Fév 20	23:19
♍	Fév 22	23:11
♎	Fév 24	22:29
♏	Fév 26	23:13
♐	Fév 29	2:54
♑	Mar 2	10:02
♒	Mar 4	20:07
♓	Mar 7	8:07
♈	Mar 9	21:01
♉	Mar 12	9:44
♊	Mar 14	20:53
♋	Mar 17	4:57
♌	Mar 19	9:15
♍	Mar 21	10:20
♎	Mar 23	9:47
♏	Mar 25	9:33
♐	Mar 27	11:31
♑	Mar 29	17:00
♒	Avr 1	2:13
♓	Avr 3	14:11
♈	Avr 6	3:10
♉	Avr 8	15:39
♊	Avr 11	2:32
♋	Avr 13	11:04
♌	Avr 15	16:44
♍	Avr 17	19:34
♎	Avr 19	20:23
♏	Avr 21	20:33
♐	Avr 23	21:48
♑	Avr 26	1:50
♒	Avr 28	9:39
♓	Avr 30	20:56
♈	Mai 3	9:52
♉	Mai 5	22:12
♊	Mai 8	8:34
♋	Mai 10	16:33
♌	Mai 12	22:22
♍	Mai 15	2:18
♎	Mai 17	4:40
♏	Mai 19	6:12
♐	Mai 21	8:00
♑	Mai 23	11:35
♒	Mai 25	18:19
♓	Mai 28	4:39
♈	Mai 30	17:18
♉	Juin 2	5:44
♊	Juin 4	15:49
♋	Juin 6	23:02
♌	Juin 9	4:00
♍	Juin 11	7:41
♎	Juin 13	10:43
♏	Juin 15	13:31
♐	Juin 17	16:34
♑	Juin 19	20:44
♒	Juin 22	3:15
♓	Juin 24	12:55
♈	Juin 27	1:13
♉	Juin 29	13:52
♊	Juil 2	0:15
♋	Juil 4	7:10
♌	Juil 6	11:12
♍	Juil 8	13:44
♎	Juil 10	16:07
♏	Juil 12	19:07
♐	Juil 14	23:05
♑	Juil 17	4:17
♒	Juil 19	11:22
♓	Juil 21	20:58
♈	Juil 24	9:02
♉	Juil 26	21:56
♊	Juil 29	9:04
♋	Juil 31	16:32
♌	Août 2	20:20
♍	Août 4	21:50
♎	Août 6	22:50
♏	Août 9	0:46
♐	Août 11	4:29

(suite)

Table B-2 : la Lune *(suite)*

♑	Août 13	10:15
♒	Août 15	18:07
♓	Août 18	4:10
♈	Août 20	16:14
♉	Août 23	5:17
♊	Août 25	17:13
♋	Août 28	1:53
♌	Août 30	6:31
♍	Sept 1	7:57
♎	Sept 3	7:54
♏	Sept 5	8:16
♐	Sept 7	10:36
♑	Sept 9	15:45
♒	Sept 11	23:51
♓	Sept 14	10:25
♈	Sept 16	22:43
♉	Sept 19	11:45
♊	Sept 22	0:05
♋	Sept 24	9:57
♌	Sept 26	16:09
♍	Sept 28	18:41
♎	Sept 30	18:46
♏	Oct 2	18:12
♐	Oct 4	18:54
♑	Oct 6	22:28
♒	Oct 9	5:44
♓	Oct 11	16:18
♈	Oct 14	4:50
♉	Oct 16	17:49
♊	Oct 19	5:59
♋	Oct 21	16:18
♌	Oct 23	23:51
♍	Oct 26	4:10
♎	Oct 28	5:37
♏	Oct 30	5:25
♐	Nov 1	5:21
♑	Nov 3	7:22
♒	Nov 5	13:03
♓	Nov 7	22:46
♈	Nov 10	11:13
♉	Nov 13	0:13
♊	Nov 15	12:00
♋	Nov 17	21:52
♌	Nov 20	5:38
♍	Nov 22	11:11
♎	Nov 24	14:25
♏	Nov 26	15:44
♐	Nov 28	16:18
♑	Nov 30	17:50
♒	Déc 2	22:12
♓	Déc 5	6:35
♈	Déc 7	18:26
♉	Déc 10	7:27
♊	Déc 12	19:08
♋	Déc 15	4:20
♌	Déc 17	11:16
♍	Déc 19	16:35
♎	Déc 21	20:37
♏	Déc 23	23:30
♐	Déc 26	1:36
♑	Déc 28	3:58
♒	Déc 30	8:09
1941		
♓	Jan 1	15:35
♈	Jan 4	2:34
♉	Jan 6	15:28
♊	Jan 9	3:27
♋	Jan 11	12:33
♌	Jan 13	18:39
♍	Jan 15	22:45
♎	Jan 18	2:00
♏	Jan 20	5:04
♐	Jan 22	8:16
♑	Jan 24	12:01
♒	Jan 26	17:06
♓	Jan 29	0:34
♈	Jan 31	11:02
♉	Fév 2	23:41
♊	Fév 5	12:09
♋	Fév 7	21:57
♌	Fév 10	4:07
♍	Fév 12	7:21
♎	Fév 14	9:07
♏	Fév 16	10:52
♐	Fév 18	13:37
♑	Fév 20	17:54
♒	Fév 23	0:02
♓	Fév 25	8:18
♈	Fév 27	18:54
♉	Mar 2	7:23
♊	Mar 4	20:12
♋	Mar 7	7:04
♌	Mar 9	14:19
♍	Mar 11	17:51
♎	Mar 13	18:51
♏	Mar 15	19:03
♐	Mar 17	20:08
♑	Mar 19	23:25
♒	Mar 22	5:34
♓	Mar 24	14:30
♈	Mar 27	1:39
♉	Mar 29	14:14
♊	Avr 1	3:06
♋	Avr 3	14:44
♌	Avr 5	23:26
♍	Avr 8	4:21
♎	Avr 10	5:54
♏	Avr 12	5:31
♐	Avr 14	5:07
♑	Avr 16	6:38
♒	Avr 18	11:31
♓	Avr 20	20:07
♈	Avr 23	7:34
♉	Avr 25	20:23
♊	Avr 28	9:11
♋	Avr 30	20:56
♌	Mai 3	6:34
♍	Mai 5	13:06
♎	Mai 7	16:11
♏	Mai 9	16:34
♐	Mai 11	15:49
♑	Mai 13	16:03
♒	Mai 15	19:15
♓	Mai 18	2:33
♈	Mai 20	13:34
♉	Mai 23	2:26
♊	Mai 25	15:10
♋	Mai 28	2:36
♌	Mai 30	12:15
♍	Juin 1	19:38
♎	Juin 4	0:17
♏	Juin 6	2:13
♐	Juin 8	2:24
♑	Juin 10	2:32
♒	Juin 12	4:41
♓	Juin 14	10:33
♈	Juin 16	20:30
♉	Juin 19	9:03
♊	Juin 21	21:44
♋	Juin 24	8:51
♌	Juin 26	17:55
♍	Juin 29	1:03
♎	Juil 1	6:17
♏	Juil 3	9:34
♐	Juil 5	11:13
♑	Juil 7	12:21
♒	Juil 9	14:36
♓	Juil 11	19:42
♈	Juil 14	4:35
♉	Juil 16	16:30
♊	Juil 19	5:10
♋	Juil 21	16:15
♌	Juil 24	0:48
♍	Juil 26	7:03
♎	Juil 28	11:41
♏	Juil 30	15:09
♐	Août 1	17:49
♑	Août 3	20:17
♒	Août 5	23:32
♓	Août 8	4:51
♈	Août 10	13:13
♉	Août 13	0:32
♊	Août 15	13:09
♋	Août 18	0:37
♌	Août 20	9:15
♍	Août 22	14:53
♎	Août 24	18:21
♏	Août 26	20:49
♐	Août 28	23:13
♑	Août 31	2:18
♒	Sept 2	6:39
♓	Sept 4	12:52
♈	Sept 6	21:28
♉	Sept 9	8:32
♊	Sept 11	21:06
♋	Sept 14	9:09
♌	Sept 16	18:36
♍	Sept 19	0:29
♎	Sept 21	3:17
♏	Sept 23	4:24
♐	Sept 25	5:24
♑	Sept 27	7:44
♒	Sept 29	12:17
♓	Oct 1	19:18
♈	Oct 4	4:37
♉	Oct 6	15:52
♊	Oct 9	4:23
♋	Oct 11	16:53
♌	Oct 14	3:29
♍	Oct 16	10:36
♎	Oct 18	13:54
♏	Oct 20	14:25
♐	Oct 22	14:00
♑	Oct 24	14:40
♒	Oct 26	18:02
♓	Oct 29	0:51
♈	Oct 31	10:38
♉	Nov 2	22:19
♊	Nov 5	10:52
♋	Nov 7	23:26
♌	Nov 10	10:49
♍	Nov 12	19:29
♎	Nov 15	0:22
♏	Nov 17	1:40
♐	Nov 19	0:53
♑	Nov 21	0:11
♒	Nov 23	1:46
♓	Nov 25	7:09
♈	Nov 27	16:26
♉	Nov 30	4:18
♊	Déc 2	17:00
♋	Déc 5	5:22
♌	Déc 7	16:43
♍	Déc 10	2:12
♎	Déc 12	8:46
♏	Déc 14	11:51
♐	Déc 16	12:10
♑	Déc 18	11:26
♒	Déc 20	11:53
♓	Déc 22	15:33
♈	Déc 24	23:24
♉	Déc 27	10:43
♊	Déc 29	23:27
1942		
♋	Jan 1	11:42
♌	Jan 3	22:32
♍	Jan 6	7:42
♎	Jan 8	14:48
♏	Jan 10	19:24
♐	Jan 12	21:31
♑	Jan 14	22:07
♒	Jan 16	22:52
♓	Jan 19	1:43
♈	Jan 21	8:08
♉	Jan 23	18:18
♊	Jan 26	6:44
♋	Jan 28	19:03
♌	Jan 31	5:37
♍	Fév 2	13:57
♎	Fév 4	20:18
♏	Fév 7	0:56
♐	Fév 9	4:06
♑	Fév 11	6:19
♒	Fév 13	8:27
♓	Fév 15	11:50
♈	Fév 17	17:46
♉	Fév 20	2:57
♊	Fév 22	14:47
♋	Fév 25	3:15
♌	Fév 27	14:06
♍	Mar 1	22:06
♎	Mar 4	3:23
♏	Mar 6	6:50
♐	Mar 8	9:28
♑	Mar 10	12:08
♒	Mar 12	15:30
♓	Mar 14	20:09
♈	Mar 17	2:41
♉	Mar 19	11:39
♊	Mar 21	23:00
♋	Mar 24	11:33
♌	Mar 26	23:04
♍	Mar 29	7:36
♎	Mar 31	12:36
♏	Avr 2	14:54
♐	Avr 4	16:04
♑	Avr 6	17:41
♒	Avr 8	20:56
♓	Avr 11	2:19
♈	Avr 13	9:49
♉	Avr 15	19:18
♊	Avr 18	6:37
♋	Avr 20	19:10
♌	Avr 23	7:21
♍	Avr 25	17:02
♎	Avr 27	22:50
♏	Avr 30	0:59
♐	Mai 2	1:03
♑	Mai 4	1:04
♒	Mai 6	2:56
♓	Mai 8	7:44
♈	Mai 10	15:31
♉	Mai 13	1:37

(suite)

Table B-2 : la Lune *(suite)*

♊	Mai 15	13:15
♋	Mai 18	1:49
♌	Mai 20	14:21
♍	Mai 23	1:07
♎	Mai 25	8:22
♏	Mai 27	11:32
♐	Mai 29	11:39
♑	Mai 31	10:43
♒	Juin 2	10:59
♓	Juin 4	14:14
♈	Juin 6	21:11
♉	Juin 9	7:16
♊	Juin 11	19:11
♋	Juin 14	7:50
♌	Juin 16	20:19
♍	Juin 19	7:33
♎	Juin 21	16:04
♏	Juin 23	20:50
♐	Juin 25	22:09
♑	Juin 27	21:30
♒	Juin 29	21:00
♓	Juil 1	22:46
♈	Juil 4	4:10
♉	Juil 6	13:22
♊	Juil 9	1:10
♋	Juil 11	13:51
♌	Juil 14	2:08
♍	Juil 16	13:08
♎	Juil 18	22:02
♏	Juil 21	4:02
♐	Juil 23	6:58
♑	Juil 25	7:38
♒	Juil 27	7:37
♓	Juil 29	8:49
♈	Juil 31	12:55
♉	Août 2	20:47
♊	Août 5	7:54
♋	Août 7	20:30
♌	Août 10	8:39
♍	Août 12	19:09
♎	Août 15	3:31
♏	Août 17	9:38
♐	Août 19	13:35
♑	Août 21	15:46
♒	Août 23	17:07
♓	Août 25	18:55
♈	Août 27	22:39
♉	Août 30	5:29
♊	Sept 1	15:40
♋	Sept 4	4:00
♌	Sept 6	16:15
♍	Sept 9	2:31
♎	Sept 11	10:05
♏	Sept 13	15:19
♐	Sept 15	18:58
♑	Sept 17	21:48
♒	Sept 20	0:27
♓	Sept 22	3:34
♈	Sept 24	7:57
♉	Sept 26	14:34
♊	Sept 29	0:05
♋	Oct 1	12:03
♌	Oct 4	0:35
♍	Oct 6	11:13
♎	Oct 8	18:33
♏	Oct 10	22:46
♐	Oct 13	1:10
♑	Oct 15	3:13
♒	Oct 17	6:01
♓	Oct 19	10:05
♈	Oct 21	15:37
♉	Oct 23	22:52
♊	Oct 26	8:18
♋	Oct 28	20:00
♌	Oct 31	8:48
♍	Nov 2	20:19
♎	Nov 5	4:21
♏	Nov 7	8:27
♐	Nov 9	9:47
♑	Nov 11	10:18
♒	Nov 13	11:48
♓	Nov 15	15:28
♈	Nov 17	21:30
♉	Nov 20	5:38
♊	Nov 22	15:35
♋	Nov 25	3:17
♌	Nov 27	16:09
♍	Nov 30	4:29
♎	Déc 2	13:55
♏	Déc 4	19:06
♐	Déc 6	20:34
♑	Déc 8	20:07
♒	Déc 10	19:57
♓	Déc 12	21:56
♈	Déc 15	3:04
♉	Déc 17	11:16
♊	Déc 19	21:46
♋	Déc 22	9:46
♌	Déc 24	22:35
♍	Déc 27	11:10
♎	Déc 29	21:44
1943		
♏	Jan 1	4:40
♐	Jan 3	7:34
♑	Jan 5	7:35
♒	Jan 7	6:42
♓	Jan 9	7:03
♈	Jan 11	10:21
♉	Jan 13	17:22
♊	Jan 16	3:39
♋	Jan 18	15:53
♌	Jan 21	4:44
♍	Jan 23	17:03
♎	Jan 26	3:47
♏	Jan 28	11:51
♐	Jan 30	16:34
♑	Fév 1	18:15
♒	Fév 3	18:10
♓	Fév 5	18:07
♈	Fév 7	20:00
♉	Fév 10	1:17
♊	Fév 12	10:25
♋	Fév 14	22:24
♌	Fév 17	11:18
♍	Fév 19	23:20
♎	Fév 22	9:30
♏	Fév 24	17:25
♐	Fév 26	22:59
♑	Mar 1	2:19
♒	Mar 3	3:56
♓	Mar 5	4:54
♈	Mar 7	6:41
♉	Mar 9	10:53
♊	Mar 11	18:39
♋	Mar 14	5:51
♌	Mar 16	18:41
♍	Mar 19	6:43
♎	Mar 21	16:21
♏	Mar 23	23:23
♐	Mar 26	4:23
♑	Mar 28	8:05
♒	Mar 30	10:57
♓	Avr 1	13:27
♈	Avr 3	16:17
♉	Avr 5	20:37
♊	Avr 8	3:41
♋	Avr 10	14:03
♌	Avr 13	2:39
♍	Avr 15	14:59
♎	Avr 18	0:41
♏	Avr 20	7:04
♐	Avr 22	10:56
♑	Avr 24	13:40
♒	Avr 26	16:21
♓	Avr 28	19:36
♈	Avr 30	23:39
♉	Mai 3	4:57
♊	Mai 5	12:16
♋	Mai 7	22:17
♌	Mai 10	10:39
♍	Mai 12	23:21
♎	Mai 15	9:44
♏	Mai 17	16:19
♐	Mai 19	19:33
♑	Mai 21	21:00
♒	Mai 23	22:23
♓	Mai 26	0:58
♈	Mai 28	5:16
♉	Mai 30	11:25
♊	Juin 1	19:29
♋	Juin 4	5:45
♌	Juin 6	18:03
♍	Juin 9	7:03
♎	Juin 11	18:22
♏	Juin 14	1:59
♐	Juin 16	5:36
♑	Juin 18	6:30
♒	Juin 20	6:33
♓	Juin 22	7:36
♈	Juin 24	10:52
♉	Juin 26	16:52
♊	Juin 29	1:27
♋	Juil 1	12:13
♌	Juil 4	0:39
♍	Juil 6	13:45
♎	Juil 9	1:44
♏	Juil 11	10:40
♐	Juil 13	15:37
♑	Juil 15	17:07
♒	Juil 17	16:46
♓	Juil 19	16:30
♈	Juil 21	18:08
♉	Juil 23	22:53
♊	Juil 26	7:04
♋	Juil 28	18:04
♌	Juil 31	6:43
♍	Août 2	19:45
♎	Août 5	7:51
♏	Août 7	17:40
♐	Août 10	0:08
♑	Août 12	3:09
♒	Août 14	3:36
♓	Août 16	3:06
♈	Août 18	3:32
♉	Août 20	6:40
♊	Août 22	13:34
♋	Août 25	0:07
♌	Août 27	12:49
♍	Août 30	1:47
♎	Sept 1	13:33
♏	Sept 3	23:20
♐	Sept 6	6:38
♑	Sept 8	11:13
♒	Sept 10	13:18
♓	Sept 12	13:46
♈	Sept 14	14:09
♉	Sept 16	16:14
♊	Sept 18	21:42
♋	Sept 21	7:10
♌	Sept 23	19:34
♍	Sept 26	8:30
♎	Sept 28	19:56
♏	Oct 1	5:04
♐	Oct 3	12:03
♑	Oct 5	17:11
♒	Oct 7	20:39
♓	Oct 9	22:44
♈	Oct 12	0:12
♉	Oct 14	2:26
♊	Oct 16	7:07
♋	Oct 18	15:28
♌	Oct 21	3:12
♍	Oct 23	16:10
♎	Oct 26	3:38
♏	Oct 28	12:14
♐	Oct 30	18:14
♑	Nov 1	22:37
♒	Nov 4	2:10
♓	Nov 6	5:16
♈	Nov 8	8:10
♉	Nov 10	11:32
♊	Nov 12	16:31
♋	Nov 15	0:22
♌	Nov 17	11:27
♍	Nov 20	0:21
♎	Nov 22	12:19
♏	Nov 24	21:09
♐	Nov 27	2:35
♑	Nov 29	5:43
♒	Déc 1	8:01
♓	Déc 3	10:36
♈	Déc 5	14:00
♉	Déc 7	18:30
♊	Déc 10	0:32
♋	Déc 12	8:46
♌	Déc 14	19:37
♍	Déc 17	8:22
♎	Déc 19	20:55
♏	Déc 22	6:46
♐	Déc 24	12:44
♑	Déc 26	15:24
♒	Déc 28	16:21
♓	Déc 30	17:17
1944		
♈	Jan 1	19:34
♉	Jan 3	23:58
♊	Jan 6	6:44
♋	Jan 8	15:48
♌	Jan 11	2:58
♍	Jan 13	15:38
♎	Jan 16	4:29
♏	Jan 18	15:27
♐	Jan 20	22:53
♑	Jan 23	2:26
♒	Jan 25	3:09
♓	Jan 27	2:48
♈	Jan 29	3:15
♉	Jan 31	6:07
♊	Fév 2	12:17
♋	Fév 4	21:40
♌	Fév 7	9:20
♍	Fév 9	22:08
♎	Fév 12	10:54

(suite)

Table B-2 : la Lune *(suite)*

♏	Fév 14	22:24
♐	Fév 17	7:15
♑	Fév 19	12:33
♒	Fév 21	14:27
♓	Fév 23	14:09
♈	Fév 25	13:31
♉	Fév 27	14:36
♊	Fév 29	19:06
♋	Mar 3	3:38
♌	Mar 5	15:19
♍	Mar 8	4:18
♎	Mar 10	16:55
♏	Mar 13	4:12
♐	Mar 15	13:31
♑	Mar 17	20:13
♒	Mar 19	23:55
♓	Mar 22	0:59
♈	Mar 24	0:42
♉	Mar 26	1:01
♊	Mar 28	3:58
♋	Mar 30	10:59
♌	Avr 1	21:54
♍	Avr 4	10:49
♎	Avr 6	23:22
♏	Avr 9	10:12
♐	Avr 11	19:02
♑	Avr 14	1:56
♒	Avr 16	6:46
♓	Avr 18	9:28
♈	Avr 20	10:35
♉	Avr 22	11:29
♊	Avr 24	13:59
♋	Avr 26	19:49
♌	Avr 29	5:36
♍	Mai 1	18:04
♎	Mai 4	6:40
♏	Mai 6	17:18
♐	Mai 9	1:27
♑	Mai 11	7:33
♒	Mai 13	12:10
♓	Mai 15	15:35
♈	Mai 17	18:03
♉	Mai 19	20:15
♊	Mai 21	23:26
♋	Mai 24	5:04
♌	Mai 26	14:04
♍	Mai 29	1:58
♎	Mai 31	14:37
♏	Juin 3	1:32
♐	Juin 5	9:27
♑	Juin 7	14:41
♒	Juin 9	18:12
♓	Juin 11	20:58
♈	Juin 13	23:41
♉	Juin 16	2:52
♊	Juin 18	7:11
♋	Juin 20	13:28
♌	Juin 22	22:25
♍	Juin 25	9:58
♎	Juin 27	22:40
♏	Juin 30	10:10
♐	Juil 2	18:38
♑	Juil 4	23:42
♒	Juil 7	2:14
♓	Juil 9	3:39
♈	Juil 11	5:18
♉	Juil 13	8:16
♊	Juil 15	13:11
♋	Juil 17	20:21
♌	Juil 20	5:51
♍	Juil 22	17:24
♎	Juil 25	6:08
♏	Juil 27	18:16
♐	Juil 30	3:50
♑	Août 1	9:42
♒	Août 3	12:10
♓	Août 5	12:35
♈	Août 7	12:43
♉	Août 9	14:19
♊	Août 11	18:38
♋	Août 14	2:03
♌	Août 16	12:08
♍	Août 19	0:01
♎	Août 21	12:45
♏	Août 24	1:13
♐	Août 26	11:52
♑	Août 28	19:12
♒	Août 30	22:44
♓	Sept 1	23:14
♈	Sept 3	22:27
♉	Sept 5	22:28
♊	Sept 8	1:14
♋	Sept 10	7:47
♌	Sept 12	17:50
♍	Sept 15	6:00
♎	Sept 17	18:48
♏	Sept 20	7:11
♐	Sept 22	18:16
♑	Sept 25	2:55
♒	Sept 27	8:10
♓	Sept 29	9:58
♈	Oct 1	9:30
♉	Oct 3	8:46
♊	Oct 5	9:59
♋	Oct 7	14:56
♌	Oct 10	0:03
♍	Oct 12	12:04
♎	Oct 15	0:55
♏	Oct 17	13:03
♐	Oct 19	23:50
♑	Oct 22	8:48
♒	Oct 24	15:19
♓	Oct 26	18:53
♈	Oct 28	19:54
♉	Oct 30	19:45
♊	Nov 1	20:28
♋	Nov 4	0:04
♌	Nov 6	7:44
♍	Nov 8	18:59
♎	Nov 11	7:45
♏	Nov 13	19:48
♐	Nov 16	6:02
♑	Nov 18	14:20
♒	Nov 20	20:47
♓	Nov 23	1:18
♈	Nov 25	3:57
♉	Nov 27	5:22
♊	Nov 29	6:55
♋	Déc 1	10:17
♌	Déc 3	16:53
♍	Déc 6	3:04
♎	Déc 8	15:28
♏	Déc 11	3:42
♐	Déc 13	13:50
♑	Déc 15	21:22
♒	Déc 18	2:44
♓	Déc 20	6:39
♈	Déc 22	9:42
♉	Déc 24	12:24
♊	Déc 26	15:26
♋	Déc 28	19:44
♌	Déc 31	2:19
1945		
♍	Jan 2	11:49
♎	Jan 4	23:44
♏	Jan 7	12:13
♐	Jan 9	22:55
♑	Jan 12	6:28
♒	Jan 14	10:57
♓	Jan 16	13:27
♈	Jan 18	15:21
♉	Jan 20	17:48
♊	Jan 22	21:35
♋	Jan 25	3:05
♌	Jan 27	10:33
♍	Jan 29	20:09
♎	Fév 1	7:46
♏	Fév 3	20:22
♐	Fév 6	7:57
♑	Fév 8	16:29
♒	Fév 10	21:12
♓	Fév 12	22:52
♈	Fév 14	23:12
♉	Fév 17	0:05
♊	Fév 19	3:01
♋	Fév 21	8:42
♌	Fév 23	16:58
♍	Fév 26	3:13
♎	Fév 28	14:57
♏	Mar 3	3:32
♐	Mar 5	15:45
♑	Mar 8	1:37
♒	Mar 10	7:40
♓	Mar 12	9:50
♈	Mar 14	9:32
♉	Mar 16	8:54
♊	Mar 18	10:04
♋	Mar 20	14:31
♌	Mar 22	22:32
♍	Mar 25	9:11
♎	Mar 27	21:15
♏	Mar 30	9:50
♐	Avr 1	22:08
♑	Avr 4	8:51
♒	Avr 6	16:28
♓	Avr 8	20:10
♈	Avr 10	20:38
♉	Avr 12	19:40
♊	Avr 14	19:31
♋	Avr 16	22:14
♌	Avr 19	4:52
♍	Avr 21	15:03
♎	Avr 24	3:15
♏	Avr 26	15:52
♐	Avr 29	3:56
♑	Mai 1	14:40
♒	Mai 3	23:06
♓	Mai 6	4:21
♈	Mai 8	6:25
♉	Mai 10	6:24
♊	Mai 12	6:12
♋	Mai 14	7:51
♌	Mai 16	12:57
♍	Mai 18	21:56
♎	Mai 21	9:43
♏	Mai 23	22:21
♐	Mai 26	10:11
♑	Mai 28	20:24
♒	Mai 31	4:35
♓	Juin 2	10:25
♈	Juin 4	13:51
♉	Juin 6	15:23
♊	Juin 8	16:15
♋	Juin 10	18:02
♌	Juin 12	22:20
♍	Juin 15	6:07
♎	Juin 17	17:06
♏	Juin 20	5:36
♐	Juin 22	17:27
♑	Juin 25	3:14
♒	Juin 27	10:36
♓	Juin 29	15:51
♈	Juil 1	19:29
♉	Juil 3	22:04
♊	Juil 6	0:20
♋	Juil 8	3:10
♌	Juil 10	7:43
♍	Juil 12	14:58
♎	Juil 15	1:13
♏	Juil 17	13:29
♐	Juil 20	1:36
♑	Juil 22	11:29
♒	Juil 24	18:16
♓	Juil 26	22:27
♈	Juil 29	1:07
♉	Juil 31	3:29
♊	Août 2	6:23
♋	Août 4	10:23
♌	Août 6	15:53
♍	Août 8	23:24
♎	Août 11	9:21
♏	Août 13	21:24
♐	Août 16	9:56
♑	Août 18	20:31
♒	Août 21	3:32
♓	Août 23	7:05
♈	Août 25	8:30
♉	Août 27	9:34
♊	Août 29	11:47
♋	Août 31	16:00
♌	Sept 2	22:20
♍	Sept 5	6:36
♎	Sept 7	16:48
♏	Sept 10	4:48
♐	Sept 12	17:37
♑	Sept 15	5:11
♒	Sept 17	13:19
♓	Sept 19	17:19
♈	Sept 21	18:11
♉	Sept 23	17:53
♊	Sept 25	18:32
♋	Sept 27	21:38
♌	Sept 30	3:47
♍	Oct 2	12:34
♎	Oct 4	23:17
♏	Oct 7	11:24
♐	Oct 10	0:17
♑	Oct 12	12:33
♒	Oct 14	22:07
♓	Oct 17	3:34
♈	Oct 19	5:09
♉	Oct 21	4:30
♊	Oct 23	3:49
♋	Oct 25	5:11
♌	Oct 27	9:55
♍	Oct 29	18:12
♎	Nov 1	5:08
♏	Nov 3	17:29
♐	Nov 6	6:18
♑	Nov 8	18:35
♒	Nov 11	4:59
♓	Nov 13	12:05
♈	Nov 15	15:24
♉	Nov 17	15:48

(suite)

Table B-2 : la Lune *(suite)*

♊	Nov 19	15:02
♋	Nov 21	15:14
♌	Nov 23	18:12
♍	Nov 26	0:59
♎	Nov 28	11:18
♏	Nov 30	23:43
♐	Déc 3	12:30
♑	Déc 6	0:23
♒	Déc 8	10:34
♓	Déc 10	18:20
♈	Déc 12	23:15
♉	Déc 15	1:30
♊	Déc 17	2:03
♋	Déc 19	2:27
♌	Déc 21	4:30
♍	Déc 23	9:44
♎	Déc 25	18:45
♏	Déc 28	6:43
♐	Déc 30	19:32
1946		
♑	Jan 2	7:11
♒	Jan 4	16:38
♓	Jan 6	23:47
♈	Jan 9	4:56
♉	Jan 11	8:25
♊	Jan 13	10:42
♋	Jan 15	12:32
♌	Jan 17	15:04
♍	Jan 19	19:40
♎	Jan 22	3:31
♏	Jan 24	14:40
♐	Jan 27	3:27
♑	Jan 29	15:18
♒	Fév 1	0:23
♓	Fév 3	6:32
♈	Fév 5	10:38
♉	Fév 7	13:47
♊	Fév 9	16:45
♋	Fév 11	19:59
♌	Fév 13	23:50
♍	Fév 16	5:03
♎	Fév 18	12:36
♏	Fév 20	23:05
♐	Fév 23	11:41
♑	Fév 26	0:01
♒	Fév 28	9:34
♓	Mar 2	15:25
♈	Mar 4	18:23
♉	Mar 6	20:08
♊	Mar 8	22:12
♋	Mar 11	1:29
♌	Mar 13	6:14
♍	Mar 15	12:32
♎	Mar 17	20:40
♏	Mar 20	7:04
♐	Mar 22	19:30

♑	Mar 25	8:18
♒	Mar 27	18:51
♓	Mar 30	1:26
♈	Avr 1	4:16
♉	Avr 3	4:56
♊	Avr 5	5:25
♋	Avr 7	7:21
♌	Avr 9	11:37
♍	Avr 11	18:20
♎	Avr 14	3:13
♏	Avr 16	14:03
♐	Avr 19	2:30
♑	Avr 21	15:28
♒	Avr 24	2:56
♓	Avr 26	10:54
♈	Avr 28	14:45
♉	Avr 30	15:31
♊	Mai 2	15:03
♋	Mai 4	15:23
♌	Mai 6	18:04
♍	Mai 8	23:57
♎	Mai 11	8:53
♏	Mai 13	20:08
♐	Mai 16	8:46
♑	Mai 18	21:42
♒	Mai 21	9:31
♓	Mai 23	18:39
♈	Mai 26	0:05
♉	Mai 28	2:03
♊	Mai 30	1:54
♋	Juin 1	1:29
♌	Juin 3	2:39
♍	Juin 5	6:57
♎	Juin 7	14:57
♏	Juin 10	2:04
♐	Juin 12	14:50
♑	Juin 15	3:39
♒	Juin 17	15:16
♓	Juin 20	0:43
♈	Juin 22	7:19
♉	Juin 24	10:56
♊	Juin 26	12:07
♋	Juin 28	12:10
♌	Juin 30	12:47
♍	Juil 2	15:45
♎	Juil 4	22:21
♏	Juil 7	8:41
♐	Juil 9	21:20
♑	Juil 12	10:05
♒	Juil 14	21:17
♓	Juil 17	6:15
♈	Juil 19	12:59
♉	Juil 21	17:35
♊	Juil 23	20:18
♋	Juil 25	21:44
♌	Juil 27	22:57
♍	Juil 30	1:32

♎	Août 1	7:05
♏	Août 3	16:23
♐	Août 6	4:36
♑	Août 8	17:23
♒	Août 11	4:23
♓	Août 13	12:41
♈	Août 15	18:37
♉	Août 17	22:59
♊	Août 20	2:22
♋	Août 22	5:06
♌	Août 24	7:38
♍	Août 26	10:54
♎	Août 28	16:15
♏	Août 31	0:49
♐	Sept 2	12:31
♑	Sept 5	1:24
♒	Sept 7	12:41
♓	Sept 9	20:46
♈	Sept 12	1:49
♉	Sept 14	5:03
♊	Sept 16	7:45
♋	Sept 18	10:42
♌	Sept 20	14:13
♍	Sept 22	18:38
♎	Sept 25	0:40
♏	Sept 27	9:12
♐	Sept 29	20:32
♑	Oct 2	9:29
♒	Oct 4	21:27
♓	Oct 7	6:09
♈	Oct 9	11:05
♉	Oct 11	13:20
♊	Oct 13	14:37
♋	Oct 15	16:23
♌	Oct 17	19:35
♍	Oct 20	0:35
♎	Oct 22	7:33
♏	Oct 24	16:41
♐	Oct 27	4:03
♑	Oct 29	16:59
♒	Nov 1	5:36
♓	Nov 3	15:32
♈	Nov 5	21:28
♉	Nov 7	23:49
♊	Nov 10	0:07
♋	Nov 12	0:15
♌	Nov 14	1:53
♍	Nov 16	6:05
♎	Nov 18	13:12
♏	Nov 20	22:58
♐	Nov 23	10:44
♑	Nov 25	23:40
♒	Nov 28	12:30
♓	Nov 30	23:30
♈	Déc 3	7:05
♉	Déc 5	10:48
♊	Déc 7	11:30

♋	Déc 9	10:50
♌	Déc 11	10:46
♍	Déc 13	13:09
♎	Déc 15	19:07
♏	Déc 18	4:43
♐	Déc 20	16:48
♑	Déc 23	5:50
♒	Déc 25	18:29
♓	Déc 28	5:43
♈	Déc 30	14:31
1947		
♉	Jan 1	20:06
♊	Jan 3	22:26
♋	Jan 5	22:28
♌	Jan 7	21:53
♍	Jan 9	22:45
♎	Jan 12	2:54
♏	Jan 14	11:15
♐	Jan 16	23:03
♑	Jan 19	12:10
♒	Jan 22	0:37
♓	Jan 24	11:23
♈	Jan 26	20:10
♉	Jan 29	2:45
♊	Jan 31	6:52
♋	Fév 2	8:38
♌	Fév 4	9:01
♍	Fév 6	9:42
♎	Fév 8	12:39
♏	Fév 10	19:28
♐	Fév 13	6:15
♑	Fév 15	19:12
♒	Fév 18	7:38
♓	Fév 20	17:57
♈	Fév 23	1:58
♉	Fév 25	8:08
♊	Fév 27	12:47
♋	Mar 1	15:59
♌	Mar 3	18:00
♍	Mar 5	19:46
♎	Mar 7	22:51
♏	Mar 10	4:51
♐	Mar 12	14:34
♑	Mar 15	3:00
♒	Mar 17	15:35
♓	Mar 20	1:57
♈	Mar 22	9:23
♉	Mar 24	14:29
♊	Mar 26	18:16
♋	Mar 28	21:26
♌	Mar 31	0:22
♍	Avr 2	3:30
♎	Avr 4	7:39
♏	Avr 6	13:56
♐	Avr 8	23:12
♑	Avr 11	11:08

♒	Avr 13	23:51
♓	Avr 16	10:47
♈	Avr 18	18:26
♉	Avr 20	22:56
♊	Avr 23	1:28
♋	Avr 25	3:22
♌	Avr 27	5:44
♍	Avr 29	9:15
♎	Mai 1	14:24
♏	Mai 3	21:35
♐	Mai 6	7:09
♑	Mai 8	18:55
♒	Mai 11	7:41
♓	Mai 13	19:20
♈	Mai 16	3:56
♉	Mai 18	8:51
♊	Mai 20	10:51
♋	Mai 22	11:27
♌	Mai 24	12:18
♍	Mai 26	14:50
♎	Mai 28	19:54
♏	Mai 31	3:42
♐	Juin 2	13:54
♑	Juin 5	1:51
♒	Juin 7	14:38
♓	Juin 10	2:47
♈	Juin 12	12:34
♉	Juin 14	18:45
♊	Juin 16	21:21
♋	Juin 18	21:32
♌	Juin 20	21:06
♍	Juin 22	22:01
♎	Juin 25	1:51
♏	Juin 27	9:17
♐	Juin 29	19:46
♑	Juil 2	8:03
♒	Juil 4	20:50
♓	Juil 7	9:03
♈	Juil 9	19:34
♉	Juil 12	3:12
♊	Juil 14	7:17
♋	Juil 16	8:14
♌	Juil 18	7:34
♍	Juil 20	7:19
♎	Juil 22	9:33
♏	Juil 24	15:41
♐	Juil 27	1:40
♑	Juil 29	14:01
♒	Août 1	2:50
♓	Août 3	14:49
♈	Août 6	1:20
♉	Août 8	9:43
♊	Août 10	15:17
♋	Août 12	17:49
♌	Août 14	18:06
♍	Août 16	17:49
♎	Août 18	19:04

(suite)

Table B-2 : la Lune *(suite)*

♏	Août 20	23:44
♐	Août 23	8:34
♑	Août 25	20:31
♒	Août 28	9:18
♓	Août 30	21:03
♈	Sept 2	7:03
♉	Sept 4	15:10
♊	Sept 6	21:18
♋	Sept 9	1:12
♌	Sept 11	3:03
♍	Sept 13	3:51
♎	Sept 15	5:16
♏	Sept 17	9:11
♐	Sept 19	16:49
♑	Sept 22	3:58
♒	Sept 24	16:38
♓	Sept 27	4:24
♈	Sept 29	13:58
♉	Oct 1	21:15
♊	Oct 4	2:44
♋	Oct 6	6:47
♌	Oct 8	9:41
♍	Oct 10	11:57
♎	Oct 12	14:31
♏	Oct 14	18:45
♐	Oct 17	1:53
♑	Oct 19	12:14
♒	Oct 22	0:39
♓	Oct 24	12:45
♈	Oct 26	22:31
♉	Oct 29	5:16
♊	Oct 31	9:36
♋	Nov 2	12:32
♌	Nov 4	15:03
♍	Nov 6	17:55
♎	Nov 8	21:42
♏	Nov 11	3:03
♐	Nov 13	10:33
♑	Nov 15	20:37
♒	Nov 18	8:45
♓	Nov 20	21:16
♈	Nov 23	7:53
♉	Nov 25	15:06
♊	Nov 27	18:55
♋	Nov 29	20:31
♌	Déc 1	21:30
♍	Déc 3	23:23
♎	Déc 6	3:14
♏	Déc 8	9:24
♐	Déc 10	17:49
♑	Déc 13	4:14
♒	Déc 15	16:16
♓	Déc 18	4:59
♈	Déc 20	16:37
♉	Déc 23	1:11
♊	Déc 25	5:47
♋	Déc 27	7:03
♌	Déc 29	6:41
♍	Déc 31	6:47
1948		
♎	Jan 2	9:10
♏	Jan 4	14:51
♐	Jan 6	23:41
♑	Jan 9	10:41
♒	Jan 11	22:54
♓	Jan 14	11:35
♈	Jan 16	23:44
♉	Jan 19	9:42
♊	Jan 21	16:01
♋	Jan 23	18:23
♌	Jan 25	18:00
♍	Jan 27	16:56
♎	Jan 29	17:29
♏	Jan 31	21:27
♐	Fév 3	5:26
♑	Fév 5	16:30
♒	Fév 8	4:59
♓	Fév 10	17:37
♈	Fév 13	5:37
♉	Fév 15	16:08
♊	Fév 17	23:56
♋	Fév 20	4:09
♌	Fév 22	5:07
♍	Fév 24	4:22
♎	Fév 26	4:05
♏	Fév 28	6:24
♐	Mar 1	12:41
♑	Mar 3	22:50
♒	Mar 6	11:14
♓	Mar 8	23:53
♈	Mar 11	11:33
♉	Mar 13	21:40
♊	Mar 16	5:45
♋	Mar 18	11:14
♌	Mar 20	13:58
♍	Mar 22	14:42
♎	Mar 24	15:01
♏	Mar 26	16:49
♐	Mar 28	21:46
♑	Mar 31	6:34
♒	Avr 2	18:18
♓	Avr 5	6:56
♈	Avr 7	18:28
♉	Avr 10	3:58
♊	Avr 12	11:20
♋	Avr 14	16:41
♌	Avr 16	20:16
♍	Avr 18	22:30
♎	Avr 21	0:16
♏	Avr 23	2:49
♐	Avr 25	7:31
♑	Avr 27	15:22
♒	Avr 30	2:16
♓	Mai 2	14:44
♈	Mai 5	2:28
♉	Mai 7	11:48
♊	Mai 9	18:20
♋	Mai 11	22:38
♌	Mai 14	1:39
♍	Mai 16	4:14
♎	Mai 18	7:07
♏	Mai 20	10:56
♐	Mai 22	16:22
♑	Mai 25	0:08
♒	Mai 27	10:31
♓	Mai 29	22:46
♈	Juin 1	10:55
♉	Juin 3	20:43
♊	Juin 6	3:06
♋	Juin 8	6:28
♌	Juin 10	8:11
♍	Juin 12	9:49
♎	Juin 14	12:33
♏	Juin 16	17:03
♐	Juin 18	23:28
♑	Juin 21	7:51
♒	Juin 23	18:15
♓	Juin 26	6:23
♈	Juin 28	18:56
♉	Juil 1	5:40
♊	Juil 3	12:48
♋	Juil 5	16:07
♌	Juil 7	16:53
♍	Juil 9	17:03
♎	Juil 11	18:31
♏	Juil 13	22:28
♐	Juil 16	5:11
♑	Juil 18	14:13
♒	Juil 21	1:02
♓	Juil 23	13:13
♈	Juil 26	1:57
♉	Juil 28	13:34
♊	Juil 30	22:01
♋	Août 2	2:20
♌	Août 4	3:13
♍	Août 6	2:32
♎	Août 8	2:30
♏	Août 10	4:57
♐	Août 12	10:49
♑	Août 14	19:51
♒	Août 17	7:02
♓	Août 19	19:23
♈	Août 22	8:05
♉	Août 24	20:03
♊	Août 27	5:40
♋	Août 29	11:34
♌	Août 31	13:41
♍	Sept 2	13:20
♎	Sept 4	12:35
♏	Sept 6	13:34
♐	Sept 8	17:52
♑	Sept 11	1:56
♒	Sept 13	12:58
♓	Sept 16	1:27
♈	Sept 18	14:02
♉	Sept 21	1:45
♊	Sept 23	11:40
♋	Sept 25	18:46
♌	Sept 27	22:35
♍	Sept 29	23:40
♎	Oct 1	23:30
♏	Oct 3	23:58
♐	Oct 6	2:55
♑	Oct 8	9:31
♒	Oct 10	19:42
♓	Oct 13	8:03
♈	Oct 15	20:36
♉	Oct 18	7:54
♊	Oct 20	17:15
♋	Oct 23	0:21
♌	Oct 25	5:10
♍	Oct 27	7:53
♎	Oct 29	9:16
♏	Oct 31	10:31
♐	Nov 2	13:10
♑	Nov 4	18:39
♒	Nov 7	3:41
♓	Nov 9	15:34
♈	Nov 12	4:12
♉	Nov 14	15:24
♊	Nov 17	0:02
♋	Nov 19	6:11
♌	Nov 21	10:32
♍	Nov 23	13:48
♎	Nov 25	16:33
♏	Nov 27	19:19
♐	Nov 29	22:52
♑	Déc 2	4:16
♒	Déc 4	12:32
♓	Déc 6	23:46
♈	Déc 9	12:30
♉	Déc 12	0:09
♊	Déc 14	8:44
♋	Déc 16	14:01
♌	Déc 18	17:03
♍	Déc 20	19:19
♎	Déc 22	21:59
♏	Déc 25	1:39
♐	Déc 27	6:29
♑	Déc 29	12:47
♒	Déc 31	21:07
1949		
♓	Jan 3	7:58
♈	Jan 5	20:40
♉	Jan 8	9:03
♊	Jan 10	18:31
♋	Jan 12	23:57
♌	Jan 15	2:08
♍	Jan 17	2:52
♎	Jan 19	4:03
♏	Jan 21	6:59
♐	Jan 23	12:09
♑	Jan 25	19:22
♒	Jan 28	4:26
♓	Jan 30	15:26
♈	Fév 2	4:04
♉	Fév 4	16:57
♊	Fév 7	3:40
♋	Fév 9	10:22
♌	Fév 11	13:00
♍	Fév 13	13:05
♎	Fév 15	12:44
♏	Fév 17	13:53
♐	Fév 19	17:49
♑	Fév 22	0:50
♒	Fév 24	10:26
♓	Fév 26	21:54
♈	Mar 1	10:36
♉	Mar 3	23:33
♊	Mar 6	11:05
♋	Mar 8	19:21
♌	Mar 10	23:33
♍	Mar 13	0:24
♎	Mar 14	23:40
♏	Mar 16	23:25
♐	Mar 19	1:31
♑	Mar 21	7:04
♒	Mar 23	16:10
♓	Mar 26	3:50
♈	Mar 28	16:41
♉	Mar 31	5:29
♊	Avr 2	17:03
♋	Avr 5	2:10
♌	Avr 7	7:59
♍	Avr 9	10:32
♎	Avr 11	10:48
♏	Avr 13	10:27
♐	Avr 15	11:23
♑	Avr 17	15:16
♒	Avr 19	22:59
♓	Avr 22	10:08
♈	Avr 24	23:01
♉	Avr 27	11:41
♊	Avr 29	22:48
♋	Mai 2	7:43
♌	Mai 4	14:11
♍	Mai 6	18:11
♎	Mai 8	20:07
♏	Mai 10	20:54
♐	Mai 12	21:57
♑	Mai 15	0:57
♒	Mai 17	7:19
♓	Mai 19	17:26

(suite)

Table B-2 : la Lune *(suite)*

♈	Mai 22	6:02
♉	Mai 24	18:42
♊	Mai 27	5:27
♋	Mai 29	13:39
♌	Mai 31	19:36
♍	Juin 2	23:53
♎	Juin 5	2:57
♏	Juin 7	5:13
♐	Juin 9	7:24
♑	Juin 11	10:40
♒	Juin 13	16:26
♓	Juin 16	1:38
♈	Juin 18	13:45
♉	Juin 21	2:30
♊	Juin 23	13:20
♋	Juin 25	21:01
♌	Juin 28	2:01
♍	Juin 30	5:27
♎	Juil 2	8:22
♏	Juil 4	11:22
♐	Juil 6	14:45
♑	Juil 8	19:02
♒	Juil 11	1:09
♓	Juil 13	10:01
♈	Juil 15	21:43
♉	Juil 18	10:36
♊	Juil 20	21:57
♋	Juil 23	5:52
♌	Juil 25	10:19
♍	Juil 27	12:36
♎	Juil 29	14:20
♏	Juil 31	16:44
♐	Août 2	20:25
♑	Août 5	1:36
♒	Août 7	8:34
♓	Août 9	17:45
♈	Août 12	5:20
♉	Août 14	18:18
♊	Août 17	6:23
♋	Août 19	15:15
♌	Août 21	20:08
♍	Août 23	21:56
♎	Août 25	22:24
♏	Août 27	23:20
♐	Août 30	2:00
♑	Sept 1	7:05
♒	Sept 3	14:37
♓	Sept 6	0:26
♈	Sept 8	12:13
♉	Sept 11	1:12
♊	Sept 13	13:47
♋	Sept 15	23:52
♌	Sept 18	6:04
♍	Sept 20	8:34
♎	Sept 22	8:41
♏	Sept 24	8:20
♐	Sept 26	9:21
♑	Sept 28	13:07
♒	Sept 30	20:13
♓	Oct 3	6:19
♈	Oct 5	18:27
♉	Oct 8	7:26
♊	Oct 10	20:02
♋	Oct 13	6:51
♌	Oct 15	14:35
♍	Oct 17	18:42
♎	Oct 19	19:48
♏	Oct 21	19:18
♐	Oct 23	19:08
♑	Oct 25	21:10
♒	Oct 28	2:50
♓	Oct 30	12:21
♈	Nov 2	0:34
♉	Nov 4	13:37
♊	Nov 7	1:55
♋	Nov 9	12:35
♌	Nov 11	21:00
♍	Nov 14	2:42
♎	Nov 16	5:35
♏	Nov 18	6:18
♐	Nov 20	6:15
♑	Nov 22	7:19
♒	Nov 24	11:24
♓	Nov 26	19:35
♈	Nov 29	7:18
♉	Déc 1	20:22
♊	Déc 4	8:28
♋	Déc 6	18:31
♌	Déc 9	2:28
♍	Déc 11	8:31
♎	Déc 13	12:45
♏	Déc 15	15:13
♐	Déc 17	16:32
♑	Déc 19	18:00
♒	Déc 21	21:24
♓	Déc 24	4:20
♈	Déc 26	15:05
♉	Déc 29	3:58
♊	Déc 31	16:13
1950		
♋	Jan 3	1:56
♌	Jan 5	8:58
♍	Jan 7	14:06
♎	Jan 9	18:08
♏	Jan 11	21:28
♐	Jan 14	0:16
♑	Jan 16	3:06
♒	Jan 18	7:07
♓	Jan 20	13:41
♈	Jan 22	23:37
♉	Jan 25	12:08
♊	Jan 28	0:43
♋	Jan 30	10:50
♌	Fév 1	17:34
♍	Fév 3	21:37
♎	Fév 6	0:19
♏	Fév 8	2:50
♐	Fév 10	5:51
♑	Fév 12	9:45
♒	Fév 14	14:57
♓	Fév 16	22:11
♈	Fév 19	8:01
♉	Fév 21	20:12
♊	Fév 24	9:03
♋	Fév 26	20:03
♌	Mar 1	3:30
♍	Mar 3	7:24
♎	Mar 5	9:00
♏	Mar 7	9:55
♐	Mar 9	11:37
♑	Mar 11	15:07
♒	Mar 13	20:52
♓	Mar 16	4:59
♈	Mar 18	15:21
♉	Mar 21	3:32
♊	Mar 23	16:28
♋	Mar 26	4:17
♌	Mar 28	13:04
♍	Mar 30	18:01
♎	Avr 1	19:41
♏	Avr 3	19:35
♐	Avr 5	19:37
♑	Avr 7	21:29
♒	Avr 10	2:24
♓	Avr 12	10:38
♈	Avr 14	21:32
♉	Avr 17	10:00
♊	Avr 19	22:54
♋	Avr 22	11:02
♌	Avr 24	20:57
♍	Avr 27	3:30
♎	Avr 29	6:25
♏	Mai 1	6:37
♐	Mai 3	5:50
♑	Mai 5	6:08
♒	Mai 7	9:22
♓	Mai 9	16:34
♈	Mai 12	3:18
♉	Mai 14	15:59
♊	Mai 17	4:52
♋	Mai 19	16:50
♌	Mai 22	3:06
♍	Mai 24	10:50
♎	Mai 26	15:26
♏	Mai 28	17:01
♐	Mai 30	16:43
♑	Juin 1	16:27
♒	Juin 3	18:18
♓	Juin 5	23:57
♈	Juin 8	9:44
♉	Juin 10	22:12
♊	Juin 13	11:05
♋	Juin 15	22:45
♌	Juin 18	8:37
♍	Juin 20	16:31
♎	Juin 22	22:09
♏	Juin 25	1:19
♐	Juin 27	2:26
♑	Juin 29	2:48
♒	Juil 1	4:19
♓	Juil 3	8:51
♈	Juil 5	17:24
♉	Juil 8	5:13
♊	Juil 10	18:02
♋	Juil 13	5:34
♌	Juil 15	14:52
♍	Juil 17	22:05
♎	Juil 20	3:34
♏	Juil 22	7:27
♐	Juil 24	9:55
♑	Juil 26	11:39
♒	Juil 28	13:55
♓	Juil 30	18:19
♈	Août 2	2:03
♉	Août 4	13:06
♊	Août 7	1:44
♋	Août 9	13:27
♌	Août 11	22:36
♍	Août 14	5:03
♎	Août 16	9:31
♏	Août 18	12:49
♐	Août 20	15:36
♑	Août 22	18:23
♒	Août 24	21:53
♓	Août 27	3:02
♈	Août 29	10:45
♉	Août 31	21:19
♊	Sept 3	9:45
♋	Sept 5	21:54
♌	Sept 8	7:34
♍	Sept 10	13:55
♎	Sept 12	17:28
♏	Sept 14	19:27
♐	Sept 16	21:12
♑	Sept 18	23:49
♒	Sept 21	3:59
♓	Sept 23	10:09
♈	Sept 25	18:32
♉	Sept 28	5:08
♊	Sept 30	17:26
♋	Oct 3	5:59
♌	Oct 5	16:40
♍	Oct 7	23:54
♎	Oct 10	3:29
♏	Oct 12	4:31
♐	Oct 14	4:44
♑	Oct 16	5:55
♒	Oct 18	9:27
♓	Oct 20	15:53
♈	Oct 23	0:59
♉	Oct 25	12:03
♊	Oct 28	0:22
♋	Oct 30	13:03
♌	Nov 2	0:38
♍	Nov 4	9:21
♎	Nov 6	14:10
♏	Nov 8	15:29
♐	Nov 10	14:51
♑	Nov 12	14:25
♒	Nov 14	16:14
♓	Nov 16	21:38
♈	Nov 19	6:39
♉	Nov 21	18:08
♊	Nov 24	6:38
♋	Nov 26	19:13
♌	Nov 29	7:02
♍	Déc 1	16:53
♎	Déc 3	23:29
♏	Déc 6	2:19
♐	Déc 8	2:17
♑	Déc 10	1:16
♒	Déc 12	1:34
♓	Déc 14	5:11
♈	Déc 16	12:58
♉	Déc 19	0:10
♊	Déc 21	12:49
♋	Déc 24	1:18
♌	Déc 26	12:45
♍	Déc 28	22:41
♎	Déc 31	6:20
1951		
♏	Jan 2	10:58
♐	Jan 4	12:38
♑	Jan 6	12:32
♒	Jan 8	12:35
♓	Jan 10	14:56
♈	Jan 12	21:05
♉	Jan 15	7:10
♊	Jan 17	19:36
♋	Jan 20	8:06
♌	Jan 22	19:12
♍	Jan 25	4:26
♎	Jan 27	11:46
♏	Jan 29	17:04
♐	Jan 31	20:16
♑	Fév 2	21:52
♒	Fév 4	23:04
♓	Fév 7	1:29
♈	Fév 9	6:43
♉	Fév 11	15:33
♊	Fév 14	3:18
♋	Fév 16	15:51
♌	Fév 19	3:01

(suite)

Table B-2 : la Lune *(suite)*

♍	Fév 21	11:43
♎	Fév 23	18:01
♏	Fév 25	22:31
♐	Fév 28	1:49
♑	Mar 2	4:29
♒	Mar 4	7:11
♓	Mar 6	10:45
♈	Mar 8	16:16
♉	Mar 11	0:33
♊	Mar 13	11:36
♋	Mar 16	0:06
♌	Mar 18	11:44
♍	Mar 20	20:39
♎	Mar 23	2:21
♏	Mar 25	5:36
♐	Mar 27	7:40
♑	Mar 29	9:51
♒	Mar 31	13:02
♓	Avr 2	17:44
♈	Avr 5	0:16
♉	Avr 7	8:52
♊	Avr 9	19:41
♋	Avr 12	8:04
♌	Avr 14	20:18
♍	Avr 17	6:07
♎	Avr 19	12:13
♏	Avr 21	14:55
♐	Avr 23	15:40
♑	Avr 25	16:20
♒	Avr 27	18:32
♓	Avr 29	23:13
♈	Mai 2	6:26
♉	Mai 4	15:47
♊	Mai 7	2:51
♋	Mai 9	15:13
♌	Mai 12	3:49
♍	Mai 14	14:44
♎	Mai 16	22:05
♏	Mai 19	1:23
♐	Mai 21	1:44
♑	Mai 23	1:07
♒	Mai 25	1:41
♓	Mai 27	5:05
♈	Mai 29	11:53
♉	Mai 31	21:33
♊	Juin 3	9:03
♋	Juin 5	21:31
♌	Juin 8	10:12
♍	Juin 10	21:47
♎	Juin 13	6:31
♏	Juin 15	11:17
♐	Juin 17	12:26
♑	Juin 19	11:38
♒	Juin 21	11:04
♓	Juin 23	12:49
♈	Juin 25	18:13
♉	Juin 28	3:17
♊	Juin 30	14:51
♋	Juil 3	3:27
♌	Juil 5	16:00
♍	Juil 8	3:36
♎	Juil 10	13:04
♏	Juil 12	19:19
♐	Juil 14	22:03
♑	Juil 16	22:14
♒	Juil 18	21:41
♓	Juil 20	22:29
♈	Juil 23	2:21
♉	Juil 25	10:07
♊	Juil 27	21:08
♋	Juil 30	9:42
♌	Août 1	22:08
♍	Août 4	9:18
♎	Août 6	18:34
♏	Août 9	1:24
♐	Août 11	5:31
♑	Août 13	7:18
♒	Août 15	7:53
♓	Août 17	8:52
♈	Août 19	11:58
♉	Août 21	18:26
♊	Août 24	4:27
♋	Août 26	16:44
♌	Août 29	5:10
♍	Août 31	16:00
♎	Sept 3	0:32
♏	Sept 5	6:49
♐	Sept 7	11:11
♑	Sept 9	14:06
♒	Sept 11	16:11
♓	Sept 13	18:21
♈	Sept 15	21:47
♉	Sept 18	3:41
♊	Sept 20	12:47
♋	Sept 23	0:34
♌	Sept 25	13:08
♍	Sept 28	0:05
♎	Sept 30	8:08
♏	Oct 2	13:23
♐	Oct 4	16:48
♑	Oct 6	19:30
♒	Oct 8	22:19
♓	Oct 11	1:46
♈	Oct 13	6:19
♉	Oct 15	12:37
♊	Oct 17	21:22
♋	Oct 20	8:43
♌	Oct 22	21:25
♍	Oct 25	9:01
♎	Oct 27	17:25
♏	Oct 29	22:09
♐	Nov 1	0:20
♑	Nov 3	1:40
♒	Nov 5	3:43
♓	Nov 7	7:23
♈	Nov 9	12:52
♉	Nov 11	20:07
♊	Nov 14	5:15
♋	Nov 16	16:27
♌	Nov 19	5:12
♍	Nov 21	17:35
♎	Nov 24	3:09
♏	Nov 26	8:32
♐	Nov 28	10:20
♑	Nov 30	10:22
♒	Déc 2	10:45
♓	Déc 4	13:08
♈	Déc 6	18:18
♉	Déc 9	2:04
♊	Déc 11	11:54
♋	Déc 13	23:22
♌	Déc 16	12:05
♍	Déc 19	0:52
♎	Déc 21	11:41
♏	Déc 23	18:38
♐	Déc 25	21:27
♑	Déc 27	21:24
♒	Déc 29	20:36
♓	Déc 31	21:10
1952		
♈	Jan 3	0:42
♉	Jan 5	7:43
♊	Jan 7	17:42
♋	Jan 10	5:34
♌	Jan 12	18:19
♍	Jan 15	7:00
♎	Jan 17	18:19
♏	Jan 20	2:44
♐	Jan 22	7:22
♑	Jan 24	8:39
♒	Jan 26	8:06
♓	Jan 28	7:45
♈	Jan 30	9:33
♉	Fév 1	14:51
♊	Fév 3	23:55
♋	Fév 6	11:44
♌	Fév 9	0:36
♍	Fév 11	13:02
♎	Fév 14	0:00
♏	Fév 16	8:45
♐	Fév 18	14:42
♑	Fév 20	17:49
♒	Fév 22	18:48
♓	Fév 24	19:01
♈	Fév 26	20:11
♉	Fév 29	0:02
♊	Mar 2	7:36
♋	Mar 4	18:40
♌	Mar 7	7:30
♍	Mar 9	19:51
♎	Mar 12	6:16
♏	Mar 14	14:20
♐	Mar 16	20:15
♑	Mar 19	0:19
♒	Mar 21	2:55
♓	Mar 23	4:39
♈	Mar 25	6:34
♉	Mar 27	10:05
♊	Mar 29	16:36
♋	Avr 1	2:39
♌	Avr 3	15:10
♍	Avr 6	3:40
♎	Avr 8	13:56
♏	Avr 10	21:13
♐	Avr 13	2:08
♑	Avr 15	5:41
♒	Avr 17	8:43
♓	Avr 19	11:40
♈	Avr 21	14:56
♉	Avr 23	19:15
♊	Avr 26	1:40
♋	Avr 28	11:06
♌	Avr 30	23:12
♍	Mai 3	11:57
♎	Mai 5	22:39
♏	Mai 8	5:49
♐	Mai 10	9:50
♑	Mai 12	12:09
♒	Mai 14	14:14
♓	Mai 16	17:05
♈	Mai 18	21:07
♉	Mai 21	2:29
♊	Mai 23	9:37
♋	Mai 25	19:06
♌	Mai 28	6:59
♍	Mai 30	19:57
♎	Juin 2	7:26
♏	Juin 4	15:19
♐	Juin 6	19:21
♑	Juin 8	20:46
♒	Juin 10	21:27
♓	Juin 12	23:00
♈	Juin 15	2:29
♉	Juin 17	8:11
♊	Juin 19	16:03
♋	Juin 22	2:04
♌	Juin 24	14:02
♍	Juin 27	3:06
♎	Juin 29	15:18
♏	Juil 2	0:25
♐	Juil 4	5:27
♑	Juil 6	7:02
♒	Juil 8	6:54
♓	Juil 10	6:59
♈	Juil 12	8:56
♉	Juil 14	13:45
♊	Juil 16	21:37
♋	Juil 19	8:05
♌	Juil 21	20:20
♍	Juil 24	9:25
♎	Juil 26	21:54
♏	Juil 29	8:04
♐	Juil 31	14:37
♑	Août 2	17:27
♒	Août 4	17:41
♓	Août 6	17:05
♈	Août 8	17:33
♉	Août 10	20:46
♊	Août 13	3:36
♋	Août 15	13:52
♌	Août 18	2:19
♍	Août 20	15:22
♎	Août 23	3:42
♏	Août 25	14:10
♐	Août 27	21:53
♑	Août 30	2:24
♒	Sept 1	4:03
♓	Sept 3	4:00
♈	Sept 5	3:57
♉	Sept 7	5:48
♊	Sept 9	11:06
♋	Sept 11	20:24
♌	Sept 14	8:38
♍	Sept 16	21:42
♎	Sept 19	9:41
♏	Sept 21	19:43
♐	Sept 24	3:33
♑	Sept 26	9:06
♒	Sept 28	12:24
♓	Sept 30	13:52
♈	Oct 2	14:34
♉	Oct 4	16:05
♊	Oct 6	20:15
♋	Oct 9	4:16
♌	Oct 11	15:50
♍	Oct 14	4:51
♎	Oct 16	16:44
♏	Oct 19	2:10
♐	Oct 21	9:12
♑	Oct 23	14:28
♒	Oct 25	18:28
♓	Oct 27	21:23
♈	Oct 29	23:34
♉	Nov 1	1:58
♊	Nov 3	6:02
♋	Nov 5	13:12
♌	Nov 7	23:56
♍	Nov 10	12:47
♎	Nov 13	0:57
♏	Nov 15	10:18
♐	Nov 17	16:33
♑	Nov 19	20:40
♒	Nov 21	23:52
♓	Nov 24	2:55

(suite)

Table B-2 : la Lune *(suite)*

♈	Nov 26	6:09
♉	Nov 28	9:54
♊	Nov 30	14:53
♋	Déc 2	22:09
♌	Déc 5	8:23
♍	Déc 7	20:57
♎	Déc 10	9:35
♏	Déc 12	19:39
♐	Déc 15	2:00
♑	Déc 17	5:17
♒	Déc 19	7:02
♓	Déc 21	8:45
♈	Déc 23	11:30
♉	Déc 25	15:46
♊	Déc 27	21:48
♋	Déc 30	5:53

1953

♌	Jan 1	16:17
♍	Jan 4	4:41
♎	Jan 6	17:36
♏	Jan 9	4:44
♐	Jan 11	12:14
♑	Jan 13	15:55
♒	Jan 15	16:57
♓	Jan 17	17:07
♈	Jan 19	18:08
♉	Jan 21	21:20
♊	Jan 24	3:21
♋	Jan 26	12:07
♌	Jan 28	23:06
♍	Jan 31	11:35
♎	Fév 3	0:31
♏	Fév 5	12:21
♐	Fév 7	21:20
♑	Fév 10	2:32
♒	Fév 12	4:17
♓	Fév 14	3:58
♈	Fév 16	3:31
♉	Fév 18	4:51
♊	Fév 20	9:27
♋	Fév 22	17:48
♌	Fév 25	5:05
♍	Fév 27	17:51
♎	Mar 2	6:41
♏	Mar 4	18:31
♐	Mar 7	4:20
♑	Mar 9	11:10
♒	Mar 11	14:37
♓	Mar 13	15:17
♈	Mar 15	14:39
♉	Mar 17	14:44
♊	Mar 19	17:35
♋	Mar 22	0:29
♌	Mar 24	11:14
♍	Mar 27	0:04
♎	Mar 29	12:51
♏	Avr 1	0:19
♐	Avr 3	9:58
♑	Avr 5	17:29
♒	Avr 7	22:27
♓	Avr 10	0:49
♈	Avr 12	1:19
♉	Avr 14	1:31
♊	Avr 16	3:27
♋	Avr 18	8:53
♌	Avr 20	18:27
♍	Avr 23	6:53
♎	Avr 25	19:40
♏	Avr 28	6:52
♐	Avr 30	15:52
♑	Mai 2	22:55
♒	Mai 5	4:12
♓	Mai 7	7:46
♈	Mai 9	9:49
♉	Mai 11	11:12
♊	Mai 13	13:27
♋	Mai 15	18:16
♌	Mai 18	2:47
♍	Mai 20	14:31
♎	Mai 23	3:16
♏	Mai 25	14:32
♐	Mai 27	23:08
♑	Mai 30	5:17
♒	Juin 1	9:45
♓	Juin 3	13:12
♈	Juin 5	16:01
♉	Juin 7	18:41
♊	Juin 9	22:03
♋	Juin 12	3:17
♌	Juin 14	11:27
♍	Juin 16	22:37
♎	Juin 19	11:16
♏	Juin 21	22:57
♐	Juin 24	7:48
♑	Juin 26	13:29
♒	Juin 28	16:51
♓	Juin 30	19:08
♈	Juil 2	21:23
♉	Juil 5	0:23
♊	Juil 7	4:42
♋	Juil 9	10:54
♌	Juil 11	19:28
♍	Juil 14	6:28
♎	Juil 16	19:04
♏	Juil 19	7:17
♐	Juil 21	16:59
♑	Juil 23	23:06
♒	Juil 26	2:03
♓	Juil 28	3:07
♈	Juil 30	3:56
♉	Août 1	5:57
♊	Août 3	10:10
♋	Août 5	16:59
♌	Août 8	2:16
♍	Août 10	13:33
♎	Août 13	2:08
♏	Août 15	14:43
♐	Août 18	1:30
♑	Août 20	8:53
♒	Août 22	12:29
♓	Août 24	13:12
♈	Août 26	12:46
♉	Août 28	13:10
♊	Août 30	16:07
♋	Sept 1	22:30
♌	Sept 4	8:05
♍	Sept 6	19:47
♎	Sept 9	8:27
♏	Sept 11	21:05
♐	Sept 14	8:32
♑	Sept 16	17:21
♒	Sept 18	22:30
♓	Sept 21	0:06
♈	Sept 22	23:30
♉	Sept 24	22:45
♊	Sept 27	0:01
♋	Sept 29	4:56
♌	Oct 1	13:53
♍	Oct 4	1:40
♎	Oct 6	14:28
♏	Oct 9	2:56
♐	Oct 11	14:19
♑	Oct 13	23:51
♒	Oct 16	6:34
♓	Oct 18	9:55
♈	Oct 20	10:27
♉	Oct 22	9:47
♊	Oct 24	10:04
♋	Oct 26	13:24
♌	Oct 28	20:55
♍	Oct 31	8:04
♎	Nov 2	20:51
♏	Nov 5	9:12
♐	Nov 7	20:06
♑	Nov 10	5:18
♒	Nov 12	12:31
♓	Nov 14	17:17
♈	Nov 16	19:35
♉	Nov 18	20:15
♊	Nov 20	20:55
♋	Nov 22	23:32
♌	Nov 25	5:40
♍	Nov 27	15:41
♎	Nov 30	4:06
♏	Déc 2	16:30
♐	Déc 5	3:09
♑	Déc 7	11:33
♒	Déc 9	17:59
♓	Déc 11	22:46
♈	Déc 14	2:06
♉	Déc 16	4:22
♊	Déc 18	6:27
♋	Déc 20	9:40
♌	Déc 22	15:23
♍	Déc 25	0:24
♎	Déc 27	12:11
♏	Déc 30	0:43

1954

♐	Jan 1	11:39
♑	Jan 3	19:45
♒	Jan 6	1:09
♓	Jan 8	4:43
♈	Jan 10	7:27
♉	Jan 12	10:10
♊	Jan 14	13:29
♋	Jan 16	18:01
♌	Jan 19	0:24
♍	Jan 21	9:14
♎	Jan 23	20:30
♏	Jan 26	9:03
♐	Jan 28	20:42
♑	Jan 31	5:26
♒	Fév 2	10:38
♓	Fév 4	13:03
♈	Fév 6	14:14
♉	Fév 8	15:47
♊	Fév 10	18:54
♋	Fév 13	0:10
♌	Fév 15	7:35
♍	Fév 17	17:00
♎	Fév 20	4:14
♏	Fév 22	16:43
♐	Fév 25	5:00
♑	Fév 27	14:58
♒	Mar 1	21:07
♓	Mar 3	23:32
♈	Mar 5	23:40
♉	Mar 7	23:32
♊	Mar 10	1:06
♋	Mar 12	5:37
♌	Mar 14	13:17
♍	Mar 16	23:21
♎	Mar 19	10:57
♏	Mar 21	23:26
♐	Mar 24	11:56
♑	Mar 26	22:55
♒	Mar 29	6:37
♓	Mar 31	10:16
♈	Avr 2	10:40
♉	Avr 4	9:43
♊	Avr 6	9:40
♋	Avr 8	12:29
♌	Avr 10	19:05
♍	Avr 13	5:03
♎	Avr 15	16:58
♏	Avr 18	5:32
♐	Avr 20	17:55
♑	Avr 23	5:11
♒	Avr 25	14:02
♓	Avr 27	19:21
♈	Avr 29	21:08
♉	Mai 1	20:42
♊	Mai 3	20:06
♋	Mai 5	21:30
♌	Mai 8	2:29
♍	Mai 10	11:23
♎	Mai 12	23:03
♏	Mai 15	11:42
♐	Mai 17	23:53
♑	Mai 20	10:49
♒	Mai 22	19:48
♓	Mai 25	2:08
♈	Mai 27	5:32
♉	Mai 29	6:33
♊	Mai 31	6:41
♋	Juin 2	7:46
♌	Juin 4	11:34
♍	Juin 6	19:06
♎	Juin 9	5:59
♏	Juin 11	18:30
♐	Juin 14	6:37
♑	Juin 16	17:05
♒	Juin 19	1:26
♓	Juin 21	7:37
♈	Juin 23	11:43
♉	Juin 25	14:09
♊	Juin 27	15:41
♋	Juin 29	17:35
♌	Juil 1	21:16
♍	Juil 4	3:56
♎	Juil 6	13:53
♏	Juil 9	2:04
♐	Juil 11	14:19
♑	Juil 14	0:40
♒	Juil 16	8:19
♓	Juil 18	13:33
♈	Juil 20	17:07
♉	Juil 22	19:52
♊	Juil 24	22:30
♋	Juil 27	1:41
♌	Juil 29	6:10
♍	Juil 31	12:50
♎	Août 2	22:14
♏	Août 5	10:03
♐	Août 7	22:32
♑	Août 10	9:20
♒	Août 12	16:54
♓	Août 14	21:17
♈	Août 16	23:37
♉	Août 19	1:26
♊	Août 21	3:56
♋	Août 23	7:50
♌	Août 25	13:22

(suite)

Table B-2 : la Lune *(suite)*

♍	Août 27	20:44
♎	Août 30	6:12
♏	Sept 1	17:49
♐	Sept 4	6:32
♑	Sept 6	18:10
♒	Sept 9	2:31
♓	Sept 11	6:55
♈	Sept 13	8:22
♉	Sept 15	8:44
♊	Sept 17	9:55
♋	Sept 19	13:13
♌	Sept 21	19:04
♍	Sept 24	3:11
♎	Sept 26	13:11
♏	Sept 29	0:52
♐	Oct 1	13:41
♑	Oct 4	2:04
♒	Oct 6	11:45
♓	Oct 8	17:17
♈	Oct 10	18:58
♉	Oct 12	18:32
♊	Oct 14	18:10
♋	Oct 16	19:50
♌	Oct 19	0:41
♍	Oct 21	8:44
♎	Oct 23	19:12
♏	Oct 26	7:11
♐	Oct 28	19:59
♑	Oct 31	8:36
♒	Nov 2	19:22
♓	Nov 5	2:34
♈	Nov 7	5:42
♉	Nov 9	5:48
♊	Nov 11	4:50
♋	Nov 13	4:59
♌	Nov 15	8:03
♍	Nov 17	14:52
♎	Nov 20	1:02
♏	Nov 22	13:13
♐	Nov 25	2:01
♑	Nov 27	14:24
♒	Nov 30	1:19
♓	Déc 2	9:38
♈	Déc 4	14:35
♉	Déc 6	16:23
♊	Déc 8	16:16
♋	Déc 10	16:06
♌	Déc 12	17:48
♍	Déc 14	22:54
♎	Déc 17	7:51
♏	Déc 19	19:43
♐	Déc 22	8:35
♑	Déc 24	20:40
♒	Déc 27	7:00
♓	Déc 29	15:09
♈	Déc 31	20:56
1955		
♉	Jan 3	0:24
♊	Jan 5	2:04
♋	Jan 7	3:00
♌	Jan 9	4:41
♍	Jan 11	8:43
♎	Jan 13	16:15
♏	Jan 16	3:15
♐	Jan 18	16:01
♑	Jan 21	4:09
♒	Jan 23	13:58
♓	Jan 25	21:11
♈	Jan 28	2:19
♉	Jan 30	6:06
♊	Fév 1	9:02
♋	Fév 3	11:36
♌	Fév 5	14:28
♍	Fév 7	18:43
♎	Fév 10	1:33
♏	Fév 12	11:38
♐	Fév 15	0:07
♑	Fév 17	12:34
♒	Fév 19	22:33
♓	Fév 22	5:09
♈	Fév 24	9:06
♉	Fév 26	11:46
♊	Fév 28	14:24
♋	Mar 2	17:40
♌	Mar 4	21:48
♍	Mar 7	3:09
♎	Mar 9	10:20
♏	Mar 11	20:04
♐	Mar 14	8:13
♑	Mar 16	21:01
♒	Mar 19	7:47
♓	Mar 21	14:45
♈	Mar 23	18:09
♉	Mar 25	19:31
♊	Mar 27	20:42
♋	Mar 29	23:05
♌	Avr 1	3:20
♍	Avr 3	9:31
♎	Avr 5	17:34
♏	Avr 8	3:38
♐	Avr 10	15:41
♑	Avr 13	4:40
♒	Avr 15	16:20
♓	Avr 18	0:28
♈	Avr 20	4:29
♉	Avr 22	5:29
♊	Avr 24	5:24
♋	Avr 26	6:09
♌	Avr 28	9:09
♍	Avr 30	14:58
♎	Mai 2	23:26
♏	Mai 5	10:04
♐	Mai 7	22:19
♑	Mai 10	11:19
♒	Mai 12	23:29
♓	Mai 15	8:53
♈	Mai 17	14:21
♉	Mai 19	16:12
♊	Mai 21	15:56
♋	Mai 23	15:33
♌	Mai 25	16:52
♍	Mai 27	21:16
♎	Mai 30	5:08
♏	Juin 1	15:54
♐	Juin 4	4:24
♑	Juin 6	17:21
♒	Juin 9	5:30
♓	Juin 11	15:32
♈	Juin 13	22:24
♉	Juin 16	1:50
♊	Juin 18	2:36
♋	Juin 20	2:15
♌	Juin 22	2:36
♍	Juin 24	5:26
♎	Juin 26	11:55
♏	Juin 28	22:04
♐	Juil 1	10:34
♑	Juil 3	23:29
♒	Juil 6	11:18
♓	Juil 8	21:09
♈	Juil 11	4:33
♉	Juil 13	9:20
♊	Juil 15	11:43
♋	Juil 17	12:30
♌	Juil 19	13:03
♍	Juil 21	15:06
♎	Juil 23	20:16
♏	Juil 26	5:19
♐	Juil 28	17:24
♑	Juil 31	6:18
♒	Août 2	17:52
♓	Août 5	3:04
♈	Août 7	10:00
♉	Août 9	15:03
♊	Août 11	18:33
♋	Août 13	20:50
♌	Août 15	22:34
♍	Août 18	0:57
♎	Août 20	5:34
♏	Août 22	13:37
♐	Août 25	1:03
♑	Août 27	13:57
♒	Août 30	1:35
♓	Sept 1	10:23
♈	Sept 3	16:24
♉	Sept 5	20:36
♊	Sept 7	23:58
♋	Sept 10	3:01
♌	Sept 12	6:02
♍	Sept 14	9:33
♎	Sept 16	14:35
♏	Sept 18	22:18
♐	Sept 21	9:11
♑	Sept 23	22:01
♒	Sept 26	10:07
♓	Sept 28	19:12
♈	Oct 1	0:46
♉	Oct 3	3:52
♊	Oct 5	5:59
♋	Oct 7	8:23
♌	Oct 9	11:41
♍	Oct 11	16:11
♎	Oct 13	22:13
♏	Oct 16	6:23
♐	Oct 18	17:07
♑	Oct 21	5:52
♒	Oct 23	18:33
♓	Oct 26	4:37
♈	Oct 28	10:46
♉	Oct 30	13:30
♊	Nov 1	14:23
♋	Nov 3	15:11
♌	Nov 5	17:20
♍	Nov 7	21:36
♎	Nov 10	4:15
♏	Nov 12	13:12
♐	Nov 15	0:17
♑	Nov 17	12:59
♒	Nov 20	1:58
♓	Nov 22	13:10
♈	Nov 24	20:47
♉	Nov 27	0:27
♊	Nov 29	1:11
♋	Déc 1	0:46
♌	Déc 3	1:07
♍	Déc 5	3:50
♎	Déc 7	9:48
♏	Déc 9	18:59
♐	Déc 12	6:34
♑	Déc 14	19:23
♒	Déc 17	8:19
♓	Déc 19	20:02
♈	Déc 22	5:05
♉	Déc 24	10:33
♊	Déc 26	12:33
♋	Déc 28	12:17
♌	Déc 30	11:36
1956		
♍	Jan 1	12:31
♎	Jan 3	16:44
♏	Jan 6	1:00
♐	Jan 8	12:32
♑	Jan 11	1:33
♒	Jan 13	14:19
♓	Jan 16	1:47
♈	Jan 18	11:17
♉	Jan 20	18:11
♊	Jan 22	22:06
♋	Jan 24	23:20
♌	Jan 26	23:06
♍	Jan 28	23:17
♎	Jan 31	1:56
♏	Fév 2	8:33
♐	Fév 4	19:13
♑	Fév 7	8:08
♒	Fév 9	20:52
♓	Fév 12	7:52
♈	Fév 14	16:48
♉	Fév 16	23:48
♊	Fév 19	4:50
♋	Fév 21	7:50
♌	Fév 23	9:10
♍	Fév 25	10:05
♎	Fév 27	12:20
♏	Fév 29	17:45
♐	Mar 3	3:09
♑	Mar 5	15:32
♒	Mar 8	4:19
♓	Mar 10	15:11
♈	Mar 12	23:26
♉	Mar 15	5:32
♊	Mar 17	10:12
♋	Mar 19	13:47
♌	Mar 21	16:31
♍	Mar 23	18:53
♎	Mar 25	22:00
♏	Mar 28	3:19
♐	Mar 30	11:56
♑	Avr 1	23:37
♒	Avr 4	12:24
♓	Avr 6	23:37
♈	Avr 9	7:46
♉	Avr 11	13:03
♊	Avr 13	16:30
♋	Avr 15	19:15
♌	Avr 17	22:00
♍	Avr 20	1:17
♎	Avr 22	5:36
♏	Avr 24	11:44
♐	Avr 26	20:25
♑	Avr 29	7:44
♒	Mai 1	20:27
♓	Mai 4	8:15
♈	Mai 6	17:05
♉	Mai 8	22:24
♊	Mai 11	1:00
♋	Mai 13	2:21
♌	Mai 15	3:52
♍	Mai 17	6:40
♎	Mai 19	11:25
♏	Mai 21	18:26
♐	Mai 24	3:46
♑	Mai 26	15:11

(suite)

Table B-2 : la Lune *(suite)*

♒	Mai 29	3:52
♓	Mai 31	16:09
♈	Juin 3	2:04
♉	Juin 5	8:22
♊	Juin 7	11:09
♋	Juin 9	11:42
♌	Juin 11	11:45
♍	Juin 13	13:03
♎	Juin 15	16:58
♏	Juin 18	0:03
♐	Juin 20	9:55
♑	Juin 22	21:43
♒	Juin 25	10:26
♓	Juin 27	22:54
♈	Juin 30	9:43
♉	Juil 2	17:26
♊	Juil 4	21:26
♋	Juil 6	22:20
♌	Juil 8	21:42
♍	Juil 10	21:34
♎	Juil 12	23:54
♏	Juil 15	5:56
♐	Juil 17	15:38
♑	Juil 20	3:40
♒	Juil 22	16:28
♓	Juil 25	4:50
♈	Juil 27	15:54
♉	Juil 30	0:40
♊	Août 1	6:16
♋	Août 3	8:32
♌	Août 5	8:27
♍	Août 7	7:50
♎	Août 9	8:50
♏	Août 11	13:20
♐	Août 13	22:00
♑	Août 16	9:47
♒	Août 18	22:38
♓	Août 21	10:47
♈	Août 23	21:30
♉	Août 26	6:23
♊	Août 28	12:59
♋	Août 30	16:51
♌	Sept 1	18:14
♍	Sept 3	18:20
♎	Sept 5	19:04
♏	Sept 7	22:27
♐	Sept 10	5:46
♑	Sept 12	16:46
♒	Sept 15	5:28
♓	Sept 17	17:34
♈	Sept 20	3:47
♉	Sept 22	12:01
♊	Sept 24	18:25
♋	Sept 26	23:00
♌	Sept 29	1:49
♍	Oct 1	3:24
♎	Oct 3	5:01
♏	Oct 5	8:19
♐	Oct 7	14:46
♑	Oct 10	0:48
♒	Oct 12	13:09
♓	Oct 15	1:25
♈	Oct 17	11:35
♉	Oct 19	19:07
♊	Oct 22	0:29
♋	Oct 24	4:23
♌	Oct 26	7:27
♍	Oct 28	10:09
♎	Oct 30	13:10
♏	Nov 1	17:24
♐	Nov 3	23:56
♑	Nov 6	9:24
♒	Nov 8	21:19
♓	Nov 11	9:51
♈	Nov 13	20:36
♉	Nov 16	4:12
♊	Nov 18	8:45
♋	Nov 20	11:18
♌	Nov 22	13:10
♍	Nov 24	15:32
♎	Nov 26	19:11
♏	Nov 29	0:34
♐	Déc 1	7:59
♑	Déc 3	17:36
♒	Déc 6	5:16
♓	Déc 8	17:57
♈	Déc 11	5:37
♉	Déc 13	14:15
♊	Déc 15	19:06
♋	Déc 17	20:52
♌	Déc 19	21:11
♍	Déc 21	21:56
♎	Déc 24	0:39
♏	Déc 26	6:09
♐	Déc 28	14:20
♑	Déc 31	0:37
1957		
♒	Jan 2	12:25
♓	Jan 5	1:04
♈	Jan 7	13:23
♉	Jan 9	23:27
♊	Jan 12	5:44
♋	Jan 14	8:05
♌	Jan 16	7:50
♍	Jan 18	7:03
♎	Jan 20	7:55
♏	Jan 22	12:02
♐	Jan 24	19:52
♑	Jan 27	6:32
♒	Jan 29	18:42
♓	Fév 1	7:20
♈	Fév 3	19:42
♉	Fév 6	6:37
♊	Fév 8	14:34
♋	Fév 10	18:39
♌	Fév 12	19:19
♍	Fév 14	18:17
♎	Fév 16	17:50
♏	Fév 18	20:06
♐	Fév 21	2:23
♑	Fév 23	12:27
♒	Fév 26	0:42
♓	Fév 28	13:25
♈	Mar 3	1:31
♉	Mar 5	12:20
♊	Mar 7	21:03
♋	Mar 10	2:45
♌	Mar 12	5:12
♍	Mar 14	5:20
♎	Mar 16	4:59
♏	Mar 18	6:15
♐	Mar 20	10:54
♑	Mar 22	19:34
♒	Mar 25	7:17
♓	Mar 27	20:00
♈	Mar 30	7:55
♉	Avr 1	18:11
♊	Avr 4	2:30
♋	Avr 6	8:37
♌	Avr 8	12:24
♍	Avr 10	14:13
♎	Avr 12	15:08
♏	Avr 14	16:45
♐	Avr 16	20:43
♑	Avr 19	4:08
♒	Avr 21	14:53
♓	Avr 24	3:23
♈	Avr 26	15:22
♉	Avr 29	1:18
♊	Mai 1	8:47
♋	Mai 3	14:08
♌	Mai 5	17:54
♍	Mai 7	20:37
♎	Mai 9	22:57
♏	Mai 12	1:48
♐	Mai 14	6:13
♑	Mai 16	13:13
♒	Mai 18	23:12
♓	Mai 21	11:20
♈	Mai 23	23:34
♉	Mai 26	9:43
♊	Mai 28	16:47
♋	Mai 30	21:05
♌	Juin 1	23:45
♍	Juin 4	1:59
♎	Juin 6	4:45
♏	Juin 8	8:41
♐	Juin 10	14:09
♑	Juin 12	21:36
♒	Juin 15	7:23
♓	Juin 17	19:15
♈	Juin 20	7:46
♉	Juin 22	18:38
♊	Juin 25	2:07
♋	Juin 27	6:00
♌	Juin 29	7:31
♍	Juil 1	8:23
♎	Juil 3	10:16
♏	Juil 5	14:10
♐	Juil 7	20:20
♑	Juil 10	4:35
♒	Juil 12	14:43
♓	Juil 15	2:32
♈	Juil 17	15:14
♉	Juil 20	2:58
♊	Juil 22	11:34
♋	Juil 24	16:05
♌	Juil 26	17:16
♍	Juil 28	16:59
♎	Juil 30	17:20
♏	Août 1	20:01
♐	Août 4	1:47
♑	Août 6	10:23
♒	Août 8	21:01
♓	Août 11	9:02
♈	Août 13	21:46
♉	Août 16	10:00
♊	Août 18	19:51
♋	Août 21	1:48
♌	Août 23	3:51
♍	Août 25	3:26
♎	Août 27	2:41
♏	Août 29	3:45
♐	Août 31	8:07
♑	Sept 2	16:05
♒	Sept 5	2:50
♓	Sept 7	15:04
♈	Sept 10	3:45
♉	Sept 12	15:57
♊	Sept 15	2:26
♋	Sept 17	9:49
♌	Sept 19	13:31
♍	Sept 21	14:11
♎	Sept 23	13:33
♏	Sept 25	13:40
♐	Sept 27	16:27
♑	Sept 29	22:59
♒	Oct 2	9:04
♓	Oct 4	21:17
♈	Oct 7	9:57
♉	Oct 9	21:48
♊	Oct 12	8:01
♋	Oct 14	15:54
♌	Oct 16	20:59
♍	Oct 18	23:23
♎	Oct 21	0:03
♏	Oct 23	0:31
♐	Oct 25	2:33
♑	Oct 27	7:41
♒	Oct 29	16:32
♓	Nov 1	4:18
♈	Nov 3	17:00
♉	Nov 6	4:38
♊	Nov 8	14:09
♋	Nov 10	21:24
♌	Nov 13	2:36
♍	Nov 15	6:07
♎	Nov 17	8:25
♏	Nov 19	10:17
♐	Nov 21	12:52
♑	Nov 23	17:29
♒	Nov 26	1:16
♓	Nov 28	12:16
♈	Déc 1	0:56
♉	Déc 3	12:48
♊	Déc 5	22:00
♋	Déc 8	4:16
♌	Déc 10	8:23
♍	Déc 12	11:28
♎	Déc 14	14:23
♏	Déc 16	17:35
♐	Déc 18	21:30
♑	Déc 21	2:47
♒	Déc 23	10:19
♓	Déc 25	20:41
♈	Déc 28	9:13
♉	Déc 30	21:37
1958		
♊	Jan 2	7:21
♋	Jan 4	13:22
♌	Jan 6	16:21
♍	Jan 8	17:59
♎	Jan 10	19:52
♏	Jan 12	23:02
♐	Jan 15	3:49
♑	Jan 17	10:13
♒	Jan 19	18:22
♓	Jan 22	4:42
♈	Jan 24	17:03
♉	Jan 27	5:56
♊	Jan 29	16:47
♋	Jan 31	23:41
♌	Fév 3	2:37
♍	Fév 5	3:11
♎	Fév 7	3:23
♏	Fév 9	5:03
♐	Fév 11	9:11
♑	Fév 13	15:55
♒	Fév 16	0:51
♓	Fév 18	11:39
♈	Fév 21	0:02
♉	Fév 23	13:05
♊	Fév 26	0:52

(suite)

Table B-2 : la Lune *(suite)*

♋	Fév 28	9:17
♌	Mar 2	13:27
♍	Mar 4	14:15
♎	Mar 6	13:35
♏	Mar 8	13:34
♐	Mar 10	15:56
♑	Mar 12	21:36
♒	Mar 15	6:28
♓	Mar 17	17:41
♈	Mar 20	6:17
♉	Mar 22	19:16
♊	Mar 25	7:20
♋	Mar 27	16:53
♌	Mar 29	22:45
♍	Avr 1	1:01
♎	Avr 3	0:54
♏	Avr 5	0:16
♐	Avr 7	1:07
♑	Avr 9	5:01
♒	Avr 11	12:41
♓	Avr 13	23:38
♈	Avr 16	12:23
♉	Avr 19	1:16
♊	Avr 21	13:03
♋	Avr 23	22:46
♌	Avr 26	5:44
♍	Avr 28	9:40
♎	Avr 30	11:06
♏	Mai 2	11:14
♐	Mai 4	11:43
♑	Mai 6	14:21
♒	Mai 8	20:29
♓	Mai 11	6:27
♈	Mai 13	18:58
♉	Mai 16	7:50
♊	Mai 18	19:14
♋	Mai 21	4:23
♌	Mai 23	11:14
♍	Mai 25	16:00
♎	Mai 27	18:55
♏	Mai 29	20:33
♐	Mai 31	21:54
♑	Juin 3	0:23
♒	Juin 5	5:34
♓	Juin 7	14:24
♈	Juin 10	2:20
♉	Juin 12	15:12
♊	Juin 15	2:31
♋	Juin 17	11:04
♌	Juin 19	17:04
♍	Juin 21	21:22
♎	Juin 24	0:42
♏	Juin 26	3:30
♐	Juin 28	6:11
♑	Juin 30	9:32
♒	Juil 2	14:44
♓	Juil 4	22:57
♈	Juil 7	10:18
♉	Juil 9	23:09
♊	Juil 12	10:46
♋	Juil 14	19:15
♌	Juil 17	0:31
♍	Juil 19	3:42
♎	Juil 21	6:12
♏	Juil 23	8:57
♐	Juil 25	12:25
♑	Juil 27	16:53
♒	Juil 29	22:52
♓	Août 1	7:11
♈	Août 3	18:14
♉	Août 6	7:04
♊	Août 8	19:16
♋	Août 11	4:25
♌	Août 13	9:43
♍	Août 15	12:07
♎	Août 17	13:17
♏	Août 19	14:50
♐	Août 21	17:48
♑	Août 23	22:38
♒	Août 26	5:28
♓	Août 28	14:25
♈	Août 31	1:35
♉	Sept 2	14:24
♊	Sept 5	3:07
♋	Sept 7	13:22
♌	Sept 9	19:42
♍	Sept 11	22:19
♎	Sept 13	22:44
♏	Sept 15	22:49
♐	Sept 18	0:16
♑	Sept 20	4:13
♒	Sept 22	11:03
♓	Sept 24	20:33
♈	Sept 27	8:07
♉	Sept 29	20:58
♊	Oct 2	9:50
♋	Oct 4	21:00
♌	Oct 7	4:50
♍	Oct 9	8:49
♎	Oct 11	9:44
♏	Oct 13	9:11
♐	Oct 15	9:09
♑	Oct 17	11:23
♒	Oct 19	17:04
♓	Oct 22	2:19
♈	Oct 24	14:10
♉	Oct 27	3:07
♊	Oct 29	15:49
♋	Nov 1	3:09
♌	Nov 3	12:02
♍	Nov 5	17:45
♎	Nov 7	20:16
♏	Nov 9	20:30
♐	Nov 11	20:03
♑	Nov 13	20:54
♒	Nov 16	0:53
♓	Nov 18	8:56
♈	Nov 20	20:28
♉	Nov 23	9:30
♊	Nov 25	22:00
♋	Nov 28	8:51
♌	Nov 30	17:41
♍	Déc 3	0:18
♎	Déc 5	4:31
♏	Déc 7	6:28
♐	Déc 9	7:02
♑	Déc 11	7:46
♒	Déc 13	10:38
♓	Déc 15	17:12
♈	Déc 18	3:45
♉	Déc 20	16:38
♊	Déc 23	5:09
♋	Déc 25	15:33
♌	Déc 27	23:33
♍	Déc 30	5:41
1959		
♎	Jan 1	10:21
♏	Jan 3	13:42
♐	Jan 5	15:56
♑	Jan 7	17:50
♒	Jan 9	20:52
♓	Jan 12	2:39
♈	Jan 14	12:09
♉	Jan 17	0:33
♊	Jan 19	13:16
♋	Jan 21	23:47
♌	Jan 24	7:13
♍	Jan 26	12:13
♎	Jan 28	15:54
♏	Jan 30	19:05
♐	Fév 1	22:11
♑	Fév 4	1:29
♒	Fév 6	5:40
♓	Fév 8	11:50
♈	Fév 10	20:55
♉	Fév 13	8:47
♊	Fév 15	21:39
♋	Fév 18	8:50
♌	Fév 20	16:38
♍	Fév 22	21:06
♎	Fév 24	23:29
♏	Fév 27	1:15
♐	Mar 1	3:33
♑	Mar 3	7:06
♒	Mar 5	12:16
♓	Mar 7	19:25
♈	Mar 10	4:54
♉	Mar 12	16:37
♊	Mar 15	5:31
♋	Mar 17	17:28
♌	Mar 20	2:22
♍	Mar 22	7:28
♎	Mar 24	9:27
♏	Mar 26	9:54
♐	Mar 28	10:31
♑	Mar 30	12:49
♒	Avr 1	17:41
♓	Avr 4	1:23
♈	Avr 6	11:33
♉	Avr 8	23:32
♊	Avr 11	12:25
♋	Avr 14	0:48
♌	Avr 16	10:55
♍	Avr 18	17:27
♎	Avr 20	20:19
♏	Avr 22	20:34
♐	Avr 24	19:59
♑	Avr 26	20:32
♒	Avr 28	23:55
♓	Mai 1	6:58
♈	Mai 3	17:19
♉	Mai 6	5:39
♊	Mai 8	18:34
♋	Mai 11	6:57
♌	Mai 13	17:40
♍	Mai 16	1:38
♎	Mai 18	6:06
♏	Mai 20	7:24
♐	Mai 22	6:51
♑	Mai 24	6:24
♒	Mai 26	8:09
♓	Mai 28	13:42
♈	Mai 30	23:18
♉	Juin 2	11:37
♊	Juin 5	0:35
♋	Juin 7	12:44
♌	Juin 9	23:19
♍	Juin 12	7:50
♎	Juin 14	13:42
♏	Juin 16	16:38
♐	Juin 18	17:14
♑	Juin 20	17:01
♒	Juin 22	18:00
♓	Juin 24	22:09
♈	Juin 27	6:28
♉	Juin 29	18:11
♊	Juil 2	7:05
♋	Juil 4	19:03
♌	Juil 7	5:08
♍	Juil 9	13:15
♎	Juil 11	19:26
♏	Juil 13	23:33
♐	Juil 16	1:42
♑	Juil 18	2:42
♒	Juil 20	4:05
♓	Juil 22	7:41
♈	Juil 24	14:53
♉	Juil 27	1:43
♊	Juil 29	14:23
♋	Août 1	2:24
♌	Août 3	12:09
♍	Août 5	19:29
♎	Août 8	0:56
♏	Août 10	5:00
♐	Août 12	7:58
♑	Août 14	10:18
♒	Août 16	12:53
♓	Août 18	16:59
♈	Août 20	23:51
♉	Août 23	9:58
♊	Août 25	22:18
♋	Août 28	10:33
♌	Août 30	20:33
♍	Sept 2	3:31
♎	Sept 4	7:56
♏	Sept 6	10:53
♐	Sept 8	13:20
♑	Sept 10	16:04
♒	Sept 12	19:43
♓	Sept 15	0:54
♈	Sept 17	8:16
♉	Sept 19	18:12
♊	Sept 22	6:16
♋	Sept 24	18:49
♌	Sept 27	5:36
♍	Sept 29	13:04
♎	Oct 1	17:08
♏	Oct 3	18:54
♐	Oct 5	19:54
♑	Oct 7	21:38
♒	Oct 10	1:12
♓	Oct 12	7:06
♈	Oct 14	15:20
♉	Oct 17	1:40
♊	Oct 19	13:40
♋	Oct 22	2:22
♌	Oct 24	14:03
♍	Oct 26	22:48
♎	Oct 29	3:41
♏	Oct 31	5:14
♐	Nov 2	5:02
♑	Nov 4	5:05
♒	Nov 6	7:14
♓	Nov 8	12:35
♈	Nov 10	21:10
♉	Nov 13	8:04
♊	Nov 15	20:16
♋	Nov 18	8:57
♌	Nov 20	21:04
♍	Nov 23	7:08
♎	Nov 25	13:41
♏	Nov 27	16:21
♐	Nov 29	16:12
♑	Déc 1	15:11

(suite)

Table B-2 : la Lune *(suite)*

♒	Déc 3	15:35
♓	Déc 5	19:16
♈	Déc 8	2:59
♉	Déc 10	13:56
♊	Déc 13	2:24
♋	Déc 15	15:00
♌	Déc 18	2:58
♍	Déc 20	13:29
♎	Déc 22	21:29
♏	Déc 25	2:01
♐	Déc 27	3:15
♑	Déc 29	2:38
♒	Déc 31	2:15
1960		
♓	Jan 2	4:19
♈	Jan 4	10:21
♉	Jan 6	20:22
♊	Jan 9	8:45
♋	Jan 11	21:23
♌	Jan 14	8:59
♍	Jan 16	19:03
♎	Jan 19	3:14
♏	Jan 21	8:59
♐	Jan 23	12:02
♑	Jan 25	12:59
♒	Jan 27	13:19
♓	Jan 29	14:56
♈	Jan 31	19:39
♉	Fév 3	4:16
♊	Fév 5	15:58
♋	Fév 8	4:37
♌	Fév 10	16:08
♍	Fév 13	1:35
♎	Fév 15	8:55
♏	Fév 17	14:24
♐	Fév 19	18:12
♑	Fév 21	20:39
♒	Fév 23	22:32
♓	Fév 26	1:04
♈	Fév 28	5:38
♉	Mar 1	13:18
♊	Mar 4	0:08
♋	Mar 6	12:37
♌	Mar 9	0:25
♍	Mar 11	9:47
♎	Mar 13	16:19
♏	Mar 15	20:37
♐	Mar 17	23:37
♑	Mar 20	2:14
♒	Mar 22	5:10
♓	Mar 24	9:02
♈	Mar 26	14:29
♉	Mar 28	22:13
♊	Mar 31	8:32
♋	Avr 2	20:46
♌	Avr 5	9:01
♍	Avr 7	19:02
♎	Avr 10	1:35
♏	Avr 12	5:01
♐	Avr 14	6:37
♑	Avr 16	8:01
♒	Avr 18	10:32
♓	Avr 20	14:55
♈	Avr 22	21:23
♉	Avr 25	5:50
♊	Avr 27	16:16
♋	Avr 30	4:22
♌	Mai 2	16:59
♍	Mai 5	3:59
♎	Mai 7	11:30
♏	Mai 9	15:07
♐	Mai 11	15:55
♑	Mai 13	15:50
♒	Mai 15	16:51
♓	Mai 17	20:23
♈	Mai 20	2:55
♉	Mai 22	12:00
♊	Mai 24	22:55
♋	Mai 27	11:06
♌	Mai 29	23:50
♍	Juin 1	11:38
♎	Juin 3	20:31
♏	Juin 6	1:20
♐	Juin 8	2:31
♑	Juin 10	1:48
♒	Juin 12	1:23
♓	Juin 14	3:17
♈	Juin 16	8:42
♉	Juin 18	17:33
♊	Juin 21	4:46
♋	Juin 23	17:10
♌	Juin 26	5:51
♍	Juin 28	17:53
♎	Juil 1	3:46
♏	Juil 3	10:08
♐	Juil 5	12:42
♑	Juil 7	12:34
♒	Juil 9	11:43
♓	Juil 11	12:19
♈	Juil 13	16:07
♉	Juil 15	23:48
♊	Juil 18	10:40
♋	Juil 20	23:09
♌	Juil 23	11:46
♍	Juil 25	23:31
♎	Juil 28	9:33
♏	Juil 30	16:55
♐	Août 1	21:04
♑	Août 3	22:25
♒	Août 5	22:21
♓	Août 7	22:42
♈	Août 10	1:21
♉	Août 12	7:36
♊	Août 14	17:29
♋	Août 17	5:43
♌	Août 19	18:18
♍	Août 22	5:41
♎	Août 24	15:09
♏	Août 26	22:24
♐	Août 29	3:19
♑	Août 31	6:09
♒	Sept 2	7:35
♓	Sept 4	8:51
♈	Sept 6	11:26
♉	Sept 8	16:44
♊	Sept 11	1:31
♋	Sept 13	13:10
♌	Sept 16	1:46
♍	Sept 18	13:07
♎	Sept 20	21:58
♏	Sept 23	4:18
♐	Sept 25	8:42
♑	Sept 27	11:54
♒	Sept 29	14:32
♓	Oct 1	17:14
♈	Oct 3	20:46
♉	Oct 6	2:09
♊	Oct 8	10:16
♋	Oct 10	21:18
♌	Oct 13	9:55
♍	Oct 15	21:40
♎	Oct 18	6:32
♏	Oct 20	12:06
♐	Oct 22	15:16
♑	Oct 24	17:28
♒	Oct 26	19:57
♓	Oct 28	23:26
♈	Oct 31	4:11
♉	Nov 2	10:27
♊	Nov 4	18:44
♋	Nov 7	5:26
♌	Nov 9	17:59
♍	Nov 12	6:24
♎	Nov 14	16:07
♏	Nov 16	21:53
♐	Nov 19	0:17
♑	Nov 21	1:02
♒	Nov 23	2:04
♓	Nov 25	4:49
♈	Nov 27	9:51
♉	Nov 29	17:00
♊	Déc 2	2:01
♋	Déc 4	12:52
♌	Déc 7	1:21
♍	Déc 9	14:13
♎	Déc 12	1:10
♏	Déc 14	8:13
♐	Déc 16	11:07
♑	Déc 18	11:16
♒	Déc 20	10:49
♓	Déc 22	11:47
♈	Déc 24	15:34
♉	Déc 26	22:30
♊	Déc 29	8:01
♋	Déc 31	19:22
1961		
♌	Jan 3	7:54
♍	Jan 5	20:48
♎	Jan 8	8:31
♏	Jan 10	17:09
♐	Jan 12	21:40
♑	Jan 14	22:41
♒	Jan 16	21:55
♓	Jan 18	21:32
♈	Jan 20	23:26
♉	Jan 23	4:51
♊	Jan 25	13:50
♋	Jan 28	1:22
♌	Jan 30	14:05
♍	Fév 2	2:48
♎	Fév 4	14:27
♏	Fév 6	23:51
♐	Fév 9	6:01
♑	Fév 11	8:50
♒	Fév 13	9:14
♓	Fév 15	8:53
♈	Fév 17	9:41
♉	Fév 19	13:21
♊	Fév 21	20:51
♋	Fév 24	7:49
♌	Fév 26	20:34
♍	Mar 1	9:12
♎	Mar 3	20:21
♏	Mar 6	5:24
♐	Mar 8	12:04
♑	Mar 10	16:19
♒	Mar 12	18:29
♓	Mar 14	19:26
♈	Mar 16	20:32
♉	Mar 18	23:25
♊	Mar 21	5:32
♋	Mar 23	15:22
♌	Mar 26	3:48
♍	Mar 28	16:30
♎	Mar 31	3:21
♏	Avr 2	11:36
♐	Avr 4	17:34
♑	Avr 6	21:52
♒	Avr 9	1:03
♓	Avr 11	3:31
♈	Avr 13	5:55
♉	Avr 15	9:16
♊	Avr 17	14:55
♋	Avr 19	23:50
♌	Avr 22	11:43
♍	Avr 25	0:31
♎	Avr 27	11:34
♏	Avr 29	19:27
♐	Mai 2	0:25
♑	Mai 4	3:40
♒	Mai 6	6:24
♓	Mai 8	9:23
♈	Mai 10	12:56
♉	Mai 12	17:25
♊	Mai 14	23:34
♋	Mai 17	8:17
♌	Mai 19	19:45
♍	Mai 22	8:38
♎	Mai 24	20:18
♏	Mai 27	4:34
♐	Mai 29	9:11
♑	Mai 31	11:20
♒	Juin 2	12:45
♓	Juin 4	14:50
♈	Juin 6	18:23
♉	Juin 8	23:38
♊	Juin 11	6:40
♋	Juin 13	15:50
♌	Juin 16	3:16
♍	Juin 18	16:12
♎	Juin 21	4:32
♏	Juin 23	13:51
♐	Juin 25	19:05
♑	Juin 27	21:00
♒	Juin 29	21:18
♓	Juil 1	21:52
♈	Juil 4	0:12
♉	Juil 6	5:01
♊	Juil 8	12:27
♋	Juil 10	22:13
♌	Juil 13	9:56
♍	Juil 15	22:55
♎	Juil 18	11:39
♏	Juil 20	22:04
♐	Juil 23	4:42
♑	Juil 25	7:28
♒	Juil 27	7:41
♓	Juil 29	7:13
♈	Juil 31	7:56
♉	Août 2	11:19
♊	Août 4	18:04
♋	Août 7	3:56
♌	Août 9	15:59
♍	Août 12	5:00
♎	Août 14	17:44
♏	Août 17	4:44
♐	Août 19	12:44
♑	Août 21	17:07
♒	Août 23	18:25
♓	Août 25	18:02
♈	Août 27	17:49
♉	Août 29	19:37
♊	Sept 1	0:53

(suite)

Table B-2 : la Lune *(suite)*

♋	Sept 3	10:00
♌	Sept 5	22:01
♍	Sept 8	11:05
♎	Sept 10	23:33
♏	Sept 13	10:23
♐	Sept 15	18:54
♑	Sept 18	0:42
♒	Sept 20	3:43
♓	Sept 22	4:36
♈	Sept 24	4:40
♉	Sept 26	5:42
♊	Sept 28	9:31
♋	Sept 30	17:19
♌	Oct 3	4:43
♍	Oct 5	17:45
♎	Oct 8	6:04
♏	Oct 10	16:19
♐	Oct 13	0:21
♑	Oct 15	6:24
♒	Oct 17	10:37
♓	Oct 19	13:10
♈	Oct 21	14:36
♉	Oct 23	16:07
♊	Oct 25	19:24
♋	Oct 28	2:03
♌	Oct 30	12:30
♍	Nov 2	1:17
♎	Nov 4	13:42
♏	Nov 6	23:40
♐	Nov 9	6:51
♑	Nov 11	11:59
♒	Nov 13	15:59
♓	Nov 15	19:18
♈	Nov 17	22:10
♉	Nov 20	1:03
♊	Nov 22	4:59
♋	Nov 24	11:20
♌	Nov 26	21:01
♍	Nov 29	9:25
♎	Déc 1	22:08
♏	Déc 4	8:30
♐	Déc 6	15:25
♑	Déc 8	19:31
♒	Déc 10	22:11
♓	Déc 13	0:41
♈	Déc 15	3:44
♉	Déc 17	7:39
♊	Déc 19	12:47
♋	Déc 21	19:50
♌	Déc 24	5:26
♍	Déc 26	17:29
♎	Déc 29	6:26
♏	Déc 31	17:42
1962		
♐	Jan 3	1:23
♑	Jan 5	5:24
♒	Jan 7	7:00
♓	Jan 9	7:53
♈	Jan 11	9:34
♉	Jan 13	13:01
♊	Jan 15	18:42
♋	Jan 18	2:39
♌	Jan 20	12:50
♍	Jan 23	0:53
♎	Jan 25	13:52
♏	Jan 28	1:54
♐	Jan 30	10:59
♑	Fév 1	16:09
♒	Fév 3	17:57
♓	Fév 5	17:53
♈	Fév 7	17:50
♉	Fév 9	19:35
♊	Fév 12	0:18
♋	Fév 14	8:20
♌	Fév 16	19:04
♍	Fév 19	7:27
♎	Fév 21	20:22
♏	Fév 24	8:36
♐	Fév 26	18:46
♑	Mar 1	1:38
♒	Mar 3	4:52
♓	Mar 5	5:16
♈	Mar 7	4:32
♉	Mar 9	4:40
♊	Mar 11	7:35
♋	Mar 13	14:25
♌	Mar 16	0:56
♍	Mar 18	13:33
♎	Mar 21	2:28
♏	Mar 23	14:29
♐	Mar 26	0:49
♑	Mar 28	8:46
♒	Mar 30	13:43
♓	Avr 1	15:42
♈	Avr 3	15:41
♉	Avr 5	15:25
♊	Avr 7	17:00
♋	Avr 9	22:12
♌	Avr 12	7:36
♍	Avr 14	19:57
♎	Avr 17	8:54
♏	Avr 19	20:37
♐	Avr 22	6:27
♑	Avr 24	14:20
♒	Avr 26	20:08
♓	Avr 28	23:40
♈	Mai 1	1:12
♉	Mai 3	1:49
♊	Mai 5	3:16
♋	Mai 7	7:28
♌	Mai 9	15:35
♍	Mai 12	3:11
♎	Mai 14	16:03
♏	Mai 17	3:43
♐	Mai 19	13:02
♑	Mai 21	20:08
♒	Mai 24	1:31
♓	Mai 26	5:29
♈	Mai 28	8:15
♉	Mai 30	10:17
♊	Juin 1	12:40
♋	Juin 3	16:56
♌	Juin 6	0:23
♍	Juin 8	11:12
♎	Juin 10	23:51
♏	Juin 13	11:45
♐	Juin 15	21:03
♑	Juin 18	3:30
♒	Juin 20	7:49
♓	Juin 22	10:59
♈	Juin 24	13:43
♉	Juin 26	16:34
♊	Juin 28	20:09
♋	Juil 1	1:19
♌	Juil 3	8:55
♍	Juil 5	19:22
♎	Juil 8	7:48
♏	Juil 10	20:05
♐	Juil 13	6:00
♑	Juil 15	12:32
♒	Juil 17	16:07
♓	Juil 19	18:00
♈	Juil 21	19:34
♉	Juil 23	21:57
♊	Juil 26	1:57
♋	Juil 28	8:00
♌	Juil 30	16:21
♍	Août 2	2:57
♎	Août 4	15:17
♏	Août 7	3:56
♐	Août 9	14:48
♑	Août 11	22:18
♒	Août 14	2:07
♓	Août 16	3:17
♈	Août 18	3:25
♉	Août 20	4:20
♊	Août 22	7:28
♋	Août 24	13:34
♌	Août 26	22:30
♍	Août 29	9:36
♎	Août 31	22:01
♏	Sept 3	10:46
♐	Sept 5	22:26
♑	Sept 8	7:20
♒	Sept 10	12:26
♓	Sept 12	14:02
♈	Sept 14	13:33
♉	Sept 16	13:01
♊	Sept 18	14:29
♋	Sept 20	19:26
♌	Sept 23	4:07
♍	Sept 25	15:31
♎	Sept 28	4:08
♏	Sept 30	16:49
♐	Oct 3	4:40
♑	Oct 5	14:35
♒	Oct 7	21:22
♓	Oct 10	0:29
♈	Oct 12	0:40
♉	Oct 13	23:43
♊	Oct 15	23:50
♋	Oct 18	3:05
♌	Oct 20	10:30
♍	Oct 22	21:31
♎	Oct 25	10:13
♏	Oct 27	22:49
♐	Oct 30	10:19
♑	Nov 1	20:17
♒	Nov 4	4:02
♓	Nov 6	8:52
♈	Nov 8	10:45
♉	Nov 10	10:45
♊	Nov 12	10:43
♋	Nov 14	12:49
♌	Nov 16	18:40
♍	Nov 19	4:33
♎	Nov 21	16:58
♏	Nov 24	5:33
♐	Nov 26	16:43
♑	Nov 29	2:00
♒	Déc 1	9:26
♓	Déc 3	14:53
♈	Déc 5	18:17
♉	Déc 7	19:59
♊	Déc 9	21:07
♋	Déc 11	23:21
♌	Déc 14	4:20
♍	Déc 16	12:59
♎	Déc 19	0:41
♏	Déc 21	13:18
♐	Déc 24	0:33
♑	Déc 26	9:19
♒	Déc 28	15:42
♓	Déc 30	20:20
1963		
♈	Jan 1	23:48
♉	Jan 4	2:33
♊	Jan 6	5:14
♋	Jan 8	8:41
♌	Jan 10	14:01
♍	Jan 12	22:07
♎	Jan 15	9:05
♏	Jan 17	21:35
♐	Jan 20	9:20
♑	Jan 22	18:23
♒	Jan 25	0:14
♓	Jan 27	3:35
♈	Jan 29	5:44
♉	Jan 31	7:55
♊	Fév 2	11:03
♋	Fév 4	15:40
♌	Fév 6	22:06
♍	Fév 9	6:36
♎	Fév 11	17:18
♏	Fév 14	5:38
♐	Fév 16	17:57
♑	Fév 19	4:00
♒	Fév 21	10:23
♓	Fév 23	13:17
♈	Fév 25	14:05
♉	Fév 27	14:38
♊	Mar 1	16:39
♋	Mar 3	21:08
♌	Mar 6	4:15
♍	Mar 8	13:34
♎	Mar 11	0:35
♏	Mar 13	12:51
♐	Mar 16	1:27
♑	Mar 18	12:35
♒	Mar 20	20:21
♓	Mar 23	0:04
♈	Mar 25	0:38
♉	Mar 26	23:57
♊	Mar 29	0:13
♋	Mar 31	3:14
♌	Avr 2	9:45
♍	Avr 4	19:20
♎	Avr 7	6:49
♏	Avr 9	19:14
♐	Avr 12	7:48
♑	Avr 14	19:27
♒	Avr 17	4:34
♓	Avr 19	9:53
♈	Avr 21	11:30
♉	Avr 23	10:51
♊	Avr 25	10:06
♋	Avr 27	11:27
♌	Avr 29	16:25
♍	Mai 2	1:13
♎	Mai 4	12:42
♏	Mai 7	1:16
♐	Mai 9	13:42
♑	Mai 12	1:13
♒	Mai 14	10:51
♓	Mai 16	17:32
♈	Mai 18	20:48
♉	Mai 20	21:21
♊	Mai 22	20:53
♋	Mai 24	21:29
♌	Mai 27	0:59
♍	Mai 29	8:22
♎	Mai 31	19:09
♏	Juin 3	7:38

(suite)

Table B-2 : la Lune *(suite)*

♐	Juin 5	20:01
♑	Juin 8	7:07
♒	Juin 10	16:22
♓	Juin 12	23:21
♈	Juin 15	3:46
♉	Juin 17	5:54
♊	Juin 19	6:44
♋	Juin 21	7:46
♌	Juin 23	10:44
♍	Juin 25	16:56
♎	Juin 28	2:41
♏	Juin 30	14:48
♐	Juil 3	3:11
♑	Juil 5	14:03
♒	Juil 7	22:36
♓	Juil 10	4:53
♈	Juil 12	9:16
♉	Juil 14	12:15
♊	Juil 16	14:27
♋	Juil 18	16:45
♌	Juil 20	20:15
♍	Juil 23	2:06
♎	Juil 25	11:02
♏	Juil 27	22:38
♐	Juil 30	11:08
♑	Août 1	22:12
♒	Août 4	6:25
♓	Août 6	11:46
♈	Août 8	15:07
♉	Août 10	17:37
♊	Août 12	20:16
♋	Août 14	23:39
♌	Août 17	4:17
♍	Août 19	10:40
♎	Août 21	19:25
♏	Août 24	6:39
♐	Août 26	19:15
♑	Août 29	6:57
♒	Août 31	15:37
♓	Sept 2	20:37
♈	Sept 4	22:52
♉	Sept 7	0:02
♊	Sept 9	1:46
♋	Sept 11	5:08
♌	Sept 13	10:30
♍	Sept 15	17:47
♎	Sept 18	3:00
♏	Sept 20	14:10
♐	Sept 23	2:50
♑	Sept 25	15:15
♒	Sept 28	1:03
♓	Sept 30	6:46
♈	Oct 2	8:48
♉	Oct 4	8:50
♊	Oct 6	8:58
♋	Oct 8	11:01
♌	Oct 10	15:54
♍	Oct 12	23:34
♎	Oct 15	9:24
♏	Oct 17	20:53
♐	Oct 20	9:32
♑	Oct 22	22:21
♒	Oct 25	9:20
♓	Oct 27	16:36
♈	Oct 29	19:40
♉	Oct 31	19:42
♊	Nov 2	18:48
♋	Nov 4	19:08
♌	Nov 6	22:24
♍	Nov 9	5:14
♎	Nov 11	15:07
♏	Nov 14	2:57
♐	Nov 16	15:40
♑	Nov 19	4:23
♒	Nov 21	15:51
♓	Nov 24	0:32
♈	Nov 26	5:25
♉	Nov 28	6:49
♊	Nov 30	6:14
♋	Déc 2	5:45
♌	Déc 4	7:20
♍	Déc 6	12:26
♎	Déc 8	21:21
♏	Déc 11	9:04
♐	Déc 13	21:53
♑	Déc 16	10:21
♒	Déc 18	21:29
♓	Déc 21	6:28
♈	Déc 23	12:41
♉	Déc 25	15:57
♊	Déc 27	16:58
♋	Déc 29	17:07
♌	Déc 31	18:09
1964		
♍	Jan 2	21:48
♎	Jan 5	5:10
♏	Jan 7	16:04
♐	Jan 10	4:49
♑	Jan 12	17:14
♒	Jan 15	3:48
♓	Jan 17	12:04
♈	Jan 19	18:10
♉	Jan 21	22:23
♊	Jan 24	1:05
♋	Jan 26	2:51
♌	Jan 28	4:45
♍	Jan 30	8:09
♎	Fév 1	14:25
♏	Fév 4	0:12
♐	Fév 6	12:35
♑	Fév 9	1:11
♒	Fév 11	11:39
♓	Fév 13	19:09
♈	Fév 16	0:10
♉	Fév 18	3:45
♊	Fév 20	6:48
♋	Fév 22	9:49
♌	Fév 24	13:11
♍	Fév 26	17:30
♎	Fév 28	23:46
♏	Mar 2	8:54
♐	Mar 4	20:47
♑	Mar 7	9:35
♒	Mar 9	20:35
♓	Mar 12	4:05
♈	Mar 14	8:15
♉	Mar 16	10:30
♊	Mar 18	12:26
♋	Mar 20	15:11
♌	Mar 22	19:15
♍	Mar 25	0:42
♎	Mar 27	7:48
♏	Mar 29	17:03
♐	Avr 1	4:41
♑	Avr 3	17:36
♒	Avr 6	5:24
♓	Avr 8	13:47
♈	Avr 10	18:08
♉	Avr 12	19:37
♊	Avr 14	20:06
♋	Avr 16	21:23
♌	Avr 19	0:40
♍	Avr 21	6:17
♎	Avr 23	14:08
♏	Avr 26	0:01
♐	Avr 28	11:46
♑	Mai 1	0:42
♒	Mai 3	13:06
♓	Mai 5	22:43
♈	Mai 8	4:15
♉	Mai 10	6:09
♊	Mai 12	6:01
♋	Mai 14	5:53
♌	Mai 16	7:31
♍	Mai 18	12:02
♎	Mai 20	19:41
♏	Mai 23	5:58
♐	Mai 25	18:03
♑	Mai 28	7:00
♒	Mai 30	19:32
♓	Juin 2	6:01
♈	Juin 4	13:03
♉	Juin 6	16:20
♊	Juin 8	16:50
♋	Juin 10	16:16
♌	Juin 12	16:35
♍	Juin 14	19:27
♎	Juin 17	1:54
♏	Juin 19	11:49
♐	Juin 22	0:03
♑	Juin 24	13:02
♒	Juin 27	1:22
♓	Juin 29	11:56
♈	Juil 1	19:52
♉	Juil 4	0:42
♊	Juil 6	2:43
♋	Juil 8	2:57
♌	Juil 10	3:01
♍	Juil 12	4:44
♎	Juil 14	9:41
♏	Juil 16	18:32
♐	Juil 19	6:28
♑	Juil 21	19:27
♒	Juil 24	7:30
♓	Juil 26	17:36
♈	Juil 29	1:25
♉	Juil 31	7:00
♊	Août 2	10:28
♋	Août 4	12:13
♌	Août 6	13:11
♍	Août 8	14:50
♎	Août 10	18:51
♏	Août 13	2:31
♐	Août 15	13:44
♑	Août 18	2:38
♒	Août 20	14:39
♓	Août 23	0:13
♈	Août 25	7:15
♉	Août 27	12:24
♊	Août 29	16:16
♋	Août 31	19:13
♌	Sept 2	21:36
♍	Sept 5	0:12
♎	Sept 7	4:19
♏	Sept 9	11:20
♐	Sept 11	21:47
♑	Sept 14	10:30
♒	Sept 16	22:47
♓	Sept 19	8:22
♈	Sept 21	14:44
♉	Sept 23	18:46
♊	Sept 25	21:46
♋	Sept 28	0:39
♌	Sept 30	3:52
♍	Oct 2	7:42
♎	Oct 4	12:44
♏	Oct 6	19:57
♐	Oct 9	6:02
♑	Oct 11	18:32
♒	Oct 14	7:15
♓	Oct 16	17:33
♈	Oct 19	0:05
♉	Oct 21	3:24
♊	Oct 23	5:03
♋	Oct 25	6:37
♌	Oct 27	9:14
♍	Oct 29	13:25
♎	Oct 31	19:24
♏	Nov 3	3:25
♐	Nov 5	13:43
♑	Nov 8	2:06
♒	Nov 10	15:08
♓	Nov 13	2:28
♈	Nov 15	10:10
♉	Nov 17	13:57
♊	Nov 19	14:58
♋	Nov 21	15:04
♌	Nov 23	15:59
♍	Nov 25	19:02
♎	Nov 28	0:54
♏	Nov 30	9:31
♐	Déc 2	20:24
♑	Déc 5	8:53
♒	Déc 7	21:57
♓	Déc 10	10:00
♈	Déc 12	19:12
♉	Déc 15	0:33
♊	Déc 17	2:21
♋	Déc 19	2:02
♌	Déc 21	1:31
♍	Déc 23	2:42
♎	Déc 25	7:04
♏	Déc 27	15:11
♐	Déc 30	2:20
1965		
♑	Jan 1	15:06
♒	Jan 4	4:04
♓	Jan 6	16:06
♈	Jan 9	2:08
♉	Jan 11	9:10
♊	Jan 13	12:48
♋	Jan 15	13:35
♌	Jan 17	12:57
♍	Jan 19	12:55
♎	Jan 21	15:28
♏	Jan 23	22:01
♐	Jan 26	8:32
♑	Jan 28	21:21
♒	Jan 31	10:17
♓	Fév 2	21:56
♈	Fév 5	7:43
♉	Fév 7	15:24
♊	Fév 9	20:36
♋	Fév 11	23:14
♌	Fév 13	23:54
♍	Fév 16	0:05
♎	Fév 18	1:45
♏	Fév 20	6:45
♐	Fév 22	15:57
♑	Fév 25	4:17
♒	Fév 27	17:14
♓	Mar 2	4:38
♈	Mar 4	13:45

(suite)

Table B-2 : la Lune *(suite)*

♉	Mar 6	20:49
♊	Mar 9	2:14
♋	Mar 11	6:03
♌	Mar 13	8:23
♍	Mar 15	9:55
♎	Mar 17	12:04
♏	Mar 19	16:32
♐	Mar 22	0:37
♑	Mar 24	12:07
♒	Mar 27	0:59
♓	Mar 29	12:32
♈	Mar 31	21:19
♉	Avr 3	3:29
♊	Avr 5	7:55
♋	Avr 7	11:24
♌	Avr 9	14:23
♍	Avr 11	17:14
♎	Avr 13	20:38
♏	Avr 16	1:42
♐	Avr 18	9:31
♑	Avr 20	20:24
♒	Avr 23	9:04
♓	Avr 25	21:02
♈	Avr 28	6:12
♉	Avr 30	12:03
♊	Mai 2	15:26
♋	Mai 4	17:39
♌	Mai 6	19:50
♍	Mai 8	22:47
♎	Mai 11	3:04
♏	Mai 13	9:10
♐	Mai 15	17:32
♑	Mai 18	4:20
♒	Mai 20	16:50
♓	Mai 23	5:14
♈	Mai 25	15:19
♉	Mai 27	21:48
♊	Mai 30	0:58
♋	Juin 1	2:05
♌	Juin 3	2:47
♍	Juin 5	4:33
♎	Juin 7	8:29
♏	Juin 9	15:04
♐	Juin 12	0:10
♑	Juin 14	11:20
♒	Juin 16	23:51
♓	Juin 19	12:29
♈	Juin 21	23:29
♉	Juin 24	7:16
♊	Juin 26	11:18
♋	Juin 28	12:20
♌	Juin 30	11:59
♍	Juil 2	12:11
♎	Juil 4	14:43
♏	Juil 6	20:38
♐	Juil 9	5:53
♑	Juil 11	17:29
♒	Juil 14	6:08
♓	Juil 16	18:45
♈	Juil 19	6:13
♉	Juil 21	15:14
♊	Juil 23	20:48
♋	Juil 25	22:53
♌	Juil 27	22:37
♍	Juil 29	21:55
♎	Juil 31	22:54
♏	Août 3	3:20
♐	Août 5	11:49
♑	Août 7	23:22
♒	Août 10	12:09
♓	Août 13	0:37
♈	Août 15	11:57
♉	Août 17	21:27
♊	Août 20	4:20
♋	Août 22	8:04
♌	Août 24	9:01
♍	Août 26	8:36
♎	Août 28	8:52
♏	Août 30	11:54
♐	Sept 1	19:00
♑	Sept 4	5:51
♒	Sept 6	18:34
♓	Sept 9	6:56
♈	Sept 11	17:50
♉	Sept 14	2:56
♊	Sept 16	10:06
♋	Sept 18	15:01
♌	Sept 20	17:35
♍	Sept 22	18:30
♎	Sept 24	19:15
♏	Sept 26	21:47
♐	Sept 29	3:42
♑	Oct 1	13:29
♒	Oct 4	1:48
♓	Oct 6	14:14
♈	Oct 9	0:54
♉	Oct 11	9:16
♊	Oct 13	15:40
♋	Oct 15	20:27
♌	Oct 17	23:51
♍	Oct 20	2:13
♎	Oct 22	4:21
♏	Oct 24	7:31
♐	Oct 26	13:09
♑	Oct 28	22:05
♒	Oct 31	9:49
♓	Nov 2	22:23
♈	Nov 5	9:21
♉	Nov 7	17:29
♊	Nov 9	22:54
♋	Nov 12	2:29
♌	Nov 14	5:13
♍	Nov 16	7:55
♎	Nov 18	11:10
♏	Nov 20	15:37
♐	Nov 22	21:57
♑	Nov 25	6:45
♒	Nov 27	18:03
♓	Nov 30	6:40
♈	Déc 2	18:22
♉	Déc 5	3:11
♊	Déc 7	8:27
♋	Déc 9	10:57
♌	Déc 11	12:08
♍	Déc 13	13:35
♎	Déc 15	16:33
♏	Déc 17	21:40
♐	Déc 20	5:01
♑	Déc 22	14:27
♒	Déc 25	1:44
♓	Déc 27	14:17
♈	Déc 30	2:40
1966		
♉	Jan 1	12:46
♊	Jan 3	19:06
♋	Jan 5	21:40
♌	Jan 7	21:50
♍	Jan 9	21:34
♎	Jan 11	22:53
♏	Jan 14	3:08
♐	Jan 16	10:39
♑	Jan 18	20:45
♒	Jan 21	8:26
♓	Jan 23	20:58
♈	Jan 26	9:33
♉	Jan 28	20:43
♊	Jan 31	4:43
♋	Fév 2	8:41
♌	Fév 4	9:14
♍	Fév 6	8:11
♎	Fév 8	7:50
♏	Fév 10	10:15
♐	Fév 12	16:33
♑	Fév 15	2:26
♒	Fév 17	14:25
♓	Fév 20	3:05
♈	Fév 22	15:30
♉	Fév 25	2:53
♊	Fév 27	12:03
♋	Mar 1	17:48
♌	Mar 3	19:57
♍	Mar 5	19:36
♎	Mar 7	18:48
♏	Mar 9	19:47
♐	Mar 12	0:18
♑	Mar 14	8:55
♒	Mar 16	20:35
♓	Mar 19	9:19
♈	Mar 21	21:33
♉	Mar 24	8:32
♊	Mar 26	17:41
♋	Mar 29	0:23
♌	Mar 31	4:12
♍	Avr 2	5:31
♎	Avr 4	5:40
♏	Avr 6	6:30
♐	Avr 8	9:54
♑	Avr 10	17:02
♒	Avr 13	3:42
♓	Avr 15	16:13
♈	Avr 18	4:27
♉	Avr 20	15:00
♊	Avr 22	23:27
♋	Avr 25	5:48
♌	Avr 27	10:09
♍	Avr 29	12:50
♎	Mai 1	14:31
♏	Mai 3	16:23
♐	Mai 5	19:52
♑	Mai 8	2:12
♒	Mai 10	11:52
♓	Mai 12	23:55
♈	Mai 15	12:15
♉	Mai 17	22:49
♊	Mai 20	6:40
♋	Mai 22	12:00
♌	Mai 24	15:37
♍	Mai 26	18:22
♎	Mai 28	21:00
♏	Mai 31	0:11
♐	Juin 2	4:38
♑	Juin 4	11:10
♒	Juin 6	20:21
♓	Juin 9	7:57
♈	Juin 11	20:26
♉	Juin 14	7:29
♊	Juin 16	15:26
♋	Juin 18	20:05
♌	Juin 20	22:29
♍	Juin 23	0:08
♎	Juin 25	2:23
♏	Juin 27	6:04
♐	Juin 29	11:31
♑	Juil 1	18:51
♒	Juil 4	4:14
♓	Juil 6	15:39
♈	Juil 9	4:16
♉	Juil 11	16:03
♊	Juil 14	0:51
♋	Juil 16	5:44
♌	Juil 18	7:27
♍	Juil 20	7:47
♎	Juil 22	8:38
♏	Juil 24	11:32
♐	Juil 26	17:04
♑	Juil 29	1:04
♒	Juil 31	11:02
♓	Août 2	22:36
♈	Août 5	11:15
♉	Août 7	23:38
♊	Août 10	9:38
♋	Août 12	15:41
♌	Août 14	17:50
♍	Août 16	17:35
♎	Août 18	17:05
♏	Août 20	18:24
♐	Août 22	22:51
♑	Août 25	6:37
♒	Août 27	16:56
♓	Août 30	4:48
♈	Sept 1	17:27
♉	Sept 4	5:59
♊	Sept 6	16:52
♋	Sept 9	0:26
♌	Sept 11	4:01
♍	Sept 13	4:25
♎	Sept 15	3:33
♏	Sept 17	3:34
♐	Sept 19	6:21
♑	Sept 21	12:52
♒	Sept 23	22:48
♓	Sept 26	10:48
♈	Sept 28	23:29
♉	Oct 1	11:47
♊	Oct 3	22:43
♋	Oct 6	7:12
♌	Oct 8	12:25
♍	Oct 10	14:27
♎	Oct 12	14:29
♏	Oct 14	14:21
♐	Oct 16	15:59
♑	Oct 18	20:55
♒	Oct 21	5:41
♓	Oct 23	17:20
♈	Oct 26	6:03
♉	Oct 28	18:05
♊	Oct 31	4:28
♋	Nov 2	12:43
♌	Nov 4	18:36
♍	Nov 6	22:10
♎	Nov 8	23:54
♏	Nov 11	0:53
♐	Nov 13	2:36
♑	Nov 15	6:37
♒	Nov 17	14:03
♓	Nov 20	0:53
♈	Nov 22	13:31
♉	Nov 25	1:37
♊	Nov 27	11:31
♋	Nov 29	18:50
♌	Déc 2	0:02
♍	Déc 4	3:48
♎	Déc 6	6:43
♏	Déc 8	9:18

(suite)

Table B-2 : la Lune *(suite)*

♐	Déc 10	12:13
♑	Déc 12	16:30
♒	Déc 14	23:19
♓	Déc 17	9:17
♈	Déc 19	21:39
♉	Déc 22	10:07
♊	Déc 24	20:14
♋	Déc 27	2:58
♌	Déc 29	6:57
♍	Déc 31	9:33
1967		
♎	Jan 2	12:04
♏	Jan 4	15:16
♐	Jan 6	19:28
♑	Jan 9	0:53
♒	Jan 11	8:05
♓	Jan 13	17:45
♈	Jan 16	5:48
♉	Jan 18	18:39
♊	Jan 21	5:38
♋	Jan 23	12:51
♌	Jan 25	16:20
♍	Jan 27	17:36
♎	Jan 29	18:33
♏	Jan 31	20:44
♐	Fév 3	0:55
♑	Fév 5	7:10
♒	Fév 7	15:17
♓	Fév 10	1:19
♈	Fév 12	13:17
♉	Fév 15	2:19
♊	Fév 17	14:16
♋	Fév 19	22:48
♌	Fév 22	3:04
♍	Fév 24	4:04
♎	Fév 26	3:44
♏	Fév 28	4:09
♐	Mar 2	6:53
♑	Mar 4	12:35
♒	Mar 6	21:03
♓	Mar 9	7:41
♈	Mar 11	19:53
♉	Mar 14	8:54
♊	Mar 16	21:19
♋	Mar 19	7:10
♌	Mar 21	13:04
♍	Mar 23	15:08
♎	Mar 25	14:50
♏	Mar 27	14:10
♐	Mar 29	15:08
♑	Mar 31	19:11
♒	Avr 3	2:49
♓	Avr 5	13:29
♈	Avr 8	1:57
♉	Avr 10	14:56
♊	Avr 13	3:15
♋	Avr 15	13:37
♌	Avr 17	20:54
♍	Avr 20	0:42
♎	Avr 22	1:41
♏	Avr 24	1:19
♐	Avr 26	1:27
♑	Avr 28	3:54
♒	Avr 30	9:57
♓	Mai 2	19:47
♈	Mai 5	8:10
♉	Mai 7	21:09
♊	Mai 10	9:08
♋	Mai 12	19:11
♌	Mai 15	2:49
♍	Mai 17	7:52
♎	Mai 19	10:31
♏	Mai 21	11:30
♐	Mai 23	12:06
♑	Mai 25	13:58
♒	Mai 27	18:44
♓	Mai 30	3:18
♈	Juin 1	15:07
♉	Juin 4	4:04
♊	Juin 6	15:52
♋	Juin 9	1:18
♌	Juin 11	8:19
♍	Juin 13	13:24
♎	Juin 15	16:58
♏	Juin 17	19:25
♐	Juin 19	21:20
♑	Juin 21	23:46
♒	Juin 24	4:11
♓	Juin 26	11:49
♈	Juin 28	22:53
♉	Juil 1	11:43
♊	Juil 3	23:39
♋	Juil 6	8:47
♌	Juil 8	14:58
♍	Juil 10	19:07
♎	Juil 12	22:20
♏	Juil 15	1:17
♐	Juil 17	4:22
♑	Juil 19	7:59
♒	Juil 21	12:59
♓	Juil 23	20:28
♈	Juil 26	7:00
♉	Juil 28	19:40
♊	Juil 31	8:00
♋	Août 2	17:32
♌	Août 4	23:26
♍	Août 7	2:36
♎	Août 9	4:34
♏	Août 11	6:44
♐	Août 13	9:52
♑	Août 15	14:18
♒	Août 17	20:17
♓	Août 20	4:18
♈	Août 22	14:47
♉	Août 25	3:21
♊	Août 27	16:08
♋	Août 30	2:34
♌	Sept 1	9:08
♍	Sept 3	12:07
♎	Sept 5	13:03
♏	Sept 7	13:44
♐	Sept 9	15:40
♑	Sept 11	19:43
♒	Sept 14	2:08
♓	Sept 16	10:53
♈	Sept 18	21:46
♉	Sept 21	10:20
♊	Sept 23	23:21
♋	Sept 26	10:45
♌	Sept 28	18:41
♍	Sept 30	22:38
♎	Oct 2	23:34
♏	Oct 4	23:14
♐	Oct 6	23:32
♑	Oct 9	2:04
♒	Oct 11	7:45
♓	Oct 13	16:38
♈	Oct 16	3:58
♉	Oct 18	16:41
♊	Oct 21	5:38
♋	Oct 23	17:27
♌	Oct 26	2:40
♍	Oct 28	8:19
♎	Oct 30	10:31
♏	Nov 1	10:26
♐	Nov 3	9:51
♑	Nov 5	10:44
♒	Nov 7	14:45
♓	Nov 9	22:42
♈	Nov 12	9:58
♉	Nov 14	22:52
♊	Nov 17	11:40
♋	Nov 19	23:13
♌	Nov 22	8:47
♍	Nov 24	15:46
♎	Nov 26	19:48
♏	Nov 28	21:13
♐	Nov 30	21:10
♑	Déc 2	21:25
♒	Déc 4	23:57
♓	Déc 7	6:19
♈	Déc 9	16:43
♉	Déc 12	5:32
♊	Déc 14	18:18
♋	Déc 17	5:23
♌	Déc 19	14:21
♍	Déc 21	21:21
♎	Déc 24	2:27
♏	Déc 26	5:36
♐	Déc 28	7:09
♑	Déc 30	8:11
1968		
♒	Jan 1	10:24
♓	Jan 3	15:35
♈	Jan 6	0:45
♉	Jan 8	13:02
♊	Jan 11	1:54
♋	Jan 13	12:54
♌	Jan 15	21:09
♍	Jan 18	3:11
♎	Jan 20	7:47
♏	Jan 22	11:28
♐	Jan 24	14:23
♑	Jan 26	16:57
♒	Jan 28	20:06
♓	Jan 31	1:16
♈	Fév 2	9:39
♉	Fév 4	21:15
♊	Fév 7	10:09
♋	Fév 9	21:34
♌	Fév 12	5:50
♍	Fév 14	11:02
♎	Fév 16	14:21
♏	Fév 18	17:00
♐	Fév 20	19:48
♑	Fév 22	23:12
♒	Fév 25	3:37
♓	Fév 27	9:42
♈	Fév 29	18:14
♉	Mar 3	5:28
♊	Mar 5	18:17
♋	Mar 8	6:21
♌	Mar 10	15:27
♍	Mar 12	20:51
♎	Mar 14	23:23
♏	Mar 17	0:33
♐	Mar 19	1:54
♑	Mar 21	4:34
♒	Mar 23	9:16
♓	Mar 25	16:15
♈	Mar 28	1:32
♉	Mar 30	12:55
♊	Avr 2	1:40
♋	Avr 4	14:13
♌	Avr 7	0:28
♍	Avr 9	7:04
♎	Avr 11	10:01
♏	Avr 13	10:32
♐	Avr 15	10:23
♑	Avr 17	11:23
♒	Avr 19	14:57
♓	Avr 21	21:46
♈	Avr 24	7:32
♉	Avr 26	19:22
♊	Avr 29	8:11
♋	Mai 1	20:50
♌	Mai 4	7:54
♍	Mai 6	15:58
♎	Mai 8	20:21
♏	Mai 10	21:30
♐	Mai 12	20:53
♑	Mai 14	20:31
♒	Mai 16	22:22
♓	Mai 19	3:53
♈	Mai 21	13:14
♉	Mai 24	1:15
♊	Mai 26	14:12
♋	Mai 29	2:43
♌	Mai 31	13:53
♍	Juin 2	22:52
♎	Juin 5	4:49
♏	Juin 7	7:30
♐	Juin 9	7:42
♑	Juin 11	7:05
♒	Juin 13	7:46
♓	Juin 15	11:42
♈	Juin 17	19:50
♉	Juin 20	7:25
♊	Juin 22	20:22
♋	Juin 25	8:43
♌	Juin 27	19:30
♍	Juin 30	4:26
♎	Juil 2	11:10
♏	Juil 4	15:20
♐	Juil 6	17:05
♑	Juil 8	17:24
♒	Juil 10	18:03
♓	Juil 12	21:03
♈	Juil 15	3:51
♉	Juil 17	14:30
♊	Juil 20	3:13
♋	Juil 22	15:31
♌	Juil 25	1:55
♍	Juil 27	10:10
♎	Juil 29	16:32
♏	Juil 31	21:11
♐	Août 3	0:11
♑	Août 5	1:57
♒	Août 7	3:37
♓	Août 9	6:46
♈	Août 11	12:53
♉	Août 13	22:36
♊	Août 16	10:51
♋	Août 18	23:15
♌	Août 21	9:40
♍	Août 23	17:21
♎	Août 25	22:45
♏	Août 28	2:38
♐	Août 30	5:40
♑	Sept 1	8:22
♒	Sept 3	11:19
♓	Sept 5	15:27
♈	Sept 7	21:49
♉	Sept 10	7:06
♊	Sept 12	18:54

(suite)

Table B-2 : la Lune *(suite)*

♋	Sept 15	7:28
♌	Sept 17	18:25
♍	Sept 20	2:15
♎	Sept 22	7:00
♏	Sept 24	9:39
♐	Sept 26	11:30
♑	Sept 28	13:44
♒	Sept 30	17:11
♓	Oct 2	22:21
♈	Oct 5	5:35
♉	Oct 7	15:07
♊	Oct 10	2:43
♋	Oct 12	15:23
♌	Oct 15	3:08
♍	Oct 17	11:58
♎	Oct 19	17:05
♏	Oct 21	19:05
♐	Oct 23	19:32
♑	Oct 25	20:13
♒	Oct 27	22:43
♓	Oct 30	3:54
♈	Nov 1	11:51
♉	Nov 3	22:01
♊	Nov 6	9:48
♋	Nov 8	22:26
♌	Nov 11	10:45
♍	Nov 13	20:55
♎	Nov 16	3:26
♏	Nov 18	6:06
♐	Nov 20	6:04
♑	Nov 22	5:20
♒	Nov 24	6:02
♓	Nov 26	9:52
♈	Nov 28	17:26
♉	Déc 1	3:58
♊	Déc 3	16:06
♋	Déc 6	4:43
♌	Déc 8	17:02
♍	Déc 11	3:59
♎	Déc 13	12:08
♏	Déc 15	16:31
♐	Déc 17	17:27
♑	Déc 19	16:32
♒	Déc 21	15:59
♓	Déc 23	18:01
♈	Déc 26	0:02
♉	Déc 28	9:57
♊	Déc 30	22:11
	1969	
♋	Jan 2	10:53
♌	Jan 4	22:55
♍	Jan 7	9:42
♎	Jan 9	18:32
♏	Jan 12	0:32
♐	Jan 14	3:19
♑	Jan 16	3:39
♒	Jan 18	3:17
♓	Jan 20	4:21
♈	Jan 22	8:43
♉	Jan 24	17:13
♊	Jan 27	4:53
♋	Jan 29	17:36
♌	Fév 1	5:29
♍	Fév 3	15:40
♎	Fév 6	0:00
♏	Fév 8	6:18
♐	Fév 10	10:23
♑	Fév 12	12:28
♒	Fév 14	13:30
♓	Fév 16	15:03
♈	Fév 18	18:48
♉	Fév 21	2:02
♊	Fév 23	12:41
♋	Fév 26	1:11
♌	Fév 28	13:12
♍	Mar 2	23:07
♎	Mar 5	6:34
♏	Mar 7	11:56
♐	Mar 9	15:48
♑	Mar 11	18:40
♒	Mar 13	21:09
♓	Mar 16	0:04
♈	Mar 18	4:27
♉	Mar 20	11:20
♊	Mar 22	21:12
♋	Mar 25	9:18
♌	Mar 27	21:37
♍	Mar 30	7:54
♎	Avr 1	15:03
♏	Avr 3	19:22
♐	Avr 5	21:57
♑	Avr 8	0:04
♒	Avr 10	2:46
♓	Avr 12	6:41
♈	Avr 14	12:13
♉	Avr 16	19:43
♊	Avr 19	5:28
♋	Avr 21	17:17
♌	Avr 24	5:51
♍	Avr 26	16:57
♎	Avr 29	0:43
♏	Mai 1	4:49
♐	Mai 3	6:19
♑	Mai 5	6:57
♒	Mai 7	8:28
♓	Mai 9	12:04
♈	Mai 11	18:09
♉	Mai 14	2:28
♊	Mai 16	12:41
♋	Mai 19	0:30
♌	Mai 21	13:12
♍	Mai 24	1:07
♎	Mai 26	10:07
♏	Mai 28	15:05
♐	Mai 30	16:30
♑	Juin 1	16:07
♒	Juin 3	16:03
♓	Juin 5	18:13
♈	Juin 7	23:36
♉	Juin 10	8:06
♊	Juin 12	18:48
♋	Juin 15	6:52
♌	Juin 17	19:35
♍	Juin 20	7:53
♎	Juin 22	18:03
♏	Juin 25	0:31
♐	Juin 27	3:00
♑	Juin 29	2:44
♒	Juil 1	1:49
♓	Juil 3	2:26
♈	Juil 5	6:16
♉	Juil 7	13:53
♊	Juil 10	0:31
♋	Juil 12	12:47
♌	Juil 15	1:29
♍	Juil 17	13:42
♎	Juil 20	0:20
♏	Juil 22	8:04
♐	Juil 24	12:10
♑	Juil 26	13:09
♒	Juil 28	12:34
♓	Juil 30	12:30
♈	Août 1	14:55
♉	Août 3	21:02
♊	Août 6	6:49
♋	Août 8	18:57
♌	Août 11	7:38
♍	Août 13	19:32
♎	Août 16	5:51
♏	Août 18	13:54
♐	Août 20	19:12
♑	Août 22	21:49
♒	Août 24	22:36
♓	Août 26	23:03
♈	Août 29	0:57
♉	Août 31	5:50
♊	Sept 2	14:23
♋	Sept 5	1:57
♌	Sept 7	14:36
♍	Sept 10	2:20
♎	Sept 12	12:01
♏	Sept 14	19:25
♐	Sept 17	0:42
♑	Sept 19	4:14
♒	Sept 21	6:31
♓	Sept 23	8:22
♈	Sept 25	10:55
♉	Sept 27	15:29
♊	Sept 29	23:05
♋	Oct 2	9:52
♌	Oct 4	22:25
♍	Oct 7	10:21
♎	Oct 9	19:48
♏	Oct 12	2:19
♐	Oct 14	6:33
♑	Oct 16	9:35
♒	Oct 18	12:21
♓	Oct 20	15:26
♈	Oct 22	19:17
♉	Oct 25	0:32
♊	Oct 27	8:00
♋	Oct 29	18:13
♌	Nov 1	6:35
♍	Nov 3	19:00
♎	Nov 6	4:59
♏	Nov 8	11:18
♐	Nov 10	14:30
♑	Nov 12	16:08
♒	Nov 14	17:53
♓	Nov 16	20:52
♈	Nov 19	1:32
♉	Nov 21	7:52
♊	Nov 23	15:59
♋	Nov 26	2:10
♌	Nov 28	14:22
♍	Déc 1	3:14
♎	Déc 3	14:17
♏	Déc 5	21:30
♐	Déc 8	0:43
♑	Déc 10	1:20
♒	Déc 12	1:27
♓	Déc 14	2:56
♈	Déc 16	6:56
♉	Déc 18	13:35
♊	Déc 20	22:28
♋	Déc 23	9:09
♌	Déc 25	21:21
♍	Déc 28	10:20
♎	Déc 30	22:18
	1970	
♏	Jan 2	7:03
♐	Jan 4	11:33
♑	Jan 6	12:30
♒	Jan 8	11:47
♓	Jan 10	11:37
♈	Jan 12	13:48
♉	Jan 14	19:20
♊	Jan 17	4:07
♋	Jan 19	15:13
♌	Jan 22	3:40
♍	Jan 24	16:33
♎	Jan 27	4:42
♏	Jan 29	14:34
♐	Jan 31	20:50
♑	Fév 2	23:21
♒	Fév 4	23:19
♓	Fév 6	22:37
♈	Fév 8	23:17
♉	Fév 11	2:59
♊	Fév 13	10:29
♋	Fév 15	21:17
♌	Fév 18	9:53
♍	Fév 20	22:42
♎	Fév 23	10:30
♏	Fév 25	20:23
♐	Fév 28	3:38
♑	Mar 2	7:54
♒	Mar 4	9:34
♓	Mar 6	9:49
♈	Mar 8	10:16
♉	Mar 10	12:43
♊	Mar 12	18:37
♋	Mar 15	4:18
♌	Mar 17	16:40
♍	Mar 20	5:30
♎	Mar 22	16:56
♏	Mar 25	2:10
♐	Mar 27	9:07
♑	Mar 29	14:00
♒	Mar 31	17:08
♓	Avr 2	19:01
♈	Avr 4	20:32
♉	Avr 6	23:02
♊	Avr 9	4:02
♋	Avr 11	12:33
♌	Avr 14	0:16
♍	Avr 16	13:07
♎	Avr 19	0:35
♏	Avr 21	9:15
♐	Avr 23	15:15
♑	Avr 25	19:26
♒	Avr 27	22:43
♓	Avr 30	1:37
♈	Mai 2	4:32
♉	Mai 4	8:05
♊	Mai 6	13:17
♋	Mai 8	21:17
♌	Mai 11	8:22
♍	Mai 13	21:10
♎	Mai 16	9:02
♏	Mai 18	17:49
♐	Mai 20	23:11
♑	Mai 23	2:13
♒	Mai 25	4:25
♓	Mai 27	6:59
♈	Mai 29	10:27
♉	Mai 31	15:03
♊	Juin 2	21:10
♋	Juin 5	5:25
♌	Juin 7	16:17
♍	Juin 10	5:02
♎	Juin 12	17:28
♏	Juin 15	3:01

(suite)

Table B-2 : la Lune *(suite)*

♐	Juin 17	8:39
♑	Juin 19	11:04
♒	Juin 21	12:00
♓	Juin 23	13:11
♈	Juin 25	15:52
♉	Juin 27	20:35
♊	Juin 30	3:24
♋	Juil 2	12:21
♌	Juil 4	23:26
♍	Juil 7	12:11
♎	Juil 10	1:02
♏	Juil 12	11:41
♐	Juil 14	18:26
♑	Juil 16	21:19
♒	Juil 18	21:44
♓	Juil 20	21:36
♈	Juil 22	22:42
♉	Juil 25	2:18
♊	Juil 27	8:53
♋	Juil 29	18:14
♌	Août 1	5:44
♍	Août 3	18:34
♎	Août 6	7:33
♏	Août 8	18:57
♐	Août 11	3:07
♑	Août 13	7:25
♒	Août 15	8:31
♓	Août 17	8:01
♈	Août 19	7:50
♉	Août 21	9:46
♊	Août 23	15:03
♋	Août 25	23:58
♌	Août 28	11:38
♍	Août 31	0:36
♎	Sept 2	13:25
♏	Sept 5	0:54
♐	Sept 7	9:58
♑	Sept 9	15:51
♒	Sept 11	18:34
♓	Sept 13	18:57
♈	Sept 15	18:35
♉	Sept 17	19:21
♊	Sept 19	23:02
♋	Sept 22	6:41
♌	Sept 24	17:54
♍	Sept 27	6:53
♎	Sept 29	19:33
♏	Oct 2	6:35
♐	Oct 4	15:31
♑	Oct 6	22:10
♒	Oct 9	2:26
♓	Oct 11	4:30
♈	Oct 13	5:12
♉	Oct 15	6:00
♊	Oct 17	8:43
♋	Oct 19	14:59
♌	Oct 22	1:12
♍	Oct 24	13:57
♎	Oct 27	2:37
♏	Oct 29	13:15
♐	Oct 31	21:24
♑	Nov 3	3:32
♒	Nov 5	8:11
♓	Nov 7	11:33
♈	Nov 9	13:52
♉	Nov 11	15:50
♊	Nov 13	18:48
♋	Nov 16	0:23
♌	Nov 18	9:36
♍	Nov 20	21:50
♎	Nov 23	10:39
♏	Nov 25	21:25
♐	Nov 28	5:02
♑	Nov 30	10:05
♒	Déc 2	13:45
♓	Déc 4	16:55
♈	Déc 6	20:03
♉	Déc 8	23:24
♊	Déc 11	3:33
♋	Déc 13	9:32
♌	Déc 15	18:21
♍	Déc 18	6:04
♎	Déc 20	19:01
♏	Déc 23	6:27
♐	Déc 25	14:27
♑	Déc 27	19:01
♒	Déc 29	21:24
♓	Déc 31	23:08
1971		
♈	Jan 3	1:26
♉	Jan 5	5:00
♊	Jan 7	10:08
♋	Jan 9	17:09
♌	Jan 12	2:24
♍	Jan 14	13:57
♎	Jan 17	2:53
♏	Jan 19	15:04
♐	Jan 22	0:15
♑	Jan 24	5:32
♒	Jan 26	7:36
♓	Jan 28	8:02
♈	Jan 30	8:36
♉	Fév 1	10:49
♊	Fév 3	15:34
♋	Fév 5	23:07
♌	Fév 8	9:06
♍	Fév 10	20:58
♎	Fév 13	9:50
♏	Fév 15	22:22
♐	Fév 18	8:45
♑	Fév 20	15:37
♒	Fév 22	18:43
♓	Fév 24	19:05
♈	Fév 26	18:30
♉	Fév 28	18:54
♊	Mar 2	22:01
♋	Mar 5	4:47
♌	Mar 7	14:55
♍	Mar 10	3:10
♎	Mar 12	16:06
♏	Mar 15	4:31
♐	Mar 17	15:23
♑	Mar 19	23:37
♒	Mar 22	4:28
♓	Mar 24	6:07
♈	Mar 26	5:45
♉	Mar 28	5:16
♊	Mar 30	6:44
♋	Avr 1	11:51
♌	Avr 3	21:05
♍	Avr 6	9:16
♎	Avr 8	22:17
♏	Avr 11	10:28
♐	Avr 13	21:03
♑	Avr 16	5:38
♒	Avr 18	11:46
♓	Avr 20	15:07
♈	Avr 22	16:08
♉	Avr 24	16:06
♊	Avr 26	16:58
♋	Avr 28	20:43
♌	Mai 1	4:34
♍	Mai 3	16:03
♎	Mai 6	4:59
♏	Mai 8	17:03
♐	Mai 11	3:08
♑	Mai 13	11:09
♒	Mai 15	17:19
♓	Mai 17	21:39
♈	Mai 20	0:11
♉	Mai 22	1:31
♊	Mai 24	3:01
♋	Mai 26	6:26
♌	Mai 28	13:16
♍	Mai 30	23:48
♎	Juin 2	12:26
♏	Juin 5	0:36
♐	Juin 7	10:28
♑	Juin 9	17:45
♒	Juin 11	23:03
♓	Juin 14	3:01
♈	Juin 16	6:06
♉	Juin 18	8:39
♊	Juin 20	11:24
♋	Juin 22	15:30
♌	Juin 24	22:12
♍	Juin 27	8:06
♎	Juin 29	20:22
♏	Juil 2	8:46
♐	Juil 4	18:59
♑	Juil 7	2:03
♒	Juil 9	6:26
♓	Juil 11	9:14
♈	Juil 13	11:32
♉	Juil 15	14:10
♊	Juil 17	17:47
♋	Juil 19	22:56
♌	Juil 22	6:16
♍	Juil 24	16:09
♎	Juil 27	4:12
♏	Juil 29	16:50
♐	Août 1	3:49
♑	Août 3	11:32
♒	Août 5	15:46
♓	Août 7	17:34
♈	Août 9	18:27
♉	Août 11	19:55
♊	Août 13	23:11
♋	Août 16	4:50
♌	Août 18	12:57
♍	Août 20	23:19
♎	Août 23	11:22
♏	Août 26	0:09
♐	Août 28	11:56
♑	Août 30	20:54
♒	Sept 2	2:04
♓	Sept 4	3:51
♈	Sept 6	3:43
♉	Sept 8	3:37
♊	Sept 10	5:25
♋	Sept 12	10:21
♌	Sept 14	18:38
♍	Sept 17	5:29
♎	Sept 19	17:47
♏	Sept 22	6:33
♐	Sept 24	18:43
♑	Sept 27	4:52
♒	Sept 29	11:39
♓	Oct 1	14:36
♈	Oct 3	14:40
♉	Oct 5	13:42
♊	Oct 7	13:53
♋	Oct 9	17:10
♌	Oct 12	0:30
♍	Oct 14	11:16
♎	Oct 16	23:47
♏	Oct 19	12:31
♐	Oct 22	0:31
♑	Oct 24	11:05
♒	Oct 26	19:11
♓	Oct 28	23:57
♈	Oct 31	1:26
♉	Nov 2	0:55
♊	Nov 4	0:27
♋	Nov 6	2:15
♌	Nov 8	7:56
♍	Nov 10	17:44
♎	Nov 13	6:05
♏	Nov 15	18:49
♐	Nov 18	6:30
♑	Nov 20	16:36
♒	Nov 23	0:52
♓	Nov 25	6:48
♈	Nov 27	10:03
♉	Nov 29	11:08
♊	Déc 1	11:25
♋	Déc 3	12:51
♌	Déc 5	17:17
♍	Déc 8	1:40
♎	Déc 10	13:19
♏	Déc 13	2:01
♐	Déc 15	13:37
♑	Déc 17	23:07
♒	Déc 20	6:32
♓	Déc 22	12:10
♈	Déc 24	16:09
♉	Déc 26	18:45
♊	Déc 28	20:38
♋	Déc 30	23:01
1972		
♌	Jan 2	3:22
♍	Jan 4	10:50
♎	Jan 6	21:33
♏	Jan 9	10:03
♐	Jan 11	21:57
♑	Jan 14	7:26
♒	Jan 16	14:04
♓	Jan 18	18:28
♈	Jan 20	21:35
♉	Jan 23	0:17
♊	Jan 25	3:14
♋	Jan 27	7:01
♌	Jan 29	12:21
♍	Jan 31	19:56
♎	Fév 3	6:07
♏	Fév 5	18:18
♐	Fév 8	6:38
♑	Fév 10	16:50
♒	Fév 12	23:36
♓	Fév 15	3:11
♈	Fév 17	4:51
♉	Fév 19	6:11
♊	Fév 21	8:35
♋	Fév 23	12:52
♌	Fév 25	19:15
♍	Fév 28	3:39
♎	Mar 1	14:00
♏	Mar 4	2:00
♐	Mar 6	14:36
♑	Mar 9	1:49
♒	Mar 11	9:42
♓	Mar 13	13:39
♈	Mar 15	14:37

(suite)

Table B-2 : la Lune *(suite)*

♉	Mar 17	14:27
♊	Mar 19	15:12
♋	Mar 21	18:26
♌	Mar 24	0:46
♍	Mar 26	9:48
♎	Mar 28	20:42
♏	Mar 31	8:48
♐	Avr 2	21:27
♑	Avr 5	9:20
♒	Avr 7	18:37
♓	Avr 9	23:58
♈	Avr 12	1:32
♉	Avr 14	0:54
♊	Avr 16	0:16
♋	Avr 18	1:46
♌	Avr 20	6:47
♍	Avr 22	15:24
♎	Avr 25	2:34
♏	Avr 27	14:56
♐	Avr 30	3:31
♑	Mai 2	15:29
♒	Mai 5	1:35
♓	Mai 7	8:28
♈	Mai 9	11:35
♉	Mai 11	11:47
♊	Mai 13	10:57
♋	Mai 15	11:16
♌	Mai 17	14:38
♍	Mai 19	21:56
♎	Mai 22	8:36
♏	Mai 24	21:01
♐	Mai 27	9:33
♑	Mai 29	21:13
♒	Juin 1	7:15
♓	Juin 3	14:52
♈	Juin 5	19:27
♉	Juin 7	21:15
♊	Juin 9	21:24
♋	Juin 11	21:45
♌	Juin 14	0:10
♍	Juin 16	6:03
♎	Juin 18	15:39
♏	Juin 21	3:43
♐	Juin 23	16:14
♑	Juin 26	3:36
♒	Juin 28	13:02
♓	Juin 30	20:18
♈	Juil 3	1:22
♉	Juil 5	4:25
♊	Juil 7	6:05
♋	Juil 9	7:29
♌	Juil 11	10:05
♍	Juil 13	15:16
♎	Juil 15	23:49
♏	Juil 18	11:15
♐	Juil 20	23:46
♑	Juil 23	11:10
♒	Juil 25	20:07
♓	Juil 28	2:29
♈	Juil 30	6:50
♉	Août 1	9:57
♊	Août 3	12:33
♋	Août 5	15:18
♌	Août 7	18:56
♍	Août 10	0:23
♎	Août 12	8:27
♏	Août 14	19:19
♐	Août 17	7:49
♑	Août 19	19:38
♒	Août 22	4:43
♓	Août 24	10:28
♈	Août 26	13:40
♉	Août 28	15:43
♊	Août 30	17:56
♋	Sept 1	21:11
♌	Sept 4	1:54
♍	Sept 6	8:15
♎	Sept 8	16:36
♏	Sept 11	3:15
♐	Sept 13	15:42
♑	Sept 16	4:07
♒	Sept 18	14:04
♓	Sept 20	20:09
♈	Sept 22	22:44
♉	Sept 24	23:27
♊	Sept 27	0:14
♋	Sept 29	2:39
♌	Oct 1	7:25
♍	Oct 3	14:31
♎	Oct 5	23:35
♏	Oct 8	10:27
♐	Oct 10	22:52
♑	Oct 13	11:44
♒	Oct 15	22:51
♓	Oct 18	6:12
♈	Oct 20	9:22
♉	Oct 22	9:37
♊	Oct 24	9:02
♋	Oct 26	9:44
♌	Oct 28	13:14
♍	Oct 30	19:59
♎	Nov 2	5:27
♏	Nov 4	16:46
♐	Nov 7	5:16
♑	Nov 9	18:11
♒	Nov 12	6:02
♓	Nov 14	14:56
♈	Nov 16	19:44
♉	Nov 18	20:53
♊	Nov 20	20:05
♋	Nov 22	19:31
♌	Nov 24	21:12
♍	Nov 27	2:24
♎	Nov 29	11:15
♏	Déc 1	22:42
♐	Déc 4	11:22
♑	Déc 7	0:06
♒	Déc 9	11:53
♓	Déc 11	21:33
♈	Déc 14	3:59
♉	Déc 16	6:59
♊	Déc 18	7:24
♋	Déc 20	6:57
♌	Déc 22	7:34
♍	Déc 24	11:03
♎	Déc 26	18:21
♏	Déc 29	5:10
♐	Déc 31	17:51
1973		
♑	Jan 3	6:30
♒	Jan 5	17:47
♓	Jan 8	3:03
♈	Jan 10	9:57
♉	Jan 12	14:24
♊	Jan 14	16:41
♋	Jan 16	17:39
♌	Jan 18	18:40
♍	Jan 20	21:24
♎	Jan 23	3:16
♏	Jan 25	12:52
♐	Jan 28	1:10
♑	Jan 30	13:54
♒	Fév 2	0:55
♓	Fév 4	9:22
♈	Fév 6	15:29
♉	Fév 8	19:53
♊	Fév 10	23:10
♋	Fév 13	1:44
♌	Fév 15	4:12
♍	Fév 17	7:31
♎	Fév 19	12:58
♏	Fév 21	21:35
♐	Fév 24	9:14
♑	Fév 26	22:04
♒	Mar 1	9:22
♓	Mar 3	17:31
♈	Mar 5	22:37
♉	Mar 8	1:51
♊	Mar 10	4:31
♋	Mar 12	7:29
♌	Mar 14	11:07
♍	Mar 16	15:42
♎	Mar 18	21:48
♏	Mar 21	6:15
♐	Mar 23	17:26
♑	Mar 26	6:16
♒	Mar 28	18:12
♓	Mar 31	2:55
♈	Avr 2	7:48
♉	Avr 4	9:58
♊	Avr 6	11:12
♋	Avr 8	13:04
♌	Avr 10	16:31
♍	Avr 12	21:47
♎	Avr 15	4:50
♏	Avr 17	13:51
♐	Avr 20	1:02
♑	Avr 22	13:49
♒	Avr 25	2:21
♓	Avr 27	12:09
♈	Avr 29	17:53
♉	Mai 1	20:01
♊	Mai 3	20:16
♋	Mai 5	20:35
♌	Mai 7	22:36
♍	Mai 10	3:13
♎	Mai 12	10:31
♏	Mai 14	20:09
♐	Mai 17	7:41
♑	Mai 19	20:30
♒	Mai 22	9:17
♓	Mai 24	20:05
♈	Mai 27	3:14
♉	Mai 29	6:28
♊	Mai 31	6:53
♋	Juin 2	6:21
♌	Juin 4	6:49
♍	Juin 6	9:51
♎	Juin 8	16:16
♏	Juin 11	1:52
♐	Juin 13	13:43
♑	Juin 16	2:37
♒	Juin 18	15:19
♓	Juin 21	2:29
♈	Juin 23	10:48
♉	Juin 25	15:37
♊	Juin 27	17:18
♋	Juin 29	17:08
♌	Juil 1	16:55
♍	Juil 3	18:31
♎	Juil 5	23:23
♏	Juil 8	8:05
♐	Juil 10	19:48
♑	Juil 13	8:45
♒	Juil 15	21:15
♓	Juil 18	8:07
♈	Juil 20	16:43
♉	Juil 22	22:41
♊	Juil 25	1:58
♋	Juil 27	3:10
♌	Juil 29	3:29
♍	Juil 31	4:35
♎	Août 2	8:12
♏	Août 4	15:35
♐	Août 7	2:37
♑	Août 9	15:30
♒	Août 12	3:52
♓	Août 14	14:14
♈	Août 16	22:16
♉	Août 19	4:14
♊	Août 21	8:26
♋	Août 23	11:08
♌	Août 25	12:49
♍	Août 27	14:33
♎	Août 29	17:52
♏	Sept 1	0:17
♐	Sept 3	10:24
♑	Sept 5	23:01
♒	Sept 8	11:30
♓	Sept 10	21:40
♈	Sept 13	4:56
♉	Sept 15	9:59
♊	Sept 17	13:48
♋	Sept 19	17:01
♌	Sept 21	19:56
♍	Sept 23	22:58
♎	Sept 26	3:00
♏	Sept 28	9:18
♐	Sept 30	18:47
♑	Oct 3	7:02
♒	Oct 5	19:49
♓	Oct 8	6:23
♈	Oct 10	13:29
♉	Oct 12	17:36
♊	Oct 14	20:09
♋	Oct 16	22:28
♌	Oct 19	1:25
♍	Oct 21	5:19
♎	Oct 23	10:28
♏	Oct 25	17:28
♐	Oct 28	2:58
♑	Oct 30	14:57
♒	Nov 2	3:58
♓	Nov 4	15:26
♈	Nov 6	23:19
♉	Nov 9	3:25
♊	Nov 11	4:59
♋	Nov 13	5:46
♌	Nov 15	7:20
♍	Nov 17	10:41
♎	Nov 19	16:15
♏	Nov 22	0:06
♐	Nov 24	10:11
♑	Nov 26	22:13
♒	Nov 29	11:17
♓	Déc 1	23:32
♈	Déc 4	8:50
♉	Déc 6	14:08
♊	Déc 8	15:58
♋	Déc 10	15:52
♌	Déc 12	15:44
♍	Déc 14	17:20
♎	Déc 16	21:53
♏	Déc 19	5:44

(suite)

Table B-2 : la Lune *(suite)*

♐	Déc 21	16:20
♑	Déc 24	4:41
♒	Déc 26	17:43
♓	Déc 29	6:10
♈	Déc 31	16:34
1974		
♉	Jan 2	23:38
♊	Jan 5	3:00
♋	Jan 7	3:28
♌	Jan 9	2:42
♍	Jan 11	2:41
♎	Jan 13	5:21
♏	Jan 15	11:54
♐	Jan 17	22:12
♑	Jan 20	10:47
♒	Jan 22	23:50
♓	Jan 25	12:00
♈	Jan 27	22:32
♉	Jan 30	6:41
♊	Fév 1	11:53
♋	Fév 3	14:05
♌	Fév 5	14:11
♍	Fév 7	13:52
♎	Fév 9	15:10
♏	Fév 11	19:58
♐	Fév 14	5:01
♑	Fév 16	17:16
♒	Fév 19	6:21
♓	Fév 21	18:15
♈	Fév 24	4:12
♉	Fév 26	12:11
♊	Fév 28	18:10
♋	Mar 2	21:59
♌	Mar 4	23:49
♍	Mar 7	0:33
♎	Mar 9	1:52
♏	Mar 11	5:40
♐	Mar 13	13:20
♑	Mar 16	0:41
♒	Mar 18	13:38
♓	Mar 21	1:33
♈	Mar 23	11:02
♉	Mar 25	18:09
♊	Mar 27	23:33
♋	Mar 30	3:40
♌	Avr 1	6:40
♍	Avr 3	8:56
♎	Avr 5	11:22
♏	Avr 7	15:25
♐	Avr 9	22:27
♑	Avr 12	8:56
♒	Avr 14	21:34
♓	Avr 17	9:44
♈	Avr 19	19:20
♉	Avr 22	1:53
♊	Avr 24	6:11
♋	Avr 26	9:17
♌	Avr 28	12:03
♍	Avr 30	15:00
♎	Mai 2	18:39
♏	Mai 4	23:43
♐	Mai 7	7:05
♑	Mai 9	17:15
♒	Mai 12	5:34
♓	Mai 14	18:03
♈	Mai 17	4:20
♉	Mai 19	11:10
♊	Mai 21	14:54
♋	Mai 23	16:46
♌	Mai 25	18:12
♍	Mai 27	20:25
♎	Mai 30	0:16
♏	Juin 1	6:10
♐	Juin 3	14:21
♑	Juin 6	0:48
♒	Juin 8	13:02
♓	Juin 11	1:43
♈	Juin 13	12:52
♉	Juin 15	20:46
♊	Juin 18	0:59
♋	Juin 20	2:21
♌	Juin 22	2:30
♍	Juin 24	3:11
♎	Juin 26	5:57
♏	Juin 28	11:40
♐	Juin 30	20:20
♑	Juil 3	7:19
♒	Juil 5	19:41
♓	Juil 8	8:25
♈	Juil 10	20:10
♉	Juil 13	5:21
♊	Juil 15	10:54
♋	Juil 17	12:56
♌	Juil 19	12:43
♍	Juil 21	12:10
♎	Juil 23	13:19
♏	Juil 25	17:45
♐	Juil 28	2:00
♑	Juil 30	13:11
♒	Août 2	1:46
♓	Août 4	14:26
♈	Août 7	2:15
♉	Août 9	12:13
♊	Août 11	19:15
♋	Août 13	22:49
♌	Août 15	23:26
♍	Août 17	22:43
♎	Août 19	22:45
♏	Août 22	1:37
♐	Août 24	8:34
♑	Août 26	19:15
♒	Août 29	7:52
♓	Août 31	20:29
♈	Sept 3	7:58
♉	Sept 5	17:50
♊	Sept 8	1:36
♋	Sept 10	6:39
♌	Sept 12	8:54
♍	Sept 14	9:12
♎	Sept 16	9:17
♏	Sept 18	11:14
♐	Sept 20	16:46
♑	Sept 23	2:22
♒	Sept 25	14:38
♓	Sept 28	3:14
♈	Sept 30	14:25
♉	Oct 2	23:39
♊	Oct 5	7:00
♋	Oct 7	12:30
♌	Oct 9	16:03
♍	Oct 11	17:56
♎	Oct 13	19:11
♏	Oct 15	21:23
♐	Oct 18	2:14
♑	Oct 20	10:44
♒	Oct 22	22:20
♓	Oct 25	10:57
♈	Oct 27	22:13
♉	Oct 30	7:00
♊	Nov 1	13:23
♋	Nov 3	18:01
♌	Nov 5	21:30
♍	Nov 8	0:18
♎	Nov 10	2:58
♏	Nov 12	6:23
♐	Nov 14	11:39
♑	Nov 16	19:42
♒	Nov 19	6:39
♓	Nov 21	19:11
♈	Nov 24	6:59
♉	Nov 26	16:05
♊	Nov 28	21:58
♋	Déc 1	1:22
♌	Déc 3	3:31
♍	Déc 5	5:40
♎	Déc 7	8:42
♏	Déc 9	13:13
♐	Déc 11	19:34
♑	Déc 14	4:04
♒	Déc 16	14:48
♓	Déc 19	3:12
♈	Déc 21	15:35
♉	Déc 24	1:45
♊	Déc 26	8:15
♋	Déc 28	11:15
♌	Déc 30	12:05
1975		
♍	Jan 1	12:32
♎	Jan 3	14:21
♏	Jan 5	18:39
♐	Jan 8	1:39
♑	Jan 10	10:58
♒	Jan 12	22:03
♓	Jan 15	10:23
♈	Jan 17	23:03
♉	Jan 20	10:21
♊	Jan 22	18:23
♋	Jan 24	22:20
♌	Jan 26	23:00
♍	Jan 28	22:14
♎	Jan 30	22:13
♏	Fév 2	0:53
♐	Fév 4	7:10
♑	Fév 6	16:42
♒	Fév 9	4:16
♓	Fév 11	16:45
♈	Fév 14	5:22
♉	Fév 16	17:09
♊	Fév 19	2:35
♋	Fév 21	8:18
♌	Fév 23	10:13
♍	Fév 25	9:37
♎	Fév 27	8:38
♏	Mar 1	9:33
♐	Mar 3	14:05
♑	Mar 5	22:39
♒	Mar 8	10:09
♓	Mar 10	22:49
♈	Mar 13	11:18
♉	Mar 15	22:52
♊	Mar 18	8:43
♋	Mar 20	15:48
♌	Mar 22	19:31
♍	Mar 24	20:21
♎	Mar 26	19:51
♏	Mar 28	20:08
♐	Mar 30	23:10
♑	Avr 2	6:08
♒	Avr 4	16:45
♓	Avr 7	5:17
♈	Avr 9	17:44
♉	Avr 12	4:53
♊	Avr 14	14:14
♋	Avr 16	21:27
♌	Avr 19	2:14
♍	Avr 21	4:42
♎	Avr 23	5:41
♏	Avr 25	6:39
♐	Avr 27	9:20
♑	Avr 29	15:08
♒	Mai 2	0:34
♓	Mai 4	12:34
♈	Mai 7	1:03
♉	Mai 9	12:03
♊	Mai 11	20:44
♋	Mai 14	3:08
♌	Mai 16	7:38
♍	Mai 18	10:45
♎	Mai 20	13:05
♏	Mai 22	15:25
♐	Mai 24	18:51
♑	Mai 27	0:31
♒	Mai 29	9:09
♓	Mai 31	20:32
♈	Juin 3	9:01
♉	Juin 5	20:19
♊	Juin 8	4:49
♋	Juin 10	10:21
♌	Juin 12	13:45
♍	Juin 14	16:11
♎	Juin 16	18:41
♏	Juin 18	21:59
♐	Juin 21	2:34
♑	Juin 23	8:56
♒	Juin 25	17:33
♓	Juin 28	4:33
♈	Juin 30	17:02
♉	Juil 3	4:54
♊	Juil 5	13:58
♋	Juil 7	19:23
♌	Juil 9	21:50
♍	Juil 11	22:55
♎	Juil 14	0:21
♏	Juil 16	3:23
♐	Juil 18	8:32
♑	Juil 20	15:46
♒	Juil 23	0:56
♓	Juil 25	11:58
♈	Juil 28	0:27
♉	Juil 30	12:53
♊	Août 1	23:02
♋	Août 4	5:17
♌	Août 6	7:44
♍	Août 8	7:53
♎	Août 10	7:51
♏	Août 12	9:30
♐	Août 14	13:59
♑	Août 16	21:25
♒	Août 19	7:09
♓	Août 21	18:32
♈	Août 24	7:02
♉	Août 26	19:45
♊	Août 29	6:53
♋	Août 31	14:35
♌	Sept 2	18:08
♍	Sept 4	18:29
♎	Sept 6	17:38
♏	Sept 8	17:46
♐	Sept 10	20:41
♑	Sept 13	3:11
♒	Sept 15	12:51
♓	Sept 18	0:32
♈	Sept 20	13:07

(suite)

Table B-2 : la Lune *(suite)*

♉	Sept 23	1:43
♊	Sept 25	13:13
♋	Sept 27	22:07
♌	Sept 30	3:20
♍	Oct 2	5:03
♎	Oct 4	4:39
♏	Oct 6	4:09
♐	Oct 8	5:36
♑	Oct 10	10:29
♒	Oct 12	19:10
♓	Oct 15	6:40
♈	Oct 17	19:20
♉	Oct 20	7:43
♊	Oct 22	18:51
♋	Oct 25	3:57
♌	Oct 27	10:20
♍	Oct 29	13:47
♎	Oct 31	14:55
♏	Nov 2	15:07
♐	Nov 4	16:10
♑	Nov 6	19:45
♒	Nov 9	2:59
♓	Nov 11	13:42
♈	Nov 14	2:17
♉	Nov 16	14:38
♊	Nov 19	1:14
♋	Nov 21	9:36
♌	Nov 23	15:48
♍	Nov 25	20:04
♎	Nov 27	22:48
♏	Nov 30	0:37
♐	Déc 2	2:33
♑	Déc 4	5:58
♒	Déc 6	12:12
♓	Déc 8	21:52
♈	Déc 11	10:06
♉	Déc 13	22:39
♊	Déc 16	9:12
♋	Déc 18	16:49
♌	Déc 20	21:54
♍	Déc 23	1:28
♎	Déc 25	4:27
♏	Déc 27	7:28
♐	Déc 29	10:53
♑	Déc 31	15:16
	1976	
♒	Jan 2	21:33
♓	Jan 5	6:35
♈	Jan 7	18:21
♉	Jan 10	7:10
♊	Jan 12	18:19
♋	Jan 15	2:00
♌	Jan 17	6:15
♍	Jan 19	8:25
♎	Jan 21	10:11
♏	Jan 23	12:48
♐	Jan 25	16:51
♑	Jan 27	22:24
♒	Jan 30	5:34
♓	Fév 1	14:47
♈	Fév 4	2:17
♉	Fév 6	15:13
♊	Fév 9	3:16
♋	Fév 11	11:59
♌	Fév 13	16:32
♍	Fév 15	17:59
♎	Fév 17	18:14
♏	Fév 19	19:14
♐	Fév 21	22:18
♑	Fév 24	3:54
♒	Fév 26	11:48
♓	Fév 28	21:42
♈	Mar 2	9:22
♉	Mar 4	22:18
♊	Mar 7	10:56
♋	Mar 9	20:59
♌	Mar 12	2:55
♍	Mar 14	4:59
♎	Mar 16	4:44
♏	Mar 18	4:18
♐	Mar 20	5:34
♑	Mar 22	9:48
♒	Mar 24	17:19
♓	Mar 27	3:34
♈	Mar 29	15:37
♉	Avr 1	4:34
♊	Avr 3	17:15
♋	Avr 6	4:06
♌	Avr 8	11:36
♍	Avr 10	15:16
♎	Avr 12	15:54
♏	Avr 14	15:14
♐	Avr 16	15:15
♑	Avr 18	17:43
♒	Avr 20	23:47
♓	Avr 23	9:28
♈	Avr 25	21:37
♉	Avr 28	10:37
♊	Avr 30	23:05
♋	Mai 3	9:53
♌	Mai 5	18:09
♍	Mai 7	23:21
♎	Mai 10	1:39
♏	Mai 12	2:03
♐	Mai 14	2:04
♑	Mai 16	3:31
♒	Mai 18	8:02
♓	Mai 20	16:27
♈	Mai 23	4:07
♉	Mai 25	17:07
♊	Mai 28	5:22
♋	Mai 30	15:39
♌	Juin 1	23:37
♍	Juin 4	5:21
♎	Juin 6	9:00
♏	Juin 8	10:58
♐	Juin 10	12:07
♑	Juin 12	13:45
♒	Juin 14	17:31
♓	Juin 17	0:43
♈	Juin 19	11:32
♉	Juin 22	0:21
♊	Juin 24	12:37
♋	Juin 26	22:29
♌	Juin 29	5:39
♍	Juil 1	10:46
♎	Juil 3	14:34
♏	Juil 5	17:33
♐	Juil 7	20:05
♑	Juil 9	22:49
♒	Juil 12	2:53
♓	Juil 14	9:36
♈	Juil 16	19:40
♉	Juil 19	8:11
♊	Juil 21	20:40
♋	Juil 24	6:39
♌	Juil 26	13:18
♍	Juil 28	17:23
♎	Juil 30	20:13
♏	Août 1	22:55
♐	Août 4	2:03
♑	Août 6	5:54
♒	Août 8	10:57
♓	Août 10	18:00
♈	Août 13	3:49
♉	Août 15	16:05
♊	Août 18	4:54
♋	Août 20	15:34
♌	Août 22	22:31
♍	Août 25	2:03
♎	Août 27	3:42
♏	Août 29	5:05
♐	Août 31	7:28
♑	Sept 2	11:29
♒	Sept 4	17:20
♓	Sept 7	1:11
♈	Sept 9	11:18
♉	Sept 11	23:30
♊	Sept 14	12:32
♋	Sept 17	0:07
♌	Sept 19	8:10
♍	Sept 21	12:16
♎	Sept 23	13:28
♏	Sept 25	13:34
♐	Sept 27	14:21
♑	Sept 29	17:13
♒	Oct 1	22:49
♓	Oct 4	7:10
♈	Oct 6	17:50
♉	Oct 9	6:11
♊	Oct 11	19:14
♋	Oct 14	7:24
♌	Oct 16	16:49
♍	Oct 18	22:25
♎	Oct 21	0:26
♏	Oct 23	0:17
♐	Oct 24	23:49
♑	Oct 27	0:55
♒	Oct 29	5:05
♓	Oct 31	12:53
♈	Nov 2	23:46
♉	Nov 5	12:23
♊	Nov 8	1:21
♋	Nov 10	13:28
♌	Nov 12	23:36
♍	Nov 15	6:46
♎	Nov 17	10:34
♏	Nov 19	11:31
♐	Nov 21	11:03
♑	Nov 23	11:03
♒	Nov 25	13:30
♓	Nov 27	19:47
♈	Nov 30	6:01
♉	Déc 2	18:41
♊	Déc 5	7:38
♋	Déc 7	19:21
♌	Déc 10	5:12
♍	Déc 12	12:55
♎	Déc 14	18:13
♏	Déc 16	21:01
♐	Déc 18	21:54
♑	Déc 20	22:12
♒	Déc 22	23:48
♓	Déc 25	4:36
♈	Déc 27	13:32
♉	Déc 30	1:43
	1977	
♊	Jan 1	14:43
♋	Jan 4	2:12
♌	Jan 6	11:20
♍	Jan 8	18:23
♎	Jan 10	23:48
♏	Jan 13	3:44
♐	Jan 15	6:18
♑	Jan 17	8:02
♒	Jan 19	10:12
♓	Jan 21	14:30
♈	Jan 23	22:20
♉	Jan 26	9:41
♊	Jan 28	22:37
♋	Jan 31	10:20
♌	Fév 2	19:11
♍	Fév 5	1:17
♎	Fév 7	5:36
♏	Fév 9	9:04
♐	Fév 11	12:11
♑	Fév 13	15:14
♒	Fév 15	18:45
♓	Fév 17	23:45
♈	Fév 20	7:22
♉	Fév 22	18:06
♊	Fév 25	6:50
♋	Fév 27	19:02
♌	Mar 2	4:25
♍	Mar 4	10:19
♎	Mar 6	13:34
♏	Mar 8	15:37
♐	Mar 10	17:42
♑	Mar 12	20:40
♒	Mar 15	1:00
♓	Mar 17	7:06
♈	Mar 19	15:23
♉	Mar 22	2:05
♊	Mar 24	14:39
♋	Mar 27	3:16
♌	Mar 29	13:40
♍	Mar 31	20:25
♎	Avr 2	23:39
♏	Avr 5	0:40
♐	Avr 7	1:09
♑	Avr 9	2:40
♒	Avr 11	6:24
♓	Avr 13	12:49
♈	Avr 15	21:52
♉	Avr 18	9:02
♊	Avr 20	21:37
♋	Avr 23	10:25
♌	Avr 25	21:43
♍	Avr 28	5:52
♎	Avr 30	10:12
♏	Mai 2	11:23
♐	Mai 4	10:59
♑	Mai 6	10:54
♒	Mai 8	13:00
♓	Mai 10	18:29
♈	Mai 13	3:29
♉	Mai 15	15:04
♊	Mai 18	3:50
♋	Mai 20	16:35
♌	Mai 23	4:13
♍	Mai 25	13:31
♎	Mai 27	19:28
♏	Mai 29	21:57
♐	Mai 31	21:54
♑	Juin 2	21:07
♒	Juin 4	21:44
♓	Juin 7	1:35
♈	Juin 9	9:34
♉	Juin 11	20:56
♊	Juin 14	9:50
♋	Juin 16	22:28
♌	Juin 19	9:53
♍	Juin 21	19:29

(suite)

Table B-2 : la Lune *(suite)*

♎	Juin 24	2:35
♏	Juin 26	6:42
♐	Juin 28	8:02
♑	Juin 30	7:48
♒	Juil 2	7:56
♓	Juil 4	10:31
♈	Juil 6	17:03
♉	Juil 9	3:33
♊	Juil 11	16:15
♋	Juil 14	4:50
♌	Juil 16	15:51
♍	Juil 19	0:58
♎	Juil 21	8:09
♏	Juil 23	13:13
♐	Juil 25	16:04
♑	Juil 27	17:15
♒	Juil 29	18:04
♓	Juil 31	20:23
♈	Août 3	1:54
♉	Août 5	11:18
♊	Août 7	23:29
♋	Août 10	12:04
♌	Août 12	22:57
♍	Août 15	7:26
♎	Août 17	13:49
♏	Août 19	18:35
♐	Août 21	22:03
♑	Août 24	0:30
♒	Août 26	2:41
♓	Août 28	5:46
♈	Août 30	11:11
♉	Sept 1	19:52
♊	Sept 4	7:27
♋	Sept 6	20:03
♌	Sept 9	7:14
♍	Sept 11	15:34
♎	Sept 13	21:07
♏	Sept 16	0:45
♐	Sept 18	3:28
♑	Sept 20	6:04
♒	Sept 22	9:12
♓	Sept 24	13:30
♈	Sept 26	19:40
♉	Sept 29	4:21
♊	Oct 1	15:33
♋	Oct 4	4:09
♌	Oct 6	15:58
♍	Oct 9	0:59
♎	Oct 11	6:29
♏	Oct 13	9:11
♐	Oct 15	10:27
♑	Oct 17	11:51
♒	Oct 19	14:36
♓	Oct 21	19:26
♈	Oct 24	2:34
♉	Oct 26	11:53
♊	Oct 28	23:08
♋	Oct 31	11:40
♌	Nov 3	0:03
♍	Nov 5	10:17
♎	Nov 7	16:51
♏	Nov 9	19:42
♐	Nov 11	20:03
♑	Nov 13	19:50
♒	Nov 15	21:00
♓	Nov 18	0:58
♈	Nov 20	8:13
♉	Nov 22	18:09
♊	Nov 25	5:48
♋	Nov 27	18:20
♌	Nov 30	6:53
♍	Déc 2	18:05
♎	Déc 5	2:17
♏	Déc 7	6:33
♐	Déc 9	7:22
♑	Déc 11	6:26
♒	Déc 13	5:59
♓	Déc 15	8:09
♈	Déc 17	14:11
♉	Déc 19	23:54
♊	Déc 22	11:51
♋	Déc 25	0:30
♌	Déc 27	12:52
♍	Déc 30	0:13
1978		
♎	Jan 1	9:31
♏	Jan 3	15:35
♐	Jan 5	18:03
♑	Jan 7	17:55
♒	Jan 9	17:05
♓	Jan 11	17:50
♈	Jan 13	22:05
♉	Jan 16	6:30
♊	Jan 18	18:06
♋	Jan 21	6:50
♌	Jan 23	19:02
♍	Jan 26	5:56
♎	Jan 28	15:08
♏	Jan 30	22:04
♐	Fév 2	2:13
♑	Fév 4	3:50
♒	Fév 6	4:04
♓	Fév 8	4:47
♈	Fév 10	7:56
♉	Fév 12	14:50
♊	Fév 15	1:24
♋	Fév 17	13:56
♌	Fév 20	2:09
♍	Fév 22	12:39
♎	Fév 24	21:03
♏	Fév 27	3:28
♐	Mar 1	8:02
♑	Mar 3	10:58
♒	Mar 5	12:51
♓	Mar 7	14:46
♈	Mar 9	18:08
♉	Mar 12	0:18
♊	Mar 14	9:48
♋	Mar 16	21:49
♌	Mar 19	10:12
♍	Mar 21	20:49
♎	Mar 24	4:41
♏	Mar 26	10:01
♐	Mar 28	13:37
♑	Mar 30	16:23
♒	Avr 1	19:05
♓	Avr 3	22:20
♈	Avr 6	2:51
♉	Avr 8	9:21
♊	Avr 10	18:27
♋	Avr 13	5:59
♌	Avr 15	18:30
♍	Avr 18	5:44
♎	Avr 20	13:53
♏	Avr 22	18:39
♐	Avr 24	21:00
♑	Avr 26	22:28
♒	Avr 29	0:28
♓	Mai 1	4:00
♈	Mai 3	9:27
♉	Mai 5	16:52
♊	Mai 8	2:18
♋	Mai 10	13:41
♌	Mai 13	2:17
♍	Mai 15	14:15
♎	Mai 17	23:24
♏	Mai 20	4:39
♐	Mai 22	6:31
♑	Mai 24	6:41
♒	Mai 26	7:10
♓	Mai 28	9:37
♈	Mai 30	14:52
♉	Juin 1	22:50
♊	Juin 4	8:53
♋	Juin 6	20:30
♌	Juin 9	9:07
♍	Juin 11	21:35
♎	Juin 14	7:55
♏	Juin 16	14:28
♐	Juin 18	17:01
♑	Juin 20	16:52
♒	Juin 22	16:07
♓	Juin 24	16:57
♈	Juin 26	20:53
♉	Juin 29	4:21
♊	Juil 1	14:37
♋	Juil 4	2:33
♌	Juil 6	15:13
♍	Juil 9	3:44
♎	Juil 11	14:48
♏	Juil 13	22:47
♐	Juil 16	2:50
♑	Juil 18	3:33
♒	Juil 20	2:41
♓	Juil 22	2:26
♈	Juil 24	4:46
♉	Juil 26	10:50
♊	Juil 28	20:31
♋	Juil 31	8:28
♌	Août 2	21:10
♍	Août 5	9:29
♎	Août 7	20:30
♏	Août 10	5:11
♐	Août 12	10:43
♑	Août 14	13:03
♒	Août 16	13:15
♓	Août 18	13:04
♈	Août 20	14:29
♉	Août 22	19:06
♊	Août 25	3:31
♋	Août 27	14:59
♌	Août 30	3:40
♍	Sept 1	15:46
♎	Sept 4	2:15
♏	Sept 6	10:38
♐	Sept 8	16:39
♑	Sept 10	20:20
♒	Sept 12	22:09
♓	Sept 14	23:09
♈	Sept 17	0:50
♉	Sept 19	4:43
♊	Sept 21	11:56
♋	Sept 23	22:31
♌	Sept 26	11:02
♍	Sept 28	23:11
♎	Oct 1	9:17
♏	Oct 3	16:48
♐	Oct 5	22:07
♑	Oct 8	1:52
♒	Oct 10	4:42
♓	Oct 12	7:12
♈	Oct 14	10:06
♉	Oct 16	14:22
♊	Oct 18	21:05
♋	Oct 21	6:52
♌	Oct 23	19:04
♍	Oct 26	7:32
♎	Oct 28	17:51
♏	Oct 31	0:52
♐	Nov 2	5:03
♑	Nov 4	7:40
♒	Nov 6	10:04
♓	Nov 8	13:06
♈	Nov 10	17:11
♉	Nov 12	22:35
♊	Nov 15	5:45
♋	Nov 17	15:16
♌	Nov 20	3:09
♍	Nov 22	15:57
♎	Nov 25	3:07
♏	Nov 27	10:38
♐	Nov 29	14:23
♑	Déc 1	15:44
♒	Déc 3	16:35
♓	Déc 5	18:36
♈	Déc 7	22:40
♉	Déc 10	4:50
♊	Déc 12	12:54
♋	Déc 14	22:50
♌	Déc 17	10:37
♍	Déc 19	23:34
♎	Déc 22	11:40
♏	Déc 24	20:32
♐	Déc 27	1:07
♑	Déc 29	2:15
♒	Déc 31	1:53
1979		
♓	Jan 2	2:08
♈	Jan 4	4:41
♉	Jan 6	10:17
♊	Jan 8	18:42
♋	Jan 11	5:14
♌	Jan 13	17:16
♍	Jan 16	6:10
♎	Jan 18	18:40
♏	Jan 21	4:51
♐	Jan 23	11:08
♑	Jan 25	13:27
♒	Jan 27	13:12
♓	Jan 29	12:25
♈	Jan 31	13:11
♉	Fév 2	17:03
♊	Fév 5	0:33
♋	Fév 7	11:06
♌	Fév 9	23:25
♍	Fév 12	12:18
♎	Fév 15	0:37
♏	Fév 17	11:12
♐	Fév 19	18:51
♑	Fév 21	23:00
♒	Fév 24	0:12
♓	Fév 25	23:52
♈	Fév 27	23:54
♉	Mar 2	2:09
♊	Mar 4	7:58
♋	Mar 6	17:34
♌	Mar 9	5:47
♍	Mar 11	18:42
♎	Mar 14	6:42
♏	Mar 16	16:49
♐	Mar 19	0:38
♑	Mar 21	5:56
♒	Mar 23	8:52

(suite)

Table B-2 : la Lune *(suite)*

♓	Mar 25	10:04
♈	Mar 27	10:47
♉	Mar 29	12:36
♊	Mar 31	17:08
♋	Avr 3	1:24
♌	Avr 5	12:58
♍	Avr 8	1:52
♎	Avr 10	13:45
♏	Avr 12	23:16
♐	Avr 15	6:18
♑	Avr 17	11:23
♒	Avr 19	15:02
♓	Avr 21	17:41
♈	Avr 23	19:51
♉	Avr 25	22:27
♊	Avr 28	2:49
♋	Avr 30	10:11
♌	Mai 2	20:56
♍	Mai 5	9:41
♎	Mai 7	21:47
♏	Mai 10	7:10
♐	Mai 12	13:25
♑	Mai 14	17:25
♒	Mai 16	20:26
♓	Mai 18	23:18
♈	Mai 21	2:30
♉	Mai 23	6:20
♊	Mai 25	11:28
♋	Mai 27	18:51
♌	Mai 30	5:08
♍	Juin 1	17:41
♎	Juin 4	6:12
♏	Juin 6	16:05
♐	Juin 8	22:15
♑	Juin 11	1:23
♒	Juin 13	3:06
♓	Juin 15	4:56
♈	Juin 17	7:52
♉	Juin 19	12:18
♊	Juin 21	18:23
♋	Juin 24	2:25
♌	Juin 26	12:47
♍	Juin 29	1:14
♎	Juil 1	14:08
♏	Juil 4	0:57
♐	Juil 6	7:55
♑	Juil 8	11:07
♒	Juil 10	11:59
♓	Juil 12	12:23
♈	Juil 14	13:57
♉	Juil 16	17:43
♊	Juil 18	23:59
♋	Juil 21	8:40
♌	Juil 23	19:30
♍	Juil 26	8:01
♎	Juil 28	21:06
♏	Juil 31	8:46
♐	Août 2	17:05
♑	Août 4	21:23
♒	Août 6	22:28
♓	Août 8	22:05
♈	Août 10	22:10
♉	Août 13	0:21
♊	Août 15	5:41
♋	Août 17	14:17
♌	Août 20	1:28
♍	Août 22	14:11
♎	Août 25	3:13
♏	Août 27	15:12
♐	Août 30	0:39
♑	Sept 1	6:33
♒	Sept 3	8:59
♓	Sept 5	9:03
♈	Sept 7	8:29
♉	Sept 9	9:12
♊	Sept 11	12:54
♋	Sept 13	20:27
♌	Sept 16	7:25
♍	Sept 18	20:15
♎	Sept 21	9:11
♏	Sept 23	20:54
♐	Sept 26	6:36
♑	Sept 28	13:40
♒	Sept 30	17:49
♓	Oct 2	19:23
♈	Oct 4	19:28
♉	Oct 6	19:45
♊	Oct 8	22:07
♋	Oct 11	4:09
♌	Oct 13	14:12
♍	Oct 16	2:51
♎	Oct 18	15:44
♏	Oct 21	3:02
♐	Oct 23	12:09
♑	Oct 25	19:11
♒	Oct 28	0:16
♓	Oct 30	3:29
♈	Nov 1	5:09
♉	Nov 3	6:16
♊	Nov 5	8:26
♋	Nov 7	13:24
♌	Nov 9	22:14
♍	Nov 12	10:20
♎	Nov 14	23:16
♏	Nov 17	10:29
♐	Nov 19	18:56
♑	Nov 22	1:01
♒	Nov 24	5:37
♓	Nov 26	9:17
♈	Nov 28	12:17
♉	Nov 30	14:54
♊	Déc 2	18:02
♋	Déc 4	23:01
♌	Déc 7	7:09
♍	Déc 9	18:33
♎	Déc 12	7:29
♏	Déc 14	19:08
♐	Déc 17	3:36
♑	Déc 19	8:54
♒	Déc 21	12:13
♓	Déc 23	14:50
♈	Déc 25	17:40
♉	Déc 27	21:08
♊	Déc 30	1:32
1980		
♋	Jan 1	7:29
♌	Jan 3	15:47
♍	Jan 6	2:48
♎	Jan 8	15:38
♏	Jan 11	3:55
♐	Jan 13	13:17
♑	Jan 15	18:51
♒	Jan 17	21:25
♓	Jan 19	22:33
♈	Jan 21	23:52
♉	Jan 24	2:31
♊	Jan 26	7:11
♋	Jan 28	14:02
♌	Jan 30	23:08
♍	Fév 2	10:21
♎	Fév 4	23:04
♏	Fév 7	11:46
♐	Fév 9	22:19
♑	Fév 12	5:12
♒	Fév 14	8:19
♓	Fév 16	8:54
♈	Fév 18	8:43
♉	Fév 20	9:35
♊	Fév 22	12:58
♋	Fév 24	19:34
♌	Fév 27	5:10
♍	Fév 29	16:53
♎	Mar 3	5:40
♏	Mar 5	18:22
♐	Mar 8	5:38
♑	Mar 10	14:02
♒	Mar 12	18:45
♓	Mar 14	20:10
♈	Mar 16	19:41
♉	Mar 18	19:13
♊	Mar 20	20:47
♋	Mar 23	1:55
♌	Mar 25	10:58
♍	Mar 27	22:52
♎	Mar 30	11:49
♏	Avr 2	0:21
♐	Avr 4	11:35
♑	Avr 6	20:43
♒	Avr 9	3:00
♓	Avr 11	6:07
♈	Avr 13	6:40
♉	Avr 15	6:11
♊	Avr 17	6:41
♋	Avr 19	10:11
♌	Avr 21	17:52
♍	Avr 24	5:12
♎	Avr 26	18:09
♏	Avr 29	6:35
♐	Mai 1	17:22
♑	Mai 4	2:14
♒	Mai 6	9:03
♓	Mai 8	13:33
♈	Mai 10	15:44
♉	Mai 12	16:24
♊	Mai 14	17:07
♋	Mai 16	19:52
♌	Mai 19	2:14
♍	Mai 21	12:32
♎	Mai 24	1:11
♏	Mai 26	13:37
♐	Mai 29	0:05
♑	Mai 31	8:14
♒	Juin 2	14:29
♓	Juin 4	19:10
♈	Juin 6	22:23
♉	Juin 9	0:29
♊	Juin 11	2:22
♋	Juin 13	5:29
♌	Juin 15	11:22
♍	Juin 17	20:47
♎	Juin 20	8:55
♏	Juin 22	21:26
♐	Juin 25	8:02
♑	Juin 27	15:46
♒	Juin 29	21:04
♓	Juil 2	0:48
♈	Juil 4	3:46
♉	Juil 6	6:30
♊	Juil 8	9:33
♋	Juil 10	13:44
♌	Juil 12	20:03
♍	Juil 15	5:11
♎	Juil 17	16:55
♏	Juil 20	5:33
♐	Juil 22	16:42
♑	Juil 25	0:45
♒	Juil 27	5:34
♓	Juil 29	8:11
♈	Juil 31	9:53
♉	Août 2	11:55
♊	Août 4	15:10
♋	Août 6	20:12
♌	Août 9	3:23
♍	Août 11	12:54
♎	Août 14	0:32
♏	Août 16	13:15
♐	Août 19	1:08
♑	Août 21	10:11
♒	Août 23	15:32
♓	Août 25	17:43
♈	Août 27	18:11
♉	Août 29	18:41
♊	Août 31	20:50
♋	Sept 3	1:39
♌	Sept 5	9:22
♍	Sept 7	19:31
♎	Sept 10	7:22
♏	Sept 12	20:06
♐	Sept 15	8:28
♑	Sept 17	18:45
♒	Sept 20	1:30
♓	Sept 22	4:27
♈	Sept 24	4:37
♉	Sept 26	3:53
♊	Sept 28	4:21
♋	Sept 30	7:46
♌	Oct 2	14:57
♍	Oct 5	1:19
♎	Oct 7	13:30
♏	Oct 10	2:15
♐	Oct 12	14:37
♑	Oct 15	1:37
♒	Oct 17	9:54
♓	Oct 19	14:31
♈	Oct 21	15:43
♉	Oct 23	14:55
♊	Oct 25	14:17
♋	Oct 27	16:00
♌	Oct 29	21:38
♍	Nov 1	7:18
♎	Nov 3	19:31
♏	Nov 6	8:19
♐	Nov 8	20:25
♑	Nov 11	7:15
♒	Nov 13	16:10
♓	Nov 15	22:21
♈	Nov 18	1:22
♉	Nov 20	1:51
♊	Nov 22	1:27
♋	Nov 24	2:19
♌	Nov 26	6:23
♍	Nov 28	14:37
♎	Déc 1	2:13
♏	Déc 3	15:00
♐	Déc 6	2:57
♑	Déc 8	13:12
♒	Déc 10	21:36
♓	Déc 13	4:03
♈	Déc 15	8:21
♉	Déc 17	10:36
♊	Déc 19	11:39
♋	Déc 21	13:03
♌	Déc 23	16:34
♍	Déc 25	23:32

(suite)

Table B-2 : la Lune *(suite)*

♎	Déc 28	10:05
♏	Déc 30	22:36
1981		
♐	Jan 2	10:42
♑	Jan 4	20:41
♒	Jan 7	4:12
♓	Jan 9	9:42
♈	Jan 11	13:43
♉	Jan 13	16:45
♊	Jan 15	19:17
♋	Jan 17	22:08
♌	Jan 20	2:21
♍	Jan 22	9:02
♎	Jan 24	18:45
♏	Jan 27	6:49
♐	Jan 29	19:12
♑	Fév 1	5:37
♒	Fév 3	12:55
♓	Fév 5	17:21
♈	Fév 7	20:01
♉	Fév 9	22:11
♊	Fév 12	0:51
♋	Fév 14	4:43
♌	Fév 16	10:10
♍	Fév 18	17:34
♎	Fév 21	3:12
♏	Fév 23	14:54
♐	Fév 26	3:29
♑	Fév 28	14:46
♒	Mar 2	22:51
♓	Mar 5	3:12
♈	Mar 7	4:48
♉	Mar 9	5:22
♊	Mar 11	6:42
♋	Mar 13	10:06
♌	Mar 15	16:02
♍	Mar 18	0:20
♎	Mar 20	10:31
♏	Mar 22	22:14
♐	Mar 25	10:51
♑	Mar 27	22:52
♒	Mar 30	8:15
♓	Avr 1	13:41
♈	Avr 3	15:25
♉	Avr 5	15:04
♊	Avr 7	14:47
♋	Avr 9	16:34
♌	Avr 11	21:36
♍	Avr 14	5:56
♎	Avr 16	16:38
♏	Avr 19	4:39
♐	Avr 21	17:15
♑	Avr 24	5:31
♒	Avr 26	15:57
♓	Avr 28	22:56
♈	Mai 1	1:57
♉	Mai 3	1:59
♊	Mai 5	1:01
♋	Mai 7	1:18
♌	Mai 9	4:40
♍	Mai 11	11:55
♎	Mai 13	22:24
♏	Mai 16	10:37
♐	Mai 18	23:14
♑	Mai 21	11:20
♒	Mai 23	22:01
♓	Mai 26	6:05
♈	Mai 28	10:44
♉	Mai 30	12:10
♊	Juin 1	11:48
♋	Juin 3	11:38
♌	Juin 5	13:43
♍	Juin 7	19:25
♎	Juin 10	4:55
♏	Juin 12	16:54
♐	Juin 15	5:31
♑	Juin 17	17:21
♒	Juin 20	3:36
♓	Juin 22	11:44
♈	Juin 24	17:18
♉	Juin 26	20:16
♊	Juin 28	21:21
♋	Juin 30	21:57
♌	Juil 2	23:47
♍	Juil 5	4:26
♎	Juil 7	12:42
♏	Juil 10	0:02
♐	Juil 12	12:35
♑	Juil 15	0:19
♒	Juil 17	10:02
♓	Juil 19	17:26
♈	Juil 21	22:43
♉	Juil 24	2:18
♊	Juil 26	4:42
♋	Juil 28	6:41
♌	Juil 30	9:20
♍	Août 1	13:54
♎	Août 3	21:24
♏	Août 6	7:58
♐	Août 8	20:22
♑	Août 11	8:20
♒	Août 13	17:56
♓	Août 16	0:34
♈	Août 18	4:49
♉	Août 20	7:43
♊	Août 22	10:18
♋	Août 24	13:17
♌	Août 26	17:10
♍	Août 28	22:32
♎	Août 31	6:02
♏	Sept 2	16:10
♐	Sept 5	4:24
♑	Sept 7	16:48
♒	Sept 10	2:58
♓	Sept 12	9:34
♈	Sept 14	12:55
♉	Sept 16	14:30
♊	Sept 18	15:59
♋	Sept 20	18:39
♌	Sept 22	23:08
♍	Sept 25	5:29
♎	Sept 27	13:40
♏	Sept 29	23:53
♐	Oct 2	12:00
♑	Oct 5	0:49
♒	Oct 7	12:01
♓	Oct 9	19:32
♈	Oct 11	23:01
♉	Oct 13	23:43
♊	Oct 15	23:41
♋	Oct 18	0:52
♌	Oct 20	4:34
♍	Oct 22	11:05
♎	Oct 24	19:56
♏	Oct 27	6:38
♐	Oct 29	18:48
♑	Nov 1	7:46
♒	Nov 3	19:51
♓	Nov 6	4:52
♈	Nov 8	9:38
♉	Nov 10	10:44
♊	Nov 12	9:59
♋	Nov 14	9:37
♌	Nov 16	11:33
♍	Nov 18	16:53
♎	Nov 21	1:33
♏	Nov 23	12:36
♐	Nov 26	1:00
♑	Nov 28	13:53
♒	Déc 1	2:09
♓	Déc 3	12:16
♈	Déc 5	18:49
♉	Déc 7	21:31
♊	Déc 9	21:30
♋	Déc 11	20:40
♌	Déc 13	21:08
♍	Déc 16	0:38
♎	Déc 18	7:58
♏	Déc 20	18:39
♐	Déc 23	7:11
♑	Déc 25	19:59
♒	Déc 28	7:54
♓	Déc 30	18:01
1982		
♈	Jan 2	1:33
♉	Jan 4	6:02
♊	Jan 6	7:48
♋	Jan 8	8:01
♌	Jan 10	8:21
♍	Jan 12	10:37
♎	Jan 14	16:17
♏	Jan 17	1:46
♐	Jan 19	14:00
♑	Jan 22	2:51
♒	Jan 24	14:25
♓	Jan 26	23:49
♈	Jan 29	6:58
♉	Jan 31	12:03
♊	Fév 2	15:20
♋	Fév 4	17:18
♌	Fév 6	18:50
♍	Fév 8	21:15
♎	Fév 11	2:02
♏	Fév 13	10:16
♐	Fév 15	21:45
♑	Fév 18	10:36
♒	Fév 20	22:15
♓	Fév 23	7:09
♈	Fév 25	13:17
♉	Fév 27	17:32
♊	Mar 1	20:50
♋	Mar 3	23:48
♌	Mar 6	2:50
♍	Mar 8	6:27
♎	Mar 10	11:34
♏	Mar 12	19:17
♐	Mar 15	6:03
♑	Mar 17	18:47
♒	Mar 20	6:53
♓	Mar 22	16:01
♈	Mar 24	21:37
♉	Mar 27	0:39
♊	Mar 29	2:44
♋	Mar 31	5:09
♌	Avr 2	8:36
♍	Avr 4	13:18
♎	Avr 6	19:26
♏	Avr 9	3:33
♐	Avr 11	14:07
♑	Avr 14	2:41
♒	Avr 16	15:18
♓	Avr 19	1:20
♈	Avr 21	7:23
♉	Avr 23	9:59
♊	Avr 25	10:48
♋	Avr 27	11:43
♌	Avr 29	14:09
♍	Mai 1	18:45
♎	Mai 4	1:32
♏	Mai 6	10:24
♐	Mai 8	21:17
♑	Mai 11	9:50
♒	Mai 13	22:44
♓	Mai 16	9:46
♈	Mai 18	17:04
♉	Mai 20	20:22
♊	Mai 22	20:54
♋	Mai 24	20:38
♌	Mai 26	21:27
♍	Mai 29	0:43
♎	Mai 31	7:02
♏	Juin 2	16:12
♐	Juin 5	3:31
♑	Juin 7	16:12
♒	Juin 10	5:08
♓	Juin 12	16:44
♈	Juin 15	1:20
♉	Juin 17	6:07
♊	Juin 19	7:34
♋	Juin 21	7:13
♌	Juin 23	6:57
♍	Juin 25	8:36
♎	Juin 27	13:30
♏	Juin 29	22:02
♐	Juil 2	9:25
♑	Juil 4	22:15
♒	Juil 7	11:03
♓	Juil 9	22:35
♈	Juil 12	7:49
♉	Juil 14	14:00
♊	Juil 16	17:03
♋	Juil 18	17:46
♌	Juil 20	17:35
♍	Juil 22	18:20
♎	Juil 24	21:45
♏	Juil 27	4:58
♐	Juil 29	15:48
♑	Août 1	4:36
♒	Août 3	17:17
♓	Août 6	4:23
♈	Août 8	13:21
♉	Août 10	20:00
♊	Août 13	0:22
♋	Août 15	2:40
♌	Août 17	3:40
♍	Août 19	4:40
♎	Août 21	7:22
♏	Août 23	13:21
♐	Août 25	23:11
♑	Août 28	11:42
♒	Août 31	0:23
♓	Sept 2	11:11
♈	Sept 4	19:24
♉	Sept 7	1:27
♊	Sept 9	5:57
♋	Sept 11	9:18
♌	Sept 13	11:46
♍	Sept 15	13:57
♎	Sept 17	17:03
♏	Sept 19	22:32
♐	Sept 22	7:30
♑	Sept 24	19:31
♒	Sept 27	8:21

(suite)

Table B-2 : la Lune *(suite)*

♓	Sept 29	19:18
♈	Oct 2	3:06
♉	Oct 4	8:09
♊	Oct 6	11:39
♋	Oct 8	14:39
♌	Oct 10	17:44
♍	Oct 12	21:09
♎	Oct 15	1:23
♏	Oct 17	7:21
♐	Oct 19	16:02
♑	Oct 22	3:38
♒	Oct 24	16:36
♓	Oct 27	4:12
♈	Oct 29	12:25
♉	Oct 31	17:04
♊	Nov 2	19:23
♋	Nov 4	20:59
♌	Nov 6	23:10
♍	Nov 9	2:40
♎	Nov 11	7:46
♏	Nov 13	14:42
♐	Nov 15	23:52
♑	Nov 18	11:21
♒	Nov 21	0:20
♓	Nov 23	12:43
♈	Nov 25	22:07
♉	Nov 28	3:31
♊	Nov 30	5:36
♋	Déc 2	5:58
♌	Déc 4	6:26
♍	Déc 6	8:32
♎	Déc 8	13:11
♏	Déc 10	20:34
♐	Déc 13	6:27
♑	Déc 15	18:15
♒	Déc 18	7:12
♓	Déc 20	19:56
♈	Déc 23	6:34
♉	Déc 25	13:37
♊	Déc 27	16:49
♋	Déc 29	17:12
♌	Déc 31	16:33
1983		
♍	Jan 2	16:49
♎	Jan 4	19:44
♏	Jan 7	2:16
♐	Jan 9	12:14
♑	Jan 12	0:26
♒	Jan 14	13:26
♓	Jan 17	2:02
♈	Jan 19	13:08
♉	Jan 21	21:36
♊	Jan 24	2:40
♋	Jan 26	4:28
♌	Jan 28	4:10
♍	Jan 30	3:35
♎	Fév 1	4:47
♏	Fév 3	9:32
♐	Fév 5	18:28
♑	Fév 8	6:33
♒	Fév 10	19:40
♓	Fév 13	8:02
♈	Fév 15	18:46
♉	Fév 18	3:31
♊	Fév 20	9:52
♋	Fév 22	13:31
♌	Fév 24	14:47
♍	Fév 26	14:49
♎	Fév 28	15:30
♏	Mar 2	18:51
♐	Mar 5	2:15
♑	Mar 7	13:29
♒	Mar 10	2:30
♓	Mar 12	14:47
♈	Mar 15	1:00
♉	Mar 17	9:04
♊	Mar 19	15:20
♋	Mar 21	19:52
♌	Mar 23	22:43
♍	Mar 26	0:18
♎	Mar 28	1:48
♏	Mar 30	4:57
♐	Avr 1	11:20
♑	Avr 3	21:30
♒	Avr 6	10:06
♓	Avr 8	22:30
♈	Avr 11	8:37
♉	Avr 13	15:59
♊	Avr 15	21:15
♋	Avr 18	1:14
♌	Avr 20	4:26
♍	Avr 22	7:12
♎	Avr 24	10:04
♏	Avr 26	14:04
♐	Avr 28	20:28
♑	Mai 1	6:01
♒	Mai 3	18:09
♓	Mai 6	6:43
♈	Mai 8	17:16
♉	Mai 11	0:36
♊	Mai 13	5:03
♋	Mai 15	7:48
♌	Mai 17	10:01
♍	Mai 19	12:37
♎	Mai 21	16:11
♏	Mai 23	21:17
♐	Mai 26	4:27
♑	Mai 28	14:07
♒	Mai 31	2:00
♓	Juin 2	14:42
♈	Juin 5	1:59
♉	Juin 7	10:05
♊	Juin 9	14:37
♋	Juin 11	16:32
♌	Juin 13	17:21
♍	Juin 15	18:38
♎	Juin 17	21:36
♏	Juin 20	2:59
♐	Juin 22	10:55
♑	Juin 24	21:08
♒	Juin 27	9:07
♓	Juin 29	21:52
♈	Juil 2	9:47
♉	Juil 4	19:05
♊	Juil 7	0:41
♋	Juil 9	2:50
♌	Juil 11	2:54
♍	Juil 13	2:43
♎	Juil 15	4:10
♏	Juil 17	8:38
♐	Juil 19	16:31
♑	Juil 22	3:11
♒	Juil 24	15:26
♓	Juil 27	4:11
♈	Juil 29	16:21
♉	Août 1	2:37
♊	Août 3	9:43
♋	Août 5	13:09
♌	Août 7	13:37
♍	Août 9	12:49
♎	Août 11	12:51
♏	Août 13	15:44
♐	Août 15	22:33
♑	Août 18	8:59
♒	Août 20	21:25
♓	Août 23	10:10
♈	Août 25	22:08
♉	Août 28	8:38
♊	Août 30	16:49
♋	Sept 1	21:53
♌	Sept 3	23:47
♍	Sept 5	23:36
♎	Sept 7	23:13
♏	Sept 10	0:49
♐	Sept 12	6:08
♑	Sept 14	15:34
♒	Sept 17	3:45
♓	Sept 19	16:30
♈	Sept 22	4:10
♉	Sept 24	14:12
♊	Sept 26	22:24
♋	Sept 29	4:24
♌	Oct 1	7:54
♍	Oct 3	9:15
♎	Oct 5	9:42
♏	Oct 7	11:06
♐	Oct 9	15:21
♑	Oct 11	23:30
♒	Oct 14	11:00
♓	Oct 16	23:41
♈	Oct 19	11:18
♉	Oct 21	20:47
♊	Oct 24	4:10
♋	Oct 26	9:47
♌	Oct 28	13:50
♍	Oct 30	16:33
♎	Nov 1	18:31
♏	Nov 3	20:53
♐	Nov 6	1:09
♑	Nov 8	8:31
♒	Nov 10	19:10
♓	Nov 13	7:41
♈	Nov 15	19:36
♉	Nov 18	5:06
♊	Nov 20	11:45
♋	Nov 22	16:10
♌	Nov 24	19:19
♍	Nov 26	22:02
♎	Nov 29	0:57
♏	Déc 1	4:41
♐	Déc 3	9:56
♑	Déc 5	17:28
♒	Déc 8	3:39
♓	Déc 10	15:53
♈	Déc 13	4:17
♉	Déc 15	14:33
♊	Déc 17	21:23
♋	Déc 20	1:02
♌	Déc 22	2:44
♍	Déc 24	4:01
♎	Déc 26	6:18
♏	Déc 28	10:27
♐	Déc 30	16:44
1984		
♑	Jan 2	1:07
♒	Jan 4	11:30
♓	Jan 6	23:34
♈	Jan 9	12:15
♉	Jan 11	23:36
♊	Jan 14	7:40
♋	Jan 16	11:47
♌	Jan 18	12:49
♍	Jan 20	12:35
♎	Jan 22	13:07
♏	Jan 24	16:04
♐	Jan 26	22:12
♑	Jan 29	7:12
♒	Jan 31	18:11
♓	Fév 3	6:22
♈	Fév 5	19:04
♉	Fév 8	7:05
♊	Fév 10	16:39
♋	Fév 12	22:20
♌	Fév 15	0:09
♍	Fév 16	23:32
♎	Fév 18	22:39
♏	Fév 20	23:44
♐	Fév 23	4:22
♑	Fév 25	12:49
♒	Fév 28	0:02
♓	Mar 1	12:29
♈	Mar 4	1:07
♉	Mar 6	13:09
♊	Mar 8	23:30
♋	Mar 11	6:48
♌	Mar 13	10:21
♍	Mar 15	10:47
♎	Mar 17	9:51
♏	Mar 19	9:49
♐	Mar 21	12:41
♑	Mar 23	19:36
♒	Mar 26	6:09
♓	Mar 28	18:37
♈	Mar 31	7:14
♉	Avr 2	18:55
♊	Avr 5	5:04
♋	Avr 7	12:59
♌	Avr 9	18:01
♍	Avr 11	20:11
♎	Avr 13	20:29
♏	Avr 15	20:41
♐	Avr 17	22:44
♑	Avr 20	4:10
♒	Avr 22	13:27
♓	Avr 25	1:26
♈	Avr 27	14:02
♉	Avr 30	1:30
♊	Mai 2	11:02
♋	Mai 4	18:26
♌	Mai 6	23:43
♍	Mai 9	3:02
♎	Mai 11	4:54
♏	Mai 13	6:22
♐	Mai 15	8:50
♑	Mai 17	13:43
♒	Mai 19	21:55
♓	Mai 22	9:09
♈	Mai 24	21:39
♉	Mai 27	9:13
♊	Mai 29	18:23
♋	Juin 1	0:53
♌	Juin 3	5:19
♍	Juin 5	8:27
♎	Juin 7	11:03
♏	Juin 9	13:48
♐	Juin 11	17:26
♑	Juin 13	22:48
♒	Juin 16	6:41
♓	Juin 18	17:18
♈	Juin 21	5:40
♉	Juin 23	17:38
♊	Juin 26	3:04
♋	Juin 28	9:09

(suite)

Table B-2 : la Lune *(suite)*

♌	Juin 30	12:30
♍	Juil 2	14:28
♎	Juil 4	16:27
♏	Juil 6	19:28
♐	Juil 9	0:03
♑	Juil 11	6:23
♒	Juil 13	14:41
♓	Juil 16	1:10
♈	Juil 18	13:26
♉	Juil 21	1:52
♊	Juil 23	12:10
♋	Juil 25	18:44
♌	Juil 27	21:41
♍	Juil 29	22:29
♎	Juil 31	23:03
♏	Août 3	1:04
♐	Août 5	5:30
♑	Août 7	12:24
♒	Août 9	21:25
♓	Août 12	8:13
♈	Août 14	20:28
♉	Août 17	9:13
♊	Août 19	20:31
♋	Août 22	4:20
♌	Août 24	8:00
♍	Août 26	8:32
♎	Août 28	7:57
♏	Août 30	8:23
♐	Sept 1	11:30
♑	Sept 3	17:55
♒	Sept 6	3:11
♓	Sept 8	14:24
♈	Sept 11	2:47
♉	Sept 13	15:33
♊	Sept 16	3:26
♋	Sept 18	12:36
♌	Sept 20	17:49
♍	Sept 22	19:19
♎	Sept 24	18:41
♏	Sept 26	18:04
♐	Sept 28	19:32
♑	Oct 1	0:28
♒	Oct 3	9:03
♓	Oct 5	20:19
♈	Oct 8	8:51
♉	Oct 10	21:28
♊	Oct 13	9:14
♋	Oct 15	19:00
♌	Oct 18	1:41
♍	Oct 20	4:56
♎	Oct 22	5:32
♏	Oct 24	5:08
♐	Oct 26	5:43
♑	Oct 28	9:05
♒	Oct 30	16:13
♓	Nov 2	2:50
♈	Nov 4	15:20
♉	Nov 7	3:53
♊	Nov 9	15:10
♋	Nov 12	0:31
♌	Nov 14	7:34
♍	Nov 16	12:08
♎	Nov 18	14:29
♏	Nov 20	15:30
♐	Nov 22	16:34
♑	Nov 24	19:17
♒	Nov 27	1:06
♓	Nov 29	10:33
♈	Déc 1	22:42
♉	Déc 4	11:20
♊	Déc 6	22:24
♋	Déc 9	6:56
♌	Déc 11	13:08
♍	Déc 13	17:35
♎	Déc 15	20:52
♏	Déc 17	23:27
♐	Déc 20	1:58
♑	Déc 22	5:21
♒	Déc 24	10:47
♓	Déc 26	19:18
♈	Déc 29	6:49
♉	Déc 31	19:36
1985		
♊	Jan 3	7:00
♋	Jan 5	15:18
♌	Jan 7	20:28
♍	Jan 9	23:40
♎	Jan 12	2:13
♏	Jan 14	5:07
♐	Jan 16	8:48
♑	Jan 18	13:29
♒	Jan 20	19:38
♓	Jan 23	4:02
♈	Jan 25	15:05
♉	Jan 28	3:53
♊	Jan 30	16:01
♋	Fév 2	0:59
♌	Fév 4	6:02
♍	Fév 6	8:09
♎	Fév 8	9:10
♏	Fév 10	10:49
♐	Fév 12	14:09
♑	Fév 14	19:27
♒	Fév 17	2:36
♓	Fév 19	11:38
♈	Fév 21	22:43
♉	Fév 24	11:27
♊	Fév 27	0:11
♋	Mar 1	10:23
♌	Mar 3	16:28
♍	Mar 5	18:43
♎	Mar 7	18:47
♏	Mar 9	18:47
♐	Mar 11	20:29
♑	Mar 14	0:55
♒	Mar 16	8:11
♓	Mar 18	17:50
♈	Mar 21	5:20
♉	Mar 23	18:06
♊	Mar 26	7:02
♋	Mar 28	18:13
♌	Mar 31	1:51
♍	Avr 2	5:25
♎	Avr 4	5:54
♏	Avr 6	5:10
♐	Avr 8	5:18
♑	Avr 10	7:57
♒	Avr 12	14:04
♓	Avr 14	23:30
♈	Avr 17	11:18
♉	Avr 20	0:12
♊	Avr 22	13:01
♋	Avr 25	0:26
♌	Avr 27	9:10
♍	Avr 29	14:24
♎	Mai 1	16:22
♏	Mai 3	16:17
♐	Mai 5	15:56
♑	Mai 7	17:11
♒	Mai 9	21:38
♓	Mai 12	5:56
♈	Mai 14	17:25
♉	Mai 17	6:23
♊	Mai 19	19:01
♋	Mai 22	6:05
♌	Mai 24	14:54
♍	Mai 26	21:06
♎	Mai 29	0:40
♏	Mai 31	2:07
♐	Juin 2	2:33
♑	Juin 4	3:34
♒	Juin 6	6:52
♓	Juin 8	13:46
♈	Juin 11	0:24
♉	Juin 13	13:11
♊	Juin 16	1:45
♋	Juin 18	12:22
♌	Juin 20	20:32
♍	Juin 23	2:32
♎	Juin 25	6:48
♏	Juin 27	9:37
♐	Juin 29	11:30
♑	Juil 1	13:22
♒	Juil 3	16:36
♓	Juil 5	22:40
♈	Juil 8	8:20
♉	Juil 10	20:44
♊	Juil 13	9:23
♋	Juil 15	19:54
♌	Juil 18	3:25
♍	Juil 20	8:29
♎	Juil 22	12:10
♏	Juil 24	15:16
♐	Juil 26	18:12
♑	Juil 28	21:21
♒	Juil 31	1:25
♓	Août 2	7:33
♈	Août 4	16:43
♉	Août 7	4:41
♊	Août 9	17:31
♋	Août 12	4:28
♌	Août 14	11:57
♍	Août 16	16:15
♎	Août 18	18:44
♏	Août 20	20:51
♐	Août 22	23:36
♑	Août 25	3:24
♒	Août 27	8:31
♓	Août 29	15:25
♈	Sept 1	0:42
♉	Sept 3	12:28
♊	Sept 6	1:27
♋	Sept 8	13:10
♌	Sept 10	21:27
♍	Sept 13	1:52
♎	Sept 15	3:34
♏	Sept 17	4:17
♐	Sept 19	5:40
♑	Sept 21	8:49
♒	Sept 23	14:11
♓	Sept 25	21:50
♈	Sept 28	7:43
♉	Sept 30	19:35
♊	Oct 3	8:36
♋	Oct 5	20:59
♌	Oct 8	6:33
♍	Oct 10	12:09
♎	Oct 12	14:12
♏	Oct 14	14:13
♐	Oct 16	14:05
♑	Oct 18	15:35
♒	Oct 20	19:54
♓	Oct 23	3:27
♈	Oct 25	13:47
♉	Oct 28	1:59
♊	Oct 30	14:59
♋	Nov 2	3:31
♌	Nov 4	14:04
♍	Nov 6	21:18
♎	Nov 9	0:52
♏	Nov 11	1:31
♐	Nov 13	0:52
♑	Nov 15	0:53
♒	Nov 17	3:25
♓	Nov 19	9:42
♈	Nov 21	19:42
♉	Nov 24	8:07
♊	Nov 26	21:08
♋	Nov 29	9:23
♌	Déc 1	19:59
♍	Déc 4	4:14
♎	Déc 6	9:33
♏	Déc 8	11:56
♐	Déc 10	12:13
♑	Déc 12	11:59
♒	Déc 14	13:15
♓	Déc 16	17:50
♈	Déc 19	2:37
♉	Déc 21	14:41
♊	Déc 24	3:45
♋	Déc 26	15:44
♌	Déc 29	1:44
♍	Déc 31	9:43
1986		
♎	Jan 2	15:45
♏	Jan 4	19:44
♐	Jan 6	21:47
♑	Jan 8	22:42
♒	Jan 11	0:01
♓	Jan 13	3:39
♈	Jan 15	11:03
♉	Jan 17	22:14
♊	Jan 20	11:12
♋	Jan 22	23:14
♌	Jan 25	8:47
♍	Jan 27	15:51
♎	Jan 29	21:10
♏	Fév 1	1:19
♐	Fév 3	4:31
♑	Fév 5	7:01
♒	Fév 7	9:35
♓	Fév 9	13:32
♈	Fév 11	20:21
♉	Fév 14	6:38
♊	Fév 16	19:17
♋	Fév 19	7:39
♌	Fév 21	17:25
♍	Fév 23	23:58
♎	Fév 26	4:07
♏	Fév 28	7:06
♐	Mar 2	9:51
♑	Mar 4	12:56
♒	Mar 6	16:42
♓	Mar 8	21:48
♈	Mar 11	5:03
♉	Mar 13	15:04
♊	Mar 16	3:23
♋	Mar 18	16:04
♌	Mar 21	2:38
♍	Mar 23	9:39
♎	Mar 25	13:22
♏	Mar 27	15:05
♐	Mar 29	16:20

(suite)

Table B-2 : la Lune *(suite)*

♑	Mar 31	18:25
♒	Avr 2	22:11
♓	Avr 5	4:03
♈	Avr 7	12:12
♉	Avr 9	22:36
♊	Avr 12	10:51
♋	Avr 14	23:42
♌	Avr 17	11:10
♍	Avr 19	19:24
♎	Avr 21	23:50
♏	Avr 24	1:15
♐	Avr 26	1:16
♑	Avr 28	1:41
♒	Avr 30	4:06
♓	Mai 2	9:30
♈	Mai 4	18:01
♉	Mai 7	4:59
♊	Mai 9	17:26
♋	Mai 12	6:18
♌	Mai 14	18:15
♍	Mai 17	3:45
♎	Mai 19	9:41
♏	Mai 21	12:02
♐	Mai 23	11:57
♑	Mai 25	11:15
♒	Mai 27	12:00
♓	Mai 29	15:54
♈	Mai 31	23:43
♉	Juin 3	10:45
♊	Juin 5	23:26
♋	Juin 8	12:16
♌	Juin 11	0:11
♍	Juin 13	10:18
♎	Juin 15	17:38
♏	Juin 17	21:36
♐	Juin 19	22:36
♑	Juin 21	22:00
♒	Juin 23	21:50
♓	Juin 26	0:13
♈	Juin 28	6:35
♉	Juin 30	16:54
♊	Juil 3	5:32
♋	Juil 5	18:19
♌	Juil 8	5:56
♍	Juil 10	15:50
♎	Juil 12	23:40
♏	Juil 15	4:58
♐	Juil 17	7:34
♑	Juil 19	8:10
♒	Juil 21	8:17
♓	Juil 23	9:59
♈	Juil 25	15:02
♉	Juil 28	0:11
♊	Juil 30	12:19
♋	Août 2	1:04
♌	Août 4	12:26
♍	Août 6	21:44
♎	Août 9	5:05
♏	Août 11	10:36
♐	Août 13	14:17
♑	Août 15	16:22
♒	Août 17	17:44
♓	Août 19	19:52
♈	Août 22	0:27
♉	Août 24	8:36
♊	Août 26	20:00
♋	Août 29	8:40
♌	Août 31	20:08
♍	Sept 3	5:06
♎	Sept 5	11:33
♏	Sept 7	16:12
♐	Sept 9	19:40
♑	Sept 11	22:28
♒	Sept 14	1:07
♓	Sept 16	4:27
♈	Sept 18	9:33
♉	Sept 20	17:25
♊	Sept 23	4:13
♋	Sept 25	16:44
♌	Sept 28	4:39
♍	Sept 30	13:57
♎	Oct 2	20:03
♏	Oct 4	23:35
♐	Oct 7	1:48
♑	Oct 9	3:52
♒	Oct 11	6:45
♓	Oct 13	11:03
♈	Oct 15	17:13
♉	Oct 18	1:35
♊	Oct 20	12:15
♋	Oct 23	0:37
♌	Oct 25	13:02
♍	Oct 27	23:20
♎	Oct 30	6:04
♏	Nov 1	9:19
♐	Nov 3	10:19
♑	Nov 5	10:49
♒	Nov 7	12:29
♓	Nov 9	16:30
♈	Nov 11	23:14
♉	Nov 14	8:24
♊	Nov 16	19:26
♋	Nov 19	7:46
♌	Nov 21	20:25
♍	Nov 24	7:46
♎	Nov 26	15:59
♏	Nov 28	20:13
♐	Nov 30	21:08
♑	Déc 2	20:28
♒	Déc 4	20:23
♓	Déc 6	22:48
♈	Déc 9	4:49
♉	Déc 11	14:10
♊	Déc 14	1:41
♋	Déc 16	14:09
♌	Déc 19	2:44
♍	Déc 21	14:30
♎	Déc 24	0:05
♏	Déc 26	6:06
♐	Déc 28	8:19
♑	Déc 30	7:54
1987		
♒	Jan 1	6:54
♓	Jan 3	7:36
♈	Jan 5	11:51
♉	Jan 7	20:13
♊	Jan 10	7:39
♋	Jan 12	20:18
♌	Jan 15	8:45
♍	Jan 17	20:15
♎	Jan 20	6:09
♏	Jan 22	13:30
♐	Jan 24	17:35
♑	Jan 26	18:42
♒	Jan 28	18:17
♓	Jan 30	18:24
♈	Fév 1	21:09
♉	Fév 4	3:53
♊	Fév 6	14:23
♋	Fév 9	2:55
♌	Fév 11	15:21
♍	Fév 14	2:26
♎	Fév 16	11:44
♏	Fév 18	19:04
♐	Fév 21	0:09
♑	Fév 23	2:57
♒	Fév 25	4:08
♓	Fév 27	5:07
♈	Mar 1	7:37
♉	Mar 3	13:11
♊	Mar 5	22:26
♋	Mar 8	10:24
♌	Mar 10	22:54
♍	Mar 13	9:55
♎	Mar 15	18:34
♏	Mar 18	0:57
♐	Mar 20	5:32
♑	Mar 22	8:48
♒	Mar 24	11:18
♓	Mar 26	13:46
♈	Mar 28	17:12
♉	Mar 30	22:46
♊	Avr 2	7:16
♋	Avr 4	18:33
♌	Avr 7	7:04
♍	Avr 9	18:28
♎	Avr 12	3:06
♏	Avr 14	8:41
♐	Avr 16	12:01
♑	Avr 18	14:21
♒	Avr 20	16:45
♓	Avr 22	20:02
♈	Avr 25	0:41
♉	Avr 27	7:06
♊	Avr 29	15:43
♋	Mai 2	2:39
♌	Mai 4	15:06
♍	Mai 7	3:07
♎	Mai 9	12:29
♏	Mai 11	18:09
♐	Mai 13	20:41
♑	Mai 15	21:37
♒	Mai 17	22:42
♓	Mai 20	1:24
♈	Mai 22	6:23
♉	Mai 24	13:39
♊	Mai 26	22:55
♋	Mai 29	9:59
♌	Mai 31	22:25
♍	Juin 3	10:56
♎	Juin 5	21:24
♏	Juin 8	4:06
♐	Juin 10	6:53
♑	Juin 12	7:05
♒	Juin 14	6:45
♓	Juin 16	7:54
♈	Juin 18	11:56
♉	Juin 20	19:09
♊	Juin 23	4:54
♋	Juin 25	16:22
♌	Juin 28	4:52
♍	Juin 30	17:34
♎	Juil 3	4:55
♏	Juil 5	13:03
♐	Juil 7	17:05
♑	Juil 9	17:43
♒	Juil 11	16:49
♓	Juil 13	16:36
♈	Juil 15	19:00
♉	Juil 18	1:04
♊	Juil 20	10:33
♋	Juil 22	22:13
♌	Juil 25	10:50
♍	Juil 27	23:26
♎	Juil 30	10:59
♏	Août 1	20:09
♐	Août 4	1:47
♑	Août 6	3:51
♒	Août 8	3:37
♓	Août 10	3:01
♈	Août 12	4:09
♉	Août 14	8:38
♊	Août 16	16:59
♋	Août 19	4:19
♌	Août 21	16:58
♍	Août 24	5:23
♎	Août 26	16:35
♏	Août 29	1:49
♐	Août 31	8:24
♑	Sept 2	12:04
♒	Sept 4	13:22
♓	Sept 6	13:37
♈	Sept 8	14:34
♉	Sept 10	17:57
♊	Sept 13	0:55
♋	Sept 15	11:22
♌	Sept 17	23:50
♍	Sept 20	12:13
♎	Sept 22	22:58
♏	Sept 25	7:30
♐	Sept 27	13:49
♑	Sept 29	18:08
♒	Oct 1	20:51
♓	Oct 3	22:39
♈	Oct 6	0:35
♉	Oct 8	3:57
♊	Oct 10	10:03
♋	Oct 12	19:31
♌	Oct 15	7:34
♍	Oct 17	20:06
♎	Oct 20	6:50
♏	Oct 22	14:41
♐	Oct 24	19:57
♑	Oct 26	23:33
♒	Oct 29	2:27
♓	Oct 31	5:19
♈	Nov 2	8:40
♉	Nov 4	13:02
♊	Nov 6	19:16
♋	Nov 9	4:10
♌	Nov 11	15:45
♍	Nov 14	4:29
♎	Nov 16	15:48
♏	Nov 18	23:47
♐	Nov 21	4:16
♑	Nov 23	6:32
♒	Nov 25	8:13
♓	Nov 27	10:40
♈	Nov 29	14:36
♉	Déc 1	20:06
♊	Déc 4	3:13
♋	Déc 6	12:20
♌	Déc 8	23:40
♍	Déc 11	12:30
♎	Déc 14	0:40
♏	Déc 16	9:41
♐	Déc 18	14:33
♑	Déc 20	16:07
♒	Déc 22	16:20
♓	Déc 24	17:10
♈	Déc 26	20:05
♉	Déc 29	1:37
♊	Déc 31	9:29

(suite)

Table B-2 : la Lune *(suite)*

1988		
♋	Jan 2	19:17
♌	Jan 5	6:47
♍	Jan 7	19:35
♎	Jan 10	8:17
♏	Jan 12	18:39
♐	Jan 15	0:58
♑	Jan 17	3:15
♒	Jan 19	3:02
♓	Jan 21	2:27
♈	Jan 23	3:31
♉	Jan 25	7:36
♊	Jan 27	15:02
♋	Jan 30	1:11
♌	Fév 1	13:06
♍	Fév 4	1:54
♎	Fév 6	14:36
♏	Fév 9	1:42
♐	Fév 11	9:36
♑	Fév 13	13:36
♒	Fév 15	14:25
♓	Fév 17	13:44
♈	Fév 19	13:35
♉	Fév 21	15:50
♊	Fév 23	21:42
♋	Fév 26	7:12
♌	Fév 28	19:12
♍	Mar 2	8:06
♎	Mar 4	20:32
♏	Mar 7	7:27
♐	Mar 9	15:59
♑	Mar 11	21:31
♒	Mar 14	0:08
♓	Mar 16	0:42
♈	Mar 18	0:45
♉	Mar 20	2:05
♊	Mar 22	6:21
♋	Mar 24	14:27
♌	Mar 27	1:54
♍	Mar 29	14:49
♎	Avr 1	3:05
♏	Avr 3	13:26
♐	Avr 5	21:29
♑	Avr 8	3:19
♒	Avr 10	7:10
♓	Avr 12	9:24
♈	Avr 14	10:47
♉	Avr 16	12:31
♊	Avr 18	16:10
♋	Avr 20	23:04
♌	Avr 23	9:34
♍	Avr 25	22:16
♎	Avr 28	10:37
♏	Avr 30	20:39
♐	Mai 3	3:52
♑	Mai 5	8:54
♒	Mai 7	12:37
♓	Mai 9	15:39
♈	Mai 11	18:23
♉	Mai 13	21:22
♊	Mai 16	1:31
♋	Mai 18	8:05
♌	Mai 20	17:51
♍	Mai 23	6:12
♎	Mai 25	18:49
♏	Mai 28	5:06
♐	Mai 30	11:57
♑	Juin 1	15:58
♒	Juin 3	18:34
♓	Juin 5	21:00
♈	Juin 8	0:04
♉	Juin 10	4:02
♊	Juin 12	9:14
♋	Juin 14	16:19
♌	Juin 17	1:57
♍	Juin 19	14:03
♎	Juin 22	2:57
♏	Juin 24	13:58
♐	Juin 26	21:18
♑	Juin 29	1:00
♒	Juil 1	2:30
♓	Juil 3	3:33
♈	Juil 5	5:37
♉	Juil 7	9:27
♊	Juil 9	15:16
♋	Juil 11	23:08
♌	Juil 14	9:11
♍	Juil 16	21:17
♎	Juil 19	10:22
♏	Juil 21	22:13
♐	Juil 24	6:42
♑	Juil 26	11:07
♒	Juil 28	12:25
♓	Juil 30	12:23
♈	Août 1	12:53
♉	Août 3	15:24
♊	Août 5	20:43
♋	Août 8	4:52
♌	Août 10	15:26
♍	Août 13	3:46
♎	Août 15	16:52
♏	Août 18	5:12
♐	Août 20	14:55
♑	Août 22	20:49
♒	Août 24	23:05
♓	Août 26	23:01
♈	Août 28	22:29
♉	Août 30	23:22
♊	Sept 2	3:11
♋	Sept 4	10:37
♌	Sept 6	21:14
♍	Sept 9	9:48
♎	Sept 11	22:51
♏	Sept 14	11:07
♐	Sept 16	21:25
♑	Sept 19	4:45
♒	Sept 21	8:43
♓	Sept 23	9:51
♈	Sept 25	9:29
♉	Sept 27	9:29
♊	Sept 29	11:43
♋	Oct 1	17:39
♌	Oct 4	3:31
♍	Oct 6	16:01
♎	Oct 9	5:03
♏	Oct 11	16:58
♐	Oct 14	2:58
♑	Oct 16	10:44
♒	Oct 18	16:05
♓	Oct 20	18:58
♈	Oct 22	19:59
♉	Oct 24	20:22
♊	Oct 26	21:55
♋	Oct 29	2:28
♌	Oct 31	11:03
♍	Nov 2	23:02
♎	Nov 5	12:04
♏	Nov 7	23:46
♐	Nov 10	9:06
♑	Nov 12	16:12
♒	Nov 14	21:36
♓	Nov 17	1:34
♈	Nov 19	4:12
♉	Nov 21	6:02
♊	Nov 23	8:12
♋	Nov 25	12:20
♌	Nov 27	19:52
♍	Nov 30	7:00
♎	Déc 2	19:56
♏	Déc 5	7:51
♐	Déc 7	16:55
♑	Déc 9	23:07
♒	Déc 12	3:25
♓	Déc 14	6:53
♈	Déc 16	10:03
♉	Déc 18	13:11
♊	Déc 20	16:43
♋	Déc 22	21:35
♌	Déc 25	4:57
♍	Déc 27	15:27
♎	Déc 30	4:09
1989		
♏	Jan 1	16:34
♐	Jan 4	2:12
♑	Jan 6	8:14
♒	Jan 8	11:31
♓	Jan 10	13:31
♈	Jan 12	15:36
♉	Jan 14	18:36
♊	Jan 16	22:57
♋	Jan 19	4:57
♌	Jan 21	13:02
♍	Jan 23	23:32
♎	Jan 26	12:01
♏	Jan 29	0:49
♐	Jan 31	11:30
♑	Fév 2	18:30
♒	Fév 4	21:51
♓	Fév 6	22:52
♈	Fév 8	23:18
♉	Fév 11	0:45
♊	Fév 13	4:22
♋	Fév 15	10:40
♌	Fév 17	19:33
♍	Fév 20	6:34
♎	Fév 22	19:05
♏	Fév 25	7:57
♐	Fév 27	19:29
♑	Mar 2	3:58
♒	Mar 4	8:36
♓	Mar 6	9:59
♈	Mar 8	9:36
♉	Mar 10	9:25
♊	Mar 12	11:16
♋	Mar 14	16:27
♌	Mar 17	1:13
♍	Mar 19	12:39
♎	Mar 22	1:24
♏	Mar 24	14:10
♐	Mar 27	1:54
♑	Mar 29	11:25
♒	Mar 31	17:45
♓	Avr 2	20:37
♈	Avr 4	20:51
♉	Avr 6	20:07
♊	Avr 8	20:31
♋	Avr 10	23:58
♌	Avr 13	7:31
♍	Avr 15	18:39
♎	Avr 18	7:31
♏	Avr 20	20:13
♐	Avr 23	7:38
♑	Avr 25	17:15
♒	Avr 28	0:33
♓	Avr 30	5:03
♈	Mai 2	6:50
♉	Mai 4	6:55
♊	Mai 6	7:03
♋	Mai 8	9:19
♌	Mai 10	15:23
♍	Mai 13	1:30
♎	Mai 15	14:07
♏	Mai 18	2:48
♐	Mai 20	13:52
♑	Mai 22	22:54
♒	Mai 25	6:01
♓	Mai 27	11:13
♈	Mai 29	14:25
♉	Mai 31	15:59
♊	Juin 2	17:02
♋	Juin 4	19:17
♌	Juin 7	0:28
♍	Juin 9	9:29
♎	Juin 11	21:31
♏	Juin 14	10:11
♐	Juin 16	21:12
♑	Juin 19	5:41
♒	Juin 21	11:57
♓	Juin 23	16:36
♈	Juin 25	20:06
♉	Juin 27	22:45
♊	Juin 30	1:08
♋	Juil 2	4:19
♌	Juil 4	9:37
♍	Juil 6	18:04
♎	Juil 9	5:30
♏	Juil 11	18:09
♐	Juil 14	5:31
♑	Juil 16	14:01
♒	Juil 18	19:35
♓	Juil 20	23:07
♈	Juil 23	1:41
♉	Juil 25	4:10
♊	Juil 27	7:15
♋	Juil 29	11:32
♌	Juil 31	17:41
♍	Août 3	2:19
♎	Août 5	13:28
♏	Août 8	2:05
♐	Août 10	14:02
♑	Août 12	23:16
♒	Août 15	4:59
♓	Août 17	7:45
♈	Août 19	8:59
♉	Août 21	10:10
♊	Août 23	12:39
♋	Août 25	17:13
♌	Août 28	0:12
♍	Août 30	9:29
♎	Sept 1	20:47
♏	Sept 4	9:23
♐	Sept 6	21:51
♑	Sept 9	8:13
♒	Sept 11	15:02
♓	Sept 13	18:08
♈	Sept 15	18:38
♉	Sept 17	18:22
♊	Sept 19	19:16
♋	Sept 21	22:50
♌	Sept 24	5:44
♍	Sept 26	15:32
♎	Sept 29	3:15
♏	Oct 1	15:53
♐	Oct 4	4:29

(suite)

Table B-2 : la Lune *(suite)*

♑	Oct 6	15:45
♒	Oct 9	0:06
♓	Oct 11	4:37
♈	Oct 13	5:41
♉	Oct 15	4:52
♊	Oct 17	4:19
♋	Oct 19	6:09
♌	Oct 21	11:47
♍	Oct 23	21:15
♎	Oct 26	9:11
♏	Oct 28	21:56
♐	Oct 31	10:23
♑	Nov 2	21:46
♒	Nov 5	7:09
♓	Nov 7	13:25
♈	Nov 9	16:08
♉	Nov 11	16:09
♊	Nov 13	15:19
♋	Nov 15	15:51
♌	Nov 17	19:45
♍	Nov 20	3:54
♎	Nov 22	15:25
♏	Nov 25	4:13
♐	Nov 27	16:30
♑	Nov 30	3:26
♒	Déc 2	12:42
♓	Déc 4	19:48
♈	Déc 7	0:11
♉	Déc 9	1:59
♊	Déc 11	2:15
♋	Déc 13	2:49
♌	Déc 15	5:41
♍	Déc 17	12:19
♎	Déc 19	22:45
♏	Déc 22	11:18
♐	Déc 24	23:37
♑	Déc 27	10:10
♒	Déc 29	18:38
1990		
♓	Jan 1	1:10
♈	Jan 3	5:56
♉	Jan 5	9:04
♊	Jan 7	11:02
♋	Jan 9	12:52
♌	Jan 11	16:02
♍	Jan 13	21:57
♎	Jan 16	7:18
♏	Jan 18	19:16
♐	Jan 21	7:44
♑	Jan 23	18:27
♒	Jan 26	2:25
♓	Jan 28	7:51
♈	Jan 30	11:34
♉	Fév 1	14:27
♊	Fév 3	17:12
♋	Fév 5	20:27
♌	Fév 8	0:51
♍	Fév 10	7:13
♎	Fév 12	16:09
♏	Fév 15	3:34
♐	Fév 17	16:07
♑	Fév 20	3:30
♒	Fév 22	11:52
♓	Fév 24	16:49
♈	Fév 26	19:16
♉	Fév 28	20:43
♊	Mar 2	22:37
♋	Mar 5	2:02
♌	Mar 7	7:24
♍	Mar 9	14:47
♎	Mar 12	0:09
♏	Mar 14	11:25
♐	Mar 16	23:56
♑	Mar 19	12:01
♒	Mar 21	21:31
♓	Mar 24	3:08
♈	Mar 26	5:15
♉	Mar 28	5:26
♊	Mar 30	5:42
♋	Avr 1	7:50
♌	Avr 3	12:50
♍	Avr 5	20:42
♎	Avr 8	6:44
♏	Avr 10	18:18
♐	Avr 13	6:48
♑	Avr 15	19:15
♒	Avr 18	5:53
♓	Avr 20	12:57
♈	Avr 22	15:58
♉	Avr 24	16:03
♊	Avr 26	15:12
♋	Avr 28	15:39
♌	Avr 30	19:08
♍	Mai 3	2:18
♎	Mai 5	12:28
♏	Mai 8	0:22
♐	Mai 10	12:56
♑	Mai 13	1:21
♒	Mai 15	12:30
♓	Mai 17	20:54
♈	Mai 20	1:31
♉	Mai 22	2:42
♊	Mai 24	2:00
♋	Mai 26	1:34
♌	Mai 28	3:29
♍	Mai 30	9:08
♎	Juin 1	18:31
♏	Juin 4	6:21
♐	Juin 6	18:59
♑	Juin 9	7:12
♒	Juin 11	18:09
♓	Juin 14	3:00
♈	Juin 16	8:55
♉	Juin 18	11:43
♊	Juin 20	12:14
♋	Juin 22	12:10
♌	Juin 24	13:25
♍	Juin 26	17:42
♎	Juin 29	1:47
♏	Juil 1	13:01
♐	Juil 4	1:35
♑	Juil 6	13:39
♒	Juil 9	0:07
♓	Juil 11	8:29
♈	Juil 13	14:36
♉	Juil 15	18:29
♊	Juil 17	20:32
♋	Juil 19	21:44
♌	Juil 21	23:29
♍	Juil 24	3:17
♎	Juil 26	10:19
♏	Juil 28	20:39
♐	Juil 31	9:00
♑	Août 2	21:08
♒	Août 5	7:19
♓	Août 7	14:54
♈	Août 9	20:13
♉	Août 11	23:55
♊	Août 14	2:41
♋	Août 16	5:12
♌	Août 18	8:11
♍	Août 20	12:33
♎	Août 22	19:17
♏	Août 25	4:56
♐	Août 27	16:57
♑	Août 30	5:23
♒	Sept 1	15:51
♓	Sept 3	23:06
♈	Sept 6	3:23
♉	Sept 8	5:55
♊	Sept 10	8:05
♋	Sept 12	10:53
♌	Sept 14	14:52
♍	Sept 16	20:19
♎	Sept 19	3:34
♏	Sept 21	13:06
♐	Sept 24	0:52
♑	Sept 26	13:36
♒	Sept 29	0:54
♓	Oct 1	8:42
♈	Oct 3	12:42
♉	Oct 5	14:06
♊	Oct 7	14:47
♋	Oct 9	16:29
♌	Oct 11	20:16
♍	Oct 14	2:21
♎	Oct 16	10:26
♏	Oct 18	20:24
♐	Oct 21	8:09
♑	Oct 23	21:03
♒	Oct 26	9:14
♓	Oct 28	18:22
♈	Oct 30	23:14
♉	Nov 2	0:31
♊	Nov 4	0:06
♋	Nov 6	0:07
♌	Nov 8	2:24
♍	Nov 10	7:48
♎	Nov 12	16:08
♏	Nov 15	2:39
♐	Nov 17	14:39
♑	Nov 20	3:32
♒	Nov 22	16:07
♓	Nov 25	2:32
♈	Nov 27	9:06
♉	Nov 29	11:37
♊	Déc 1	11:22
♋	Déc 3	10:27
♌	Déc 5	11:00
♍	Déc 7	14:39
♎	Déc 9	22:00
♏	Déc 12	8:28
♐	Déc 14	20:44
♑	Déc 17	9:35
♒	Déc 19	21:59
♓	Déc 22	8:48
♈	Déc 24	16:45
♉	Déc 26	21:09
♊	Déc 28	22:26
♋	Déc 30	22:02
1991		
♌	Jan 1	21:54
♍	Jan 3	23:57
♎	Jan 6	5:33
♏	Jan 8	14:59
♐	Jan 11	3:06
♑	Jan 13	16:00
♒	Jan 16	4:04
♓	Jan 18	14:23
♈	Jan 20	22:28
♉	Jan 23	4:01
♊	Jan 25	7:06
♋	Jan 27	8:23
♌	Jan 29	9:03
♍	Jan 31	10:44
♎	Fév 2	15:02
♏	Fév 4	23:01
♐	Fév 7	10:23
♑	Fév 9	23:16
♒	Fév 12	11:16
♓	Fév 14	20:59
♈	Fév 17	4:11
♉	Fév 19	9:24
♊	Fév 21	13:10
♋	Fév 23	15:56
♌	Fév 25	18:13
♍	Fév 27	20:50
♎	Mar 2	1:03
♏	Mar 4	8:08
♐	Mar 6	18:35
♑	Mar 9	7:14
♒	Mar 11	19:31
♓	Mar 14	5:11
♈	Mar 16	11:37
♉	Mar 18	15:40
♊	Mar 20	18:37
♋	Mar 22	21:27
♌	Mar 25	0:43
♍	Mar 27	4:41
♎	Mar 29	9:49
♏	Mar 31	17:01
♐	Avr 3	2:59
♑	Avr 5	15:20
♒	Avr 8	4:00
♓	Avr 10	14:18
♈	Avr 12	20:49
♉	Avr 15	0:06
♊	Avr 17	1:41
♋	Avr 19	3:17
♌	Avr 21	6:04
♍	Avr 23	10:29
♎	Avr 25	16:36
♏	Avr 28	0:34
♐	Avr 30	10:42
♑	Mai 2	22:55
♒	Mai 5	11:51
♓	Mai 7	23:04
♈	Mai 10	6:34
♉	Mai 12	10:07
♊	Mai 14	11:02
♋	Mai 16	11:14
♌	Mai 18	12:30
♍	Mai 20	16:00
♎	Mai 22	22:08
♏	Mai 25	6:41
♐	Mai 27	17:21
♑	Mai 30	5:40
♒	Juin 1	18:42
♓	Juin 4	6:36
♈	Juin 6	15:25
♉	Juin 8	20:13
♊	Juin 10	21:36
♋	Juin 12	21:16
♌	Juin 14	21:10
♍	Juin 16	23:03
♎	Juin 19	4:01
♏	Juin 21	12:18
♐	Juin 23	23:16
♑	Juin 26	11:49
♒	Juin 29	0:47
♓	Juil 1	12:51
♈	Juil 3	22:33
♉	Juil 6	4:52

(suite)

Table B-2 : la Lune *(suite)*

♊	Juil 8	7:42
♋	Juil 10	8:03
♌	Juil 12	7:35
♍	Juil 14	8:12
♎	Juil 16	11:34
♏	Juil 18	18:41
♐	Juil 21	5:16
♑	Juil 23	17:55
♒	Juil 26	6:49
♓	Juil 28	18:35
♈	Juil 31	4:20
♉	Août 2	11:32
♊	Août 4	15:54
♋	Août 6	17:47
♌	Août 8	18:09
♍	Août 10	18:35
♎	Août 12	20:52
♏	Août 15	2:34
♐	Août 17	12:11
♑	Août 20	0:34
♒	Août 22	13:27
♓	Août 25	0:51
♈	Août 27	10:01
♉	Août 29	17:00
♊	Août 31	22:02
♋	Sept 3	1:19
♌	Sept 5	3:13
♍	Sept 7	4:35
♎	Sept 9	6:52
♏	Sept 11	11:42
♐	Sept 13	20:14
♑	Sept 16	8:04
♒	Sept 18	20:58
♓	Sept 21	8:20
♈	Sept 23	16:56
♉	Sept 25	22:59
♊	Sept 28	3:25
♋	Sept 30	6:58
♌	Oct 2	9:58
♍	Oct 4	12:45
♎	Oct 6	16:00
♏	Oct 8	21:00
♐	Oct 11	4:58
♑	Oct 13	16:10
♒	Oct 16	5:04
♓	Oct 18	16:53
♈	Oct 21	1:33
♉	Oct 23	6:55
♊	Oct 25	10:09
♋	Oct 27	12:37
♌	Oct 29	15:20
♍	Oct 31	18:47
♎	Nov 2	23:13
♏	Nov 5	5:09
♐	Nov 7	13:21
♑	Nov 10	0:16
♒	Nov 12	13:06
♓	Nov 15	1:33
♈	Nov 17	11:08
♉	Nov 19	16:49
♊	Nov 21	19:22
♋	Nov 23	20:25
♌	Nov 25	21:37
♍	Nov 28	0:12
♎	Nov 30	4:47
♏	Déc 2	11:33
♐	Déc 4	20:32
♑	Déc 7	7:41
♒	Déc 9	20:27
♓	Déc 12	9:19
♈	Déc 14	20:06
♉	Déc 17	3:10
♊	Déc 19	6:21
♋	Déc 21	6:54
♌	Déc 23	6:38
♍	Déc 25	7:24
♎	Déc 27	10:37
♏	Déc 29	17:03
1992		
♐	Jan 1	2:30
♑	Jan 3	14:09
♒	Jan 6	2:59
♓	Jan 8	15:52
♈	Jan 11	3:22
♉	Jan 13	12:00
♊	Jan 15	16:55
♋	Jan 17	18:26
♌	Jan 19	17:57
♍	Jan 21	17:22
♎	Jan 23	18:42
♏	Jan 25	23:32
♐	Jan 28	8:20
♑	Jan 30	20:07
♒	Fév 2	9:09
♓	Fév 4	21:51
♈	Fév 7	9:15
♉	Fév 9	18:36
♊	Fév 12	1:08
♋	Fév 14	4:31
♌	Fév 16	5:15
♍	Fév 18	4:47
♎	Fév 20	5:05
♏	Fév 22	8:11
♐	Fév 24	15:26
♑	Fév 27	2:33
♒	Fév 29	15:34
♓	Mar 3	4:11
♈	Mar 5	15:07
♉	Mar 8	0:05
♊	Mar 10	7:03
♋	Mar 12	11:50
♌	Mar 14	14:20
♍	Mar 16	15:13
♎	Mar 18	15:55
♏	Mar 20	18:20
♐	Mar 23	0:13
♑	Mar 25	10:08
♒	Mar 27	22:44
♓	Mar 30	11:23
♈	Avr 1	22:04
♉	Avr 4	6:18
♊	Avr 6	12:33
♋	Avr 8	17:18
♌	Avr 10	20:46
♍	Avr 12	23:09
♎	Avr 15	1:10
♏	Avr 17	4:10
♐	Avr 19	9:40
♑	Avr 21	18:40
♒	Avr 24	6:38
♓	Avr 26	19:20
♈	Avr 29	6:13
♉	Mai 1	14:09
♊	Mai 3	19:28
♋	Mai 5	23:09
♌	Mai 8	2:07
♍	Mai 10	4:56
♎	Mai 12	8:05
♏	Mai 14	12:15
♐	Mai 16	18:22
♑	Mai 19	3:13
♒	Mai 21	14:43
♓	Mai 24	3:25
♈	Mai 26	14:52
♉	Mai 28	23:16
♊	Mai 31	4:19
♋	Juin 2	6:58
♌	Juin 4	8:35
♍	Juin 6	10:28
♎	Juin 8	13:33
♏	Juin 10	18:27
♐	Juin 13	1:29
♑	Juin 15	10:50
♒	Juin 17	22:19
♓	Juin 20	11:00
♈	Juin 22	23:03
♉	Juin 25	8:28
♊	Juin 27	14:14
♋	Juin 29	16:42
♌	Juil 1	17:15
♍	Juil 3	17:37
♎	Juil 5	19:27
♏	Juil 7	23:53
♐	Juil 10	7:17
♑	Juil 12	17:16
♒	Juil 15	5:03
♓	Juil 17	17:44
♈	Juil 20	6:07
♉	Juil 22	16:36
♊	Juil 24	23:44
♋	Juil 27	3:08
♌	Juil 29	3:39
♍	Juil 31	3:01
♎	Août 2	3:17
♏	Août 4	6:16
♐	Août 6	12:57
♑	Août 8	23:00
♒	Août 11	11:06
♓	Août 13	23:51
♈	Août 16	12:11
♉	Août 18	23:10
♊	Août 21	7:36
♋	Août 23	12:36
♌	Août 25	14:15
♍	Août 27	13:46
♎	Août 29	13:11
♏	Août 31	14:38
♐	Sept 2	19:50
♑	Sept 5	5:06
♒	Sept 7	17:08
♓	Sept 10	5:56
♈	Sept 12	18:02
♉	Sept 15	4:47
♊	Sept 17	13:40
♋	Sept 19	19:59
♌	Sept 21	23:19
♍	Sept 24	0:08
♎	Sept 25	23:55
♏	Sept 28	0:44
♐	Sept 30	4:33
♑	Oct 2	12:29
♒	Oct 4	23:53
♓	Oct 7	12:38
♈	Oct 10	0:36
♉	Oct 12	10:48
♊	Oct 14	19:08
♋	Oct 17	1:36
♌	Oct 19	6:01
♍	Oct 21	8:27
♎	Oct 23	9:39
♏	Oct 25	11:04
♐	Oct 27	14:29
♑	Oct 29	21:18
♒	Nov 1	7:43
♓	Nov 3	20:13
♈	Nov 6	8:19
♉	Nov 8	18:19
♊	Nov 11	1:49
♋	Nov 13	7:19
♌	Nov 15	11:23
♍	Nov 17	14:28
♎	Nov 19	17:03
♏	Nov 21	19:52
♐	Nov 24	0:01
♑	Nov 26	6:38
♒	Nov 28	16:19
♓	Déc 1	4:23
♈	Déc 3	16:49
♉	Déc 6	3:16
♊	Déc 8	10:37
♋	Déc 10	15:05
♌	Déc 12	17:47
♍	Déc 14	19:56
♎	Déc 16	22:33
♏	Déc 19	2:20
♐	Déc 21	7:42
♑	Déc 23	15:04
♒	Déc 26	0:43
♓	Déc 28	12:28
♈	Déc 31	1:07
1993		
♉	Jan 2	12:30
♊	Jan 4	20:42
♋	Jan 7	1:10
♌	Jan 9	2:49
♍	Jan 11	3:20
♎	Jan 13	4:30
♏	Jan 15	7:42
♐	Jan 17	13:30
♑	Jan 19	21:46
♒	Jan 22	8:00
♓	Jan 24	19:47
♈	Jan 27	8:28
♉	Jan 29	20:37
♊	Fév 1	6:14
♋	Fév 3	11:56
♌	Fév 5	13:51
♍	Fév 7	13:29
♎	Fév 9	12:58
♏	Fév 11	14:23
♐	Fév 13	19:08
♑	Fév 16	3:20
♒	Fév 18	14:05
♓	Fév 21	2:12
♈	Fév 23	14:50
♉	Fév 26	3:11
♊	Fév 28	13:52
♋	Mar 2	21:16
♌	Mar 5	0:40
♍	Mar 7	0:52
♎	Mar 8	23:46
♏	Mar 10	23:40
♐	Mar 13	2:33
♑	Mar 15	9:28
♒	Mar 17	19:52
♓	Mar 20	8:11
♈	Mar 22	20:51
♉	Mar 25	8:59
♊	Mar 27	19:48
♋	Mar 30	4:14
♌	Avr 1	9:21
♍	Avr 3	11:10
♎	Avr 5	10:54

(suite)

Table B-2 : la Lune *(suite)*

♏	Avr 7	10:32
♐	Avr 9	12:10
♑	Avr 11	17:24
♒	Avr 14	2:36
♓	Avr 16	14:32
♈	Avr 19	3:14
♉	Avr 21	15:08
♊	Avr 24	1:27
♋	Avr 26	9:45
♌	Avr 28	15:39
♍	Avr 30	19:00
♎	Mai 2	20:20
♏	Mai 4	20:57
♐	Mai 6	22:34
♑	Mai 9	2:51
♒	Mai 11	10:44
♓	Mai 13	21:50
♈	Mai 16	10:24
♉	Mai 18	22:16
♊	Mai 21	8:07
♋	Mai 23	15:38
♌	Mai 25	21:03
♍	Mai 28	0:46
♎	Mai 30	3:18
♏	Juin 1	5:22
♐	Juin 3	8:01
♑	Juin 5	12:26
♒	Juin 7	19:39
♓	Juin 10	5:57
♈	Juin 12	18:14
♉	Juin 15	6:19
♊	Juin 17	16:12
♋	Juin 19	23:05
♌	Juin 22	3:26
♍	Juin 24	6:18
♎	Juin 26	8:45
♏	Juin 28	11:37
♐	Juin 30	15:28
♑	Juil 2	20:49
♒	Juil 5	4:14
♓	Juil 7	14:10
♈	Juil 10	2:11
♉	Juil 12	14:37
♊	Juil 15	1:07
♋	Juil 17	8:08
♌	Juil 19	11:47
♍	Juil 21	13:24
♎	Juil 23	14:39
♏	Juil 25	17:00
♐	Juil 27	21:13
♑	Juil 30	3:27
♒	Août 1	11:36
♓	Août 3	21:44
♈	Août 6	9:39
♉	Août 8	22:22
♊	Août 11	9:47
♋	Août 13	17:46
♌	Août 15	21:43
♍	Août 17	22:41
♎	Août 19	22:35
♏	Août 21	23:27
♐	Août 24	2:45
♑	Août 26	8:58
♒	Août 28	17:42
♓	Août 31	4:18
♈	Sept 2	16:21
♉	Sept 5	5:09
♊	Sept 7	17:16
♋	Sept 10	2:37
♌	Sept 12	7:51
♍	Sept 14	9:20
♎	Sept 16	8:44
♏	Sept 18	8:15
♐	Sept 20	9:53
♑	Sept 22	14:54
♒	Sept 24	23:19
♓	Sept 27	10:13
♈	Sept 29	22:29
♉	Oct 2	11:13
♊	Oct 4	23:27
♋	Oct 7	9:42
♌	Oct 9	16:34
♍	Oct 11	19:36
♎	Oct 13	19:47
♏	Oct 15	19:01
♐	Oct 17	19:23
♑	Oct 19	22:42
♒	Oct 22	5:49
♓	Oct 24	16:17
♈	Oct 27	4:39
♉	Oct 29	17:20
♊	Nov 1	5:13
♋	Nov 3	15:25
♌	Nov 5	23:06
♍	Nov 8	3:47
♎	Nov 10	5:42
♏	Nov 12	6:00
♐	Nov 14	6:20
♑	Nov 16	8:34
♒	Nov 18	14:08
♓	Nov 20	23:27
♈	Nov 23	11:30
♉	Nov 26	0:14
♊	Nov 28	11:48
♋	Nov 30	21:17
♌	Déc 3	4:33
♍	Déc 5	9:43
♎	Déc 7	13:03
♏	Déc 9	15:04
♐	Déc 11	16:39
♑	Déc 13	19:06
♒	Déc 15	23:51
♓	Déc 18	7:59
♈	Déc 20	19:19
♉	Déc 23	8:05
♊	Déc 25	19:46
♋	Déc 28	4:46
♌	Déc 30	10:59
1994		
♍	Jan 1	15:15
♎	Jan 3	18:31
♏	Jan 5	21:29
♐	Jan 8	0:34
♑	Jan 10	4:16
♒	Jan 12	9:25
♓	Jan 14	17:04
♈	Jan 17	3:42
♉	Jan 19	16:22
♊	Jan 22	4:34
♋	Jan 24	13:55
♌	Jan 26	19:38
♍	Jan 28	22:39
♎	Jan 31	0:34
♏	Fév 2	2:49
♐	Fév 4	6:14
♑	Fév 6	11:02
♒	Fév 8	17:16
♓	Fév 11	1:23
♈	Fév 13	11:49
♉	Fév 16	0:20
♊	Fév 18	13:05
♋	Fév 20	23:27
♌	Fév 23	5:47
♍	Fév 25	8:27
♎	Fév 27	9:06
♏	Mar 1	9:43
♐	Mar 3	11:54
♑	Mar 5	16:24
♒	Mar 7	23:15
♓	Mar 10	8:09
♈	Mar 12	18:59
♉	Mar 15	7:27
♊	Mar 17	20:29
♋	Mar 20	7:54
♌	Mar 22	15:39
♍	Mar 24	19:14
♎	Mar 26	19:46
♏	Mar 28	19:15
♐	Mar 30	19:41
♑	Avr 1	22:38
♒	Avr 4	4:45
♓	Avr 6	13:51
♈	Avr 9	1:09
♉	Avr 11	13:48
♊	Avr 14	2:48
♋	Avr 16	14:41
♌	Avr 18	23:45
♍	Avr 21	4:58
♎	Avr 23	6:40
♏	Avr 25	6:18
♐	Avr 27	5:48
♑	Avr 29	7:05
♒	Mai 1	11:34
♓	Mai 3	19:47
♈	Mai 6	7:01
♉	Mai 8	19:50
♊	Mai 11	8:43
♋	Mai 13	20:27
♌	Mai 16	5:58
♍	Mai 18	12:31
♎	Mai 20	15:54
♏	Mai 22	16:51
♐	Mai 24	16:43
♑	Mai 26	17:17
♒	Mai 28	20:19
♓	Mai 31	3:03
♈	Juin 2	13:31
♉	Juin 5	2:14
♊	Juin 7	15:03
♋	Juin 10	2:22
♌	Juin 12	11:29
♍	Juin 14	18:16
♎	Juin 16	22:48
♏	Juin 19	1:20
♐	Juin 21	2:32
♑	Juin 23	3:37
♒	Juin 25	6:10
♓	Juin 27	11:44
♈	Juin 29	21:07
♉	Juil 2	9:23
♊	Juil 4	22:12
♋	Juil 7	9:17
♌	Juil 9	17:43
♍	Juil 11	23:48
♎	Juil 14	4:15
♏	Juil 16	7:35
♐	Juil 18	10:09
♑	Juil 20	12:30
♒	Juil 22	15:38
♓	Juil 24	20:56
♈	Juil 27	5:31
♉	Juil 29	17:13
♊	Août 1	6:05
♋	Août 3	17:22
♌	Août 6	1:31
♍	Août 8	6:42
♎	Août 10	10:07
♏	Août 12	12:56
♐	Août 14	15:53
♑	Août 16	19:18
♒	Août 18	23:34
♓	Août 21	5:27
♈	Août 23	13:55
♉	Août 26	1:13
♊	Août 28	14:07
♋	Août 31	2:00
♌	Sept 2	10:37
♍	Sept 4	15:33
♎	Sept 6	17:57
♏	Sept 8	19:26
♐	Sept 10	21:25
♑	Sept 13	0:44
♒	Sept 15	5:42
♓	Sept 17	12:31
♈	Sept 19	21:30
♉	Sept 22	8:47
♊	Sept 24	21:41
♋	Sept 27	10:12
♌	Sept 29	19:55
♍	Oct 2	1:39
♎	Oct 4	3:56
♏	Oct 6	4:22
♐	Oct 8	4:47
♑	Oct 10	6:44
♒	Oct 12	11:09
♓	Oct 14	18:18
♈	Oct 17	3:56
♉	Oct 19	15:34
♊	Oct 22	4:28
♋	Oct 24	17:15
♌	Oct 27	4:05
♍	Oct 29	11:21
♎	Oct 31	14:46
♏	Nov 2	15:19
♐	Nov 4	14:46
♑	Nov 6	15:02
♒	Nov 8	17:48
♓	Nov 11	0:04
♈	Nov 13	9:44
♉	Nov 15	21:44
♊	Nov 18	10:41
♋	Nov 20	23:21
♌	Nov 23	10:33
♍	Nov 25	19:09
♎	Nov 28	0:22
♏	Nov 30	2:21
♐	Déc 2	2:13
♑	Déc 4	1:42
♒	Déc 6	2:52
♓	Déc 8	7:24
♈	Déc 10	16:03
♉	Déc 13	3:56
♊	Déc 15	17:00
♋	Déc 18	5:25
♌	Déc 20	16:13
♍	Déc 23	1:01
♎	Déc 25	7:27
♏	Déc 27	11:17
♐	Déc 29	12:45
♑	Déc 31	12:57
1995		
♒	Jan 2	13:39
♓	Jan 4	16:49

(suite)

Table B-2 : la Lune *(suite)*

♈	Jan 6	23:56
♉	Jan 9	10:58
♊	Jan 11	23:57
♋	Jan 14	12:20
♌	Jan 16	22:36
♍	Jan 19	6:39
♎	Jan 21	12:54
♏	Jan 23	17:32
♐	Jan 25	20:37
♑	Jan 27	22:26
♒	Jan 30	0:03
♓	Fév 1	3:05
♈	Fév 3	9:12
♉	Fév 5	19:08
♊	Fév 8	7:44
♋	Fév 10	20:17
♌	Fév 13	6:31
♍	Fév 15	13:52
♎	Fév 17	19:00
♏	Fév 19	22:55
♐	Fév 22	2:13
♑	Fév 24	5:11
♒	Fév 26	8:14
♓	Fév 28	12:16
♈	Mar 2	18:30
♉	Mar 5	3:50
♊	Mar 7	15:55
♋	Mar 10	4:40
♌	Mar 12	15:28
♍	Mar 14	22:54
♎	Mar 17	3:18
♏	Mar 19	5:52
♐	Mar 21	7:57
♑	Mar 23	10:31
♒	Mar 25	14:10
♓	Mar 27	19:18
♈	Mar 30	2:26
♉	Avr 1	11:59
♊	Avr 3	23:49
♋	Avr 6	12:40
♌	Avr 9	0:15
♍	Avr 11	8:39
♎	Avr 13	13:20
♏	Avr 15	15:13
♐	Avr 17	15:51
♑	Avr 19	16:54
♒	Avr 21	19:38
♓	Avr 24	0:50
♈	Avr 26	8:41
♉	Avr 28	18:53
♊	Mai 1	6:53
♋	Mai 3	19:45
♌	Mai 6	7:55
♍	Mai 8	17:33
♎	Mai 10	23:30
♏	Mai 13	1:53
♐	Mai 15	1:58
♑	Mai 17	1:36
♒	Mai 19	2:39
♓	Mai 21	6:40
♈	Mai 23	14:13
♉	Mai 26	0:46
♊	Mai 28	13:07
♋	Mai 31	1:59
♌	Juin 2	14:17
♍	Juin 5	0:46
♎	Juin 7	8:13
♏	Juin 9	12:03
♐	Juin 11	12:50
♑	Juin 13	12:05
♒	Juin 15	11:52
♓	Juin 17	14:13
♈	Juin 19	20:29
♉	Juin 22	6:35
♊	Juin 24	19:02
♋	Juin 27	7:56
♌	Juin 29	20:02
♍	Juil 2	6:35
♎	Juil 4	14:55
♏	Juil 6	20:19
♐	Juil 8	22:37
♑	Juil 10	22:43
♒	Juil 12	22:21
♓	Juil 14	23:37
♈	Juil 17	4:23
♉	Juil 19	13:20
♊	Juil 22	1:23
♋	Juil 24	14:16
♌	Juil 27	2:07
♍	Juil 29	12:12
♎	Juil 31	20:23
♏	Août 3	2:29
♐	Août 5	6:14
♑	Août 7	7:52
♒	Août 9	8:28
♓	Août 11	9:46
♈	Août 13	13:41
♉	Août 15	21:25
♊	Août 18	8:40
♋	Août 20	21:24
♌	Août 23	9:13
♍	Août 25	18:50
♎	Août 28	2:15
♏	Août 30	7:51
♐	Sept 1	11:57
♑	Sept 3	14:45
♒	Sept 5	16:47
♓	Sept 7	19:08
♈	Sept 9	23:14
♉	Sept 12	6:21
♊	Sept 14	16:48
♋	Sept 17	5:16
♌	Sept 19	17:19
♍	Sept 22	3:01
♎	Sept 24	9:50
♏	Sept 26	14:20
♐	Sept 28	17:30
♑	Sept 30	20:10
♒	Oct 2	22:59
♓	Oct 5	2:35
♈	Oct 7	7:41
♉	Oct 9	15:05
♊	Oct 12	1:10
♋	Oct 14	13:20
♌	Oct 17	1:46
♍	Oct 19	12:11
♎	Oct 21	19:15
♏	Oct 23	23:06
♐	Oct 26	0:56
♑	Oct 28	2:15
♒	Oct 30	4:23
♓	Nov 1	8:17
♈	Nov 3	14:21
♉	Nov 5	22:35
♊	Nov 8	8:55
♋	Nov 10	20:57
♌	Nov 13	9:37
♍	Nov 15	21:02
♎	Nov 18	5:18
♏	Nov 20	9:40
♐	Nov 22	10:56
♑	Nov 24	10:48
♒	Nov 26	11:15
♓	Nov 28	13:59
♈	Nov 30	19:51
♉	Déc 3	4:40
♊	Déc 5	15:35
♋	Déc 8	3:44
♌	Déc 10	16:24
♍	Déc 13	4:26
♎	Déc 15	14:09
♏	Déc 17	20:07
♐	Déc 19	22:13
♑	Déc 21	21:46
♒	Déc 23	20:52
♓	Déc 25	21:45
♈	Déc 28	2:06
♉	Déc 30	10:21
1996		
♊	Jan 1	21:29
♋	Jan 4	9:56
♌	Jan 6	22:30
♍	Jan 9	10:29
♎	Jan 11	20:55
♏	Jan 14	4:30
♐	Jan 16	8:25
♑	Jan 18	9:07
♒	Jan 20	8:15
♓	Jan 22	8:02
♈	Jan 24	10:37
♉	Jan 26	17:16
♊	Jan 29	3:42
♋	Jan 31	16:11
♌	Fév 3	4:46
♍	Fév 5	16:22
♎	Fév 8	2:30
♏	Fév 10	10:35
♐	Fév 12	15:58
♑	Fév 14	18:29
♒	Fév 16	19:00
♓	Fév 18	19:09
♈	Fév 20	20:58
♉	Fév 23	2:08
♊	Fév 25	11:14
♋	Fév 27	23:10
♌	Mar 1	11:47
♍	Mar 3	23:13
♎	Mar 6	8:40
♏	Mar 8	16:05
♐	Mar 10	21:32
♑	Mar 13	1:08
♒	Mar 15	3:15
♓	Mar 17	4:50
♈	Mar 19	7:15
♉	Mar 21	11:59
♊	Mar 23	19:59
♋	Mar 26	7:06
♌	Mar 28	19:37
♍	Mar 31	7:14
♎	Avr 2	16:26
♏	Avr 4	22:57
♐	Avr 7	3:21
♑	Avr 9	6:30
♒	Avr 11	9:09
♓	Avr 13	12:00
♈	Avr 15	15:42
♉	Avr 17	21:05
♊	Avr 20	4:54
♋	Avr 22	15:25
♌	Avr 25	3:44
♍	Avr 27	15:49
♎	Avr 30	1:27
♏	Mai 2	7:42
♐	Mai 4	11:05
♑	Mai 6	12:54
♒	Mai 8	14:39
♓	Mai 10	17:29
♈	Mai 12	22:00
♉	Mai 15	4:25
♊	Mai 17	12:48
♋	Mai 19	23:16
♌	Mai 22	11:28
♍	Mai 24	23:58
♎	Mai 27	10:33
♏	Mai 29	17:30
♐	Mai 31	20:43
♑	Juin 2	21:29
♒	Juin 4	21:45
♓	Juin 6	23:19
♈	Juin 9	3:23
♉	Juin 11	10:11
♊	Juin 13	19:16
♋	Juin 16	6:08
♌	Juin 18	18:22
♍	Juin 21	7:07
♎	Juin 23	18:37
♏	Juin 26	2:53
♐	Juin 28	7:01
♑	Juin 30	7:47
♒	Juil 2	7:05
♓	Juil 4	7:07
♈	Juil 6	9:42
♉	Juil 8	15:43
♊	Juil 11	0:52
♋	Juil 13	12:08
♌	Juil 16	0:31
♍	Juil 18	13:16
♎	Juil 21	1:14
♏	Juil 23	10:43
♐	Juil 25	16:24
♑	Juil 27	18:17
♒	Juil 29	17:47
♓	Juil 31	17:00
♈	Août 2	18:05
♉	Août 4	22:33
♊	Août 7	6:49
♋	Août 9	17:57
♌	Août 12	6:29
♍	Août 14	19:07
♎	Août 17	6:55
♏	Août 19	16:50
♐	Août 21	23:48
♑	Août 24	3:22
♒	Août 26	4:10
♓	Août 28	3:49
♈	Août 30	4:15
♉	Sept 1	7:19
♊	Sept 3	14:08
♋	Sept 6	0:29
♌	Sept 8	12:54
♍	Sept 11	1:28
♎	Sept 13	12:51
♏	Sept 15	22:20
♐	Sept 18	5:31
♑	Sept 20	10:12
♒	Sept 22	12:39
♓	Sept 24	13:43
♈	Sept 26	14:46
♉	Sept 28	17:24
♊	Sept 30	23:01
♋	Oct 3	8:14
♌	Oct 5	20:12
♍	Oct 8	8:49
♎	Oct 10	20:00

(suite)

Table B-2 : la Lune *(suite)*

♏	Oct 13	4:46
♐	Oct 15	11:07
♑	Oct 17	15:37
♒	Oct 19	18:51
♓	Oct 21	21:22
♈	Oct 23	23:50
♉	Oct 26	3:11
♊	Oct 28	8:35
♋	Oct 30	16:56
♌	Nov 2	4:16
♍	Nov 4	16:57
♎	Nov 7	4:29
♏	Nov 9	13:02
♐	Nov 11	18:26
♑	Nov 13	21:44
♒	Nov 16	0:14
♓	Nov 18	3:00
♈	Nov 20	6:34
♉	Nov 22	11:12
♊	Nov 24	17:20
♋	Nov 27	1:37
♌	Nov 29	12:30
♍	Déc 2	1:11
♎	Déc 4	13:23
♏	Déc 6	22:38
♐	Déc 9	3:58
♑	Déc 11	6:14
♒	Déc 13	7:14
♓	Déc 15	8:44
♈	Déc 17	11:55
♉	Déc 19	17:09
♊	Déc 22	0:17
♋	Déc 24	9:14
♌	Déc 26	20:09
♍	Déc 29	8:45
♎	Déc 31	21:32
1997		
♏	Jan 3	8:02
♐	Jan 5	14:27
♑	Jan 7	16:55
♒	Jan 9	17:00
♓	Jan 11	16:51
♈	Jan 13	18:22
♉	Jan 15	22:40
♊	Jan 18	5:53
♋	Jan 20	15:29
♌	Jan 23	2:50
♍	Jan 25	15:26
♎	Jan 28	4:21
♏	Jan 30	15:48
♐	Fév 1	23:51
♑	Fév 4	3:44
♒	Fév 6	4:21
♓	Fév 8	3:34
♈	Fév 10	3:29
♉	Fév 12	5:56
♊	Fév 14	11:53
♋	Fév 16	21:13
♌	Fév 19	8:52
♍	Fév 21	21:38
♎	Fév 24	10:23
♏	Fév 26	21:57
♐	Mar 1	7:01
♑	Mar 3	12:38
♒	Mar 5	14:54
♓	Mar 7	14:57
♈	Mar 9	14:33
♉	Mar 11	15:37
♊	Mar 13	19:48
♋	Mar 16	3:51
♌	Mar 18	15:08
♍	Mar 21	3:59
♎	Mar 23	16:35
♏	Mar 26	3:42
♐	Mar 28	12:40
♑	Mar 30	19:07
♒	Avr 1	22:59
♓	Avr 4	0:42
♈	Avr 6	1:19
♉	Avr 8	2:20
♊	Avr 10	5:28
♋	Avr 12	12:03
♌	Avr 14	22:22
♍	Avr 17	11:00
♎	Avr 19	23:36
♏	Avr 22	10:19
♐	Avr 24	18:32
♑	Avr 27	0:32
♒	Avr 29	4:50
♓	Mai 1	7:50
♈	Mai 3	9:59
♉	Mai 5	12:04
♊	Mai 7	15:21
♋	Mai 9	21:13
♌	Mai 12	6:33
♍	Mai 14	18:43
♎	Mai 17	7:27
♏	Mai 19	18:11
♐	Mai 22	1:51
♑	Mai 24	6:51
♒	Mai 26	10:20
♓	Mai 28	13:18
♈	Mai 30	16:18
♉	Juin 1	19:39
♊	Juin 3	23:55
♋	Juin 6	6:02
♌	Juin 8	14:58
♍	Juin 11	2:43
♎	Juin 13	15:35
♏	Juin 16	2:51
♐	Juin 18	10:39
♑	Juin 20	15:02
♒	Juin 22	17:20
♓	Juin 24	19:09
♈	Juin 26	21:38
♉	Juin 29	1:23
♊	Juil 1	6:35
♋	Juil 3	13:33
♌	Juil 5	22:45
♍	Juil 8	10:22
♎	Juil 10	23:21
♏	Juil 13	11:20
♐	Juil 15	20:02
♑	Juil 18	0:45
♒	Juil 20	2:29
♓	Juil 22	3:00
♈	Juil 24	4:03
♉	Juil 26	6:53
♊	Juil 28	12:04
♋	Juil 30	19:38
♌	Août 2	5:27
♍	Août 4	17:15
♎	Août 7	6:17
♏	Août 9	18:50
♐	Août 12	4:45
♑	Août 14	10:42
♒	Août 16	12:58
♓	Août 18	13:01
♈	Août 20	12:45
♉	Août 22	13:57
♊	Août 24	17:56
♋	Août 27	1:10
♌	Août 29	11:19
♍	Août 31	23:27
♎	Sept 3	12:30
♏	Sept 6	1:10
♐	Sept 8	11:54
♑	Sept 10	19:23
♒	Sept 12	23:10
♓	Sept 14	23:59
♈	Sept 16	23:25
♉	Sept 18	23:21
♊	Sept 21	1:39
♋	Sept 23	7:33
♌	Sept 25	17:12
♍	Sept 28	5:27
♎	Sept 30	18:32
♏	Oct 3	6:57
♐	Oct 5	17:43
♑	Oct 8	2:04
♒	Oct 10	7:29
♓	Oct 12	9:59
♈	Oct 14	10:25
♉	Oct 16	10:16
♊	Oct 18	11:26
♋	Oct 20	15:45
♌	Oct 23	0:10
♍	Oct 25	11:59
♎	Oct 28	1:05
♏	Oct 30	13:15
♐	Nov 1	23:27
♑	Nov 4	7:31
♒	Nov 6	13:33
♓	Nov 8	17:34
♈	Nov 10	19:44
♉	Nov 12	20:45
♊	Nov 14	22:05
♋	Nov 17	1:32
♌	Nov 19	8:38
♍	Nov 21	19:33
♎	Nov 24	8:29
♏	Nov 26	20:43
♐	Nov 29	6:28
♑	Déc 1	13:38
♒	Déc 3	18:58
♓	Déc 5	23:07
♈	Déc 8	2:24
♉	Déc 10	5:00
♊	Déc 12	7:35
♋	Déc 14	11:25
♌	Déc 16	17:58
♍	Déc 19	4:00
♎	Déc 21	16:35
♏	Déc 24	5:07
♐	Déc 26	15:07
♑	Déc 28	21:48
♒	Déc 31	1:58
1998		
♓	Jan 2	4:56
♈	Jan 4	7:43
♉	Jan 6	10:52
♊	Jan 8	14:42
♋	Jan 10	19:43
♌	Jan 13	2:45
♍	Jan 15	12:31
♎	Jan 18	0:44
♏	Jan 20	13:34
♐	Jan 23	0:25
♑	Jan 25	7:39
♒	Jan 27	11:27
♓	Jan 29	13:08
♈	Jan 31	14:21
♉	Fév 2	16:25
♊	Fév 4	20:09
♋	Fév 7	1:57
♌	Fév 9	9:57
♍	Fév 11	20:09
♎	Fév 14	8:17
♏	Fév 16	21:13
♐	Fév 19	8:56
♑	Fév 21	17:29
♒	Fév 23	22:10
♓	Fév 25	23:42
♈	Fév 27	23:42
♉	Mar 2	0:00
♊	Mar 4	2:15
♋	Mar 6	7:27
♌	Mar 8	15:46
♍	Mar 11	2:35
♎	Mar 13	14:58
♏	Mar 16	3:51
♐	Mar 18	15:56
♑	Mar 21	1:43
♒	Mar 23	8:01
♓	Mar 25	10:43
♈	Mar 27	10:49
♉	Mar 29	10:06
♊	Mar 31	10:37
♋	Avr 2	14:10
♌	Avr 4	21:36
♍	Avr 7	8:25
♎	Avr 9	21:04
♏	Avr 12	9:55
♐	Avr 14	21:52
♑	Avr 17	8:05
♒	Avr 19	15:41
♓	Avr 21	20:06
♈	Avr 23	21:30
♉	Avr 25	21:09
♊	Avr 27	20:55
♋	Avr 29	22:57
♌	Mai 2	4:49
♍	Mai 4	14:47
♎	Mai 7	3:19
♏	Mai 9	16:10
♐	Mai 12	3:48
♑	Mai 14	13:39
♒	Mai 16	21:30
♓	Mai 19	3:03
♈	Mai 21	6:06
♉	Mai 23	7:06
♊	Mai 25	7:25
♋	Mai 27	8:58
♌	Mai 29	13:38
♍	Mai 31	22:21
♎	Juin 3	10:17
♏	Juin 5	23:06
♐	Juin 8	10:34
♑	Juin 10	19:50
♒	Juin 13	3:03
♓	Juin 15	8:31
♈	Juin 17	12:23
♉	Juin 19	14:47
♊	Juin 21	16:26
♋	Juin 23	18:39
♌	Juin 25	23:04
♍	Juin 28	6:54
♎	Juin 30	18:05
♏	Juil 3	6:45
♐	Juil 5	18:24
♑	Juil 8	3:27
♒	Juil 10	9:52
♓	Juil 12	14:22

(suite)

Table B-2 : la Lune *(suite)*

♈	Juil 14	17:45
♉	Juil 16	20:33
♊	Juil 18	23:18
♋	Juil 21	2:43
♌	Juil 23	7:48
♍	Juil 25	15:34
♎	Juil 28	2:14
♏	Juil 30	14:44
♐	Août 2	2:48
♑	Août 4	12:18
♒	Août 6	18:31
♓	Août 8	22:04
♈	Août 11	0:10
♉	Août 13	2:04
♊	Août 15	4:46
♋	Août 17	8:55
♌	Août 19	15:00
♍	Août 21	23:21
♎	Août 24	10:02
♏	Août 26	22:25
♐	Août 29	10:55
♑	Août 31	21:23
♒	Sept 3	4:21
♓	Sept 5	7:48
♈	Sept 7	8:52
♉	Sept 9	9:16
♊	Sept 11	10:40
♋	Sept 13	14:20
♌	Sept 15	20:48
♍	Sept 18	5:52
♎	Sept 20	16:57
♏	Sept 23	5:22
♐	Sept 25	18:05
♑	Sept 28	5:30
♒	Sept 30	13:53
♓	Oct 2	18:23
♈	Oct 4	19:32
♉	Oct 6	18:57
♊	Oct 8	18:43
♋	Oct 10	20:48
♌	Oct 13	2:25
♍	Oct 15	11:32
♎	Oct 17	23:02
♏	Oct 20	11:36
♐	Oct 23	0:16
♑	Oct 25	12:05
♒	Oct 27	21:44
♓	Oct 30	3:58
♈	Nov 1	6:27
♉	Nov 3	6:12
♊	Nov 5	5:11
♋	Nov 7	5:39
♌	Nov 9	9:33
♍	Nov 11	17:37
♎	Nov 14	4:57
♏	Nov 16	17:41
♐	Nov 19	6:13
♑	Nov 21	17:45
♒	Nov 24	3:43
♓	Nov 26	11:14
♈	Nov 28	15:34
♉	Nov 30	16:52
♊	Déc 2	16:29
♋	Déc 4	16:28
♌	Déc 6	18:55
♍	Déc 9	1:21
♎	Déc 11	11:43
♏	Déc 14	0:16
♐	Déc 16	12:47
♑	Déc 18	23:55
♒	Déc 21	9:17
♓	Déc 23	16:45
♈	Déc 25	22:03
♉	Déc 28	1:05
♊	Déc 30	2:22
1999		
♋	Jan 1	3:15
♌	Jan 3	5:31
♍	Jan 5	10:49
♎	Jan 7	19:53
♏	Jan 10	7:49
♐	Jan 12	20:23
♑	Jan 15	7:28
♒	Jan 17	16:11
♓	Jan 19	22:40
♈	Jan 22	3:25
♉	Jan 24	6:52
♊	Jan 26	9:29
♋	Jan 28	11:57
♌	Jan 30	15:16
♍	Fév 1	20:37
♎	Fév 4	4:56
♏	Fév 6	16:06
♐	Fév 9	4:38
♑	Fév 11	16:10
♒	Fév 14	0:57
♓	Fév 16	6:40
♈	Fév 18	10:06
♉	Fév 20	12:29
♊	Fév 22	14:54
♋	Fév 24	18:09
♌	Fév 26	22:44
♍	Mar 1	5:04
♎	Mar 3	13:34
♏	Mar 6	0:22
♐	Mar 8	12:46
♑	Mar 11	0:54
♒	Mar 13	10:32
♓	Mar 15	16:30
♈	Mar 17	19:13
♉	Mar 19	20:09
♊	Mar 21	21:05
♋	Mar 23	23:33
♌	Mar 26	4:22
♍	Mar 28	11:34
♎	Mar 30	20:49
♏	Avr 2	7:49
♐	Avr 4	20:07
♑	Avr 7	8:39
♒	Avr 9	19:24
♓	Avr 12	2:35
♈	Avr 14	5:46
♉	Avr 16	6:07
♊	Avr 18	5:39
♋	Avr 20	6:27
♌	Avr 22	10:06
♍	Avr 24	17:04
♎	Avr 27	2:46
♏	Avr 29	14:12
♐	Mai 2	2:36
♑	Mai 4	15:12
♒	Mai 7	2:40
♓	Mai 9	11:16
♈	Mai 11	15:53
♉	Mai 13	16:56
♊	Mai 15	16:07
♋	Mai 17	15:39
♌	Mai 19	17:37
♍	Mai 21	23:15
♎	Mai 24	8:29
♏	Mai 26	20:05
♐	Mai 29	8:37
♑	Mai 31	21:05
♒	Juin 3	8:37
♓	Juin 5	18:00
♈	Juin 8	0:08
♉	Juin 10	2:43
♊	Juin 12	2:48
♋	Juin 14	2:14
♌	Juin 16	3:07
♍	Juin 18	7:12
♎	Juin 20	15:10
♏	Juin 23	2:18
♐	Juin 25	14:51
♑	Juin 28	3:12
♒	Juin 30	14:19
♓	Juil 2	23:34
♈	Juil 5	6:21
♉	Juil 7	10:22
♊	Juil 9	12:00
♋	Juil 11	12:27
♌	Juil 13	13:26
♍	Juil 15	16:39
♎	Juil 17	23:19
♏	Juil 20	9:30
♐	Juil 22	21:48
♑	Juil 25	10:08
♒	Juil 27	20:54
♓	Juil 30	5:27
♈	Août 1	11:47
♉	Août 3	16:09
♊	Août 5	18:57
♋	Août 7	20:52
♌	Août 9	22:55
♍	Août 12	2:22
♎	Août 14	8:24
♏	Août 16	17:40
♐	Août 19	5:31
♑	Août 21	17:59
♒	Août 24	4:49
♓	Août 26	12:50
♈	Août 28	18:09
♉	Août 30	21:41
♊	Sept 2	0:25
♋	Sept 4	3:09
♌	Sept 6	6:29
♍	Sept 8	10:57
♎	Sept 10	17:16
♏	Sept 13	2:08
♐	Sept 15	13:35
♑	Sept 18	2:13
♒	Sept 20	13:38
♓	Sept 22	21:51
♈	Sept 25	2:34
♉	Sept 27	4:51
♊	Sept 29	6:21
♋	Oct 1	8:31
♌	Oct 3	12:13
♍	Oct 5	17:40
♎	Oct 8	0:52
♏	Oct 10	10:01
♐	Oct 12	21:18
♑	Oct 15	10:04
♒	Oct 17	22:17
♓	Oct 20	7:33
♈	Oct 22	12:41
♉	Oct 24	14:25
♊	Oct 26	14:33
♋	Oct 28	15:09
♌	Oct 30	17:47
♍	Nov 1	23:07
♎	Nov 4	6:57
♏	Nov 6	16:46
♐	Nov 9	4:15
♑	Nov 11	17:00
♒	Nov 14	5:46
♓	Nov 16	16:21
♈	Nov 18	22:57
♉	Nov 21	1:26
♊	Nov 23	1:13
♋	Nov 25	0:29
♌	Nov 27	1:19
♍	Nov 29	5:11
♎	Déc 1	12:29
♏	Déc 3	22:35
♐	Déc 6	10:27
♑	Déc 8	23:14
♒	Déc 11	11:59
♓	Déc 13	23:18
♈	Déc 16	7:30
♉	Déc 18	11:45
♊	Déc 20	12:39
♋	Déc 22	11:52
♌	Déc 24	11:32
♍	Déc 26	13:34
♎	Déc 28	19:14
♏	Déc 31	4:36
2000		
♐	Jan 2	16:32
♑	Jan 5	5:24
♒	Jan 7	17:53
♓	Jan 10	4:59
♈	Jan 12	13:48
♉	Jan 14	19:38
♊	Jan 16	22:25
♋	Jan 18	23:01
♌	Jan 20	22:58
♍	Jan 23	0:07
♎	Jan 25	4:09
♏	Jan 27	12:01
♐	Jan 29	23:17
♑	Fév 1	12:10
♒	Fév 4	0:31
♓	Fév 6	11:02
♈	Fév 8	19:17
♉	Fév 11	1:21
♊	Fév 13	5:23
♋	Fév 15	7:45
♌	Fév 17	9:11
♍	Fév 19	10:53
♎	Fév 21	14:21
♏	Fév 23	20:58
♐	Fév 26	7:10
♑	Fév 28	19:45
♒	Mar 2	8:14
♓	Mar 4	18:30
♈	Mar 7	1:54
♉	Mar 9	7:01
♊	Mar 11	10:46
♋	Mar 13	13:51
♌	Mar 15	16:43
♍	Mar 17	19:48
♎	Mar 19	23:57
♏	Mar 22	6:17
♐	Mar 24	15:43
♑	Mar 27	3:51
♒	Mar 29	16:34
♓	Avr 1	3:12
♈	Avr 3	10:22
♉	Avr 5	14:29
♊	Avr 7	16:58
♋	Avr 9	19:16
♌	Avr 11	22:16

(suite)

Table B-2 : la Lune *(suite)*

♍	Avr 14	2:19
♎	Avr 16	7:36
♏	Avr 18	14:35
♐	Avr 20	23:58
♑	Avr 23	11:47
♒	Avr 26	0:42
♓	Avr 28	12:06
♈	Avr 30	19:55
♉	Mai 2	23:54
♊	Mai 5	1:23
♋	Mai 7	2:14
♌	Mai 9	4:01
♍	Mai 11	7:41
♎	Mai 13	13:27
♏	Mai 15	21:16
♐	Mai 18	7:09
♑	Mai 20	19:01
♒	Mai 23	8:00
♓	Mai 25	20:07
♈	Mai 28	5:08
♉	Mai 30	10:02
♊	Juin 1	11:34
♋	Juin 3	11:30
♌	Juin 5	11:45
♍	Juin 7	13:57
♎	Juin 9	18:59
♏	Juin 12	2:55
♐	Juin 14	13:18
♑	Juin 17	1:26
♒	Juin 19	14:26
♓	Juin 22	2:52
♈	Juin 24	12:55
♉	Juin 26	19:19
♊	Juin 28	21:59
♋	Juin 30	22:09
♌	Juil 2	21:38
♍	Juil 4	22:19
♎	Juil 7	1:47
♏	Juil 9	8:48
♐	Juil 11	19:06
♑	Juil 14	7:28
♒	Juil 16	20:27
♓	Juil 19	8:44
♈	Juil 21	19:09
♉	Juil 24	2:44
♊	Juil 26	7:01
♋	Juil 28	8:30
♌	Juil 30	8:23
♍	Août 1	8:27
♎	Août 3	10:31
♏	Août 5	16:04
♐	Août 8	1:30
♑	Août 10	13:44
♒	Août 13	2:43
♓	Août 15	14:41
♈	Août 18	0:44
♉	Août 20	8:31
♊	Août 22	13:55
♋	Août 24	17:00
♌	Août 26	18:17
♍	Août 28	18:55
♎	Août 30	20:33
♏	Sept 2	0:55
♐	Sept 4	9:08
♑	Sept 6	20:47
♒	Sept 9	9:44
♓	Sept 11	21:34
♈	Sept 14	7:00
♉	Sept 16	14:05
♊	Sept 18	19:22
♋	Sept 20	23:16
♌	Sept 23	2:00
♍	Sept 25	4:02
♎	Sept 27	6:22
♏	Sept 29	10:30
♐	Oct 1	17:50
♑	Oct 4	4:42
♒	Oct 6	17:33
♓	Oct 9	5:36
♈	Oct 11	14:51
♉	Oct 13	21:06
♊	Oct 16	1:19
♋	Oct 18	4:37
♌	Oct 20	7:42
♍	Oct 22	10:52
♎	Oct 24	14:30
♏	Oct 26	19:23
♐	Oct 29	2:40
♑	Oct 31	13:02
♒	Nov 3	1:41
♓	Nov 5	14:13
♈	Nov 8	0:02
♉	Nov 10	6:12
♊	Nov 12	9:27
♋	Nov 14	11:21
♌	Nov 16	13:19
♍	Nov 18	16:15
♎	Nov 20	20:35
♏	Nov 23	2:33
♐	Nov 25	10:33
♑	Nov 27	20:57
♒	Nov 30	9:26
♓	Déc 2	22:23
♈	Déc 5	9:17
♉	Déc 7	16:27
♊	Déc 9	19:50
♋	Déc 11	20:48
♌	Déc 13	21:09
♍	Déc 15	22:30
♎	Déc 18	2:01
♏	Déc 20	8:12
♐	Déc 22	16:57
♑	Déc 25	3:54
♒	Déc 27	16:25
♓	Déc 30	5:27
2001		
♈	Jan 1	17:14
♉	Jan 4	1:57
♊	Jan 6	6:44
♋	Jan 8	8:09
♌	Jan 10	7:44
♍	Jan 12	7:26
♎	Jan 14	9:05
♏	Jan 16	14:02
♐	Jan 18	22:36
♑	Jan 21	9:57
♒	Jan 23	22:43
♓	Jan 26	11:39
♈	Jan 28	23:35
♉	Jan 31	9:21
♊	Fév 2	15:56
♋	Fév 4	19:00
♌	Fév 6	19:21
♍	Fév 8	18:35
♎	Fév 10	18:46
♏	Fév 12	21:51
♐	Fév 15	5:02
♑	Fév 17	15:59
♒	Fév 20	4:53
♓	Fév 22	17:45
♈	Fév 25	5:20
♉	Fév 27	15:06
♊	Mar 1	22:36
♋	Mar 4	3:24
♌	Mar 6	5:30
♍	Mar 8	5:44
♎	Mar 10	5:47
♏	Mar 12	7:43
♐	Mar 14	13:17
♑	Mar 16	23:02
♒	Mar 19	11:36
♓	Mar 22	0:28
♈	Mar 24	11:44
♉	Mar 26	20:51
♊	Mar 29	4:01
♋	Mar 31	9:23
♌	Avr 2	12:54
♍	Avr 4	14:46
♎	Avr 6	15:57
♏	Avr 8	18:01
♐	Avr 10	22:47
♑	Avr 13	7:21
♒	Avr 15	19:11
♓	Avr 18	8:00
♈	Avr 20	19:18
♉	Avr 23	3:56
♊	Avr 25	10:11
♋	Avr 27	14:49
♌	Avr 29	18:25
♍	Mai 1	21:16
♎	Mai 3	23:50
♏	Mai 6	3:01
♐	Mai 8	8:05
♑	Mai 10	16:10
♒	Mai 13	3:20
♓	Mai 15	16:01
♈	Mai 18	3:41
♉	Mai 20	12:29
♊	Mai 22	18:12
♋	Mai 24	21:42
♌	Mai 27	0:12
♍	Mai 29	2:38
♎	Mai 31	5:41
♏	Juin 2	9:56
♐	Juin 4	15:58
♑	Juin 7	0:23
♒	Juin 9	11:20
♓	Juin 11	23:53
♈	Juin 14	12:03
♉	Juin 16	21:39
♊	Juin 19	3:42
♋	Juin 21	6:41
♌	Juin 23	7:55
♍	Juin 25	8:58
♎	Juin 27	11:11
♏	Juin 29	15:28
♐	Juil 1	22:13
♑	Juil 4	7:21
♒	Juil 6	18:33
♓	Juil 9	7:05
♈	Juil 11	19:36
♉	Juil 14	6:13
♊	Juil 16	13:26
♋	Juil 18	16:56
♌	Juil 20	17:43
♍	Juil 22	17:29
♎	Juil 24	18:08
♏	Juil 26	21:17
♐	Juil 29	3:44
♑	Juil 31	13:16
♒	Août 3	0:53
♓	Août 5	13:30
♈	Août 8	2:05
♉	Août 10	13:23
♊	Août 12	21:59
♋	Août 15	2:55
♌	Août 17	4:25
♍	Août 19	3:53
♎	Août 21	3:19
♏	Août 23	4:50
♐	Août 25	9:59
♑	Août 27	19:02
♒	Août 30	6:48
♓	Sept 1	19:32
♈	Sept 4	7:58
♉	Sept 6	19:18
♊	Sept 9	4:41
♋	Sept 11	11:09
♌	Sept 13	14:16
♍	Sept 15	14:39
♎	Sept 17	14:00
♏	Sept 19	14:27
♐	Sept 21	18:02
♑	Sept 24	1:48
♒	Sept 26	13:05
♓	Sept 29	1:50
♈	Oct 1	14:08
♉	Oct 4	1:01
♊	Oct 6	10:12
♋	Oct 8	17:19
♌	Oct 10	21:54
♍	Oct 12	23:58
♎	Oct 15	0:26
♏	Oct 17	1:03
♐	Oct 19	3:47
♑	Oct 21	10:11
♒	Oct 23	20:26
♓	Oct 26	8:56
♈	Oct 28	21:15
♉	Oct 31	7:48
♊	Nov 2	16:12
♋	Nov 4	22:44
♌	Nov 7	3:34
♍	Nov 9	6:49
♎	Nov 11	8:53
♏	Nov 13	10:44
♐	Nov 15	13:51
♑	Nov 17	19:40
♒	Nov 20	4:55
♓	Nov 22	16:52
♈	Nov 25	5:21
♉	Nov 27	16:06
♊	Nov 30	0:04
♋	Déc 2	5:30
♌	Déc 4	9:15
♍	Déc 6	12:11
♎	Déc 8	14:57
♏	Déc 10	18:09
♐	Déc 12	22:30
♑	Déc 15	4:48
♒	Déc 17	13:43
♓	Déc 20	1:09
♈	Déc 22	13:45
♉	Déc 25	1:12
♊	Déc 27	9:39
♋	Déc 29	14:40
♌	Déc 31	17:09
2002		
♍	Jan 2	18:34
♎	Jan 4	20:23
♏	Jan 6	23:41
♐	Jan 9	4:57
♑	Jan 11	12:18

(suite)

Table B-2 : la Lune *(suite)*

♒	Jan 13	21:41
♓	Jan 16	9:00
♈	Jan 18	21:35
♉	Jan 21	9:47
♊	Jan 23	19:28
♋	Jan 26	1:17
♌	Jan 28	3:31
♍	Jan 30	3:40
♎	Fév 1	3:44
♏	Fév 3	5:35
♐	Fév 5	10:21
♑	Fév 7	18:08
♒	Fév 10	4:15
♓	Fév 12	15:53
♈	Fév 15	4:26
♉	Fév 17	16:58
♊	Fév 20	3:50
♋	Fév 22	11:16
♌	Fév 24	14:36
♍	Fév 26	14:47
♎	Fév 28	13:47
♏	Mar 2	13:51
♐	Mar 4	16:55
♑	Mar 6	23:48
♒	Mar 9	9:56
♓	Mar 11	21:56
♈	Mar 14	10:34
♉	Mar 16	23:01
♊	Mar 19	10:20
♋	Mar 21	19:06
♌	Mar 24	0:12
♍	Mar 26	1:44
♎	Mar 28	1:04
♏	Mar 30	0:21
♐	Avr 1	1:48
♑	Avr 3	6:58
♒	Avr 5	16:07
♓	Avr 8	3:57
♈	Avr 10	16:40
♉	Avr 13	4:55
♊	Avr 15	15:56
♋	Avr 18	1:01
♌	Avr 20	7:20
♍	Avr 22	10:35
♎	Avr 24	11:22
♏	Avr 26	11:15
♐	Avr 28	12:13
♑	Avr 30	16:03
♒	Mai 2	23:43
♓	Mai 5	10:46
♈	Mai 7	23:22
♉	Mai 10	11:32
♊	Mai 12	22:04
♋	Mai 15	6:33
♌	Mai 17	12:52
♍	Mai 19	17:01
♎	Mai 21	19:19
♏	Mai 23	20:38
♐	Mai 25	22:20
♑	Mai 28	1:54
♒	Mai 30	8:35
♓	Juin 1	18:37
♈	Juin 4	6:51
♉	Juin 6	19:07
♊	Juin 9	5:29
♋	Juin 11	13:15
♌	Juin 13	18:39
♍	Juin 15	22:23
♎	Juin 18	1:11
♏	Juin 20	3:42
♐	Juin 22	6:42
♑	Juin 24	11:01
♒	Juin 26	17:36
♓	Juin 29	3:00
♈	Juil 1	14:49
♉	Juil 4	3:16
♊	Juil 6	14:01
♋	Juil 8	21:36
♌	Juil 11	2:08
♍	Juil 13	4:41
♎	Juil 15	6:39
♏	Juil 17	9:13
♐	Juil 19	13:02
♑	Juil 21	18:26
♒	Juil 24	1:40
♓	Juil 26	11:04
♈	Juil 28	22:39
♉	Juil 31	11:17
♊	Août 2	22:46
♋	Août 5	7:02
♌	Août 7	11:27
♍	Août 9	13:03
♎	Août 11	13:38
♏	Août 13	15:01
♐	Août 15	18:25
♑	Août 18	0:15
♒	Août 20	8:16
♓	Août 22	18:11
♈	Août 25	5:48
♉	Août 27	18:32
♊	Août 30	6:45
♋	Sept 1	16:14
♌	Sept 3	21:36
♍	Sept 5	23:16
♎	Sept 7	22:57
♏	Sept 9	22:48
♐	Sept 12	0:44
♑	Sept 14	5:47
♒	Sept 16	13:54
♓	Sept 19	0:18
♈	Sept 21	12:11
♉	Sept 24	0:55
♊	Sept 26	13:26
♋	Sept 29	0:01
♌	Oct 1	6:58
♍	Oct 3	9:52
♎	Oct 5	9:51
♏	Oct 7	8:57
♐	Oct 9	9:21
♑	Oct 11	12:45
♒	Oct 13	19:51
♓	Oct 16	6:07
♈	Oct 18	18:13
♉	Oct 21	6:57
♊	Oct 23	19:17
♋	Oct 26	6:10
♌	Oct 28	14:20
♍	Oct 30	18:59
♎	Nov 1	20:28
♏	Nov 3	20:10
♐	Nov 5	20:01
♑	Nov 7	21:59
♒	Nov 10	3:27
♓	Nov 12	12:42
♈	Nov 15	0:38
♉	Nov 17	13:23
♊	Nov 20	1:25
♋	Nov 22	11:48
♌	Nov 24	20:00
♍	Nov 27	1:42
♎	Nov 29	4:54
♏	Déc 1	6:15
♐	Déc 3	6:58
♑	Déc 5	8:39
♒	Déc 7	12:54
♓	Déc 9	20:46
♈	Déc 12	7:58
♉	Déc 14	20:43
♊	Déc 17	8:43
♋	Déc 19	18:30
♌	Déc 22	1:48
♍	Déc 24	7:05
♎	Déc 26	10:53
♏	Déc 28	13:41
♐	Déc 30	16:01
2003		
♑	Jan 1	18:42
♒	Jan 3	22:56
♓	Jan 6	5:57
♈	Jan 8	16:15
♉	Jan 11	4:48
♊	Jan 13	17:08
♋	Jan 16	2:56
♌	Jan 18	9:29
♍	Jan 20	13:32
♎	Jan 22	16:23
♏	Jan 24	19:09
♐	Jan 26	22:26
♑	Jan 29	2:30
♒	Jan 31	7:44
♓	Fév 2	14:55
♈	Fév 5	0:44
♉	Fév 7	12:59
♊	Fév 10	1:45
♋	Fév 12	12:19
♌	Fév 14	19:04
♍	Fév 16	22:22
♎	Fév 18	23:48
♏	Fév 21	1:09
♐	Fév 23	3:46
♑	Fév 25	8:11
♒	Fév 27	14:24
♓	Mar 1	22:26
♈	Mar 4	8:30
♉	Mar 6	20:36
♊	Mar 9	9:38
♋	Mar 11	21:12
♌	Mar 14	5:06
♍	Mar 16	8:52
♎	Mar 18	9:43
♏	Mar 20	9:38
♐	Mar 22	10:33
♑	Mar 24	13:48
♒	Mar 26	19:51
♓	Mar 29	4:26
♈	Mar 31	15:04
♉	Avr 3	3:20
♊	Avr 5	16:24
♋	Avr 8	4:36
♌	Avr 10	13:54
♍	Avr 12	19:07
♎	Avr 14	20:42
♏	Avr 16	20:16
♐	Avr 18	19:51
♑	Avr 20	21:20
♒	Avr 23	1:58
♓	Avr 25	10:02
♈	Avr 27	20:54
♉	Avr 30	9:26
♊	Mai 2	22:27
♋	Mai 5	10:42
♌	Mai 7	20:46
♍	Mai 10	3:31
♎	Mai 12	6:42
♏	Mai 14	7:14
♐	Mai 16	6:43
♑	Mai 18	7:03
♒	Mai 20	10:01
♓	Mai 22	16:41
♈	Mai 25	2:59
♉	Mai 27	15:32
♊	Mai 30	4:32
♋	Juin 1	16:27
♌	Juin 4	2:25
♍	Juin 6	9:51
♎	Juin 8	14:30
♏	Juin 10	16:39
♐	Juin 12	17:12
♑	Juin 14	17:38
♒	Juin 16	19:41
♓	Juin 19	0:57
♈	Juin 21	10:06
♉	Juin 23	22:15
♊	Juin 26	11:13
♋	Juin 28	22:52
♌	Juil 1	8:13
♍	Juil 3	15:16
♎	Juil 5	20:20
♏	Juil 7	23:43
♐	Juil 10	1:48
♑	Juil 12	3:21
♒	Juil 14	5:38
♓	Juil 16	10:14
♈	Juil 18	18:20
♉	Juil 21	5:48
♊	Juil 23	18:42
♋	Juil 26	6:23
♌	Juil 28	15:17
♍	Juil 30	21:27
♎	Août 2	1:48
♏	Août 4	5:12
♐	Août 6	8:11
♑	Août 8	11:02
♒	Août 10	14:23
♓	Août 12	19:19
♈	Août 15	3:00
♉	Août 17	13:52
♊	Août 20	2:41
♋	Août 22	14:44
♌	Août 24	23:48
♍	Août 27	5:27
♎	Août 29	8:41
♏	Août 31	11:00
♐	Sept 2	13:32
♑	Sept 4	16:51
♒	Sept 6	21:15
♓	Sept 9	3:07
♈	Sept 11	11:09
♉	Sept 13	21:50
♊	Sept 16	10:32
♋	Sept 18	23:07
♌	Sept 21	9:02
♍	Sept 23	15:04
♎	Sept 25	17:49
♏	Sept 27	18:52
♐	Sept 29	19:57
♑	Oct 1	22:21
♒	Oct 4	2:45
♓	Oct 6	9:20
♈	Oct 8	18:07
♉	Oct 11	5:05
♊	Oct 13	17:45
♋	Oct 16	6:41
♌	Oct 18	17:41

(suite)

Table B-2 : la Lune *(suite)*

♍	Oct 21	1:01
♎	Oct 23	4:27
♏	Oct 25	5:08
♐	Oct 27	4:55
♑	Oct 29	5:37
♒	Oct 31	8:41
♓	Nov 2	14:52
♈	Nov 5	0:02
♉	Nov 7	11:29
♊	Nov 10	0:14
♋	Nov 12	13:10
♌	Nov 15	0:48
♍	Nov 17	9:36
♎	Nov 19	14:42
♏	Nov 21	16:24
♐	Nov 23	16:02
♑	Nov 25	15:31
♒	Nov 27	16:48
♓	Nov 29	21:25
♈	Déc 2	5:56
♉	Déc 4	17:30
♊	Déc 7	6:26
♋	Déc 9	19:11
♌	Déc 12	6:40
♍	Déc 14	16:07
♎	Déc 16	22:46
♏	Déc 19	2:20
♐	Déc 21	3:16
♑	Déc 23	2:55
♒	Déc 25	3:13
♓	Déc 27	6:10
♈	Déc 29	13:08
2004		
♉	Jan 1	0:02
♊	Jan 3	12:58
♋	Jan 6	1:38
♌	Jan 8	12:38
♍	Jan 10	21:37
♎	Jan 13	4:38
♏	Jan 15	9:33
♐	Jan 17	12:18
♑	Jan 19	13:24
♒	Jan 21	14:11
♓	Jan 23	16:29
♈	Jan 25	22:06
♉	Jan 28	7:46
♊	Jan 30	20:18
♋	Fév 2	9:03
♌	Fév 4	19:50
♍	Fév 7	4:03
♎	Fév 9	10:12
♏	Fév 11	14:58
♐	Fév 13	18:35
♑	Fév 15	21:14
♒	Fév 17	23:27
♓	Fév 20	2:27
♈	Fév 22	7:45
♉	Fév 24	16:30
♊	Fév 27	4:22
♋	Fév 29	17:12
♌	Mar 3	4:18
♍	Mar 5	12:18
♎	Mar 7	17:31
♏	Mar 9	21:03
♐	Mar 11	23:57
♑	Mar 14	2:51
♒	Mar 16	6:10
♓	Mar 18	10:26
♈	Mar 20	16:29
♉	Mar 23	1:10
♊	Mar 25	12:35
♋	Mar 28	1:23
♌	Mar 30	13:07
♍	Avr 1	21:45
♎	Avr 4	2:52
♏	Avr 6	5:24
♐	Avr 8	6:50
♑	Avr 10	8:33
♒	Avr 12	11:33
♓	Avr 14	16:24
♈	Avr 16	23:24
♉	Avr 19	8:43
♊	Avr 21	20:10
♋	Avr 24	8:56
♌	Avr 26	21:14
♍	Avr 29	7:00
♎	Mai 1	13:03
♏	Mai 3	15:38
♐	Mai 5	16:08
♑	Mai 7	16:17
♒	Mai 9	17:46
♓	Mai 11	21:52
♈	Mai 14	5:02
♉	Mai 16	14:57
♊	Mai 19	2:47
♋	Mai 21	15:35
♌	Mai 24	4:07
♍	Mai 26	14:52
♎	Mai 28	22:22
♏	Mai 31	2:08
♐	Juin 2	2:52
♑	Juin 4	2:12
♒	Juin 6	2:10
♓	Juin 8	4:38
♈	Juin 10	10:49
♉	Juin 12	20:37
♊	Juin 15	8:44
♋	Juin 17	21:37
♌	Juin 20	10:05
♍	Juin 22	21:10
♎	Juin 25	5:50
♏	Juin 27	11:13
♐	Juin 29	13:15
♑	Juil 1	13:01
♒	Juil 3	12:22
♓	Juil 5	13:26
♈	Juil 7	18:03
♉	Juil 10	2:51
♊	Juil 12	14:45
♋	Juil 15	3:40
♌	Juil 17	15:56
♍	Juil 20	2:44
♎	Juil 22	11:39
♏	Juil 24	18:08
♐	Juil 26	21:48
♑	Juil 28	22:57
♒	Juil 30	22:54
♓	Août 1	23:34
♈	Août 4	2:59
♉	Août 6	10:26
♊	Août 8	21:33
♋	Août 11	10:20
♌	Août 13	22:30
♍	Août 16	8:49
♎	Août 18	17:09
♏	Août 20	23:37
♐	Août 23	4:08
♑	Août 25	6:46
♒	Août 27	8:08
♓	Août 29	9:33
♈	Août 31	12:46
♉	Sept 2	19:16
♊	Sept 5	5:24
♋	Sept 7	17:50
♌	Sept 10	6:06
♍	Sept 12	16:16
♎	Sept 14	23:54
♏	Sept 17	5:25
♐	Sept 19	9:30
♑	Sept 21	12:35
♒	Sept 23	15:10
♓	Sept 25	17:55
♈	Sept 27	21:57
♉	Sept 30	4:24
♊	Oct 2	13:55
♋	Oct 5	1:54
♌	Oct 7	14:23
♍	Oct 10	1:00
♎	Oct 12	8:32
♏	Oct 14	13:10
♐	Oct 16	15:58
♑	Oct 18	18:07
♒	Oct 20	20:38
♓	Oct 23	0:13
♈	Oct 25	5:24
♉	Oct 27	12:37
♊	Oct 29	22:11
♋	Nov 1	9:53
♌	Nov 3	22:32
♍	Nov 6	10:00
♎	Nov 8	18:23
♏	Nov 10	23:05
♐	Nov 13	0:56
♑	Nov 15	1:33
♒	Nov 17	2:39
♓	Nov 19	5:38
♈	Nov 21	11:11
♉	Nov 23	19:16
♊	Nov 26	5:25
♋	Nov 28	17:10
♌	Déc 1	5:50
♍	Déc 3	18:00
♎	Déc 6	3:46
♏	Déc 8	9:43
♐	Déc 10	11:54
♑	Déc 12	11:42
♒	Déc 14	11:10
♓	Déc 16	12:24
♈	Déc 18	16:52
♉	Déc 21	0:52
♊	Déc 23	11:32
♋	Déc 25	23:38
♌	Déc 28	12:14
♍	Déc 31	0:33
2005		
♎	Jan 2	11:19
♏	Jan 4	19:00
♐	Jan 6	22:44
♑	Jan 8	23:11
♒	Jan 10	22:07
♓	Jan 12	21:50
♈	Jan 15	0:27
♉	Jan 17	7:06
♊	Jan 19	17:24
♋	Jan 22	5:42
♌	Jan 24	18:21
♍	Jan 27	6:24
♎	Jan 29	17:13
♏	Fév 1	1:51
♐	Fév 3	7:21
♑	Fév 5	9:32
♒	Fév 7	9:26
♓	Fév 9	8:59
♈	Fév 11	10:21
♉	Fév 13	15:18
♊	Fév 16	0:18
♋	Fév 18	12:13
♌	Fév 21	0:54
♍	Fév 23	12:44
♎	Fév 25	22:59
♏	Fév 28	7:21
♐	Mar 2	13:29
♑	Mar 4	17:12
♒	Mar 6	18:49
♓	Mar 8	19:32
♈	Mar 10	21:03
♉	Mar 13	1:05
♊	Mar 15	8:44
♋	Mar 17	19:44
♌	Mar 20	8:17
♍	Mar 22	20:10
♎	Mar 25	6:00
♏	Mar 27	13:29
♐	Mar 29	18:56
♑	Mar 31	22:48
♒	Avr 3	1:31
♓	Avr 5	3:45
♈	Avr 7	6:28
♉	Avr 9	10:50
♊	Avr 11	17:55
♋	Avr 14	4:03
♌	Avr 16	16:17
♍	Avr 19	4:27
♎	Avr 21	14:27
♏	Avr 23	21:25
♐	Avr 26	1:46
♑	Avr 28	4:33
♒	Avr 30	6:54
♓	Mai 2	9:43
♈	Mai 4	13:36
♉	Mai 6	19:01
♊	Mai 9	2:29
♋	Mai 11	12:20
♌	Mai 14	0:17
♍	Mai 16	12:46
♎	Mai 18	23:30
♏	Mai 21	6:49
♐	Mai 23	10:38
♑	Mai 25	12:11
♒	Mai 27	13:10
♓	Mai 29	15:09
♈	Mai 31	19:07
♉	Juin 3	1:20
♊	Juin 5	9:36
♋	Juin 7	19:46
♌	Juin 10	7:39
♍	Juin 12	20:22
♎	Juin 15	7:59
♏	Juin 17	16:23
♐	Juin 19	20:45
♑	Juin 21	21:52
♒	Juin 23	21:36
♓	Juin 25	22:03
♈	Juin 28	0:51
♉	Juin 30	6:45
♊	Juil 2	15:26
♋	Juil 5	2:07
♌	Juil 7	14:11
♍	Juil 10	2:57
♎	Juil 12	15:09
♏	Juil 15	0:51
♐	Juil 17	6:35
♑	Juil 19	8:26

(suite)

Table B-2 : la Lune *(suite)*

♒ Juil 21 7:55	♉ Août 23 20:58	♌ Sept 27 9:03	♏ Nov 1 2:29	♒ Déc 4 22:36
♓ Juil 23 7:12	♊ Août 26 3:43	♍ Sept 29 21:44	♐ Nov 3 8:55	♓ Déc 7 0:44
♈ Juil 25 8:23	♋ Août 28 13:57	♎ Oct 2 9:24	♑ Nov 5 13:17	♈ Déc 9 4:02
♉ Juil 27 12:54	♌ Août 31 2:14	♏ Oct 4 19:03	♒ Nov 7 16:31	♉ Déc 11 8:46
♊ Juil 29 21:02	♍ Sept 2 14:56	♐ Oct 7 2:28	♓ Nov 9 19:22	♊ Déc 13 14:59
♋ Août 1 7:52	♎ Sept 5 2:52	♑ Oct 9 7:43	♈ Nov 11 22:22	♋ Déc 15 23:01
♌ Août 3 20:10	♏ Sept 7 13:10	♒ Oct 11 11:05	♉ Nov 14 2:02	♌ Déc 18 9:18
♍ Août 6 8:54	♐ Sept 9 21:03	♓ Oct 13 13:05	♊ Nov 16 7:10	♍ Déc 20 21:39
♎ Août 8 21:08	♑ Sept 12 1:56	♈ Oct 15 14:39	♋ Nov 18 14:42	♎ Déc 23 10:26
♏ Août 11 7:35	♒ Sept 14 4:02	♉ Oct 17 17:04	♌ Nov 21 1:10	♏ Déc 25 21:04
♐ Août 13 14:47	♓ Sept 16 4:24	♊ Oct 19 21:44	♍ Nov 23 13:41	♐ Déc 28 3:43
♑ Août 15 18:13	♈ Sept 18 4:43	♋ Oct 22 5:41	♎ Nov 26 1:58	♑ Déc 30 6:35
♒ Août 17 18:39	♉ Sept 20 6:47	♌ Oct 24 16:48	♏ Nov 28 11:33	
♓ Août 19 17:52	♊ Sept 22 12:07	♍ Oct 27 5:28	♐ Nov 30 17:32	
♈ Août 21 18:01	♋ Sept 24 21:10	♎ Oct 29 17:15	♑ Déc 2 20:42	

Table B-3 : les Nœuds lunaires

1930	♈	Juil 7	10:58	R
1931	♓	Déc 28	0:23	R
1933	♒	Juin 24	11:33	R
1935	♑	Mar 8	12:38	R
1936	♐	Sept 14	1:29	R
1938	♏	Mar 3	18:15	R
1939	♎	Sept 11	17:46	R
1941	♍	Mai 24	2:48	R
1942	♌	Nov 21	0:56	R
1944	♋	Mai 11	9:29	R
1945	♊	Déc 2	13:35	R
1947	♉	Août 2	5:23	R
1949	♈	Jan 25	18:37	R
1950	♓	Juil 26	15:56	R
1952	♒	Mar 28	5:44	R
1953	♑	Oct 8	23:28	R
1955	♐	Avr 2	18:06	R
1956	♏	Oct 4	4:36	R
1958	♎	Juin 16	6:43	R
1959	♍	Déc 15	12:36	R
1961	♌	Juin 10	15:07	R
1962	♋	Déc 22	22:33	R
1964	♊	Août 25	5:23	R
1966	♉	Fév 19	11:41	R
1967	♈	Août 19	12:23	R
1969	♓	Avr 19	1:54	R
1970	♒	Nov 2	3:13	R
1972	♑	Avr 27	3:03	R
1973	♐	Oct 26	21:00	R
1975	♏	Juil 9	20:20	R
1977	♎	Jan 7	13:05	R
1978	♍	Juil 5	5:41	R
1980	♌	Jan 5	9:55	R
	♍	Jan 6	21:32	
	♌	Jan 12	13:22	R
1981	♋	Sept 20	2:20	R
	♌	Sept 21	5:22	
	♋	Sept 24	1:32	R
1983	♊	Mar 15	21:06	R
1984	♉	Sept 11	12:02	R
1986	♈	Avr 6	0:32	R
	♉	Mai 5	17:53	
	♈	Mai 8	12:18	R
1987	♓	Déc 2	0:14	R
1989	♒	Mai 22	6:55	R
1990	♑	Nov 18	14:20	R
1992	♐	Août 1	17:07	R
1994	♏	Fév 1	4:11	R
1995	♎	Juil 31	7:32	R
1997	♍	Jan 24	19:50	R
1998	♌	Oct 20	0:52	R
2000	♋	Avr 8	19:11	R
2001	♊	Oct 12	20:48	R
2003	♉	Avr 13	18:44	R
2004	♈	Déc 26	2:31	R

Table B-4 : Mercure

1930

♒	Jan 2	5:25	
♑	Jan 22	19:30	R
♒	Fév 15	10:08	
♓	Mar 9	17:39	
♈	Mar 26	18:36	
♉	Avr 10	12:05	
♊	Mai 1	0:31	
♉	Mai 17	6:06	R
♊	Juin 14	15:09	
♋	Juil 4	17:10	
♌	Juil 18	21:44	
♍	Août 3	21:38	
♎	Août 26	13:04	
♍	Sept 19	21:16	R
♎	Oct 10	23:45	
♏	Oct 29	9:35	
♐	Nov 17	0:31	
♑	Déc 6	15:57	

1931

♒	Fév 11	7:27	
♓	Mar 2	12:28	
♈	Mar 18	14:31	
♉	Avr 3	8:38	
♊	Juin 11	2:27	
♋	Juin 26	8:49	
♌	Juil 10	14:56	
♍	Juil 28	18:24	
♎	Oct 4	13:27	
♏	Oct 21	21:08	
♐	Nov 9	23:27	
♑	Déc 1	19:00	
♐	Déc 20	2:59	R

1932

♑	Jan 14	7:47	
♒	Fév 4	21:36	
♓	Fév 22	19:50	
♈	Mar 9	15:21	
♉	Mai 15	17:49	
♊	Juin 2	18:05	
♋	Juin 16	17:30	
♌	Juil 2	3:16	
♍	Juil 27	15:38	
♌	Août 10	2:31	R
♍	Sept 9	2:20	
♎	Sept 25	20:15	
♏	Oct 13	10:41	
♐	Nov 2	15:28	

1933

♑	Jan 8	5:25	
♒	Jan 27	17:39	
♓	Fév 14	0:06	
♈	Mar 3	5:49	
♓	Mar 25	16:49	R
♈	Avr 17	10:27	
♉	Mai 10	2:42	
♊	Mai 25	9:27	
♋	Juin 8	9:12	
♌	Juin 26	20:12	
♍	Sept 2	0:44	
♎	Sept 17	22:48	
♏	Oct 6	10:04	
♐	Oct 29	23:27	
♏	Nov 15	21:07	R
♐	Déc 11	22:43	

1934

♑	Jan 1	13:40	
♒	Jan 20	6:44	
♓	Fév 6	12:24	
♈	Avr 14	23:14	
♉	Mai 2	13:45	
♊	Mai 16	18:43	
♋	Juin 1	3:22	
♌	Août 9	8:49	
♍	Août 24	21:18	
♎	Sept 10	6:29	
♏	Sept 30	9:46	
♐	Déc 6	1:42	
♑	Déc 25	9:59	

1935

♒	Jan 12	20:20	
♓	Fév 1	6:16	
♒	Fév 14	22:02	R
♓	Mar 18	16:53	
♈	Avr 8	13:40	
♉	Avr 24	7:29	
♊	Mai 8	12:20	
♋	Mai 29	14:26	
♊	Juin 20	12:58	R
♋	Juil 13	17:22	
♌	Août 1	20:48	
♍	Août 16	15:39	
♎	Sept 3	4:33	
♏	Sept 28	10:52	
♎	Oct 12	13:03	R
♏	Nov 9	20:24	
♐	Nov 29	2:05	
♑	Déc 18	3:28	

1936

♒	Jan 5	22:32	
♓	Mar 13	1:40	
♈	Mar 31	0:08	
♉	Avr 14	20:45	
♊	Avr 30	20:30	
♋	Juil 8	15:47	
♌	Juil 23	10:39	
♍	Août 7	17:59	
♎	Août 27	12:43	
♏	Nov 2	6:00	
♐	Nov 20	19:39	
♑	Déc 10	1:40	

1937

♒	Jan 1	11:41	
♑	Jan 9	16:28	R
♒	Fév 13	19:26	
♓	Mar 6	9:06	
♈	Mar 22	22:41	
♉	Avr 6	20:09	
♊	Juin 13	17:28	
♋	Juin 30	21:21	
♌	Juil 14	23:11	
♍	Juil 31	16:07	
♎	Oct 8	5:12	
♏	Oct 25	20:14	
♐	Nov 13	14:25	
♑	Déc 3	18:51	

1938

♐	Jan 6	16:37	R
♑	Jan 12	17:30	
♒	Fév 8	8:17	
♓	Fév 26	22:01	
♈	Mar 14	19:02	
♉	Avr 1	8:24	
♈	Avr 23	8:56	R
♉	Mai 16	12:46	
♊	Juin 7	19:32	
♋	Juin 22	8:09	
♌	Juil 6	22:21	
♍	Juil 26	17:55	
♌	Sept 2	21:58	R
♍	Sept 10	10:38	
♎	Sept 30	23:19	
♏	Oct 18	7:43	
♐	Nov 6	18:33	

1939

♑	Jan 12	2:57	
♒	Fév 1	12:57	
♓	Fév 19	3:09	
♈	Mar 7	4:14	
♉	Mai 14	8:43	
♊	Mai 30	21:45	
♋	Juin 13	18:01	
♌	Juin 30	1:41	
♍	Sept 6	23:58	
♎	Sept 23	2:48	
♏	Oct 11	0:20	
♐	Nov 1	2:03	
♏	Déc 3	2:22	R
♐	Déc 13	14:16	

1940

♑	Jan 6	2:56	
♒	Jan 25	5:14	
♓	Fév 11	9:01	
♈	Mar 4	5:09	
♓	Mar 7	20:25	R
♈	Avr 16	23:56	
♉	Mai 6	16:14	
♊	Mai 21	8:59	
♋	Juin 4	17:29	
♌	Juin 26	9:32	
♋	Juil 20	20:39	R
♌	Août 11	12:06	
♍	Août 29	6:11	
♎	Sept 14	6:34	
♏	Oct 3	7:14	
♐	Déc 9	7:45	
♑	Déc 29	4:35	

1941

♒	Jan 16	17:36	
♓	Fév 3	8:08	
♒	Mar 6	21:22	R
♓	Mar 16	7:26	
♈	Avr 12	2:19	
♉	Avr 28	18:09	
♊	Mai 12	19:50	
♋	Mai 29	12:32	
♌	Août 6	0:57	
♍	Août 21	0:18	
♎	Sept 6	18:58	
♏	Sept 28	4:21	
♎	Oct 29	15:34	R
♏	Nov 11	15:11	
♐	Déc 2	19:11	
♑	Déc 21	22:54	

1942

♒	Jan 9	10:24	
♓	Mar 16	19:10	
♈	Avr 5	2:06	
♉	Avr 20	8:42	
♊	Mai 4	23:37	
♋	Juil 12	15:24	
♌	Juil 28	23:24	
♍	Août 12	20:48	
♎	Août 31	3:27	
♏	Nov 6	20:44	
♐	Nov 25	15:26	
♑	Déc 14	17:21	

1943

♒	Jan 3	3:27	
♑	Jan 27	18:42	R
♒	Fév 15	14:00	
♓	Mar 10	23:59	
♈	Mar 28	6:19	
♉	Avr 11	23:56	
♊	Avr 30	10:56	
♉	Mai 26	5:04	R
♊	Juin 13	19:46	
♋	Juil 6	4:05	
♌	Juil 20	11:08	
♍	Août 5	5:33	
♎	Août 26	19:36	
♍	Sept 25	4:56	R
♎	Oct 11	18:27	
♏	Oct 30	18:37	
♐	Nov 18	8:39	
♑	Déc 7	20:47	

1944

♒	Fév 12	9:17	
♓	Mar 2	21:45	
♈	Mar 19	2:43	
♉	Avr 3	12:29	
♊	Juin 11	6:46	
♋	Juin 26	22:40	
♌	Juil 11	2:41	
♍	Juil 28	18:44	
♎	Oct 4	22:17	
♏	Oct 22	6:33	
♐	Nov 10	6:09	
♑	Déc 1	10:31	
♐	Déc 23	18:21	R

1945

♑	Jan 13	22:04	
♒	Fév 5	4:20	
♓	Fév 23	6:25	
♈	Mar 11	1:45	
♉	Mai 16	10:21	
♊	Juin 4	5:30	
♋	Juin 18	7:27	
♌	Juil 3	10:39	
♍	Juil 26	9:48	
♌	Août 17	3:50	R
♍	Sept 10	2:21	
♎	Sept 27	7:08	
♏	Oct 14	19:13	
♐	Nov 3	18:06	

1946

♑	Jan 9	9:09	
♒	Jan 29	2:22	
♓	Fév 15	10:43	
♈	Mar 4	4:26	
♓	Avr 1	13:16	R
♈	Avr 16	9:54	
♉	Mai 11	9:29	
♊	Mai 26	23:13	
♋	Juin 9	21:00	
♌	Juin 27	14:07	
♍	Sept 3	11:29	
♎	Sept 19	9:34	
♏	Oct 7	16:21	
♐	Oct 30	6:23	
♏	Nov 20	15:16	R
♐	Déc 12	19:03	

(suite)

Table B-4 : Mercure *(suite)*

1947			
♑	Jan 2	20:46	
♒	Jan 21	16:06	
♓	Fév 7	20:31	
♈	Avr 15	23:31	
♉	Mai 4	1:03	
♊	Mai 18	8:33	
♋	Juin 2	8:40	
♌	Août 10	12:40	
♍	Août 26	9:50	
♎	Sept 11	15:54	
♏	Oct 1	10:26	
♐	Déc 7	7:32	
♑	Déc 26	18:17	
1948			
♒	Jan 14	5:06	
♓	Fév 1	19:46	
♒	Fév 20	6:08	R
♓	Mar 18	3:14	
♈	Avr 8	21:26	
♉	Avr 24	20:38	
♊	Mai 8	23:38	
♋	Mai 28	5:50	
♊	Juin 28	12:57	R
♋	Juil 11	15:56	
♌	Août 2	8:54	
♍	Août 17	3:44	
♎	Sept 3	10:47	
♏	Sept 27	2:19	
♎	Oct 16	22:33	R
♏	Nov 9	21:19	
♐	Nov 29	10:09	
♑	Déc 18	11:46	
1949			
♒	Jan 6	3:53	
♓	Mar 14	4:52	
♈	Avr 1	11:02	
♉	Avr 16	9:55	
♊	Mai 1	21:19	
♋	Juil 9	22:19	
♌	Juil 25	0:20	
♍	Août 9	4:04	
♎	Août 28	10:48	
♏	Nov 3	13:58	
♐	Nov 22	4:06	
♑	Déc 11	8:37	
1950			
♒	Jan 1	7:39	
♑	Jan 15	2:35	R
♒	Fév 14	14:12	
♓	Mar 7	17:04	
♈	Mar 24	10:52	
♉	Avr 8	6:13	
♊	Juin 14	9:33	
♋	Juil 2	9:57	
♌	Juil 16	12:08	
♍	Août 1	21:44	
♎	Août 27	9:17	
♍	Sept 10	14:16	R
♎	Oct 9	9:40	
♏	Oct 27	5:36	
♐	Nov 14	22:10	
♑	Déc 4	20:57	
1951			
♒	Fév 9	12:50	
♓	Fév 28	8:04	
♈	Mar 16	6:53	
♉	Avr 1	22:27	
♈	Mai 1	16:25	R
♉	Mai 14	20:40	
♊	Juin 9	3:43	
♋	Juin 23	22:13	
♌	Juil 8	8:39	
♍	Juil 27	10:24	
♎	Oct 2	9:25	
♏	Oct 19	16:52	
♐	Nov 7	23:59	
♑	Déc 1	15:41	
♐	Déc 12	7:39	R
1952			
♑	Jan 13	1:44	
♒	Fév 2	20:38	
♓	Fév 20	13:55	
♈	Mar 7	12:10	
♉	Mai 14	9:43	
♊	Mai 31	10:26	
♋	Juin 14	7:22	
♌	Juin 30	5:27	
♍	Sept 7	7:02	
♎	Sept 23	13:45	
♏	Oct 11	8:05	
♐	Nov 1	0:34	
1953			
♑	Jan 6	8:24	
♒	Jan 25	14:10	
♓	Fév 11	18:57	
♈	Mar 2	14:21	
♓	Mar 15	16:16	R
♈	Avr 17	11:48	
♉	Mai 8	1:24	
♊	Mai 22	22:58	
♋	Juin 6	3:23	
♌	Juin 26	6:01	
♋	Juil 28	8:40	R
♌	Août 11	9:04	
♍	Août 30	17:59	
♎	Sept 15	16:45	
♏	Oct 4	11:40	
♐	Oct 31	10:49	
♏	Nov 6	17:18	R
♐	Déc 10	9:48	
♑	Déc 30	12:14	
1954			
♒	Jan 18	2:43	
♓	Fév 4	13:03	
♈	Avr 13	6:34	
♉	Avr 30	6:26	
♊	Mai 14	8:57	
♋	Mai 30	11:13	
♌	Août 7	9:44	
♍	Août 22	12:42	
♎	Sept 8	3:05	
♏	Sept 28	23:06	
♎	Nov 4	7:37	R
♏	Nov 11	5:25	
♐	Déc 4	2:02	
♑	Déc 23	7:10	
1955			
♒	Jan 10	18:05	
♓	Mar 17	15:49	
♈	Avr 6	11:15	
♉	Avr 21	21:57	
♊	Mai 6	8:05	
♋	Juil 13	9:44	
♌	Juil 30	12:22	
♍	Août 14	8:08	
♎	Sept 1	7:06	
♏	Nov 8	1:57	
♐	Nov 26	23:34	
♑	Déc 16	1:06	
1956			
♒	Jan 4	4:16	
♑	Fév 2	7:18	R
♒	Fév 15	1:34	
♓	Mar 11	5:27	
♈	Mar 28	17:41	
♉	Avr 12	12:10	
♊	Avr 29	17:41	
♋	Juil 6	14:02	
♌	Juil 21	0:35	
♍	Août 5	14:06	
♎	Août 26	8:30	
♍	Sept 29	16:25	R
♎	Oct 11	2:30	
♏	Oct 31	3:19	
♐	Nov 18	16:42	
♑	Déc 8	2:11	
1957			
♒	Fév 12	9:30	
♓	Mar 4	6:34	
♈	Mar 20	14:48	
♉	Avr 4	18:37	
♊	Juin 12	8:40	
♋	Juin 28	12:08	
♌	Juil 12	14:41	
♍	Juil 29	20:44	
♎	Oct 6	6:09	
♏	Oct 23	15:50	
♐	Nov 11	13:00	
♑	Déc 2	6:19	
♐	Déc 28	12:30	R
1958			
♑	Jan 14	5:03	
♒	Fév 6	10:21	
♓	Fév 24	16:44	
♈	Mar 12	12:31	
♉	Avr 2	14:17	
♈	Avr 10	8:51	R
♉	Mai 16	20:53	
♊	Juin 5	15:59	
♋	Juin 19	21:20	
♌	Juil 4	18:46	
♍	Juil 26	5:08	
♌	Août 23	9:31	R
♍	Sept 10	20:10	
♎	Sept 28	17:45	
♏	Oct 16	3:52	
♐	Nov 4	21:36	
1959			
♑	Jan 10	11:48	
♒	Jan 30	10:41	
♓	Fév 16	21:15	
♈	Mar 5	6:52	
♉	Mai 12	14:48	
♊	Mai 28	12:35	
♋	Juin 11	9:11	
♌	Juin 28	11:31	
♍	Sept 4	21:28	
♎	Sept 20	20:20	
♏	Oct 8	23:02	
♐	Oct 30	20:16	
♏	Nov 25	6:53	R
♐	Déc 13	10:42	
1960			
♑	Jan 4	3:24	
♒	Jan 23	1:16	
♓	Fév 9	5:13	
♈	Avr 15	21:22	
♉	Mai 4	11:45	
♊	Mai 18	22:27	
♋	Juin 2	15:31	
♌	Juin 30	20:14	
♋	Juil 5	20:22	R
♌	Août 10	12:49	
♍	Août 26	22:11	
♎	Sept 12	1:29	
♏	Oct 1	12:17	
♐	Déc 7	12:30	
♑	Déc 27	2:21	
1961			
♒	Jan 14	13:58	
♓	Fév 1	16:39	
♒	Fév 24	15:22	R
♓	Mar 18	5:16	
♈	Avr 10	4:22	
♉	Avr 26	9:34	
♊	Mai 10	11:34	
♋	Mai 28	12:23	
♌	Août 3	20:15	
♍	Août 18	15:52	
♎	Sept 4	17:32	
♏	Sept 27	7:16	
♎	Oct 21	21:29	R
♏	Nov 10	18:53	
♐	Nov 30	17:54	
♑	Déc 19	20:04	
1962			
♒	Jan 7	10:08	
♓	Mar 15	6:43	
♈	Avr 2	21:32	
♉	Avr 17	23:10	
♊	Mai 3	1:05	
♋	Juil 11	2:36	
♌	Juil 26	13:50	
♍	Août 10	14:29	
♎	Août 29	10:48	
♏	Nov 4	21:20	
♐	Nov 23	12:31	
♑	Déc 12	15:51	
1963			
♒	Jan 1	20:10	
♑	Jan 19	23:59	R
♒	Fév 15	5:08	
♓	Mar 9	0:26	
♈	Mar 25	22:52	
♉	Avr 9	17:03	
♊	Mai 2	23:17	
♉	Mai 10	15:39	R
♊	Juin 14	18:21	
♋	Juil 3	22:00	
♌	Juil 18	1:19	
♍	Août 3	4:20	
♎	Août 26	15:33	
♍	Sept 16	15:29	R
♎	Oct 10	11:44	
♏	Oct 28	14:54	
♐	Nov 16	6:07	
♑	Déc 6	0:17	
1964			
♒	Fév 10	16:30	
♓	Fév 29	17:50	
♈	Mar 16	18:54	
♉	Avr 1	19:57	
♊	Juin 9	10:45	

(suite)

Table B-4 : Mercure *(suite)*

♋	Juin 24	12:17	
♌	Juil 8	19:38	
♍	Juil 27	6:35	
♎	Oct 2	19:12	
♏	Oct 20	2:11	
♐	Nov 8	6:02	
♑	Nov 30	14:30	
♐	Déc 16	9:31	R
1965			
♑	Jan 12	22:12	
♒	Fév 3	4:02	
♓	Fév 21	0:40	
♈	Mar 8	21:19	
♉	Mai 15	8:19	
♊	Juin 1	22:47	
♋	Juin 15	21:04	
♌	Juil 1	10:55	
♍	Juil 31	6:24	
♌	Août 3	3:09	R
♍	Sept 8	12:14	
♎	Sept 25	0:49	
♏	Oct 12	16:15	
♐	Nov 2	1:04	
1966			
♑	Jan 7	13:26	
♒	Jan 26	23:10	
♓	Fév 13	5:17	
♈	Mar 2	21:57	
♓	Mar 21	21:34	R
♈	Avr 17	16:31	
♉	Mai 9	9:48	
♊	Mai 24	12:59	
♋	Juin 7	14:11	
♌	Juin 26	14:05	
♍	Sept 1	5:35	
♎	Sept 17	3:19	
♏	Oct 5	17:03	
♐	Oct 30	2:38	
♏	Nov 12	22:26	R
♐	Déc 11	10:27	
♑	Déc 31	19:52	
1967			
♒	Jan 19	12:05	
♓	Fév 5	19:38	
♈	Avr 14	9:38	
♉	Mai 1	18:26	
♊	Mai 15	22:27	
♋	Mai 31	13:02	
♌	Août 8	17:09	
♍	Août 24	1:17	
♎	Sept 9	11:53	
♏	Sept 29	20:46	
♐	Déc 5	8:41	
♑	Déc 24	15:33	
1968			
♒	Jan 12	2:19	
♓	Fév 1	7:57	
♒	Fév 11	13:54	R
♓	Mar 17	9:45	
♈	Avr 6	20:01	
♉	Avr 22	11:18	
♊	Mai 6	17:56	
♋	Mai 29	17:44	
♊	Juin 13	17:32	R
♋	Juil 12	20:30	
♌	Juil 31	1:11	
♍	Août 14	19:53	
♎	Sept 1	11:59	
♏	Sept 28	9:40	
♎	Oct 7	17:46	R
♏	Nov 8	6:00	
♐	Nov 27	7:47	
♑	Déc 16	9:11	
1969			
♒	Jan 4	7:18	
♓	Mar 12	10:19	
♈	Mar 30	4:59	
♉	Avr 14	0:55	
♊	Avr 30	10:18	
♋	Juil 7	22:58	
♌	Juil 22	14:11	
♍	Août 6	23:21	
♎	Août 27	1:50	
♍	Oct 6	21:57	R
♎	Oct 9	11:56	
♏	Nov 1	11:53	
♐	Nov 20	1:00	
♑	Déc 9	8:21	
1970			
♒	Fév 13	8:08	
♓	Mar 5	15:10	
♈	Mar 22	2:59	
♉	Avr 6	2:40	
♊	Juin 13	7:46	
♋	Juin 30	1:22	
♌	Juil 14	3:06	
♍	Juil 31	0:21	
♎	Oct 7	13:04	
♏	Oct 25	1:16	
♐	Nov 12	20:16	
♑	Déc 3	5:14	
1971			
♐	Jan 2	18:36	R
♑	Jan 13	21:16	
♒	Fév 7	15:51	
♓	Fév 26	2:57	
♈	Mar 13	23:46	
♉	Avr 1	9:11	
♈	Avr 18	16:52	R
♉	Mai 16	22:32	
♊	Juin 7	1:45	
♋	Juin 21	11:25	
♌	Juil 6	3:53	
♍	Juil 26	12:03	
♌	Août 29	15:42	R
♍	Sept 11	1:45	
♎	Sept 30	4:19	
♏	Oct 17	12:49	
♐	Nov 6	1:59	
1972			
♑	Jan 11	13:18	
♒	Jan 31	18:46	
♓	Fév 18	7:53	
♈	Mar 5	11:59	
♉	Mai 12	18:45	
♊	Mai 29	1:46	
♋	Juin 11	21:56	
♌	Juin 28	11:52	
♍	Sept 5	6:36	
♎	Sept 21	7:11	
♏	Oct 9	6:11	
♐	Oct 30	14:27	
♏	Nov 29	2:08	R
♐	Déc 12	18:20	
1973			
♑	Jan 4	9:41	
♒	Jan 23	10:23	
♓	Fév 9	14:30	
♈	Avr 16	16:17	
♉	Mai 5	21:55	
♊	Mai 20	12:24	
♋	Juin 3	23:42	
♌	Juin 27	1:42	
♋	Juil 16	3:03	R
♌	Août 11	7:21	
♍	Août 28	10:22	
♎	Sept 13	11:16	
♏	Oct 2	15:12	
♐	Déc 8	16:29	
♑	Déc 28	10:14	
1974			
♒	Jan 15	22:56	
♓	Fév 2	17:42	
♒	Mar 2	12:49	R
♓	Mar 17	15:11	
♈	Avr 11	10:20	
♉	Avr 27	22:10	
♊	Mai 11	23:55	
♋	Mai 29	3:03	
♌	Août 5	6:42	
♍	Août 20	4:04	
♎	Sept 6	0:48	
♏	Sept 27	19:20	
♎	Oct 26	18:21	R
♏	Nov 11	11:05	
♐	Déc 2	1:17	
♑	Déc 21	4:16	
1975			
♒	Jan 8	16:58	
♓	Mar 16	6:50	
♈	Avr 4	7:28	
♉	Avr 19	12:20	
♊	Mai 4	6:55	
♋	Juil 12	3:56	
♌	Juil 28	3:05	
♍	Août 12	1:12	
♎	Août 30	12:20	
♏	Nov 6	3:58	
♐	Nov 24	20:44	
♑	Déc 13	23:10	
1976			
♒	Jan 2	15:22	
♑	Jan 24	20:30	R
♒	Fév 15	14:03	
♓	Mar 9	7:02	
♈	Mar 26	10:36	
♉	Avr 10	4:29	
♊	Avr 29	18:11	
♉	Mai 19	14:21	R
♊	Juin 13	14:20	
♋	Juil 4	9:18	
♌	Juil 18	14:35	
♍	Août 3	11:41	
♎	Août 25	15:52	
♍	Sept 21	2:15	R
♎	Oct 10	9:47	
♏	Oct 28	23:55	
♐	Nov 16	14:02	
♑	Déc 6	4:25	
1977			
♒	Fév 10	18:55	
♓	Mar 2	3:09	
♈	Mar 18	6:56	
♉	Avr 2	21:46	
♊	Juin 10	16:07	
♋	Juin 26	2:07	
♌	Juil 10	7:00	
♍	Juil 28	5:15	
♎	Oct 4	4:16	
♏	Oct 21	11:23	
♐	Nov 9	12:20	
♑	Déc 1	1:43	
♐	Déc 21	2:18	R
1978			
♑	Jan 13	15:07	
♒	Fév 4	10:54	
♓	Fév 22	11:11	
♈	Mar 10	7:10	
♉	Mai 16	3:20	
♊	Juin 3	10:26	
♋	Juin 17	10:49	
♌	Juil 2	17:28	
♍	Juil 27	1:10	
♌	Août 13	2:05	R
♍	Sept 9	14:23	
♎	Sept 26	11:40	
♏	Oct 14	0:30	
♐	Nov 3	2:48	
1979			
♑	Jan 8	17:33	
♒	Jan 28	7:49	
♓	Fév 14	15:38	
♈	Mar 3	16:32	
♓	Mar 28	5:39	R
♈	Avr 17	7:48	
♉	Mai 10	17:03	
♊	Mai 26	2:44	
♋	Juin 9	1:32	
♌	Juin 27	4:51	
♍	Sept 2	16:39	
♎	Sept 18	13:59	
♏	Oct 6	22:55	
♐	Oct 30	2:06	
♏	Nov 17	22:08	R
♐	Déc 12	8:34	
1980			
♑	Jan 2	3:02	
♒	Jan 20	21:18	
♓	Fév 7	3:07	
♈	Avr 14	10:58	
♉	Mai 2	5:56	
♊	Mai 16	12:06	
♋	Mai 31	17:05	
♌	Août 8	22:31	
♍	Août 24	13:47	
♎	Sept 9	21:00	
♏	Sept 29	20:16	
♐	Déc 5	14:45	
♑	Déc 24	23:46	
1981			
♒	Jan 12	10:48	
♓	Jan 31	12:35	
♒	Fév 16	3:02	R
♓	Mar 17	23:33	
♈	Avr 8	4:11	
♉	Avr 24	0:31	
♊	Mai 8	4:42	
♋	Mai 28	12:04	
♊	Juin 22	17:51	R
♋	Juil 12	16:08	
♌	Août 1	13:30	
♍	Août 16	7:47	

(suite)

Table B-4 : Mercure *(suite)*

♎	Sept 2	17:40	
♏	Sept 27	6:02	
♎	Oct 13	21:09	R
♏	Nov 9	8:14	
♐	Nov 28	15:52	
♑	Déc 17	17:21	
1982			
♒	Jan 5	11:49	
♓	Mar 13	14:11	
♈	Mar 31	15:59	
♉	Avr 15	13:54	
♊	Mai 1	8:29	
♋	Juil 9	6:26	
♌	Juil 24	3:48	
♍	Août 8	9:06	
♎	Août 27	22:22	
♏	Nov 2	20:10	
♐	Nov 21	9:28	
♑	Déc 10	15:04	
1983			
♒	Jan 1	8:32	
♑	Jan 12	1:55	R
♒	Fév 14	4:36	
♓	Mar 6	23:23	
♈	Mar 23	15:09	
♉	Avr 7	12:04	
♊	Juin 14	3:06	
♋	Juil 1	14:18	
♌	Juil 15	15:57	
♍	Août 1	5:22	
♎	Août 29	1:07	
♍	Sept 5	21:30	R
♎	Oct 8	18:44	
♏	Oct 26	10:47	
♐	Nov 14	3:56	
♑	Déc 4	6:22	
1984			
♒	Fév 8	20:50	
♓	Fév 27	13:07	
♈	Mar 14	11:27	
♉	Mar 31	15:25	
♈	Avr 25	6:49	R
♉	Mai 15	7:33	
♊	Juin 7	10:45	
♋	Juin 22	1:39	
♌	Juil 6	13:56	
♍	Juil 26	1:49	
♎	Sept 30	14:44	
♏	Oct 17	22:01	
♐	Nov 6	7:09	
♑	Déc 1	11:29	
♐	Déc 7	16:46	R
1985			
♑	Jan 11	13:25	
♒	Fév 1	2:43	
♓	Fév 18	18:41	
♈	Mar 6	19:07	
♉	Mai 13	21:10	
♊	Mai 30	14:44	
♋	Juin 13	11:11	
♌	Juin 29	14:34	
♍	Sept 6	14:39	
♎	Sept 22	18:13	
♏	Oct 10	13:50	
♐	Oct 31	11:44	
♏	Déc 4	14:23	R
♐	Déc 12	6:05	
1986			
♑	Jan 5	15:42	
♒	Jan 24	19:33	
♓	Fév 11	0:21	
♈	Mar 3	2:22	
♓	Mar 11	12:36	R
♈	Avr 17	7:33	
♉	Mai 7	7:33	
♊	Mai 22	2:26	
♋	Juin 5	9:06	
♌	Juin 26	9:15	
♋	Juil 23	16:51	R
♌	Août 11	16:09	
♍	Août 29	22:28	
♎	Sept 14	21:28	
♏	Oct 3	19:19	
♐	Déc 9	19:34	
♑	Déc 29	18:09	
1987			
♒	Jan 17	8:08	
♓	Fév 3	21:31	
♒	Mar 11	16:55	R
♓	Mar 13	16:09	
♈	Avr 12	15:23	
♉	Avr 29	10:39	
♊	Mai 13	12:50	
♋	Mai 29	23:21	
♌	Août 6	16:20	
♍	Août 21	16:36	
♎	Sept 7	8:52	
♏	Sept 28	12:21	
♎	Oct 31	20:57	R
♏	Nov 11	16:57	
♐	Déc 3	8:33	
♑	Déc 22	12:40	
1988			
♒	Jan 10	0:28	
♓	Mar 16	5:09	
♈	Avr 4	17:04	
♉	Avr 20	1:42	
♊	Mai 4	14:40	
♋	Juil 12	1:42	
♌	Juil 28	16:19	
♍	Août 12	12:29	
♎	Août 30	15:25	
♏	Nov 6	9:57	
♐	Nov 25	5:04	
♑	Déc 14	6:53	
1989			
♒	Jan 2	14:41	
♑	Jan 28	23:06	R
♒	Fév 14	13:11	
♓	Mar 10	13:07	
♈	Mar 27	22:16	
♉	Avr 11	16:36	
♊	Avr 29	14:53	
♉	Mai 28	17:53	R
♊	Juin 12	3:56	
♋	Juil 5	19:55	
♌	Juil 20	4:04	
♍	Août 4	19:54	
♎	Août 26	1:14	
♍	Sept 26	10:28	R
♎	Oct 11	1:11	
♏	Oct 30	8:53	
♐	Nov 17	22:10	
♑	Déc 7	9:30	
1990			
♒	Fév 11	20:11	
♓	Mar 3	12:14	
♈	Mar 19	19:04	
♉	Avr 4	2:35	
♊	Juin 11	19:29	
♋	Juin 27	15:46	
♌	Juil 11	18:48	
♍	Juil 29	6:10	
♎	Oct 5	12:44	
♏	Oct 22	20:46	
♐	Nov 10	19:06	
♑	Déc 1	19:13	
♐	Déc 25	17:57	R
1991			
♑	Jan 14	3:02	
♒	Fév 5	17:20	
♓	Fév 23	21:35	
♈	Mar 11	17:40	
♉	Mai 16	17:45	
♊	Juin 4	21:24	
♋	Juin 19	0:40	
♌	Juil 4	1:05	
♍	Juil 26	8:00	
♌	Août 19	16:40	R
♍	Sept 10	12:14	
♎	Sept 27	22:26	
♏	Oct 15	9:01	
♐	Nov 4	5:41	
1992			
♑	Jan 9	20:46	
♒	Jan 29	16:15	
♓	Fév 16	2:04	
♈	Mar 3	16:45	
♓	Avr 3	18:52	R
♈	Avr 14	12:35	
♉	Mai 10	23:10	
♊	Mai 26	16:16	
♋	Juin 9	13:27	
♌	Juin 27	0:11	
♍	Sept 3	3:03	
♎	Sept 19	0:41	
♏	Oct 7	5:13	
♐	Oct 29	12:02	
♏	Nov 21	14:44	R
♐	Déc 12	3:05	
1993			
♑	Jan 2	9:47	
♒	Jan 21	6:25	
♓	Fév 7	11:19	
♈	Avr 15	10:18	
♉	Mai 3	16:54	
♊	Mai 18	1:53	
♋	Juin 1	22:54	
♌	Août 10	0:51	
♍	Août 26	2:06	
♎	Sept 11	6:18	
♏	Sept 30	21:09	
♐	Déc 6	20:04	
♑	Déc 26	7:47	
1994			
♒	Jan 13	19:25	
♓	Fév 1	5:28	
♒	Fév 21	10:15	R
♓	Mar 18	7:04	
♈	Avr 9	11:30	
♉	Avr 25	13:27	
♊	Mai 9	16:08	
♋	Mai 28	9:52	
♊	Juil 2	18:18	R
♋	Juil 10	7:41	
♌	Août 3	1:09	
♍	Août 17	19:44	
♎	Sept 3	23:55	
♏	Sept 27	3:51	
♎	Oct 19	1:19	R
♏	Nov 10	7:46	
♐	Nov 29	23:38	
♑	Déc 19	1:26	
1995			
♒	Jan 6	17:17	
♓	Mar 14	16:35	
♈	Avr 2	2:29	
♉	Avr 17	2:54	
♊	Mai 2	10:18	
♋	Juil 10	11:58	
♌	Juil 25	17:19	
♍	Août 9	19:13	
♎	Août 28	21:07	
♏	Nov 4	3:50	
♐	Nov 22	17:46	
♑	Déc 11	21:57	
1996			
♒	Jan 1	13:06	
♑	Jan 17	4:37	R
♒	Fév 14	21:44	
♓	Mar 7	6:53	
♈	Mar 24	3:03	
♉	Avr 7	22:16	
♊	Juin 13	16:45	
♋	Juil 2	2:37	
♌	Juil 16	4:56	
♍	Août 1	11:17	
♎	Août 26	0:17	
♍	Sept 12	4:32	R
♎	Oct 8	22:13	
♏	Oct 26	20:01	
♐	Nov 14	11:36	
♑	Déc 4	8:48	
1997			
♒	Fév 9	0:53	
♓	Fév 27	22:54	
♈	Mar 15	23:13	
♉	Avr 1	8:45	
♈	Mai 4	20:48	R
♉	Mai 12	5:25	
♊	Juin 8	18:25	
♋	Juin 23	15:41	
♌	Juil 8	0:28	
♍	Juil 26	19:42	
♎	Oct 2	0:38	
♏	Oct 19	7:08	
♐	Nov 7	12:42	
♑	Nov 30	14:11	
♐	Déc 13	13:06	R
1998			
♑	Jan 12	11:20	
♒	Fév 2	10:15	
♓	Fév 20	5:22	
♈	Mar 8	3:28	

(suite)

Table B-4 : Mercure *(suite)*

♉	Mai 14	21:10	
♊	Juin 1	3:07	
♋	Juin 15	0:33	
♌	Juin 30	18:52	
♍	Sept 7	20:58	
♎	Sept 24	5:13	
♏	Oct 11	21:44	
♐	Nov 1	11:02	
1999			
♑	Jan 6	21:04	
♒	Jan 26	4:32	
♓	Fév 12	10:28	
♈	Mar 2	17:50	
♓	Mar 18	4:23	R
♈	Avr 17	17:09	
♉	Mai 8	16:22	
♊	Mai 23	16:22	
♋	Juin 6	19:18	
♌	Juin 26	10:39	
♋	Juil 31	13:44	R
♌	Août 10	23:25	
♍	Août 31	10:15	
♎	Sept 16	7:53	
♏	Oct 5	0:12	
♐	Oct 30	15:08	
♏	Nov 9	15:13	R
♐	Déc 10	21:09	
♑	Déc 31	1:48	
2000			
♒	Jan 18	17:20	
♓	Fév 5	3:09	
♈	Avr 12	19:17	
♉	Avr 29	22:53	
♊	Mai 14	2:10	
♋	Mai 29	23:27	
♌	Août 7	0:42	
♍	Août 22	5:11	
♎	Sept 7	17:22	
♏	Sept 28	8:28	
♎	Nov 7	2:28	R
♏	Nov 8	16:42	
♐	Déc 3	15:26	
♑	Déc 22	21:03	
2001			
♒	Jan 10	8:26	
♓	Fév 1	2:13	
♒	Fév 6	14:57	R
♓	Mar 17	1:05	
♈	Avr 6	2:14	
♉	Avr 21	15:08	
♊	Mai 5	23:53	
♋	Juil 12	17:47	
♌	Juil 30	5:18	
♍	Août 14	0:04	
♎	Août 31	19:37	
♏	Nov 7	14:53	
♐	Nov 26	13:23	
♑	Déc 15	14:55	
2002			
♒	Jan 3	16:38	
♑	Fév 3	23:19	R
♒	Fév 13	12:20	
♓	Mar 11	18:34	
♈	Mar 29	9:44	
♉	Avr 13	5:10	
♊	Avr 30	2:15	
♋	Juil 7	5:35	
♌	Juil 21	17:41	
♍	Août 6	4:51	
♎	Août 26	16:10	
♍	Oct 2	4:26	R
♎	Oct 11	0:56	
♏	Oct 31	17:43	
♐	Nov 19	6:29	
♑	Déc 8	15:21	
2003			
♒	Fév 12	20:00	
♓	Mar 4	21:04	
♈	Mar 21	7:16	
♉	Avr 5	9:37	
♊	Juin 12	20:34	
♋	Juin 29	5:17	
♌	Juil 13	7:10	
♍	Juil 30	9:05	
♎	Oct 6	20:28	
♏	Oct 24	6:20	
♐	Nov 12	2:19	
♑	Déc 2	16:34	
♐	Déc 30	14:52	R
2004			
♑	Jan 14	6:02	
♒	Fév 6	23:20	
♓	Fév 25	7:58	
♈	Mar 12	4:44	
♉	Mar 31	21:27	
♈	Avr 12	20:23	R
♉	Mai 16	1:54	
♊	Juin 5	7:47	
♋	Juin 19	14:49	
♌	Juil 4	9:52	
♍	Juil 25	8:58	
♌	Août 24	20:33	R
♍	Sept 10	2:38	
♎	Sept 28	9:13	
♏	Oct 15	17:57	
♐	Nov 4	9:40	
2005			
♑	Jan 9	23:09	
♒	Jan 30	0:37	
♓	Fév 16	12:46	
♈	Mar 4	20:34	
♉	Mai 12	4:13	
♊	Mai 28	5:44	
♋	Juin 11	2:03	
♌	Juin 27	23:01	
♍	Sept 4	12:52	
♎	Sept 20	11:40	
♏	Oct 8	12:15	
♐	Oct 30	4:02	
♏	Nov 26	6:53	R
♐	Déc 12	16:19	

Table B-5 : Vénus

1930			
♒	Jan 2	19:22	
♓	Fév 16	17:11	
♈	Mar 12	17:34	
♉	Avr 5	21:57	
♊	Avr 30	7:37	
♋	Mai 24	23:36	
♌	Juin 18	23:39	
♍	Juil 14	11:34	
♎	Août 9	19:54	
♏	Sept 6	23:05	
♐	Oct 11	21:45	
♏	Nov 22	2:44	R
1931			
♐	Jan 3	15:03	
♑	Fév 6	7:25	
♒	Mar 5	16:46	
♓	Mar 31	14:04	
♈	Avr 25	21:10	
♉	Mai 20	21:38	
♊	Juin 14	18:04	
♋	Juil 9	10:35	
♌	Août 2	22:29	
♍	Août 27	5:42	
♎	Sept 20	9:15	
♏	Oct 14	10:45	
♐	Nov 7	11:32	
♑	Déc 1	12:29	
♒	Déc 25	14:44	
1932			
♓	Jan 18	20:52	
♈	Fév 12	11:58	
♉	Mar 8	21:07	
♊	Avr 4	19:19	
♋	Mai 6	4:04	
♊	Juil 13	5:33	R
♋	Juil 28	7:36	
♌	Sept 8	14:45	
♍	Oct 7	0:46	
♎	Nov 1	23:01	
♏	Nov 26	19:06	
♐	Déc 21	2:43	
1933			
♑	Jan 14	4:56	
♒	Fév 7	5:30	
♓	Mar 3	6:24	
♈	Mar 27	8:58	
♉	Avr 20	14:00	
♊	Mai 14	21:47	
♋	Juin 8	8:01	
♌	Juil 2	20:29	
♍	Juil 27	11:45	
♎	Août 21	7:23	
♏	Sept 15	9:54	
♐	Oct 10	23:32	
♑	Nov 6	11:02	
♒	Déc 5	13:00	
1934			
♓	Avr 6	4:23	
♈	Mai 6	3:54	
♉	Juin 2	5:11	
♊	Juin 28	4:38	
♋	Juil 23	13:22	
♌	Août 17	10:45	
♍	Sept 10	22:32	
♎	Oct 5	2:56	
♏	Oct 29	2:37	
♐	Nov 21	23:59	
♑	Déc 15	20:39	
1935			
♒	Jan 8	17:44	
♓	Fév 1	16:36	
♈	Fév 25	19:30	
♉	Mar 22	5:29	
♊	Avr 16	2:37	
♋	Mai 11	17:01	
♌	Juin 7	14:11	
♍	Juil 7	15:33	
♎	Nov 9	11:34	
♏	Déc 8	9:36	
1936			
♐	Jan 3	9:16	
♑	Jan 28	9:00	
♒	Fév 21	23:14	
♓	Mar 17	9:53	
♈	Avr 10	19:41	
♉	Mai 5	5:53	
♊	Mai 29	16:39	
♋	Juin 23	3:16	
♌	Juil 17	12:51	
♍	Août 10	21:11	
♎	Sept 4	5:02	
♏	Sept 28	13:36	
♐	Oct 23	0:00	
♑	Nov 16	13:36	
♒	Déc 11	9:51	
1937			
♓	Jan 5	22:18	
♈	Fév 2	5:39	
♉	Mar 9	8:19	
♈	Avr 13	23:19	R
♉	Juin 4	1:41	
♊	Juil 7	16:13	
♋	Août 4	15:14	
♌	Août 30	19:08	
♍	Sept 24	23:03	

(suite)

Table B-5 : Vénus *(suite)*

♎	Oct 19	11:33	
♏	Nov 12	14:43	
♐	Déc 6	13:06	
♑	Déc 30	9:42	
1938			
♒	Jan 23	6:16	
♓	Fév 16	4:00	
♈	Mar 12	4:20	
♉	Avr 5	8:46	
♊	Avr 29	18:35	
♋	Mai 24	10:56	
♌	Juin 18	11:37	
♍	Juil 14	0:44	
♎	Août 9	11:26	
♏	Sept 6	20:36	
♐	Oct 13	13:49	
♏	Nov 15	11:07	R
1939			
♐	Jan 4	16:48	
♑	Fév 6	4:20	
♒	Mar 5	8:29	
♓	Mar 31	3:34	
♈	Avr 25	9:28	
♉	Mai 20	9:13	
♊	Juin 14	5:11	
♋	Juil 8	21:25	
♌	Août 2	9:11	
♍	Août 26	16:24	
♎	Sept 19	20:02	
♏	Oct 13	21:41	
♐	Nov 6	22:41	
♑	Nov 30	23:52	
♒	Déc 25	2:25	
1940			
♓	Jan 18	9:00	
♈	Fév 12	0:51	
♉	Mar 8	11:25	
♊	Avr 4	13:10	
♋	Mai 6	13:47	
♊	Juil 5	11:17	R
♋	Juil 31	21:20	
♌	Sept 8	11:59	
♍	Oct 6	16:10	
♎	Nov 1	12:24	
♏	Nov 26	7:32	
♐	Déc 20	14:36	
1941			
♑	Jan 13	16:29	
♒	Fév 6	16:49	
♓	Mar 2	17:33	
♈	Mar 26	19:58	
♉	Avr 20	0:53	
♊	Mai 14	8:36	
♋	Juin 7	18:53	
♌	Juil 2	7:33	
♍	Juil 26	23:12	
♎	Août 20	19:29	
♏	Sept 14	23:01	
♐	Oct 10	14:21	
♑	Nov 6	5:17	
♒	Déc 5	18:04	
1942			
♓	Avr 6	8:14	
♈	Mai 5	21:26	
♉	Juin 1	19:26	
♊	Juin 27	17:18	
♋	Juil 23	1:10	
♌	Août 16	22:04	
♍	Sept 10	9:38	
♎	Oct 4	13:58	
♏	Oct 28	13:40	
♐	Nov 21	11:07	
♑	Déc 15	7:53	
1943			
♒	Jan 8	5:03	
♓	Fév 1	4:02	
♈	Fév 25	7:04	
♉	Mar 21	17:24	
♊	Avr 15	15:12	
♋	Mai 11	6:56	
♌	Juin 7	7:09	
♍	Juil 7	18:56	
♎	Nov 9	13:25	
♏	Déc 8	2:45	
1944			
♐	Jan 2	23:43	
♑	Jan 27	22:11	
♒	Fév 21	11:40	
♓	Mar 16	21:46	
♈	Avr 10	7:09	
♉	Mai 4	17:04	
♊	Mai 29	3:39	
♋	Juin 22	14:12	
♌	Juil 16	23:47	
♍	Août 10	8:13	
♎	Sept 3	16:16	
♏	Sept 28	1:12	
♐	Oct 22	12:07	
♑	Nov 16	2:26	
♒	Déc 10	23:47	
1945			
♓	Jan 5	14:18	
♈	Fév 2	3:07	
♉	Mar 11	6:17	
♈	Avr 7	14:15	R
♉	Juin 4	17:58	
♊	Juil 7	11:20	
♋	Août 4	5:59	
♌	Août 30	8:05	
♍	Sept 24	11:06	
♎	Oct 18	23:09	
♏	Nov 12	2:05	
♐	Déc 6	0:22	
♑	Déc 29	20:56	
1946			
♒	Jan 22	17:28	
♓	Fév 15	15:11	
♈	Mar 11	15:32	
♉	Avr 4	20:01	
♊	Avr 29	5:59	
♋	Mai 23	22:39	
♌	Juin 18	0:00	
♍	Juil 13	14:22	
♎	Août 9	3:34	
♏	Sept 6	19:16	
♐	Oct 16	5:45	
♏	Nov 8	3:56	R
1947			
♐	Jan 5	11:45	
♑	Fév 6	0:41	
♒	Mar 5	0:09	
♓	Mar 30	17:14	
♈	Avr 24	22:03	
♉	Mai 19	21:06	
♊	Juin 13	16:35	
♋	Juil 8	8:30	
♌	Août 1	20:06	
♍	Août 26	3:17	
♎	Sept 19	7:01	
♏	Oct 13	8:49	
♐	Nov 6	9:59	
♑	Nov 30	11:23	
♒	Déc 24	14:13	
1948			
♓	Jan 17	21:14	
♈	Fév 11	13:51	
♉	Mar 8	1:59	
♊	Avr 4	7:40	
♋	Mai 7	3:27	
♊	Juin 29	2:58	R
♋	Août 2	21:15	
♌	Sept 8	8:40	
♍	Oct 6	7:25	
♎	Nov 1	1:42	
♏	Nov 25	19:55	
♐	Déc 20	2:28	
1949			
♑	Jan 13	4:01	
♒	Fév 6	4:05	
♓	Mar 2	4:38	
♈	Mar 26	6:54	
♉	Avr 19	11:44	
♊	Mai 13	19:25	
♋	Juin 7	5:47	
♌	Juil 1	18:40	
♍	Juil 26	10:43	
♎	Août 20	7:39	
♏	Sept 14	12:12	
♐	Oct 10	5:18	
♑	Nov 5	23:53	
♒	Déc 6	1:06	
1950			
♓	Avr 6	10:13	
♈	Mai 5	14:19	
♉	Juin 1	9:19	
♊	Juin 27	5:45	
♋	Juil 22	12:50	
♌	Août 6	9:18	
♍	Sept 9	20:37	
♎	Oct 4	0:51	
♏	Oct 28	0:33	
♐	Nov 20	22:03	
♑	Déc 14	18:54	
1951			
♒	Jan 7	16:10	
♓	Jan 31	15:14	
♈	Fév 24	18:26	
♉	Mar 21	5:05	
♊	Avr 15	3:33	
♋	Mai 10	20:41	
♌	Juin 7	0:10	
♍	Juil 7	23:54	
♎	Nov 9	13:48	
♏	Déc 7	19:19	
1952			
♐	Jan 2	13:44	
♑	Jan 27	10:58	
♒	Fév 20	23:42	
♓	Mar 16	9:18	
♈	Avr 9	18:17	
♉	Mai 4	3:55	
♊	Mai 28	14:19	
♋	Juin 22	0:46	
♌	Juil 16	10:23	
♍	Août 9	18:58	
♎	Sept 3	3:17	
♏	Sept 27	12:36	
♐	Oct 22	0:02	
♑	Nov 15	15:03	
♒	Déc 10	13:30	
1953			
♓	Jan 5	6:10	
♈	Fév 2	0:54	
♉	Mar 14	13:58	
♈	Mar 31	0:17	R
♉	Juin 5	5:34	
♊	Juil 7	5:30	
♋	Août 3	20:08	
♌	Août 29	20:35	
♍	Sept 23	22:48	
♎	Oct 18	10:27	
♏	Nov 11	13:12	
♐	Déc 5	11:24	
♑	Déc 29	7:53	
1954			
♒	Jan 22	4:20	
♓	Fév 15	2:01	
♈	Mar 11	2:22	
♉	Avr 4	6:55	
♊	Avr 28	17:03	
♋	Mai 23	10:04	
♌	Juin 17	12:04	
♍	Juil 13	3:43	
♎	Août 8	19:34	
♏	Sept 6	18:29	
♐	Oct 23	17:07	
♏	Oct 27	5:42	R
1955			
♐	Jan 6	1:48	
♑	Fév 5	20:15	
♒	Mar 4	15:22	
♓	Mar 30	6:30	
♈	Avr 24	10:13	
♉	Mai 19	8:35	
♊	Juin 13	3:38	
♋	Juil 7	19:15	
♌	Août 1	6:43	
♍	Août 25	13:52	
♎	Sept 18	17:41	
♏	Oct 12	19:39	
♐	Nov 5	21:02	
♑	Nov 29	22:42	
♒	Déc 24	1:52	
1956			
♓	Jan 17	9:22	
♈	Fév 11	2:46	
♉	Mar 7	16:31	
♊	Avr 4	2:23	
♋	Mai 7	21:17	
♊	Juin 23	7:10	R
♋	Août 4	4:49	
♌	Sept 8	4:23	
♍	Oct 5	22:12	
♎	Oct 31	14:40	
♏	Nov 25	8:01	
♐	Déc 19	14:07	
1957			
♑	Jan 12	15:23	
♒	Fév 5	15:16	
♓	Mar 1	15:39	

(suite)

Table B-5 : Vénus *(suite)*

♈	Mar 25	17:46	
♉	Avr 18	22:28	
♊	Mai 13	6:08	
♋	Juin 6	16:35	
♌	Juil 1	5:42	
♍	Juil 25	22:10	
♎	Août 19	19:44	
♏	Sept 14	1:20	
♐	Oct 9	20:16	
♑	Nov 5	18:46	
♒	Déc 6	10:26	
1958			
♓	Avr 6	11:00	
♈	Mai 5	6:59	
♉	Mai 31	23:07	
♊	Juin 26	18:08	
♋	Juil 22	0:26	
♌	Août 15	20:28	
♍	Sept 9	7:35	
♎	Oct 3	11:44	
♏	Oct 27	11:26	
♐	Nov 20	8:59	
♑	Déc 14	5:55	
1959			
♒	Jan 7	3:16	
♓	Jan 31	2:28	
♈	Fév 24	5:53	
♉	Mar 20	16:55	
♊	Avr 14	16:08	
♋	Mai 10	10:45	
♌	Juin 6	17:43	
♍	Juil 8	7:08	
♌	Sept 19	22:01	R
♍	Sept 25	3:15	
♎	Nov 9	13:11	
♏	Déc 7	11:41	
1960			
♐	Jan 2	3:43	
♑	Jan 26	23:46	
♒	Fév 20	11:47	
♓	Mar 15	20:53	
♈	Avr 9	5:32	
♉	Mai 3	14:56	
♊	Mai 28	1:11	
♋	Juin 21	11:34	
♌	Juil 15	21:11	
♍	Août 9	5:54	
♎	Sept 2	14:29	
♏	Sept 27	0:13	
♐	Oct 21	12:12	
♑	Nov 15	3:57	
♒	Déc 10	3:34	
1961			
♓	Jan 4	22:31	
♈	Fév 1	23:46	
♉	Juin 5	14:25	
♊	Juil 6	23:32	
♋	Août 3	10:28	
♌	Août 29	9:18	
♍	Sept 23	10:43	
♎	Oct 17	21:58	
♏	Nov 11	0:33	
♐	Déc 4	22:40	
♑	Déc 28	19:07	
1962			
♒	Jan 21	15:31	
♓	Fév 14	13:09	
♈	Mar 10	13:28	
♉	Avr 3	18:05	
♊	Avr 28	4:23	
♋	Mai 22	21:46	
♌	Juin 17	0:31	
♍	Juil 12	17:32	
♎	Août 8	12:13	
♏	Sept 6	19:11	
1963			
♐	Jan 6	12:35	
♑	Fév 5	15:36	
♒	Mar 4	6:41	
♓	Mar 29	20:00	
♈	Avr 23	22:39	
♉	Mai 18	20:21	
♊	Juin 12	14:57	
♋	Juil 7	6:18	
♌	Juil 31	17:38	
♍	Août 25	0:49	
♎	Sept 18	4:43	
♏	Oct 12	6:50	
♐	Nov 5	8:25	
♑	Nov 29	10:21	
♒	Déc 23	13:53	
1964			
♓	Jan 16	21:54	
♈	Fév 10	16:09	
♉	Mar 7	7:38	
♊	Avr 3	22:03	
♋	Mai 8	22:16	
♊	Juin 17	13:17	R
♋	Août 5	3:53	
♌	Sept 7	23:53	
♍	Oct 5	13:10	
♎	Oct 31	3:54	
♏	Nov 24	20:25	
♐	Déc 19	2:02	
1965			
♑	Jan 12	3:00	
♒	Fév 5	2:41	
♓	Mar 1	2:55	
♈	Mar 25	4:54	
♉	Avr 18	9:31	
♊	Mai 12	17:08	
♋	Juin 6	3:39	
♌	Juin 30	16:59	
♍	Juil 25	9:51	
♎	Août 19	8:06	
♏	Sept 13	14:50	
♐	Oct 9	11:46	
♑	Nov 5	14:36	
♒	Déc 6	23:37	
1966			
♑	Fév 6	7:46	R
♒	Fév 25	5:55	
♓	Avr 6	10:53	
♈	Mai 4	23:33	
♉	Mai 31	13:00	
♊	Juin 26	6:40	
♋	Juil 21	12:11	
♌	Août 15	7:47	
♍	Sept 8	18:40	
♎	Oct 2	22:44	
♏	Oct 26	22:28	
♐	Nov 19	20:06	
♑	Déc 13	17:09	
1967			
♒	Jan 6	14:36	
♓	Jan 30	13:53	
♈	Fév 23	17:30	
♉	Mar 20	4:56	
♊	Avr 14	4:54	
♋	Mai 10	1:05	
♌	Juin 6	11:48	
♍	Juil 8	17:11	
♌	Sept 9	6:58	R
♍	Oct 1	13:07	
♎	Nov 9	11:32	
♏	Déc 7	3:48	
1968			
♐	Jan 1	17:37	
♑	Jan 26	12:35	
♒	Fév 19	23:55	
♓	Mar 15	8:32	
♈	Avr 8	16:49	
♉	Mai 3	1:56	
♊	Mai 27	12:02	
♋	Juin 20	22:20	
♌	Juil 15	7:59	
♍	Août 8	16:49	
♎	Sept 2	1:39	
♏	Sept 26	11:45	
♐	Oct 21	0:16	
♑	Nov 14	16:48	
♒	Déc 9	17:40	
1969			
♓	Jan 4	15:07	
♈	Fév 1	23:45	
♉	Juin 5	20:48	
♊	Juil 6	17:04	
♋	Août 3	0:30	
♌	Août 28	21:48	
♍	Sept 22	22:26	
♎	Oct 17	9:17	
♏	Nov 10	11:40	
♐	Déc 4	9:41	
♑	Déc 28	6:04	
1970			
♒	Jan 21	2:26	
♓	Fév 14	0:04	
♈	Mar 10	0:25	
♉	Avr 3	5:05	
♊	Avr 27	15:33	
♋	Mai 22	9:19	
♌	Jun 16	12:49	
♍	Juil 12	7:16	
♎	Août 8	4:59	
♏	Sept 6	20:54	
1971			
♐	Jan 6	20:00	
♑	Fév 5	9:57	
♒	Mar 3	21:24	
♓	Mar 29	9:02	
♈	Avr 23	10:44	
♉	Mai 18	7:48	
♊	Juin 12	1:58	
♋	Juil 6	17:02	
♌	Juil 31	4:15	
♍	Août 24	11:25	
♎	Sept 17	15:25	
♏	Oct 11	17:43	
♐	Nov 4	19:30	
♑	Nov 28	21:41	
♒	Déc 23	1:32	
1972			
♓	Jan 16	10:01	
♈	Fév 10	5:08	
♉	Mar 6	22:25	
♊	Avr 3	17:48	
♋	Mai 10	8:51	
♊	Juin 11	15:08	R
♋	Août 5	20:26	
♌	Sept 7	18:27	
♍	Oct 5	3:33	
♎	Oct 30	16:40	
♏	Nov 24	8:23	
♐	Déc 18	13:34	
1973			
♑	Jan 11	14:15	
♒	Fév 4	13:43	
♓	Fév 28	13:45	
♈	Mar 24	15:34	
♉	Avr 17	20:05	
♊	Mai 12	3:42	
♋	Juin 5	14:20	
♌	Juin 30	3:55	
♍	Juil 24	21:13	
♎	Août 18	20:10	
♏	Sept 13	4:05	
♐	Oct 9	3:08	
♑	Nov 5	10:39	
♒	Déc 7	16:37	
1974			
♑	Jan 29	14:51	R
♒	Fév 28	9:25	
♓	Avr 6	9:17	
♈	Mai 4	15:21	
♉	Mai 31	2:19	
♊	Juin 25	18:44	
♋	Juil 20	23:34	
♌	Août 14	18:47	
♍	Sept 8	5:28	
♎	Oct 2	9:27	
♏	Oct 26	9:12	
♐	Nov 19	6:56	
♑	Déc 13	4:06	
1975			
♒	Jan 6	1:39	
♓	Jan 30	1:05	
♈	Fév 23	4:53	
♉	Mar 19	16:42	
♊	Avr 13	17:26	
♋	Mai 9	15:11	
♌	Juin 6	5:54	
♍	Juil 9	6:06	
♌	Sept 2	10:34	R
♍	Oct 4	0:19	
♎	Nov 9	8:52	
♏	Déc 6	19:29	
1976			
♐	Jan 1	7:14	
♑	Jan 26	1:09	
♒	Fév 19	11:50	
♓	Mar 14	19:59	
♈	Avr 8	3:56	
♉	Mai 2	12:49	

(suite)

Table B-5 : Vénus *(suite)*

♊ Mai 26 22:43
♋ Juin 20 8:56
♌ Juil 14 18:36
♍ Août 8 3:36
♎ Sept 1 12:44
♏ Sept 25 23:17
♐ Oct 20 12:22
♑ Nov 14 5:42
♒ Déc 9 7:53

1977

♓ Jan 4 8:01
♈ Fév 2 0:54
♉ Juin 6 1:10
♊ Juil 6 10:09
♋ Août 2 14:19
♌ Août 28 10:09
♍ Sept 22 10:05
♎ Oct 16 20:37
♏ Nov 9 22:52
♐ Déc 3 20:49
♑ Déc 27 17:09

1978

♒ Jan 20 13:29
♓ Fév 13 11:07
♈ Mar 9 11:29
♉ Avr 2 16:14
♊ Avr 27 2:53
♋ Mai 21 21:03
♌ Jun 16 1:19
♍ Juil 11 21:14
♎ Août 7 22:08
♏ Sept 7 0:07

1979

♐ Jan 7 1:38
♑ Fév 5 4:16
♒ Mar 3 12:18
♓ Mar 28 22:18
♈ Avr 22 23:02
♉ Mai 17 19:29
♊ Juin 11 13:13
♋ Juil 6 4:02
♌ Juil 30 15:07
♍ Août 23 22:16
♎ Sept 17 2:21
♏ Oct 11 4:48
♐ Nov 4 6:50
♑ Nov 28 9:20
♒ Déc 22 13:35

1980

♓ Jan 15 22:37
♈ Fév 9 18:39
♉ Mar 6 13:54
♊ Avr 3 14:46
♋ Mai 12 15:53
♊ Juin 5 0:44 R
♋ Août 6 9:25
♌ Sept 7 12:57
♍ Oct 4 18:07
♎ Oct 30 5:38
♏ Nov 23 20:35
♐ Déc 18 1:21

1981

♑ Jan 11 1:48
♒ Fév 4 1:07
♓ Fév 28 1:01
♈ Mar 24 2:43
♉ Avr 17 7:08
♊ Mai 11 14:45
♋ Juin 5 1:29
♌ Juin 29 15:20
♍ Juil 24 9:04
♎ Août 18 8:44
♏ Sept 12 17:51
♐ Oct 8 19:04
♑ Nov 5 7:39
♒ Déc 8 15:52

1982

♑ Jan 22 21:56 R
♒ Mar 2 6:25
♓ Avr 6 7:20
♈ Mai 4 7:27
♉ Mai 30 16:02
♊ Juin 25 7:13
♋ Juil 20 11:21
♌ Août 14 6:09
♍ Sept 7 16:38
♎ Oct 1 20:32
♏ Oct 25 20:19
♐ Nov 18 18:07
♑ Déc 12 15:20

1983

♒ Jan 5 12:58
♓ Jan 29 12:31
♈ Fév 22 16:35
♉ Mar 19 4:51
♊ Avr 13 6:26
♋ Mai 9 5:56
♌ Juin 6 1:04
♍ Juil 10 0:25
♌ Août 27 6:43 R
♍ Oct 5 14:35
♎ Nov 9 5:52
♏ Déc 6 11:15
♐ Déc 31 21:00

1984

♑ Jan 25 13:51
♒ Fév 18 23:53
♓ Mar 14 7:35
♈ Avr 7 15:13
♉ Mai 1 23:53
♊ Mai 26 9:40
♋ Juin 19 19:48
♌ Juil 14 5:30
♍ Août 7 14:40
♎ Sept 1 0:07
♏ Sept 25 11:05
♐ Oct 20 0:45
♑ Nov 13 18:54
♒ Déc 8 22:26

1985

♓ Jan 4 1:23
♈ Fév 2 3:29
♉ Juin 6 3:53
♊ Juil 6 3:01
♋ Août 2 4:10
♌ Août 27 22:39
♍ Sept 21 21:53
♎ Oct 16 8:04
♏ Nov 9 10:08
♐ Déc 3 8:00
♑ Déc 27 4:17

1986

♒ Jan 20 0:36
♓ Fév 12 22:11
♈ Mar 8 22:32
♉ Avr 2 3:19
♊ Avr 26 14:10
♋ Mai 21 8:46
♌ Juin 15 13:52
♍ Juil 11 11:23
♎ Août 7 15:46
♏ Sept 7 5:15

1987

♐ Jan 7 5:20
♑ Fév 4 22:03
♒ Mar 3 2:55
♓ Mar 28 11:20
♈ Avr 22 11:07
♉ Mai 17 6:56
♊ Juin 11 0:15
♋ Juil 5 14:50
♌ Juil 30 1:49
♍ Août 23 9:00
♎ Sept 16 13:12
♏ Oct 10 15:49
♐ Nov 3 18:04
♑ Nov 27 20:51
♒ Déc 22 1:29

1988

♓ Jan 15 11:04
♈ Fév 9 8:04
♉ Mar 6 5:21
♊ Avr 3 12:07
♋ Mai 17 11:26
♊ Mai 27 2:36 R
♋ Août 6 18:24
♌ Sept 7 6:37
♍ Oct 4 8:15
♎ Oct 29 18:20
♏ Nov 23 8:34
♐ Déc 17 12:56

1989

♑ Jan 10 13:08
♒ Fév 3 12:15
♓ Fév 27 11:59
♈ Mar 23 13:32
♉ Avr 16 17:52
♊ Mai 11 1:28
♋ Juin 4 12:17
♌ Juin 29 2:21
♍ Juil 23 20:31
♎ Août 17 20:58
♏ Sept 12 7:22
♐ Oct 8 11:00
♑ Nov 5 5:13
♒ Déc 9 23:54

1990

♑ Jan 16 10:23 R
♒ Mar 3 12:52
♓ Avr 6 4:13
♈ Mai 3 22:52
♉ Mai 30 5:13
♊ Juin 24 19:14
♋ Juil 19 22:41
♌ Août 13 17:05
♍ Sept 7 3:21
♎ Oct 1 7:13
♏ Oct 25 7:03
♐ Nov 18 4:58
♑ Déc 12 2:18

1991

♒ Jan 5 0:03
♓ Jan 28 23:44
♈ Fév 22 4:02
♉ Mar 18 16:45
♊ Avr 12 19:10
♋ Mai 8 20:28
♌ Juin 5 20:16
♍ Juil 11 0:06
♌ Août 21 10:06 R
♍ Oct 6 16:15
♎ Nov 9 1:37
♏ Déc 6 2:21
♐ Déc 31 10:19

1992

♑ Jan 25 2:14
♒ Fév 18 11:40
♓ Mar 13 18:57
♈ Avr 7 2:16
♉ Mai 1 10:41
♊ Mai 25 20:18
♋ Juin 19 6:22
♌ Juil 13 16:07
♍ Août 7 1:26
♎ Août 31 11:09
♏ Sept 24 22:31
♐ Oct 19 12:47
♑ Nov 13 7:48
♒ Déc 8 12:49

1993

♓ Jan 3 18:54
♈ Fév 2 7:37
♉ Juin 6 5:03
♊ Juil 5 19:21
♋ Août 1 17:38
♌ Août 27 10:48
♍ Sept 21 9:22
♎ Oct 15 19:13
♏ Nov 8 21:07
♐ Déc 2 18:54
♑ Déc 26 15:09

1994

♒ Jan 19 11:28
♓ Fév 12 9:04
♈ Mar 8 9:28
♉ Avr 1 14:20
♊ Avr 26 1:24
♋ Mai 20 20:26
♌ Juin 15 2:23
♍ Juil 11 1:33
♎ Août 7 9:36
♏ Sept 7 12:12

1995

♐ Jan 7 7:07
♑ Fév 4 15:12
♒ Mar 2 17:10
♓ Mar 28 0:10
♈ Avr 21 23:07
♉ Mai 16 18:22
♊ Juin 10 11:18
♋ Jul5 1:39
♌ Juil 29 12:32
♍ Août 22 19:43
♎ Sept 16 0:01
♏ Oct 10 2:48
♐ Nov 3 5:18
♑ Nov 27 8:23
♒ Déc 21 13:23

1996

♓ Jan 14 23:30
♈ Fév 8 21:30
♉ Mar 5 21:01
♊ Avr 3 10:26
♋ Août 7 1:15
♌ Sept 7 0:07

(suite)

Table B-5 : Vénus *(suite)*

♍	Oct 3	22:22	
♎	Oct 29	7:02	
♏	Nov 22	20:34	
♐	Déc 17	0:34	
1997			
♑	Jan 10	0:32	
♒	Fév 2	23:28	
♓	Fév 26	23:01	
♈	Mar 23	0:26	
♉	Avr 16	4:43	
♊	Mai 10	12:20	
♋	Juin 3	23:18	
♌	Juin 28	13:38	
♍	Juil 23	8:16	
♎	Août 17	9:31	
♏	Sept 11	21:17	
♐	Oct 8	3:25	
♑	Nov 5	3:50	
♒	Déc 11	23:39	
1998			
♑	Jan 9	16:03	R
♒	Mar 4	11:14	
♓	Avr 6	0:38	
♈	Mai 3	14:16	
♉	Mai 29	18:32	
♊	Juin 24	7:27	
♋	Juil 19	10:17	
♌	Août 13	4:19	
♍	Sept 6	14:24	
♎	Sept 30	18:13	
♏	Oct 24	18:06	
♐	Nov 17	16:06	
♑	Déc 11	13:33	
1999			
♒	Jan 4	11:25	
♓	Jan 28	11:17	
♈	Fév 21	15:49	
♉	Mar 18	4:59	
♊	Avr 12	8:17	
♋	Mai 8	11:29	
♌	Juin 5	16:25	
♍	Juil 12	10:18	
♌	Août 15	9:12	R
♍	Oct 7	11:51	
♎	Nov 8	21:19	
♏	Déc 5	17:41	
♐	Déc 30	23:54	
2000			
♑	Jan 24	14:52	
♒	Fév 17	23:43	
♓	Mar 13	6:36	
♈	Avr 6	13:37	
♉	Avr 30	21:49	
♊	Mai 25	7:15	
♋	Juin 18	17:15	
♌	Juil 13	3:02	
♍	Août 6	12:32	
♎	Août 30	22:35	
♏	Sept 24	10:26	
♐	Oct 19	1:18	
♑	Nov 12	21:14	
♒	Déc 8	3:48	
2001			
♓	Jan 3	13:14	
♈	Fév 2	14:14	
♉	Juin 6	5:25	
♊	Juil 5	11:44	
♋	Août 1	7:18	
♌	Août 26	23:12	
♍	Sept 20	21:09	
♎	Oct 15	6:42	
♏	Nov 8	8:28	
♐	Déc 2	6:11	
♑	Déc 26	2:25	
2002			
♒	Jan 18	22:42	
♓	Fév 11	20:18	
♈	Mar 7	20:42	
♉	Avr 1	1:39	
♊	Avr 25	12:57	
♋	Mai 20	8:27	
♌	Juin 14	15:16	
♍	Juil 10	16:09	
♎	Août 7	4:09	
♏	Sept 7	22:05	
2003			
♐	Jan 7	8:07	
♑	Fév 4	8:27	
♒	Mar 2	7:40	
♓	Mar 27	13:14	
♈	Avr 21	11:18	
♉	Mai 16	5:58	
♊	Juin 9	22:32	
♋	Juil 4	12:39	
♌	Juil 28	23:25	
♍	Août 22	6:35	
♎	Sept 15	10:58	
♏	Oct 9	13:56	
♐	Nov 2	16:42	
♑	Nov 26	20:07	
♒	Déc 21	1:32	
2004			
♓	Jan 14	12:16	
♈	Fév 8	11:20	
♉	Mar 5	13:12	
♊	Avr 3	9:57	
♋	Août 7	6:02	
♌	Sept 6	17:16	
♍	Oct 3	12:20	
♎	Oct 28	19:39	
♏	Nov 22	8:31	
♐	Déc 16	12:10	
2005			
♑	Jan 9	11:56	
♒	Fév 2	10:42	
♓	Fév 26	10:07	
♈	Mar 22	11:25	
♉	Avr 15	15:37	
♊	Mai 9	23:14	
♋	Juin 3	10:18	
♌	Juin 28	0:53	
♍	Juil 22	20:01	
♎	Août 16	22:05	
♏	Sept 11	11:14	
♐	Oct 7	20:00	
♑	Nov 5	3:10	
♒	Déc 15	10:57	

Table B-6 : Mars

1930			
♒	Fév 6	13:21	
♓	Mar 17	0:55	
♈	Avr 24	12:27	
♉	Juin 2	22:15	
♊	Juil 14	7:54	
♋	Août 28	6:27	
♌	Oct 20	9:43	
1931			
♋	Fév 16	9:27	R
♌	Mar 29	22:48	
♍	Juin 10	9:58	
♎	Août 1	11:38	
♏	Sept 17	3:43	
♐	Oct 30	7:46	
♑	Déc 9	22:11	
1932			
♒	Jan 17	19:35	
♓	Fév 24	21:36	
♈	Avr 3	2:02	
♉	Mai 12	5:53	
♊	Juin 22	4:19	
♋	Août 4	14:52	
♌	Sept 20	14:43	
♍	Nov 13	16:25	
1933			
♎	Juil 6	17:03	
♏	Août 26	1:34	
♐	Oct 9	6:35	
♑	Nov 19	2:18	
♒	Déc 27	22:43	
1934			
♓	Fév 3	23:13	
♈	Mar 14	4:09	
♉	Avr 22	10:40	
♊	Juin 2	11:21	
♋	Juil 15	16:33	
♌	Août 30	8:43	
♍	Oct 17	23:59	
♎	Déc 11	4:32	
1935			
♏	Juil 29	12:32	
♐	Sept 16	7:59	
♑	Oct 28	13:22	
♒	Déc 6	23:34	
1936			
♓	Jan 14	8:59	
♈	Fév 21	23:09	
♉	Avr 1	16:30	
♊	Mai 13	4:17	
♋	Juin 25	16:53	
♌	Août 10	4:43	
♍	Sept 26	9:51	
♎	Nov 14	9:52	
1937			
♏	Jan 5	15:39	
♐	Mar 12	22:16	
♏	Mai 14	17:52	R
♐	Août 8	17:14	
♑	Sept 30	4:08	
♒	Nov 11	13:31	
♓	Déc 21	12:46	
1938			
♈	Jan 30	7:44	
♉	Mar 12	2:48	
♊	Avr 23	13:39	
♋	Juin 6	20:28	
♌	Juil 22	17:26	
♍	Sept 7	15:22	
♎	Oct 25	1:20	
♏	Déc 11	18:25	
1939			
♐	Jan 29	4:49	
♑	Mar 21	2:25	
♒	Mai 24	19:19	
♑	Juil 21	14:31	R
♒	Sept 23	20:13	
♓	Nov 19	10:56	
1940			
♈	Jan 3	19:05	
♉	Fév 16	20:54	
♊	Avr 1	13:41	
♋	Mai 17	9:45	
♌	Juil 3	5:32	
♍	Août 19	10:58	
♎	Oct 5	9:21	
♏	Nov 20	12:16	
1941			
♐	Jan 4	14:42	
♑	Fév 17	18:32	
♒	Avr 2	6:46	
♓	Mai 16	0:05	
♈	Juil 2	0:17	
1942			
♉	Jan 11	17:21	
♊	Mar 7	3:04	
♋	Avr 26	1:18	
♌	Juin 13	22:56	

(suite)

Table B-6 : Mars *(suite)*

♍	Août 1	3:27	
♎	Sept 17	5:11	
♏	Nov 1	17:36	
♐	Déc 15	11:51	
1943			
♑	Jan 26	14:10	
♒	Mar 8	7:42	
♓	Avr 17	5:25	
♈	Mai 27	4:25	
♉	Juil 7	18:05	
♊	Août 23	18:58	
1944			
♋	Mar 28	4:54	
♌	Mai 22	9:16	
♍	Juil 11	21:54	
♎	Août 28	19:23	
♏	Oct 13	7:09	
♐	Nov 25	11:11	
1945			
♑	Jan 5	14:31	
♒	Fév 14	4:58	
♓	Mar 24	22:43	
♈	Mai 2	15:29	
♉	Juin 11	6:52	
♊	Juil 23	3:59	
♋	Sept 7	15:56	
♌	Nov 11	16:05	
♋	Déc 26	10:04	R
1946			
♌	Avr 22	14:31	
♍	Juin 20	3:31	
♎	Août 9	8:17	
♏	Sept 24	11:35	
♐	Nov 6	13:22	
♑	Déc 17	5:56	
1947			
♒	Jan 25	6:44	
♓	Mar 4	11:46	
♈	Avr 11	18:03	
♉	Mai 20	22:40	
♊	Juin 30	22:34	
♋	Août 13	16:26	
♌	Sept 30	21:31	
♍	Déc 1	6:44	
1948			
♌	Fév 12	5:28	R
♍	Mai 18	15:54	
♎	Juil 17	0:25	
♏	Sept 3	8:58	
♐	Oct 17	0:43	
♑	Nov 26	16:59	
1949			
♒	Jan 4	12:50	
♓	Fév 11	13:05	
♈	Mar 21	17:02	
♉	Avr 29	21:33	
♊	Juin 9	19:57	
♋	Juil 23	0:54	
♌	Sept 6	23:51	
♍	Oct 26	19:58	
♎	Déc 26	0:23	
1950			
♍	Mar 28	6:05	R
♎	Juin 11	15:27	
♏	Août 10	11:48	
♐	Sept 25	14:48	
♑	Nov 6	1:40	
♒	Déc 15	3:59	
1951			
♓	Jan 22	8:05	
♈	Mar 1	17:03	
♉	Avr 10	4:37	
♊	Mai 21	10:32	
♋	Juil 3	18:42	
♌	Août 18	5:55	
♍	Oct 4	19:20	
♎	Nov 24	1:11	
1952			
♏	Jan 19	20:33	
♐	Août 27	13:53	
♑	Oct 11	23:45	
♒	Nov 21	14:40	
♓	Déc 30	16:35	
1953			
♈	Fév 7	20:07	
♉	Mar 20	1:54	
♊	Mai 1	1:08	
♋	Juin 13	22:49	
♌	Juil 29	14:25	
♍	Sept 14	12:59	
♎	Nov 1	9:19	
♏	Déc 20	6:22	
1954			
♐	Fév 9	14:18	
♑	Avr 12	11:28	
♐	Juil 3	2:23	R
♑	Août 24	8:22	
♒	Oct 21	7:03	
♓	Déc 4	2:41	
1955			
♈	Jan 14	23:33	
♉	Fév 26	5:22	
♊	Avr 10	18:09	
♋	Mai 25	19:50	
♌	Juil 11	4:22	
♍	Août 27	5:13	
♎	Oct 13	6:20	
♏	Nov 28	20:33	
1956			
♐	Jan 13	21:28	
♑	Fév 28	15:05	
♒	Avr 14	18:40	
♓	Juin 3	2:51	
♈	Déc 6	6:24	
1957			
♉	Jan 28	9:19	
♊	Mar 17	16:34	
♋	Mai 4	10:22	
♌	Juin 21	7:18	
♍	Août 8	0:27	
♎	Sept 23	23:31	
♏	Nov 8	16:04	
♐	Déc 22	20:29	
1958			
♑	Fév 3	13:57	
♒	Mar 17	2:11	
♓	Avr 26	21:31	
♈	Juin 7	1:21	
♉	Juil 21	2:03	
♊	Sept 21	0:26	
♉	Oct 28	19:00	R
1959			
♊	Fév 10	8:57	
♋	Avr 10	4:46	
♌	Mai 31	21:26	
♍	Juil 20	6:03	
♎	Sept 5	17:46	
♏	Oct 21	4:40	
♐	Déc 3	13:09	
1960			
♑	Jan 13	23:59	
♒	Fév 22	23:11	
♓	Avr 2	1:24	
♈	Mai 11	2:19	
♉	Juin 20	4:05	
♊	Août 1	23:32	
♋	Sept 20	23:06	
1961			
♊	Fév 4	19:23	R
♋	Fév 7	0:25	
♌	Mai 5	20:13	
♍	Juin 28	18:47	
♎	Août 16	19:41	
♏	Oct 1	15:02	
♐	Nov 13	16:50	
♑	Déc 24	12:50	
1962			
♒	Fév 1	18:06	
♓	Mar 12	2:58	
♈	Avr 19	11:58	
♉	Mai 28	18:47	
♊	Juil 8	22:50	
♋	Août 22	6:37	
♌	Oct 11	18:54	
1963			
♍	Juin 3	1:30	
♎	Juil 26	23:14	
♏	Sept 12	4:11	
♐	Oct 25	12:31	
♑	Déc 5	4:03	
1964			
♒	Jan 13	1:13	
♓	Fév 20	2:33	
♈	Mar 29	6:24	
♉	Mai 7	9:41	
♊	Juin 17	6:43	
♋	Juil 30	13:23	
♌	Sept 15	0:22	
♍	Nov 5	22:20	
1965			
♎	Juin 28	20:12	
♏	Août 20	7:16	
♐	Oct 4	1:46	
♑	Nov 14	2:19	
♒	Déc 23	0:36	
1966			
♓	Jan 30	2:01	
♈	Mar 9	7:55	
♉	Avr 17	15:35	
♊	Mai 28	17:07	
♋	Juil 10	22:15	
♌	Août 25	10:52	
♍	Oct 12	13:37	
♎	Déc 3	19:55	
1967			
♏	Fév 12	7:20	
♎	Mar 31	1:10	R
♏	Juil 19	17:56	
♐	Sept 9	20:44	
♑	Oct 22	21:14	
♒	Déc 1	15:12	
1968			
♓	Jan 9	4:49	
♈	Fév 16	22:18	
♉	Mar 27	18:43	
♊	Mai 8	9:14	
♋	Juin 21	0:03	
♌	Août 5	12:07	
♍	Sept 21	13:39	
♎	Nov 9	1:10	
♏	Déc 29	17:07	
1969			
♐	Fév 25	1:21	
♑	Sept 21	1:35	
♒	Nov 4	13:51	
♓	Déc 15	9:22	
1970			
♈	Jan 24	16:29	
♉	Mar 6	20:28	
♊	Avr 18	13:59	
♋	Juin 2	1:50	
♌	Juil 18	1:43	
♍	Sept 2	23:57	
♎	Oct 20	5:57	
♏	Déc 6	11:34	
1971			
♐	Jan 22	20:34	
♑	Mar 12	5:11	
♒	Mai 3	15:57	
♓	Nov 6	7:31	
♈	Déc 26	13:04	
1972			
♉	Fév 10	9:04	
♊	Mar 26	23:30	
♋	Mai 12	8:14	
♌	Juin 28	11:09	
♍	Août 14	19:59	
♎	Sept 30	18:23	
♏	Nov 15	17:17	
♐	Déc 30	11:12	
1973			
♑	Fév 12	0:51	
♒	Mar 26	15:59	
♓	Mai 7	23:09	
♈	Juin 20	15:54	
♉	Août 12	9:56	
♈	Oct 29	17:56	R
♉	Déc 24	3:09	
1974			
♊	Fév 27	5:11	
♋	Avr 20	3:18	
♌	Juin 8	19:54	
♍	Juil 27	9:04	
♎	Sept 12	14:08	
♏	Oct 28	2:05	
♐	Déc 10	17:05	
1975			
♑	Jan 21	13:49	
♒	Mar 3	0:32	
♓	Avr 11	14:15	

(suite)

Table B-6 : Mars *(suite)*

♈	Mai 21	3:14	
♉	Juin 30	22:53	
♊	Août 14	15:47	
♋	Oct 17	3:44	
♊	Nov 25	13:30	R
1976			
♋	Mar 18	8:15	
♌	Mai 16	6:10	
♍	Juil 6	18:27	
♎	Août 24	0:55	
♏	Oct 8	15:23	
♐	Nov 20	18:53	
♑	Déc 31	19:42	
1977			
♒	Fév 9	6:57	
♓	Mar 19	21:19	
♈	Avr 27	10:46	
♉	Juin 5	22:00	
♊	Juil 17	10:13	
♋	Août 31	19:20	
♌	Oct 26	13:56	
1978			
♋	Jan 25	20:59	R
♌	Avr 10	13:50	
♍	Juin 13	21:38	
♎	Août 4	4:07	
♏	Sept 19	15:57	
♐	Nov 1	20:20	
♑	Déc 12	12:39	
1979			
♒	Jan 20	12:07	
♓	Fév 27	15:25	
♈	Avr 6	20:08	
♉	Mai 15	23:25	
♊	Juin 25	20:55	
♋	Août 8	8:28	
♌	Sept 24	16:21	
♍	Nov 19	16:36	
1980			
♌	Mar 11	15:46	R
♍	Mai 3	21:26	
♎	Juil 10	12:59	
♏	Août 29	0:50	
♐	Oct 12	1:27	
♑	Nov 21	20:42	
♒	Déc 30	17:30	
1981			
♓	Fév 6	17:48	
♈	Mar 16	21:40	
♉	Avr 25	2:17	
♊	Juin 5	0:26	
♋	Juil 18	3:54	
♌	Sept 1	20:52	
♍	Oct 20	20:56	
♎	Déc 15	19:14	
1982			
♏	Août 3	6:45	
♐	Sept 19	20:20	
♑	Oct 31	18:05	
♒	Déc 10	1:17	
1983			
♓	Jan 17	8:10	
♈	Fév 24	19:19	
♉	Avr 5	9:03	
♊	Mai 16	16:43	
♋	Juin 29	1:54	
♌	Août 13	11:54	
♍	Sept 29	19:12	
♎	Nov 18	5:26	
1984			
♏	Jan 10	22:20	
♐	Août 17	14:50	
♑	Oct 5	1:02	
♒	Nov 15	13:09	
♓	Déc 25	1:38	
1985			
♈	Fév 2	12:19	
♉	Mar 15	0:06	
♊	Avr 26	4:13	
♋	Juin 9	5:40	
♌	Juil 24	23:04	
♍	Sept 9	20:31	
♎	Oct 27	10:16	
♏	Déc 14	13:59	
1986			
♐	Fév 2	1:27	
♑	Mar 27	22:47	
♒	Oct 8	20:01	
♓	Nov 25	21:35	
1987			
♈	Jan 8	7:20	
♉	Fév 20	9:44	
♊	Avr 5	11:37	
♋	Mai 20	22:01	
♌	Juil 6	11:46	
♍	Août 22	14:51	
♎	Oct 8	14:27	
♏	Nov 23	22:19	
1988			
♐	Jan 8	10:24	
♑	Fév 22	5:15	
♒	Avr 6	16:44	
♓	Mai 22	2:42	
♈	Juil 13	15:00	
♓	Oct 23	17:02	R
♈	Nov 1	7:57	
1989			
♉	Jan 19	3:11	
♊	Mar 11	3:51	
♋	Avr 28	23:37	
♌	Juin 16	9:10	
♍	Août 3	8:35	
♎	Sept 19	9:38	
♏	Nov 4	0:29	
♐	Déc 17	23:57	
1990			
♑	Jan 29	9:10	
♒	Mar 11	10:54	
♓	Avr 20	17:09	
♈	Mai 31	2:11	
♉	Juil 12	9:44	
♊	Août 31	6:40	
♉	Déc 14	2:46	R
1991			
♊	Jan 20	20:15	
♋	Avr 2	19:49	
♌	Mai 26	7:19	
♍	Juil 15	7:36	
♎	Sept 1	1:38	
♏	Oct 16	14:05	
♐	Nov 28	21:19	
1992			
♑	Jan 9	4:47	
♒	Fév 17	23:38	
♓	Mar 27	21:04	
♈	Mai 5	16:36	
♉	Juin 14	10:56	
♊	Juil 26	13:59	
♋	Sept 12	1:05	
1993			
♌	Avr 27	18:40	
♍	Juin 23	2:42	
♎	Août 11	20:10	
♏	Sept 26	21:15	
♐	Nov 9	0:29	
♑	Déc 19	19:34	
1994			
♒	Jan 27	23:05	
♓	Mar 7	6:01	
♈	Avr 14	13:02	
♉	Mai 23	17:37	
♊	Juil 3	17:30	
♋	Août 16	14:15	
♌	Oct 4	10:48	
♍	Déc 12	6:32	
1995			
♌	Jan 22	18:48	R
♍	Mai 25	11:09	
♎	Juil 21	4:21	
♏	Sept 7	2:00	
♐	Oct 20	16:02	
♑	Nov 30	8:57	
1996			
♒	Jan 8	6:02	
♓	Fév 15	6:50	
♈	Mar 24	10:12	
♉	Mai 2	13:16	
♊	Juin 12	9:42	
♋	Juil 25	13:32	
♌	Sept 9	15:02	
♍	Oct 30	2:13	
1997			
♎	Jan 3	3:10	
♍	Mar 8	14:49	R
♎	Juin 19	3:30	
♏	Août 14	3:42	
♐	Sept 28	17:22	
♑	Nov 9	0:33	
♒	Déc 18	1:37	
1998			
♓	Jan 25	4:26	
♈	Mar 4	11:18	
♉	Avr 12	20:05	
♊	Mai 23	22:42	
♋	Juil 6	4:00	
♌	Août 20	14:16	
♍	Oct 7	7:28	
♎	Nov 27	5:10	
1999			
♏	Jan 26	6:59	
♎	Mai 5	16:32	R
♏	Juil 4	22:59	
♐	Sept 2	14:29	
♑	Oct 16	20:35	
♒	Nov 26	1:56	
2000			
♓	Jan 3	22:01	
♈	Fév 11	20:04	
♉	Mar 22	20:25	
♊	Mai 3	14:18	
♋	Juin 16	7:30	
♌	Juil 31	20:21	
♍	Sept 16	19:19	
♎	Nov 3	21:00	
♏	Déc 23	9:37	
2001			
♐	Fév 14	15:06	
♑	Sept 8	12:51	
♒	Oct 27	12:19	
♓	Déc 8	16:52	
2002			
♈	Jan 18	17:53	
♉	Mar 1	10:05	
♊	Avr 13	12:36	
♋	Mai 28	6:43	
♌	Juil 13	10:23	
♍	Août 29	9:38	
♎	Oct 15	12:38	
♏	Déc 1	9:26	
2003			
♐	Jan 16	23:22	
♑	Mar 4	16:17	
♒	Avr 21	18:48	
♓	Juin 16	21:25	
♈	Déc 16	8:24	
2004			
♉	Fév 3	5:04	
♊	Mar 21	2:39	
♋	Mai 7	3:45	
♌	Juin 23	15:50	
♍	Août 10	5:14	
♎	Sept 26	4:15	
♏	Nov 11	0:11	
♐	Déc 25	11:04	
2005			
♑	Fév 6	13:32	
♒	Mar 20	13:02	
♓	Avr 30	21:58	
♈	Juin 11	21:30	
♉	Juil 28	0:12	

(suite)

Table B-7 : Jupiter

1930			
♋	Juin 26	17:42	
1931			
♌	Juil 17	2:52	
1932			
♍	Août 11	2:16	
1933			
♎	Sept 10	0:11	
1934			
♏	Oct 10	23:55	
1935			
♐	Nov 8	21:56	
1936			
♑	Déc 2	3:39	
1937			
♒	Déc 19	23:06	
1938			
♓	Mai 14	2:46	
♒	Juil 29	22:01	R
♓	Déc 29	13:34	
1939			
♈	Mai 11	9:08	
♓	Oct 29	19:44	R
♈	Déc 20	12:03	
1940			
♉	Mai 16	2:54	
1941			
♊	Mai 26	7:48	
1942			
♋	Juin 10	5:36	
1943			
♌	Juin 30	16:46	
1944			
♍	Juil 25	20:04	
1945			
♎	Août 25	1:06	
1946			
♏	Sept 25	5:19	
1947			
♐	Oct 23	22:00	
1948			
♑	Nov 15	5:38	
1949			
♒	Avr 12	14:18	
♑	Juin 27	13:29	R
♒	Nov 30	15:08	
1950			
♓	Avr 15	3:58	
♒	Sept 14	21:23	R
♓	Déc 1	14:57	
1951			
♈	Avr 21	9:57	
1952			
♉	Avr 28	15:50	
1953			
♊	Mai 9	10:33	
1954			
♋	Mai 23	23:43	
1955			
♌	Juin 12	19:07	
♍	Nov 16	22:59	
1956			
♌	Jan 17	21:04	R
♍	Juil 7	14:01	
♎	Déc 12	21:17	
1957			
♍	Fév 19	10:37	R
♎	Août 6	21:11	
1958			
♏	Jan 13	7:52	
♎	Mar 20	14:13	R
♏	Sept 7	3:52	
1959			
♐	Fév 10	8:46	
♏	Avr 24	9:10	R
♐	Oct 5	9:40	
1960			
♑	Mar 1	8:10	
♐	Juin 9	20:52	R
♑	Oct 25	22:01	
1961			
♒	Mar 15	3:01	
♑	Août 12	3:54	R
♒	Nov 3	21:49	
1962			
♓	Mar 25	17:07	
1963			
♈	Avr 3	22:19	
1964			
♉	Avr 12	1:52	
1965			
♊	Avr 22	9:32	
♋	Sept 20	23:40	
♊	Nov 16	22:08	R
1966			
♋	Mai 5	9:52	
♌	Sept 27	8:19	
1967			
♋	Jan 15	22:50	R
♌	Mai 23	3:21	
♍	Oct 19	5:51	
1968			
♌	Fév 26	22:33	R
♍	Juin 15	9:44	
♎	Nov 15	17:44	
1969			
♍	Mar 30	16:36	R
♎	Juil 15	8:30	
♏	Déc 16	10:55	
1970			
♎	Avr 30	1:43	R
♏	Août 15	12:58	
1971			
♐	Jan 14	3:49	
♏	Juin 4	21:12	R
♐	Sept 11	10:33	
1972			
♑	Fév 6	14:37	
♐	Juil 24	11:42	R
♑	Sept 25	13:20	
1973			
♒	Fév 23	4:28	
1974			
♓	Mar 8	6:11	
1975			
♈	Mar 18	11:47	
1976			
♉	Mar 26	5:25	
♊	Août 23	5:24	
♉	Oct 16	15:24	R
1977			
♊	Avr 3	10:42	
♋	Août 20	7:43	
♊	Déc 30	18:50	R
1978			
♋	Avr 11	19:12	
♌	Sept 5	3:31	
1979			
♋	Fév 28	18:35	R
♌	Avr 20	3:30	
♍	Sept 29	5:23	
1980			
♎	Oct 27	5:10	
1981			
♏	Nov 26	21:19	
1982			
♐	Déc 25	20:57	
1984			
♑	Jan 19	10:04	
1985			
♒	Fév 6	10:35	
1986			
♓	Fév 20	11:05	
1987			
♈	Mar 2	13:41	
1988			
♉	Mar 8	10:44	
♊	Juil 21	19:00	
♉	Nov 30	15:53	R
1989			
♊	Mar 10	22:26	
♋	Juil 30	18:50	
1990			
♌	Août 18	2:30	
1991			
♍	Sept 12	1:00	
1992			
♎	Oct 10	8:26	
1993			
♏	Nov 10	3:15	
1994			
♐	Déc 9	5:54	
1996			
♑	Jan 3	2:22	
1997			
♒	Jan 21	10:13	
1998			
♓	Fév 4	5:52	
1999			
♈	Fév 12	20:23	
♉	Juin 28	4:29	
♈	Oct 23	0:48	R
2000			
♉	Fév 14	16:40	
♊	Juin 30	2:35	
2001			
♋	Juil 12	19:03	
2002			
♌	Août 1	12:20	
2003			
♍	Août 27	4:26	
2004			
♎	Sept 24	22:23	
2005			
♏	Oct 25	21:52	

Table B-8 : Saturne

Année	Signe	Date	Heure	R
1932	♒	Fév 23	21:47	
	♑	Août 13	6:14	R
	♒	Nov 19	21:10	
1935	♓	Fév 14	9:08	
1937	♈	Avr 25	1:29	
	♓	Oct 17	22:41	R
1938	♈	Jan 14	5:31	
1939	♉	Juil 6	0:45	
	♈	Sept 22	0:18	R
1940	♉	Mar 20	4:40	
1942	♊	Mai 8	14:39	
1944	♋	Juin 20	2:48	
1946	♌	Août 2	9:42	
1948	♍	Sept 18	23:36	
1949	♌	Avr 2	22:38	R
	♍	Mai 29	7:59	
1950	♎	Nov 20	10:50	
1951	♍	Mar 7	7:12	R
	♎	Août 13	11:44	
1953	♏	Oct 22	10:36	
1956	♐	Jan 12	13:46	
	♏	Mai 13	22:45	R
	♐	Oct 10	10:11	
1959	♑	Jan 5	8:33	
1962	♒	Jan 3	14:01	
1964	♓	Mar 23	23:18	
	♒	Sept 16	16:04	R
	♓	Déc 16	0:39	
1967	♈	Mar 3	16:32	
1969	♉	Avr 29	17:24	
1971	♊	Juin 18	11:09	
1972	♉	Jan 9	22:43	R
	♊	Fév 21	9:53	
1973	♋	Août 1	17:20	
1974	♊	Jan 7	15:26	R
	♋	Avr 18	17:34	
1975	♌	Sept 16	23:57	
1976	♋	Jan 14	8:16	R
	♌	Juin 5	0:09	
1977	♍	Nov 16	21:43	
1978	♌	Jan 4	19:44	R
	♍	Juil 26	7:02	
1980	♎	Sept 21	5:48	
1982	♏	Nov 29	5:29	
1983	♎	Mai 6	14:29	R
	♏	Août 24	6:54	
1985	♐	Nov 16	21:10	
1988	♑	Fév 13	18:51	
	♐	Juin 10	0:22	R
	♑	Nov 12	4:26	
1991	♒	Fév 6	13:51	
1993	♓	Mai 20	23:58	
	♒	Juin 30	3:28	R
1994	♓	Jan 28	18:43	
1996	♈	Avr 7	3:49	
1998	♉	Juin 9	1:07	
	♈	Oct 25	13:41	R
1999	♉	Fév 28	20:26	
2000	♊	Août 9	21:26	
	♉	Oct 15	19:44	R
2001	♊	Avr 20	16:59	
2003	♋	Juin 3	20:28	
2005	♌	Juil 16	7:30	

Table B-9 : Uranus

Année	Signe	Date	Heure	R
1934	♉	Juin 6	10:41	
	♈	Oct 9	19:37	R
1935	♉	Mar 27	21:57	
1941	♊	Août 7	10:32	
	♉	Oct 4	21:08	R
1942	♊	Mai 14	23:04	
1948	♋	Août 30	10:40	
	♊	Nov 12	8:27	R
1949	♋	Juin 9	23:08	
1955	♌	Août 24	13:04	
1956	♋	Jan 27	20:57	R
	♌	Juin 9	20:48	
1961	♍	Nov 1	11:01	
1962	♌	Jan 10	0:53	R
	♍	Août 9	20:19	
1968	♎	Sept 28	11:10	
1969	♍	Mai 20	15:51	R
	♎	Juin 24	5:36	
1974	♏	Nov 21	4:32	
1975	♎	Mai 1	12:46	R
	♏	Sept 8	0:16	
1981	♐	Fév 17	4:02	
	♏	Mar 20	18:15	R
	♐	Nov 16	7:05	
1988	♑	Fév 14	19:11	
	♐	Mai 26	20:17	R
	♑	Déc 2	10:35	
1995	♒	Avr 1	7:11	
	♑	Juin 8	20:42	R
1996	♒	Jan 12	2:13	
2003	♓	Mar 10	15:53	
	♒	Sept 14	22:47	R
	♓	Déc 30	4:14	

Table B-10 : Neptune

1942 ♎ Oct 3 12:01 ***1943*** ♍ Avr 17 5:56 R ♎ Août 2 14:10	***1955*** ♏ Déc 24 10:22 ***1956*** ♎ Mar 11 20:53 R ♏ Oct 19 4:27	***1957*** ♎ Juin 15 15:07 R ♏ Août 6 3:25 ***1970*** ♐ Jan 4 14:55 ♏ Mai 2 20:30 R ♐ Nov 6 11:32	***1984*** ♑ Jan 18 21:55 ♐ Juin 22 20:10 R ♑ Nov 21 8:21	***1998*** ♒ Jan 28 21:52 ♑ Août 22 19:13 R ♒ Nov 27 20:19

Table B-11 : Pluton

1937 ♌ Oct 7 7:08 ♋ Nov 25 4:13 R ***1938*** ♌ Août 3 12:56	***1939*** ♋ Fév 7 8:00 R ♌ Juin 13 23:46 ***1956*** ♍ Oct 20 1:12	***1957*** ♌ Jan 14 21:45 R ♍ Août 18 23:23 ***1958*** ♌ Avr 11 9:58 R ♍ Juin 10 13:50	***1971*** ♎ Oct 5 1:15 ***1972*** ♍ Avr 17 2:49 R ♎ Juil 30 6:39 ***1983*** ♏ Nov 5 16:07	***1984*** ♎ Mai 18 9:35 R ♏ Août 27 23:44 ***1995*** ♐ Jan 17 4:16 ♏ Avr 20 21:56 R ♐ Nov 10 14:11

Table B-12 : Chiron

1933 ♊ Juin 6 21:16 ♉ Déc 22 2:52 R ***1934*** ♊ Mar 23 8:54 ***1937*** ♋ Août 27 12:03 ♊ Nov 22 21:23 R ***1938*** ♋ Mai 28 7:29 ***1940*** ♌ Sept 29 22:25 ♋ Déc 27 0:22 R ***1941*** ♌ Juin 16 13:22	***1943*** ♍ Juil 26 17:30 ***1944*** ♎ Nov 17 22:08 ***1945*** ♍ Mar 23 22:14 R ♎ Juil 22 11:15 ***1946*** ♏ Nov 10 2:04 ***1948*** ♐ Nov 28 7:51 ***1951*** ♑ Fév 8 20:20 ♐ Juin 18 8:21 R ♑ Nov 8 11:17	***1955*** ♒ Jan 27 11:27 ***1960*** ♓ Mar 26 8:40 ♒ Août 19 1:30 R ***1961*** ♓ Jan 20 20:51 ***1968*** ♈ Avr 1 2:09 ♓ Oct 18 17:33 R ***1969*** ♈ Jan 30 3:14 ***1976*** ♉ Mai 28 6:12 ♈ Oct 13 17:43 R	***1977*** ♉ Mar 28 14:07 ***1983*** ♊ Juin 21 8:56 ♉ Nov 29 8:17 R ***1984*** ♊ Avr 10 23:20 ***1988*** ♋ Juin 21 4:41 ***1991*** ♌ Juil 21 10:55 ***1993*** ♍ Sept 3 12:34 ***1995*** ♎ Sept 9 9:31	***1996*** ♏ Déc 29 6:23 ***1997*** ♎ Avr 4 11:40 R ♏ Sept 2 22:30 ***1999*** ♐ Jan 7 5:34 ♏ Juin 1 4:41 R ♐ Sept 21 21:38 ***2001*** ♑ Déc 11 18:09 ***2005*** ♒ Fév 21 12:39 ♑ Juil 31 22:38 R ♒ Déc 5 20:10

Annexe C

Cartes du ciel vierges

Cette annexe vous propose deux cartes vierges. La Figure C.1 constitue la carte du ciel de base pour monter votre thème. Vous pouvez la copier à la main ou la photocopier, et la remplir ensuite en y portant vos planètes, dont vous trouverez les positions respectives dans l'Annexe B, et votre Ascendant dont vous trouverez le signe dans l'Annexe A. (Voir le Chapitre 2 en savoir plus sur la manière de procéder pour remplir votre carte du ciel).

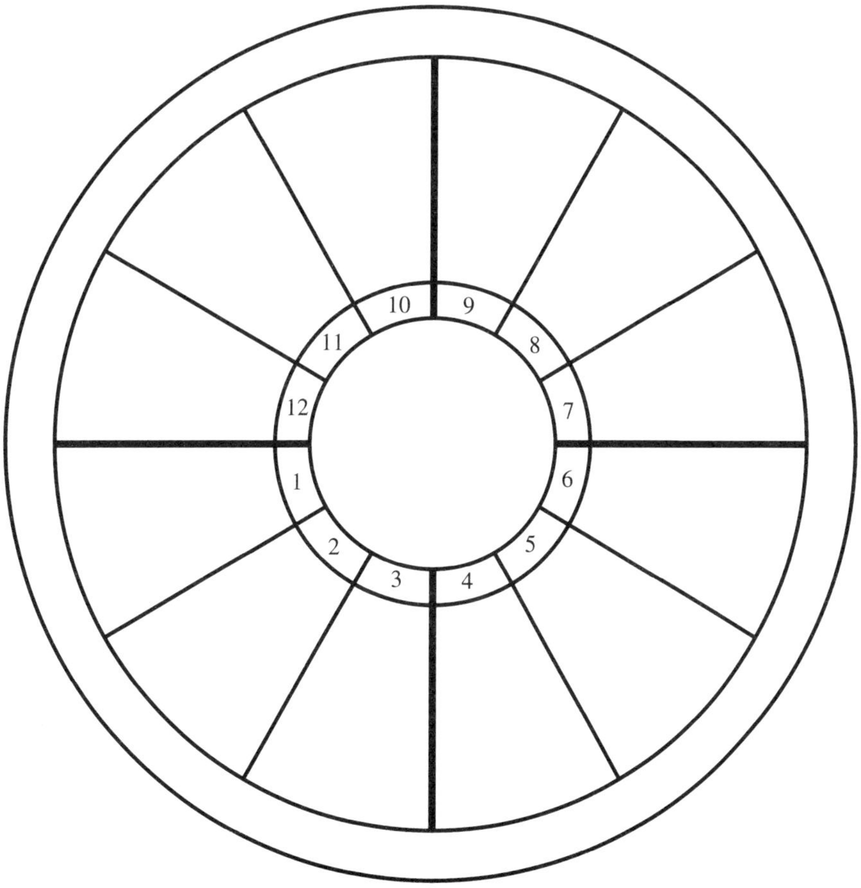

Figure C.1 : Une carte du ciel vierge, à copier et à remplir.

La Figure C.2 propose une carte du ciel double. Vous pouvez l'utiliser pour comparer votre carte à celle d'une autre personne. Copiez cette carte à la main ou photocopiez-la. Portez-y votre Ascendant et les cuspides des maisons dans la bande extérieure étroite. Placez votre Soleil, votre Lune et vos planètes dans l'anneau intérieur juste à l'extérieur des nombres. Puis placez les planètes de l'autre personne dans l'anneau restant du milieu. Pour interpréter ce que vous trouverez, consultez le Chapitre 11.

Vous pouvez aussi utiliser cette double-carte pour étudier l'influence des transits. Pareillement, portez votre Soleil, votre Lune et vos planètes dans l'anneau intérieur, et placez les transits dans l'anneau extérieur. Pour interpréter ce que vous trouverez, consultez le Chapitre 13.

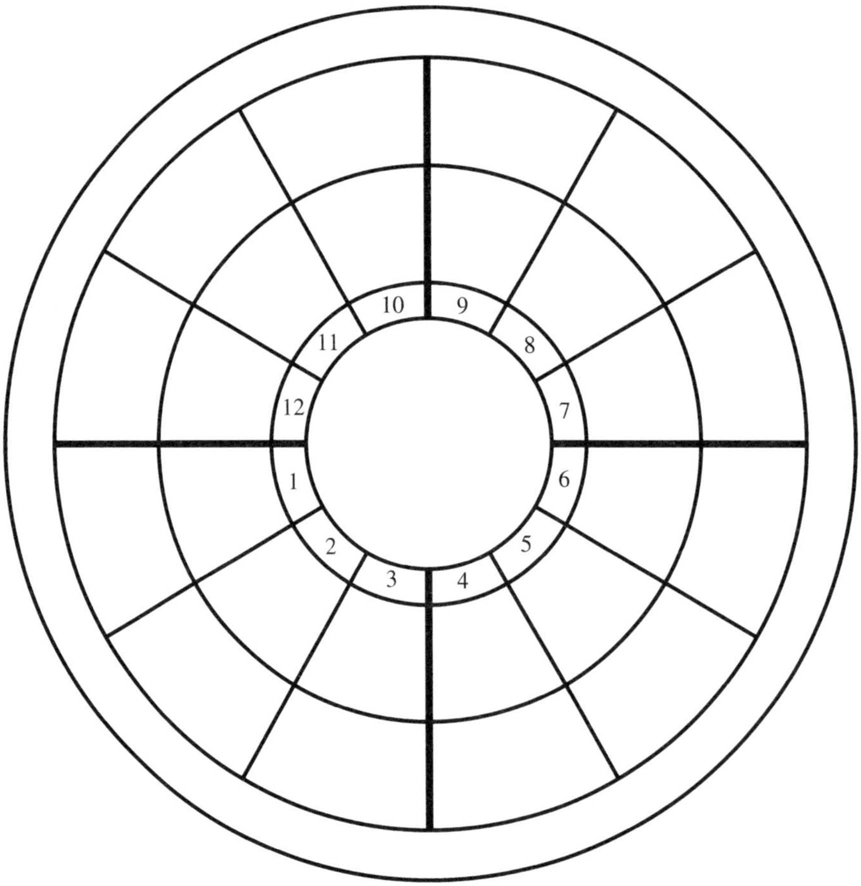

Figure C.2 : Une double-carte du ciel vierge pour que vous puissiez la copier et la remplir.

Annexe D

Glossaire

affinités et inimitiés : pour chaque planète, il y a un signe de maîtrise, d'exaltation, d'exil et de chute. Ce sont les signes pour lesquels on considère que l'influence de chaque planète opère de façon particulièrement bonne ou particulièrement mauvaise.

affliction : c'est la situation d'une planète qui reçoit plusieurs aspects dissonants. Parmi les afflictions typiques, on compte les carrés et les oppositions de Saturne ou d'Uranus.

air : l'un des quatre éléments traditionnels qui servent à classifier les signes du zodiaque. L'air est associé aux fonctions mentales. Les signes de l'air sont les Gémeaux, la Balance et le Verseau.

angles : les quatre angles d'une carte du ciel sont l'Ascendant, le Descendant, le Milieu du Ciel et le Fond du Ciel.

Ascendant : c'est le degré du zodiaque qui se lève à l'horizon au moment de la naissance. Il symbolise la surface de votre personnalité et l'impression immédiate que vous faites aux autres.

aspect : lien géométrique entre deux planètes ou autres points d'un thème natal, qui est mesuré par le nombre de degrés qui existe entre entre eux. Les astrologues considèrent que seules certaines distances sont significatives. L'aspect le plus proche est la *conjonction*, dont l'exemple idéal a lieu lorsque deux planètes occupent exactement le même degré. L'aspect le plus distant est l'*opposition,* lorsque deux planètes se trouvent à 180° de distance. Voir ***aspects majeurs et aspects mineurs***.

aspects majeurs : conjonction, sextile, carré, trigone et opposition.

aspects mineurs : semi-sextile, semi-carré, sesqui-carré, et quinconce. On considère que le quintile et le bi-quintile sont encore plus mineurs.

astéroïdes : petits morceaux de roche et de métal, appelés aussi *planétoïdes*, qui gravitent autour du Soleil entre les orbites de Mars et de Jupiter. Le premier astéroïde fut découvert en 1801.

astrologie horaire : branche de l'astrologie utilisée pour répondre à une question en se basant sur la carte du ciel du moment où la question a été posée.

astrologie mondiale : branche de l'astrologie qui utilise les cartes du ciel de nations, les solstices et les éclipses pour analyser la politique et les événements.

astrologie sidérale : système d'astrologie fondé sur les étoiles, et pas sur les divisions de l'écliptique comme c'est d'habitude le cas dans l'astrologie occidentale.

astrologie tropicale : c'est le système habituellement utilisé dans l'astrologie occidentale, selon lequel l'écliptique est divisé en 12 sections de 30° qui représentent chacune un signe. Ces signes ne coïncident pas avec les constellations qui portent leurs noms.

Balance : c'est le septième signe du zodiaque, qui est associé à la constellation du même nom. Signe positif, cardinal, d'air. Vénus est sa planète-maîtresse.

bascule : une des sept figures de base identifiées par Marc Edmund Jones. Dans une carte du ciel en bascule, les planètes sont divisées en deux groupes séparés et opposés, avec deux ou trois maisons vides qui les séparent des deux côtés.

Bélier : c'est le premier signe du zodiaque, il est associé à la constellation du même nom. C'est un signe positif, cardinal, du feu. Son maître est Mars.

Cancer : quatrième signe du zodiaque, associé à la constellation du même nom. Le Cancer est un signe négatif, cardinal, d'eau. La Lune est sa planète-maîtresse.

Capricorne : dixième signe du zodiaque, associé à la constellation du même nom. Le Capricorne est un signe négatif, cardinal, de la terre. Saturne en est le maître.

cardinal : l'un des trois modes. Les signes cardinaux sont entreprenants et motivés par le changement. Les signes cardinaux sont le Bélier, le Cancer, la Balance et le Capricorne.

carré en T, ou triangle isocèle : figure fortement dissonante composée de deux planètes en opposition et d'une troisième planète qui forme un carré avec chacune des deux autres.

carré : aspect dissonant de 90° entre deux planètes (ou entre une planète et l'Ascendant ou le Milieu du Ciel). Les astrologues tolèrent en général un orbe de 8° (dans le cas de deux planètes) ou de 10° (avec le Soleil ou la Lune). Le carré indique que les énergies des deux planètes sont brouillées. Les carrés créent souvent de la tension, un conflit intérieur, et des motivations mitigées.

carte relocalisée : thème natal recalculé pour un endroit autre que celui de la naissance. Il montre l'influence du lieu de vie sur le natif.

Cérès : premier astéroïde a avoir été découvert, c'est également le plus grand, avec un diamètre de 930 km. On lui associe la déesse Déméter, la mère de Perséphone.

Chiron : corps céleste qui gravite autour du Soleil entre Saturne et Uranus. Peut-être un astéroïde, une comète ou une ancienne lune de Neptune devenue errante. Il représente le guérisseur blessé, et il est associé à la souffrance et à la guérison. Sa découverte date de 1977.

chute : c'est l'une des inimitiés entre planète et signe. Une planète est en chute lorsqu'elle se trouve dans le signe opposé du signe de son exaltation. Par exemple, Jupiter est exalté en Cancer et en chute en Capricorne.

cinquième maison : section de l'horoscope qui gouverne l'amour, les enfants, la créativité, les loisirs et les jeux de hasard.

conjonction : c'est l'aspect le plus proche possible entre deux planètes (ou entre une planète et l'Ascendant ou le Milieu du Ciel). Lorsque deux planètes sont en conjonction exacte, elles occupent le même degré du zodiaque. La plupart des astrologues tolèrent une marge d'erreur de 8° (dans le cas de deux planètes) ou de 10° (avec le Soleil ou la Lune). La conjonction indique une fusion des énergies entre deux planètes.

cuspide (nom féminin) : le degré du début d'une maison.

degré : fraction d'un cercle égale à 1/360ème de l'ensemble. Également division du zodiaque approximativement égale à la distance parcourue par le Soleil en une journée. Il y a 360 degrés dans le zodiaque, avec 30 degrés dans chaque signe. Chaque degré est divisé en 60 minutes.

Descendant : point du zodiaque qui se couche à l'horizon Ouest au moment de la naissance ; c'est opposé de l'Ascendant. Dans de nombreux systèmes de domification, le Descendant et la cuspide de la septième maison sont identiques. Le Descendant symbolise votre attitude envers le mariage et d'autres alliances, y compris les partenariats d'affaires.

deuxième maison : section de l'horoscope qui gouverne l'argent, les biens matériels et les valeurs.

dixième maison : section de l'horoscope qui gouverne la carrière, la réputation, le statut social et l'image dans le public.

Doigt du Destin : figure d'aspects formée par deux quinconces et un sextile ; connue aussi sous le nom de Main de Dieu. Provoque de la tension et de l'indécision.

domification en maisons équidistantes : division de l'horoscope en 12 secteurs égaux de 30° chacun.

douzième maison : section de l'horoscope qui gouverne l'isolement, les secrets, la spiritualité, l'auto-sabotage, les institutions, l'activité clandestine, et tout ce qui se passe en coulisse.

eau : l'un des quatre éléments traditionnels qui servent à classifier les signes du zodiaque. L'eau est associée aux émotions. Les signes d'eau sont le Cancer, le Scorpion et les Poissons.

éclatement : une des sept figures de base identifiées par l'astrologue Marc Edmund Jones. Dans une carte du ciel en éclatement, les planètes sont disséminées de manière plus ou moins égale sur toute la carte.

écliptique : c'est la trajectoire apparente du Soleil autour de la Terre et à travers le zodiaque.

éléments : manière traditionnelle de décrire les quatre tempéraments de base des signes solaires. Les quatre éléments sont le feu, la terre, l'air et l'eau.

éphémérides : almanach qui donne la liste des positions du Soleil, de la Lune, des Nœuds Lunaires, des planètes et parfois celle des astéroïdes pour chaque jour de l'année.

équateur : ligne imaginaire qui enroule le milieu de la Terre comme une ceinture géante. Projetée dans l'espace, cette même ligne est appelée l'*équateur céleste.*

étoiles fixes : les étoiles sont qualifiées de «fixes» parce que contrairement aux planètes, elles semblent stationnaires. Les étoiles fixes du zodiaque sont parfois utilisées comme éléments d'interprétation.

évasement : une des sept figures de base identifiées par Marc Edmund Jones. Dans un évasement, les planètes sont éparpillées de manière inégale tout autour de la carte du ciel, avec au moins un amas de trois planètes ou plus à un endroit.

exaltation : c'est l'une des affinités entre planète et signe. Le signe d'exaltation d'une planète est un signe dans lequel cette planète est censée fonctionner particulièrement bien. Par exemple, la Lune, qui maîtrise le Cancer, est en exaltation dans le Taureau.

exil : c'est une des inimitiés entre planète et signe. Une planète est en exil lorsqu'elle se trouve dans le signe opposé de celui qu'elle gouverne. Par exemple, Mars, qui est le maître du Bélier, se trouve en exil dans le signe de la Balance. Cette position est considérée comme faible.

feu : un des quatre éléments traditionnels servent à classifier les signes du zodiaque. Le feu est associé à la vitalité et à l'enthousiasme. Les signes de feu sont le Bélier, le Lion et le Sagittaire.

fixe : l'un des trois modes. Les signes fixes résistent au changement et s'efforcent de maintenir le statu quo. Les signes fixes sont le Taureau, le Lion, le Scorpion et le Verseau.

Fond du Ciel : point le plus bas des cieux. Le Fond du Ciel (FC) est le point opposé au Milieu du Ciel (MC), et dans la plupart des systèmes de domification, c'est aussi la cuspide (ou pointe) de la quatrième maison. Il représente l'approche que vous adoptez vis-à-vis du foyer et de la famille.

Gémeaux : troisième signe du zodiaque, associé à la constellation du même nom. Signe positif, mutable, d'air. Son maître planétaire est Mercure.

grand carré : c'est une figure rare, qui indique une gageure. Il se compose de deux ensembles de planètes en opposition, chaque planète formant un carré avec deux autres.

grand trigone : c'est une figure heureuse formée par trois planètes (ou davantage), chacune d'elle formant un trigone avec les deux autres.

horoscope : carte astrologique complète, calculée pour une heure et pour un endroit spécifiques et incluant le Soleil, la Lune et les planètes. C'est la carte du ciel de la naissance, le thème natal ou astral. Le mot est également employé pour désigner les prévisions journalières ou hebdomadaires publiées dans les journaux et les magazines.

huitième maison : section de l'horoscope qui gouverne la sexualité, la mort, la régénération et l'argent d'autres personnes.

ingrès : entrée d'un corps céleste dans un signe du zodiaque.

Junon : astéroïde, le troisième à avoir été découvert. Nommé d'après la déesse romaine Junon, la femme de Jupiter, il est associé au mariage et aux rapports égalitaires.

Jupiter : planète de l'expansion, de la croissance et de la bonne fortune. C'est aussi le plus grand corps céleste du Système solaire après le Soleil.

ligne d'horizon : c'est la ligne qui coupe le cercle de l'horoscope et qui s'étend de l'Ascendant à l'Est au Descendant à l'Ouest.

Lion : c'est le cinquième signe du zodiaque, associé à la constellation du Lion. C'est un signe positif, fixe, du feu. Son maître est le Soleil.

locomotive : une des sept figures de base identifiées par l'astrologue Marc Edmund Jones. Une carte du ciel en locomotive présente une répartition plus ou moins régulière des planètes sur ses deux tiers, soit 240°.

Lune sans aspect : en traversant chaque signe, la Lune forme des aspects d'une sorte ou d'une autre avec chacune des planètes. Entre le dernier aspect majeur dans un signe et l'entrée dans le signe suivant, on considère que la Lune est sans aspect. Il s'agit d'une période considérée comme défavorable, durant laquelle il est conseillé de s'abstenir de prendre des engagements importants.

Lune : la Lune symbolise les émotions, les instincts, les habitudes et le subconscient.

maison cadente : la troisième, la sixième, la neuvième et la douzième maison.

maisons angulaires : la première, la quatrième, la septième et la dixième maison. Voir ***angles*** et ***maison***.

maisons succédentes : deuxième, cinquième, huitième et onzième maison.

maisons : ce sont les 12 divisions d'une carte du ciel, et chacune représente un domaine différent de la vie typique du natif, comme le travail, le mariage, et ainsi de suite.

Mars : la planète de l'action, de l'agression et du désir.

MC : voir Milieu du Ciel

Mercure : la planète de l'intellect, de la raison, du discours, de l'écriture et de la communication.

méridien : dans une carte du ciel, c'est la ligne qui divise verticalement l'horoscope, du ***Milieu du Ciel*** en haut au Fond du Ciel en bas.

Milieu du Ciel (MC) : c'est le degré du zodiaque qui est le plus haut point au moment de la naissance. Il représente votre ambition et l'image que vous donnez aux autres.

mi-point : point du zodiaque qui se trouve exactement à mi-chemin entre deux planètes, quelles qu'elles soient. Un mi-point peut être déterminé de la même manière que l'on calcule une moyenne : en ajoutant les positions des deux planètes et en divisant ensuite le résultat par deux.

mode : un mode est l'une des trois qualités qui décrivent la manière avec laquelle les natifs de chaque Signe Solaire font face au changement. Les trois modes sont le mode cardinal, le mode fixe, et le mode mutable.

mouvement direct : mouvement normal en avant d'une planète à travers le zodiaque ; son opposé est le **mouvement rétrograde**. Lorsqu'une planète rétrograde change de direction et se remet à tourner vers l'avant dans le zodiaque, les astrologues disent que son mouvement est direct.

mutable : l'un des trois modes (ou qualités). Les signes mutables sont adaptables et souples. Les Gémeaux, la Vierge, le Sagittaire et les Poissons sont les signes mutables.

nadir : c'est le point le plus bas de l'horoscope, le Fond du Ciel, opposé au Milieu du Ciel.

Neptune : la planète de l'imagination, des rêves et de l'illusion.

neuvième maison : c'est la section de l'horoscope qui gouverne les voyages, la philosophie, la religion, la loi, l'édition et l'enseignement supérieur.

Nœud Nord : point mathématique qui représente une direction de la vie dynamique et précieuse.

Nœud Sud : point mathématique qui représente une direction de la vie négative ou gênante.

Nœuds lunaires : ce sont les deux points de l'espace où la trajectoire de la Lune coupe l'écliptique. Voir ***Nœud Nord*** et ***Nœud Sud***.

nouvelle lune : c'est la conjonction mensuelle entre le Soleil et la Lune. Une période de nouveaux départs.

onzième maison : c'est la section de l'horoscope qui gouverne les amis, les groupes, les espoirs et les désirs.

opposition : aspect de 180° entre deux planètes (ou entre une planète et l'Ascendant ou le Milieu du Ciel), à 8° près (dans le cas de deux planètes), ou à 10° près (avec le Soleil ou la Lune). L'opposition indique que les deux planètes impliquées travaillent l'une contre l'autre. L'opposition est associée au conflit et à des problèmes extérieurs.

orbe (nom masculin) : c'est la tolérance admise (en degrés) pour qu'un aspect entre deux planètes soit considéré comme valable. D'habitude, on admet un orbe plus grand pour les aspects majeurs – la conjonction, le sextile, le carré, le trigone et l'opposition – que pour les aspects mineurs. Lorsqu'un aspect implique le Soleil ou la Lune, on admet aussi un orbe plus grand. La plupart des astrologues tolèrent un orbe de 6° (dans le cas de deux planètes) ou de 8° (avec le Soleil ou la Lune).

Pallas : deuxième astéroïde à avoir été découvert. Pallas est associé à Pallas Athéna, la déesse guerrière de la sagesse et de l'accomplissement.

Part de Fortune : la plus utilisée des parts arabes. Elle indique une zone de bonne fortune et de facilité dans un thème. Pour la calculer, appliquez cette formule : Ascendant + Lune – Soleil = ***Part de fortune***.

Part de Mariage : une des parts arabes. Pour la calculer, appliquez cette formule : Ascendant + Descendant – Vénus = Part de mariage.

parts arabes : points imaginaires utilisés au Moyen ge par les astrologues arabes et calculés à partir de positions planétaires selon des formules mathématiques spécifiques. Voir Part de Fortune.

planète-maîtresse : on admet en général que la planète qui gouverne l'Ascendant est le maître, ou gouverneur, de l'ensemble du thème. Le maître d'une maison est la planète qui gouverne le signe qui se trouve sur la cuspide de cette maison. Le maître d'un signe est donné par la tradition.

planètes : en termes d'astrologie (mais pas en astronomie, du moins en ce qui concerne les deux luminaires), ce sont Mercure, Vénus, Mars, Jupiter, Saturne, Uranus, Neptune et Pluton, plus le Soleil et la Lune.

pleine lune : c'est l'opposition mensuelle entre le Soleil et la Lune, une période de paroxysme.

Pluton : la planète du pouvoir, de l'obsession et de la transformation.

Poissons : c'est le douzième et dernier signe du zodiaque, associé à la constellation du même nom. Signe négatif, mutable et d'eau. Son maître est Neptune.

polarité : c'est la charge positive ou négative attribuée symboliquement à chaque signe. Les signes de l'air et de feu sont positifs. Les signes de terre et d'eau sont négatifs.

première maison : section de l'horoscope qui gouverne l'apparence et la surface de la personnalité.

qualité : voir ***mode***.

quatrième maison : section de l'horoscope qui gouverne le foyer, les parents, les racines psychologiques, et la fin de la vie.

queue du Dragon : voir le ***Nœud Sud***.

quinconce : aspect de 150° (plus ou moins 2°) entre deux planètes ou entre une planète et l'Ascendant ou le Milieu du Ciel. Le quinconce crée une énergie sporadique entre deux planètes.

quintile : aspect de 72° (à 2° près). Son influence est créative.

rassemblement : une des sept figures de base identifiées par Marc Edmund Jones. Dans ce cas de figure, toutes les planètes sont rassemblées dans une zone de 120° ou moins.

réception mutuelle : situation qui existe lorsque deux planètes occupent chacune le signe gouverné par l'autre. Par exemple, si Mercure se trouve en Verseau (gouverné par Uranus) et Uranus en Gémeaux (dont Mercure est le maître), alors Mercure et Uranus sont en réception mutuelle.

rectification : procédé d'établissement ou de correction de l'heure de la naissance, effectué en général en ajustant l'heure de la naissance jusqu'à ce que le thème indique avec plus de précision la date d'événements clés, comme par exemple le mariage ou la mort d'un parent.

rétrogradation : on dit qu'une planète est rétrograde lorsqu'elle semble se déplacer en marche arrière dans le zodiaque (c'est-à-dire du Taureau au Bélier). La rétrogradation n'est qu'un mouvement apparent : en fait, les trajectoires des planètes ne changent jamais de direction.

Sagittaire : c'est le neuvième signe du zodiaque, associé à la constellation du même nom. Signe positif, mutable, de feu. Son maître planétaire est Jupiter.

saladier : une des sept figures de base identifiées par Marc Edmund Jones. Dans une carte du ciel en saladier, toutes les planètes sont groupées dans une zone comprise dans un angle maximum de 180°.

Saturne : c'est la planète qui est dans un thème le significateur de la restriction, de la limitation et de la structure.

Scorpion : c'est le huitième signe du zodiaque, associé à la constellation du même nom. Signe négatif, fixe, d'eau. Pluton est le maître du Scorpion.

seau : une des sept figures de base identifiées par Marc Edmund Jones. Dans une carte du ciel en seau, toutes les planètes sauf une sont groupées à l'intérieur d'un angle maximal de 180°, tandis que la dernière planète – l'anse du seau – est isolée de l'autre côté du cercle.

semi-carré : aspect de 45°, plus ou moins 2°, entre deux planètes (ou entre une planète et l'Ascendant ou le Milieu du Ciel). Un semi-carré crée de la friction.

semi-sextile : aspect de 30°, plus ou moins 2°, entre deux planètes (ou entre une planète et l'Ascendant ou le Milieu du Ciel). Les influences des deux planètes se soutiennent alors réciproquement et modérément.

septième maison : section de l'horoscope qui gouverne les partenariats, y compris le mariage.

sesqui-carré : aspect de 135° (à 2 degrés près) entre deux planètes (ou entre une planète et l'Ascendant ou le Milieu du Ciel). Son influence crée de l'agitation.

sextile : aspect harmonique de 60° entre deux planètes (ou entre une planète et l'Ascendant ou le Milieu du Ciel). La plupart des astrologues tolèrent un orbe de 6° (dans le cas de deux planètes) ou de 8° (avec le Soleil ou la Lune).

signes féminins : voir ***signes négatifs***.

signes masculins : voir ***signes positifs***.

signes négatifs : appelés aussi signes *féminins* ou *yin*. Le Taureau, le Cancer, la Vierge, le Scorpion, le Capricorne et les Poissons (les signes de terre et d'eau) sont les signes négatifs. Les natifs de ces signes sont considérés comme étant réceptifs et introvertis.

signes positifs : appelés aussi signes *masculins* ou *yang*. Les signes de l'air et du feu sont les signes positifs : le Bélier, les Gémeaux, le Lion, la Balance, le Sagittaire et le Verseau. On considère les natifs des signes positifs comme étant actifs et extrovertis.

sixième maison : c'est la section de l'horoscope qui gouverne le travail, la santé, le service, le devoir, les tâches quotidiennes, et le développement personnel.

Soleil : c'est l'étoile qui constitue le centre de notre Système solaire. Dans votre thème natal, le Soleil représente votre moi le plus fondamental, votre vitalité et vos préoccupations primaires.

stellium : amas de trois planètes ou plus dans un signe ou dans une maison. Appelé aussi *Clusterum*.

système de domification de Placidus : c'est le système de domification le plus employé (du moins jusqu'à récemment). Placidus de Tito était un astrologue du 17ème siècle.

table des maisons : document numérique qui donne la liste des positions de l'Ascendant, du Milieu du Ciel et de toutes les cuspides des maisons dans les signes du zodiaque (en astrologie occidentale).

Taureau : c'est le deuxième signe du zodiaque, associé à la constellation du même nom. Signe négatif, fixe, de terre. Vénus est sa planète-maîtresse.

terre : l'un des quatre éléments traditionnels qui servent à classifier les signes du zodiaque. La terre est associée avec le côté pratique et avec le monde matériel. Les signes de la terre sont le Taureau, la Vierge et le Capricorne.

tête du Dragon : voir le ***Nœud Nord***.

thème composite : thème astrologique représentant les relations entre deux personnes. Vous pouvez le calculer en prenant les thèmes de deux individus et en trouvant le mi-point de chaque paire de planètes. Par exemple, le Soleil composite est le point du milieu entre les deux Soleils respectifs, et ainsi de suite.

thème natal : thème astrologique monté pour la date, l'heure et l'endroit exacts de la naissance d'une personne. Appelé aussi *thème individuel, thème originel*.

thème progressé : thème basé sur le thème natal mais calculé pour une époque postérieure, souvent selon la formule un jour pour une année. Selon cette théorie, la position des planètes trois semaines (21 jours) après votre naissance serait équivalente à la position des planètes au cours de votre 21ème année.

thèmes d'élections : thèmes astraux montés spécialement pour choisir des moments favorables à des événements majeurs, comme un mariage ou une création d'entreprise, par exemple.

transits : ce sont les positions changeantes des planètes tandis qu'elles se déplacent à travers les signes du zodiaque. Les transits en cours influencent les planètes du thème natal et déclenchent les événements.

trigone : aspect de 120° entre deux planètes (ou entre une planète et l'Ascendant ou le Milieu du Ciel). Les astrologues tolèrent habituellement un orbe de 8° (pour deux planètes) ou de 10° (avec le Soleil ou la Lune). Le trigone indique que les deux planètes travaillent efficacement ensemble.

troisième maison : section de l'horoscope qui gouverne les petits voyages, l'enseignement primaire, les frères et les sœurs, l'écriture et la communication.

Uranus : c'est la planète du bouleversement, de la rébellion, de l'excentricité et des événements soudains et inattendus.

Vénus : c'est la planète de l'amour, de la beauté, de l'art et du plaisir.

Verseau : le onzième signe du zodiaque, associé à la constellation du même nom. Le Verseau est un signe positif, fixe, d'air. Son maître est Uranus.

Vesta : le quatrième astéroïde à avoir été découvert. Il fut nommé d'après la déesse romaine de la terre, Vesta, qui est associée au foyer.

Vierge : c'est le sixième signe du zodiaque, il est associé à la constellation du même nom. Signe négatif, mutable, de terre. Son maître est Mercure.

zénith : c'est le point le plus haut dans le ciel ; le point qui se trouve directement au-dessus de la tête.

Annexe E

Bibliographie

Bibliographie francophone

Les ouvrages sur l'astrologie abondent. Pour aller plus loin, vous pouvez par exemple vous rendre dans une bonne librairie ésotérique, et vous faire conseiller. Vous pouvez aussi consulter les ouvrages suivants :

B.A.-BA d'Astrologie par Anne-Laure d'Apremont, aux éditions Pardès.

Cours pratique d'Astrologie – Principes fondamentaux par Louis Lassine, aux Éditions Bussière.

Prévisions astrologiques pour le nouveau millénaire, par André Barbault, aux éditions Dangles.

Les Symboles Sabians – Le sens des 360 degrés du Zodiaque par Dane Rudhyar, aux éditions Librairie de Médicis.

Les étoiles fixes et les constellations en astrologie, par Vivian E. Robson, aux éditionsPardès, 1999.

L'Astrologie chinoise de Suzanne White (Sand, 1988), et tout autre ouvrage de cet auteur.

Guide de l'Astrologie planétaire, par George Morin, aux éditions De Vecchi, 2000.

Le livre unique de l'astrologie, par Ptolémée, aux éditions Nil, 2000.

Des étoiles et des hommes, par F. et R. Gouiran, aux éditions du Rocher, 2000.

L'Astrologie et l'âme de la personnalité. Des clés pour le XXIe siècle, par Michel Aguilar, aux éditions Michel d'Orion, 2000.

ABC de l'astrologie, par Danièle de Caumon-Paoli, aux éditions Marabout, 1999.

L'astrologie chinoise, par Natacha Raphaël, aux éditions Pardès, 1999.

L'astrologie et l'entreprise. Rebondir grâce à votre thème astral, par Laurence Griffon, aux Presses du Maragenest, 1998.

Astrologie et devenir (CD-ROM), éditeur : GSP.

L'astrologie par la pratique (CD-ROM), éditeur : Alsyd.

Bibliographie anglophone

When Planets Promise Love : Your Romantic Destiny through Astrology par Rose Murray (Llewellyn Publications).

Planets in Composite : Analysing Human Relationships par Robert Hand (Para Research).

Asteroid Goddesses par Demetra George.

Brady's Book of Fixed Stars par Bernadette Brady (Samuel Weiser)

The Sabian Symbols in Astrology: A Symbol Explained for Each Degree of the Zodiac par Marc Edmund Jones (Aurora Press, Inc.).

An Astrological Mandala : The Cycle of Transformations and Its 360 Symbolic Phases par Dane Rudhyar (Random House, Inc.).

The Sabian Symbols par Diana Roche.

Horary Astrology Plain and Simple : Fast and Accurate Answers to Real World Questions, par Anthony Louis et Bruce Scofield (Llewellyn Publications).

The Only Way to Learn About Horary and Electional Astrology, par Marion D. March et Joan McEvers (ACS Publications).

Handbook of Celtic Astrology, par Helena Paterson (Llewellyn Publications).

Day-Signs : Native American Astrology From Ancient Mexico et **Signs of Time : An Introduction to Meso American Astrology**, tous les deux de Bruce Scofield, aux éditions One Reed Publications.

Annexe F

Quelques adresses et sites Web

De manière générale, lorsque vous surferez sur le Web à la recherche de sites d'astrologie sérieux, qui existent et témoignent souvent d'une volonté sincère et honnête de rendre service aux personnes qui les visitent, vous risquez malheureusement aussi de tomber sur des sites douteux. Attention aux pseudo devins et aux charlatans. Restez donc toujours vigilant, et n'oubliez pas votre bon sens dans ce voyage !

Les listes d'adresses et de sites qui suivent ne sont naturellement pas exhaustives ; elles sont données à titre indicatif, sans jugement de valeur.

Adresses et sites francophones

FÉDÉRATION DES ASTROLOGUES FRANCOPHONES, 41-43, rue de Cronstadt 75015 PARIS, Tél. 02.40.69.17.02 Fax. 02.40.69.37.60, E-mail : `fdaf@worldnet.fr`, Internet : `http://services.worldnet.net/~fdaf` qui vous permettra de consulter «l'Annuaire des Astrologues de votre région»

AEDAC (Association loi 1901 pour l'Enseignement et la Diffusion de l'Astrologie Conditionnaliste) ; Coordonnées de l'association : AEDAC, 15, rue Jean-Monnet, 35200 RENNES, E-mail : `aedac@voila.fr`, Internet `http://www.multimania.com/paleguen/index.htm`

«L'Annuaire des sites d'astrologies» de l'A.A.M.R. de Bordeaux : `www.perso.wanadoo.fr/mr/astro/annuaire/index.htm:`

`http://webscope.free.fr/boutiq.htm` : donne les liens conduisant aux sites de six éditeurs de logiciels d'astrologie.

`www.aureas.com` : Le site des éditions Aureas, spécialistes de l'astrologie. Littérature et logiciels d'astrologie.

Sites anglophones

www.asteroids.com. : L'astrologue Jacob Schwarz, titulaire d'un Ph.D, vous produira un thème natal avec huit astéroïdes de votre choix.

www.winshop.com.au/annew/ : L'astrologue Anne Wright vous dira tout ce que vous avez toujours voulu savoir (et même davantage) sur les étoiles fixes.

www.sabian.org : Le site de Diana Roche, l'auteur de *The Sabian Symbols*.

www.sabianSymbols.com : le site Web des astrologues australiens Lynda et Richard Hill, qui se servent des symboles sabians de nombreuses façons, y compris comme d'un oracle.

www.onereed.com : le site des éditions One Reed Publications qui publient les ouvrages de Bruce Scofield cités ci-dessus.

Achevé d'imprimer par Corlet, Imprimeur, S.A.
14110 Condé-sur-Noireau (France)
N° d'Imprimeur : 55785 - Dépôt légal : novembre 2001

Imprimé en U.E.